拱墅年鉴

GONGSHU YEARBOOK 2021

中共杭州市拱墅区委党史研究室
（杭州市拱墅区地方志编纂研究室） 编

方志出版社
Publishing House of Local Records

拱墅区地方志编纂委员会

《拱墅年鉴》编辑部

编辑说明

一、《拱墅年鉴（2021）》以马克思列宁主义、毛泽东思想、邓小平理论、“三个代表”重要思想、科学发展观、习近平新时代中国特色社会主义思想为指导，坚持辩证唯物主义和历史唯物主义的立场、观点和方法，全面反映新时代中国特色社会主义在拱墅区的生动实践，客观记载2020年拱墅区自然、政治、经济、文化、社会和生态文明建设的基本情况，为社会各界了解和研究拱墅区提供丰富、翔实的信息资料。

二、《拱墅年鉴（2021）》记述时限为2020年1月1日至12月31日，作为背景资料，为保持事物的完整，有些条目的内容或表格中的数据适当上溯或下延。文中直书“全年”“年内”“年底”和条目内未标注年份的均指2020年，大事记“△”表示同日。

三、《拱墅年鉴（2021）》按分类法编辑，主体内容分为类目、分目、条目三个层次，以不同字体字号标识。条目为记述的基本层次，条目标题采用【】表示。全书设置类目37个，分目224个，收录条目1380条，表格23张，图片161幅。

四、年鉴中的综合性数据以区统计局公布为准，未收入统计资料的数据由各单位提供。由于统计口径差异，个别单位提供的数据与区统计局数据不尽相同，引用时请注意。

五、文中除“民主党派”外，未标明党派的“区委”均指“中共拱墅区委”，“党员”均指“中共党员”，“党建”工作均指“中国共产党建设”工作，缩略语随文注释。

六、《拱墅年鉴（2021）》所用材料均由各部门、各单位提供，并经各单位负责人审定核实。书中出现的单位名称、专业术语，首次出现时用全称，此后一般用简称。

拱墅区行政区划图

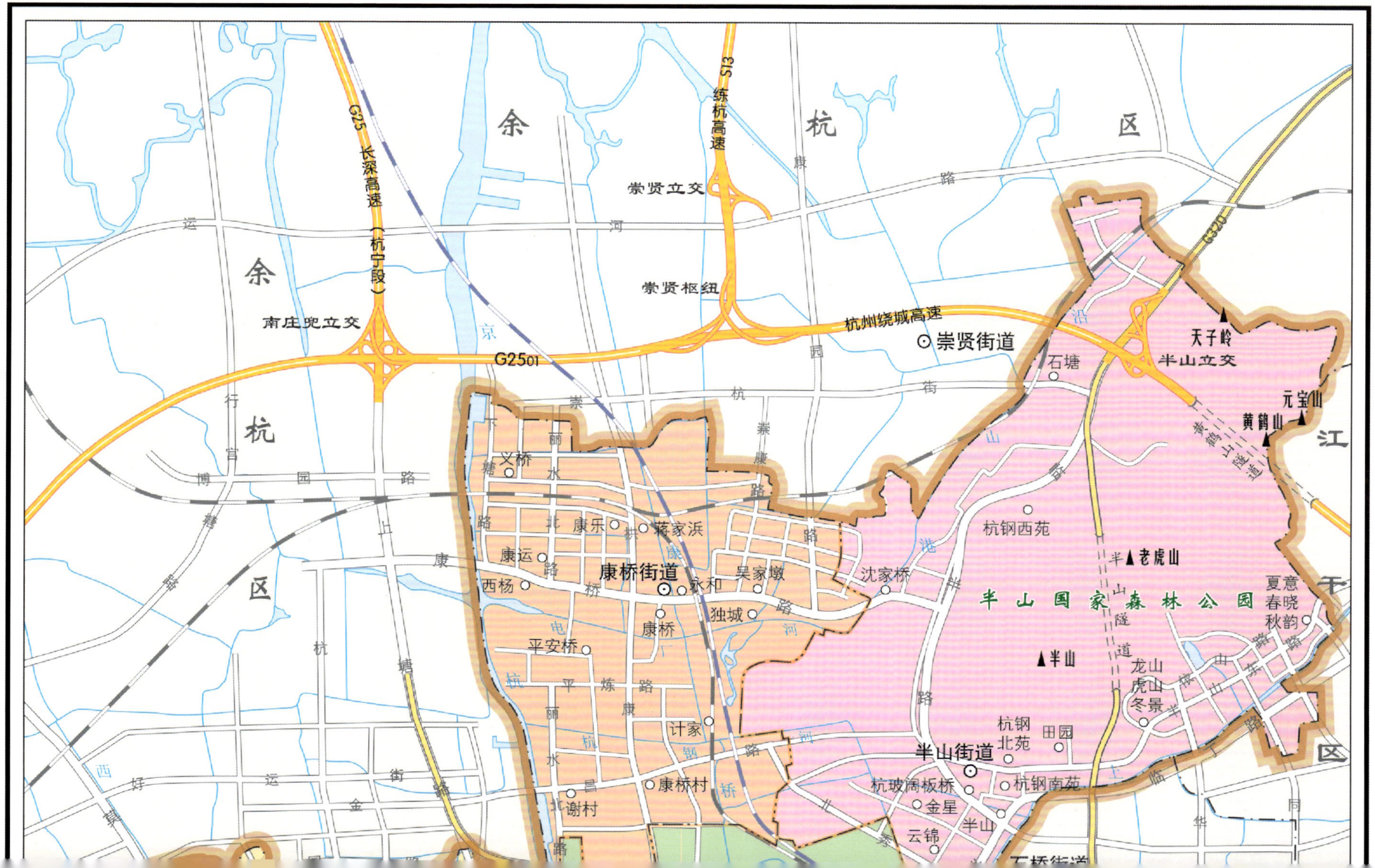

余杭区
余杭
杭
区
G25 长深高速（杭宁段）
S13 练杭高速
崇贤立交
崇贤枢纽
南庄兜立交
G2501
杭州绕城高速
崇贤街道
石塘
天子岭
半山立交
元宝山
黄鹤山
G320
江
康桥街道
义桥
康乐
蒋家浜
康运
西杨
永和
吴家墩
独城
康桥
平安桥
计家
康桥村
谢村
沈家桥
杭钢西苑
老虎山
半山国家森林公园
半山
夏意
春晓
秋韵
龙山
虎山
冬景
杭钢北苑
田园
半山街道
杭玻闸板桥
杭钢南苑
金星
云锦
石桥街道
区

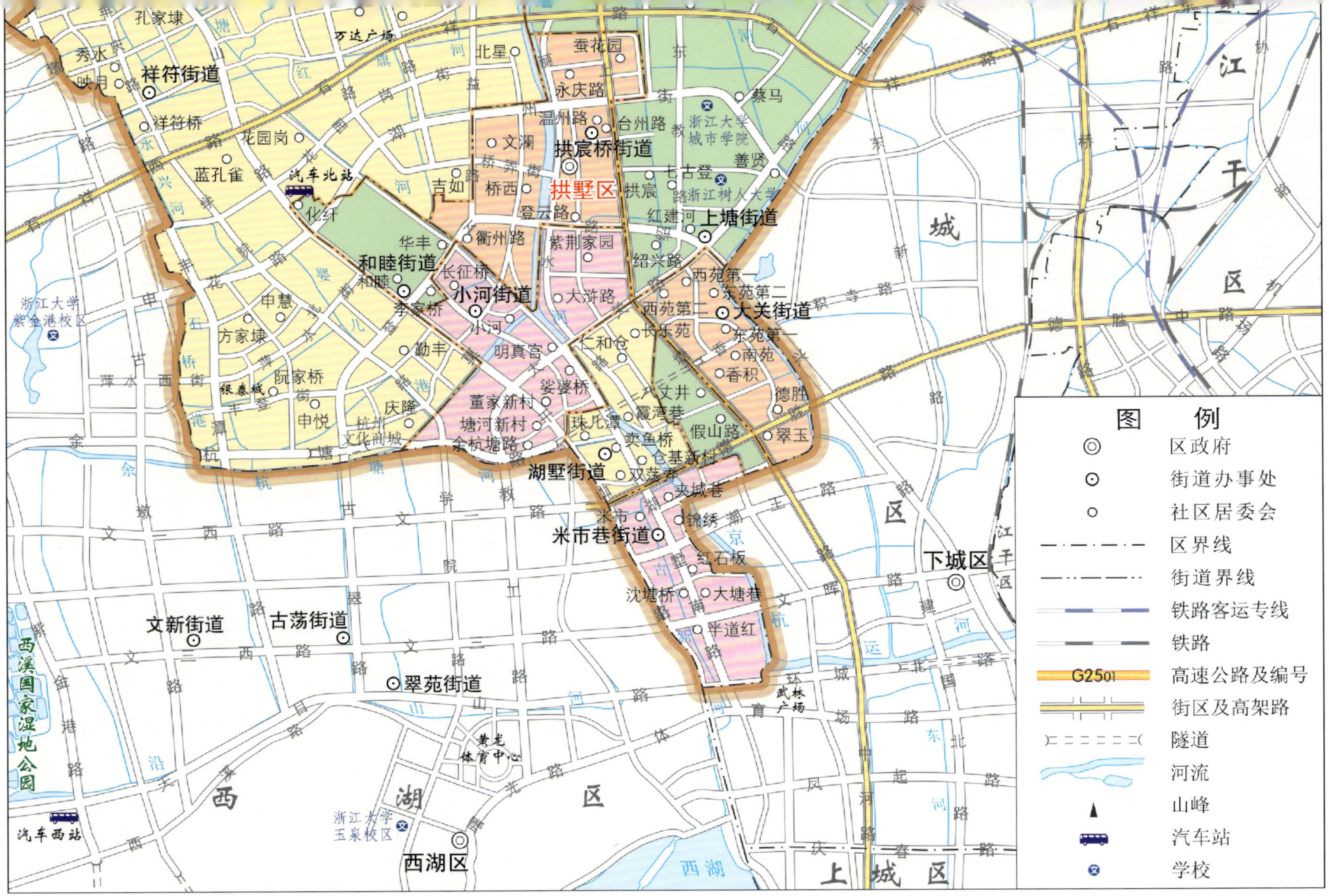

本图界线不作划界依据　审图号：浙杭S(2020)017号　杭州市勘测设计研究院编制

拱宸桥地区

（余文华 摄）

虎山水库

（区委宣传部 供稿）

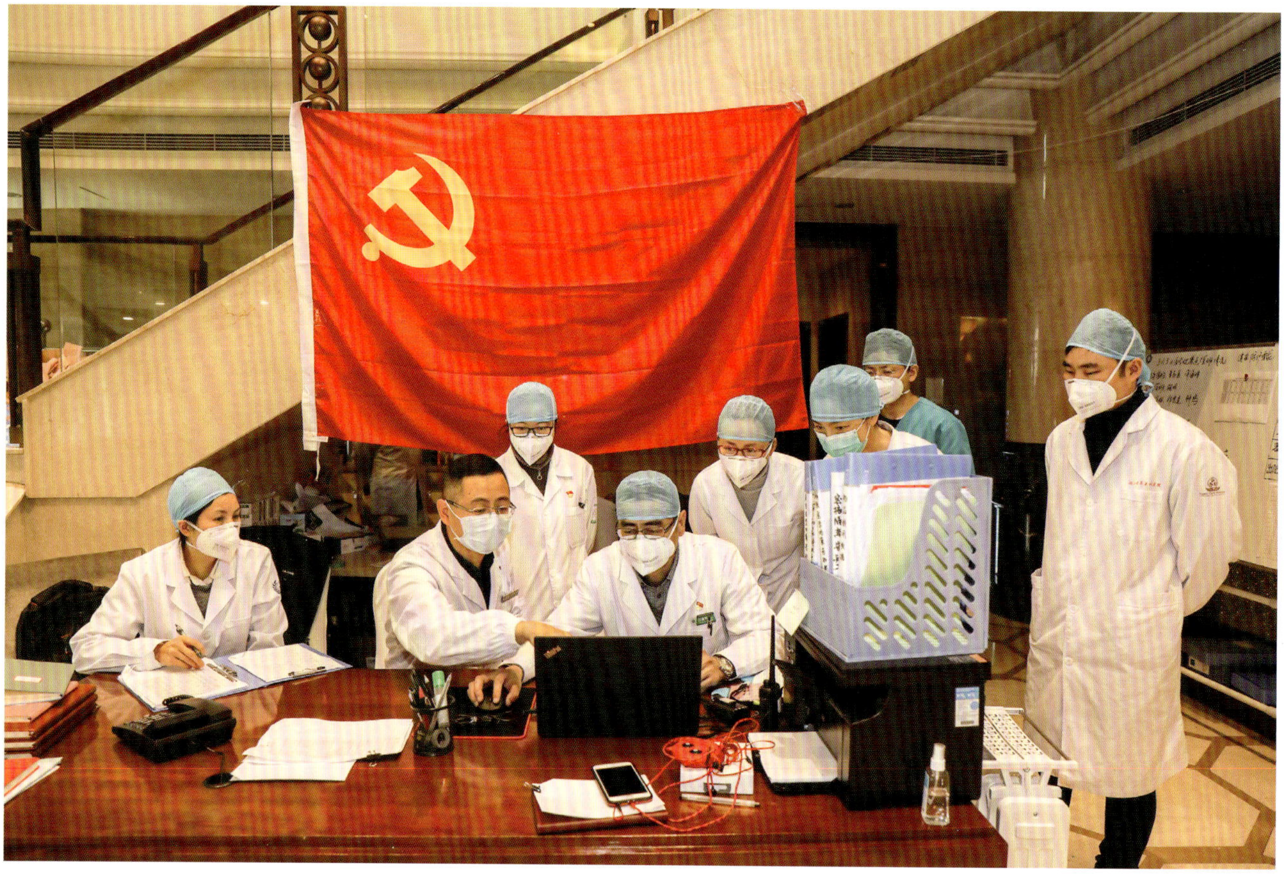

2020年4月14日，拱墅区医护人员对疫情防控开展讨论研判（余文华 摄）

2020年1月30日，拱墅区组织疫情防控工作检查（区府办 供稿）

2020年2月10日，拱墅区有关部门在半山入城口进行防控疫情检查（余文华 摄）

2020年2月4日，拱墅区“工会蓝”志愿者参加防控一线志愿服务　　（区总工会 供稿）

2020年2月21日，拱墅区孔家埭社区工作人员给隔离户送药上门　　（孔顺祥 摄）

2020年3月11日，拱墅区建筑工地工人刷码进入工地
（孔顺祥 摄）

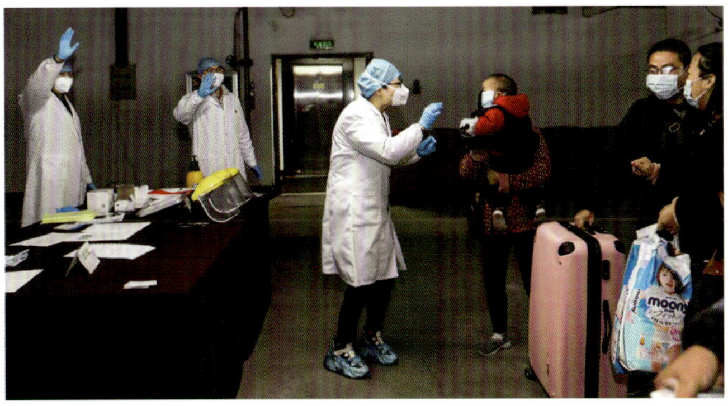

2020年4月14日，经过十四天隔离后，医学观察对象解除观察　　（余文华 摄）

2020年7月15日，小河街道红茶议事会召开 （小河街道 供稿）

2020年8月28日，和睦街道李家桥社区三方圆桌会协商解决李家桥河道改造工程影响居民生活问题 （和睦街道 供稿）

2020年5月27日，康桥街道创新设立民主协商议事平台“康康大家说” （康桥街道 供稿）

2020年11月14日，拱宸桥街道温州路社区89岁高龄党员、三等功获得者、退役军人俞善钦佩戴勋章参加社区党员大会 （拱宸桥街道 供稿）

2020年10月20日，半山街道杭钢西苑社区老旧小区成立自管委员会　（半山街道 供稿）

2020年11月14日，小河街道长征桥社区换届选举
（小河街道 供稿）

2020年12月20日，米市巷街道举行社区居委会班子换届选举　（米市巷街道 供稿）

2020年12月13日，上塘街道红建河社区居委会举行选举
（上塘街道 供稿）

2020年6月6日，中科院计算所数字经济产业研究院（计算所杭州分所）揭牌仪式举行　（余文华 摄）

2020年3月19日，“运河之约·云启未来”杭州市拱墅区云上“双招双引”大会举行　（余文华 摄）

2020年11月5日，VR模拟火灾逃生、急救体验等项目在远洋乐堤港举行　　（区消防救援大队 供稿）

2020年12月22日，“汽车智联 城市共振”2020中国（杭州）汽车互联网产业发展大会暨万科汽车互联网核心产业园开园仪式举行　　（余文华 摄）

拱墅区公共资源交易中心数字见证室　　　　（区行政审批办 供稿）

数字驾驶舱　　　　（余文华 摄）

2020年12月24日，“拱墅区居家养老服务联盟”成立仪式举行（余文华 摄）

2020年9月3日，拱墅区瓜山未来社区地铁接驳及通勤专线开通（余文华 摄）

2020年4月14日，区物业“微法庭”在拱墅区物业纠纷调解中心挂牌（区委政法委 供稿）

拱墅区老人选择康复套餐　　（区民政局 供稿）

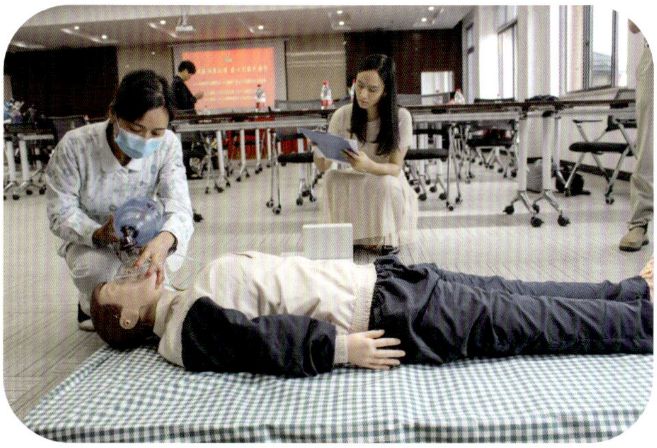

2020年5月9日,拱墅区“元墅杯”养老护理职业技能竞赛举行　　（区总工会 供稿）

拱墅区老人在家在线点单　　（区民政局 供稿）

拱墅区“阳光小伢儿”0～3岁婴幼儿照护服务机构　　（区卫健局 供稿）

2020年8月15日，拱墅区十字港河增殖放流活动举行　　（区城管局 供稿）

2020年5月12日，拱墅区税务局推出“运河小税滴直播间”，开展“云上”税收宣传辅导（拱墅区税务局 供稿）

2020年5月28日，拱墅区运河物业女管家联盟成立（区妇联 供稿）

拱墅区行政服务中心——拱墅亲清D小二工作室　（饶　嘉摄）

2020年3月25日，拱墅区税务局便民办税行动小组走进餐饮连锁企业，介绍阶段性社保费减免等税收优惠政策，助力餐饮企业复工复产　（拱墅区税务局 供稿）

大关街道东二、东三苑老旧小区改造中的“家文化”改造（大关街道 供稿）

拱墅区“见缝插绿”生态社区建设（区民政局 供稿）

2020年1月19日，拱墅区首台“平层入户”加装电梯完成。图为居民试乘电梯（大关街道 供稿）

拱墅区叶青苑小区老旧小区改造完成后　　（余文华 摄）

拱墅区叶青苑小区老旧小区改造完成后的绿化景观
（米市巷街道 供稿）

拱墅区亲仁里小区　　（拱宸桥指挥部 供稿）

扶贫结对
FUPINJIEDUI

2020年6月9日，拱墅区帮助来凤县举办基层农技人员知识更新培训一期

（申屠家杰 供稿）

2020年5月26日，拱墅区领导、黄平县领导共同为"苗艺世家生活馆"揭牌并参观直播带货活动

（申屠家杰 供稿）

2020年5月20日，拱墅区帮助来凤县举办乡村医生能力提升培训

（申屠家杰 供稿）

2020年7月1日，拱墅区心巢公益发展中心通过"西湖先锋"微信公众号以及京东、淘宝、抖音等平台开展直播助农活动

（区民政局 供稿）

2020年7月13日，由拱墅区教育局指导的来凤县第一届校（园）长论坛举行（申屠家杰 供稿）

2020年9月25日，拱墅区领导赴来凤县考察（申屠家杰 供稿）

2020年8月15日，拱墅区在黄平县挂职干部慰问高温环境下奋斗在一线的企业员工（申屠家杰 供稿）

杭州市东西部扶贫协作项目之一——黄平县㵲阳湖林下套种有机茶项目（申屠家杰 供稿）

拱康路　　（董旭明 摄）

香积寺路隧道　　（区住建局 供稿）

运河亚运公园　　（区住建局 供稿）

运河中央公园　　（区住建局 供稿）

杭州市登云幼儿园
（区教育局 供稿）

杭州市红缨幼儿园童玩家校区
（区教育局 供稿）

杭州市星澜幼儿园
（区教育局 供稿）

杭州市永正实验学校
（区教育局 供稿）

杭州市育才大城北学校
（区教育局 供稿）

杭州市蓓蕾学前教育集团
隐秀幼儿园（区教育局 供稿）

2020年1月1日，新年走运活动的起、终点香积寺广场活动举行 （区文广旅体局 供稿）

2020年1月1日，新年走运活动在拱墅区运河沿线举行 （孔顺祥 摄）

2020年1月1日，传统工艺工作站（杭州拱墅站）“大过非遗年”活动举行 （区文广旅体局 供稿）

2020年10月24日，拱墅区太极拳（剑）比赛举行　　（区文广旅体局 供稿）

2020年1月10日，“大过中国年”传统服饰秀举行　　（区文广旅体局 供稿）

2020年1月15日，拱墅区总工会助力“六大专项行动”主题晚会举行　　（佘文华　摄）

“半山新十景”之贤音雅韵 （半山街道 供稿）

和睦街道居家养老服务照料中心
（区委宣传部 供稿）

老人在大关公园内晨练 （吴军荣 摄）

西塘河小河段　　（区委宣传部 供稿）

康运社区阳光老人家　　（康桥街道 供稿）

运河边的居民生活　　（余文华 摄）

拱墅区在运河农园举行体验式教育　　（余文华 摄）

小河直街一角　　（余文华 摄）

运河边的微笑服务　　（吴军荣 摄）

数字拱墅

SHUZIGONGSHU

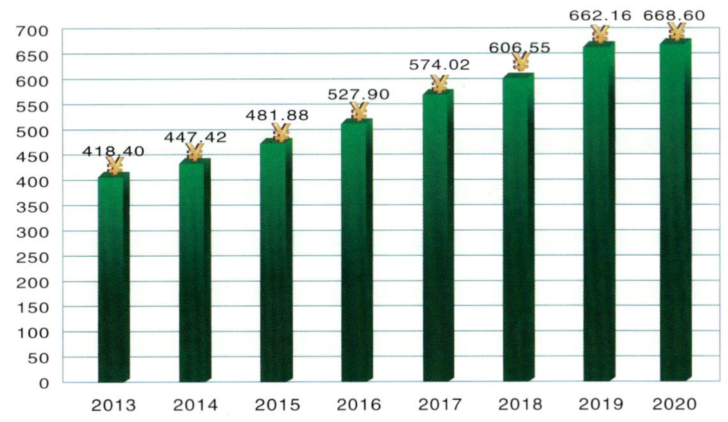

地区生产总值（亿元）

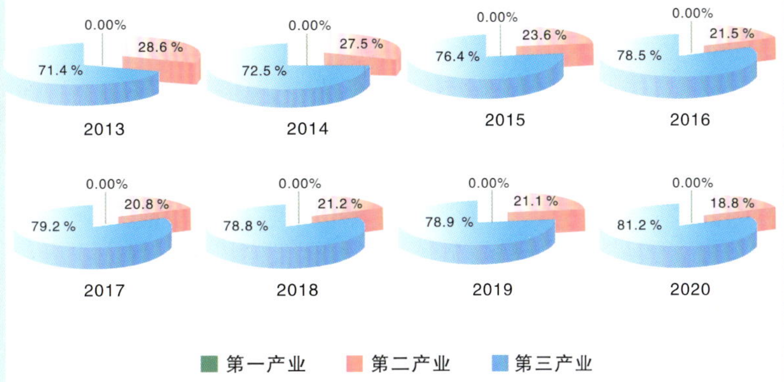

生产总值构成

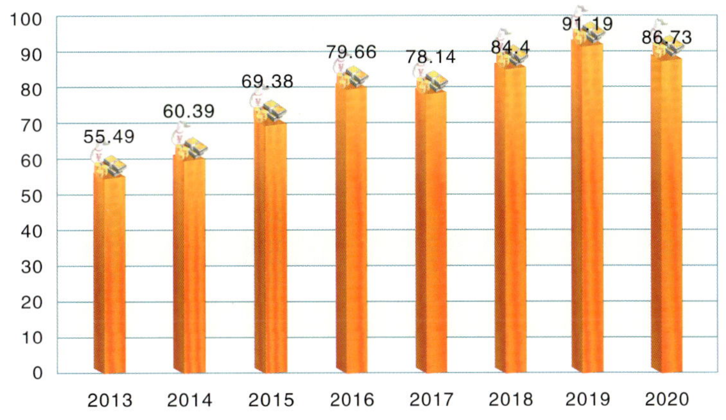

地方一般公共预算收入（亿元）

注：根据全国第四次经济普查，2013—2018年地区生产总值和三次产业数据进行修订

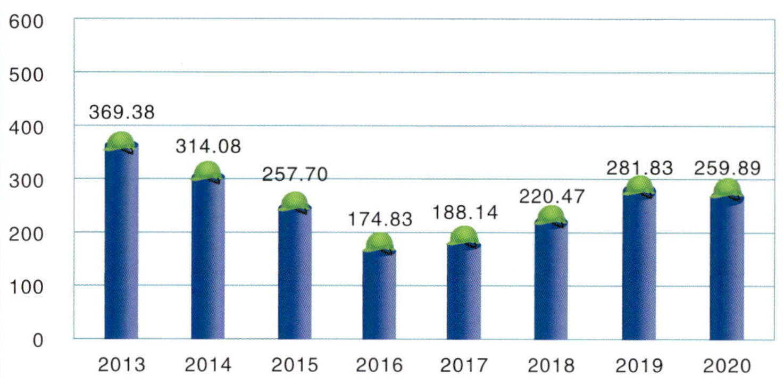

规模以上工业总产值（亿元）

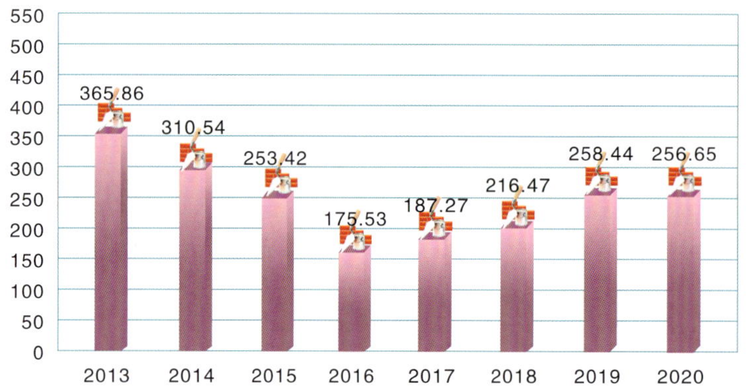

规模以上工业销售产值（亿元）

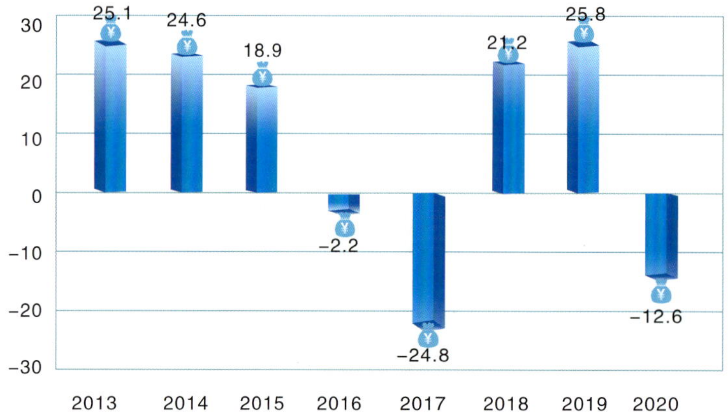

固定资产投资增速（%）

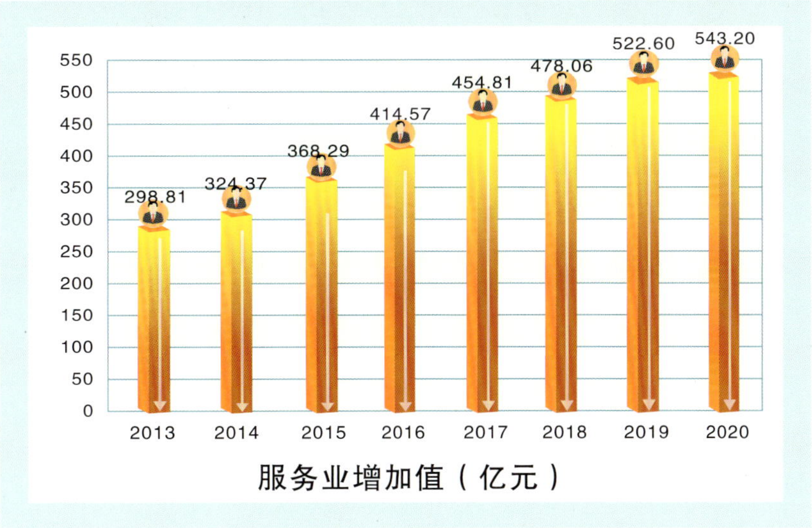

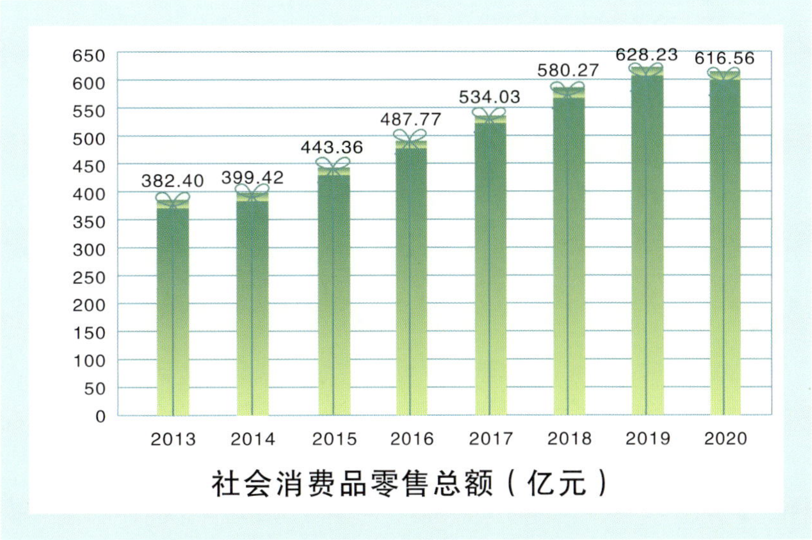

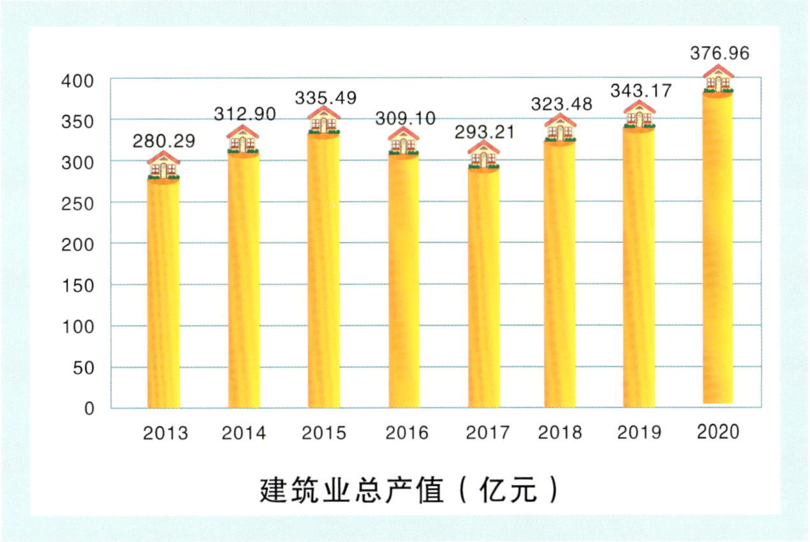

注：2013—2019年社会消费品零售总额根据第四次经济普查结果修订

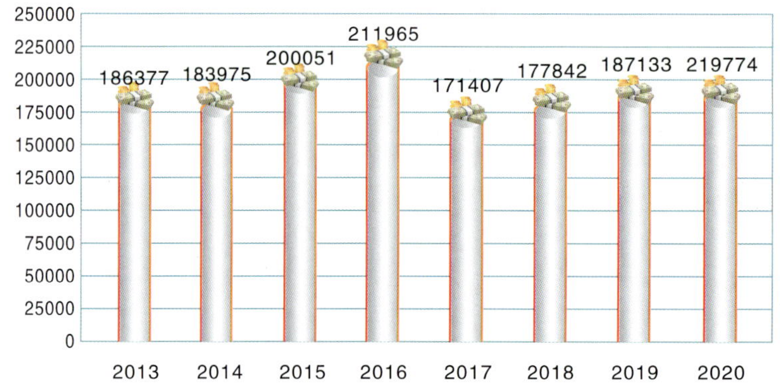

进出口总额（万美元）

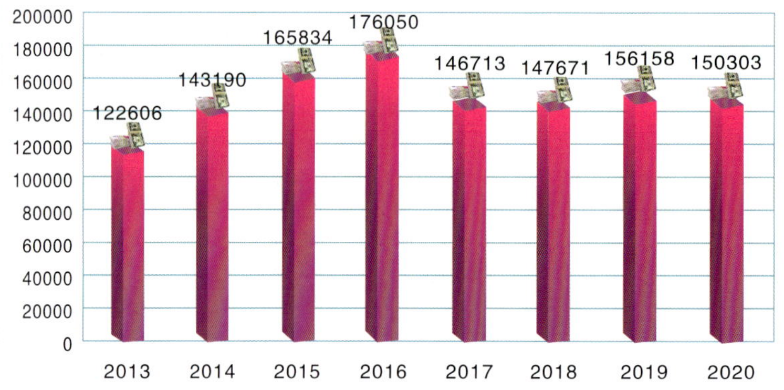

自营出口（万美元）

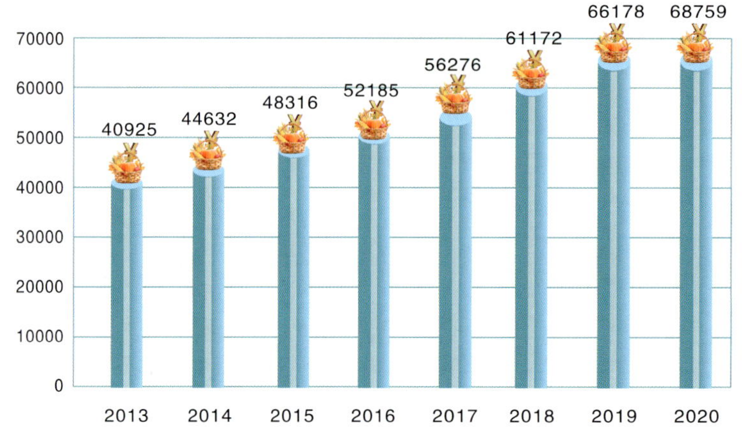

城镇居民人均可支配收入（元）

注：城镇居民人均可支配收入2013—2018年为杭州市口径，2019—2020年为拱墅区口径

目录

CONTENTS

特载

SPECIAL REPORT

专记

EXCLUSIVE CHRONICLE

年度聚焦
HIGHLIGHTS OF THE YEAR

大事记
CHRONICLES OF MAJOR EVENTS

区情概览
OVERVIEW OF CITY

中国共产党拱墅区委员会
GONGSHU DISTRICT COMMITTEE OF THE COMMUNIST PARTY OF CHINA

拱墅区人民代表大会
GONGSHU DISTRICT PEOPLE'S CONGRESS

拱墅区人民政府

GONGSHU DISTRICT PEOPLE'S GOVERNMENT

中国人民政治协商会议拱墅区委员会

GONGSHU DISTRICT COMMITTEE OF THE CHINESE PEOPLE'S POLITICAL CONSULTATIVE CONFERENCE

中共拱墅区纪律检查委员会 拱墅区监察委员会
COMMISSION FOR DISCIPLINE INSPECTION OF GPC GONGSHU DISTRICT COMMITTEE; GONGSHU DISTRICT SUPERVISION COMMITTEE

民主党派・工商联
DEDEMOCRATIC PARTIES AND THE FEDERATION OF INDUSTRY AND COMMERCE

群众团体
MASS ORGANIZATION

外事·侨务·港澳台事务

FOREIGN AFFAIRS;OVERSEAS CHINESE AFFAIRS;HONG KONG,MACAO AND TAIWAN AFFAIRS

法治

RULE OF LAW

军事

MILITARY AFFAIRS

特色产业

CHARACTERISTIC INDUSTRIES

开放型经济

OPEN ECONOMY

商贸服务业

COMMERCE SERVICE INDUSTRY

涉农产业

AGRICULTURE RELATED INDUSTRY

房地产业

REAL ESTATE INDUSTRY

十大产业平台

TOP TEN INDUSTRIAL PLATFORMS

投资促进·区域合作
INVESTMENT PROMOTION AND REGIONAL COOPERATION

经济监督管理
ECONOMIC SUPERVISION AND MANAGEMENT

城市建设与管理
URBAN CONSTRUCTION AND MANAGEMENT

环境保护
ENVIRONMENTAL PROTECTION

科学技术
SCIENCE AND TECHNOLOGY

教育
EDUCATION

文化
CULTURE

体育
SPORTS

卫生与健康

HEALTH AND WELLNESS

人力资源

HUMAN RESOURCES

社会民生
SOCIAL LIVELIHOOD

街道
STREET

人物
FIGURES

附录
APPENDIX

索引
INDEX

中共拱墅区委 拱墅区人民政府《关于严格疫情防控复工复产“两手抓”坚决打赢疫情防控阻击战奋力完成全年目标任务的通知》

（2020 年 2 月 17 日）

为坚决贯彻落实中央和省市决策部署，坚决做好疫情防控，有序落实全区企业楼宇复工复产，支持帮助我区企业共渡难关，切实保障社会平稳正常运行，努力完成全年目标任务，经区委、区政府同意，现就企业、楼宇业主和物业管理单位三个“十条意见”通知如下：

一、支持企业有序复工十条意见

1. 坚决落实上级政策

全面及时贯彻落实中央、省、市应对疫情加大对中小企业降低要素成本支持、财税支持、金融支持和外贸支持等各项政策，切实推进企业减负减成本（责任单位：区财政局、区人力社保局、拱墅区税务局、各行业主管部门等）。

2. 加强金融信贷纾困

积极协调金融机构不盲目抽贷、断贷、压贷，对因疫情面临还款困难的中小企业，积极发挥我区科技助贷、过桥贷、风险池基金等帮扶举措，妥善安排还款方案，直至“一级响应”解除为止（责任单位：区科技局、区财政局、区金融办）。

3. 发挥担保机构作用

在“一级响应”解除前，要开辟“绿色通道”，着力做好涉及防疫物资生产、销售、运输中小企业的融资担保服务，区中小企业担保公司免收担保费，对其他担保公司担保的本区上述企业给予 50% 担保费补助（责任单位：区财政局、区金融办）。

4. 减免企业房租

对承租区属及以下国有资产类经营用房的中小企业，免收 2020 年 2 月、3 月房租（责任单位：区财政局、区科技工业区管委会、拱投发、各街道）。

5. 倡导各类产业载体支持中小企业

倡导自持物业的经济合作社、非公业主（房东）和非国有主体开发运营的经认定的科技企业孵化器、众创空间、文创园、小微企业园、楼宇、综合体等各类载体主动为中小企业适当减免房租和其他费用，或者给予一定的缓交期限，具体由双方协商解决。对在疫情防控期间为中小企业减免租金的上述主体，予以政策扶持，减免 1 个月以上的，按照不超过减免额的 20% 给予其补助；减免 2 个月以上的，按照不超过减免额的 30% 给予其补助，单个业主主体最高补助金额不超过 30 万元（责任单位：区文创发展中心、区发改经信局、区科技局、区财政局、区人力社保局、区商务局）。

6. 强化劳动用工指导协调

加强对受疫情影响企业的劳动用工指导，做好疫情防控期间劳动关系法律政策服务，积极协调帮助解决因受疫情影响发生的劳资纠纷（责任单位：区委政法委、区人力社保局、区司法局）。

7. 依法办理不可抗力证明

对于受疫情影响导致无法如期履行或不能履行合同的，积极协助企业办理不可抗力相关证明，涉及国际贸易合同的，帮助企业向中国贸促会申请办理不可抗力相关证明（责任单位：各行业主管部门）。

8. 降低外贸企业出口成本

对企业参加中小企业小微联保的，给予 100% 保费补助（中小企业为年出口不超过 500 万美元的外贸企业）；对企业参加出口信用保险的，给予不超过 50% 的保费补助，单个企业补助金额最高不超过 70 万元（责任单位：区商务局）。

9. 给予参展企业费用补助

列入年度重点支持目录的境内外展会，因疫情原因导致企业支付参展费用后不能参展的，给予 100% 展位费补助；重点支持目录外的展会，经认可的组展机构提供证明，给予参展企业 50% 展位费补助，最高不超过 6 万元（责任单位：区商务局）。

10. 加快区级企业扶持政策兑现拨付

加快上年度及当年区级企业扶持资金的拨付进度，确保各类资金及时拨付到有关企业（责任单位：区文创发展中心、区发改经信局、区科技局、区财政局、区商务局等）。

本通知适用于工信部等四部委《中小企业划型标准规定（工信部联企业〔2011〕300 号）》所确定的中小企业。本通知有效期至 2020 年 4 月 30 日。中央、省、市出台相关支持的政策，遵照执行。

二、企业复工复产加强防控十条意见

1. 企业复工复产前必须严格建立由法定代表人为第一责任人的疫情防控组织，制定严格的疫情防控和应急管理预案，全面做好人员审核、进出口管控措施和防控物资、生产物资保障方案。

2. 严格建立返岗前复工人员全员预告、登记审核制度，严防重点疫区人员提前返岗。

3. 严格做好复工人员每日早晚体温检测登记，全员必须佩戴口罩，凭健康绿码和“拱墅区企业复工通行证”进入本单位；外来人员凭健康绿码和有效证件经企业指定联络人确认后领入。

4. 严禁人员聚集性活动，暂停安排赴重点疫区的商务出差活动。要求员工非因工作和生活必须，少外出、少走动、少聚集，自觉做到家庭、单位“两点一线”。

5. 严格做好出入口管控，做到进出人员必问、必测、必登记。

6. 严格做好报告和人员隔离措施，返岗员工出现发热、咳嗽等不适症状的，应立即按相关规定进行隔离，同时向属地街道（园区）报告。

7. 严格做好防控通风和消毒消杀，厂区、办公室等公共场所每日消毒消杀不少于 2 次；中央空调、室内新风系统暂停使用。

8. 严格做好员工食堂、宿舍、快递及外协单位管理，员工食堂暂不开放。食堂、宿舍如必须开放的，应严格按照防疫要求落实防控措施，不聚餐、少堂食。

9. 严格做好生产生活垃圾和废弃口罩等的分类处置工作。

10. 严格做好复工复产后的安全生产管理，确保安全有序。

三、楼宇防控管理服务十条意见

1. 每幢楼宇必须成立由楼宇业主和物业管理单位负责人为第一责任人的疫情防控组织，全面履行疫情防控主体责任，失职失责造成疫情防控后果的追究相关法律责任。

2. 未经申请备案的企业不得复工。

3. 复工人员凭健康绿码和“拱墅区企业复工通行证”进入楼宇，进入楼宇必须佩戴口罩并主动接受体温检测和登记。

4. 楼宇物业管理单位和入驻企业员工进行健康登记；每幢楼宇必须设置1处人员隔离场所，楼宇内人员一旦出现发热、咳嗽等不适症状的，应立即按相关规定进行隔离，同时向属地街道（园区）报告。

5. 楼宇访客须出示本人健康绿码和有效证件进行体温检测和登记，由被访单位指定的疫情防控联络人现场签字确认后方可领入。

6. 楼宇实行24小时不间断值守，每幢楼宇设置1个人行出入口和1个机动车出入口；楼宇消防通道暂用纸质封条封闭，物业管理单位每日进行巡查登记。

7. 楼宇内公共食堂暂停开放，鼓励员工自带盒饭或外卖点餐。

8. 楼宇企业不串门、不聚集，暂停安排赴重点疫区的商务出差活动。

9. 楼宇中央空调和室内新风系统暂停使用；楼宇物业管理单位每日对大厅、电梯、卫生间等公共区域安排消毒消杀不少于2次；楼宇入驻单位办公室内部消毒消杀工作由各单位自行负责并如实登记。

10. 外卖送餐、快递投寄等人员不得进入楼宇办公区域，楼宇物业管理单位在楼宇出入口统一设置外卖、快递寄存处，做到无接触取送。

2020年2月13日起，拱墅区实行凭健康码通行的规定，图为居民使用健康码　　（区数据资源局 供稿）

新冠肺炎疫情防控

【概况】2020年突如其来的新冠肺炎疫情发生以后，区委、区政府高度重视，于1月22日建立拱墅区新型冠状病毒感染的肺炎疫情防控工作领导小组和疫情防控指挥部，制定应急预案，建立防控工作组；在市委、市政府和市防指的统一指挥下，开展疫情防控工作，遏制疫情蔓延势头，打赢疫情防控阻击战，保障全区人民群众身体健康和生命安全。1月25日，拱墅第一批3名医护人员随浙江医疗队驰援武汉。2月14日，拱墅区进一步规范小区出入口、外来租户和便民店管理，确保健康绿码通行全覆盖。20日，根据杭州市乡镇街道疫情风险等级图，拱墅全域降至低风险。3月5日，拱墅区派专车专人接回全区第一个海外归国人员。至年底，拱墅区开展新冠病毒检测，样品3864份，其中检测核酸3864份，检测免疫球蛋白G（IgG）、免疫球蛋白M（IgM）1253份；对疫点、集中隔离点、入境航班人员运送大巴车等重点场所、重点环节开展消毒杀菌，共出动65次、178人次；助力复学指导服务530次；开展宗教场所开放指导服务14次；重大会议及考场驻点保障11次。在全省启动一级响应时，全体应急队员组成流行病学调查组、采样送检组、消杀组、信息日报组、综合组，坚持24小时值守在岗位。根据疫情防控形势，及时储备N95防护口罩、手套、消杀药品、手消毒剂、采样试管、检测试剂等应急物资，确保有效应对疫情应急处置。全年开展多场技能演练，由辖区各街道社区卫生服务中心和区疾控中心组织队伍参加，演练项目覆盖新冠肺炎防控理论知识、新冠肺炎疫点消毒杀菌和个人防护、新冠肺炎疑似病例现场流行病学调查、新冠病毒核酸检测采样送样等。9月8日，在全国抗击新冠肺炎疫情表彰大会上，杭州师范大学附属医院重症医学科副主任、主任医师林乐清获得全国抗击新冠肺炎疫情先进个人称号，康桥新能源产业园的浙江英特物流有限公司获得全国抗击新冠肺炎疫情先进集体称号。11月8日，《人民日报》客户端推送《走街串巷送健康，杭州拱墅这支爱心医疗志愿服务队这么干》一文，报道浙江老年关怀医院爱心医疗志愿服务队，疫情防控期间为辖区居家隔离观察人员进行心理引导和健康指导的事迹。13日，在全省抗击新冠肺炎疫情总结表彰大会上，拱墅区顾薇佳、许海峰、马锋平3人被授予“浙江省抗击新冠肺炎疫情先进个人”，杭州海外海百纳酒店集中医学观察团队被授予“浙江省抗击新冠肺炎疫情先进集体”，徐红岗获“浙江省担当作为好干部”称号。12月1日，在全市抗击新冠肺炎疫情总结表彰大会上，拱墅区李炜、刘新功、赵剑3人被授予“杭州市担当作为好干部”，李婉儿、魏一峰2人被授予“杭州市抗疫表彰优秀共产党员”，杭州詹氏中医骨伤医院党总支、心巢公益党支部被授予“杭州市抗疫表彰先进基层党组织”，杜露萍、支洁华、徐红霞等5人被授予“杭州市及时性表彰优秀共产党员”，夏燕军、李婉儿、印雪芬等21人被授予“杭州市抗击新冠肺炎疫情先进个人”，半山街道社区卫生服务中心、杭州詹氏中医骨伤医院党总支、半山街道党工委等9个集体被授予“杭州市抗击新冠肺炎疫情先进集体”。

【拱墅区新型冠状病毒感染的肺炎疫情防控工作领导小组成立】2020年1月22日，拱墅区新型冠状病毒感染的肺炎疫情防控工作领导小组建立。抽调各部门力量组建“一办八组”，区疫情防控领导小组办公室下设秘书组、综合协调组、专访专控组、医疗救治组、数据统计组、后勤保障组、宣传舆情组、督察整改组，由区委书记和区长任领导小组组长。成立疫情防控指挥部。防控工作领导小组和疫情防控指挥部实行每天24小时实体化运作；领导小组每日一连线，指挥部每日两会商，建立信息数据报送、居家隔离管控、重点人员排查、集中隔离点专班运作、物资供应保障、宣传教育引导、问题督查整改等机制；以街道党政领导为第一责任人、社区党组织主要领导为直接责任人，层层压实责任，全面形成“横到边、纵到底”科学、高效、有序的组织体系。疫情防控指挥部设在区政府3号楼第四会议室，区卫健局作为指挥部办公室牵头单位进驻。

【疫情防控值守会商制度启动】2020年1月22日起，区疫情防控指挥部开设24小时指挥热线，工作人员24小时专班值守，各街道社区卫生服务中心由中心负责人带班，安排一医一护一车的配置24小时待命。指挥部办公室实行三方例会制度，即指挥部办公室、疾控中心、集中隔离点三方，确保信息畅通。持续开展疫情风险专题评估和监测，做好每日2次国家网络直报。 （应　悦）

【各街道疫情防控工作开展】2020年1月22—23日，全区10个街道分别召开新冠肺炎疫情防控紧急会议，相继成立由街道领导班子成员、各职能科室、派出所、执法中队、各社区、农贸市场负责人等参加的疫情防控领导小组，并由街道党政正职担任组长。各社区启动第一书记负总责工作机制，压实第一书记、社区书记、管控社工三级防控责任。各街道、社区发挥各小区业委会、物业公司和志愿者的作用，织密“横向到边、纵向到底”的管理网络，2月3日始，全区所有住宅小区和酒店式公寓一律实行封闭式管理。各街道组织社区调整小区出入口，大关街道小区卡口由75个减少到18个，累计排查20927户52368人，居家观察415户1036人，在南七苑小区启动全区首个居家医学观察点。10个街道456个小区和农贸市场、超市全部实行佩戴口罩、测量体温、检查身份证和健康码等措施，有的小区为减少人员流动，自行印制了临时出入证。各街道压实压细辖区内酒店、宾馆等人员流动性较大单位的职责，会同卫生防疫部门做好全天候消毒工作。各街道关心关爱被隔离医学观察者家庭的生活保障，组织社区工作者和志愿者为这些家庭代购生活用品并送上门，和睦街道组织12家和睦红盟成员单位参与街道社区的一线抗疫。上塘街道在街道托老点自行设立7个临时性核酸检测点。米市巷街道7个社区以42个网格为依托，加大对孤寡老人、高龄失能老人、精神病人和留守儿童等特殊群体的关爱服务，疫情防控期间服务特殊群体1220人次。祥符街道组织人员在全街道86个小区、45家酒店式公寓的103个卡口进行检查和服务，疫情防控期间服务保障3300户7267人。复工复产后，各街道组织由街道领导带队的工作组深入所属企业，调查研究，帮助企业解决生产经营中的实际困难，保证国家减免税收、减免房租等有关政策的落实。大关街道在突如其来的疫情防控期间创新的以心理关怀为宗旨的“四消三心减压工作法”被浙江省《疫情防控简报》刊登。半山街道党工委分别获杭州市首批战“疫”先进党组织、杭州市抗击“新冠肺炎”疫情先进集体称号。

（年鉴编辑部）

【疫情信息发布】2020年，面对新冠肺炎疫情，区融媒体中心第一时间响应“备战”号召，工作人员24小时在线编辑、值守，组织10名记者深入一线采访报道，建立防疫重点部门点对点精准对接、新闻报道每日会商研判机制。“拱墅发布”微信公众号和“今日拱墅”App相继开设“权威发布”“重要通知”“记者蹲点”“辟谣”“战疫群英谱”等专题专栏10余个，“拱墅发布”微信公众号开启一天六推模式。“拱墅发布”微信公众号在全市率先发布《拱墅区关于新型冠状病毒感染的肺炎疫情防控工作“十二个一律”的通告》，2小时内阅读量超10万。“今日拱墅”App“战疫群英谱”专栏全时段更新推送，推出370余个身边的先进典型，成为正能量“连载”品牌。《今日拱墅》报纸推出《战疫·大事记》，诠释拱墅抗疫的速度、力度和温度。（王晓晨）

【疫情防控资金保障】2020年1月23日，拱墅区提前预拨资金1000万元，保障春节期间防疫工作顺利开展，同时开通疫情防控物资采购“绿色通道”，保障疫情防控物资采购快速实施。2月，陆续出台拱墅区《防控经费管理办法》《疫情防控物资管理办法》，加强疫情防控资金事前、事中、事后管理，规范防疫物资领用、审批和发放程序。拱墅区全年累计落实疫情防控资金1.01亿元。（龙杨洋）

【集中隔离点启用】2020年1月26日，拱墅区第一集中隔离点启用，90余名医护人员进驻隔离点。2月4日晚，启用区第二个集中隔离点。3月22日，启用第三个集中隔离点，用于接收境外返杭人员。各隔离点每天24小时派驻医护人员、安保等值守，每日对隔离对象开展“两测温两问询一日志”工作，对境外返回拱墅区人员、密切接触者等实行专车接回集中隔离，每个点位安排工作人员40余人。

【医疗机构督查指导】2020年，区卫健局采取领导带队分组、局机关工作人员一人联系一家医疗机构的方式，严格检查确保医疗机构落实院感举措，发挥好哨点作用，指导全区所有社区和362个检查医疗机构的疫情防控工作，在全市率先实现基层社区和医疗机构防疫指导覆盖率均为100%。（应　悦）

【半山入城口检疫卡点】2020年1月27日，拱墅区在半山入城口设立检疫卡点。2月19日，半山入城口卡点撤岗。（年鉴编辑部）

【疫情防控执法维权和指引】2020年1月，区公安分局成立疫情防控与服务保障复工复产2个领导小组，抽调114名警力建立疫情防控“一办十组”（防控办公室、情报信息组、人员闭环管理研判组、通道查控组、社会面防护组、舆情管控组、内部防护组、政治思想组、应急处突组、侦查打击组、复工复产组），实体化、全天候运行半山入杭通道、汽车北站、集中隔离点等6个重点工作专班，强化疫情防控执法维权保障。制定下发疫情防控期间企业复工、涉医类案件查处、车站管控等工作方案，探索精密智控、人员核查、内部防护、服务保障复工复产等创新机制，守牢监所安全底线。结合疫情防控需要，与区数据资源局、区卫健局等部门共同研发拱墅“一码通”，为后续疫情精准防控提供有力支撑。（鲁　萍）

【疫情防控社会面管控】2020年1月开始，区委政法委坚持以疫情防控社会面管控专班牵头，街道、社区联动，梳理出8个方面46条隐患风险和11个现实风险点，先后紧急出台“隔离点安防”“防人员聚集”“心理疏导干预”“网格化防控”等措施，全面护航辖区18家专业市场和8个商业综合体复工复产。区健康码专班高效运转，在全市率先出台健康码线下直通车，工作经验在全市推广。开通24小时热线电话，创新健康码申诉代办员制度，全面加强健康码宣传。健康码异议处理效率始终位于全市前列。（李远翔）

【防控信息大数据平台在全市率先上线】2020年1月，区数据资源局根据疫情防控需要，自主开发建设拱墅区防控信息数据库在全市率先上线。该信息数据库承接省、市、区三级指挥部每天下发要求管控的重点人员任务，全面归集经过疫情地区或境外返杭人员的集中隔离、居家隔离人员基本情况和进行后续情况跟踪记录，累计维护居家隔离人员数据18511条，集中隔离人员数据734条，境外返拱墅区人员数据1136条，侨胞外籍人员数据9606条，重点地区需跟踪管控人员数据11587条。

【健康码预警应用分析图】2020年2月，区数据资源局依托拱墅疫情防控信息数据库，开发“拱墅区疫情健康码预警”（简称“三色图”），利用掌握的辖区内人口信息、企业缴纳社保职工信息、健康码信息和区级管控人员信息等，进行数据比对碰撞、融合分析，并与地理信息系统（GIS）相结合，从空间维度展现出不同街道、社区红黄码人员的实际人数和占比，使街道、社区实时掌握辖区内重点管控人员的管控状态和健康码情况，为疫情防控和复工复产提供数据支撑和工作指导，覆盖10个街道95个社区，涵盖企业2.72万家。

【健康码复核】2020年2月，区数据资源局第一时间组建健康码异议复核申诉处理小组，逐步实现健康码异议申述数据每日"清零"，异议申述实时办理率100%。全年累计收到复核申请1.65万条，复核率为100%，完成复核转码1613人。牵头开展健康码帮办、代办服务，累计帮办、代办健康码10.7万人，申领健康码67万人，申领率100%。（杨玉苗）

【市场疫情防控】2020年1月27日，拱墅区市场监管局落实拱墅区疫情防控指挥部1号令的要求，立即组织辖区内农贸市场开展消杀工作。根据杭州市市场监管局《关于加强我市商品交易市场疫情防控工作的通知》，每日对市场管理人员和经营户进行测温，并佩戴口罩，落实每日两次消杀。1月30日，拱墅区市场监管局与全区18家农贸市场签订《杭州市农贸市场防控新型冠状病毒肺炎疫情责任状》，严格落实市场内防控"四个一律"（市场一律清洗消毒、人员一律测量体温、人员一律佩戴口罩、市场一律进行防控信息宣传），做好督促教育经营户合法合理行使自主定价权、落实进货查验、索证索票制度、每日快检结果公示等工作。2月1—28日，全区18家农贸市场实现市场监管执法干部定点驻守全覆盖，各农贸市场严格落实"一测三人三查"（"一测"即测体温；"三查"即查进出人员口罩、查每天两次消杀、查活禽交易）工作。2月18日，拱墅区18家市场落实人员健康承诺制，共签订《拱墅区农贸市场新型冠状病毒疫情防控承诺书》1116份。2月28日，拱墅区专业市场陆续复市，拱墅区市场监管局做好全区23家专业市场的防控工作，对每家市场每日开展巡查2次以上。3月5日，辖区农贸市场建立境外到拱墅区人员报告制度，各农贸市场完成对市场内人员（包含经营户和管理人员）近期出入境情况的排摸。

【沿街商铺疫情防控】2020年1月27日，拱墅区个私民营企业协会发布《倡议书》8000份，要求沿街商铺和所有个体工商户（除个别连续经营的药房、水果、食品超市外）在2月9日前不开门经营。拱墅区市场监管局每日对辖区内沿街商铺进行"扫街"排查，落实查责任落实、查防控措施、查场地消杀、查负面清单行业"四查"要求，指导疫情防控相关工作。2月8日起，杭州市企业复工实行申报备案制。2月17日，拱墅区市场监管局发布《关于加快推进沿街商铺复工复产的通知》，设立沿街商铺复工工作组，统一指导复工工作的开展落实。截至2月29日，拱墅区3168家沿街商铺复工开业，其中有129家大中型餐饮店、540家小餐饮店在做好防护的基础上，提供外卖服务，部分餐饮店按照防疫要求逐步放开堂食。（张玲慧）

【防疫抗疫各类物资捐赠】2020年1月27日，拱墅区慈善总会紧急发布《关于向抗击新型冠状病毒疫情工作提供援助的公告》，倡导爱心企事业单位、社会团体和各界爱心人士奉献爱心，参与新型冠状病毒肺炎疫情防控战。28日，区慈善总会、区红十字会、区卫健局开通募捐渠道，接收社会捐赠。至年底，有爱心企业48家、社会各界爱心人士266人，通过区慈善总会捐赠资金506.76万元、捐赠物资价值7.01万元。区红十字会接受捐款593万元、各类物资价值263万元。区卫健局接收捐款115.32万元。

（年鉴编辑部）

【药店疫情防控】2020年1月31日，拱墅区市场监管局根据杭州市医疗保障局、杭州市市场监督管理局《关于建立零售药店"退烧药"销售情况上报制度的紧急通知》，督促辖区药店自2月1日起，对购买发热、咳嗽药品的人员必须进行体温测量，做好信息登记并上报。2月3日，拱墅区市场监管局要求药店在购药人及其家庭成员中发现发热人员（手持体温计测体温≥37.5℃，检测二次以上），立即报属地市场监管所开展应急处置。2月4日，根据《杭州市人民政府关于实施“防控疫情，人人有责”十项措施的通告》要求，拱墅区市场监管局向辖区药店发出通告，要求药店每日进行做好消毒工作并记录，药店员工每日进行测温及健康情况登记，对进店人员严格要求佩戴口罩并测量体温，退烧药销售登记，发现发热人员立即报属地市场监管所等疫情防控要求。自2月8日开始，辖区药店暂停销售治疗发热、咳嗽的药品。2月22日，杭州市市场监管局、杭州市医疗保障局联合发布《关于恢复全市所有零售药店销售治疗发烧、咳嗽药品的通知》，至此，辖区药店的发烧、咳嗽药品恢复正常销售。

（张玲慧）

【疫情防控心理疏导干预开展】2020年，拱墅区注重心理疏导干预与疫情防控并举，引导市民群众坚定新冠肺炎是可防可控可治的信念，消除恐惧心理，稳定社会情绪。全区1个区级、11个街道（园区）的社会心理服务指导中心全面投入疫情防控，83名心理专家、社会服务机构心理专业人员在各街道社区、集中隔离点开展服务。1月，开通3条区级心理服务咨询热线和3个在线心理服务平台，提供24小时在线心理支持和援助服务。同时启动街道社会心理服务指导中心，发动社区心理社工参与全区456个小区卡口管理。全年发放心理健康宣传册，开展心理健康宣教电话访问，累计发送温情提醒短信30万余条，为居民群众提供心理疏导9000余人次。

【“十二个一律”颁布】2020年2月3日，拱墅区发布《拱墅区关于新型冠状病毒感染的肺炎疫情防控工作“十二个一律”的通告》，具体内容包括所有小区（含酒店式公寓）一律实行封闭式管理，进出小区要严格执行“一测二人三问”（测温，两个工作人员检查，三个问题：你是谁、从哪里来、到哪里去）；小区居民一律测体温，凭身份证进入；外来人员和车辆一律不得进入小区，特殊情况由管理人员做好登记备案等，并设立监督举报热线12条。2月13日，拱墅区发布关于调整疫情防控“十二个一律”的公告。调整内容包括在拱墅区无固定居所、无明确工作的人员暂缓到杭，一经发现，予以劝返等7条。按照“十二个一律”的要求，全区所有小区实行封闭式管理，456个小区出入口执行“一测二人三问”制度，切实做到“人人必测温，无事不外出”；落实好“一社工两保安（志愿者）日报告”居家隔离管控的各项措施。发挥网格化管理力量，动员社区、派出所、志愿者对重点疫区到杭、返杭人员进行上门排查；组织各级机关党员干部到小区卡口、重点社区、重点对象等重要点位参与疫情防控工作。

（应　悦）

【商贸行业“两战”保障】2020年，突如其来的新冠肺炎疫情发生后，区商务局根据杭州市的统一部署和区疫情防控指挥部的指令，组织实施全区商贸企业从营业到关停，再从关停到复工。防控期间，严格落实全区203家住宿企业入住旅客的管控工作，每日逐个核对从重点疫区到杭人员信息，守住全区防控的第一道关口；安排专人到15家2000平方米以上大型超市进行全天候蹲守，协助各超市开展入场人员体温检测，督促超市落实消杀工作；对全区15家大型超市、19家中型超市开展生活必需品市场日报监测工作，每日监测米、面、油等生活必需品的库存情况，动态发布市场供应相关预警信息，确保供应充足。先后办理保供企业人员通行证1000多张、车辆通行证300多张，协调解决30000个口罩，助力企业复工复产。

（周灵江）

【旅游业抗疫复工复产】2020年年初，区文广旅体局贯彻文化和旅游部关于暂停旅游业务的要求，采取措施确保全区旅游业按照有关规定执行。进入复工复产阶段后，区文广旅体局指导景区运行落实一人一码、测温通行、预约限流等工作，A级旅游景区运行平稳有序；帮助区内旅游饭店、旅行社申报纾困扶持资金（其中，区内10家旅游饭店参与半价优惠，获得补助25.72万元。区内7家出境社申报纾困资金，完成对5258人的资料审核及52.58万元补助资金的兑付）；开展“好运拱墅”文旅消费券发放、浙江人游拱墅商企见面活动、鼓励辖区旅行社承接区内职工疗休养业务和申报现代服务业（全域化推进）及特潜行业重点项目补助。

（姚　辉）

【文化市场疫情防控】2020年，拱墅区文广旅体局开展疫情防控宣传和政策落实工作。2—3月，通知被管理单位及企业营业关停，实地巡查被管理单位和企业营业关停情况；5月，在钉钉平台审核被管理单位有序复工复产申请；在“亲清在线”平台审核旅游等微小企业政策补贴申请。同时，将复工指南、场所消毒登记本、顾客登记本等各类台账模板发给网吧、娱乐场所、演出场所。

（蓝依文）

【企业复工复产防疫指导工作启动】2020年2月10日，拱墅区第一批19家企业开始复工。拱墅区出台《关于拱墅区外地返杭人员管控工作的几点意见》。11日，开始对复工企业开展防疫现场核查。16日，在全市率先启动企业防疫指导工作，并出台全市首个《复工复产企业疫情防控应急处置预案》。通过建立驻企健康指导员制度、向企业传达疫情防控最新精神、实地指导基层落实疫情防控等举措，助力企业复工复产。全区累计出动驻企健康指导员23705人次，服务企业9048家次，包含辖区规模以上企业1171家、小微企业园区10个，在全市主城区率先实现规模以上企业和小微企业园区指导覆盖率100%。拱墅区制作企业“防疫一本通”，提炼出“防疫要点、应急流程、电话备忘”三项清单，为企业和驻企健康指导员提供易学易用易查的工作清单和指导员联系卡，累计发放工作清单和指导员联系卡各5000份。为每个驻企健康指导组发放口罩600个，用于服务企业，并向企业提供物资申请专用通道。至年底，累计向复工复产企业提供口罩60万只，额温枪100余只，消毒液1吨。

【依法防疫工作】2020年，拱墅区做好疫情防控的法治保障工作。2月，成立新冠肺炎疫情防控期间企业复工复产法治保障专班，服务保障全区企业有序复工复产。审核报备全区疫情防控政策文件，开展民营企业法治体检专项行动，为企业评估、预警法律风险100余条，提供法律意见书或解决问题、困难600余次。出台疫情防控期间“复工十条”“规上五条”意见等政策，通过“亲清在线”平台，创新推动政策兑现流程，惠及企业2.58万家。（应　悦）

【企业复工复产政策兑现及员工关爱】2020年2月12日，拱墅区发布严格疫情防控复工复产“两手抓”三个“十条意见”，减免140多家中小企业（个体工商户）两个月租金。25日，拱墅区出台“支持企业有序复工十条意见政策兑现申报指南”。27日，专车接回全区首批外省返杭复工人员。3月5日，针对辖区注册企业，政府保供口罩通道开放。首发拱墅区网上服务平台，全面实现政府和企业之间“直通车式”服务和企业“最多跑零次”。

【全区各领域逐渐恢复正常秩序】2020年2月20日，大运河亚运公园建设工程正式复工，全区35个省市重点项目有序“动”起来。首批综合体城西银泰城、万达广场、运河上街恢复营业。25日，拱墅区首批安置房建设项目复工。28日，全区各大专业市场陆续开市。拱墅区24个留用地项目陆续复工。3月5日，全区十大产业平台先后复工复产。8日，拱墅区11所学校建设工程陆续复工。4月13日，拱墅区初三、高三学生开学。20日，拱墅区初中初一、初二年级，高中高一、高二年级，小学四、五、六年级开学。

【“八项关爱志愿服务专项行动”开展】2020年2月29日，拱墅区面向居住或工作在拱墅区范围内援鄂医疗队员、新冠肺炎防控一线医务人员（含疾控一线医务人员）及其家属开展“八项关爱志愿服务专项行动”（志愿守护行动、义务理发行动、交通畅行行动、家庭帮助行动、家政服务行动、温暖展向行动、场所服务行动、典型宣传行动）。

（年鉴编辑部）

【区人大疫情防控专项监督】2020年，拱墅区人大常委会贯彻落实中央和省市区委疫情防控重大决策部署。建立“包干督查、下沉服务、信息互通”工作机制，主任会议成员分别到联系街道开展防控督查，明察暗访街道社区、居民小区、卡口卡点300余次，推动各项防控措施落地落实。进入复工复产阶段后，区人大常委会主任会议成员带队，组建企业复工复产“服务队”7支，实地走访辖区企业、街面商铺131家，严格要求企业、商家安全有序推进复工生产。建立企业代表、社区代表微信服务群，关注基层一线、企业经营实时动态，书面调查辖区44名企业家代表所在企业状况，为区委、区政府提供决策参考。区人大常委会在年度监督工作中新增两项监督议题，开展“靶向”监督，助力“两战全赢”(“战疫情、促发展”)。听取审议区政府关于健全和完善公共卫生应急管理体系建设情况的报告，精心组织医疗、卫生、社区以及熟悉公共卫生应急管理的委员、代表，围绕疫情初期应急机制运行暴露的问题建言献策，助力补齐短板。听取审议区政府关于疫情防控期间企业复工复产政策落实情况的报告，深入剖析不同行业不同企业在不同阶段遇到的突出问题，支持政府推进专项行动和有效投资，严格落实各项惠企政策，助力企业对冲疫情压力，推动区域经济发展重回稳步向上轨道。（高晓岳）

【区政协疫情防控献计出力】2020年年初，区政协针对新冠肺炎疫情，第一时间向全体政协委员发出倡议书，号召大家为防疫工作献计出力。区政协领导班子深入一线，督导疫情防控工作，协调解决疫情防控中的困难和问题。医卫界委员发挥医学、公共卫生专业优势，直接参与防治工作；面对防护物资紧缺的情况，许多委员捐款捐物，采购急需物品，累计捐款180多万元，捐赠物资折合人民币460多万元。复工复产中，区政协领导班子落实包干区块制度，深入各个街道和区科技工业园区，走访企业70余家，了解企业复工复产进度，讲解相关政策，收集企业发展难题，助推解决招工难、返岗难等问题。围绕防疫工作开展“请你来协商”活动。3月25日，区政协开展“企业如何应对新冠肺炎疫情影响”请你来协商活动，邀请部分企业界委员和区相关职能部门负责人，座谈交流委员企业在疫情防控和复工复产中的做法和经验，分析企业遇到的困难和问题，就企业如何克服疫情影响、加快发展协商建言。面对疫情带来的严重影响，委员们提出“企业面临复工复产困境，应发挥党组织战斗堡垒作用”“完善远程运维云平台，智能实现物联链接”“以疫情为契机，加强社区管理智能升级和数据消费”“利用区域优势和文化底蕴，加大房租补贴力度，吸引更多人才落户拱墅”等意见建议。6月10日，区政协围绕“基层防控体系建设”开展“请你来协商”活动。区政协领导与政协常委、委员、相关单位及社区代表、志愿者代表、群众代表，共同探索如何补短板、堵漏洞、强弱项，加强应对重大突发公共卫生事件基层防控体系建设，并提出“建立物资储备长效机制”“加强对医疗废弃垃圾清运的专业培训”“探索建立居民电子健康档案终身卡”“保障基层防控经费”“打通信息平台，完善联动机制”“公共卫生防控融入智慧小区建设内容”“加强对志愿者的关心关爱”等意见建议。（边鸿昌）

【组织工作服务保障“两战”】2020年新冠肺炎疫情防控期间，区委组织部以“暖心十二条”31项举措为着力点，激励调动全区基层党组织和广大党员投身疫情防控和复工复产。组织600多名机关党员干部每日支援一线、1171名驻企专员蹲点服务。划拨110万元专项党费用于慰问2467名一线党员、干部。跟进摸清一线普通社工表现情况，在全区通报表扬62人次，4名党员获省级先进，12个基层党组织、18名党员获全市先进。坚持一线选用立标杆，“战地提拔”3名社区书记为街道副职、1名街道卫生服务中心负责人进入区卫健局党委班子、调任公务员，提拔优秀年轻干部4人。专项周转5个事业编制用于优秀社区党组织书记纳编，落实激励关爱疫情防控一线“暖心31条”，做到39名拱墅援鄂医疗队员及家属“一人一帮扶”全覆盖。（孙　岩）

【人才办聚力抗疫保障发展】2020年，拱墅区委人才工作领导小组办公室制定出台《拱墅区关于在疫情防控期间帮助人才和人才企业复工发展的工作举措》，建立三级包干服务体系和专员“一对一”制度，开通本地人才和外籍人才两条24小时服务热线，开展100%全覆盖电话访谈和实地走访，为人才项目落实房租减免、贷款贴息等复工复产有关事宜，帮助人才企业融资1000余万元，协调解决复工复产类难题68个。搭建“墅人才”企业互助帮扶平台，发动浙江英特物流有限责任公司、浙江盘石信息技术股份有限公司、杭州九洲大药房连锁有限公司等辖区防疫物资供应企业，为人才企业复工对接防疫物资采购渠道，帮助美国、加拿大、英国等6个国家19位合作人才解决口罩等防疫物资紧缺困难，落实口罩3万余个、防护衣3000余件、耳温枪200余个。宣传《致全市广大专家人才的倡议书》，发动辖区高层次人才和人才企业在疫情防控中发挥作用，辖区杭州九洲大药房连锁有限公司、浙江盘石信息技术股份有限公司、杭州美创科技有限公司等47家人才企业共捐赠制氧机、呼吸机、药品等防疫物资和爱心款项价值6329万元，魏尔啸实验室列为新冠病毒核算定点检测机构，完成检测2万余人。国家特聘专家企业杭州先端生物科技有限公司、以色列医废处理企业宜维爱（杭州）科技有限公司等5家人才企业加强生产供给，为一线防疫工作提供科技和产品支撑。（吴佳妮）

【区信访局抗击疫情工作】2020年年初，突如其来的新冠肺炎疫情防控期间，区信访局每天处理100多件与疫情有关的信访案件，发出27份疫情工作专报，为领导作决策提供依据。（陈文文）

【总工会助力疫情防控】2020年3月8日，区总工会出台《关于做好在新冠肺炎疫情防控期间稳定劳动关系支持企业复工复产的通知》。1—4月，抽调300人次“墅工阳光志愿者”支援半山入城口及部分社区。拨付专项资金120万元，发放抗疫慰问款物87万元，慰问一线职工400余人。

【《拱墅区建会单位援鄂医疗队员及其家属保障的八条意见》出台】2020年，区总工会出台《拱墅区建会单位援鄂医疗队员及其家属保障的八条意见》。八条意见分别为发出工会慰问信、开展走访慰问、建立“墅工”阳光服务群、提供家政服务、开通听说书会员卡、安排免费疗休养、安排免费体检、办理增值套餐通信服务。八项服务为援鄂医疗队员及其家属构建立体式关爱机制。（林　红）

【团组织抗疫助力复工复产】2020年2—3月，团区委成立青年突击队25支，动员全区志愿服务队和公益组织，日均参与志愿者300余名，累计服务时长超6000小时，其中区卫健局团工委“詹氏”青年突击队青春坚守杭城北大门工作事迹在“中国共青团”微信公众号等媒体报道。发动全区各级团组织组建复工“青年帮帮团”20余支，推出政策宣传、金融纾困等8项服务，米市巷街道“青年帮帮团”获《杭州新闻联播》头条报道，其中“拱墅发改复工复产突击队”“拱墅区盘石信息团委抗疫青年突击队”获杭州市新冠肺炎疫情防控工作优秀青年突击队称号。团区委牵头为全区40余户援鄂医务人员家庭量身定制“暖心十条”服务举措，主要有连续两月赠送有机蔬菜、净菜套餐、水果等物资，为每个家庭配置“团区委+街道社区+建功学院+骨干志愿者”的专属服务团队，提供《开心麻花》话剧票、运河船票等10条服务。联合浙江理工大学团委、区卫健局，组织90余名大学生志愿者，持续2个月为拱墅区80余位一线医务人员子女提供一对一的学业辅导、心理关怀。在乐堤港、大悦城、万达广场举办“云集拱墅”青年促消费系列直播活动3场，发放商家优惠券400份，共吸引近40万网友观看，发送互动弹幕8万余条。人民日报客户端、浙江电视台等多家媒体专题报道。（沈一鸣）

【“战疫·我们帮”上线】2020年2月14日，区妇联面向全社会招募志愿者，吸引25名资深律师、婚姻家庭指导师、心理咨询师、医生等组建志愿服务队并正式上线，同步向社会公布服务热线电话、网址、邮箱。志愿者在线为广大女性提供新冠肺炎疫情防控期间复工相关政策的公益咨询、复工中产生的法律问题等公益援助和解答，以及孕期防护、婴幼儿照看方面问题的专业解答。组建抗击疫情心理关爱群，通过热线电话和网络辅导，为有需要的妇女儿童提供防疫心理援助服务，开展免费心理咨询工作，至年底，为 89 名有心理服务需求的人员提供心理救助。

【亲子书画抗疫情】2020 年 2 月 26 日，区妇联向全区家庭发出“小画笔 大爱心 携手共绘抗疫情”亲子书画大赛作品征集令。比赛面向在拱墅区工作和生活的家庭成员中的妇女、儿童、青少年，以及其他区县市家庭，征集“表达对抗疫英雄们的支持和感恩”的书画创意作品。参赛作品围绕“众志成城，共同抗疫”等主题进行创作，共收到参赛作品 3219 件。经过美术专家的评选，评选出一等奖 10 名、二等奖 20 名、三等奖 30 名、优秀奖 116 名。

（夏雪红）

【“助企抗疫情、联企促生产”专项行动】2020 年 3 月，区委统战部、区工商联按照中央和省、市、区关于“坚持疫情防控和企业复工复产两手抓，持续深化‘三服务’活动”的总体要求，联合开展“助企抗疫情、联企促生产”专项行动，成立工作专班，两套班子领导分片联企，重点联系走访区工商联执委企业、新生代联谊会会员企业 125 家，帮助企业协调解决复工复产中面临的各种困难和问题。

（柏　莹）

【入境台胞疫情防控】2020 年，区台办与区疫情防控指挥部对接，做好入境台胞管控衔接和配合工作。与区疫情防控指挥部和各街道建立实时动态沟通机制，第一时间掌握台胞入境情况，协同街道、社区做好入境台胞医学隔离和疏导工作。

（陈　珲）

【区侨联助力疫情防控】2020 年 2 月 19 日，区侨联将省侨联送来的消毒液 150 千克、防护口罩 2 万只送到区红十字会、区防疫指挥部和 10 个街道，缓解物资急缺的困境，助力一线疫情防控工作。3 月初，区侨联利用“拱墅发布”微信公众号、《都市快报》、交通“91.8”等媒介发出《告海外侨胞的一封信》，开通区、街道两级 24 小时咨询服务热线，累计接听电话 800 余次。4 月 13 日，区侨联、区留联会开展关爱海外侨胞和留学生捐助活动，募集善款 3 万余元购买 2 万余只口罩寄往意大利、奥地利和日本，助力海外侨胞和留学生人员抗击疫情。

（陈　琦）

【文艺战疫力量凝聚】2020 年年初，面临新冠肺炎疫情，区文联发动文艺工作者创作作品，传递抗击疫情正能量。全区文艺界人士共创作各类文学作品近 120 件、摄影作品 300 余幅、视频 20 余条，以区文联名誉主席黄亚洲创作的《今夜，让我的心跟随你去武汉》为代表的多篇抗疫主题诗歌被各大媒体广泛宣传。5 月 10 日，在万达广场举办“最美的你”主题摄影展览，近 2000 人观展。

（王晓晨）

【婚姻登记机关疫情防控】2020 年，区民政局为严格落实疫情防控要求，从 2 月 5 日起，区民政局婚姻登记处全面暂停办理所有现场业务，同时关闭婚姻登记网上预约。2 月 23 日，再次开放网上预约，2 月 26 日起恢复婚姻登记服务，仅办理预约登记，分时段预约限制人流，暂停结婚证颁证服务和婚姻家庭辅导现场服务，严格落实疫情防控举措，定期进行室内消毒杀菌，工作人员佩戴口罩上岗，群众进入场地均须测量体温、出示健康码。5 月起逐步取消人流限制、开放非预约办理服务，恢复结婚证颁证服务，7 月 20 日起恢复婚姻家庭辅导现场服务。

（周婧斯）

【养老机构防疫抗疫】2020 年，区民政局成立由局长任组长、10 个街道社会事务科科长为组员的拱墅区社会福利领域疫情防控和安全生产工作专班，加强对养老机构和集中托老点的消防安全和疫情防控督查管理。下发《养老机构、托老点元旦春节期间新冠肺炎疫情常态化防控注意事项》《养老机构、托老点自查通知》《养老机构、托老点访客登记表》等文件，规范指导养老机构及托老点加强“内控外防”，关注老年人的心理健康。组织养老机构及托老点工作人员每 14 天进行一次核酸检测，累计 557 名工作人员参与检测。其中，上塘街道托老点自行设 7 个临时核酸检测点。养老机构封闭式管理期间，区民政局每天对辖区各养老机构、集中托老点开展封闭管理工作督查，累计督查54家机构（托老点），发现问题7个，均完成整改。关注特殊重点老年人的探访探视，通过区“阳光大管家”平台发送温馨提醒23万余条，如遇人身意外、家电维修、管道堵塞等紧急情况需要帮助，老年人可以通过“智慧终端”或拨打平台统一服务热线获得紧急救援。（高　菲）

【“战疫情·促发展”直播节目《春江水暖·拱墅启航》开播】2020年3月23日，由区委宣传部（区融媒体中心）联合杭州电视台综合频道共同推出的“战疫情·促发展”直播节目《春江水暖·拱墅启航》开播。

【杭州师范大学附属医院17名“白衣战士”从武汉归来】2020年3月31日，杭州师范大学附属医院17名“白衣战士”圆满完成医疗救治任务，实现“打胜仗，零感染”目标，从武汉归来。

（年鉴编辑部）

【疫苗接种】2020年，拱墅区开展一线工作人员新冠病毒疫苗应急接种工作。至年底，累计对冷链相关、交通运输、医疗卫生等重点人群开展新冠病毒疫苗接种2729剂次。

【常态化疫情监测】2020年，拱墅区开展疫情监测、流行病学调查、密切接触者排摸、交换，协查、实验室采样、检测、信息整理及报送等工作。加大对食品、外环境和从业人员的检测力度，对辖区农贸市场、超市等场所开展冷链食品、外环境、从业人员新冠病毒核酸检测，6—8月每月一次，9月起每周一次。做好冷链人物并防工作，采集重点场所环境样350份（含隔离点环境40份、超市外环境30份、辖区二级以下医疗机构280份）、食品样30份、从业人员30份开展新冠病毒检测，结果全部阴性。

【应急物资储备】2020年，拱墅区完善物资保障组采购内控管理规定，做好应急值守、应急物资储备，按满负荷运行，区疫情防控指挥部储备3个月左右的物资。至年底，累计发放口罩221.61万只。实际储备N95口罩1.26万只、医用外科口罩127.78万只。

（应　悦）

【应急管理服务监管“两战”】2020年，区应急管理局组织党员志愿者服务队支援浙江石油杭州储运有限公司等20余家企业（单位）的疫情防控工作，并通过提供现场消毒服务、赠送防疫物资等方式，为企业排忧解难。部署开展全区2020年度重大生产安全事故隐患排查月活动，排查发现各类隐患2961条；对存在重大隐患的22家企业实行区级挂牌督办。牵头组织对拱墅区4个防疫隔离点开展联合检查5次，排查整改各类隐患70余条。印发《关于立即开展易燃易爆危险物品安全生产大检查工作的紧急通知》，部署专项大检查，对全区生产、储存、经营、运输、使用危化品的企业进行地毯式检查，检查企业91家次，并实施“60日隐患暗访督办闭环机制”。（李昆仑　朱丽娜）

【消防安全保障复工复产】2020年，区消防救援大队为消除企业复工复产期间的各类消防安全隐患，紧盯小微企业、居住出租房、“高低大化”（高层地下建筑、大型商业综合体、石化企业）、“生命通道”、学校等重点对象，集中力量开展攻坚行动，解决复工复产期间消防安全难点问题，提高复工复产后全区火灾防控水平。公众聚集场所开业前消防安全检查194家，核发公众聚集场所投入使用前、营业前消防安全合格证138份，处理群众消防安全信访案件90起，解决“96119”“12345市长热线”转办等举报投诉案件355起。（杨　江）

【疫情防控特种设备保障】2020年疫情防控期间，区市场监管局对拱墅区新型冠状病毒感染2家隔离点4台电梯和使用液氧储罐的5家医院进行专项检查。对人流量较多的地铁站和复工复产的商场、超市、工业企业开展现场监督检查，共检查23家单位重点检查设备定期检验、人员持证上岗等情况。其间，指导使用单位共91台电梯申报延期检验。（张玲慧）

【生态环境保障疫情防控】2020年，生态环境拱墅分局重点做好杭州市第二人民医院、浙江省新华医院、浙江省医疗健康集团杭州医院（杭州杭钢医院）3家定点医院和集中隔离点医疗废物应急处置管理工作。全年对定点医院、隔离点等重点单位进行检查30家次，社区志愿服务7次，走访企业79次，精准帮扶拱墅区35家规上企业协调解决问题100余个。对杭州好特路卫生制品有限公司拟新建口罩生产项目、康桥健康产业园康桥单元地块医院项目等项目，进行上门服务，实施“先开工后补办手续”的应急环评审批机制，简化环境影响评价审批手续。（王淑芝）

【科技抗疫】2020年，区科技局面向全区推送《致科技企业和科技工作者抗疫倡议书》，支持企业疫情防控产品的研发、生产。实施抗疫项目攻关，杭州云童智能科技有限公司获杭州市新型冠状病毒肺炎防控应急科研项目立项。依托“亲清在线”平台，全区首批提前兑付企业科技政策补助3500余万元，减免企业房租64.8万元。选派12名党员干部作为企业服务专员，为42家企业提供复工复产“一对一”精准指导，解决困难80余个。成立外国专家防疫工作专班，实行业务网上“零跑”办理，建立聘外单位负责人联络群，开展AB岗夜间值守服务解答，做到涉外信息底数清、情况明、动态准。开展聘外企业、在杭外国专家走访，严格执行防控规定，协调解决防疫物资。强化“高精尖”外专精准服务，成功帮助外籍专家安东入境。外国专家防疫工作得到区委主要领导批示肯定。（朱亮银）

【疫情防控期间市场乱象查处】2020年突如其来的新冠肺炎疫情发生期间，区市场监管局严厉打击伪劣口罩、哄抬物价、虚假广告等市场乱象，妥善处理涉及疫情防控的投诉举报120余件，转战桐乡、余杭、西湖、江干等地查获销售伪劣口罩等违法案件16件，涉及货值金额近200万元，移送公安部门追究刑事责任2件。

【防疫物资专项整治】2020年2—4月，区市场监管局开展防疫物资专项整治工作，打击伪劣口罩、哄抬物价、虚假广告等市场乱象。处理涉及疫情防控的投诉举报120余件，转战桐乡、余杭、西湖、江干等地查获销售伪劣口罩等违法案件16件，涉及货值金额近200万元，移送公安部门追究刑事责任2件。（张玲慧）

【区人力社保局服务企业员工返岗】2020年，区人力社保局综合运用浙江省企业用工监测服务系统和杭州市智慧就业信息系统数据，对全区600余家企业用工来源地结构、受疫情影响返岗条件、返岗意愿等情况进行梳理分析，为企业复工提供针对性服务，帮助企业解决员工返岗难、招工难等问题，帮助全区140余家企业共238名员工搭乘专列、专机返杭。协助56家企业（建筑工地项目）包车接回1076名务工人员返岗复工，其中为29家企业（建筑工地项目）对接杭州外事旅游汽车有限公司包车服务，接536人返回拱墅务工。帮助全区企业解决复工复产过程中的交通类诉求175个。（朱祺祺）

【复工复产财政政策支持】2020年2月，拱墅区财政局制定拱墅区国有经营性房产房租减免操作细则、拱墅区支持企业有序复工十条意见政策兑现申报指南、拱墅区支持规上企业加快复工五条意见政策兑现申报指南。加大对汽车消费、文旅企业、外贸企业等特定行业企业的扶持力度，全年累计落实惠企资金10.74亿元，为1118家企业减免房租6951万元。（龙扬洋）

【税费优惠及企业服务】2020年，拱墅区税务局制定《拱墅区税务局疫情防控税收优惠政策落实方案》，整理编订《防控疫情相关税费政策及措施》汇编，成立阶段性减免社保费工作专班，参与开发“税收优惠大礼包”精准推送功能并在浙江省率先试点应用，通过线上线下分类宣传辅导，全面精准释放税费政策红利。全年总计减免各项税费62.94亿元，较上年减免各项税费的规模增加32.19亿元。其中，降本减负减免税额33.43亿元，“减税减费减租减息减支”行动减免税额3.29亿元，社会保险费阶段性减免金额24.97亿元，文化事业费减免金额0.31亿元，残保金减免金额0.94亿元。疫情防控期间，区税务局挑选业务骨干组建“服务企业复工复产”专员团队。通过远程联络、定点派驻等形式，对受疫情影响较大的重点企业，做好针对性服务工作，全面掌握企业产能恢复和防疫工作情况。建立专员服务信息日报告机制，每日更新企业信息，并由专员团队联络员统一汇总，上报至拱墅区复工复产工作专班。同时，发挥涉税资源优势，通过大数据分析、部门联动等方式为企业破解供应链匹配等生产发展难题。

（徐财鑫）

【进口冷链食品物防工作】2020年6月起，拱墅区启动进口冷链食品物防工作。拱墅区市场监管局以全省冷链食品追溯系统（简称“浙冷链”）为载体，开展重点主体“浙冷链”系统激活和重点冷链食品赋码工作，实现从供应链首站到消费环节产品最小包装的闭环追溯管理，全面掌握冷链食品供应链流向。至年底，全区激活重点冷链单位209家（其中首站经营单位26家）；累计赋码134125件，入库139024件，出库119257件。区市场监管局出动执法人员684人次，检查首站企业50家次，大型超市66家次，餐饮单位120家次，排查冷库69个（均为自营冷库），发现并整改问题20个，处置输入性涉疫物品事件1件。全区未发生冷链食品物防工作重大舆情，总体工作平稳有序。

（张玲慧）

【拱墅区第一轮“战疫情·促发展”大比武活动举行】 2020年6月5日，拱墅区第一轮“战疫情·促发展”大比武活动举行。工作专班9个专项组牵头单位、10个街道和园区负责人，聚焦MEI指数赛马比拼，比推进、拼实绩、促赶超。活动现场，区委书记朱建明、区长章燕等区四套班子领导率领相关部门和园区负责人，各街道党工委书记、办事处主任，听取“战疫情·促发展”工作情况汇报，区领导现场予以点评，与会人员进行测评打分。朱建明现场公布测评结果。

【“战疫情·促发展”主题巡演千里行活动】2020年6月15日，市委宣传部主办的“战疫情·促发展”主题巡演千里行活动在拱墅区的首场演出在老开心茶馆开场。

【第三届“中国医师节”活动暨抗疫情促发展先进事迹报告会】2020年8月19日，拱墅区举办庆祝第三届“中国医师节”活动暨抗疫情促发展先进事迹报告会。杭州援鄂医疗队、浙江骨伤医院团队、区卫生监督所、祥符街道社区卫生服务中心、区疾控中心、集中隔离点医护团队等代表进行发言。活动现场，表彰区卫健系统十佳优秀团队、十佳优秀科室、十佳优秀集体、省市先进代表。

【第七届中国诗歌春晚（浙江分会场）——“抗疫！坚持！胜利！”大运河迎春诗会】2020年12月17日，第七届中国诗歌春晚（浙江分会场）——“抗疫！坚持！胜利！”大运河迎春诗会在拱墅区图书馆开幕。该次诗会由区文广旅体局、白马湖诗社联合举办，农行浙江省分行、浙江省朗诵协会协办，黄亚洲工作室、区文化馆承办。大运河迎春诗会由三个篇章构成，分别是“逆行与战场”“奉献与坚持”“胜利与展望”，含11首朗诵诗与4个歌舞节目。省政协原副主席陈艳华专程为晚会献唱女声独唱《我们是荆门》，浙江省著名朗诵艺术家刘忠虎、席文、杨莅、雷鸣、通哥、天明、唐克、严瑛等，演绎梁晓明、黄亚洲等知名诗人的抗疫佳作。国内著名诗评家、中国作家协会诗歌委员会主任叶延滨，国内著名诗人梁晓明、楼奕林分别为抗疫专场诗会做点评。（年鉴编辑部）

“三方”协同小区微治理

2020年，拱墅区总结从2017年开始的“社区居委会、业委会、物业公司三方协同治理”模式对社区治理带来巨大变化的经验，认真分析全区在疫情防控方面的情况，决定将治理重心从社区层面下沉到各个住宅小区，探索并发展形成“各级‘三方办’（住宅小区居委会、业委会、物业三方协同治理工作领导小组办公室，简称三方办）实体化运作、小区党组织领导统筹、小区专员常驻牵头、多元主体协商共治”的小区微治理模式。浙江机关党建等网站对此进行报道。11月28日，省委书记袁家军在专报《拱墅区创新党组织领导“三方”协同小区微治理优化基层治理体系》上批示“拱墅区小区微治理的探索有特色、有实效，应认真总结完善并推广”。

2020年年初，区委常委会专题研究，调整充实区三方协同治理工作领导小组，由区委常委、组织部部长任组长，并增派2名处级干部和3名科级干部充实到区三方办，各街道党工委副书记担任街道三方办主任，在社区设专职三方办主任。2月27日，拱墅区启用600多平方米的区三方办综合体，该综合体是一个融党建引领、交流培训、第三方服务、专业调解、信访接待等功能为一体的工作阵地和对外窗口。

4月29日，区三方办出台《完善预防和化解物业矛盾纠纷工作机制》，设立物业纠纷微法庭，化解小区矛盾纠纷。全年共调解351个物业纠纷案件，成功率达91%。

5月，完善“区三方协同治理信息化系统”，开通“码上办”功能，居民通过手机就可以反馈小区存在的问题，小区专员第一时间通过短信接收，及时对问题做出处理反馈。

6月5日，区三方办举行全区三方工作专题实务培训，各街道三方办主任、联络员和区住建局有关人员参加培训。8月19—21日，区三方办组织全区小区专员进行培训，围绕三方协同小区微治理为什么、抓什么、怎么抓三方面问题，设置意见解读、物业选聘、业委会组建、小区数字化管理、网络舆情应对、社工群体精神健康等9门专业课程。全区小区专员、社区三方办主任代表50人在主会场参加现场授课，其余300余名小区专员在各街道分会场收看收听网络直播课程。

7月1日，拱墅区召开庆祝中国共产党成立99周年大会暨党组织领导三方协同小区微治理专题党课，区委书记朱建明宣讲并部署党组织领导三方协同小区微治理工作，区长章燕主持。同日，区委出台《关于深入推进党组织领导三方协同小区微治理的意见》，深化三方协同治理和睦邻小区党建探索。

7月2日，拱墅区住宅小区居委会、业委会、物业三方协同治理工作领导小组（简称“领导小组”）举行“三方协同赛”大比武。各领导小组成员单位分管负责人、区三方办负责人及工作人员、各街道三方协同治理领导小组组长、三方办主任、区业委会联谊会、区物业公司代表等40余人参加。

7月24日，领导小组制定《深入推进党组织领导三方协同小区微治理的意见》任务清单，明确全年组织实施业委会组建、物业选续聘、经营性收益审计等专项行动 8 大类型 965 项任务。

7—8 月，根据《深入推进党组织领导三方协同小区微治理的意见》任务清单，区委组织部推进“一小区一支部”建设，推动各街道调整优化小区党组织，组建实体化小区党组织 353 个，构建纵贯到底的组织体系；落实“一小区一专员”，指导各街道选派 358 名社工常驻小区担任专员，采取亮出身份、公开联系方式，明确职责，打通服务群众的“最后一百米”。

9 月 22 日，区三方办制定《拱墅区微治理专项资金管理办法(试行)》，明确每年区、街道两级投入 400 万元以上用于小区民生微实事、特色项目活动。同日，区三方办制定《拱墅区住宅小区业委会（自管会）应建尽建专项行动计划》。至年底，全区共组建（含换届）业委会 67 个，组建率提升约 14%；选聘物业 29 家；45 个小区开展经营性收益审计；149 个小区完成物业经营性收支在线实时公开，124 个小区实行统一财务记账；110 个老旧小区组建自管会，113 个老旧小区引入专业物业服务，大关街道、湖墅街道在辖区实现老旧小区专业物业全覆盖。

11 月 17 日，拱墅区委举办区党组织领导三方协同小区微治理工作指导手册发布暨小区专员技能大赛。

2020 年，新华社、《半月谈》、《党建研究》、《浙江日报》、《浙江共产党员》、《杭州日报》等中央、省、市媒体 29 次报道拱墅区三方协同小区微治理工作。区安置房小区三方协同治理省级标准化试点通过验收。街道形成各具品牌特色的居民议事协商机制，如半山街道“小区说事亭”、康桥街道“康康大家说”、米市巷街道“米市协商铃”、小河街道“红茶议事会”等，实现人人参与、人人有责、人人共享的居民自治新格局。 （邹佳余）

2020 年 11 月 17 日，拱墅区举行小区专员技能比武大赛。图为比武大赛现场 （区委组织部 供稿）

社区（经合社）组织换届

2020 年是拱墅区社区（经合社）换届之年。根据杭州市委《关于高质量做好 2020 年社区组织换届工作的意见》要求，该次换届要围绕“选出忠诚担当好头雁、堪当重任好班子、创业奋进好气象、风清气正好生态、干群齐心好局面”和“确保换届过程平稳、确保换届后高效运转”“五好两确保”总体目标开展换届，加强政治建设，夯实党的执政根基，选优配强社区（经合社）班子。区委要求此次换届要全面推行党政“一肩挑”、组织任期 3 年改为 5 年，并要求把换届工作与疫情防控紧密结合，做到换届和防控工作两不误。

2020 年年初，拱墅区成立由区委书记任组长，区委副书记任第一副组长，纪委书记、组织部部长、分管副区长任副组长的换届工作领导小组，并在区委组织部成立区换届工作领导小组办公室（简称“区换届办”）。区委组织部、区民政局、区发改经信局联合成立工作组，根据各部门职责对换届中的主要任务进行分工落实。其间，区委组织部部长带队逐街道调研分析。区换届办干部跑遍所有社区、经合社，在疫情防控关键期、平稳期和复工复产攻坚期分 3 批次开展人选推演，提前储备换届人选 200 余名，先行调整社区干部470名，占需调整总数的77.8%。

10月13日，区换届工作领导小组召开全区社区组织换届工作会议，部署2020年全区社区组织换届工作。全区95个社区党组织、居民委员会、居务监督委员会和40个股份经济合作社党组织、董事会、监事会换届工作正式启动。

10月16日，区换届办召开全区社区组织换届工作培训会议。区委组织部、区民政局、区发改经信局分别就党组织换届，居民委员会、居务监督委员会换届，以及经济合作社董事会、监事会换届工作进行培训；区纪委区监委、区委宣传部、区信访局、区档案局分别就换届纪律、宣传、信访、档案工作进行培训。

至10月19日，各街道全面完成社区换届选举筹备工作，成立社区组织换届工作领导小组，并制定换届选举工作实施方案和选举工作行事历，召开街道社区组织换届选举工作动员部署大会、换届选举培训会。各街道在各社区、小区采取悬挂横幅、电子屏、公告栏等多种形式营造换届宣传氛围，并在所有社区公告新一届社区（经合社）党组织成员名额、任职条件和候选人推荐范围。

至10月22日，各街道社区（经合社）党员和居民（股民）代表会议全部召开，形成了社区（经合社）党组织换届候选人预备人选推荐情况汇总表，所有候选人预备人选全部签订《严守换届纪律承诺书》。

至10月28日，区换届办完成候选人预备人选资格审查，通过“社区自查、街道初审、区级联审”资格审查机制，层层把关候选人，对1725人进行资格联审，经各级审查取消4人候选人资格。区换届办将资格联审纳入机关内部“最多跑一次”改革，在拱墅政务通平台上线“社区、经合社班子任职资格审查”项目，每批次3日内办结，相关经验在全市推广。

至11月9日，各社区公示下届社区党组织领导班子成员候选人预备人选名单。街道党工委对候选人预备人选进行选前培训和集体谈话，候选人预备人选全部签订竞职承诺书、干事承诺书和辞职承诺书。

至11月20日，各社区（经合社）全面完成党员（代表）大会选举，选举产生新一届社区（经合社）党组织和纪律检查委员会班子。社区居委会、经合社董监事会换届选举工作同时启动。

至11月27日，全区95个社区党组织和38个经合社党组织完成换届选举。社区党员平均参选率99.51%，全市主城区排名第一；“一肩挑”人选全部当选书记，参选委员时的平均得票率97.12%，全市主城区排名第二。经合社党员平均参选率96.68%，“一肩挑”人选全部当选书记，参选委员时的平均得票率92.9%。同日，区委召开全区社区（经合社）“开门六件事·起航新五年”工作交流会暨党的十九届五中全会宣讲党课。会议明确社区（经合社）党组织新班子要做好“召集集体谈话、开好班子首会、办理民生实事、开展走亲连心、启动履职培训、做好备案管理”6件事。会议举行社区（经合社）退职书记代表荣退仪式，街道党工委书记代表、社

2020年11月27日，全区社区（经合社）“开门六件事·起航新五年”工作交流会召开
（区委组织部 供稿）

区退职老书记代表和新任职书记代表做交流发言，区委书记朱建明讲话并做党的十九届五中全会精神宣讲。

社区居委会换届宣传工作同步开展。通过召开居民代表会议、楼道小组长会议、议事协商会等形式，通报换届选举工作。召开居民（代表）会议，社区居委会汇报任期内工作，并推选产生社区居民选举委员会成员，通过《社区居委会选举办法》《居民小组长、居民代表推选办法》，并报街道换届工作指导小组备案。公布选举委员会成员名单及《社区居委会选举办法》及《居民小组长、居民代表推选办法》。11 月下旬，全区各街道所有社区公布选民资格条件和选民登记时间、地点等，开展选民登记工作。11 月 30 日前，公布选民名单。12 月 7 日前，全面完成补正工作。

至 12 月 9 日，各社区完成召开居民小组会议，推选产生居民小组长，推选产生新一届由居民代表、驻社区单位代表、社区社会组织代表、社区党组织成员、社区居委会成员和社区专职工作者代表组成的社区居民代表会议。同时，对新一届社区居民代表会议成员和居民小组长进行登记造册。公布社区居民代表会议成员和居民小组长名单等。

12 月 14 日，公布《居委会各职位职数及推荐方式》，由 10 人以上选民联名提出、居民小组提名或自荐，经资格联审通过，产生初步候选人，并签订三项承诺书。召开新一届居民代表会议，以无记名投票方式进行预选，按得票多少确定正式候选人，并上报街道换届工作指导小组备案；对正式候选人开展组织谈话，会上通过《居务监督委员会选举办法》。按得票多少为序公布正式候选人名单和简介，并报街道换届工作指导小组备案。公布具体投票时间、地点、方式。

至 12 月 16 日，完成监票人、计票人和其他选举工作人员公布，包括唱票人、投票站工作人员、流动票箱监票人、秘密写票处管理员、投票处管理员等。

至 12 月 19 日，各社区完成对选举工作人员的相关业务培训，做好投票日前的各项准备工作，印制选票，布置主会场，设定投票站，准备投票箱。各社区选民证发放完成。

至 12 月 20 日，各社区完成安排候选人与代表、选民见面，在选举日前或选举日向选民介绍正式候选人情况，组织正式候选人发表竞职演说等工作。各社区进行投票选举，统计选票，经确认选举有效后，社区居民选委会当场宣布候选人、其他选民的姓名及所得票数。在投票选举日公布当选人员，并报街道和区换届领导小组办公室备案。

至 12 月 21 日，各社区完成居民代表会议的召开，推荐产生新一届社区议事协商委员会，完善社区议事协商机构和机制建设，同时做好社区公约修订完善工作。在社区党组织的领导下，选委会组织选举产生新一届社区居务监督委员会。

至 12 月 25 日，各社区完成选举资料的汇总、选举工作总结和选举材料汇编存档；新老班子工作交接；新一届社区居委会制定工作目标、建章立制；召开新一届社区居委会第一次会议。社区居民选举委员会职责自行终止。

至 12 月 30 日，全区所有社区、经合社均一次选举成功。社区、经合社党员平均参选率分别为 99.5%、97.6%，居民、股东代表（股民）平均参选率分别为 99%、96%。“一肩挑”人选顺利当选党组织书记，并通过法定程序选为居委会主任、经合社董事长（三宝经合社、独城经合社除外），参选社区和经合社党组织书记的平均得票率分别为 97.1%、92.9%，参选居委会主任和经合社董事长的平均得票率分别为 97.5%、90.1%。

通过换届，社区“两委”成员本科和研究生学历分别比上届提高 16.8%、33.33%。社区书记和“两委”成员平均年龄分别下降 3.6 岁、3.8 岁，35 周岁以下社区书记共 14 人，比上届实现翻倍；经合社党组织和董事会班子平均年龄分别下降 2.57 岁、3.45 岁。

（邹佳余）

大事记

1月

1日 2020“我们的中国梦”——文化进万家活动暨走进大运河文艺演出在运河广场举行。

△2020第14届运河健走活动启程。活动以香积寺广场为起终点,途经大兜路历史文化街区、运河广场、桥西历史文化街区、小河直街历史文化街区、小河油库等。沿途设置十余处以运河景区商户及拱墅区各街道社区民间艺术家表演为主的演绎点位，涵盖古筝、禅舞、变脸、吉他、昆曲、萨克斯演奏等节目。

2日 市委常委、组织部部长毛溪浩率队在拱墅区开展“走亲连心三服务”活动，走访慰问困难党员和困难群众，实地踏看拱墅区信访超市建设运行情况，走访瓜山未来社区、浙江鑫网能源工程有限公司和杭州中亚机械有限公司。

3日 由工业和信息化部、民政部、国家卫生健康委员会主办的2019智慧健康养老发展大会在北京人民大会堂召开。会上，拱墅区被授予全国智慧健康养老产业示范基地称号，祥符街道、小河街道、和睦街道被授予全国智慧健康养老产业示范街道称号。

△拱墅区科学技术协会第五次代表大会召开。会议听取并审议科协第四届委员会工作报告，选举并产生区科协第五届委员会。

△拱墅区摄影家协会成立暨第一次代表大会召开。会议听取、审议并通过《杭州市拱墅区摄影家协会章程》、拱墅区摄影家协会筹备工作报告，选举并产生拱墅区摄影家协会第一届理事会。

△智慧网谷小镇范围内铁路北站单元（58集团）地块取得底板以下部分施工许可证。

△区大运河文化研究院网站（www.gs-cci.com）上线。

8日 浙江大学医学院附属邵逸夫医院大运河分院开工建设。该院地处康桥健康产业园内，项目总投资16.8亿元，占地5公顷，该项目是大城北地区较为高端的医疗服务基础设施建设项目。

△全市首家安宁疗护中心——拱墅区安宁疗护中心投入使用。该中心是一家为疾病终末期患者提供身体、心理、精神等方面的照护和人文关怀等服务的专业医疗机构。

10日 全区“不忘初心、牢记使命”主题教育总结大会召开。区委书记朱建明作总结讲话，市委第五巡回指导组组长华德法到会指导。

△拱墅区举行2020年“春风行动”动员大会。全区各机关、企事业单位、市民群众和社会各界为帮扶困难群众捐款献爱心。

△智慧网谷小镇首个标杆项目顺丰创新中心启动招商。

△以“非遗贺新年，传统服饰秀”为主题的服饰走秀活动在全国传统工艺工作站拱墅站举行。

12日 2020中德生物经济及健康产业高端论坛暨中德生物经济产业园年会在拱墅区举行。德中卫生组织主席迪特，市委副书记、政法委书记张仲灿，区委书记朱建明等出席。

△全国首个“心理社工培育督导孵化基地”启动仪式在上塘街道举行。

13日 第六届中国诗歌春晚浙江分会场之“春天、爱情、梦想”诗会在拱墅区举办。

14日 区政府召开2020年全区产业项目专题部署会，对2020年全区重点产业项目及计划开工产业项目工作进行全面部署。

15日 拱墅区召开2019年度领导班子和领导干部年度考核会议。市委组织部有关人员到会指导。

△“寻梦而来，共‘墅’未来”2020“墅”人才年度团聚会举办。全区重点人才企业代表，高层次人才、国际人才、技能人才代表，投资机构及人才合作机构代表，以及“运河创业创新学院”学员参会。

17—19日 中国人民政治协商会议第五届杭州市拱墅区委员会第四次会议召开。

18—20日 拱墅区第七届人民代表大会第四次会议召开。市人大常委会党组副书记、副主任许勤华出席开幕式。

20日 拱墅区第七届人民代表大会第四次会议票决确定2020年区政府民生实事项目共10项，分别为回迁安置项目；老旧小区改造项目；学校、幼儿园建设项目；“阳光老人家”项目；深化垃圾分类项目；“阳光小伢儿”婴幼儿照护服务项目；“雪亮工程”项目；“放心菜篮子”项目；道路建设项目；医疗设施提升项目。

22日 拱墅区新冠肺炎疫情防控工作领导小组和拱墅区疫情防控指挥部成立。

25日 拱墅第一批3名医护人员随浙江医疗队驰援武汉。

26日 全区首个新冠肺炎防治集中隔离点设立，90余名医护人员进驻隔离点。

27日 在半山入城口设立检疫卡点。

28日 区慈善总会、区红十字会、区卫健局开通募捐渠道接收社会捐赠。

29日 全区1000余名机关党员干部陆续下沉一线抗疫。

2月

2日 拱墅区在全市率先上线防控信息大数据平台。

△拱墅区开通防疫心理咨询服务热线，缓解市民焦虑情绪。

3日 拱墅区在全市率先发布疫情防控工作“十二个一律”的通告，所有小区实行封闭式管理。

4日 全区第二个集中隔离点启用。

8日 拱墅开始新冠肺炎病例无新增。

9日 拱墅区创新推出企业有序复工现场审核“七问七查”工作法。

10日 拱墅区第一批19家企业有序复工。

△全区启动“互联网+”网上教学。

12日 拱墅区发布严格疫情防控复工复产“两手抓”3个“十条意见”，减免140多家中小企业（个体工商户）经营用房2个月租金。

13日 拱墅区发布关于调整疫情防控“十二个一律”的公告。

14日 拱墅区进一步规范小区出入口、外来租户和便民店管理，确保健康绿码通行全覆盖。

15日 拱墅区出台“八项举措”帮助人才和人才企业复工发展。

18日 拱墅区推出14个落实举措关爱激励防疫一线社工。

19日 拱墅区出台企业复工复产“一专班三平台四包干五意见”工作机制，1000多名机关干部作为服务专员走进企业、楼宇提供一对一服务。

△半山入城口卡点撤岗。

20日 大运河亚运公园复工。全区35个省市重点项目有序启动。

△首批综合体城西银泰城、万达广场、运河上街恢复营业。

△杭州市乡镇街道疫情风险等级图拱墅全域降至低风险。

25日 拱墅区出台“支持企业有序复工十条意见和政策兑现申报指南”。

△拱墅区推出“暖心十条”关爱援鄂医务人员及家属。

△拱墅区首批安置房建设项目复工。

26日 拱墅区提前4个月兑现2019年度政策资金9000余万元。

28日 全区各大专业市场陆续开市。

△拱墅区24个留用地项目陆续复工。

29日 拱墅区面向居住或工作在拱墅区范围内援鄂医疗队员、新冠肺炎防控一线医务人员（含疾控一线医务人员）及其家属开展“八项关爱志愿服务专项行动”。

3月

5日 针对辖区注册企业，政府保供口罩通道开放。

△区网上服务平台首发，全面实现政府和企业之间“直通车式”服务和企业“最多跑零次”。

6日 全市宣传思想工作暨

第十四届精神文明建设“五个一工程”表彰大会召开。拱墅区报送的《从省级试点升格为全国试点——拱墅区守正创新打造新时代文明实践样板》获评“2019年杭州市宣传思想文化工作创新项目”并受表彰。

△拱墅区派专车专人接回全区第一个海外归国人员。

9日 区政府召开2020年第一次全体（扩大）会议，要求确保拱墅区疫情防控和经济社会发展“两手都要硬，两战都要赢”。

11日 全区统筹推进疫情防控和2020年“六大专项行动”工作部署会以视频会议形式召开。这是疫情发生以后首个全区性大会。

△浙江省文化和旅游厅与拱墅区政府“共建运河大剧院”合作签约仪式举行。省文化和旅游厅厅长褚子育，副厅长刁玉泉和区委书记朱建明等区领导出席。运河大剧院位于大运河中央公园内，占地面积约9.47公顷。

12日 全国第42个植树节，区四套班子领导及区机关党员干部在大运河亚运公园参加义务植树劳动。

△由区城建发展中心和拿地宝研究院联合举办的拱墅区二季度可出让地块线上土地发布会直播上线。100多位房地产商通过直播了解大关单元、铁路北站单元4宗土地的具体信息。

19日 全区“运河之约·云启未来”2020云上“双招双引”大会在智慧网谷小镇客厅举行。政府和企业各方负责人在各自办公地完成26个项目签约，总投资逾72亿元，涉及先进制造、数字经济、人工智能、文化创意等领域和一批高端人才项目。拱墅区同时发布杭州拱墅“招商在线”平台、“运河英才”全球引才云评审计划。

△市委常委、宣传部部长戚哮虎到拱墅区融媒体中心看望慰问奋战在抗疫一线的宣传工作者，并赴文创企业开展“走亲连心三服务”活动。

20日 和睦街道举行既有住宅加装电梯开工仪式。和睦街道2020年首台加装电梯正式开工。

△2020年全区一季度重大项目集中开工仪式在智慧网谷小镇举行。全区23个重大项目、计划总投资超200亿元的工程开工建设。

22日 区618人才新政中“企业引才育才激励政策”上线“亲清在线”平台。这是“亲清在线”发布区县规范后，首先在PC端和手机端同时开放的政策，是拱墅区首个上线“亲清在线”平台的区级政策。

23日 由区委宣传部（区融媒体中心）联合杭州电视台综合频道共同推出的“战疫情 促发展”直播节目《春江水暖·拱墅启航》开播。

25日 省委常委、宣传部部长朱国贤到拱墅区调研大运河（拱墅段）国家文化公园建设工作。省市有关部门领导、区委书记朱建明等区领导参加。

△区政协开展“企业如何应对新冠肺炎疫情影响，请你来协商”活动，邀请部分企业界委员和区相关职能部门负责人，就企业如何克服疫情影响、加快发展进行协商建言。

27日 米市巷街道启用全区首条大件垃圾清运专线。

28日 拱墅区推出“来运河拱墅·得人生好运”2020年促消费活动，2万余个商家送出1亿元优惠。

31日 杭州师范大学附属医院17名“白衣战士”完成医疗救治任务，实现“打胜仗，零感染”目标，从武汉归来。

4月

3日 杭州2022年第19届亚运会吉祥物向全球发布，拱宸桥入选成为吉祥物形象之一。

△区委召开七届区委常委会第85次（扩大）会议，传达学习中共中央政治局会议精神和总书记习近平在浙江、杭州考察时的重要讲话精神以及省委常委会（扩大）会议、市委常委会（扩大）会议精神。

7日 副市长缪承潮到拱墅区调研大城北规划建设工作。

△康桥街道社区卫生服务中心与杭州市妇产科医院“社区母婴照护中心项目”签约合作，“杭州市妇产科医院城北分院”落户大城北康桥地区。

4月3日—5月5日，拱墅区联合全区所有汽车4S店，在石祥路汽车贸易街区推出“汽车消费节”，开展为期一个月的汽车促销活动。

10日 拱墅区召开全区党建

工作会议暨党建“四大工程”部署会。

△康桥金昌苑小区完成首批172户回迁户分房工作。该小区为2020年拱墅首个启动回迁的安置房项目。

13日 市委副书记张仲灿，副市长陈国妹一行到拱墅区锦绣中学调研疫情防控和开学复课工作，并考察学校发展情况。

△拱墅区首批由区侨联、留联会募集的2万余只口罩打包完成，寄往意大利、奥地利、日本3个国家。

△全区“公筷公勺”“礼食双筷制”文明好习惯养成行动工作推进会召开。

14日 市委副书记、代市长刘忻到拱墅区康桥街道第三人大代表联络站开展联系基层代表和人民群众活动。市领导于跃敏、郑荣胜参加。

△在全省建设“平安浙江”工作会议上，拱墅区因连续15年成功创建“省级平安区”，被授予浙江省首批“一星平安金鼎”。

16日 拱墅区召开生态文明建设暨“五水共治”（河长制）工作推进会。

20日 独角兽企业杭州旭航网络科技有限公司入驻上塘电商小镇。

23日 地铁5号线后通段开通。

△由红旗出版社、区人力社保局和米市巷街道半道红社区共同打造的免费阅读场所——红旗书屋揭牌开放。为红旗出版社在杭州设立的首家社区层面的书屋。

24日 拱墅区召开首场全面从严治党主体责任报告会。

26日 市委副书记、代市长刘忻以市人大代表身份到拱墅代表团，与代表们一起审议市政府工作报告和市人大常委会、市法院、市检察院工作报告。

28日 拱墅区与杭报集团签订深化战略合作协议。

5月

1日 “拱墅数字文旅平台”上线。该平台以让游客“多游一小时”为目标接入杭州“城市大脑”，推进文化品读、美食推荐、景点打卡等应用场景落地，“智慧游拱墅”内容进一步丰富。

6日 国家税务总局杭州市拱墅区税务局沈半路办税服务厅启用，原湖墅南路办税服务大厅调整为自助办税服务厅。

8日 市委常委、组织部部长毛溪浩带队到拱墅区半山街道调研党建引领社区治理工作，走访龙山社区依锦苑小区和桃源金星党群服务中心。

△2020年全区巡察工作推进会召开。

△区政协以“打造全域没有围墙的养老院”为主题，开展“请你来协商”活动。区领导、政协委员、社区负责人代表、第三方社会组织代表和群众代表参加。

9日 市政协副主席冯仁强率调研组到拱墅区开展“打造共建共治共享城市社区治理新模式”专题调研，实地察看上塘街道蔡马社区和“区三方办”办公综合体。

△康桥街道与浙大城市学院法学院就产教融合战略合作项目签约。

12日 朱建明、章燕、吴才敏、周志辉等区四套班子领导分赴辖区各街道社区卫生服务中心，看望慰问护理工作者，向奋战在战疫一线的全体护士送上节日祝贺和慰问。

13日 江西省委常委、南昌市委书记吴晓军带领南昌市党政代表团，到拱墅区桥西历史文化街区、和睦新村小区考察。

14日 市考评办赴拱墅区综合考评情况反馈会议举行。区委书记朱建明等领导参加。市考评办对拱墅区2019年度综合考评得分成绩表示肯定。

15日 区委书记、区人武部党委第一书记朱建明带队到省人民武装学院，集体参加“军事日”活动。区四套班子领导、区人武部部长参加。

△湖墅街道启动“+U HOME”楼宇红盟服务站，该站向绿地运河商务区等产业园的企业和党组织及员工提供智慧党建、人才招引、企业服务、爱心公益、“最多跑一次”便民五类服务。

△拱宸桥街道易腐垃圾环保处置点运营，处置点辐射周边8个社区，为杭州市主城区运行半径内人口密度最高的减量项目。

18日 《人民日报》第7版要闻版点赞拱墅区发展智慧养老行业，既为老人提供专业服务，又创造出新的就业岗位。

△中央电视台《新闻直播间》用6分39秒时长介绍拱墅区活化利用老厂房“让文物活起来”的

做法。

△全省争先创优行动月度工作例会通报争先创优4月份排名，拱墅区获全省90个县（市、区）第5名，成为全省5个获得“优+”的县（市、区）之一。

19日 拱墅区召开莫干山路、沈半路、拱康路、康桥路“三纵一横”框架道路沿线开发建设工作推进会，谋划打造4条道路沿线约21千米产业带、景观带、文化带。

△杭州拱墅运河国际（跨境）电商园——常山青石网红飞地直播间揭牌，全国首个“飞地直播基地”落户运河（国际）跨境电子商务园。

23—24日 “安家拱墅，筑梦未来”2020运河置业节在大悦城举办。

25日 市长刘忻调研拱墅区上塘街道蔡马社区，指导社区基层治理工作。副市长王宏参加。

△省纪委副书记、监委副主任暨军民率队到拱墅区，先后踏看智慧网谷小镇、瓜山未来社区、大运河亚运公园、大运河文化艺术中心等地，就“打造山清水秀的政治生态走廊，建设基层全面从严治党走向纵深的重要窗口”的具体实践与经验成效开展专题调研。区委书记朱建明在座谈会上对拱墅区经济社会发展和党风廉政建设情况做介绍交流。

26日 贵州省黔东南苗族侗族自治州黄平县委书记林昌富带队黄平县党政考察团到拱墅区水晶城苗艺世家生活馆、杭州名淘网络科技有限公司和瓜山未来社区等地考察，区领导朱建明、章燕等陪同。

△中央电视台《新闻联播》栏目播出，通过拱墅区胜利河美食街介绍杭州实现城市摊贩规范化管理的手段举措。

△拱墅区主打的帮扶项目“苗艺世家生活馆”在水晶城购物中心开业，为拱墅区助力对口帮扶地区——贵州省黔东南苗族侗族自治州黄平县的苗银销售所开发的项目。

26—27日 江西省南昌市青云谱区委书记孙毅，区委副书记、区长吴江辉率党政考察团到拱墅区和睦新村小区、桥西历史文化街区、中国京杭大运河博物馆等地考察。区领导朱建明、章燕等陪同。

28日 中央文明办二局局长薛松岩率调研组一行到拱墅区和睦新村小区调研新时代文明实践中心试点建设工作。省、市文明办相关负责人参加调研。

△区委副书记、区长章燕代表拱墅区在全省新时代文明实践中心推进会上做经验交流。

29日 拱墅区召开青年工作联席会议第一次全体会议，贯彻落实中央、省、市关于《中长期青年发展规划》要求，研究部署规划任务落实工作。

30日 由省委宣传部、省文明办主办，市委宣传部、市文明办及拱墅区委区政府承办的“礼食双筷制·文明好习惯”浙江省暨杭州市文明好习惯养成行动启动仪式在拱墅区远洋乐堤港举行。郎朗受聘成为浙江省“公筷公勺”文明好习惯养成行动宣传大使和杭州市“文明帮帮码”公益宣传大使。

△根据杭州市统一部署，拱墅区举行“我文明 我守规 我安全”交通安全文明出行活动启动仪式。

6月

1—20日 拱墅区举办2020年运河汽车消费节，全面开启线上线下销售活动。

2日 拱墅区与中国联通杭州分公司的5G赋能数字经济发展战略合作协议签约仪式举行，

△江西省南昌市西湖区委书记梅茂发，区委副书记、区长黄小燕率党政考察团一行到和睦街道和睦新村小区，考察老旧小区改造情况。

5日 2020年度拱墅区第一轮“战疫情 促发展”大比武活动举行。

△中国新闻社浙江分社、浙江日报社、杭州日报社等13家省、市新闻媒体到上塘街道瓜山未来社区、陆家坞保留农居点、上塘街道党群服务中心等地开展采风活动。

6日 智慧网谷小镇举行中科院计算所数字经济产业研究院（杭州分所）揭牌仪式。市委常委、组织部部长毛溪浩，中国科学院院士、中科院上海分院院长、国科大杭高院院长王建宇，中国工程院院士、中科院计算所所长孙凝晖，中科院计算所党委书记、副所长李锦涛，区委书记朱建明等领导出席并分别致辞。

8—11日 区委书记朱建明率

拱墅区党政代表团到贵州省贵安新区、黄平县，分别考察数字经济产业发展情况和东西部扶贫协作工作。

11 日 浙江省“大运河戏曲驿站廊道”启动仪式暨大运河文艺精品《荣华·越剧印象》创作论证会在运河广场荣华戏园举行。为全省首条“大运河戏曲驿站廊道”。

12 日 运河青年创新创业联盟成立仪式暨中国（杭州）青年创新直播基地揭牌仪式在智慧网谷小镇城市客厅举行。

12—14 日 拱墅区开展“文化和自然遗产日”非遗促消费系列活动。

14 日 由中央文明办主办的全国文明城市创建工作培训班在杭州开班。14 日下午、16 日上午，全国各省、自治区、直辖市和新疆生产建设兵团文明办主任，全国文明城市和提名城市中的 73 个地级以上城市文明委、文明办负责人参观考察拱墅区新时代文明实践志愿服务街区。该街区是培训班现场教学点中唯一的居民小区。

15 日 市委宣传部主办的“战疫情 促发展”主题巡演千里行活动在拱墅区的老开心茶馆举行首场演出。

△中欧青年人才沙龙暨 HITEIP 全球亮星计划首站（伦敦）活动在杭州国际人才创业创新园（拱墅园区）举行。

16 日 市政协副主席王立华带领市政协委员到善贤社区、中粮大悦城、运河文化艺术中心，开展“高水平全面建成小康社会补短板”专项集体民主监督，听取拱墅区委区政府关于高水平全面建成小康社会补短板工作情况汇报。

△“夕阳无限好 竞享好食光”“926 工匠日”杯 2020 拱墅区老年食堂厨艺大赛直播专场活动开幕，当天的比赛为厨艺大赛总决赛。拱墅区首次通过网络直播形式展示老年食堂厨艺大赛。

17 日 市人大常委会党组副书记、副主任、市总工会主席郑荣胜，市总工会党组书记、常务副主席王越剑一行到拱墅区绿地中央广场 7 号楼总工会“爱心驿家”、顺丰北部软件园速运营业点“爱心驿家”，开展“三助三保”及“爱心驿家”建设使用情况调研。

△区市场监管局和拱墅交警大队联合推出“看新规戴新盔，安全拱墅你我行”线上直播活动。

19 日 “学习强国”学习平台“云助团直播赛”结束，拱墅区获全市唯一的最佳选品奖，共销售对口帮扶地区价值 90 余万元产品。

21 日 第四届杭州市大运河世界文化遗产保护宣传周活动在桥西历史文化街区开幕。活动通过“互联网 +”模式，向观众展现运河沿线诗歌、绘画、剪纸、曲艺等文化。

22 日 拱墅区在西塘河畔举办一年一度的赛龙舟活动。

23 日 市委副书记、政法委书记张仲灿带队到拱墅区调研半山街道社会治理综合服务中心、蔡马智慧安防小区建设情况。

△大关街道西一社区居民代表与人保公司签订电梯综合养老保险合同。这是全市首份加装电梯生命周期升级版，保险缴费年限从原来的“10+1”分期付款，扩展至“15+2”一次性付款的全生命周期电梯综合养老保险。

24 日 拱墅区召开 2020 年度“六大专项行动”第一轮集中汇报会。

28 日 位于拱康路的华电半山公司 1 号冷却塔完成拆除。

29 日 副市长柯吉欣一行到上塘街道第一代表联络站开展联系基层代表和人民群众活动。

△杭州香积寺路隧道开通试运行。这是全市首条下穿古运河的城市隧道，是大城北规划建设中的交通“大动脉”之一。

△祥符街道召开首届新乡贤大会暨新乡贤联谊会成立大会。这是拱墅区成立的首个新乡贤联谊组织。

△大运河国家文化公园重要节点——大运河杭钢工业遗址综保项目举行开工仪式。

30 日 2020 年杭州市社会科学普及周启动仪式举行并公布新晋的第五批杭州市社会科学普及基地名单。杭州郎朗艺术世界交流中心获评“杭州市社会科学普及基地”，为拱墅区第五个市级社科普及基地。

△区财政局与共建单位中国工商银行湖墅支行在拱墅区党群服务中心举办“助万企 帮万户 政银合作促发展”主题活动。

7 月

1 日 市人大常委会副主任徐

小林一行到米市巷街道第一代表联络站开展联系基层代表和人民群众活动。

△拱墅区庆祝中国共产党成立99周年大会暨党组织领导三方协同小区微治理推进会在区党群服务中心举行。全区各街道社区同时举行“红七月”主题活动。

△康桥“李丽芬”烧鸡店在运河邻里康桥农贸市场重新开张。康桥烧鸡是拱墅区的非物质文化遗产项目之一。

2日 “平安健康，筑梦未来”拱墅区第十届运河公民节启动仪式在杭州市卖鱼桥小学文汇校区举行。

6日 拱墅区在浙江树人大学举行“平安夏季护航行动”启动仪式。

7—9日 区委副书记、区长章燕率队到湖北省恩施土家族苗族自治州来凤县开展东西部对口帮扶工作。区纪委、区有关部门、各街道及拱墅区企业代表负责人参加。

8日 省政协副主席张泽熙率调研组到杭州调研，首站到半山街道社会治理综合服务中心。市政协副主席汪小玫参加。在市政协召开的座谈会上，张泽熙听取拱墅区政府关于深化“最多跑一次”改革，充分发挥公共数据资源助力社会治理相关工作情况汇报。

△拱墅区资本市场专家智库成立仪式在中国智慧信息产业园举办。

9日 省检察院检察长贾宇一行到拱墅区检察院、智慧网谷小镇，就深入贯彻落实省委《进一步加强检察机关法律监督工作的若干意见》，服务保障“重要窗口”建设开展调研。

10日 浙江云计算数据中心项目在拱墅区杭钢集团半山基地动工建设。省委副书记、省长袁家军出席仪式并宣布开工，省委常委、常务副省长冯飞，市委副书记、市长刘忻出席。

△拱墅汽车互联网小镇暨祥符街道三大产业平台招商项目签约发布会在运河万科中心举行。

11日 “夜拱墅·嗨一夏”2020拱墅区发展直播电商经济暨千岛湖啤酒节开幕式在胜利河美食街举行。

14日 全区2020年度全国未成年人思想道德建设工作测评暨浙江省城市文明程度指数测评迎检工作部署会召开。

15日 市委常委、组织部部长毛溪浩带队到祥符街道调研社区组织换届工作。

△拱墅区2020年社会科学普及周活动启动仪式暨“大运河印记”篆刻邀请展在中国京杭大运河博物馆举行。

17日 中国文联副主席、中国书协副主席、中国文艺评论家协会副主席、西泠印社副社长兼秘书长、全国书法教师“蒲公英计划”大型公益培训志愿服务项目发起人陈振濂率该项目理事会一行到拱墅区考察全国“蒲公英计划”大型公益培训志愿服务项目总部落成暨拱墅区新时代文明实践分中心建设推进情况。

21日 副省长彭佳学一行到拱墅区鲜丰水果股份有限公司专题调研，副市长王宏、区委书记朱建明参加。

23日 拱墅区委七届九次全体（扩大）会议召开。区委书记朱建明代表区委常委会做工作报告。

27日 省政协副主席陈铁雄率调研组到小河街道董家新村、和睦街道和睦新村，调研老旧小区改造工作。市政协主席潘家玮、副主席谢双成，区领导章燕、周志辉等参加调研。

30日 新时代拱墅产业工人队伍建设改革工作推进会召开。

△拱墅区“大树”“小巨人”企业融资服务大会在中国智慧信息产业园举行，大会向40余家企业推介6家银行的金融产品。

31日 市人大常委会主任于跃敏带队到米市巷街道社会治理综合服务中心、区矛盾纠纷调处化解中心视察社会矛盾纠纷调处化解“最多跑一地”改革工作。

8月

3日 市委副书记、市长刘忻，市人大常委会主任于跃敏带队到拱墅区大关街道东二和东三苑小区考察老旧小区改造项目。

△区政府召开2020年第二次全体（扩大）会议。

△在“百镇千亿 镇兴浙江”全省特色小镇投资推进大会上，拱墅区智慧网谷小镇芯空间集成电路设计业创新产业园项目作为杭州特选的两大项目之一签约并落地拱墅。

11日 拱墅区“送演出下基

层”文化惠民活动首场演出在康桥街道平安桥社区平安雅苑开幕。

17 日 万达广场举行万味榜暨万达广场城市美食狂欢节。

18 日 康桥街道谢村股份经济合作社的谢村商业金融用房项目举行开工仪式。该项目用地 1.64 公顷，总建筑面积 7.5 万平方米，总投资 3.5 亿元。

19 日 WTT 世界乒乓球职业大联盟主席、中国乒乓球协会主席刘国梁一行，到拱墅区大运河亚运公园走访调研。

△拱墅区举办庆祝第三届“中国医师节”活动暨抗疫情促发展先进事迹报告会。

20 日 省委宣传部常务副部长来颖杰一行到拱墅区的杭州华普永明光电股份有限公司、杭州米络星科技有限公司考察。

△市政协副主席周智林带队到拱墅区开展社会治理领域“最多跑一地”改革专项集体民主监督暨走访市政协委员拱墅区联络组委员工作站。

△拱墅区投资促进“政银”专场对接会在中国智慧信息产业园开幕，22 家银行、5 家单位及 10 个街道和园区参加。

21 日 拱墅区政协举行主题为“打造老旧小区综合改造提升拱墅样本”的“请你来协商”活动，聚焦旧改，探讨推进路径。

25 日 区委书记朱建明率队赴浙江大学对接区校合作工作，与浙江大学副校长王立忠等校领导就建立浙江大学—拱墅新材料研究院（运河实验室）等合作事项进行交流探讨。

27 日 拱墅区与浙大城市学院签署战略合作框架协议，启动“一高地五平台九大专项行动”合作计划（简称“159”计划）。

28 日 省委常委、政法委书记、省委建设县级社会矛盾纠纷调处化解中心协调小组组长王昌荣到拱墅区调研县级矛调中心工作。

△杭州拱墅区和贵州黄平县首次“同屏牵手”直播，来自拱墅区的“蚊子姐姐”与黄平县到拱墅区挂职的姑娘，在拱宸桥畔直播连线黄平飞云崖圣果桥，同唱《桥边姑娘》。

31 日 拱墅区首批企业党委统战部成立暨授牌仪式在浙江盘石信息技术股份有限公司举行。市委统战部常务副部长金志强等出席。

9 月

1 日 湖北省恩施土家族苗族自治州政协副主席、来凤县委书记邢祖训率湖北省恩施州来凤县党政考察团到拱墅区对接东西部扶贫协作工作。拱墅区和来凤县召开 2020 年东西部扶贫协作联席会议。区委书记朱建明等区领导参加活动。

△拱墅区融媒体中心打造的融媒电子月刊——《城长》首发上线。

2 日 上海市作协党组书记、副主席王伟，浙江省作协党组书记、副主席臧军，安徽省文联党组成员、副主席林勇，江苏省作协党组成员、副主席汪政等作协领导率上海、浙江、安徽、江苏等地 40 余位作家到拱墅区考察，这是长三角文学发展联盟大运河文化主题创作实践活动中的一站。区委书记朱建明等区领导陪同。

△拱墅区网络人士“运河 e 家”联盟成立仪式暨“新农活”公益直播课堂首播活动在中国（杭州）智慧信息产业园举行。省委统战部副部长张润生等省、市委统战部领导出席。

3 日 瓜山未来社区的地铁接驳与通勤公交专线开通运行。

△在省市场监管局、省工商业联合会公布的 2020 年浙江省民营企业 100 强榜单中，拱墅区的杭州锦江集团有限公司、海外海集团有限公司、浙江建华集团有限公司入围，分别是第 11 名、37 名、67 名。

8 日 在全国抗击新冠肺炎疫情表彰大会上，杭州师范大学附属医院重症医学科副主任、主任医师林乐清获全国抗击新冠肺炎疫情先进个人称号，康桥新能源产业园的浙江英特物流有限公司获全国抗击新冠肺炎疫情先进集体称号。

10 日 市人大常委会主任于跃敏带队到拱墅区胜利河美食街开展中央环保督查整改情况专项监督。

△拱墅区召开庆祝第 36 个教师节座谈会。区委书记、区委教育工作领导小组组长朱建明参加会议并代表区委、区政府向全区教育工作者致以崇高敬意和节日慰问。

11 日 省委常委、省委统战部部长熊建平，全国政协常委、省知联会会长杜卫，省委统战部副部长张润生一行到拱墅区调研“党外人士之家”建设和活动开展情况。区委书记朱建明等陪同。

△“夜拱墅 真奇妙”胜利河美食“必吃街”授牌仪式暨夜游拱墅活动启动。

13日 浙江省第三届“少年非遗说”拱墅赛区颁奖仪式在乐堤港举行。

21日 全市“美丽河湖”验收评定会召开，拱墅区在红旗河片区创新采用的“智能生物链靶向治水技术”受到省市专家组的称赞，该片区通过“美丽河湖”验收。

△拱墅区与诸暨市合办的干部“融合提升”专题培训班在浙江农林大学暨阳学院开班。

△区作协携手省、市作协30余位作家、诗人在大运河畔的畲族馆，开展诗歌“丰收吟”活动。

23日 省民政厅厅长王剑侯一行到拱墅区督查民政工作。

24日 省委常委、省委统战部部长熊建平一行到拱墅区走访调研杭州中亚机械股份有限公司、浙江建华集团有限公司、智慧网谷小镇客厅、瓜山未来社区等地。

△拱墅区召开第二届“拱墅工匠”发布会。

25日 杭州第一座公园式体验综合体——（Sokapark）开园，拱墅区智慧网谷小镇商务先行区建设完工。

27日 市政协主席潘家玮一行到拱墅区考察各部门推进“改革攻坚”行动的亮点及成效，踏看瓜山未来社区建设情况。区委书记朱建明等陪同。

28日 拱墅区三季度重大项目集中开工活动暨商源创新中心项目（二期）开工仪式在半山街道桃源新区举行。

10月

4日 新华网刊登《国庆长假“不打烊”亚运工地建设忙》一文，报道大运河亚运公园建设情况。

9日 《人民日报》第7版分别以《国庆假期 向浪费说“不”》《杜绝餐饮浪费、餐厅义不容辞》为标题，报道拱墅区旅游及餐饮行业在文明用餐、杜绝浪费方面的创新做法与成效。10月26日，该版再次以此内容进行报道。

10日 全区六大产业中心建设动员大会召开。

△2020杭州国际音乐节“西子国乐专场”公益普及音乐会在运河广场民星大舞台举行。

13日 市政协党组副书记张仲灿带队到拱墅区调研政协协商平台向基层延伸、市政府2021年民生实事项目选题、既有住宅加装电梯及后续管理等工作，走访看望市政协委员。区领导朱建明、周志辉等参加。

△拱墅区召开全区社区组织换届工作会议，专题动员部署全区社区组织换届工作。

14—16日 文化和旅游部非物质文化遗产司在拱墅区召开大运河非物质文化遗产保护传承利用工作会商会议。

15日 《人民日报》第10版以《有事大家议 治理省力气》为标题，报道小河街道“红茶议事会”“城市眼·云共治”智慧治理系统、米市巷街道叶青兜老旧小区改造等拱墅在基层社会治理工作中的先进案例。

△《杭州日报》头版以《拱墅规划打造“六大产业中心”》为标题，报道拱墅区启动打造大数据、集成电路设计、汽车互联网、文化创意、直播电商和智慧物流“六大产业中心”，打造拱墅经济高质量发展的六大新引擎情况。

16日 以“质变与突破——数字经济芯时代”为主题的人工智能与数字经济高峰论坛在杭州国际博览中心举行。区委副书记、区长章燕出席并致辞。

△区政协举行“让生命更闪亮”——《到最需要的地方去——杭州市拱墅区东西部扶贫协作援派干部人才口述实录》出版座谈暨新书首发活动。

△拱墅区舞蹈家协会成立暨第一次代表大会召开。会议审议并通过《拱墅区舞蹈家协会章程》，选举产生协会第一届理事会、主席、副主席、秘书长。

△由杭州市委政法委、杭州市文明办、杭州市司法局、杭州市普法办、杭州日报报业集团、杭州文广集团主办，杭州电视台西湖明珠频道承办，拱墅区司法局、康桥街道办事处协办的“创新社会治理，共建平安杭州”——杭州市第六届“十大金牌和事佬”选树活动在康桥花海启动。《小区大事》节目的首个工作室落户挂牌康乐社区。

17日 在上海“舞林大会·2020首届江南舞蹈节”中，

拱墅区文化馆创编的舞蹈《捻河泥》获最高奖项“最强王者”。

19日 全国政协常委、港澳台侨委员会主任、中国经济社会理事会副主席朱小丹一行到拱墅区，就“促进基层数据资源共建共享”进行专题调研。

△中国侨联党组书记、主席万立骏一行考察京杭大运河拱墅段。

19—22日 区委书记朱建明率队到新疆阿克苏市开展对口支援工作，看望慰问援疆干部人才，并举行座谈会。

20日 杭开科创园开园仪式暨 The NEXT 签约仪式在康桥新能源产业园杭开产业园内举办。

20—23日 由市文联、市摄影家协会主办，区文联、区摄影家协会、国科大肿瘤医院工会、白鸽摄影俱乐部承办的“文艺播种计划”摄影培训活动在国科大肿瘤医院举行。

20—28日 拱墅区“送演出下基层”文化惠民活动在卖鱼桥社区、仁和仓社区等9处演出。

21日 拱墅投资发展有限公司非公开发行公司债券路演活动在运河财富小镇举行。

△新华社微信公众号发布《杭州民警和北京博士吃了个饭，突然跳进西湖……接下来一幕绝了》，报道拱墅公安分局刑侦民警罗浩与同学散步时救下西湖落水者。《人民日报》、光明网、人民网、浙江在线等媒体官方公众号同时发布。

22日 安徽省马鞍山市雨山区委书记左年文率党政考察团到拱墅区考察数字经济、新制造业和产业转型升级等方面情况。

△区残联牵手爱心妇女联合会第一次妇女代表大会召开，选举产生牵手爱心妇联第一届执委会。拱墅区首个残疾人妇女联合会成立。

23日 省政协举行主题为“城镇老旧小区改造与未来社区建设”的民生协商论坛。论坛在拱墅区及宁波市江北区设置分会场，并在“请你来协商”网上议政厅和“掌上履职”平台上开展网络主题议政，全程通过网络实时直播。区委副书记、区长章燕在分会场就拱墅旧改工作的探索实践做交流发言。

△“创客天下·杭向未来”2020杭州海外高层次人才创新创业大赛外国人项目专场决赛在拱墅区举行。

25日 拱墅首个街道级中央厨房——祥符街道中央厨房投入运营。

26日 省科技厅公布2020年度省级众创空间名单，拱墅区的“聚翼空间”入选。

27日 上海市副市长汤志平率考察团到拱墅区瓜山未来社区考察“城中村”改造情况。杭州市和拱墅区领导有关陪同考察。

△《浙江日报》头版刊登《杭州老旧小区改造经验落地阿克苏》，报道拱墅区老旧小区改造“和睦模式”落地新疆阿克苏祥和里小区，通过两地的经验交流与改造实践，祥和里小区成为新疆城市工作暨老旧小区改造工作的样板小区。

28日 2020杭港澳发展论坛暨制造业与现代服务业融合发展论坛在拱墅区举行。

△市委组织部副部长、“两新”工委书记虞文娟赴拱墅区督导社区组织换届工作。

29日 以“创意杭州·联通世界”——“新文化·新消费·新生活”为主题的第十四届（2020）杭州文化创意产业博览会开幕。会场设置以“大运河文脉”为主题的拱墅馆。

30日 杭州第七届中国大运河庙会在大兜路历史文化街区香积寺广场开幕，并首次在桥西及大兜路历史文化街区设立中医及素食文化活动板块。

△浙江省特色投融资物联网专场对接会暨“产业基金服务基地”揭牌仪式在运河财富小镇举行。为全省首个“产业基金服务基地”。

△2020浙江海外青年人才项目云路演对接会在智慧网谷小镇举行。

△小河街道退役军人服务站为辖区内5位参加过抗美援朝出国作战的老兵武存升、沈干、俞性本、王鸣夏和方关喜颁发“中国人民志愿军抗美援朝出国作战70周年”纪念章，举行纪念章颁发仪式。

31日 “全民健身 共享亚运”杭州毅行大会拱墅区分会场活动在运河广场启动。

11月

3日 “微党课”浙江青年宣讲团全省巡讲到拱墅，在中国京杭大运河博物馆，给拱墅区干部群众上微党课。

5日 区委书记朱建明会见省文化和旅游厅厅长褚子育一行，就运河大剧院运营筹备工作进行协商。

△港澳青年创业创新推介会暨拱港两地社团结对仪式在拱港青少年科创文化交流中心举行。推介会上，“拱墅区香港青年创业创新基地”揭牌，粤港澳大湾区青年总会与拱港中心签署拱港两地社团友好结对协议。

6日 中国红十字会常务副会长梁惠玲带队到拱墅区考察红十字会工作，实地察看拱墅区应急救护培训基地场馆。

△拱墅区2020全民终身学习活动周启动仪式暨第30届“小河之春”群众艺术节活动在运河财富小镇开幕。

△拱墅星汇直播联盟成立。

8日 2020杭州国际人才交流与项目合作大会开幕，欧盟研究与创新杭州中心正式揭牌，并落户杭州国际人才创业创新园（拱墅园区）。

△半山街道首届新乡贤联谊会成立仪式暨经济功臣表彰大会在半山乡贤馆召开。拱墅区首个乡贤文化馆揭牌。

△《人民日报》客户端推送《走街串巷送健康，杭州拱墅这支爱心医疗志愿服务队这么干》一文，报道浙江老年关怀医院爱心医疗志愿服务队为辖区内近2000名居家隔离观察人员进行心理引导和健康指导的事迹。

9日 团区委联合区委组织部、区三方办、区住建局召开“青春社区”助力“党组织领导三方协同小区微治理”推进会。会上，由区青年小区专员团、青年业委会联谊会、物业公司青年服务队3支队伍成立“青春助力联盟”，区青年业委会联谊会成立临时党支部，“小区微治理”青年志愿服务队挂牌成立。

△《浙江日报》刊登《杭州市拱墅区：聚天下英才 共建杭州大城北》一文，报道拱墅区系统谋划探索建设人才“引育留用”全周期服务体系，陆续推出“运河英才计划”“外创十条”“青创七条”等新策，推动人才工作市场化的情况。

11日 《浙江日报》刊登《杭州拱墅区：老旧小区变新貌》一文，报道拱墅区荣华里小区等旧改工程项目通过红色基因赋能基层治理，引导居民共同参与改造、共建美好家园的具体做法。

12日 全省3岁以下婴幼儿照护服务工作推进会在拱墅区召开。拱墅区在会上做先进典型经验交流。

12—13日 杭州市商业特色街（步行街）工作会议召开。拱墅区胜利河步行街、桥西步行街获“市级高品质步行街”称号。

13日 全省抗击新冠肺炎疫情总结表彰大会举行，表彰浙江省为抗击新冠肺炎疫情做出突出贡献的先进个人和先进集体。拱墅区顾薇佳、许海峰、马锋平被授予“浙江省抗击新冠肺炎疫情先进个人”称号，杭州海外海百纳酒店集中医学观察团队被授予“浙江省抗击新冠肺炎疫情先进集体”称号，徐红岗获“浙江省担当作为好干部”称号。

16日 市人大常委会副主任徐小林带领市人大督查调研组一行到拱墅区对贯彻落实省、市委人大工作会议和相关文件精神情况开展督查。

17日 全区小区专员技能大比武在区党群服务中心开幕。

△“迎亚运 共享未来”拱墅区第十七届邻居节启动仪式暨新时代文明实践“文化轻骑兵”进万家活动，在上塘街道瓜山未来社区举行。

18日 市委常委、统战部部长陈新华到拱墅区调研统战工作，走访半山乡贤文化馆、上塘星汇直播小镇、运河同心小镇，并召开座谈会。

△中国幸福城市论坛暨颁奖典礼在杭州举行。拱墅区获评“企业家幸福感最强区”。同时“中国幸福城市杭州研究中心”揭牌成立并落户浙大城市学院。

△省科学技术厅公布《2020年度省级新型研发机构认定名单》，拱墅区中科院计算所数字经济产业研究院榜上有名。

24日 在2020年全国劳动模范和先进工作者表彰大会上，拱墅区城管局下属单位杭州宸运环境工程有限公司电焊工徐俊昌被授予“全国劳动模范”称号。

△拱墅区政府印发《拱墅区学前教育三年行动计划（2021—2023年）》。

25日 拱墅区举行“墅企通”2020年拱墅区产业推进活动。

企业服务中心开放，政企线上交互平台“墅企通”启动使用。

26 日 拱宸桥街道与浙江新旭东控股有限公司签订合作协议，共同打造大运河紫檀博物馆。

27 日 拱墅区举行社区（经合社）“开门六件事·起航新五年”工作交流会暨党的十九届五中全会精神宣讲党课。

△在由省政府新闻办公室举行的浙江高水平全面建成小康社会记者见面会上，和睦街道和睦社区党委书记周呈作为发布会上唯一的城区工作者，就和睦新村老旧小区改造及智慧化养老服务等民生工作进行介绍。

△位于智慧网谷小镇的招商创库·智慧网谷孵化器开园，举行“智慧网谷孵化器”“招商创库·杭州”揭牌仪式。

28 日 吉林省四平市人大常委会副主任、双辽市委书记侯川率双辽市党政考察团到拱墅区考察。

12 月

1 日 云南省委常委、昆明市委书记程连元，昆明市委副书记、市长王喜良，昆明市委常委、市委统战部部长杨砳率昆明市党政代表团一行到拱墅区考察。程连元一行前往智慧网谷小镇、瓜山未来社区等地考察。王喜良一行前往桥西历史文化街区、和睦新村小区等地考察老旧小区综合提升改造工作。杨砳一行前往区爱心科技体验馆考察。区委书记朱建明等领导分别陪同。

△全市抗击新冠肺炎疫情总结表彰大会在省人民大会堂举行，表彰杭州市为抗击新冠肺炎疫情做出突出贡献的先进个人和先进集体。拱墅区李炜、刘新功、赵剑 3 人被授予“杭州市担当作为好干部”称号，李婉儿、魏一峰 2 人被授予“杭州市抗疫表彰优秀共产党员”称号，杭州詹氏中医骨伤医院党总支、心巢公益党支部被授予“杭州市抗疫表彰先进基层党组织”称号，杜露萍、支洁华、徐红霞等 5 人被授予“杭州市及时性表彰优秀共产党员”称号，夏燕军、李婉儿、印雪芬等 21 人被授予“杭州市抗击新冠肺炎疫情先进个人”称号，半山街道社区卫生服务中心、杭州詹氏中医骨伤医院党总支、半山街道党工委等 9 个集体被授予“杭州市抗击新冠肺炎疫情先进集体”称号。

△拱墅区第 109 家微法庭“乐堤港微法庭”成立，为全市首家城市商业综合体微法庭。

3 日 副省长高兴夫到拱墅区智慧网谷小镇、瓜山未来社区、浙江托普云农科技股份有限公司走访调研。

△市委宣讲团到拱墅区宣讲党的十九届五中全会精神。党的十九届五中全会精神市委宣讲团成员、市人大常委会研究室副主任张鹏做宣讲报告。

△省人大环境与资源保护委员会主任委员林健东一行到拱墅区开展联系基层代表和人民群众活动。

4 日 拱墅区组织开展第一批旧改精品项目的“比学赶超”活动，“测验”假山新村、勤丰小区等 9 个小区旧改精品工程的开展情况。

8 日 市人大常委会主任于跃敏先后到上塘街道人大代表联络中心站、拱宸桥街道第一人大代表联络站调研人大代表联络站工作和建设。

△“旭日引航·运河之星”2020 年拱墅区科技型企业创新创业大赛暨“旭日计划 2.0”总决赛在中国（杭州）智慧信息产业园举行。

9 日 区政协开展“加快推进我区新制造业发展”请你来协商活动，邀请部分政协委员、企业代表和区相关职能部门负责人，就如何加快推进拱墅区新制造业发展协商建言。

10 日 由拱墅区委区政府、中央广播电视总台央广云数共同主办的“浙江之窗”系列图书入驻中央广播电视总台音频客户端“云听”暨云听（杭州）声音数字产业基地建设签约仪式在拱墅区举行。

11 日 《人民日报》刊登《老小区咋改造、老百姓说了算》一文，介绍拱墅区和睦新村在老旧小区改造中听取群众意见、顺应民心、将决策权与监督权交给居民群众，并根据居民诉求探索老旧小区创新机制，为城市有机更新打造“杭州样本”的具体做法。

△拱墅区召开“大运河文化带建设·拱墅丛书”编委会议，该套丛书编纂工作启动。

14 日 市区县（市）协作第三协作组联席会议在桐庐召开。拱墅区委书记朱建明代表第三协作组，汇报协作工作情况和下步计划。

15日 浙江省知识分子联谊会会址落户拱墅。省委常委、统战部部长熊建平，全国政协常委、省知联会会长杜卫为省知联会“知联之家”揭牌。

16日 《光明日报》客户端推送《杭州拱墅：文明实践“典”亮百姓美好生活》，报道数字赋能“文明帮帮帮”“5分钟文明实践圈”“从头到脚”服务团队等拱墅区新时代文明实践建设工作。《浙江日报》专版同步报道。

17日 杭州市社会心理健康服务宣传月活动启动仪式在拱墅区党群服务中心举行，并在区爱心科技体验馆设分会场。

△区公安分局举办首届中国人民警察节及“向党和人民报告”主题晚会。

△第七届中国诗歌春晚（浙江分会场）——“抗疫！坚持！胜利！”大运河迎春诗会在拱墅区图书馆开幕。

△拱墅区首个三方管理服务中心在大关街道启动。

18日 区委七届十一次全体（扩大）会议召开。区委书记朱建明代表区委常委会做题为《开启现代化新征程 形成标志性新成果，为全面高质量建成运河沿岸名区而努力奋斗》的工作报告。

21日 《人民日报》刊登《帮助老年人跨过“数字鸿沟”》一文，报道拱墅区搭建阳光大管家信息平台，尝试利用智能化手段，适应老年人需求优化养老服务的情况。

22日 “汽车智联 城市共振”2020中国（杭州）汽车互联网产业发展大会暨万科汽车互联网产业园开园仪式举行，进行汽车互联网产业中心招商推介，举行阿里云智能物联网产业基地等项目签约仪式。

△浙江中华文化海外传播促进会大运河武术文化联盟活动基地授牌仪式在拱宸桥街道举行。

24日 市政协党组副书记张仲灿带队到拱墅区调研区政协2021年工作思路。

△拱墅区举行打造“没有围墙的养老院”暨爱心“墅”慈善认领养老项目发布会。副市长王宏出席并致辞。发布会上，成立拱墅区居家养老服务联盟，发布拱墅区优秀养老服务项目“阳光五养”，启动西湖先锋爱心“墅”微心愿项目。

△拱墅区首个商圈党群服务中心——杭州银泰城党群服务中心投用。

25—31日 拱墅区联合杭州千岛湖啤酒有限公司等3家企业，举办胜利河美食街暖锅节。

30日 省人大常委会副主任、省总工会主席史济锡率省工会“两节”送温暖慰问团到拱墅区开展慰问活动。

△在住房和城乡建设部举办的全国城市社区“美好环境与幸福生活共同缔造”专题活动培训班上，拱墅区和睦街道作为地方代表向全国介绍和睦新村老旧小区改造提升的样本经验。

△拱墅区检察院检察长罗有顺带领第五检察部全体干警到杭州市运河综保中心就加强大运河世界文化遗产保护公益诉讼研究商议协作工作。会上，罗有顺与杭州市运河综保中心主任胡红文会签《杭州大运河世界文化遗产保护领域公益诉讼协作机制》。

区情概览 05

自然概貌

【位置面积】拱墅区位于京杭大运河最南端，介于北纬 30° 16′~30° 24′，东经 120° 04′~120° 12′之间，为杭州市中心城区之一，曾为杭州市委、市政府所在地，各取辖境内拱宸桥和湖墅一字而得名。辖区面积 69.21 平方千米。其中，耕地 1.92 平方千米，林地 6.57 平方千米，村镇及工矿用地 51.54 平方千米，水域及水利设施用地 3.36 平方千米，其他用地 5.82 平方千米。东邻江干区和下城区，西连西湖区，南接西湖区和下城区，北靠余杭区，东西最大距离 12.6 千米，南北最大距离 14.4 千米。

【自然环境】辖区地势呈东北高西南低。东北部属天目山余脉，自西南向东北绵延 10 余千米，主要有半山、黄鹤山、青龙山、凉帽山、老虎山等。半山又名皋亭山，主峰海拔 283.9 米。青龙山，主峰海拔 270 米。凉帽山主峰海拔 279 米。老虎山主峰海拔 256.4 米。全区最高峰为黄鹤山，主峰海拔 319.2 米。西南部地势平坦，河道港渠纵横交错。

【气候特征】拱墅区地处亚热带季风气候带，温和湿润，雨量充沛，光照充足，四季分明，春秋较短，冬夏较长。春季一般始于 3 月上旬至中旬，春季回暖早，冷暖转换快，昼夜温差较大。夏季平均始于 5 月中旬至下旬，初夏常为梅雨季节，高湿闷热；盛夏晴热少雨，也是台风影响最频繁时期。秋季多开始于 9 月下旬至 10 月初，多秋高气爽的天气。冬季多开始于 11 月底至 12 月初，多晴冷天气。气候温和，呈变暖趋势。21 世纪以后，拱墅区年平均气温均在 17℃以上。雨量充沛，年际变化大，年降水量最多年为最少年的 2.5 倍；年内降水分布不均，主要集中在 3—9 月的汛期，约占全年降水量的 75%。雨日较多，占全年 40% 以上。日照充足，但年日照时数最多年和最少年差异较大，属于太阳能资源不稳定地区。盛行风随冬夏季风的交替而变化，冬半年盛行西北风，夏半年盛行偏东风和西南风。

2020 年，拱墅区年平均气温 18.3 ℃，较常年（17.0 ℃）偏高 1.3℃，气候变暖趋势持续。降水量 1664.2 毫米，较常年（1438 毫米）偏多 226.2 毫米。年雨日数为 221 天，比常年均值（189.6 天）偏多 31.4 天。年日照时数 1619.3 小时，较常年（1709.4 小时）偏少 90.1 小时。年内极端天气气候事件偏多，对经济、社会和人民生命财产安全造成明显影响。

（年鉴编辑部）

建置区划

【历史沿革】秦王政二十五年（公元前 222 年），秦灭楚，置钱唐县，今辖境属之。唐高祖武德四年（621 年），改钱唐县为钱塘县，仍属之。五代后梁龙德二年（922 年），置钱江县，与钱塘县同城设治。辖境分属钱塘、钱江两县。北宋太平兴国四年（979 年），改钱江县为仁和县。辖境分属钱塘、仁和两县。清宣统二年（1910 年），县以下划分自治区域，辖境分属湖墅乡和皋亭乡。民国元年（1912 年）2 月废杭州府，以原钱塘、仁和县地并置杭县，辖境属杭县。民国 16 年（1927 年）5 月，划杭县所属城区等地设杭州市。10 月，市下设区，辖城区、西湖、江干、会堡、湖墅、皋亭 6 区。民国 19 年（1930 年），湖墅区析为第十二区和第十三区。民国 23 年（1934 年），第十二区和第十三区合并为第八区。民国 27 年（1938 年）6 月，日伪市政府将原第八区改名为第七区。民国 34 年（1945 年）8 月，抗日战争胜利后，恢复为第八区。民国 38 年（1949 年 9 月 30 日止）年初，拱宸桥地区划归杭县，易名为拱宸桥镇，为杭县之治所。1949 年 5 月，杭州解放后，市人民政府将第八区和杭县拱宸桥镇合并，成立拱墅区。1952 年 11 月，杭州市增设上塘区。1956 年 4 月，上塘区撤销。1959 年 2 月，经省委批准，撤销拱墅区，建立拱墅人民公社联社。1960 年 1 月，撤销拱墅人民公社联社，恢复拱墅区。4 月，成立拱墅城市人民公社，辖区同拱墅区。1961 年，拱墅区与拱墅城市人民公社并存。1962 年 9 月，拱墅城市人民公社自行消失。1978 年 8 月，建立杭州市半山区。1990 年 2 月，国务院批准撤销拱墅区、半山区，建立新的拱墅区（简称“撤二建一”）。

【行政区划】1997 年 1 月，市政府决定，拱墅区石桥乡、东新街道划归下城区管辖，西湖区祥符镇划归拱墅区管辖。拱墅区辖上塘、康桥、半山、祥符 4 个镇和米市巷、湖墅、小河、拱宸桥、和睦、大关 6 个街道，40 个行政村，145 个居民区。2006 年 3 月，撤销上塘镇，设立上塘街道。2009 年 7 月，撤销祥符镇，设立祥符街道。2010 年 12 月，撤销半山镇、康桥镇，设立半山街道、康桥街道。2020 年，全区有上塘、祥符、半山、康桥、米市巷、湖墅、小河、拱宸桥、和睦、大关 10 个街道，99 个社区（包括 4 个托管社区）。（年鉴编辑部）

2020 年拱墅区街道及社区情况一览表

表 1　　单位：个

街　道	社区数	社　区
上塘街道	10	拱宸、瓜山、皋亭、蔡马、善贤、假山路、八丈井、红建河、七古登、绍兴路
祥符街道	17	勤丰、庆隆、吉如、新文、星桥、祥符桥、阮家桥、方家埭、花园岗、孔家埭、总管堂、映月、秀水、北星、申悦、申慧、蓝孔雀
半山街道	16（其中 4 个托管）	田园、杭钢西苑、杭钢南苑、杭钢北苑、杭玻阔板桥、半山、金星、石塘、沈家桥、夏意、龙山、云锦、春晓（托管）、秋韵（托管）、虎山（托管）、冬景（托管）
康桥街道	13	康桥、康桥村、谢村、西杨、义桥、永和、独城、计家、平安桥、蒋家浜、吴家墩、康运、康乐
米市巷街道	7	米市、锦绣、沈塘桥、夹城巷、半道红、大塘巷、红石板
湖墅街道	7	双荡弄、卖鱼桥、仁和仓、霞湾巷、长乐苑、珠儿潭、仓基新村
小河街道	9	小河、明真宫、大浒路、长征桥、娑婆桥、董家新村、紫荆家园、余杭塘路、塘河新村
拱宸桥街道	8	桥西、蚕花园、衢州路、温州路、台州路、登云路、永庆路、文澜
和睦街道	4	和睦、华丰、化纤、李家桥
大关街道	8	德胜、南苑、翠玉、东一、东二、西一、西二、香积

历史文化

【文保单位】2020年，拱墅区有各级文物保护单位（点）17处（23群）。其中，全国重点文物保护单位1处（7群），分别为大运河—拱宸桥、祥符桥、富义仓、通益公纱厂旧址、高家花园、洋关旧址、江南运河嘉兴—杭州段（上塘河）；省级文保单位香积寺石塔1处（1群）；市级文保单位6处（6群），分别为衣锦桥、桑庐、东新桥、里万物桥、古星桥、国家厂丝储备杭州仓库建筑；市级文保点9处（9群），分别为莫家里土墩墓、巧山遗址、吉如遗址、福寿长桥、中心集施茶材会公所旧址、和睦桥、海粟庵、花桥、陈叔通家族墓。

【历史文化街区】2020年，拱墅区有历史街区3条，具体为大兜路历史文化街区、小河直街历史文化街区、拱宸桥桥西历史文化街区。

【历史建筑】2020年，拱墅区有历史建筑20处，具体为显宁寺旧址、姚宅、渡驾桥、浙江麻纺厂建筑、崇仁庙遗址建筑、杭丝联建筑、杭州大河造船厂建筑群、杭州土特产有限公司桥西仓库建筑、浙江杭州石油公司小河油库建筑群、莫婆桥、祥符茧行旧址、杭州张小泉剪刀厂机修车间建筑群、杭一棉有限公司离退休人员服务中心卫生所旧址、浙江万马药业有限公司职工宿舍建筑群、华丰纸业办公楼、杭州长征化工厂、祥符直街48号、祥符直街38号、祥符桥粮仓、浙江航道建造工程处建筑群。（蔡　蝶）

【非遗项目】2020年，拱墅区有非遗代表性项目92项。其中，人类非遗1项，国家级2项，省级10项，市级20项。有非遗代表性传承人55位，其中有国家级传承人2位，省级9位，市级15位。有区级以上非遗传承基地42个，其中，展示基地7个，传承基地9个，体验点15个，传承教学基地11个。（徐雪清）

人口构成

【概 况】2020年，拱墅区总户数145541户，比上年增加5733户，增长率为4.10%。总人口413949人，比上年增加17150人，增长率为4.32%，平均每户2.84人，与上年基本持平。总人口中，男性203445人，女性210504人，分别占49.15%和50.85%，性别比96.65。全年出生人口3874人，死亡人口2289人，迁入人口31817人，迁出人口16252人，人口机械增长15565人，在册流动人口41.43万人。

【户籍人口】至2020年年底，全区户籍人口413949人，其中办理乡村人口转城镇人口3703人，比上年减少372人，下降率为9.13%。在乡村人口转城镇人口中，招生36人，比上年增加1人；聘用217人，比上年减少447人；务工经商1549人，比上年增加297人；购房376人，比上年减少41人；投资1人，比上年减少7人；投靠亲属1489人，比上年减少183人；其他35人，比上年增加8人。

【流动人口】至2020年年底，拱墅区流动人口在册41.43万人，其中在杭州市居住时间一年以下的16.95万人，占流动人口在册数的40.92%；居住时间1~5年的有20.19万人，占流动人口在册数的48.73%；居住时间5年以上的4.29万人，占流动人口在册数的10.35%。流动人口中，18~50周岁在册31.69万人，占流动人口在册数的76.49%。流动人口中男性为23.88万人，占57.64%，女性17.55万人，占42.36%。初中及以下学历流动人口20.92万人，占50.49%；高中学历9.02万人，占21.77%；大专及以上学历10.24万人，占24.72%。

【少数民族人口】至2020年年底，拱墅区有少数民族48个17699人，其中流动人口少数民族12905人，常住人口少数民族4794人。人数在1000人以上的少数民族有：苗族2557人，土家族2352人，回族2260人，满族2195人，壮族1273人，畲族1265人，彝族1127人，布依族1022人。

（鲁　萍）

“五位一体”发展

【经济建设】2020年，全区生产总值

2020 年拱墅区人口及构成情况统计表

表 2　　　　单位：户、人

街道名称	总户数	总人口	男	女	18 岁以下	18—35 岁	35—60 岁	60 岁以上	非农业人口	户平均人数
总计	145541	413949	203445	210504	76936	79376	153424	104213	413949	2.84
上塘街道	10898	36466	17644	18822	6485	8877	13193	7911	36466	3.35
祥符街道	33848	98509	48874	49635	25691	23284	36374	13160	98509	2.91
半山街道	14330	40585	20439	20146	7492	7529	15145	10419	40585	2.83
康桥街道	5600	21146	10324	10822	4357	3660	8041	5088	21146	3.78
米市巷街道	14856	40020	19497	20523	4816	6642	14655	13907	40020	2.69
湖墅街道	10300	28754	14100	14654	4602	4735	10819	8598	28754	2.79
小河街道	17314	46310	22669	23641	7488	7513	17608	13701	46310	2.67
拱宸桥街道	20674	56719	27906	28813	10169	9915	21260	15375	56719	2.74
和睦街道	4750	12063	5874	6189	1390	1800	4324	4549	12063	2.54
大关街道	12971	33377	16118	17259	4446	5421	12005	11505	33377	2.57

2020 年拱墅区人口出生、死亡、变动情况统计表

表 3　　　　单位：人、‰

街道名称	出生人口			死亡人口			自然增长率	出生率	死亡率	迁入		迁出	
	合计	男	女	合计	男	女				省内迁入	省外迁入	迁往省内	迁往省外
总计	3874	2018	1856	2289	1297	992	3.82	9.36	5.52	6000	5215	444	732
上塘街道	299	157	142	156	82	74	3.92	8.19	4.28	853	554	136	128
祥符街道	1485	785	700	220	130	90	12.84	15.07	2.23	2559	1916	107	181
半山街道	372	185	187	230	147	83	3.49	9.16	5.67	448	727	36	63
康桥街道	173	92	81	92	53	39	3.83	8.18	4.35	191	311	2	13
米市巷街道	270	135	135	308	171	137	−0.95	6.74	7.7	332	285	36	81
湖墅街道	216	111	105	190	107	83	0.9	7.51	6.61	204	225	17	55
小河街道	309	152	157	310	181	129	−0.02	6.67	6.69	419	329	55	61
拱宸桥街道	472	261	211	416	226	190	0.99	8.32	7.33	648	460	32	87
和睦街道	68	32	36	108	60	48	−3.31	5.63	8.95	78	127	3	20
大关街道	210	108	102	259	140	119	−1.47	6.29	7.76	268	281	20	43

说明：迁入和迁出人口中未包括市内迁入和迁出人口　　　　（鲁　萍）

668.60亿元，比上年增长0.1%。其中，第二产业实现增加值125.40亿元，下降4.5%；第三产业实现增加值543.20亿元，增长1.6%。二、三产业结构为18.8 ∶ 81.2。财政收入154.4亿元，下降4.7%。地方一般公共预算收入86.73亿元，下降4.9%。一般公共预算支出60.61亿元，其中教育支出16.1亿元，增长23.9%；社会保障和就业支出7.65亿元，增长37.8%；公共安全支出6.49亿元，增长12.4%；科学技术支出4.2亿元，增长40.4%；卫生健康支出3.6亿元，增长39.8%。固定资产投资下降12.6%，其中生态环保、城市更新和水利设施投资下降14.5%，高新产业投资增长59.5%，民间投资增长34.0%，工业投资增长4.5%，交通投资增长44.6%。

（张　婧）

【政治建设】2020年，拱墅区坚持以习近平新时代中国特色社会主义思想为指导，落实中央和省市决策部署，统筹推进疫情防控和经济社会发展。支持区人大、政府、政协和监委、法院、检察院依法依章程开展工作。落实党管武装政治责任。发挥区委改革、财经、国安等9个委员会的作用。实施党的建设四大工程，“不忘初心、牢记使命”主题教育成果不断巩固。加强统一战线工作，创建省级、市级网络人士统战工作实践创新基地，浙江省知识分子联谊会会址落户拱墅。完成区科学技术协会、区红十字会、区归国华侨联合会换届工作。拱墅区加强政治建设的做法在省管领导班子政治建设座谈会上做典型发言，并受到省委主要领导的肯定。

（张　瑜）

【文化建设】2020年，拱墅区抓好文化项目建设，区文化规划馆、民俗迹忆馆对外开放，浙江紫檀博物馆签约落地，运河大剧院和大运河亚运公园建设推进，上塘古运河风景区项目加快建设。推进社区文化家园建设，新建绍兴路社区等20家社区文化家园。促进非遗保护发展，新认定区级非物质文化遗产保护基地42家。推进文化惠民工程，全年开展公益文化培训140课时，大运河戏曲驿站惠民演出100场，送演出下基层83场，文化走亲42场，送讲座展览40场，送书4.8万册，开展各类文化服务505场，累计参与人数53万人次。

（年鉴编辑部）

【社会建设】2020年，全区城镇新增就业人数5.9万人，引导和帮助城镇失业人员实现再就业0.25万人，安置就业困难人员就业0.12万人。社会保险参保登记率99.6%，医疗保险参保率99.5%。全年处置欠薪案件1367件，涉及劳动者3310人、金额4032万元；处理劳动人事争议案件1791件，挽回劳动者经济损失3633万元；创建浙江省“无欠薪”区。新建10家“阳光老人家”站点，养老服务覆盖全域。率先在市民卡App上线涵盖健康管理、康复服务、技能培训、康复训练4大类25小项的康复护理服务。设立家庭照护床位145张，对老年人实行24小时照料支持和服务响应，并协助服务机构与就近医疗机构建立绿色通道，确保及时应急响应。完成无障碍设施改造1722处。

（张　婧）

【生态文明建设】2020年，拱墅区深入践行“绿水青山就是金山银山”的新发展理念，全面改善全区生态环境状况。围绕世界环境日、浙江生态日、“8·15两山理念15周年”等主题开展专题宣传活动，组织活动51场。在污水零直排、落实“河长制”等五水共治工作上成效明显，完成省级全域“污水零直排区”创建。创建省级“美丽河湖”1片区（红旗河片区）河流5条、市级“美丽河道”11条。新建沿河生态健康廊道8条9千米。新创省级生活垃圾分类示范小区17个、市级107个。全区实行生活垃圾“定时定点”投放覆盖率100%。全区生活垃圾日均量700.19吨，比上年下降7.46%。建成7处易腐垃圾减量点，实现日均减量11.2吨。全区大气环境优良率89.8%，比上年上升14.2%。细颗粒物（PM2.5）浓度均值33.1微克/立方米，下降16.4%。创建1家省级绿色学校。生态环境满意度得分85.25分，比上年提升1.23分。成功创建省级生态文明建设示范区。（王淑芝）

中国共产党拱墅区委员会 06

综 述

2020年，拱墅区委坚持把学习贯彻习近平新时代中国特色社会主义思想作为根本政治任务，先后召开8次区委理论学习中心组学习会、15次区委常委会会议，传达学习党的十九届五中全会精神、习近平总书记考察浙江、杭州重要讲话精神，认真学习《习近平谈治国理政》（第三卷）等重要理论文献。落实党中央做出的长三角区域一体化发展、大运河国家文化公园建设等重大战略部署，完成第二轮中央生态环保督察、全国文明城市创建等迎检工作，做好中央巡视组配合工作和信访接待点保障工作，推进东西部扶贫协作，谋划“十四五”发展规划和二〇三五年远景目标。对接省市委决策部署，围绕打造“重要窗口”拱墅样本，提出建设产业转型升级样板区、城市有机更新样板区、大运河国家文化公园样板区、最具幸福感城市样板区“四区”目标。谋划开展拱墅“六大专项行动”，在全市5次比学赶超活动中均位居前列。6月30日，在省管领导班子政治建设座谈会上，拱墅区委加强政治建设的做法受到省委主要领导肯定。

2020年，拱墅区委扛起“战疫情、促发展”的政治责任，努力实现“两手硬、两战赢”。第一时间启动应急响应，在全市最早开展疫区人员排查，最早设置集中隔离点，最早出台小区封闭管理最严防控措施，最早推出健康码代办服务，牢牢把握疫情防控主动权，落实疫情常态化防控举措，织密织牢疫情防控网。在全省首创驻企健康指导员制度，在全市率先出台支持企业复工复产“十五条意见”，运作复工复产专班，选派1171名机关干部下沉企业服务，组织线上招聘会，实施“护工”返拱行动，协助复工企业员工过渡居住，强化财政金融扶持，帮助企业破解“六难”，抢抓时间实现复工复产。落实“六稳”“六保”任务，开展“补短争先、提质增效”攻坚行动，深入“走亲连心三服务”，持续“助万企、帮万户”，举办美食节、汽车节、外惠季等各类促消费活动，发展“月光经济”，开展云上“双招双引”、电商直播带货，线上线下累计落实各类涉企扶持政策资金5.48亿元，为企业减负降本60.99亿元，在全省两次综合评价中分别获“优+”和“优”评级。

2020年，拱墅区委以新发展理念引领高质量发展，不断增强经济创新力和竞争力。“六大产业中心”建设开局取得成效。大数据产业中心、浙江云计算数据中心实现开工，杭钢云计算数据中心交付运营，引进寒武纪超算中心、杭州网银互联科技股份有限公司、杭州中奥科技有限公司等一批产业链核心企业。集成电路设计产业中心、芯空间团队全面入驻，产业园区建设全面启动。汽车互联网产业中心、万科汽车互联网产业园加快建设，运河汽车互联网产业园创建国家级科技企业孵化器。创意设计产业中心，LOFT49创意先行区开园运营，乐富创意设计中心进展顺利。直播电商产业中心，星汇直播联盟揭牌成立，国家级5G声音新媒体平台央广“云听”、新媒体独角兽企业杭州旭航网络科技有限公司相继落户。智慧物流产业中心、顺丰创新中心竣工投用，顺丰浙北区总部、浙江丰驰网络科技有限公司、浙江丰巢科技有限公司、顺丰同城公司等业务板块全面入驻。有效投资持续扩大。全年完成固定资产投资634.8亿元。每季度组织集中开工活动，95个重大项目实现集中开工，总投资近800亿元，5个“152工程”项目全部开工。突出留用地开发攻坚，11个项目开工，6个项目投用，北城天地等历史遗留问题实现化解。“双招双引”逆势上扬。引进浙江宝盈爱思开物资集团有限公司、浙江物产中扬供应链服务有限公司等一批龙头企业，落户中科院计算所、欧盟研究与创新杭州中心等一批高能级创新平台。支持浙大城市学院创建“百强大学”，区校战略合作开启新篇章。营商环境不断优化。成立全市首个实体化运作的企业服务中心，上线“墅企通”信息交互平台，“最多跑一次”改革“满意率”位居全市第一。优化创新创业生态，新增国家高新技术企业99家，累计达到294家，北部软件园众创空间获评国家级众创空间，获评2020年“企业家幸福感最强区”。

2020年，拱墅区委加快大城北开发建设，进一步提升美丽拱墅城市品质。实施“三纵一横”沿路沿线开发，推动城市建设提速，城市功能加快完善，城市形象推陈出新。持续完善公共设施。20条重点道路实现开工，14条道路先后竣工，香积寺路下穿运河隧道建成通车，14个地铁站点完成主体施工，停车场库、无障碍设施、海绵城市等城市软硬件配套不断完善。邵逸夫医院大运河分院、祥符桥传统风貌街区、上塘古运河风景区、运河湾历史风貌区等有序建设，大运河亚运公园主体结顶，运河大剧院进入装修阶段，9所学校投用开学，胜利河美食街300米网红天幕开幕。持续改善生态环境。半山电厂安全拆除第3座冷却塔，铁路货运北站征迁实现突破，渣土车专用道建成通车。完成全域“污水零直排区”建设工作，获省级生态文明建设示范区。开展“城市环境百日攻坚行动”，持续破解地铁口秩序、汽车城周边乱象、餐饮油烟、工地噪音等城市治理顽疾，生活垃圾总量实现“零增长”，“无违建区”创建扎实推进。

2020年，拱墅区委坚持改革创新引领，夯实城区治理现代化基层基础。升级打造党组织领导三方协同小区微治理模式，组建353个实体化小区党组织，选派358名社工常驻小区担任专员，把基层治理的最小单元从社区下沉到小区，打通服务群众的“最后一百米”，得到省委、市委主要领导批示肯定。实施“七个减下来”基层治理专项行动，瞄准薄弱环节，深挖问题根源，开展集中整治，健全长效机制，面上纠纷、突出矛盾、安全风险、社区杂音、警情发案、群众怨言、人力低效7个方面问题数据实现下降。开展“三方协同赛”“优商服务赛”“数字治理赛”“平安创建赛”“垃圾分类赛”，推动顶层设计与基层探索良性互动，建成投用全市首个一体化的社会治理综合街区，“城市眼·云共治”获评全国政法智能化建设优秀创新案例，股社分离后基层治理工作获省委主要领导批示肯定，成功创建省“无信访积案区”“食品安全区”“无欠薪区”，连续15年获评“省平安区”，获评全省首批“一星平安金鼎”。

2020年，拱墅区委践行以人民为中心的发展思想，全力提升全面小康成色。推进“阳光老人家”居家养老服务体系建设，累计建成“阳光老人家”站点78家，被授予“全国智慧养老示范基地”，获得省政府督查激励。启动婴幼儿照护“1155”服务体系建设，建成“阳光小伢儿”服务机构6家、驿站22家，受到中国计划生育协会肯定。推进全域老旧小区改造，131个旧改项目全部实现开工，年内完工73个，启动速度、改造规模居各城区之首。实施回迁提速工程，瓜山未来社区有序运营，全区所有安置房项目实现开工，在建面积342万平方米，建成交付57万平方米，完成回迁安置1490户，实现在外过渡5年以上征迁户全部安置，安置房小区长效管理成为省级标准。统筹做好就业创业、社会保险、社会救助、助老助残等工作，切实兜住民生底线。推进名校集团化，落实“公民同招”招生新政，全区公办教师待遇基本达到公务员同等水平。深化“健康拱墅”建设，开展爱国卫生运动，推进医疗卫生服务提升行动，“舒心就医”服务不断提升。

2020年，拱墅区委纵深推进全面从严治党，巩固发展山清水秀的政治生态。支持区人大、政府、政协和监委、法院、检察院依法依章程开展工作，强化党管武装，发挥9个委员会作用。实施干部队伍建设工程，建立健全“三比二听二评一考”评价机制，做好“两战一线”干部提拔、优秀年轻干部培养、优秀社区书记纳编等工作，适用容错免责、开展澄清正名。实施组织建设工程，开展“一比二学三赛四训”活动，推进社区组织换届，抓好“墅领先锋”“墅创堡垒”“墅享坐标”行动，出台激励关爱抗疫一线党员干部“暖心十二条”，区党群服务中心投用。实施作风建设工程，落实中央八项规定精神，从严从实“兴五风破三慢解四题”，落实“基层减负八条”，出台“过紧日子十条”，深化政治巡察，保持惩治腐败高压态势。实施宣传思想保障工程，压紧压实各级意识形态工作责任，加强网络舆情引导管控，新时代文明实践中心国家级试点工作深入推进，“文明帮帮码”获全市推广。加强统一战线工作，成立网络人士“运河e家”联盟，创建省级、市级网络人士统战工作实践创新基地，浙江省知识分子联谊会会址落户拱墅，运河同心小镇成为拱墅统战工作新名片。

（张　瑜）

重要会议

【全区“不忘初心、牢记使命”主题教育总结大会】2020年1月10日，拱墅区“不忘初心、牢记使命”主题教育总结大会召开。会议深入学习领会贯彻习近平总书记关于“不忘初心、牢记使命”主题教育的重要指示和中央、省委、市委主题教育总结大会精神，对巩固和拓展全区主题教育成果进行总结和部署。会议强调：要把加强政治建设摆在首位，进一步筑牢信仰之基；要把践行群众路线抓到经常，进一步强化宗旨意识；要把推动自我革命引向深入，进一步提升党性修养；要把发扬斗争精神落到实处，进一步推动改革发展。

【全区统筹推进疫情防控和2020年“六大专项行动”工作部署会】2020年3月11日，拱墅区统筹推进疫情防控和2020年“六大专项行动”工作部署会召开。会议深入学习贯彻习近平总书记在统筹推进新冠肺炎疫情防控和经济社会发展工作部署会议上的重要讲话精神和中央、省市委重要决策部署，全面落实区委七届八次全会精神，动员全区上下顽强拼搏，扎实工作，努力把因为疫情耽误的时间抢回来，把疫情造成的损失夺回来，确保完成全年经济社会发展各项目标任务。会议强调要回顾疫情、分析形势，切实增强战疫情促发展的责任感和紧迫感；要立足当前、攻坚克难，全面吹响加快实施“六大专项行动”冲锋号；要严明纪律、改进作风，众志成城战疫情促发展。

【庆祝中国共产党成立99周年大会暨全区三方协同小区微治理推进会】2020年7月1日，拱墅区庆祝建党99周年大会暨全区三方协同小区微治理推进会召开。会议对党组织领导三方协同小区微治理工作进行全面部署。会议强调要统一思想，深刻认识小区微治理工作的重要意义；要突出重点，以自我革命的精神攻坚克难，着力解决社工再下沉、小区党组织领导力、干群黏合度、三方协调力、管理智慧化等问题；要拉高标杆，奋力打造基层治理的示范样本。

【区委七届九次全体（扩大）会议】2020年7月23日，拱墅区委七届九次全体（扩大）会议召开。会议高举习近平新时代中国特色社会主义思想伟大旗帜，深入学习贯彻习近平总书记考察浙江、杭州重要讲话精神，认真落实省委十四届七次全会和市委十二届九次全会决策部署，总结上半年主要工作，部署下半年重点任务，动员全区党员干部提高站位、拉高标杆，奋力争先创优，展现“头雁风采”，高质量打造“重要窗口”的拱墅样本。

【全区民政大会暨“打造全域没有围墙的养老院”推进会】2020年8月31日，拱墅区民政大会暨“打造全域没有围墙的养老院”推进会召开。会议深入学习贯彻习近平总书记关于民政工作的重要论述，认真落实全国、全省、全市民政会议工作部署，以人民至上的理念和走在前列的担当，加快推进新时代拱墅区民政事业高质量发展，奋力打造最具幸福感城市样板区。会议强调要切实提高政治站位，把“两个维护”贯穿民政工作方方面面；要始终恪守为民情怀，织密扎牢民生保障安全网；要发挥民政独特作用，大力推进基层社会治理现代化；要不断深化为老服务，加快打造全域“没有围墙的养老院”；要坚持改革创新引领，不断提升社会服务供给能力。

【全区六大产业中心建设动员大会】2020年10月10日，拱墅区六大产业中心建设动员大会召开。会议对六大产业中心建设工作进行全面动员、全面部署。会议强调：要统一思想、凝聚共识，深刻认识建设六大产业中心的重要意义；要把握规律、抓住关键，高质量高标准打造六大产业中心；要实干至上、行动至上，全力落实六大产业中心建设任务。

【全区社区组织换届工作会议】2020年10月13日，拱墅区社区组织换届工作会议召开。会议部署2020年全区社区组织换届工作。会议强调：要统一思想、提高站位，切实增强做好社区组织换届工作的责任感、使命感和紧迫感；要拉高标杆、严把标准，

2020年拱墅区委常委会重要会议情况表

表4

会议时间	会议名称	会议内容
2020年1月7日	七届区委常委会第78次会议	审议并原则通过区人大常委会、区政府、区政协常委会、区法院、区检察院、国民经济和社会发展、财政预决算工作报告及区“两会”会议方案等议题
2020年4月3日	七届区委常委会第85次会议	审议并原则通过2019年度“大党建”考核结果和“党建工作之星”评选、2020年党建工作会议暨党建“四大工程”部署会筹备、政府“过紧日子”保障财政收支平稳运行等议题
2020年5月9日	七届区委常委会第87次会议	审议并原则通过《关于完善容错免责促进担当作为的实施细则》等议题
2020年6月30日	七届区委常委会第90次会议	审议并原则通过省委巡视反馈意见整改落实及《2020年度党风廉政建设和反腐败工作组织领导与责任分工》《区委履行全面从严治党主体责任整改落实情况报告》《2020年度“大党建”考核实施方案》《2020年度“大党建”考核规则》《关于深入推进党组织领导三方协同小区微治理的意见》等议题
2020年7月22日	七届区委常委会第91次会议	审议并原则通过区委七届九次全会报告、方案等议题
2020年8月21日	七届区委常委会第92次会议	审议并原则通过拱墅区与浙大城市学院战略合作事宜、《关于落实省委办公厅〈进一步加强检察机关法律监督工作若干意见〉的重点任务分工方案》、《拱墅区推行党务公开工作实施方案》等议题
2020年9月17日	七届区委常委会第94次会议	审议并原则通过《关于推进新时代民政事业高质量发展的实施意见》《全面落实“三个区分开来”审计容错纠错免责实施办法》《拱墅区转型升级产业基金管理办法》及瓜山未来社区运营管理方案等议题
2020年10月9日	七届区委常委会第95次会议	审议并原则通过社区组织换届、加强巡察机构干部队伍建设、“六大产业中心”建设、科技创新、拱墅区“阳光小伢儿”婴幼儿照护服务等议题
2020年12月2日	七届区委常委会第100次会议	审议并原则通过机关党建、区红十字会第四次会员代表大会筹备、上塘古运河风景区及夜游项目建设等议题
2020年12月6日	七届区委常委会第101次会议	审议并原则通过区委七届十一次全会报告、方案和区委关于制定“十四五”规划和二〇三五年远景目标的建议等议题

高质量推进社区组织换届工作；要鲜明导向、选优配强，努力打造拱墅基层铁军；要加强领导、压实责任，确保换届过程又好又快；要严肃风纪、弘扬正气，为换届工作营造良好氛围。

【全区社区（经合社）“开门六件事·起航新五年”工作交流会暨党的十九届五中全会宣讲党课】2020年11月27日，拱墅区社区（经合社）“开门六件事·起航新五年”工作交流会暨党的十九届五中全会宣讲党课举行。会议学习宣讲、贯彻落实党的十九届五中全会精神，分析总结前一阶段党组织换届工作，压茬推进社区居委会、居监会和经合社董事会、监事会换届，激励推动社区（经合社）干部队伍薪火相传、上马就干，为拱墅未来五年发展开好局、起好步，汇聚起驱动发展的强大合力。会议强调要提高站位、深化认识，切实领会把握好未来五年发展的目标定位；要从严从实、慎终如始，以全程全面高质量换届为未来五年发展提供坚强保障；要抢抓先机、上马就干，以开门六件事为新五年起好步开好局。

【区委七届十一次全体（扩大）会议】2020年12月18日，区委七届十一次全体（扩大）会议召开。会议高举习近平新时代中国特色社会主义思想伟大旗帜，深入学习贯彻习近平总书记考察浙江、杭州重要讲话精神，全面落实党的十九届五中全会和省委十四届八次全会、市委十二届十一次全会精神，听取区委常委会工作报告，审议通过《关于制定拱墅区国民经济和社会发展第十四个五年规划和二〇三五年远景目标的建议》，动员全区上下忠实践行“八八战略”、加快打造“重要窗口”样本，高水平开启拱墅社会主义现代化建设新征程，加快全面高质量建成运河沿岸名区。

【区委常委会会议】2020年，拱墅区召开区委常委会议25次，审议通过议题88项。区委常委、区人大常委会党组书记、区政协委员会党组书记出席会议，根据会议内容，相关部门（单位）、街道负责人参加会议。（张　瑜）

重要决策

【疫情防控和复工复产“两手抓”】2020年2月17日，区委、区政府出台《关于严格疫情防控复工复产“两手抓”坚决打赢疫情防控阻击战奋力完成全年目标任务的通知》。包括支持企业有序复工十条意见、企业复工复产加强防控十条意见和楼宇防控管理服务十条意见。

【“过紧日子”十条意见出台】2020年5月9日，区委、区政府出台《关于坚持“过紧日子”进一步厉行节约的十条意见》，包括压减一般性日常开支、压减部门预算规模、严格精文简会工作、严格落实重要活动审批制度、加强信息化项目规范统筹、严格控制办公成本、严格控制宣传费用、严格公务用餐制度、合理安排项目经费、完善财务内控机制十条意见。

【党组织领导三方协同小区微治理推进】2020年7月1日，区委出台《关于深入推进党组织领导三方协同小区微治理的意见》，深化三方协同治理和睦邻小区党建探索。意见提出，要构建基于住宅小区的基层治理组织体系，加强小区党组织建设，选派小区专员常驻服务，理顺小区与网格关系，强化三方协同支撑。要建立健全小区微治理运行机制，健全常态化联系服务、民主协商议事、力量资源统筹、物业纠纷预防和化解、数字治理和评价机制。要强化小区微治理工作保障，加强三方协同小区微治理组织领导，加强小区微治理队伍建设，加大本土社工引育力度，落实小区微治理专项资金，推进小区微治理基层创新实践。

【六大产业中心打造】2020年7月23日，区委七届九次全体（扩大）会议召开，对标“重要窗口”新定位新目标，结合拱墅产业发展实际，做出打造集成电路设计、汽车互联网、创意设计、直播电商、大数据、智慧物流六大产业中心的决策，并出台33条打造“六大产业中心”政策意见，设立30亿元规模的转型升级产业基金。

【社区组织换届】2020年10月13日，区委、区政府出台《关于高质量做好2020年社区组织换届工作的意见》，就高质量做好社区（经合社）换届工作提出意见。意见指出，要围绕“五好两确保”总体目标开展换届，实现整个换届全程高质量、全面高质量。要聚焦高质量“一肩挑”选优配强社区（经合社）班子，要严格依法依规精准有序组织换届选举，要推动换届与干事有机结合紧密融合，要着力完善社区治理体系，要营造风清气正的换届生态环境，要强化对换届工作的组织领导。

【拱墅区国民经济和社会发展第十四个五年规划和二〇三五年远景目标建议制定】2020年12月18日，中国共产党杭州市拱墅区第七届委员会第十一次全体会议通过《关于制定拱墅区国民经济和社会发展第十四个五年规划和二〇三五年远景目标的建议》。建议提出，要紧紧围绕全面高质量建成运河沿岸名区总体目标，加快推进大城北崛起，开启全域都市化现代化新征程；要实施产业振兴计划，建设产业转型升级

2020年拱墅区委重要文件目录一览表

表5

发文字号	文件标题
拱委办〔2020〕1号	关于印发《朱建明同志在区委七届八次全体（扩大）会议上的报告》的通知
拱委〔2020〕3号	关于严格疫情防控复工复产“两手抓”坚决打赢疫情防控阻击战奋力完成全年目标任务的通知
拱委办〔2020〕7号	关于印发《拱墅区开展“产业平台建设、公共项目建设、美丽拱墅提升、优化营商环境、新制造业发展、深化基层治理”六大专项行动实施方案》的通知
拱委办〔2020〕8号	关于印发《2020年度“三方协同赛”“优商服务赛”“数字治理赛”“平安创建赛”“垃圾分类赛”五场比赛实施方案》的通知
拱委办〔2020〕12号	关于印发2020年度《拱墅区“兴五风破三慢解四题”干部作风建设工程实施方案》《拱墅区“三提三干”干部队伍建设工程实施方案》《拱墅区“三强夯基”组织建设工程实施方案》《拱墅区宣传思想保障工程“六大行动”实施方案》的通知
拱委〔2020〕16号	关于印发《新时代拱墅产业工人队伍建设改革实施方案》的通知
拱委〔2020〕20号	关于推进新时代民政事业高质量发展的意见
拱委办〔2020〕23号	关于印发《朱建明同志在区委七届九次全体（扩大）会议上的报告》的通知
拱委办〔2020〕24号	关于印发《拱墅区党政领导干部食品安全责任清单任务分解》的通知
拱委办〔2020〕26号	关于印发《拱墅区推行党务公开工作实施方案》的通知
拱委办〔2020〕27号	印发《关于落实省委办公厅〈进一步加强检察机关法律监督工作若干意见〉的重点任务分工方案》的通知
拱委〔2020〕28号	关于制定拱墅区国民经济和社会发展第十四个五年规划和二〇三五年远景目标的建议
拱委办〔2020〕30号	关于高质量做好2020年社区组织换届工作的意见
拱委办〔2020〕31号	印发《关于加强巡察机构干部队伍建设的意见》的通知
拱委办〔2020〕36号	关于印发《拱墅区亚运城市行动实施方案》的通知
拱委办〔2020〕41号	关于印发《朱建明同志在区委七届十一次全体（扩大）会议上的报告》的通知
拱委办〔2020〕42号	关于印发《杭州市拱墅区规范街道“属地管理”实施意见》的通知

样板区；要实施城市更新计划，建设城市有机更新样板区；要实施文化引领计划，建设大运河国家文化公园样板区；要实施民生优先计划，建设最具幸福感城市样板区；要全面落实总体国家安全观，建设更高水平的平安拱墅；要加强党的全面领导，凝聚强大合力，为加快建设社会主义现代化国际大都市一流中心城区努力奋斗。

【"三纵一横"道路沿线开发】2020年，拱墅大力度推进重要道路沿线改造提升，以莫干山路、沈半路、拱康路、康桥路等为重点，着力抓好沿线区块开发、设施完善、环境整治、业态提升等工作，加快形成各具特色的沿路沿街产业带、景观带和文化带。5月19日，区委召开4条道路沿线提升改造工作专题会，通过《拱墅区"三纵一横"框架道路沿线开发建设实施方案》。8月31日，《拱墅区"三纵一横"框架道路沿线开发建设实施方案》印发，4条框架道路沿线涉及16个重点区块207个项目的开发建设工作，包含地块开发项目122个、交通畅达项目51个、文化彰显项目14个、环境整治项目20个。（张　瑜）

组织工作

【概况】2020年，拱墅区共有党员38002人。其中，正式党员37711人，预备党员291人，女党员16217人，少数民族党员204人，在岗职工党员17519人。新发展党员235人，其中女党员106人，占45.11%；35岁以下党员141人，占60%；大专及以上学历党员219人，占93.19%；生产、工作第一线的党员177人，占75.32%。申请入党人数1460人，其中女性791人，35岁及以下935人，大专及以上学历1301人，生产、工作第一线1296人。被列为入党积极分子的777人，其中女性403人，35岁及以下475人，大专及以上学历704人，生产、工作第一线677人。被列为发展对象的47人，其中女性26人，35岁及以下35人，大专及以上学历46人，生产、工作第一线42人。共有基层党组织2024个，其中党委111个、党总支90个、党支部1823个。

拱墅区认真贯彻新一轮全国党政领导班子建设规划纲要，聚焦区委中心大局，以高质量推进"三提三干"干部队伍建设工程为主线，围绕一个"干"字，打好"选育管用"组合拳，着力锻造想干、能干、干好的高素质一流"施工队"。全年调配干部43人次，其中提任正职4人次、副职15人次，进一步使用4人次。职级晋升72人次，其中晋升一级调研员2人次、三级调研员41人次、四级调研员29人次。

拱墅区新引进院士和国家、省市级引才计划人才12名，新认定市级高层次人才778人，比上年增长554%，认定市（区）级技能大师工作室5家，新培育高技能人才2382名。"欧盟研究与创新杭州中心"列为全市人才大会现场揭牌两个重大平台之一，"魏尔啸实验室"被列为全市"双引擎"驱动、"双招双引"比学赶超大比武现场考察点。拱墅区在"双招双引"比学赶超大比武中取得全市第五名，为推动拱墅区高质量发展，加快实现大城北崛起提供人才保障。

（邹佳余　孙　岩　吴佳妮）

【"三强夯基"组织建设工程】2020年，拱墅区委以"书记头雁强、班子团队强、工作战斗力强"为目标，实施"三强夯基"组织建设工程。制定拱墅区社区（经合社）党组织书记区级备案管理办法，规范建档立库、任前审查、常态联审、履职监管等标准化流程，参照科级干部档案标准，整理完善95个社区、40个经合社党组织书记"一人一表"。开展"一比二学三赛四训"比武竞赛活动，一季一主题为社区和经合社党组织书记搭台亮绩，亮出书记工作案例537条，征集党员群众对社区建议评价750余条，落地老旧小区改造等民生实事180余件，书记述职直播收获点赞41329个，以每季度量化排名牵引社区、经合社领头雁队伍建设，相关做法获市领导批示肯定。

【运河党建精品示范带打造】2020年，区委组织部推出"运河'红七月'打卡促发展"行动，深化打造"一轴三圈"运河文化党建精品示范带，累计吸引党员群众逾万人，直接拉动经济消费1000

万元以上。新建或改造提升各级党群服务阵地152个，构建覆盖全域的“墅享坐标”红色体系，出台“活力指数”运维规则，统筹协调机关部门进驻资源，增强阵地吸附力。区党群服务中心正式挂牌“杭州党群服务实践基地”，为全市主城区唯一获市级挂牌的区级党群服务中心。探索智慧网谷平台型党组织建设，以党建共建优化小镇党委组织体系，吸纳市区职能部门、金融机构、落地企业、高校等45家单位共推9大“党建+业务”项目。（邬佳余）

【干部素质提升活动】2020年，拱墅区全面提质“运河干部培训计划”，全覆盖开展区管干部党的十九届四中全会精神轮训，依托“西湖先锋”“学习强国”等线上平台，创新推出18期区委区政府中心工作实战线上“微课堂”，举办拱墅区、诸暨、浙大城市学院“两地三方”90后（泛指20世纪90年代出生的一代）干部培训班，《浙江日报》对此进行专版报道。常态实施“百名干部培养锻炼”行动，选派77名街道、部门骨干、新录用干部到区三方办、区经济工作专班等重点攻坚平台实践锻炼。

【年轻干部培养】2020年，拱墅区紧抓全市优秀年轻干部综合比选契机，结合届中调整，新选配86后街道主任1名、82后街道副书记1名、88后街道副职3名。打破干部来源壁垒，市场化招聘引进80后国企正职、85后国企副职各1名，面向市直机关引进1名80后区管正职，新引进培养90后选调生3名、公务员12名。出台《拱墅区“双一流”党政机关领导干部储备人才管理办法（试行）》，年轻干部关爱培养体系进一步健全。

【干部担当激励】2020年，拱墅区常态开展“比学赶超、争当标兵”活动，搭建中心工作主擂台，评选表彰标兵200名。实施“一季三评”“中心工作一线攻坚看担当”专题调研，动态收集掌握干部情况300余条。用好职务职级并行政策，面向“两战”（疫情防控、复工复产）、中心工作一线72名干部开展职级晋升。强化正向激励，推荐评选省担当作为好干部1人、市担当作为好干部3人。

【干部监督管理】2020年，拱墅区贯彻省市关于干部工作突出问题及巡视问题整改自查自纠的工作部署，分批次对全区62个街道、部门开展交叉互查，发现、整改问题120余个。推进领导干部个人有关事项报告专项整治，比对核查干部个报43名，谈话提醒填报基本一致或填报不规范情形干部7名，批评教育存在漏报情形干部5名，诫勉存在瞒报情形干部4名。坚持基础工作补短增效，按时保质完成区管干部档案数字化工作，稳步推进干部管理智慧应用。

【公务员队伍管理】2020年，拱墅区全面推进公务员职业生涯“全周期一件事”改革落地，整合出入编制、社保、医保等9大类业务办事流程，做好与杭州市公务员综合管理平台数据对接，实现人员录用、调转任、登记业务办理“线下跑零次”。深化公务员平时考核，出台《拱墅区公务员平时考核实施细则》，全方位强化公务员实绩研判。（孙　岩）

【国际引才】2020年，拱墅区紧抓

2020年6月12日，拱墅区2020“创青春·墅未来”运河青年人才季活动举办
（区委组织部 供稿）

中欧合作迈上新台阶契机，与欧洲孵化器企业建立协作网络，引进落地欧盟研究与创新杭州中心、瀚海国际人才创新创业港、欧洲华创会大中华区办公室等国际重大科技创新平台。实施“全球亮星计划”，在英国、法国、澳大利亚、新加坡等10国开展专场推介，多形式多渠道铺开全球营销推介。应对和克服全球疫情影响，全年新落地加拿大皇家科学院院士的癌症早筛项目、杭州创客天下大赛外国人第一名全息工作室项目等外籍非华裔人才项目11个，新增注册资本3900万元、新增国际专利8个，为国际人才项目对接市场资源200余次，完成在杭融资5000万元。

【人才云招引】2020年，拱墅区举办“运河之约·云启未来”双招双引大会，发布“运河英才”全球人才云评审计划，完成26个招商和人才项目云签约。全年开展“云端漫步”海外人才路演、“墅人才·浙里融”人才项目资智云接会、运河创业创新学院“抗疫发展云享会”、GS Talk主题沙龙等云上分享对接活动共计20场，累计参与逾3万人次。深化数字赋能，发布拱墅“双招双引”云平台，举办各类云上对接活动62场，协助辖区1375家重点企业累计推出招聘岗位5.4万个。

【运河青年人才季】2020年6月12日，拱墅区结合“6·13”杭州市首个大学生“双创日”活动，举办“墅青春·创未来”2020运河青年人才季活动和海外青年人才项目路演对接会，联合浙江大学、杭州电子科技大学、杭州中美华东制药有限公司、杭州银行等32家单位共同成立运河青年创新创业联盟，聘请知名创投机构、科技平台和人才企业的10名负责人为“青年人才创业导师”，在重点企业建设10个“运河青年人才创业创新基地”，全年新引进35岁以下大学生22472名，为拱墅区发展汇聚更多的青年力量。

【国际人才一地通办】2020年，拱墅区推进国际人才创业创新综合体建设，聚焦国际人才项目来华发展关键诉求，在杭州国际人才创业创新园（拱墅园区）建设“国际人才一地通办中心”（One place Everything），整合推出企业落地、创业服务、人才认定、生活保障4大功能模块的68项服务。联合外国专家局、公安出入境等部门，配备双语服务团队，建成全省首个外国人永久居留许可服务站，开通杭州市首个外国专家来华工作许可区级制证窗口，实现外籍人才来华工作许可、永久居留许可等关键业务一窗受理、一地办理。

【全球·人才·家建设】2020年，拱墅区在瓜山未来社区建设“全球·人才·家”。“全球·人才·家”是以国际人才社群化生活需求为导向，为国际人才提供拎包入住的公寓。瓜山未来社区开通“未来社区——国际人才园”专线接驳巴士，配套专属管家服务和沙龙社交活动等。建好杭州国际人才俱乐部，在春节、端午节、中秋节等传统节日举办国际人才交流合作和文化体验活动，加快人才本地融入。（吴佳妮）

宣传工作

【概况】2020年，拱墅区委宣传部贯彻落实全国、省、市宣传思想工作会议精神，自觉承担举旗帜、聚民心、育新人、兴文化、展形象的使命任务，推进全区宣传思想文化各项工作。把学习宣传贯彻习近平新时代中国特色社会主义思想作为首要任务，紧扣“战疫情·促发展”主线，各项工作取得新成绩。中央级媒体报道拱墅103篇次，创历年新高。

【理论学习】2020年，拱墅区围绕学习贯彻习近平总书记在浙江、杭州考察时的重要讲话精神、全国及省市“两会”精神等内容，通过集中学习、编印期刊、微党课宣讲、微视频传播等形式进一步提升理论武装凝聚力。区委中心组开展集中学习10次。“浙江人文大讲堂·大运河讲堂”推出25期“云上讲堂”。截至12月31日，“学习强国”平台全区注册人数近14万人，相关稿件被全国平台录用180余篇，浙江省平台录用200余篇。全年，编印《理论前沿》月刊12期，汇编当月习近平总书记重要讲话精神、重要观点的阐释文章等，向所有区管干部发放。全年完成征订《习近平谈治国理政》2 万册。

【理论宣传】2020 年，拱墅区围绕习近平总书记在浙江、杭州考察时的重要讲话精神、党的十九届五中全会、浙江省委十四届七次全会等理论宣讲主题，开展“我最喜爱的习近平总书记的一句话”微型党课比赛、区管干部优秀理论文章评选等各类基层理论宣讲活动 200 余次。5 月，开展“我最喜爱的习近平总书记的一句话”微型党课比赛活动，选树优秀选手参加杭州基层理论宣讲大擂台暨微型党课大赛，拱墅职高教师石丹被授予“杭州市优秀理论宣讲员”称号。

【对外宣传】2020 年，中央级媒体报道拱墅区 103 篇次，市级以上媒体共刊发拱墅相关报道 2500 余篇。1 月 29 日新华社刊发报道《用坚守筑起疫情防控的第一道“墙”——基层社区工作者群像扫描》。2 月 20 日《人民日报》报道《浙江杭州：运河亚运公园项目工地正式复工》。3 月 10 日新华社《半月谈》（2020 年第 5 期）刊发《老旧小区改造：强了治理，暖了民心》，报道拱墅老旧小区改造成效显著。4 月 3 日《光明日报》头版刊发《防疫情 补短板 护民生——老旧小区改造工程加紧复工复产》。29 日《人民日报》头版刊发《党建引领 赋能复工复产》。5 月 31 日《光明日报》刊发《浙江 6 月起全面推行公勺公筷》，报道拱墅区承办浙江省暨杭州市“文明好习惯”养成行动。6 月 10 日《光明日报》报道《非遗，用起来才能活起来》。7 月 2 日新华网刊发报道《杭州落成“进社区 + 电商直播助农”基地》。8 月 19 日新华社客户端刊发《杭州货车司机车厢开演唱会 为生活加点糖》。10 月 31 日新华社客户端刊发《杭州亚运公园将推出无人驾驶小巴》。拱墅区精心组织每季度重大项目开工、“好运拱墅”全年促消费活动、胜利河提升改造、未来社区的新闻宣传，全年共刊发在《浙江日报》等全媒体稿件 220 余篇。

【媒体共享融合】2020 年，拱墅区加强与权威媒体融合联动。4 月，与杭报集团签订深化战略合作协议。6 月，浙报集团县级融媒体中心共享联盟拱墅工作站挂牌，签订合作备忘录，明确人才双向“共交流”、定期内容“共生产”、重大选题“共策划”、合作产品“共推广”、线下活动“共开展”的“五个共”的合作模式。同时，还依托杭州（拱墅）大城北记者站，与人民日报浙江记者站、“浙江新闻”客户端等权威媒体共享资源，实现“一次采编、多元生成、多渠道传播”。2 月 25 日策划采编的《一人一车位 蔡马老人“北欧式”晒太阳》图文报道吸引央视新闻、人民网、《中国日报》、环球网、《浙江日报》等各大媒体跟进转发，登上微博话题热搜前五，总阅读量逾 3 亿人次、参与讨论逾 3.9 万人次。3 月 23 日，拱墅区联合杭州电视台综合频道推出“战疫情·促发展”全媒体大型直播“春江水暖·拱墅启航”，慢直播观看量达 1.1 亿人次、中午实时直播在线观看 11 万人次，充分展示拱墅区双线“硬核作战”的经验和亮点。5 月 9 日，“杭 + 新闻”客户端记者专访区委书记朱建明，访谈实录在《杭州日报》要闻版刊登。8 月 19 日，策划举办“给我个麦·货车司机演唱会”，同步推出《一辆货车的白天与黑夜》纪录片，弘扬“我们都是追梦人”正能量，演唱会在人民直播、“浙江新闻”客户端、天目新闻、今日拱墅 App 等进行直播，吸引百万余网友围观点赞，活动被《人民日报》、新华社、中新网、《浙江日报》等中央、省、市级主流媒体报道，纪录片在浙江卫视《周末·面孔》播出，新闻报道点击量破百万。全年累计有 90 余条原创稿件被中央、省市媒体录用转发。

【舆情分析与引导】2020 年，拱墅区开展舆情每日分析研判、每周汇总通报，为各街道、重点部门提供半年度、全年度舆情深度分析。印发《关于建立全区重大政策、重点项目、重要活动网络舆情风险研判评估机制的通知》，共编写《舆情日报》223 期，《周报》109 期，《月报》7 期，《舆情专报》11 期，完成省市网评引导任务 900 余次，网评任务完成率位居 13 个区县市首位。新冠肺炎疫情发生后，及时成立疫情防控舆情应急处置协调小组，实施加强级 24 小时值班值守，打响正面引导和谣言狙击“两场战疫”。围绕“加油中国”“宅家乐活”“抚古思今”“一线有我”等专题，撰写网评文章43篇，其中17篇被上级网信部门采用并全网推送，8篇阅读量超过10万次，精准引流100余万。利用“拱墅发布”及时推送各类辟谣信息7次。制作《微笑战“疫”》短视频，同步设置“口罩下的笑脸”微博话题，阅读量超1亿。9月14—20日，在“争做杭城好网民”微博话题互动传播活动，全区贡献阅读量115万人次。9月18日，选树游凌飞参加全市“出彩杭城好网民”网络文明演讲，获全市一等奖。

【“拱宸桥哨”工程】2020年，拱墅区部署网络生态综合治理“拱宸桥头哨”工程，通过建立8个哨所、落实3项工程，打造具有拱墅特色的“拱宸桥头哨”。首批部署建立直报点83个。全年“行业哨”“基层哨”报送各类苗头性舆情118条，“直报哨”报送社会舆情2373篇。

【互联网行业党委成立】2020年9月18日，中共拱墅区互联网行业委员会正式成立（简称“区互联网行业党委”）。旨在按照习近平总书记提出的“要旗帜鲜明、毫不动摇地坚持党管互联网”要求，牢牢掌握网上意识形态工作领导权，将互联网作为提升城市治理现代化水平的重要手段，为拱墅区经济社会各项事业发展营造良好的网络环境。区互联网行业党委依托区委网信办设立，由区委网信办领导管理，隶属区直机关工委，接受区委组织部（区委两新工委）、区委宣传部指导。下设党委办公室，负责统筹推进全区互联网企业党的建设工作。该党委设书记1人，副书记4人，党委委员4人。

【新闻出版业务审批】2020年，拱墅区新闻出版局31个行政审批事项网办率、掌办率，全部实现100%。全年完成行政许可事项77件，其他权力事项备案53件，年度核验换发出版物许可证147件、印刷许可证年检32件、电影放映许可证年检13件。推进“无证明化”改革工作，通过告知承诺、信息共享、部门核查等方式，取消群众办事的132项证明材料，平均办理时限为1天。实现“最多跑一次”显实绩、见实效。

【“扫黄打非”工作】2020年，拱墅区推进“扫黄打非·正道”“扫黄打非·新风”行动，联合区文化执法大队，全年出动检查人员1369人次，明察暗访印刷企业75家次、打字复印单位66家次、出版物经营单位186家次。全年共办理行政处罚案件8件，共收缴卫星接收器100余套。全面启动“绿书签”进校园、进书城、进社区、进媒体、进执法部门等“六进”活动，发放“绿色书签”8000余张。推进“扫黄打非”进基层，蓝孔雀社区被评为市“扫黄打非”进基层优秀单位。

【社区阅读节】2020年11月17日，“迎亚运·共享未来”2020拱墅区第十七届邻居节启动仪式暨新时代文明实践“文化轻骑兵”进万家活动在上塘街道瓜山未来社区举行。晚会活动在开场歌舞《歌舞追梦人》中开幕，既有歌舞越剧、杂技等传统节目表演，也有以rap说唱形式来推广新型饮食文化的节目《跟我走——看拱墅新食尚》，还有惊艳雅加达亚运会的由“杭州时间”原班人马带来的《亚运八分钟》等。在观众互动环节，融入亚运知识问答等内容。现场表彰上塘街道新时代文明实践志愿服务队中的吉正龙公益理发学雷锋志愿服务队、大关上塘街道社区卫生服务中心学雷锋志愿服务队、上塘街道詹氏骨伤科仁爱志愿者服务队、朗诗公益志愿者服务队、心巢公益志愿服务队、顺丰丰修志愿服务队、蔡马社区垃圾分类宣传志愿者服务队、七古登社区“邻里亲”志愿服务队、绍兴路社区党员志愿者队伍、欧尚学雷锋志愿服务队等志愿服务团队。同时，正式启动新时代文明实践“文化轻骑兵”进万家活动。

【拱墅区获评“企业家幸福感最强区”】2020年11月18日，“2020中国幸福城市论坛暨颁奖典礼”在杭州举行。拱墅区获“企业家幸福感最强区”，同时“中国幸福城市杭州研究中心”正式成立，并落户浙大城市学院。（王晓晨）

精神文明建设

【概况】2020年，拱墅区以培育和践行社会主义核心价值观为主线，以巩固全国文明城市创建成果为目标，以加强公民思想道德建设为根本，以新时代文明实践中心全国试点为抓手，深化群众性精神文明创建活动，市民素质和城区文明程度得到有效提升。5月19日，拱墅首创的“文明帮帮码”数字服务平台，得到省委常委、省委宣传部部长朱国贤批示肯定，并在全市推广。5月28日，中央文明办二局局长薛松岩调研拱墅区。同日，区委副书记、区长章燕代表拱墅在全省新时代文明实践中心推进会上做经验交流。5月30日，浙江省暨杭州市“文明好习惯”养成行动在拱墅区启动。6月14—17日，和睦街道新时代文明实践志愿服务街区列入全国文明城市创建工作培训班考察点之一。全年，完成全国、省、市三级城市文明程度指数测评迎检工作。社区文化家园建设深入推进，上塘街道七古登社区获评市五星级文化家园。组织开展网上祭英烈、“我们靓 杭州靓”中小学生新童谣大赛、向国旗敬礼等主题实践活动。孝心车位、爱心理发、“一场十角百站”学雷锋志愿服务等文明实践品牌，获市民群众高度评价。

【新时代文明实践中心全国试点建设】2020年，拱墅区紧抓由省级试点升格为全国试点机遇，大力实施新时代文明实践专项行动。5月28日，区委副书记、区长章燕代表拱墅区在全省新时代文明实践中心推进会上做经验交流。6月14—17日，区新时代文明实践志愿服务街区作为全国文明城市创建工作培训班现场教学点中唯一的居民小区，获得全国同行参观肯定。7月，中央文明办新时代文明实践志愿服务示范项目、中国文联副主席陈振濂发起的“蒲公英计划”项目总部落户拱墅，开展书法文化交流、书法大师课程、书法教育培训等文明实践，推动书法美育进学校、进社区、进社团。9月26—28日，在首届浙江志愿服务展示交流活动暨项目大赛上，拱墅区推荐的“蒲公英计划”“母亲微笑行动”“文明帮帮码”爱心公益轮值等8个项目参加，项目数量为全省城区之最，并现场交流新时代文明实践志愿服务经验做法。深化“志愿之城，爱在拱墅”品牌，健全16个区级志愿服务联盟轮值运行机制，组织“优礼杭州人”“诗青年”等33家社会公益组织常态开展文明实践活动，培育推进“墅说心语”理论宣讲、孝心车位、爱心理发、“一场十角百站”学雷锋志愿服务等文明实践品牌。整合运河书房、社区文化家园、国家级博物馆群落、图书馆、文化馆、运河广场、历史文化街区、工业遗存等“运”字文化阵地资源，打造“15分钟大运河文明生活圈”，推出“运河·爱心义仓”、大运河直播间等文明实践打卡点。面对新冠肺炎疫情，组织文明实践志愿服务队开展防疫防控、跑腿代办、家政服务、亲情陪伴、心理辅导等志愿服务活动。全国道德模范周伟法团队、国家级美发大师吉正龙、世界美发冠军石丹领衔的爱心理发团队主动为战疫一线工作人员提供免费理发服务。2月28日，吉正龙团队参加杭州市面向疫情防控一线医务人员八项关爱志愿服务行动之义务理发服务首场集中活动，获得省委宣传部副部长、省文明办主任卢春中点赞，光明日报客户端、中国文明网、天目新闻客户端等中央、省、市级主流媒体进行宣传报道。

【文明城市创建】2020年，拱墅区迎检全国、省、市三级城市文明程度指数测评工作完成。全区抽调人员成立创建专班，做好责任分解、业务培训、工作督查等工作，汇编下发《全国文明城市（地级以上）测评体系操作手册》《2020年全国文明城市测评实地考察场所信息表》《拱墅区全国文明城市测评实地考察点责任分工表》《拱墅区容易忽略的细节和要求》等创建资料。区委书记朱建明、区长章燕等区四套班子领导分片包干，深入社区背街小巷、市场、窗口单位等200余个实地考察点位，全方位、拉网式开展督导检查。联合文明创建各牵头单位开展专项督查、部门联查，全年抄告问题12000余个，完成全年文明城市创建工作任务，全年总成绩排名全市第二。6月4日，区委书记朱建明在第一季度市测考核结果上做出批示肯定。10月30日，市委常委、宣传部部长戚哮虎在《杭州宣传信息》第43期《拱墅区“三步走”打响全国文明城市迎检攻坚战》中做批示。

【"文明帮帮码"推广运用】2020年，拱墅区聚焦数字赋能，依托支付宝小程序，在全省首创"文明帮帮码"新时代文明实践数字服务平台，有效激发志愿服务内生动力，形成点单、派单、接单、评单精准服务闭环，实现文明实践志愿服务数字化、便捷化、具体化、日常化。4月21日在市"文明帮帮码"启用专题会上作典型发言，并获全市推广；聘请郎朗担任"文明帮帮码"公益宣传大使，平台活跃度位于全市前列。5月19日，拱墅首创的"文明帮帮码"得到省委常委、宣传部部长朱国贤批示肯定，获人民网、中国文明网、"学习强国"、浙江文明网、浙江新闻、天目新闻、《杭州日报》、杭州新闻联播、《宣传半月刊》、杭州宣传等各级各类主流媒体报道。截至12月31日，平台注册人数12.3万余人，入驻骨干志愿者队伍730支，活动时长15万余小时，发布秀文明1.7万余条，实现每6个人当中就有1名志愿者，"帮你 帮我 大家帮"成为文明实践新时尚。"文明帮帮码"服务平台，获评全市宣传思想文化创新奖。

【最美人物选树】2020年，拱墅区以"寻找身边好人"为主题，落实第十六届杭州市道德模范、第八届"最美杭州人"、全国学雷锋志愿服务"四个100"先进典型等评选活动，培育选树宣传各行各业"身边好人"300余名，涌现出全国文明家庭游凌飞家庭、"诚信浙江人"骆荣娣、全省最佳志愿服务社区桥西社区、全省疫情防控最美志愿者石丹、"诚信杭州人"汪孙聚、杭州市道德模范王志雄、"浙江好人"徐俊昌以及"杭州好人"张京松、周伟法等各行各业先进典型。9月18日，"诚信浙江人"骆荣娣在省人民大会堂受到省委书记袁家军接见。全年在《今日拱墅》开设的"最美拱墅人"专栏，刊发宣传报道先进典型事迹400余篇。

【社区文化家园建设】2020年，拱墅区持续推进社区文化家园建设，新建绍兴路社区、申慧社区等20家社区文化家园。11月，上塘街道七古登社区获评市五星级文化家园（全市仅6家），小河街道董家新村社区获评市四星级文化家园，祥符街道北星社区、康桥街道康乐社区、米市巷街道大塘巷社区、湖墅街道长乐苑社区4家获评市三星级社区文化家园。推进辖区文明单位、中小学校、社会公益组织等与社区文化家园结对共建，不断培育精品亮点，开展居民喜闻乐见的精神文化活动。培育打造圣都装饰公司等企业文化俱乐部。

【孝心车位推广】2020年，拱墅区全域推广孝心车位，为回家看望父母的子女提供便捷停车服务。全区建成孝心车位1274个，平均每个社区14.6个；建有孝心车位的社区87个，占辖区社区总数的88%；建有孝心车位的小区129个，占辖区小区总数的40%，完成全年孝心车位建设目标任务。

【"礼食双筷制，文明好习惯"行动】2020年5月30日，由省、市委宣传部（文明办）主办，拱墅区委区政府承办的"礼食双筷制·文明好习惯"浙江省暨杭州市文明好习惯养成行动启动仪式在拱墅区远洋乐堤港举行，浙江省委宣传部副部长、省文明办主任，杭州市委常委、宣传部部长等领导参加，国际钢琴艺术家郎朗担任公益宣传大使。第六届全国道德模范、"母亲微笑行动"发起人韩凯，第45届世界技能大赛美发项目冠军、第24届中国青年五四奖章获得者石丹，省最美家庭游凌飞家庭等一起发出"礼食双筷制·文明好习惯"倡议。现场推出"食"尚侠卡通形象，其以"大米"为原型，融入大运河、拱宸桥等拱墅文化符号，传达"进取有礼，'筷'乐加倍"设计理念。同时，面向全省、全市推广拱墅区"礼食双筷制"做法，吸引新华社、《光明日报》等各级媒体关注报道。

【文明素质提升活动】2020年，拱墅区以《新时代公民道德建设实施纲要》为引领，以公共文明素质提升五项行动、文化育和等重点工作为抓手，聚焦生活小节、倡导文明礼食、践行光盘行动，打造"礼食双筷制""美好小食光"品牌，推出"礼食双筷"产品、"食尚侠"动漫形象。5月30日，开展"我守规 我文明 我安全"文明交通专项行动，区四套班子领导、各相关部门、外卖平台、志愿者等共计600余人参加。打造"典"亮心间新时代文明生活街区。10

月底，美好“小食光”新时代文明生活集市、“典”亮心间公益直播间在第七届大运河庙会期间亮相，中央广播电视总台《云听中国》、阿里公益、滴水公益等做客直播间，获人民日报客户端、新华社、中国公益头条等各级各类媒体报道。广泛开展交通文明劝导，在运河七区、D32等综合体户外电子屏、社区企事业单位电子屏滚动播放文明交通公益宣传片，《今日拱墅》每周一期发布文明出行红黑榜，倡导文明出行新风尚。

【公益宣传开展】2020年，拱墅区常态开展“讲文明 树新风”“文明健康 有你有我”“反对浪费、公筷公勺”等主题公益广告宣传。8月，开展“打造最有温情的善城 共享文明发展新成果”墙景美化活动，涌现出新时代文明实践、抗疫防疫、公筷公勺、垃圾分类等主题围墙公益广告作品100余条，其中《致敬最美逆行者》获杭州市“最佳创意设计奖”。开展“讲文明树新风”公益广告宣传，全年发放各类主题宣传海报、宣传牌、道旗、文明餐桌牌、宣传折页等10万余份。

【未成年人思想道德建设】2020年，拱墅区以“扣好人生第一粒扣子、争当时代新人”主题教育活动为抓手，推动未成年人思想道德建设上台阶。组织开展“扣好人生第一粒扣子”、清明网上祭英烈、向国旗敬礼等主题实践活动。6月，组织参加“我们靓·杭州靓”杭州市第十届新童谣大赛，童谣作品《杭州晨味儿》获未成年人组一等奖。联合区教育局开展拱墅区第八届“美德少年”（新时代好少年）评选活动，其中张旖桓入选杭州市第十六届“美德少年”（新时代好少年）提名奖。12月10日，开展拱墅区第15届“公民爱心日”活动，展现拱墅人的爱心与责任。中国京杭大运河博物馆、手工艺活态展示馆、区图书馆等市、区级校外阵地，全年接待未成年人15万余人。

【节日文化活动开展】2020年，拱墅区在春节、元宵节、清明节、端午节、国庆节、中秋节等传统节日期间，开展传统节日文化活动，在“3·5”学雷锋志愿服务日，为战疫一线人员提供“八项关爱志愿服务”。推出原创诗歌《看见你，想见你》，成为浙江省“万朵鲜花送雷锋”10周年主题诗，在蜻蜓FM、喜马拉雅等有声媒体同步播出。围绕“我们的节日”主题，开展“网上清明祭英烈”“网络元宵晚会”等系列节日节庆、文艺文化活动。11月17日，区文广旅体局与杭州歌剧舞剧院专业化力量合作，在全区开展“迎亚运·共享未来”邻居节暨新时代文明实践“文化轻骑兵”进万家首场活动，后续在全区各街道开展分会场活动，近2万人参加。

（王晓晨）

统一战线工作

【概况】2020年，区委统战部以“质效提升年”为抓手，强化“服务企业 服务群众 服务基层”。在新冠肺炎疫情防控中，全区统一战线领域累计捐款超过6627万元，捐赠口罩、防护服、药品等物品价值超过1174万元。区委统战部开展“助企抗疫情、联企促生产”等专项行动，助力复工复产；“走亲连心三服务”活动，走访企业50余家，群众300余人次，发现并解决问题20余个；成立企业党委统战部4家和企业党委统战工作站11家；深化“一窗受理”平台应用，优化民宗和侨办“一件事联办”服务；“运河·数字经济·同心荟”获评省级网络人士统战工作实践创新基地；出台《拱墅区关于开展新乡贤工作的实施意见》，围绕“一库一馆一会”（乡贤库，乡贤馆，乡贤联谊会）的标准推进新乡贤工作；编发统战简报12期，“拱墅统战”微信公众号发布信息310条，宣传工作动态、统战知识、人物风采。

（柏　莹）

【区数字统战体验馆开放】2020年7月1日，拱墅区数字统战体验馆开放，该馆位于绍兴路588号，面积300平方米。体验馆集数字感知、互动体验、融合服务于一体。馆内设有统战大数据平台、统战文化数字长廊、统战3D沉浸式体验、民族服饰换装体验等模块，体现“一屏见所有、一屏办所有、触及最生活”等大数据时代的特点，提供全新的体验感受和便捷的办事服务，进一步助推拱墅统战办事和服务的转型。

【新乡贤工作开展】2020年7月，区委统战部出台《拱墅区关于开展新乡贤工作的实施意见》。为进一步弘扬新乡贤精神、培育新乡贤文化、凝聚新乡贤力量，区委统战部围绕“一库一馆一会”标准推进新乡贤工作，在祥符街道召开首届新乡贤大会暨新乡贤联谊会成立大会。10月，完成上塘、祥符、半山、康桥4个街道的新乡贤联谊会成立工作。11月，半山街道建成半山乡贤文化馆，并召开新乡贤大会。（徐 丹）

【“双走”活动】2020年，区委统战部开展“走进基层、走近部门”的“双走”活动。8月6日，区委常委、统战部部长带领区统一战线各领域负责人到区三方办、康桥街道专题考察党组织领导三方协同小区微治理工作。考察组先后参观三方协同综合体、康锦苑小区党员治家会，并召开座谈交流会。与会人员从机制建设、减负增能、提质增效等方面为小区微治理集智建言，出谋划策。11日，区委统战部为拓宽调研深度，确保党外人士议政建言有坚实的实践基础，围绕“党组织领导三方协同小区微治理”课题，组织党外人士开展“走近部门 走进基层”活动，了解基层小区党组织搭建、小区专员下沉、治理精细化等实施情况。（沈光明）

【区委统战工作领导小组会议召开】2020年8月10日，区委召开统战工作领导小组会议。区委书记朱建明出席会议并讲话，肯定拱墅区统一战线工作取得的成绩。会议审议并通过《拱墅区贯彻落实〈中共中央关于加强中国特色社会主义参政党建设的意见〉的实施方案》《关于加强民主党派代表人士队伍建设的实施意见》。

【社会化扶贫对接工作开展】2020年8月12日，湖北省恩施土家族苗族自治州来凤县委常委、统战部部长林正高，来凤县副县长林林一行到拱墅区开展社会化扶贫对接工作。拱墅区与来凤县召开社会化扶贫工作座谈会暨村企结对帮扶签约仪式。来凤县委、县政府一行参观走访上塘瓜山未来社区、区数字统战体验馆、杭州楚环科技股份有限公司、杭州全速网络技术有限公司等地。

（褚鹏凯）

【区首批企业党委统战部成立】2020年8月31日，拱墅区首批企业党委统战部成立暨授牌仪式举行。首批成立的企业党委统战部有3家，分别是浙江盘石信息技术股份有限公司、浙江建华集团有限公司、元谷创意园。市委统战部常务副部长出席揭牌仪式并讲话，肯定拱墅区在探索开展企业统战工作方面所做的努力和取得的实效。（沈光明）

【《中华人民共和国民法典》系列公益精讲活动开讲】2020年8月21日，由拱墅区新的社会阶层人士联谊会律师联盟、区司法局共同发起的《中华人民共和国民法典》（简称《民法典》）系列公益精讲活动开讲。30位企业代表在区新联会会员单位浙江三道律师事务所，与区新联会律师进行民法交流。该次精讲以“企业家必须掌握的顶层思维与合同规则”为主题，设立贴近企业发展的课程体系，解决在日常工作中遇到的法律问题。区新联会副会长、律师联盟负责人、浙江三道律师事务所主任以“企业家必须了解的《民法典》核心逻辑”为主题，以法律风险为切入点，总结《民法典》的46个亮点，对《民法典》进行总体性介绍。浙江三道律师事务所合伙人围绕合同编制、合同规则变革进行讲解，介绍《民法典》合同编制中买卖合同、租赁合同中改动的情形。讲解结束后，两位主讲人就参会人员现实中遇到的法律方面的问题进行解答。

【区网络人士“运河e家”联盟成立】2020年9月2日，拱墅区网络人士“运河e家”联盟成立仪式暨“新农活”公益直播课堂首播活动在中国（杭州）智慧信息产业园举行。省、市、区委统战部领导及联盟企业代表共同为拱墅区网络人士“运河e家”联盟揭牌。杭州市拱墅区、贵州黄平县、湖北来凤县、吉林南关县、浙江常山县五地统战部以“云签约”方式，在线签署网络人士统战工作战略合作协议。五地统战部就如何发挥统一战线优势、架好沟通交流桥梁、整合多地特色资源、提升助农帮扶力度、建立长效工作机制等方面达成一致意见，持续将网络人士技术优势与自然风光、农产品等特色优势相结合，创新助农扶贫形式，不断提高脱贫实效。仪式上，成立全区首批“拱墅区网络人士统战工作实践创新基地”，分别为星汇直播小镇、小河驿·智序空间、运河同心小镇、智慧网谷小镇、米络星科技集团、盘石集团、开心果网络科技有限公司，并在北部软件园挂牌成立区网络人士思想教育基地。签约后，“新农活”公益直播课堂首播开始，通过5个地区连线直播的形式，以主播教学、农民学习的方式，为4个对口帮扶地区的农民、商户及有意愿从事电商销售的学员免费开展直播技能的培训，帮助学员掌握直播知识和技巧，以更丰富的销售方式提升当地特色产品的销量，提高个人收入，带动当地产业发展，接受培训学员400名。“新农活小课堂”抖音号同时上线开播，当天在线观看量1.6万人。（褚鹏凯）

【区统一战线年度重点课题调研报告评审会召开】2020年12月24日，区统一战线系统组织专家对统战各领域全年调研成果进行评审验收。活动邀请省社会主义学院教授、参政党建设研究中心执行秘书长，市委党校法学与社会学教研部教授进行点评。《关于打响“夜运河·月光经济”品牌的思考与建议》《关于构建良好“婴幼儿照护体系”，加快发展我区托育服务的建议》2篇课题文章获得一等奖。同时，评出二等奖3名、三等奖6名。（沈光明）

老干部工作

【概况】2020年年底，拱墅区有离休干部53人。其中，拱墅区属离休干部45人（含安置外地1人）、易地安置在拱墅区的8人；年龄最大的101岁，最小的87岁，平均年龄92.31岁；抗战时期参加革命工作的10人，解放战争时期参加革命工作的43人。退休干部（含行政、事业职工）3996人。离退休干部共4049人，其中8人为区级正职领导职务、24人为区级副职领导职务。

2020年，拱墅区围绕进一步加强老干部三项建设、落实老干部两项待遇、抓好老干部活动中心和老年大学两个阵地建设开展老干部工作。组织召开老干部政治理论学习会1次，老干部党建工作培训班网上“云课堂”2期；邀请浙大城市学院专家为老干部讲授“深刻领会十九届五中全会精神”专题党课1次；全区39个离退休干部党支部采用微信群云组织生活会、钉钉视频云集中学习等学习方式开展网上“一读三谈”活动76次，收到感言50余条、学习体会10余篇、“悟初心”主题红色初心课7篇。拱墅区委老干部局摄制的区发改经信局退休干部党支部网上“一读三谈”主题党日红色初心课收录至杭州市老干部红色初心课光盘；组织离退休干部收看全国离退休干部网上专题报告会2场，收到学习感悟20余条。组织全区1000余名离退休干部参加省委老干部局举办的“阅读公众号，学习新思想”知识竞赛。全年区委老干部局走访慰问老同志200余次，做好疫情防控期间关心关爱工作，电话联系180余次。赴上海市看望市管退休干部1人，赴湖州市看望易地安置离休干部1人。撰写《老干部团队功能性党支部与离退休干部常态化参与“社会治理”》

2020年9月2日，拱墅区网络人士“运河e家”联盟成立仪式暨“新农活”公益直播课堂首播活动在中国（杭州）智慧信息产业园举行（区委统战部 供稿）

获2020年全省机关党建优秀课题研究成果三等奖。

2020年，区老干部活动中心建立老年人防诈骗宣传点，做好防诈骗线上线下宣传工作；组织1名参与抗战离休干部、2名“最美银耀抗疫老干部志愿者”配合录制《浙江省老干部纪念抗日战争胜利75周年〈向英雄致敬〉专题片首映仪式》节目。

2020年，区大运河老年大学组织老干部以“艺”抗“疫”致敬疫情一线工作者，共收集老干部“抗击疫情”主题书法作品56幅、绘画作品22幅、漫画8幅、诗歌29首、金石印刻作品2幅，在省市区委老干部局微信公众号上宣传和展播，收集老干部抗疫故事、最走心的一句话等10余篇。5月，依托“拱墅老干部”微信公众号，新增网课平台，推进大运河老年大学及下属教学点开展“云课堂”教学。新增位于区党群服务中心和上塘街道蚕花园社区的2所“家门口的老年大学”。6月，老年大学、老年活动中心整体搬迁至草营巷8号，挂牌区级老党员驿站。12月，与杭州联合银行合作，在区大运河老年大学举办“联合邻里·银色家园”挂牌仪式，依托“党建+金融”探索金融养老服务产品。

【干部荣誉退休制度实行】2020年，拱墅区健全“四依托”［依托党员活动室和党员服务中心（站点），依托开放式组织生活基地和离退休干部党性教育基地，依托所居住的社区（村），依托各类志愿团队和各大协会］工作机制，完善融入基层党建和向社区延伸制度机制，鼓励离退休干部主动到社区报到，全区实行干部荣誉退休制度。4月，区委老干部局参加区税务局组织的全区首场干部荣誉退休仪式。6月，组织2名新退休公务员参加首批杭州市公务员荣誉退休仪式。10月，联合区城管局举办集体干部荣誉退休仪式，当年退休干部20名参加仪式。

【老干部党建工作培训班网上“云课堂”举办】2020年，面对疫情防控形势，为尽量减少人员集中聚集，拱墅区委老干部局依托西湖先锋App举办2期拱墅区老干部党建工作培训班网上“云课堂”。2次培训采取直播形式，邀请律师、专家进行在线授课。全区离退休干部党支部书记、离退休干部临时党支部书记、老干部工作者55人参加直播培训。8月，拱墅区离退休干部党建工作“云课堂”第一期普法教育主题课程开课。浙江朗铭律师事务所的律师直播讲授《中华人民共和国民法典》解析课程，新的学习方式受到老干部的欢迎。9月，拱墅区离退休干部党建工作“云课堂”第二期“预防电信（网络）诈骗宣讲”课程开课，全区离退休干部防范网络诈骗能力得到有效提升。

【“纪念抗日战争胜利75周年”系列活动举行】2020年，拱墅区委老干部局围绕“纪念抗日战争胜利75周年”开展“走基层、看变化、促发展”活动。6月，采用电话采访的方式，随机采访离退休干部20余人，收集意见建议20余条，撰写专题调研报告。9月，组织1名参与抗战的离休干部、2名“最美银耀抗疫老干部志愿者”配合录制《浙江省老干部纪念抗日战争胜利75周年〈向英雄致敬〉专题片首映仪式》节目。10月。组织区级老领导赴舟山考察，参观红色教育基地，向英雄模范致敬。

【首批“金秋驿站”建立】2020年，拱墅区委老干部局推进组织共建，探索制定品牌“金秋驿站”工作标准。探索离退休干部主动融入市、区、街道三级党群服务中心联动发挥作用机制。3月，各街道选拔培育区级金秋驿站。7月，和睦街道华丰社区、小河街道长征桥社区、拱宸桥街道“初心”金秋驿站被列入第一批市级“金秋驿站”名单，其余7个街道选拔培育7家区级“金秋驿站”。

【老干部志愿服务】2020年，拱墅区委老干部局开展“社会治理，银耀有我”老干部志愿服务活动。2月，由于疫情防控要求，拱墅区委老干部局打破原先团队的服务方式，按照就近原则进社区，重新组建老干部疫情防控志愿服务队，开展疫情防控志愿服务。组织“三山护绿队”15名老干部志愿者在杭州省级医疗机构医护人员家庭开展“一人一帮扶”；“运河大妈、拱宸大伯”志愿服务队，就地打散至拱宸桥街道8个社区，参与所在社区的群防群治，排查、测温、劝戴口罩，参与运河广场巡逻活动，其中5名老干部被评选为全省“最美银耀抗疫老干部志愿者”。8月，以“金秋驿站”为平台载体组建老干部志愿服务团队，开展防诈骗、垃圾分类、平安巡防等常态化志愿服务。11月，健全离退休干部志愿服务组织体系，利用老干部志愿汇系统平台，提高信息化工作水平，拱墅区参与志愿汇活动的老干部志愿者占全区离退休干部总数的25%。全年全区老干部志愿服务队开展志愿服务活动200多场，参与活动老干部1500余人次，惠及群众1.5万余人次。

【老干部“银色人才”团队培育】2020年，拱墅区委老干部局巩固老干部“银色人才”团队成效，在全区范围内做好挖掘老干部“银色人才”工作。3月，新培育上塘街道老万服务站、大关街道天红越剧团、米市巷街道老干部书法家协会、康桥街道“银领先锋老干部工作室”、湖墅街道长乐苑书画协会5家老干部工作室。5月，拱墅区老干部志愿者陈永联参加杭州市“银尚达人秀，乐活在钱塘”达人秀展示活动，现场展示拱墅区首批非物质文化遗产保护项目——“掌上风筝”的制作技艺。9月，依托“银色人才”团队，开展寻找新一轮“银尚达人”活动和“我健康、我快乐——银尚达人秀”才艺展示活动。挖掘上报市级剪纸非遗达人——刘爱奋、区级武术非遗达人——伍卫红的事迹，并在“拱墅老干部”微信公众号进行展示，传达健康快乐理念。12月，深化“两助推三助力”活动，推选社会治理银耀团队2支，征集助力微故事5个，推选培育“最美助力之星”10人。

【区老干部红色吟诵团组建】2020年3月24日，组建拱墅区老干部红色吟诵团。吟诵团参与区委老干部局摄制的“公勺公筷好习惯，银耀之江见风尚”宣传短片。5月，录制《百年华丰》《反诈骗顺口溜集锦》等8个作品，进党群服务中心、进街道社区、进老年大学开展“云吟诵”活动。6月赴杭州市党群服务中心开展“不忘初心使命，弘扬红船精神”吟诵活动，2名吟诵团成员参与《春雨的馈赠》吟诵，在首批杭州市公务员荣誉退休仪式上表演。9月，邀请区老干部红色吟诵团参与“巩固主题教育成果 接受思想政治洗礼”主题党日红色经典吟诵活动。

【老干部服务管理数字赋能探索】2020年，区委老干部局就数字赋能老干部服务管理，探索“党建+文化养老”品牌2.0版——“党建+数字运河文化养老”品牌。8月，探索运用“城市眼·云治理·小河网驿”居家养老服务模块，为深化大塘巷社区“阳光老人家”、和睦街道华丰社区非遗文化养老、和睦社区综合街区养老等特色品牌建设，运用智慧养老手段，落实服务内容，提升服务质效，以点带面打造一批智慧“银尚之家”。9—11月，进一步维护浙江省离退休干部系统数据、录入杭州市离退休干部系统数据，加快老干部信息化建设。

（冯　婷）

机构编制管理

【概况】至2020年年底，拱墅区设党委机构12个，人大机构1个，政府工作部门23个，政协机构1个，群众团体机构6个，街道办

2020年5月27日，老干部志愿者陈永联（左一）现场展示“掌上风筝”的制作技艺

（陈艳 摄）

事处 10 个。上级下达各类行政编制 1756 人，事业单位 261 家，全区核定事业编制 6123 人。

【编制管理规范工作】2020 年，区委编办继续落实用编、科级干部职数使用“两项预报”制（机关事业单位编制使用计划预报审核制度、科级领导职数使用预报备案制度），抓住实名制库与“一件事”平台双系统衔接契机，推动信息互联互通，优化、严格全区人员进编程序。充分发挥机构编制在管理全流程中的基础性作用，做好实名制管理系统服务和“一件事”改革保障工作。全年办理出入编手续 1090 人次，预报、备案科级干部 184 人次。

【机构编制督查】2020 年，区委编办出台《拱墅区机构编制监督检查实施细则》，加强机构编制刚性约束力度。完善机构编制实名制管理系统，定制退休人员统计功能，开发编外用工管理模块，强化日常监管实效。9—10 月，根据省、市统一部署，区委编办开展事业单位改革“回头看”专项督查。采取电话访查、实地督查、座谈交流等形式，对事业单位改革后全区事业单位的机构设置、职能运行、人员转隶、领导职数使用情况等进行专项监督检查。至年底，通过系统校验以及与社保系统比对，检索错漏数据 200 余条，纠正不准确数据 24 条；指导全区各单位自查自纠问题 11 个，并对整改不够及时到位的 2 个部门做出考核扣分决定。

【事业单位改革】2020 年 4 月，区委编办按照中央、省委、市委关于深化事业单位改革有关部署要求，推进事业单位清理规范整合工作，优化事业机构设置，强化事业单位公益属性。年内，调研走访全区 49 家单位部门所属 256 家事业单位，梳理汇总事业单位机构编制明细表 40 余份，撰写建议类书面调研报告 10 余份。全面梳理规模较小、设置过于分散、公益职能弱化的“小散弱”单位和职能弱化或交叉重复相近的单位，深入排查、加速撤销职能任务空心化的事业单位。全年收回事业编制 171 名，核减事业单位 24 家，精简比例为 18.2%。

【机关内部“最多跑一次”改革深化】2020 年，区委编办深化机关内部“最多跑一次”改革，调整完善全区机关内部“最多跑一次”事项 358 个，其中多部门联办“一件事”32 个，加速部门自建系统与平台对接，推进机关内部信息系统的互联互通，实现 6 个区建平台的对接，导入办件量 2 万多个。创设动态色层预警机制，通过梳理收集汇总全区事项运行情况，以 5 种不同颜色对机关内部“最多跑一次”事项分类分色、区分标识。在内跑系统管理员权限界面开发“事项分色监控”功能，各单位管理员可通过后台监控各类事项，一键查询各色别事项名称、办事进度、月办件量、年办件量等信息，进行针对性突破整改。实现机关内部非涉密事项 100%“网上办”、90%“掌上办”，协同办事平台办件量突破 2.8 万件，获市级《本周要情》、《杭州日报》、省委改革办“竞跑者”微信公众号点赞。

【事业单位法人监管】2020 年 9—10 月，区委编办对区委政法委、区人力社保局、区统计局、区文广旅体局、区应急管理局、规划资源拱墅分局、城中村指挥部、半山街道、米市巷街道、和睦街道 10 个部门（单位）开展 2020 年度事业单位法人公示信息抽查。经抽查，发现 5 个主管单位存在事业单位应注销未注销的情况。检查人员当场对各单位存在的问题进行反馈，并要求限期进行整改。全年完成全区事业单位法人年度报告工作 256 家，完成事业单位设立登记 18 家，事业单位变更登记 165 家，事业单位注销登记 86 家。（贯清扬）

区直机关工作

【概况】2020 年，中共杭州市拱墅区委直属机关工作委员会（简称区委直属机关工委）下辖 52 个单位，114 个基层党组织，其中党委 2 个，党总支 15 个，支部 97 个（含当年新建区委巡察办支部和区红十字会支部）。党员 1980 名，其中当年新发展党员 22 名。2020 年，区委常委、区委组织部部长王涛兼任区委直属机关工委书记，唐晓华任区委直属机关工委常务副书记（保留正处长级）。1 月，机关党建课题研究成果评选位列杭州市直部门和区（县、市）第一，区委直属机关工委机关党支部获评杭州市“学习强国”组织之星。拱墅区机关党建经验做法在4月30日全省机关工委联席会议上作为杭州唯一区（县、市）代表、在7月8日省市区（县、市）机关党建工作座谈会上、在9月18日全省机关党建创新成果座谈会上作为全省唯一区（县、市）代表分别进行发言交流。10月，“数字驾驶舱赋能机关考评、助力基层治理”作为杭州市唯一创新项目进入全省“十强”，被评为“全省第九轮机关党建最佳创新成果”；《健全综合考评体系、压实机关党建工作责任》入选全省机关党建《范式百例》。12月，《提升考评绩效 助力基层治理》作为杭州市唯一代表项目在省委组织部召开的第四届浙江省基层党建论坛上交流，并入选省委组织部编印的《第四届浙江省基层党建论坛优秀案例汇编》。区委直属机关工委机关党支部被市委组织部评为“党建双强”最强党支部。

【机关党组织书记培训】2020年11月27—29日，区委直属机关工委组织52名机关党组织书记赴淳安县委党校开展党组织书记培训。培训采用专家授课、专题讲座、现场教学等形式，专题学习习近平新时代中国特色社会主义思想解读、《中国共产党党和国家机关基层组织工作条例》、全省“双建”工作推进会暨第九次县（市、区）机关党建工作交流会精神等。

【《推进模范机关、清廉机关和学习型机关建设活动实施方案》印发】2020年4月28日，区委直属机关工委印发《推进模范机关、清廉机关和学习型机关建设活动实施方案》，指导52个机关党组织推进模范机关、清廉机关和学习型机关建设，并自11月3日起，在《今日拱墅》平台每周展示一个机关党组织机关“三建”（模范机关、清廉机关和学习型机关建设）工作。

【《2020年拱墅区委直属机关党建工作考核方案》实施】2020年4月29日，区委直属机关工委下发《2020年拱墅区委直属机关党建工作考核方案》，围绕思想、组织、作风、工委部署重点任务、党建品牌创新五大方面24项具体内容进行考核，年中班子成员分组到所联系的机关党组织进行督导检查。

【党建创新项目进入全省“十强”】2020年9月18日，在全省机关党建创新成果座谈会上，拱墅区委直属机关工委作为全省唯一区（县、市）机关工委代表进行发言交流。10月26日，拱墅区《赋能机关考评、助力基层治理——建设数字驾驶舱推动机关党建高质量发展》机关党建创新项目，在浙江省机关党建创新成果展示评比活动中，成功进入全省“十强”（位列全省第8，区县市第2），获评“第九轮浙江省机关党建最佳创新成果”，是杭州市唯一入选全省“十强”项目。省委常委、秘书长、机关工委书记陈金彪等领导颁奖，区委书记朱建明做批示肯定。

【党员志愿服务开展】2020年，区委直属机关工委在抗击新冠肺炎疫情防控期间，组织党员干部支援社区和企业累计3.1万人次，联动省市两级机关党员参与拱墅区“战疫情、促发展”1.6万余人次，《危难时刻！千名拱墅铁军变身抗疫先锋》《上下同欲、齐心破难、做强服务、拱墅以过硬作风打好“双万”活动组合拳》等经验做法在《浙江机关党建信息》和浙江机关党建网站刊发宣传。被市委组织部评为杭州市战“疫”先进党组织。6月8日，市委常委、秘书长、机关工委书记许明在拱墅区召开“双万（助万企、帮万户）”工作调研座谈会，杭州4支市直机关“双万”小分队及3个城区代表实地参观2个工作成效点，并进行座谈交流。在会上，拱墅区汇报“双万”活动经验做法并得到许明的充分肯定。6月23日，在杭州市“双万”活动报告会上，拱墅区委直属机关工委作为杭州市唯一区（县、市）机关工委代表，选派区住建局服务重点项目小分队进行经验发言。8月31日，《杭州机关党建信息》刊发拱墅区深化联动“双万”工作，开展“墅情面对面”活动经验做法，得到市委常委、秘书长、机关工委书记许明的批示肯定。

【红色先锋联盟创建】2020年7月8日，在省、市、区（县、市）

机关党建工作座谈会上，拱墅区《凝聚党建合力、助力基层治理，持续推动机关党建更高质量发展》机关党建经验做法在会上发言交流。10月10日，省委办公厅《浙江信息》刊发拱墅“结对联建”工作经验做法，省委常委、秘书长、机关工委书记陈金彪，省直机关工委常务副书记郑才法，区委书记朱建明分别做出批示肯定。

【一单位一品牌】2020年，区委直属机关工委指导52个机关党组织持续深化机关党建品牌，10月30日起每周在《今日拱墅》平台发布和展示1个机关党组织党建品牌深化情况。

【机关党建优秀创新成果】2020年1月，机关党建课题研究成果《下好“一盘棋”，破解“两张皮”——党建和中心工作相融合，高质量推进大城北崛起》入编《2019年全省机关党建理论研讨会优秀研究成果汇编》。3月，多个机关党建课题研究成果分别获2019年杭州市机关党建优秀课题研究成果特别奖、一等奖、二等奖、三等奖，奖项数量位列杭州市直部门和区（县、市）第一。

【机关文体活动】2020年9月25日，区委直属机关工委联合省、市委直属机关工委举办“扬帆新时代”迎国庆广场文艺晚会，浙江电视台、《浙江日报》、《杭州日报》、浙江机关党建等多家媒体和网站进行报道。12月5日，举办区直机关乒乓球比赛。12月11日，举办插花艺术沙龙。同月，拱墅区4篇诗词作品入选由省直机关工委主编的《全省机关党员干部职工诗词比赛获奖作品集》，其中一等奖1篇、二等奖1篇、三等奖2篇。（侯文秀）

信访工作

【概况】2020年，拱墅区信访局围绕区委区政府中心工作，以深化基层治理专项行动为抓手，打造社会矛盾纠纷调处化解工作体系，全面推进社会矛盾纠纷化解工作“最多跑一地”“最多访一次”，全年受理群众来信、来访、来电和网上信访共60620件（人）次，成功创建“无信访积案区”。区信访局被省信访局授予“人民满意窗口工作成绩突出集体”称号。区信访局副局长李向阳被评为杭州市“新时代信访干部展示头雁风采”先进典型。

【“无信访积案区”创建】2020年3月，区信访局开展化积案争创建活动。以开展“书记领衔信访积案化解清零专项行动”和“无信访积案街道”创建活动为载体，区委书记领衔，各街道党工委、事权部门党组织书记共同领办包案，分级负责，推动化解信访积案。全区涉及信访工作的各级组织。向信访人主动公开区内信访办理质量监督渠道，将初次信访不满意件回流区内跟踪督办，实行区、街（街道）、社（社区）三级代办，一案一人，督办到底，减少信访系统重复登记。开展月度在线化解打榜比武活动，滚动建立每月初次信访化解表单，各单位集中力量开展化解，按照化解率、吸附率两项指标进行排名，定期发布打榜比武榜单。全年初信、初访、初网化解率分别为93.78%、93.68%、98.05%，均达到年度考核目标。

【矛盾调解工作运行机制】2020年4月，区信访局构建事前预警响应、事发约访代办、事中联合调处、事结回溯双查、事后研判启示的“五事”矛盾全流程闭环管理工作机制。通过三级预警机制，共发出预警单31份；通过信访回溯，共形成信访回溯报告书10份；通过主动约访，召开协调会500余次。创新建立调解“专家团”，全年调解信访“疑难杂症”300余件。8月11日，国务院副秘书长、国家信访局局长李文章赴拱墅区矛调中心调研考察，并对拱墅区信访局工作予以肯定。8月28日，省委常委、政法委书记王昌荣到拱墅区矛调中心调研考察，对拱墅区信访局创新的“五事”机制予以肯定。《浙江法制报》《杭州日报》等媒体先后报道拱墅区“矛调中心”做法。

【信访督查保障】2020年9月1日，中央环保督察组进驻浙江，区信访局全力支持参与督察工作，抽调1名副局长和1名公开电话受理中心工作人员全程参与环保督察信访专项工作组，开展24小时集中办公，做好信访件投诉整改等各项工作。该次中央生态环境保护督察，拱墅区共接到信访主办件55件，均随交随办、立查立改、决不拖延。针对重点信访件，全部督察整改到位。

【信访队伍建设】2020年3月中旬至6月30日，按照省市信访局岗位练兵比武活动“干什么、练什么、精什么”要求，围绕“三比三化”（比学习、比业务、比应用，提升信访工作专业化、法治化、信息化水平）主题，区信访局开展来信（网上）办理、来访接待、复查复核、督查督办、12345信访件办理等岗位练兵大比武，在全区范围选拔业务水平高、岗位素质过硬的在职信访干部参加全市竞赛，区信访局干部唐浩被选拔入杭州市队伍参赛。（陈文文）

档案工作

【概况】至2020年年底，区档案馆馆藏档案共计47697卷、69981件，接待查阅者2155人次，提供档案、资料3007卷（件），其中档案服务网提供利用459人次，窗口提供利用395人次，政务内网提供利用756次，受理咨询545人次，线上查档率大幅上升。落实“最多跑一次”，助推政府数字化转型，共完成电子归档件34384件，平台事项电子归档率100%。累计创建数字档案室62家、规范化数字档案室39家、示范数字档案室13家。编纂展示的《皋亭修褉系列档案》作品，在杭州市档案馆举办的“百姓最喜爱的‘镇馆之宝’”评比中获三等奖。

【疫情档案】2020年，区档案馆扎实做好新冠肺炎疫情防控工作期间档案服务工作。在拱墅档案、“拱墅发布”微信公众号上发布公告，自1月28日起暂停现场查档服务，提倡网上办、掌上办等查档模式，并发布详细操作指南，为公众持续提供优质便捷的查档服务。于3月23日发布恢复开馆公告，有序恢复对外开放。加强对全区疫情防控档案工作的监管和指导，着手制定方案做好防控工作档案收集，陆续发布《关于做好我区新型冠状病毒感染肺炎疫情防控工作文件材料收集归档工作的通知》《拱墅区档案馆面向社会各界开展新冠肺炎疫情防控工作档案资料的征集公告》，及时与宣传部等相关部门取得联络，提前介入，确保疫情防控档案无缺漏。区档案馆开展重大事件档案收集工作，至年底，接收和征集到纸质文件材料1024件、照片6366张，音视频111分钟、实物5件，其中包括诗歌文章2篇、原创歌曲2首、书画家曹金华捐赠的字画5幅，共计收集各类档案电子数据96.45GB（“GB”为容量单位）。

【破产企业档案接收】2020年，区档案馆有序做好破产企业档案接收进馆相关工作。前期与区发改经信局、杭州侨丰机电设备公司沟通对接，5月到杭州侨丰机电设备公司摸底调研，制定工作方案和计划。11月接收该企业改制前的部分资料共11箱，并着手开展整理工作。

【依法治档与业务指导】2020年，区档案局持续推进“依法治档”。完善法律顾问机制，在重大项目合同签订等方面发挥法律顾问的重要作用。紧抓法制宣传教育，组织全区各单位档案工作人员学习最新修订的《中华人民共和国档案法》，通过钉钉直播、集中观看、自主学习等多种方式，线上线下结合组织培训，参与人数共计175人。6月12日，区档案局发布《关于开展2020年档案执法年检工作的通知》及《拱墅区档案收集整理著录利用操作手册》，自6月12日至10月20日开展网上年检，自10月21日至12月31日进行现场抽检，检查档案库房、档案工作组织管理情况及各类年检材料。结合档案年检开展“双随机”（随机抽取检查对象、随机选派执法检查人员）执法检查，全年共抽取执法任务10次，开展跨部门联合执法2次，掌上执法检查率达100%，实现行政执法检查事项监管覆盖率100%、双随机执法信息公开率100%。12月25日和31日，分别到拱墅区市场监督管理局、圣奥集团有限公司指导档案目标管理认定工作。

【农村基层社会治理档案试点工作】2020年，区档案局推进基层档案信息资源网络化管理，选取基础较好的祥符街道，开展档案工作农村基层社会治理试点，推进规范化建设。在前期调研，摸清社区档案“家底”的基础上，与社区积极沟通，落实专人到位并做好制度保障，确保档案工作有人管、有人抓、有人干，各类文件材料能有效收集整理，具备基本的档案安全保管条件。同时加强基层档案资源建设，通过家庭档案进社区，持续加强社区民众档案理念。11月，进一步梳理权责清单，完成“对乡镇所属单位及村（社区）档案工作的督导”事项编制、下发及指导工作。

【档案数字化】2020年，区档案局助推政府数字化转型。开展电子文件归档和电子档案管理系统运行维护升级，完成全区15家相关单位群众和企业到政府办事事项的办件或测试件电子归档工作，涉及拱墅区统一行政权力运行系统和市统建系统中426类事项，共完成电子归档件34384件，平台事项电子归档率100%。持续提升档案信息化，协助立档单位推进数字档案室创建工作。12月，区公安分局、区委编办、祥符街道、区科技局4家单位成功创建省级“示范数字档案室”。至年底，全区累计创建数字档案室62家、规范化数字档案室39家、示范数字档案室13家，保质保量完成“十三五”期间任务。重点关注重要民生领域、重点经济领域和重点建设项目等档案登记备份，累计备份数据量3.54T（“T”为容量单位）。

【档案宣传教育】2020年，区档案馆以“国际档案日”为契机，围绕宣传主题“档案见证小康路、聚焦扶贫决胜期”开展一系列宣传活动。利用新媒体以动漫形式宣传、加深“档案法治”意识。5月15日，组织开展2020年国际档案日征文活动；22日，组织开展“我们的美好生活——档案寻觅发展轨迹”展览素材征集工作；6月8—9日，区档案馆在运河广场以照片展呈现拱墅的发展印记，同时举办咨询和赠书活动。

【档案征集】2020年，区档案馆进

2020年6月9日，区档案馆在运河广场举办国际档案日展览，市民们踊跃领取书籍　（区档案馆 供稿）

一步拓宽民间征集渠道丰富馆藏。12月7日，接收捐赠档案——《走进大城北》系列片（含综述篇、文化篇、民生篇、经济篇、环境篇，总时长50分钟）和吕士荣书法作品《致敬社工》。进一步做好城中村档案征集工作，助力《城中村记忆》图书编纂。选定善贤社区、半山社区、祥符桥社区为试点，深入挖掘其珍贵历史记忆以及撤村建居过程中值得记录的城市记忆，形成图、文等多种形式的史料，与上塘街道、半山街道、祥符街道对接，梳理城中村档案资源。

【档案编研】2020年，区档案馆贯彻传承文化抓档案，编研工作以工业遗产为挖掘点，深度挖掘运河文化、工业遗产资源。7月10日，区档案馆编纂展示的《皋亭修禊系列档案》作品，在杭州市档案馆举办的"百姓最喜爱的'镇馆之宝'"评比中获三等奖。10月，完成与和睦街道合作的编研项目——《和睦地区文化碎片调研报告》，12月完成与湖墅街道合作的编研项目——《湖墅地区文化调研报告》。

【档案服务】2020年，区档案馆贯彻落实便民服务宗旨，为群众提供更加便捷人性化的服务。7月2日，区档案馆工作人员到杭州市第二人民医院为陆女士办理送档上门服务。陆女士患病住院，行动不便，且受客观条件限制，无法通过政务服务网申请网上查档。区档案馆了解情况后，安排工作人员携档案到医院，核实当事人的身份及意愿后，经当事人签字确认，将档案交予当事人手中。

（张　劢）

党史工作

【概况】2020年，拱墅区委史志研究室认真贯彻落实中央、省委、市委、区委关于党史工作的方针政策和决策部署，扎实开展工作。有序推进党史专题征编，进一步搜集整理拱墅区改革开放以来有关史料，重点做好区级组织史资料编纂工作。开展党史宣传教育工作，通过加强部门协作，把党史宣传教育与常态化主题教育、党员固定主题党日、纪念"七一"等结合起来，进一步深化党史宣传教育进机关、进校园、进社区、进企业、进工地、进家庭等活动载体。开展党史数字化工作，做好党史专题基金申报及使用，摸排区党员示范教育基地。

【拱墅区组织史第六卷初稿形成】2020年，拱墅区委史志研究室在完成前期征稿的基础上，有序推进《中国共产党杭州市拱墅区组织史资料第六卷2013.1—2017.12》（简称"拱墅区组织史第六卷"）编纂工作。3月初，正式启动拱墅区组织史第六卷的组稿编辑工作。通过反馈、修改、审核等，至12月底，形成拱墅区组织史第六卷初稿。

【学习交流】2020年，拱墅区委史志研究室组织人员参加杭州市党史工作有关会议，进行学习交流。10月22日，参加杭州市党史编研工作会议，汇报交流拱墅区"十三五"期间党史编研推进情况及"十四五"期间党史编研工作计划。23日，参加杭州市党史三卷推进会暨业务交流会，进行业务交流。11月19日，参加杭州市红色资源保护利用工作座谈会，就拱墅区红色资源保护利用的经验做法做专题发言。

【红色阵地排摸】2020年，拱墅区委史志研究室开展排摸打造红色阵地工作。11—12月，配合杭州市委党史研究室，做好2021年《红色杭州历》涉及拱墅区相关图文资料的整理上报工作，选送农民英雄"三毛一虎"、运河天地（原大河造船厂）、杭州钢铁集团有限公司厂史陈列馆、杭州理想·丝联166创意产业园区、大运河洋关旧址、LOFT49、桥西直街历史遗址、工业遗存——华丰造纸厂、陈叔通家族墓、百姓书场（大关街道）、中国京杭大运河博物馆、拱墅区党群服务中心12个红色阵地。（李　帅）

拱墅区人民代表大会 07

综　述

【概况】至 2020 年年底，拱墅区有区七届人大代表 199 人。区七届人大常委会有组成人员 33 人，其中，主任 1 人，副主任 6 人，委员 26 人。区七届人大设监察和法制司法、财政经济、社会建设 3 个专门委员会。11 月 11 日，拱墅区七届人大常委会第三十六次会议表决通过关于设立杭州市拱墅区人大常委会社会建设工作委员会的决定。至年底拱墅区七届人大常委会设办公室，以及监察和法制司法、财政经济、城建环保、教科文卫民宗侨、人事代表、社会建设 6 个工作委员会。

【区人大常委会依法履职】2020 年，拱墅区人大常委会举行常委会会议 12 次，听取和审议区政府工作报告、区法院工作报告、区检察院工作报告等专项工作报告 23 个，组织开展执法检查、满意度测评、工作评议、专题视察 9 次，做出决议、决定 8 个，发出审议意见函 25 件，依法任免国家机关工作人员 34 人次。

【区人大常委会自身建设】2020 年，拱墅区人大常委会坚持常委会党组理论中心组学习制度，运用“线上 + 线下”方式开展专题培训，共组织全国“两会”精神及《中华人民共和国民法典》《浙江省民营企业发展促进条例》等专题培训 4 次。深化“政府重大投资项目监督，探索全周期监督新模式”做法，为全市各区县唯一独立入选第二届“浙江人大工作与时俱进奖”案例。主任会议成员带队深入基层开展调研，形成调研成果 6 项。（高晓岳）

重要会议和文件

【区七届人大四次会议】拱墅区第七届人民代表大会第四次会议于 2020 年 1 月 17—20 日举行。区七届人大代表名额 206 名，实有代表 202 名，出席会议代表 199 名。1 月 17 日召开预备会议，选举产生由 47 人组成的大会主席团，选举会议秘书长，表决会议议程。会议期间，举行 4 次全体会议、6 次主席团会议和 1 次财政经济委员会会议。会议听取和审查拱墅区人民政府工作报告，审查和批准拱墅区 2019 年国民经济和社会发展计划执行情况与 2020 年国民经济和社会发展计划草案的报告，批准拱墅区 2020 年国民经济和社会发展计划；审查和批准拱墅区 2019 年财政预算执行情况和 2020 年财政预算草案的报告，批准拱墅区 2020 年区级预算；听取和审查拱墅区人民代表大会常务委员会工作报告；听取和审查拱墅区人民法院工作报告；听取和审查拱墅区人民检察院工作报告；选举熊雄为杭州市拱墅区监察委员会主任，选举朱永红、吴杭芳、黄仁、黄朝武为拱墅区第七届人民代表大会常务委员会委员；票决 10 件 2020 年区政府民生实事项目。会议收到代表提出的建议、批评和意见 113 件，其中：要求解决河道整治、道路建设、绿化提升和小区改造等问题，共 67 件，占 59.3%；要求解决养老、社会服务等问题，共 17 件，占 15.1%；要求解决小孩入学、老人看病等问题，共 14 件，占 12.4%；要求优化营商环境、发展楼宇经济等问题，共 14 件，占 12.4%；其他 1 件，占 0.9%。

【区人大常委会会议】2020年，拱墅区第七届人民代表大会常务委员会举行12次会议，即区七届人大常委会第二十七次会议至第三十八次会议。

区七届人大常委会第二十七次会议于1月8日举行。会议听取和审议区政府关于铁路北站单元北站路(管家漾河东—沈半路)道路工程政府重大投资项目的报告；听取和审议关于拱墅区2019年政府重大投资项目计划执行情况及2020年政府重大投资项目计划（草案）的报告；讨论关于拱墅区2019年国民经济和社会发展计划执行情况与2020年国民经济和社会发展计划草案的报告（征求意见稿）；讨论关于拱墅区2019年预算执行情况和2020年预算草案的报告及部门预算草案（征求意见稿）；讨论关于2019年区政府民生实事项目完成情况和2020年区政府民生实事候选项目形成情况的报告（征求意见稿）；审议并原则通过区人大常委会工作报告（稿）；审议并表决区七届人大常委会代表资格审查委员会关于个别代表的代表资格审查报告（草案）；听取和审议区七届人大四次会议筹备工作情况报告；审议区七届人大四次会议议程（草案）、日程（草案）及大会主席团和秘书长、常务主席、大会执行主席、副秘书长、各代表团召集人名单（草案）；审议并表决区七届人大四次会议列席人员名单、邀请人员名单（草案）；审议2019年区政府民生实事项目完成情况满意度测评办法（草案）、2020年区政府民生实事项目人大代表票决办法(草案)；审议并表决关于接受杜卫辞去杭州市第十三届人民代表大会代表职务的决定（草案）；补选杭州市第十三届人民代表大会代表。

区七届人大常委会第二十八次会议于1月20日举行。会议审议并表决杭州市拱墅区第七届人民代表大会常务委员会代表资格审查委员会关于个别代表的代表资格的报告（草案）。

区七届人大常委会第二十九次会议于3月26日举行。会议审议并通过区人大常委会2020年工作要点（草案）；听取和审议区人大各街道工委2019年工作情况和2020年工作计划的报告；审议区政府关于2019年法治政府建设情况的报告（书面）；审议并表决有关人事任命事项。

区七届人大常委会第三十次会议于4月8日举行。会议补选杭州市第十三届人民代表大会代表；审议并表决有关人事任免事项。

区七届人大常委会第三十一次会议于4月23日举行。会议听取和审议区政府关于疫情防控期间企业复工复产及惠企政策落实情况的报告；听取和审议区政府关于2019年度环境状况和环境目标完成情况的报告；审议并表决有关人事任命事项。

区七届人大常委会第三十二次会议于6月9日举行。会议审议并表决有关人事任免事项。

区七届人大常委会第三十三次会议于6月29日举行。会议听取和审议区政府关于健全和完善公共卫生应急管理体系建设情况的报告；听取和审议区法院关于诉源治理工作和部分法官履职情况的报告。

区七届人大常委会第三十四次会议于8月31日举行。会议听取和审议区政府关于庆隆小河单元地块42班小学等6个政府重大投资项目的报告；听取和审议区政府关于拱墅区2020年上半年国民经济和社会发展计划执行情况的报告；听取和审议区政府关于拱墅区2020年上半年政府重大投资项目实施情况及调整2020年政府重大投资项目计划（草案）的报告；听取和审议区政府关于拱墅区2019年决算草案和2020年上半年预算执行情况的报告；听取和审议区政府关于2019年度杭州市拱墅区本级预算执行和其他财政收支情况的审计工作报告；听取和审议区政府关于拱墅区国有资产管理情况的报告；审议并表决有关人事任免事项。

区七届人大常委会第三十五次会议于10月30日举行。会议听取和审议区政府关于贯彻实施《中华人民共和国禁毒法》情况的报告、区人大常委会执法检查组关于《中华人民共和国禁毒法》执法检查情况的报告；听取和审议区政府关于“七五”普法决议贯彻实施情况的报告；听取和审议区政府关于居家养老工作情况的报告；听取和审议区政府关于义务教育阶段“公民同招”政策执行情况的报告；听取和审议区政府关于拱墅区2020年预算调整的报告；审议并表决有关人事任免事项。

区七届人大常委会第三十六次会议于11月11日举行。会议审议并通过有关专项决议（草案）；审议并通过杭州市拱墅区第七届人民代表大会常务委员会关于设立拱墅区人大常委会社会建设工作委员会的决定（草案）；审议并通过关于在全区人大代表中开展征集“十四五”规划纲要编制意见建议活动的倡议书。

区七届人大常委会第三十七次会议于11月23日举行。会议听取和审议区政府关于邵逸夫医院大运河分院项目建设进展情况的报告；听取区政府关于老旧小区综合改造提升工作审议意见落实情况的报告，并进行满意度测评；听取部分市人大代表报告履职情况；审议并表决有关人事任命事项；审议并表决关于接受刘志华辞去杭州市拱墅区第七届人民代表大会常务委员会委员职务的决定（草案）。

区七届人大常委会第三十八次会议于12月22日举行。会议听取和审议区政府关于审计查出问题整改情况的报告；听取和审议区政府关于和丰路（湖州街—萍水东路）道路工程等2个政府重大投资项目的报告；对代表建议意见办理情况开展专题询问；听取和审议区政府关于区七届人大四次会议代表建议意见办理情况的报告，审议区法院关于区七届人大四次会议代表建议意见办理情况的报告（书面），并开展工作评议。

【重要文件】2020年，拱墅区人大常委会印发《关于同意拱墅区行政区划调整的决议》《关于同意杭州市拱墅区人民政府驻地迁移的决议》等重要文件。（高晓岳）

2020年拱墅区人大常委会重要文件一览表

表6

发文字号	发文日期	文件标题
拱人大常〔2020〕1号	2020-01-08	关于接受杜卫同志辞去杭州市第十三届人民代表大会代表职务的决定
拱人大常〔2020〕2号	2020-01-08	关于接受杜卫同志辞去杭州市第十三届人民代表大会代表职务请求的报告
拱人大常〔2020〕3号	2020-01-08	杭州市拱墅区第七届人民代表大会常务委员会公告
拱人大常〔2020〕4号	2020-01-08	关于补选尚永丰同志为杭州市第十三届人民代表大会代表的报告
拱人大常〔2020〕5号	2020-01-20	杭州市拱墅区第七届人民代表大会常务委员会公告
拱人大常〔2020〕6号	2020-03-26	杭州市拱墅区人大常委会2020年工作要点
拱人大常〔2020〕7号	2020-03-26	关于区人大各街道工委工作报告的决议
拱人大常〔2020〕8号	2020-04-08	杭州市拱墅区第七届人民代表大会常务委员会公告
拱人大常〔2020〕9号	2020-04-08	关于补选刘忻同志为杭州市第十三届人民代表大会代表的报告
拱人大常〔2020〕10号	2020-08-31	关于批准2019年拱墅区决算的决议
拱人大常〔2020〕11号	2020-10-30	关于同意调整2020年拱墅区收支预算的决议
拱人大常〔2020〕12号	2020-11-11	关于同意杭州市部分行政区划优化调整的意见
拱人大常〔2020〕13号	2020-11-11	关于同意拱墅区行政区划调整的决议
拱人大常〔2020〕14号	2020-11-11	关于同意杭州市拱墅区人民政府驻地迁移的决议
拱人大常〔2020〕15号	2020-11-11	关于设立拱墅区人大常委会社会建设工作委员会的决定
拱人大常〔2020〕16号	2020-11-23	关于接受刘志华同志辞去杭州市拱墅区第七届人民代表大会常务委员会委员职务的决定

人大监督

【概况】2020 年，拱墅区人大常委会切实履行宪法法律赋予的职责，围绕全区的中心工作和重大的民生工程，开展专项监督，全力助推区委重大决策部署落地见效。

【“十四五”纲要（草案）编制专项监督】2020 年，拱墅区人大常委会深入贯彻落实党的十九届五中全会精神，坚持提前介入、主动参与、深入调研“十四五”规划纲要编制工作。向全区人大代表发出征集拱墅区“十四五”规划纲要意见建议的倡议书，号召代表收集群众意见建议，为拱墅“十四五”规划更加符合中央精神、契合杭州特征、体现拱墅实际、反映群众期待建言献策，共征集反馈意见建议 80 条。区委书记朱建明肯定意见建议征集成果并专门作出批示。

【“六大产业中心”建设专项监督】2020 年，拱墅区人大常委会围绕决战决胜“六大专项行动”，聚焦打造“六大产业中心”，听取审议计划执行情况报告，开展促进数字经济发展专项监督。7 月 24 日，组织产业平台建设、科技创新企业发展情况专题视察，听取优化营商环境、新制造业发展、人才引进等专题汇报，提出要充分发挥大平台大项目大企业引领、科技扶持政策引导、优秀人才领军、制造业支撑以及优质营商环境保障的作用，为破解要素制约，推动经济稳走向好建言献策。

【预决算审查监督】2020 年，拱墅区人大常委会持续深化预决算监督，根据经济社会发展需要及区委决策部署，依法批准 2019 年决算，同意调整 2020 年区级预算，使预算安排和重大项目支出更好地保障区委决策落实，有效发挥财政在国家治理中的基础和重要支柱作用。

【“美丽拱墅”建设专项监督】2020 年，拱墅区人大常委会深入践行总书记习近平提出的“绿水青山就是金山银山”理念，继续听取审议全区环境状况及环境目标完成情况，聚焦群众反映强烈的突出问题，推动政府及其职能部门把环境改善作为城市开发建设的先手棋，切实补齐生态短板，推动大城北核心区城市形象推陈出新。持续关注生活垃圾分类，紧盯生活垃圾“零增长”目标完成情况，督促政府继续抓细节补短板，全力为居民群众打造健康宜居的生活环境。7 月 9 日，开展老旧小区综合提升改造专项视察，结合各代表小组在旧改一线掌握的进展情况和民意诉求，审议提出具体问题建议 33 个，整理形成“组织协调、资金运行、绿化调整、工程管理、配套设施、后期管理”6 个方面 13 条建议意见，并首次尝试将审议意见以清单形式，交由政府限时办理。对老旧小区改造提升工作审议意见落实情况进行满意度测评，构建起一条全过程、全方位的监督链条，确保常委会监督意见落到实处、取得实效。区委主要领导对人大监督助推老旧小区改造工作予以批示肯定，《浙江日报》等主流媒体对此进行跟踪报道。

【民生事业发展专项监督】2020 年，

2020 年 7 月 24 日，区人大常委会视察产业平台建设、科技创新企业发展情况

（区人大办 供稿）

拱墅区人大常委会听取审议义务教育阶段“公民同招”政策执行情况报告，提出要优化资源布局、保障队伍稳定、提升教学质量等建议，推动教育资源均衡发展，加快打造“家门口的好学校”。跟踪全区文化发展规划推进情况，回应人民群众对更高质量文化生活的追求。6月18日，开展无障碍环境建设情况视察，听取审议居家养老工作报告，关注0~3岁婴幼儿照护服务体系建设，推动形成政府作用和市场作用有机统一、相互补充、相互促进的格局，不断增强老年人、残疾人、婴幼儿及其家庭的获得感、幸福感。深化民生实事项目人大代表票决制，完善“代表监督季”活动载体，10月14日，组织区政府民生实事项目视察，促进政府民生实事项目尽早建成、尽早惠民。听取安全生产工作情况汇报，要求政府全力维护好拱墅安全稳定的发展环境。

【法治拱墅建设专项监督】2020年，拱墅区人大常委会首次审议区政府关于法治政府建设工作报告，督促政府进一步加强依法行政。围绕法律法规宣传、贯彻和执行，审议“七五”普法决议贯彻实施情况，在全社会进一步弘扬法治意识，增强全民法治观念。深入开展《中华人民共和国禁毒法》执法检查，引入第三方客观评估拱墅区的禁毒工作，查找禁毒工作存在的短板，推动整改落实，推进禁毒综合治理，保障法律法规落到实处。围绕基层治理能力提升，审议法院诉源治理工作报告，听取公共法律服务开展情况汇报，专项监督社会矛盾纠纷调处化解“最多跑一地”改革工作，为推进治理能力和治理体系现代化发挥人大应有作用。继续开展法官履职评议工作，坚持拟任干部任前法律知识考试制度，进一步促进人大任命的国家机关工作

2020年6月18日，区人大常委会视察无障碍环境建设情况　　（区人大办 供稿）

人员依法、高效履职。严格依法审查各方面报送备案的规范性文件7件，交办、转办涉法涉诉信访33件。（高晓岳）

人大代表工作

【概况】2020年，拱墅区人大常委会推进代表工作机制、载体和服务创新，密切常委会同代表、代表同人民群众的联系，支持和保障代表发挥作用，更加有效地反映民意、集中民智、凝聚民心。加强代表联络站建设，上塘街道人大代表中心联络站、祥符街道人大代表联络总站和拱宸桥街道第一人大代表联络站被认定为杭州市2020年“最美代表联络站”，8个代表联络站被认定为拱墅区第二批“最美人大代表联络站”。开展代表优秀建议评选，表彰5个先进代表小组、20名代表履职积极分子，强化代表履职管理，激励代表依法履职。

【“最美代表联络站”建设】2020年，拱墅区人大常委会深化阵地建管用融合，开展第二届区级“最美人大代表联络站”评选活动，新建、迁建代表联络站3个，培育特色站点5个，以全区22个代表联络站为依托形成密切联系群众的矩阵，打通代表服务选民群众的“最后一公里”。

【人大代表议案建议办理】2020年，拱墅区人大常委会落实建议办理“四级负责制”（拱墅区人大常委会要求各代表建议主办单位对每一件建议都明确责任人员、办理时限，落实主要领导亲自抓、分管领导直接抓、主办科室具体抓、承办人员专门抓的“四级负责制”）和常委会领导牵头督办重点建议、走访建议办理大户等督办制度，进一步实现建议办理质量和办理实效“双提升”。开展换届以来代表建议办理专题询问及区七届人大四次会议期间代表建议办理工作评议，与浙大城市学院合作开展第三方评估，探索从建议提出、答复情况、解决情况三个维度对代表建议办理工作的分析和评估，促进代表建议办理工作由“答复型”向“高质型”转变。区七届人大四次会议期间收到代表建议113件，全部办结，满意及基本满意率100%，解决和基本解决的79件，占69.9%；闭会期间收到代表建议27件，均按时办结。（高晓岳）

人事任免

【概况】2020年，拱墅区人大常委会坚持拟任干部任前法律知识考试制度，先后组织4批次21人进

2020年度拱墅区人大代表优秀建议一览表

表7

序号	建议编号	代表姓名	标题内容
1	010	裘霞敏	关于社区微型养老院建设的建议
2	032	苍洪伟	关于打造环半山国家森林公园十公里大运河遗产小道的建议
3	047	洪祖兴	关于康桥路（宣杭铁路以东）道路提升改造的建议
4	059	黄坚	关于完善落实家庭医生签约式服务工作的建议
5	063	王艳	关于老旧小区楼道“亮灯”工程提升改造的建议
6	072	楼青芳	关于解决三宝路中、小学门口安全隐患的建议
7	085	朱幼群等	关于搭建拱墅区产业扶持一网通平台的建议
8	088	章伟达	关于进一步规范阳光小蔬菜门店管理的建议
9	095	叶文光	关于关注青少年视力健康，智能化管理学校教室光环境的建议
10	106	马志军	关于更好推进垃圾分类工作的建议

行任前法律知识考试、任前资格审查和公示工作，进一步促进人大任命的国家机关工作人员依法、高效履职，全年依法任免国家机关工作人员 34 人次。

【人大任免人员名单】2020 年 3 月 26 日，拱墅区七届人大常委会第二十九次会议任命马婵娟为杭州市拱墅区人民法院刑事审判庭副庭长，曾碧莲为杭州市拱墅区人民法院民事审判一庭副庭长，包静怡为杭州市拱墅区人民法院审判员。

4 月 8 日，区七届人大常委会第三十次会议决定任命陈皿为杭州市拱墅区监察委员会副主任，决定免去崔晓峰的杭州市拱墅区监察委员会副主任职务。

4 月 23 日，区七届人大常委会第三十一次会议任命许建平、胡森为杭州市拱墅区人民检察院检察委员会委员。

6 月 9 日，区七届人大常委会第三十二次会议决定任命赵红、吴伟强、应巧华为杭州市拱墅区人民政府副区长；决定免去张德平、王书评、惠海涛的杭州市拱墅区人民政府副区长职务。

8 月 31 日，区七届人大常委会第三十四次会议决定任命程晓东为杭州市拱墅区人民政府副区长。任命周建利为杭州市拱墅区人民法院民事审判一庭庭长；免去邵永强、郑丹的杭州市拱墅区人民法院审判员职务。

10 月 30 日，区七届人大常委会第三十五次会议决定任命杨辉为杭州市拱墅区人民政府副区长、杭州市公安局拱墅区分局局长。决定免去刘建军的杭州市公安局拱墅区分局局长职务。任命黄朝武为杭州市拱墅区第七届人民代表大会监察和法制司法委员会副主任委员，范文涛为杭州市拱墅区第七届人民代表大会财政经济委员会副主任委员；洪燕为杭州市拱墅区第七届人民代表大会监察和法制司法委员会委员；朱金祥为杭州市拱墅区第七届人民代表大会财政经济委员会委员。免去朱金祥的杭州市拱墅区第七届人民代表大会监察和法制司法委员会委员职务；洪燕的杭州市拱墅区第七届人民代表大会财政经济委员会委员职务。任命田恬、吴煜、顾雅男、韩瑞功、樊笑婧为杭州市拱墅区人民法院审判员。任命李坚、杜倩楠为杭州市拱墅区人民检察院检察员。

11 月 23 日，区七届人大常委会第三十七次会议任命邹艳为杭州市拱墅区人大常委会社会建设工作委员会主任。

（高晓岳）

拱墅区人民政府 08

综 述

【经济高质量发展】2020年，拱墅区落实振兴实体经济、支持民营经济发展和减税降负等重大政策，减免及兑现各类税费及资金72.5亿元。实现规模以上工业企业营业收入利润率15.5%，位居全市第一。加快推动产业能级升级，十大产业平台实现主营业务收入1118亿元，税收收入45亿元。持续稳定投资消费，完成固定资产投资439.4亿元；实现社会消费品零售总额609亿元、网络零售额528亿元。完善科技创新体系，研究与试验发展（R&D）经费支出比上年增长5.9%，数字经济核心产业增加值增长17.2%；实现有效发明量1640件，增长17.9%；新增国家高新技术企业99家、省级科技型中小企业163家、市级“雏鹰企业”45家、省重点农业企业研究院1家、省级研发中心9家、市级研发中心12家。浙江盘石信息技术股份有限公司、鲜丰水果股份有限公司等9家企业入选（准）独角兽榜单，杭州中亚机械股份有限公司获省政府质量管理创新奖，杭州华普永明光电股份有限公司、浙江托普云农科技股份有限公司入选国家级专精特新“小巨人”企业名单，杭州锦江集团、海外海集团有限公司、浙江建华集团有限公司再度入选中国民营企业500强。

【营商环境优化】2020年，拱墅区实施“争先创优、补短增效”攻坚行动，出台9项惠企政策，成立企业服务中心，依托“亲清在线”“杭州e融”“墅企通”就业云集市等载体推进惠企政策的覆盖。与浙大城市学院签订战略合作协议，成立浙江省产业基金服务基地。引进杭州市“百镇千亿 镇兴浙江”代表项目芯空间、云听（杭州）声音数字产业基地等固定资产投资1亿元以上项目25个，实际利用外资5.3亿美元，比上年增长78%。落地欧盟研究与创新杭州中心，在全市率先出台青年人才专项支持政策，深入实施人才引领发展战略，新引进发达国家院士、中国“两院”院士、国家引才计划人才9名，市级高层次人才引进比上年增长5.54倍。

【城市面貌品质提升】2020年，拱墅区加快推进安置房和配套项目建设，交付安置房57万平方米，回迁1490户，实现在外过渡5年以上征迁户回迁“清零”。加强土地要素保障，收购储备经营性用地12宗34.73公顷，出让经营性用地14宗31.33公顷。提高城市承载力，新增地下空间开发项目69万平方米，竣工地下公共停车场（库）等停车泊位1399个，开工及续建停车泊位3346个。实施94条53.4千米道路和轨道交通建设，完工香积寺路西延工程等14条，完成地铁三期14个站点主体结构施工。高标准推进大运河文化地标群建设，完成大运河亚运公园、大运河中央公园主体施工，启动上塘古运河景区建设，大运河杭钢工业旧址综保项目、京杭大运河博物院、小河公园开工。拱墅区获评首批“浙江省文旅产业融合试验区”“诗画浙江·百县千碗”工程示范区。华东师范大学附属杭州学校获评“国家优质工程奖”，3个项目获评“钱江杯”优质奖，11个项目获评“西湖杯”优质奖。

【民生福祉增进】2020年，拱墅区精心打造“百姓家门口好学校”，开工学校16所，竣工12所，着力提升公办教师待遇，拱墅区通过“全国学前教育普及普惠区”省级验收。加快推进邵逸夫医院大运河分院建设，投用拱墅健康大厦、区妇幼计生中心和3家社区卫生服务中心，创建省级无障碍社区3个，获评“全国计划生育优质服务先进单位”。改善城区宜居环境，全域推进131个老旧小区综合改造，完工73个，加装电梯95台，老旧小区改造经验在住房和城乡建设部专题培训班、省政协民生论坛上交流推广。“阳光老人家”从“站点全覆盖”向“多元服务入家庭”升级，累计建成站点78个。启动“阳光小伢儿”婴幼儿照护“1155”（一个智慧服务平台、一家研究院、五种服务模式、五个行业标准）服务体系建设，落户国家儿童早期发展进家庭试点，投用中国计划生育协会0~3岁婴幼儿照护全国示范点。全民参保率、医疗保险参保率分别达99.6%和99.5%。推进“民生直达”市级试点，发放各类惠民补助1亿余元，惠及群众24.4万人次。

【数智治理水平增强】2020年，拱墅区坚持以数字化、智慧化推进社会治理现代化，加快城市大脑三级数字驾驶舱建设，实施“城市眼·云共治”平台迭代升级，获评全国政法智能化建设优秀创新案例。推进诉源治理，完善拱墅区社会矛盾纠纷调处化解中心功能布局，建立健全非诉矛盾纠纷化解三级体系，法院收案数、民商事案件数、万人成讼率实现“三降”。升级三方协同小区微治理模式，实现369个住宅小区专员全覆盖，矛盾投诉量比上年下降60%。米市巷街道、上塘街道善贤社区入选全市首批“社区智治”试点。电梯综合养老保险参保达3590台，覆盖70%的高龄电梯，加装电梯保险机制入选住房和城乡建设部城镇老旧小区改造可复制政策机制清单。坚守公共安全底线，按时清退全部85家网贷机构，妥善处置长租公寓风险。交通事故、火灾事故、刑事治安警情分别下降19%、14%、12%，拱墅区获评省食品安全示范区，被授予全省首批“一星平安金鼎”。

【政府自身建设加强】2020年，区政府深化“一件事”全流程“网上办”，稳步推进行政服务中心“去中心化”，“最多跑一次”改革抽样调查“满意率”全市第一，被《瞭望东方周刊》评为“企业家幸福感最强区”。增强依法行政能力，收官法治政府建设三年行动计划，获评省“七五”普法中期成绩突出区，“法润运河”项目获司法部表彰。接受人大法律监督和政协民主监督，接受监察、司法、审计、舆论和社会监督，办理人大建议110件、政协提案119件，办结率100%。抓实廉洁政府建设，认真贯彻中央八项规定及其实施细则精神，深入纠治“四风”（形式主义、官僚主义、享乐主义、奢靡之风），持续巩固省委巡视整改成果。坚持政府过“紧日子”，推进街道部门财政绩效评估，全年压减非必要支出8700万元，统筹盘活沉淀资金1.1亿元。

【年度10件民生实事项目全面完成】2020年，拱墅区年度10件民生实事项目全面完成。交付拱宸39地块（7万平方米）、蔡马二期（7万平方米）、星桥农居二期（16万平方米）、谢村单元地块（27万平方米）安置房，共57万平方米。回迁安置拱宸村（39地块105户）、康桥村（谢村02地块380户）、谢村（金昌苑512户）、星桥村（星桥农居二期414户）、零星项目79户居民，共1490户。开工131个老旧小区改造项目，其中73个项目当年基本完工。开工建设湖墅单元地块27班九年一贯制学校和沈塘湾幼儿园。竣工投用杭州市文晖实验学校等3所学校、杭州市星澜幼儿园等3所幼儿园。建成上塘街道拱宸社区等10家“阳光老人家”站点，建成家庭养老照护床位145张，拓展阳光大管家平台监管、统计等功能，市民卡App上线康养、租赁服务。实现366个生活小区垃圾分类定时定点投放，其中新增48个。完成89个老旧小区分类设施提升，完成“全域垃圾分类达标街道”创建。完成垃圾分类培训宣讲565场。出台《拱墅区关于推进“阳光小伢儿”婴幼儿照护服务发展的实施意见》。完成杭州艾贝希托育有限公司等13家托育服务机构备案，完成10个街道共22家“阳光小伢儿”成长

2020年区政府重要文件目录一览表

表8

发文字号	文件标题
拱政〔2020〕1号	杭州市拱墅区人民政府关于增补大树企业的决定
拱政〔2020〕2号	杭州市拱墅区人民政府关于增补小巨人企业的决定
拱政〔2020〕3号	杭州市拱墅区人民政府关于对王晓平追逃案有功人员给予行政奖励的决定
拱政发〔2020〕7号	杭州市拱墅区人民政府关于公布第八批拱墅区“运河英才”计划人才入选名单的通知
拱政发〔2020〕8号	杭州市拱墅区人民政府关于公布第二批大树、小巨人“运河英才”VIP卡（企业）人员名单的通知
拱政发〔2020〕11号	杭州市拱墅区人民政府关于区长、副区长工作分工调整的通知
拱政发〔2020〕14号	杭州市拱墅区人民政府关于对李浩宇嘉奖的通报
拱政发〔2020〕20号	杭州市拱墅区人民政府关于区长、副区长工作分工调整的通知
拱政发〔2020〕33号	杭州市拱墅区人民政府关于调整部分副区长工作分工的通知
拱政发〔2020〕34号	杭州市拱墅区人民政府关于认定2020年度拱墅区快速成长科技型企业（旭日计划2.0）的通知

（张　婧）

驿站建设。成立全区婴幼儿健康发展研究院，初步形成0~3岁婴幼儿照护服务拱墅模式。继续开展“雪亮工程”建设，完成1371个视频监控点位建设，其中升级改造470个、新建901个。创建运河邻里康桥农贸市场等6家省级“放心农贸市场”。竣工大洋坝路(规划新文—上城工业园区)等10条道路。邵逸夫医院大运河分院完成土方开挖，上塘社区卫生服务中心完成主体结构70%，庆隆社区卫生服务中心完成桩基施工，均完成年度建设任务。新华医院急救站点投用。

（张　婧）

2020年建成开通的大洋坝路　（区住建局 供稿）

2020 年十件民生实事完成情况表

表 9

序号	项目名称	年度目标	工作进展	牵头单位	责任单位	完成情况
1	回迁安置项目	交付安置房 55 万平方米	交付拱宸 39 地块（7 万平方米）、蔡马二期（7 万平方米）、星桥农居二期（16 万平方米）、谢村单元 R21-02 地块（27 万平方米）安置房，共 57 万平方米	区城改办	区科技工业区管委会、区城建发展中心、拱宸桥指挥部、区运河指挥部、上塘街道、祥符街道、康桥街道	已完成
		回迁安置 1000 户	回迁安置拱宸村（39 地块 105 户）、康桥村（谢村 02 地块 380 户）、谢村（金昌苑 512 户）、星桥村（星桥农居二期 414 户）、零星项目 79 户，共 1490 户			
2	老旧小区改造项目	实施 91 个项目	开工 131 个老旧小区改造项目，其中 73 个项目基本完工	区旧改办	上塘街道、祥符街道、半山街道、米市巷街道、湖墅街道、小河街道、拱宸桥街道、和睦街道、大关街道	已完成
3	学校、幼儿园建设项目	开工 2 所学校、幼儿园	开工上塘单元 FG10-R22-01 地块幼儿园（沈塘湾幼儿园）、湖墅单元 GS0201-28-1 地块 27 班九年一贯制学校（民生药业）2 所学校、幼儿园	区教育局	区教育局、区科技工业区管委会、城中村指挥部、区城建发展中心、区运河指挥部、拱投发	已完成
		竣工投用 6 所学校、幼儿园	竣工投用庆隆小河单元 GS0305-16 地块九年一贯制学校工程（杭州市文晖实验学校）、祥符单元 GS0905-A33-08 地块九年一贯制学校及社会停车库工程（一期）（杭州市永正实验学校）、祥符东单元 GS0803-R22-19 地块 9 班幼儿园（杭州市星澜幼儿园）、运河新城 B-R22-08 地块 30 班小学（平安桥）（杭州市育才大城北学校）、运河新城（拱墅区范围）A-R22-06 地块 12 班幼儿园（杭州市新城实验第二幼儿园）、庆隆小河单元 GS0305-R22-13 地块 15 班幼儿园（童星幼儿园申悦园区）6 所学校、幼儿园			
4	“阳光老人家”项目	新建 10 家“阳光老人家”站点	建成上塘拱宸社区、祥符阮家桥社区、半山杭钢北苑社区、康桥社区、谢村社区、米市巷红石板社区、湖墅仓基社区、小河娑婆桥社区、拱宸桥衢州路社区、大关德胜社区等 10 家“阳光老人家”站点	区民政局	区民政局、相关街道	已完成
		试点建设家庭养老照护床位 100 张	建成家庭养老照护床位 145 张，完成率 145%			

2020年十件民生实事完成情况表

续表 9-1

序号	项目名称	年度目标	工作进展	牵头单位	责任单位	完成情况
4	“阳光老人家”项目	提升养老服务能力	拓展阳光大管家平台监管、统计等功能，市民卡 App 上线康养、租赁服务	区民政局	区民政局、相关街道	已完成
5	深化垃圾分类项目	新增生活小区垃圾分类定时定点投放 44 个，完成老旧小区分类设施提升改造66个，完成全域垃圾分类达标街道创建	实现 366 个生活小区垃圾分类定时定点投放，其中 2020 年新增 48 个；完成 89 个老旧小区分类设施提升，完成全域垃圾分类达标街道创建	区城管局	区城管局、区住建局、各街道	已完成
		完成垃圾分类培训宣讲 100 场	完成垃圾分类培训宣讲 565 场，完成率 565%			
6	“阳光小伢儿”婴幼儿照护服务项目	制定“阳光小伢儿”婴幼儿照护服务三年行动计划	出台《拱墅区关于推进“阳光小伢儿”婴幼儿照护服务发展的实施意见》	区卫健局	区卫健局、和睦街道	已完成
		推出3家“阳光小伢儿”托育中心试点样本，探索 0~3 岁婴幼儿照护服务拱墅模式	完成杭州艾贝希托育有限公司、杭州宝托托育服务有限公司、杭州华媒维翰托育服务有限公司、杭州初丁托育服务有限责任公司、杭州久尔托育有限公司、杭州宝一托育有限公司、杭州奥兹国托育服务有限公司、杭州玛卡巴卡托育服务有限公司、杭州希溪谷萌宝托育服务有限公司富越香郡分公司、杭州贝沫托育有限公司、杭州稚天托育服务有限公司、杭州晨熙托育有限公司、杭州芳妮托育有限责任公司 13 家托育服务机构的备案，完成 10 个街道共 22 家“阳光小伢儿”成长驿站建设，成立全区婴幼儿健康发展研究院，初步形成 0~3 岁婴幼儿照护服务拱墅模式			
7	“雪亮工程”项目	改造、新建视频监控点位 1371 个	完成 1371 个视频监控点位建设，其中升级改造 470 个、新建 901 个	区公安分局	区公安分局	已完成

2020年十件民生实事完成情况表

续表 9-2

序号	项目名称	年度目标	工作进展	牵头单位	责任单位	完成情况
8	“放心菜篮子”项目	创建6家省级“放心农贸市场”	创建运河邻里康桥农贸市场、叶青兜农贸市场、大关西三苑农贸市场、拱宸桥农贸市场、蚕花园农贸市场、陆家圩农贸市场6家省级“放心农贸市场”	区市场监管局	区商务局、区市场监管局、祥符街道、康桥街道、米市巷街道、拱宸桥街道、大关街道	已完成
9	道路建设项目	竣工10条道路	竣工大洋坝路（规划新文路—上城工业园区）、道路六（祥园路—星桥街）、铁路北站单元2号支路（拱康路—俞家桥路）、星桥街一期（祥兴路—西塘河）、拱宸支路（衢州路—树人街西路）、拱宸中路（衢州路—湖州街）、科祥路一期（储鑫路—科园路）、苗圃路（育英路—申花路）、庆隆小河单元隐秀路（庆隆河—登云路）、俞家圩路（余杭塘路—沁园路）10条道路	区住建局	区科技工业区管委会、区城中村指挥部、区城建发展中心	已完成
10	医疗设施提升项目	推进邵逸夫医院大运河分院及上塘、庆隆社区卫生服务中心建设，投用新华医院急救站点	邵逸夫医院大运河分院完成土方开挖，上塘社区卫生服务中心完成主体结构70%，庆隆社区卫生服务中心完成桩基施工，均完成年度建设任务；新华医院急救站点投用	区卫健局	区卫健局、区城中村指挥部、区城建发展中心、区拱宸桥指挥部	已完成

（张　婧）

重要会议

【区政府全体会议】2020年，区政府第一次全体（扩大）会议于3月9日召开。区政府各部门、各街道行政主要负责人、市直各延伸单位主要负责人50余人参加会议。区人大、区政协、区人武部、区监委、区委组织部、区委宣传部、区委政法委、区委改革办、区委编办、区工商联、区残联等有关负责人应邀参加会议。区长章燕围绕“目标不变，标准不变，决心不变，奋力夺取疫情防控和经济社会发展双胜利”讲话，要求全区上下深入学习贯彻中央和省市重要会议、区委七届八次全会、区“两会”精神，部署2020年工作重点和要求，迎难而上，共克时艰，确保全年经济社会发展任务完成。会上，区政府分管领导分别与有关单位签订安全生产“一岗双责”责任书，区发改经信局、区投资促进局、区住建局、区科技工业区管委会、祥符街道分别表态发言。

区政府第二次全体（扩大）会议于8月3日召开。区政府各部门、各街道行政主要负责人、市直各延伸单位主要负责人50余人参加会议。区人大、区政协、区人武部、区监委、区委组织部、区委宣传部、区委政法委、区委改革办、区委编办、区委直属机关工委、区信访局、区工商联、区残联、区三方办等有关负责人应邀参加会议。区长章燕围绕“打造‘窗口’样本，展现拱墅担当以一流的执行力奋力夺取‘两战’全胜”讲话，要求全区上下深入学习贯彻习近平总书记考察浙江、杭州重要讲话精神，认真落实省、市委全会和区委七届九次全会决策部署，全员务实重行、奋勇争先，以一流的执行力，坚决做到“两手硬、两战赢”，确保完成全年各项目标任务。会上，区发改经信局、区城管局、区卫健局、区数据资源局、米市巷街道分别发言。

【区政府常务会议】2020 年，七届区政府第三十四次常务会议于 1 月 2 日召开。会议研究 2019 年区政府质量奖获奖企业审定、智慧网谷小镇“区域环评+环境标准”改革实施方案，审议 2020 年《政府工作报告》《拱墅区 2019 年国民经济和社会发展计划执行情况与 2020 年国民经济和社会发展计划草案的报告》《拱墅区 2019 年预算执行情况和 2020 年预算草案的报告》。

七届区政府第三十五次常务会议于 1 月 15 日召开。会议研究大树“小巨人”政策修订完善工作、拱墅区《关于加强政府投资项目监督管理的若干规定》及 2020 年政府投资计划安排。

七届区政府第三十六次常务会议于 1 月 22 日召开。会议研究吴家墩城中村改造提升整治工程有关事宜、运河文化时尚发布中心项目有关事宜、大关单元 GS0501—06 地块 36 班九年一贯制学校以及社会停车场项目工程有关事宜、瓜山地块整治项目工程有关事宜。

七届区政府第三十七次常务会议于 3 月 20 日召开。会议研究康桥园区工业用地项目出让事宜、关于进一步加强全区村级留用地开发建设管理工作的实施意见、《拱墅区信息化项目管理办法》及相关工作方案、浙江智鲜数字技术有限公司承租办公用房事宜。

七届区政府第三十八次常务会议于 4 月 28 日召开。会议研究大树小巨人企业 2019 年度第二批次政策兑现和 2020 年度企业增补情况、祥符桥传统风貌街区经营性国有资产整体运营情况、审议第八批“运河英才”计划人才项目评审情况。

七届区政府第三十九次常务会议于 5 月 21 日召开。会议研究关于进一步加强内部审计工作、融资平台公司市场化转型事宜、智慧网谷小镇创新型产业项目出让事宜。

七届区政府第四十次常务会议于 6 月 16 日召开。会议研究关于新增 2020 年政府重大投资项目事宜、和睦新村老旧小区综合改造提升三期工程事宜、关于增补拱宸桥单元 FG08-R21-38A 拆迁安置房项目事宜。

七届区政府第四十一次常务会议于 7 月 17 日召开。会议听取全区半年度经济形势情况汇报，研究关于进一步明确区内企业购地后税收划分办法、《拱墅区小微企业和个体工商户纾困工作方案（审议稿）》有关问题、《拱墅区安置房房源统筹管理实施办法》（修改稿）、关于新增 2020 年政府重大投资项目事宜、有关通报嘉奖事宜。

七届区政府第四十二次常务会议于 7 月 31 日召开。会议研究拱墅区“无废城市”建设工作方案（送审稿）、芯空间控股有限公司落地相关事宜、石塘区块 M2—16 地块出让事宜、区政府 2020 年度重大行政决策事项目录。

七届区政府第四十三次常务会议于 9 月 2 日召开。会议研究《关于推进新时代民政事业高质量发展的实施意见（审议稿）》、全区安全生产工作、《杭州市拱墅区第二轮安全生产综合治理三年行动计划（审议稿）》、《关于进一步规范全区创新型产业用地管理的实施细则》有关问题、2020 年拱墅区规上工业“亩均论英雄”综合评价工作、育苗变东侧 220 千伏线路“上改下”实施项目事宜、瓜山未来社区运营管理有关问题。

七届区政府第四十四次常务会议于 9 月 11 日召开。会议研究《拱墅区转型升级产业基金管理办法》。

七届区政府第四十五次常务会议于 9 月 29 日召开。会议研究《关于建立拱墅区“六大产业中心”工作推进机制的意见》和“六大产业中心”行动方案、《拱墅区“阳光小伢儿”婴幼儿照护服务暨“带着伢儿去上班”三年行动计划（2020—2022）》、《拱墅区“阳光小伢儿”婴幼儿照护服务实施意见》、拟出让石塘区块 M2—06 地块。

七届区政府第四十六次常务会议于11月5日召开。会议研究专项工作。

七届区政府第四十七次常务会议于11月10日召开。会议研究深化浙江省食品安全区行动有关问题、全区“五水共治”工作推进情况、铁路北站单元GS1102—05地块社区配套用房项目调整有关事宜、创新型产业项目出让情况事宜、新冠疫情防控工作、大运河紫檀博物馆（拱宸匠人馆）文化项目引进事宜、拱墅区投资发展有限公司与杭热联集团合作有关事宜。

七届区政府第四十八次常务会议于11月11日召开。会议研究专项工作、《拱墅区加强住宅小区物业综合管理实施意见》。

七届区政府第四十九次常务会议于12月1日召开。会议研究《拱墅区农村乱占耕地建房问题专项整治三年行动实施意见》、桃源单元B1/B2—10地块商业商务用房等22个项目开展集中开工活动事宜、上塘古运河风景区及夜游项目事宜、创新型产业项目出让情况事宜、顺丰创新中心产业复核验收事宜。

七届区政府第五十次常务会议于12月16日召开。会议研究《被征地农民基本养老保险有关工作实施方案》、2020年区政府质量奖获奖企业审定事宜、《拱墅区发展学前教育新一轮三年行动计划（2021—2023年）》。

【区政府重要专题会议】2020年全区推进复工复产工作会议于2月26日召开。区长、副区长及相关单位负责人参加。会议分析复工复产工作形势，安排部署下阶段复工复产工作主要任务。

一季度经济形势分析会于4月24日召开。区长、副区长及相关单位负责人参加。会议总结一季度经济工作运行情况，分析当前经济工作形势，安排部署下阶段经济工作主要任务。

二季度经济工作“争先创优、补短增效”攻坚行动部署会于5月12日召开。区长、副区长及相关单位负责人参加。会议分析当前经济工作形势，安排部署二季度经济工作“争先创优、补短增效”攻坚行动主要任务。

三季度经济形势专题会议于9月1日召开。区长、副区长及相关单位负责人参加。会议分析经济工作形势，安排部署三季度经济工作主要任务。

法治政府建设推进会暨府院联席会议于11月11日召开。区长、副区长、区法院、区检察院及相关单位负责人参加。会议通报2020年全区法治政府建设、行政复议、行政诉讼、与行政公益诉讼相关的行政执法规范性等情况，对工作成效予以肯定，分析存在的工作难点，对下一步工作提出具体要求。

区政府与区总工会第十四次联席会议于12月22日召开。区长、副区长、区总工会主席及相关单位负责人参加。会议听取区总工会2020年工作总结以及2021年工作安排，并就区总工会提请区政府解决的问题进行研究。（张　婧）

政务信息公开

【概况】2020年，拱墅区按照《中华人民共和国政府信息公开条例》以及《国务院办公厅关于印发2020年政务公开工作要点的通知》《浙江省人民政府办公厅关于印发2020年浙江省政务公开工作要点的通知》《杭州市人民政府办公厅关于印发2020年杭州市政务公开工作要点的通知》要求，着力提升政务公开质量，深化重点领域信息公开，深入推进决策、执行、管理、服务、结果公开，加强政策解读，扩大公众参与，充分发挥公开促落实、促规范、促服务的作用，进一步提高政府执行力和公信力。

【政务信息主动公开】2020年，拱墅区通过不同渠道和方式主动公开各类政府信息17642条，其中政府网站发布信息10070条，政务微博发布信息4862条，政务微信发布信息2710条。发布政策解读类稿件18篇，区主要领导和相关部门主要负责人参与政策解读。发布回应关切420次，其中新闻发布会2场、意见征求38次、民意反馈73条、人大建议138件、政协提案169件。做好9个重点领域信息公开，包括征地补偿、拆迁安置、保障性住房、救灾、市政服务、公共资源交易、义务教育、重大建设项目批准和实施、公共资源配置，公开信息8303条。

【政务信息依申请公开】2020年，

拱墅区受理依申请公开149件，其中当年新收143件，上年结转6件，结转至下年办理5件。从办理结果来看，予以公开53件，部分公开11件，不予公开17件，无法提供43件，不予处理3件，其他处理17件。从申请人情况来看，自然人申请138件，法人或其他组织申请11件。区政府办理依申请公开41件，市政府转办12件，均在规定期限内答复。

【基层政务信息公开标准化规范化建设】2020年，拱墅区落实基层政务公开标准化规范化建设工作。5月，建立门户网站政府信息公开专栏，归集区级和全区23个部门、5个区直属单位、10个街道的政务公开指南、公开制度、法定公开内容、政府信息公开年报等重点公开内容。7月，建立基层政务公开标准化规范化工作专题专栏，梳理并集中展示23个试点领域目录和实施情况、社区居务公开目录。全年推行决策、执行、管理、服务、结果“五公开”，加强“六稳”（稳就业、稳金融、稳外贸、稳外资、稳投资、稳预期）、“六保”（保居民就业、保基本民生、保市场主体、保粮食能源安全、保产业链供应链稳定、保基层运转）、疫情防控、企业帮扶等重点信息公开力度，建立区政府门户网站“六稳”“六保”专题、疫情防控专题、政府开放日专题、公共突发事件专题、重大建设项目批准和实施全生命周期公开专题5个专题页面。统一规范设置区政府信息公开专栏，基层政务公开专区完善统一标识、统一功能、统一管理的政府信息查阅、信息公开申请、办事咨询答复等服务。编制1776项政务服务事项清单及办事服务指南，通过线上线下全面准确公开办事相关内容。（张　婧）

政务督查

【概况】2020年，拱墅区政府办公室围绕中心工作，不断创新工作方法，完成政务督查各项工作任务，推动区政府各项工作的开展。全年办理省、市、区领导批示341件，编辑《批示反馈》30期，实现领导批示100%交办和办理。

【重点工作督查】2020年3月，区政府办公室分解细化《政府工作报告》重点工作，印发《2020年政府工作报告及民生实事项目主要目标任务分解表》，每月对《政府工作报告》提到的重点工作任务完成情况开展督查，确保年度任务按期完成。全年开展针对《政府工作报告》、六大专项行动等重点工作督查60次，编辑完成56期《政务督查》。

【民生实事项目推进督查】2020年，区政府办公室按照区政府民生实事人大代表票决制工作要求，征集社会各界意见建议，按程序票决产生10件民生实事项目，并按照每月督查通报的方式，实时跟进民生实事项目推进情况。至年底，年度10件民生实事项目全面完成。（张　婧）

机关政务信息

【概况】2020年，拱墅区信息工作围绕省、市、区中心战略部署，加大报送力度，完成约稿，推进直报，信息工作总体态势良好。全年，全区信息被杭州市市级刊物录用共54篇，其中要情23篇，专报28篇，参阅3篇；获得市领导批示24次；完成国务院办公厅专题约稿234篇；被浙江省省级刊物录用6篇，其中要情3篇，专报3篇；获省领导批示2次。信息总得分超9000分，提前超额完成全年800分的任务。

【省市上报信息】2020年，拱墅区围绕疫情防控形势下“六稳”“六保”、企业复工复产等重点工作，挖掘特色信息，提炼典型信息。上半年报送情况专报《拱墅区快速推动大城北建设项目95个项目复工复产》，获杭州市副市长缪承潮批示；情况专报《拱墅区多管齐下坚决打赢疫情防控阻击战》，获杭州市副市长陈卫强批示肯定。围绕数字经济、产业平台等方面工作，通过多方调研、通力协作，全面呈现拱墅区特色亮点，整理报送情况专报《拱墅区以四条核心链打造特色产业平台 实现平台经济逆增长》《杭州市拱墅区以改革赋能 激发特色小镇发展活力》，均获浙江省副省长高兴夫批示肯定。优选拱墅区在全省全市领先的电子票据改革等特色亮点工作，报送情况专报《拱墅区率先成功迈入财政电子票据时代》，获杭州市常务副市长戴建平批示肯定。紧盯老旧小区改造、学前婴幼儿照护、加装电梯、回迁小区物业费收缴等热点焦点问题，形成《拱墅区按动老旧小区综合改造提升“加速键”》《拱墅区湖墅街道率先全市使用物业维修资金开展电梯养老保险》《高水平谋划 高标准打造 高质量服务——拱墅区构建婴幼儿照护“1155”服务体系实现幼有所托》《拱墅区和睦街道依托老旧小区改造创新养老托育一体化服务“和睦阳光”品牌》《拱墅区康桥街道创新“断奶式”管理破解回迁安置小区物业费收缴难题》等情况专报，多次获市领导批示肯定。在2020年中央环保督查前，把握时间节点，组织报送情况专报《治污降尘 守护蓝天——拱墅区康桥街道坚决打赢“降尘行动”攻坚战》，分别获得杭州市两位副市长缪承潮、胡伟批示，为展示拱墅成绩助力。

【国办约稿信息】2020年，国务院办公厅、省、市约稿信息力度继续加大，对稿件的质量和时间节点要求不断提高，拱墅区全力做好约稿组稿工作，凡是有数据、有素材、有案例、有情况的，做到报送一个不落。全年完成外贸企业二、三季度订单情况及面临的新情况新问题，发展数字经济的期盼诉求和下步工作计划，大学生就业服务，“整体智治、唯实唯先”现代政府建设的典型做法，参保不足1年的农民工等失业人员都纳入常住地保障政策落实情况存在的问题及建议，大病保险发展情况、存在的短板问题及建议等国务院办公厅专题约稿234篇。

【区本级信息】2020年，拱墅区围绕区委区政府中心工作以及区领导关注的热点难点问题，做好《拱墅信息（本周要情）》的编发，加大情况专报报送力度，提升报送信息质量。《我区抓好防范化解金融风险“三项优势”完成全市首家网贷平台分支机构企业注销》一文，获区长章燕、副区长欧阳建国批示肯定。与区行政审批办合作完成的《我区“最多跑一次”满意率位居全市第一》，获区长章燕批示肯定。（张　婧）

政务服务

【概况】2020年，拱墅区以深入推进“最多跑一次”改革为抓手，优化政务服务，努力提升群众、企业满意度、获得感。至年底，拱墅区行政服务中心接待群众咨询261854人次，受理各类办件888516件，办结888468件，办结率99.99%，其中导办、帮办、代办4700余件，收到锦旗132面、表扬信196封。拱墅区公共资源交易中心建设工程进场交易项目152个，涉及概算额108.22亿元，实现交易总额99.92亿元，节约资金8.3亿元。“杭银在线”系统新增开户备案238家，全市缴退保证金542笔，金额8952.76万元。进场房产标的180处，成交118处，成交总额11996.29万元，溢价额3248.15万元。供应商审核5386次，审核通过注册供应商852家，变更供应商信息261家。完成采购项目1个，实现交易额99.75万元。

【施工许可承诺制审批】2020年3月18日，区行政服务中心发出第一张以告知承诺制方式取得的施工许可证。拱墅区为加快施工许可阶段流程，改审批制为承诺制，一般企业投资工程建设项目在取得土地批准手续后，由建设单位提交相应书面承诺，审批部门即可直接核发施工许可证。施工图事前审查改为事后审查，建设单位通过系统上传施工图后可先用于施工，审批人员在线审批，采用电子签章的方式直接网络送达证书，全流程“无纸化、电子化”。

【不动产交易登记改革】2020年5月22日，区行政服务中心不动产登记窗口派出工作人员为郭家库拆迁地块开展安置房不动产权证集中受理上门服务。根据办证的特殊性，开创安置房“集中委托办理”新模式，对具备办证条件的地块，开展预约申请、上门服务、集中受理、批量办证，提高办理效率，实现办事群众在家门口办理安置房屋产权证的愿望。

【创新型产业用地“交地即发证”实现】2020年6月5日，杭州市规划资源局、拱墅区政府举办“交地即发证”首颁仪式。拱墅区在不动产登记领域推出惠企改革举措，将原来交地、测绘、缴税、权调、登记5个事项耗时约30天的整个过程精简为即办，实现建设用地规划许可证、不动产权证并行办理、同步完成，助力企业早领证、早融资、早开工、早投产。

2020年5月22日，拱墅区行政服务中心不动产登记窗口派出工作人员为郭家库拆迁地块开展安置房不动产权证集中受理上门服务　（李月红 摄）

【不动产登记“企业服务专窗”设立】2020年9月，区行政服务中心不动产登记窗口依托“财产登记综合平台”设立“企业服务专窗”，办理的业务范围涉及转移登记、变更登记、首次登记3类大项22个小项，实现即时办结、当天办结，实现群众、企业视角“统一入口、一网通办”，按照“一人一窗、一个平台、并行集成、统一管理”要求，完成税收、登记事项的深度整合，助力优化营商环境。

【社保经办“零次跑”实现】2020年6月16日，杭州“社保易窗”暨智能服务平台正式上线。区行政服务中心社保窗口于7月28日正式进入运行平台，集智能咨询、互动交流、业务画像、在线窗口、决策支持5个功能，所有社保业务实现“在线办”。

【营商环境优化推进】2020年7月3日，杭州市“亲清在线”数字平台正式发布，区行政服务中心设立“亲清D小二”工作室。依托全区93人“D小二”队伍，设置首席、督办、管理、应答、业务、技术等岗位，覆盖全区涉及行政许可及疫情防控期间惠企兑付政策的各相关审批职能部门，全天候为企业提供服务，实现政策在线落、咨询在线答、办件全辅导、诉求有回响、评价实时测。

【智慧政务大厅3.0建设推进】2020年8月，拱墅区启用“一次刷脸、全域通办、永久有效”的智慧政务服务模式，打通区行政服务中心和各街道便民中心取号信息孤岛，实现全区政务大厅取号数据共享共通。群众只需在首次取号时录入相关信息、进行人脸认证，以后在区内任一政务大厅办事只需刷脸就能“秒”取号。

【“浙里拍”系统上线】2020年8月，区行政服务中心出入境窗口正式上线“浙里拍”手机智能证件照拍摄系统，在照相室配备智能手机和专业补光灯等设备，由专门工作人员引导办事群众使用“浙里拍”系统进行照片采集，群众可以自行选择证件相片，解

2020年8月19日，居民使用“一次刷脸、全域通办、永久有效”的智慧政务服务功能　（李蕾蕾 摄）

决拍摄证件照时“排队长、等待久、拍不好”等问题。

【投资项目审批业务培训】10月30日，拱墅区举办2020年投资项目审批领域“最多跑一次”改革工作线上线下培训会。各审批部门业务骨干，各街道、经合社建设工程相关工作人员，区各国有建设单位前期部工作人员及企业投资项目前期部人员82人，通过线上直播和线下会议双线并行的方式参会。

【“拱墅政务在线取号”平台推出】2020年12月，区行政服务中心微信公众号上线“拱墅政务在线取号”平台，包括市民卡、总工会、社保、住建、公积金、城管、电力、医保等在内的多类事项实现在线取号。

【商事登记制度改革推进】2020年，拱墅区进一步压缩开办企业审批时限，以“一个环节30分钟办结”为目标，推进开办企业全业务环节实现“分钟制”办理，企业开办实现以天计算到立等可取的转变。区行政服务中心“开办企业服务专区”，完成企业设立登记6828家，免费送出企业公章7347套（含“同城通办”）；根据企业自愿选择，完成企业开办流程营业执照+公章刻制4716家，营业执照+公章刻制+税务发票1880家；发出“同城通办”营业执照907家。

【“减窗行动”开展】2020年，区行政服务中心统筹推进“无差别受理”，深化“一窗受理、集成服务”，强化在线服务，减少物理窗口，将原窗口人员分流，充实到现场帮办导办服务中，发挥协办员、引导员、导办员作用，全程陪跑，主动服务。窗口数从115个减至75个，核减率35%。

【建设工程交易“一网通办”】2020年6月，区公共资源交易中心按照杭州市工程建设招投标“一件事”工作要求，通过部门协同联动、系统互联互通、信息互认共享等方式，打通数据堵点、简化环节，实现进场交易项目全流程“零收费、零材料、零跑腿”。

【国有房产公开招租推进】2020年6月，区公共资源交易中心面向全区出租单位推行国有房产公开出租线上申请、在线即时审核，产权单位无需到交易中心递交纸质材料。8月，国有房产出租交易申请到拍租结束的周期由60天压缩至45天，并将出租交易申请时间由原先线下提交申请的3个工作日延长至线上提交资料的5个日历天，压缩25%流程时间的同时为出租单位工作人员少跑腿提供便利。

【“政采云”供应商注册审核加快】2020年7月，区公共资源交易中心为更大程度满足“政采云”供应商注册需求，在不影响供应商注册实质性要求前提下，核减审核事项，调整审核标准，将审核时限从5个工作日缩短至2个工作日。

【“数字见证”服务新模式开启】2020年12月，区公共资源交易中心上线“数字见证”监管服务业务，变“工作人员跑腿”为“信息跑路”，实现一人见证多个项目。通过视频远程监督，借助“物理隔离”降低对招标人、投标单位、评审专家人为干预的概率，最大化避免交易中心工作人员与现场交易服务对象的接触，实现内部相互制约，降低廉政风险。同时，项目开标现场安排至少2名工作人员远程监管，采用两人相互见证制，提高服务效率，使招标投标全过程更透明、公正、绿色、高效。（倪霖娇）

建议和提案办理

【概况】2020年，拱墅区政府根据《进一步提高建议提案办理质量的若干意见》文件精神，围绕办前对接、办中推进和办后问效3个关键环节，强化办理责任落实，严格规范程序，完成办理任务，面商率、上网答复率、代表满意率及基本满意率均为100%。

【区七届人大四次会议建议办理】2020年，拱墅区政府系统办理的区人大建议112件，其中建议问题当年得到解决或基本解决的78件，占69.6%；正在解决的和列入计划逐步解决的20件，占17.9%；因条件限制或其他原因需待以后解决的11件，占9.8%；

留作参考的 3 件，占 2.7%。闭会期间收到建议 26 件，接件后全部按时交办。

【区政协五届四次会议提案办理】2020 年，拱墅区政府系统办理的区政协提案 164 件，其中全部采纳 125 件，占 76.2%；部分采纳 24 件，占 14.6%；列入计划或留作参考 15 件，占 9.2%。闭会期间收到提案 5 件，接件后全部按时交办。

【建议提案办理推进会】2020 年 3 月 18 日，拱墅区召开区建议提案交办会，区四套班子领导参加会议。会议由区委副书记李炜主持。会议总结全区 2019 年建议提案工作，对办理成效先进单位进行表彰，交办和部署 2020 年建议提案工作，区住建局、区城管局、祥符街道在会上发言。会议要求，强化领导，落实责任；科学部署，提高效率；规范程序，注重（实体）质量；各承办单位求真务实，扎实工作，把建议和提案办理工作提高到一个新水平，努力让广大代表和委员更加满意。（张　婧）

数据资源管理

【概况】2020 年，区数据资源局以继续推进“最多跑一次”改革、打造“基层数字治理样板区”为目标，统筹推进政府数字化转型、城市大脑建设和新冠肺炎疫情防控等各项工作，不断提升全区数字化水平。完成年度拱墅区数据资源目录编制，梳理数据资源目录 619 项，数据项 11877 条，完成公共数据的归集和开放 130 余万条。组织开展“数字治理赛”，有效提升“城市眼·云共治”实战水平。11 月，举办全区区管干部城市大脑业务专题培训会，组织参观城市大脑指挥中心及探悟馆。“城市眼·云共治”入选浙江省城市大脑（智慧城市）应用优秀典型案例，获评全国政法智能化建设优秀创新案例。

【信息化项目管理办法出台】2020 年 3 月，区数据资源局拟定《拱墅区信息化项目管理办法》，并经区政府常务会议研究通过并印发施行。5 月，出台《拱墅区信息化项目管理办法实施细则（试行）》，对全区信息化项目加强整体谋划、一体建设、统筹管理，提高财政资金使用效率，促进政务数据资源共享利用。全年对 18 个单位上报的 43 个信息化项目开展集中评审，节约资金 768.82 万元。

【城市大脑拱墅平台建设】2020 年，区数据资源局按照城市大脑技术标准和架构要求，持续推进城市大脑拱墅平台建设。以“五位一体”（政治、经济、文化、社会、生态）为根目录，面向全区开展常态化数据归集工作，同时对各类公共数据进行汇聚、清洗、开放并做深度应用。至年底，拱墅平台接入系统 21 个，向城市大脑提供数据接口 310 个，采集数据 8648 万条，向市公共数据平台调用数据 1.2 亿次。围绕人、房、企、事件等基础数据，为区内重点应用进行数字赋能，年内接入区内视频监控 1 万余路，为街区治理提供数据支撑，提升拱墅区各类应用和场景的整体效能。

【数字驾驶舱开发建设】2020 年，区数据资源局围绕“在线协同”“指令直达”目标，统筹推进区、街道（部门）、社区三级数字驾驶舱开发建设。区级驾驶舱完成“六专行动”（产业平台建设、公共项目建设、美丽拱墅提升、优化

拱墅区“城市眼·云共治”3.0 平台　　（区数据资源局 供稿）

营商环境、新制造业发展、深化基层治理专项行动）、“七个减下来”（面上纠纷、突出矛盾、安全风险、社区杂音、警情发案、群众怨言、人力低效减下来）、经济管理10个专题建设，并在手机移动端开发和建设“消息中心”“一键指挥”等功能。建设完成10个街道和5个部门数字驾驶舱，并接入人、房、企、事件、物资、设备、地图7类基础数据和城市眼·云共治、住安宝等自建特色系统。9月起，在祥符街道开展试点，探索开发符合“五级机长制”要求的街道、社区数字驾驶舱，以手机移动端为主体，以事件处置为核心，联动开发在线指挥调度和指令一键下达等功能，逐步实现区内三级驾驶舱的上下联动、协同指挥。

【“城市眼·云共治”深化拓展】2020年，区数据资源局在全区组织推进“数字治理赛”，10个街道围绕新增视频监控完成率、告警事件处置共治率、拓展场景处置配合度等指标开展竞赛，提升平台实用成效。在城市管理11类场景中，全年发现告警事件84.59万件，平均每天发现事件量呈现逐步下降态势。11月，“城市眼·云共治”平台3.0版上线。至年底，新建场景12个，累计接入场景29个，分类设定城市管理、治安管理、应急管理、市场监管4个模块；累计接入视频2284个，传感器6165个，视频监控采集问题数量是人工采集的近15倍。同时建立全区“城市眼·云共治”应用场景统一共治机制，全年城管类场景处置率达98.76%，共治率达98.95%。

【医院周边智慧治理】2020年，区数据资源局分别于8月和11月启动杭州市第二人民医院和浙江省肿瘤医院周边街区治理，依托城市大脑，整合利用医院周边1千米范围内的各类空余停车泊位资源，建立诱导系统为就诊车辆提供泊位引导服务，实时推送相关泊位信息，让老百姓到医院看病不排队、通行不拥堵。市二医院周边治理诱导系统于9月20日投入运行，接入周边公共停车场泊位1048个，在线率达100%；泊位指数均值提升20%以上，日均导流车辆600余辆。周边道路工作日高峰延误指数下降11%。省肿瘤医院周边治理诱导系统于12月25日启动试运行，接入周边8个停车场库共1114个停车泊位，在线率达100%。

【“民生直达”试点】2020年，拱墅区成为市城市大脑“民生直达”试点区，根据惠民政策兑现要求、服务对象类别，通过城市大脑中枢系统调用关键领域、关键数据，实现多部门数据协同、集中运算、自动匹配、流程再造，资金通过平台指令直达个人账户。全年在“民生直达”平台上线低保、低边、特困、征地农转非等23项民生保障政策，兑付资金1亿多元，惠及群众24.4万人次，全市排名第2。

【旧改小区智慧安防统建】2020年，区数据资源局牵头协调，会同区旧改办、区公安分局、区委政法委等单位，推进老旧小区综合改造提升中的智慧安防统建工作，提出全区小区智慧安防建设“四统一”，即前端设备选型统一、建设施工单位统一、数据资源接入统一、系统应用平台统一，有效提升全区老旧小区智能感知水平，推动老旧小区智慧安防形成一张网、一平台、一套应用“三个一”的数字赋能体系。

【“互联网+政务服务”改革深化】2020年，拱墅区深化“互联网+政务服务”改革，推动政务服务由“网上、掌上可办”向“好办、易办”转变，从减材料、减环节向减窗口、减人员转变，区行政服务中心窗口从115个减至75个，提前完成市级核减30%目标。全面开展办事指南规范化梳理，累计事项1528项。抓好办件电子归档工作，累计归档办件302160件，归档率100%。

【互联网+协同办公】2020年，区数据资源局落实“浙政钉2.0”升级迁移工作，浙政钉2.0激活率达100%，8项应用完成迁移。全面推进机关内部“最多跑一次”改革，机关内部非涉密事项100%“网上办”，全年事项申请96224件，办结95969件，办结率为99.73%。7月，开发建设基于“浙政钉”平台的重点工作“拱墅晾晒台”。推进“公务员全周期一件事”联办，业务在线审批应上尽上，“公务员一件事”线上受理120人次。

【“三化融合”行动】2020年，区数据资源局牵头“三化融合”（数字产业化、产业数字化和城市数字化）行动，对照全市数字经济工作要点和考核指标，出台《2020年“三化融合”行动考核办法》，通过召开专题会议、月度通报、上门服务等机制，协调全区各部门、各街道扎实抓好各项工作任务。全年数字经济核心产业增长17.2%，位列全市第8名，全省第12名。全市企业上云排名第1名，小微企业园数字化园区排名第8名。“亲清在线”平台上线惠企政策20条，兑付资金4.88亿元。“三化融合”行动年度综合考评成绩名列全市第七。

【政务数据安全】2020年4月，区数据资源局制订《2020年拱墅区政务数据安全工作方案》和《拱墅区政务信息系统网络安全专项整治工作方案》，明确政务数据安全工作年度目标、内容、要求和计划。通过安全监测，发现和处理存在安全隐患服务器26台、感染病毒终端105台。4月和8月，联合专业安全服务机构对10个关键网站系统进行渗透测试及数据资产安全风险评估。6月和10月，开展数据安全检查，发送政务信息系统网络安全情况通告11份并督促落实整改。6月和11月，组织开展对关键网络安全设备和重要业务系统的应急演练。完成杭州城市大脑拱墅平台系统等级保护备案工作。（杨玉苗）

应急管理

【概况】2020年，拱墅区以创建国家安全发展示范城市为载体，打好防范化解重大风险攻坚战。全区应急管理体系基本形成，预案建设趋于完善，队伍建设、应急物资管理规范，防灾减灾工作得到加强，森林防火工作进一步加强，各项工作有序推进。全年全区发生各类生产安全事故2起，死亡2人，与上年持平。其中，工矿商贸领域发生事故1起，死亡1人；道路运输发生事故1起，死亡1人。未发生较大以上生产安全事故。全区1亿元地区生产总值安全事故死亡率0.003%。拱墅区安全生产形势持续向好。

【安全行政执法强化】2020年，区应急管理局制订年度执法计划，落实行政执法公示制度、全过程记录制度、案件法制审核制度，对危化品、小微加工制造、建筑施工、厂中厂、园中园等重点行业领域开展执法工作，消除盲点，确保安全。警示约谈企业负责人290余人次，倒逼企业落实安全生产主体责任，加大执法力度。全年查处各类安全生产违法行为104起。

【安全生产服务外包】2020年，区应急管理局以工业企业基础信息排查、隐患排查治理、安全风险分级管控等7个方面为技术服务内容，开展全区安全生产技术服务外包工作，将399家企业列为服务检查对象，发现并整改隐患5400余条，对其中存在重大安全隐患却整改态度消极的企业，行政处罚11家，停产停业24家。

【安全发展示范城市创建完成】2020年1月起，拱墅区开展安全发展示范城市创建工作。区应急管理局牵头对城市安全源头治理、城市安全风险防控、城市安全监督管理等6个方面40项工作任务进行部署，并对40项工作任务进行逐条细化，拟定评价操作手册，召集15个参与国家安全发展示范城市创建的主要部门召开推进会，分解任务，部署工作。组织拱墅区安全生产委员会成员单位参加国务院安全生产委员会召开的安全发展示范城市推进会3次，学习各地创建经验，做好迎检准备。年内，拱墅区完成安全发展示范城市创建。

【“安全生产月”和“安全生产万里行”活动】2020年5月26日，拱墅区安全生产委员会办公室印发《关于开展2020年“安全生产月”和“安全生产万里行”活动的通知》，从总体思路、注重实效全方位多形式开展主题宣教活动、围绕主题积极参与安全生产万里行活动、严格要求确保各项活动开展成效、监督指导及时总结报送活动信息5个方面提出工作要求，部署安全生产月现场观摩会、燃气安全知识入户宣传、高层建筑消防安全综合治理、打通“生命通道”集中攻坚行动等11个方面的全区性活动，利用挂图、标语、培训教育、执法检查、应急演练等形式开展活动。编印《居民家庭安全知识手册》2.3 万册，发放到全区居民手中。采取上下联动、政企协作、集散结合等形式，组织危化品企业、汽车维修企业完成百万员工大培训，培训 2065 人，指标完成率 85.7%。

【防灾减灾工作】2020 年“5·12”防灾减灾宣传日和“10·13”国际减灾日期间，区应急管理局通过悬挂横幅、发送短信、张贴宣传海报、发放宣传物品、现场大型咨询、防汛防台应急演练等方式，开展宣传教育。指导半山街道田园社区参加 2020 年度全国综合减灾示范社区评选。田园社区被命名为全国综合减灾示范社区。至年底，完成规范化社区避灾安置点建设验收 10 个，建成可视化避灾安置场所 50 个。

【防汛防台工作】2020 年，区应急管理局强化组织领导，明确区、街道、社区三级的防汛防台责任人和安全管理责任人 297 人，部署拱墅区政府防汛防台抗旱指挥部 14 个重点成员单位对影响安全度汛的要素进行全面排查，组织人员对辖区危旧房屋、低洼易涝路段、地下停车场等防汛重要部位和薄弱环节进行全面排查，排查出防汛隐患 104 处，在汛期来临前完成整改。区政府防汛防台抗旱指挥部办公室出台《拱墅区台风洪涝灾害科学防控能力提升任务落实工作方案》，构建全区防汛防台“六个一”（一张图，一指南、一张表、一张单、一平台、一个案例库）的工作体系；建成防汛防台应急指挥可视化系统；成立“浙江安全码”应用实施工作领导小组，指导各部门针对辖区内小流域山洪、地质灾害、危房和老旧小区改造，按照标准开展人员信息排查，对排查出的人员完成赋码工作。全区共排查 299 人，赋码 299 人，赋码率 100%。

【安全生产综合治理三年行动】2020 年，区应急管理局明确责任分工，细化任务措施，实行清单式管理，挂图作战，动态更新。成立区第二轮安全生产综合治理三年行动专班工作组，实行周例会、月统计、季督查、年小结等工作制度，组织召开专班专题会议 5 次，印发简报 3 期。发挥拱墅区安全生产委员会办公室考核“指挥棒”作用，通过督查暗访、考核巡查，综合运用通报、约谈、警示、曝光等措施，做到政令畅通，把各项措施落到实处，形成齐抓共管的良好格局，全面推动综合治理三年行动深入开展。

（李昆仑　朱丽娜）

2020 年“5·12”防灾减灾宣传日，区应急管理局在居民区开展防灾减灾宣传教育活动

（区应急管理局 供稿）

消防安全

【概况】2020 年，拱墅区消防救援大队（简称区消防救援大队）设有大队部和 2 个消防救援站（大关消防救援站和康桥消防救援站）。全年拱墅区委常委会和区政府常务会议专题研究消防安全工作各 1 次，区委书记朱建明、区长章燕、常务副区长赵红先后 28 次对消防安全工作做出批示。区消防安全委员会实行实体化办公机制，累计检查单位 120 余家，下发专题督办单 24 份。区消防救援大队 1 人被评选为省级优秀共产党员，2 人被评选为市级优

秀共产党员，2人荣立个人三等功，10人得到嘉奖，2人得到灭火救援一等奖。康桥消防救援站党支部被评为全市先进基层党组织。全年各类媒体报道区消防工作260余次。

【火灾防控】2020年，区消防救援大队会同有关部门相继开展以出租房、电动车、临街店铺、高层建筑、老旧小区、教育培训机构、商场市场、医疗机构、危化品企业、小微企业等为重点的消防安全专项整治。联合区委“创建平安拱墅”领导小组办公室对全区95个居住小区开展消防安全综合治理工作。全年开展消防监督检查7248家次，发现并整改消防安全隐患6353处，责令改正2487家。接警出动874起，其中火灾82起，比上年下降13.68%。

【消防执法工作改革】2020年，区消防救援大队深化“最多跑一次”改革，以政府数字化转型为依托，做好各类市场主体的事中事后监管，督促市场主体落实责任，依法查处违法违规行为，推进营商环境更加良好。开展“双随机一公开”消防安全重点单位检查385家次，行政处罚391家，临时查封94家，强制关停1家，责令停产停业93家，行政处罚金额214.6万元。

【高层建筑消防安全综合治理工作】2020年，区消防救援大队围绕摸清底数和消防安全基本状况，以消防设施、消防通道、消防管理、

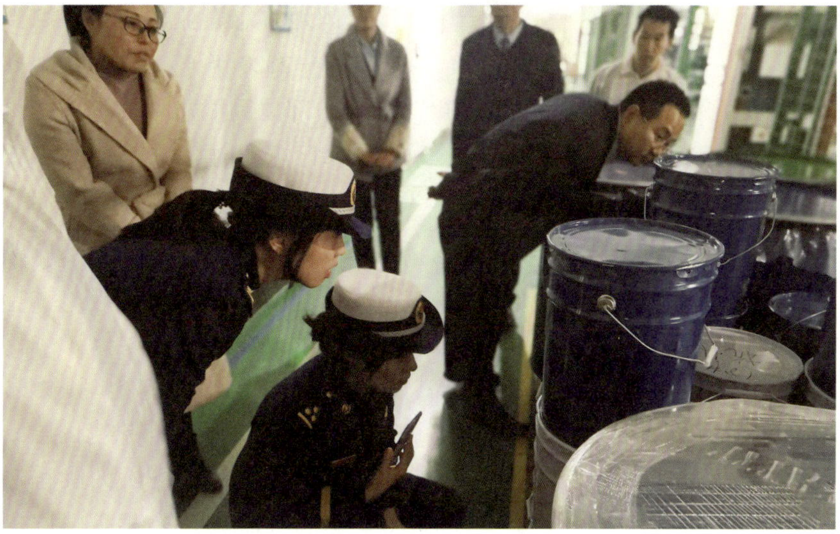

2020年11月30日，区消防大队在辖区厂房仓库（厂中厂）开展消防安全检查行动（区消防救援大队 供稿）

4个能力（检查消除火灾隐患能力、组织扑救初起火灾能力、组织人员疏散逃生能力、消防宣传教育培训能力）为重点，对全区高层建筑开展全面排查，发现并消除一大批火灾隐患。全区登记高层建筑1981幢，发现火灾隐患2208处，累计整改隐患1885处。指导各街道对高层建筑的消防车道、登高场地、疏散通道、消火栓、电动车管理等消防安全基本状况，每月开展一次检查，防止隐患反弹。指导和督促高层建筑管理（使用）单位落实消防安全责任，加强消防宣传培训，开展防火巡查，做好设施维护，落实消防控制室管理。同时，和区住建局开展工作对接，建立已竣工的新建高层建筑信息互通机制，形成监管合力。

【“生命通道”疏堵攻坚行动】2020年，区消防救援大队立足拱墅区高层建筑多、居住小区多、机动车保有量大、停车位配比不足的实际情况，以各小区和公共建筑车道是否畅通作为判定消防宣传教育培训能力标准，采取疏堵同行、部门联动、平战结合的方法，推进打通“生命通道”集中攻坚行动，完成全区所有小区和公共建筑“生命通道”的划线和整治工作。

【消防安全三年翻身仗收官】2020年，区消防救援大队围绕消防安全三年翻身仗收官和消防安全综合治理三年行动，结合区委政法委基层治理专项行动，推进居住小区消防安全综合治理、老旧小区消防设施增配、微型消防站改造提升和消防隐患整治，并在区政府一楼大厅挂图作战、跟踪问效。全年完成15个老旧小区的消防设施增配、28个社区微型消防站提档升级和71个居住小区消防安全综合治理工作，取得杭州市2020年度消防安全三年翻身仗行

动优秀等次。

【新消防站建设】2020年，区消防救援大队根据《杭州市消防事业发展"十三五"规划》的安排，结合拱墅区灾害事故的特点和消防站布点的实际情况，在桥西、蔡马、申花板块布点建设新消防站。至年底，桥西消防站完成主体建设，蔡马消防站建设开工，申花消防站规划立项进入设计阶段。

【消防宣传】2020年，区消防救援大队按照居民"消防安全行动自觉"养成的要求，强化网络平台、传统媒体、教育馆等多维阵地建设，响应不同群体的消防安全需求，推进建设更便捷、更专业、更潮流的消防宣传阵地，在全区7个大型商业综合体户外屏幕、200余块楼宇LED屏集中播放消防安全提示。利用11个街道消防安全体验屋和90个社区宣传点，开展体验式消防宣传活动。印制电动车风险提示海报5000余张，家庭消防三折页2万余份，覆盖全区老旧小区及高层住宅小区。全年全区开放消防站50余次，参观群众2500余人次；消防安全宣传员预约上门培训200余次，覆盖各类人群2万多人次，实现消防部门与被监管单位的常态化互动。（杨　江）

地方志事业

【概况】2020年，拱墅区委史志研究室按照国务院《地方志工作条例》《全国地方志事业发展规划纲要（2015—2020年）》及省、市地方志工作部署和要求，推进《杭州市拱墅区志》《拱墅年鉴（2020）》编纂工作，完成志鉴"两全目标"。11月11日，区委书记朱建明就地方志编纂工作批示肯定。

【《杭州市拱墅区志》编纂工作完成】2020年为《杭州市拱墅区志》（简称《拱墅区志》）的收官之年。区委史志研究室根据《杭州市实施"地方志工作条例"办法》的规定，组织并参与《拱墅区志》"三审"（初审、复审、终审）和修改工作，确保《拱墅区志》高质量交付出版。1月14日，《拱墅区志》通过区里组织的初审。4月，杭州市地方志办公室组织省市地方志专家组对《拱墅区志》进行复审。5月29日，反馈复审结果。专家组认为：志稿基础较好，基本符合《地方志书质量规定》要求，总体质量排在主城区的第一梯队。11月25日，《拱墅区志》通过区里组织的终审，编纂工作完成。

【《拱墅年鉴（2020）》出版发行】2020年，区委史志研究室围绕"一年一鉴，当年出版"目标，组织《拱墅年鉴（2020）》编纂工作。4月23日，印发《关于做好〈拱墅年鉴（2020）〉编纂工作的通知》，启动年鉴编纂工作。为保证编纂进度与质量，区委史志研究室进一步充实编辑力量、规范编纂流程。10月15日，《拱墅年鉴（2020）》初稿完成并送出版社审核。12月，《拱墅年鉴（2020）》由方志出版社正式出版发行。《拱墅年鉴（2020）》设类目34个，分目222个，收录条目1452条，表格23张，图片179幅，总字数近77万字。该书全面记载2019年拱墅区经济、政治、文化、社会和生态文明建设基本情况，重点收录拱墅区高品质推进大城北规划建设的进展情况，记述拱墅区高质量建设运河沿岸名区的奋斗历程，为社会各界了解和研究拱墅区提供系统、翔实的信息资料。（李　帅）

2020年1月14日，《拱墅区志》书稿评审会召开　（区志办供稿）

中国人民政治协商会议拱墅区委员会 09

综 述

【概况】2020年，中国人民政治协商会议第五届杭州市拱墅区委员会（简称区政协）常委会组成人员34人，主席1人、副主席5人、秘书长1人、常委27人；设16个界别、8个界别组和10个街道政协联络组，区政协委员179人。区政协机关设区政协办公室、区政协提案委员会、区政协经济科技委员会、区政协城建和人口资源环境委员会、区政协社会法制和港澳台侨委员会、区政协文史和教文卫体委员会、区政协委员工作委员会7个办、委。区政协下设杭州市拱墅区政协之友联谊会、杭州拱墅大运河书画院2个社团。

【政治引领强化】2020年，区政协围绕全面高质量建成运河沿岸名区总目标，不断提高政治协商、民主监督、参政议政水平，各项工作扎实推进、履职成效持续提升，为全区经济社会高质量发展做出贡献。

区政协把深入学习习近平新时代中国特色社会主义思想作为首要政治任务，把学习贯彻习近平总书记关于加强和改进人民政协工作的重要思想作为政协工作的重中之重，贯彻落实中央和省、市、区委政协工作会议精神。健全学习制度，强化学习自觉，改进学习方式，增强学习效果。强化思想政治引领，坚持用中国共产党的先进思想引领参加区政协的各党派团体、各族各界人士和全体政协委员，不断增进社会各界对党委政府决策部署的认同、对中华民族伟大复兴中国梦的认同，打牢团结奋斗的共同思想政治基础。牢固树立“四个意识”、坚定“四个自信”、做到“两个维护”，在思想上政治上行动上同以习近平同志为核心的党中央保持高度一致，确保人民政协事业正确的政治方向。

深入学习党的十九届五中全会精神，增强奋斗“十四五”、奋进新征程的责任感使命感，将协商议政、视察考察、专题调研、民主监督等履职实践同贯彻党的十九届五中全会精神紧密结合，推动各项工作落地落实。区政协将政协工作融入党委政府的全局工作之中，贯彻执行区委决策部署。发挥专委会基础性作用，建立专委会党支部，推进党组织在政协的有效覆盖。执行政协委员履职办法，完善党员委员履职评价机制，组织引导党员委员自觉接受政协党组织管理，在讲政治守规矩、履行一岗双责、密切联系群众、团结各界人士、助推民主发展等方面做表率。探索建立党员委员联系党外委员日常工作机制，带动党外委员参加政协各项履职活动。 （边鸿昌）

重要会议

【区政协五届四次会议】2020年1月17—19日，中国人民政治协商会议第五届杭州市拱墅区委员会第四次会议举行。会议期间，市政协党组副书记、副主席翁卫军到会祝贺，区委、区人大、区政府领导出席会议，区委书记朱建明，区委副书记、区长章燕等领导参加分组讨论，听取大会发言，与委员们共商改革发展稳定大计。会议审议通过政协第五届拱墅区委员会常务委员会所做的工作报告和提案工作情况报告。与会人员列席拱墅区第七届人民代表大会第四次会议，听取并赞同区长章燕所作的政府工作报告，赞同区人民法院工作报告、区人民检察院工作报告及其他报告。会议强调，2020年是高水平全面建成小康社会和“十三五”规划收官之年，也是贯彻落实中央和省、市、区委政协工作会议精神的深化之年。区政协要以习近平新时代中国特色社会主义思想为指导，按照区委七届八次全会总体部署要求，牢牢把握新时代人民政协的性质定位，不断提高政治协商、民主监督、参政议政水平，更好凝聚共识，充分发挥人民政协专门协商机构作用，奋力干出新时代人民政协的新样子，为推动更高水平建设、更高质量发展、更高效能治理、更快速度崛起，确保“十三五”规划收官，争当高水平全面建成小康社会排头兵贡献智慧和力量。

【区政协常委会会议】2020年，区政协召开4次常委会会议，就有关问题进行协商。

【区政协主席会议】2020年，区政协召开10次主席会议，就有关问题进行协商。（边鸿昌）

协商议政

【概况】2020年，拱墅区政协开展“请你来协商”活动6场，走访部门和单位30多个，参与的政协委员、社会各界代表300多人次；召开分析会、座谈会30多次，调查问卷1500多人次，撰写各类调研报告10多篇，平均每个协商议题调研用时近3个月。提出意见建议60多条，解决问题50多个，其中“请你来协商”活动现场解决问题20多个，受到杭州市政协主要领导批示1次，拱墅区主要领导批示5次。

【“企业应对新冠肺炎疫情影响”协商议政】2020年3月25日，区政协开展“企业如何应对新冠肺炎疫情影响”请你来协商活动，邀请部分企业界委员和区相关职能部门负责人，座谈交流委员企业在疫情防控和复工复产中的做法和经验，分析企业遇到的困难和问题，就企业如何克服疫情影响、加快发展协商建言。区政协主席周志辉主持，区委常委、常务副区长张德平出席，区政协其他领导参加。面对疫情带来的严重影响，委员们分析企业在复工复产中面临的困难和问题，提出“企业面临复工复产困境，应发挥党组织战斗堡垒作用”“完善远程运维云平台，智能实现物联链接”“以疫情为契机，加强社区管理智能升级和数据消费”“利

2020年拱墅区政协常委会会议情况表

表10

时间	会议名称	会议内容
1月3日	五届十八次常委会议	听取区政府2019年提案办理情况通报；协商通过部分委员调整事项；协商通过五届四次会议筹备工作事项；协商讨论并原则通过政协第五届拱墅区委员会第四次会议常务委员会工作报告和关于五届三次会议以来提案工作情况的报告（审议稿）；通报区政协2019年度先进界别组、先进街道联络组、先进委员及优秀提案名单
1月19日	五届十九次常委会议	听取各界别组关于区政协五届四次会议期间分组讨论情况的汇报；听取并审议通过提案委员会关于五届四次会议提案收集和初审情况的报告（草案）；审议通过政协第五届拱墅区委员会第四次会议决议（草案）
6月10日	五届二十次常委会议	传达学习全国“两会”精神；协商通过部分委员调整事项；通报2020年度提案立案情况和协商通过重点提案；围绕“加强应对重大突发公共卫生事件基层防控体系建设”开展专题协商
9月25日	五届二十一次常委会议	围绕“深化诉源治理，把基层矛盾纠纷减下来”开展专题协商；协商通过区政协专委会党外兼职副主任建议名单

（边鸿昌）

用区域优势和文化底蕴，加大房租补贴力度，吸引更多人才落户拱墅”等意见建议。

【“基层防控体系建设”协商议政】2020 年 6 月 10 日，区政协围绕“基层防控体系建设”课题开展“请你来协商”活动。区政协主席周志辉，区委常委、常务副区长赵红等区领导与政协常委、委员、相关单位及社区代表、志愿者代表、群众代表，共同探索如何补短板、堵漏洞、强弱项，加强应对重大突发公共卫生事件基层防控体系建设，并提出“建立物资储备长效机制”“加强对医疗废弃垃圾清运的专业培训”“探索建立居民电子健康档案终身卡”“保障基层防控经费”“打通信息平台，完善联动机制”“公共卫生防控融入智慧安防小区建设内容”“加强对志愿者的关心关爱”等意见建议。

【“没有围墙的养老院建设”协商议政】2020 年 5 月 8 日，区政协在康桥街道吴家墩社区“阳光老人家”开展“打造全域没有围墙的养老院，请你来协商”活动。区委副书记、区长章燕，区政协主席周志辉等区领导与政协委员、社区工作者、第三方社会组织和基层群众等各界代表，以“现场”

2020 年区政协主席会议情况表

表 11

时间	会议名称	会议内容
3 月 13 日	五届第三十六次主席会议	协商讨论 2020 年度常委会重点工作任务分解；协商讨论提案立案和重点提案工作；协商讨论街道联络组组长及专委会委员调整事宜
5 月 7 日	五届第三十七次主席会议	传达学习市政协十一届四次会议精神；协商讨论“打造全域没有围墙的养老院”课题调研情况及专题协商方案；研究讨论“三亲”史料收集编撰事宜
5 月 21 日	五届第三十八次主席会议	协商讨论部分委员调整事项；协商讨论关于开展“城乡生活垃圾分类处理”专项集体民主监督的实施方案；协商讨论“加强我区公共卫生服务体系建设”课题调研情况；协商讨论区政协五届二十次常委会议程（草案）
6 月 18 日	五届第三十九次主席会议	协商讨论区政协机关预算调整方案，决定压缩 2020 年项目预算支出；协商讨论并通过部分街道联络组组长、专委会和街道联络组组成人员调整事项
7 月 17 日	五届第四十次主席会议	协商讨论关于拱墅区老旧小区综合提升改造课题调研情况；研究讨论委员培训实施方案；研究讨论 2020 年扶贫经费预算方案；研究讨论委员活动经费管理使用意见
8 月 18 日	五届第四十一次主席会议	会议协商通过专委会党外兼职副主任推荐名单
9 月 16 日	五届第四十二次主席会议	传达学习全省政协主席暑期读书会暨市、县（市、区）政协工作经验交流会精神；协商讨论关于“深化诉源治理，把基层矛盾纠纷减下来”的课题调研情况及“请你来协商”活动方案；研究讨论《到最需要的地方去——杭州市拱墅区东西部扶贫协作援派干部人才口述实录》经费事宜；协商讨论区政协五届二十一次常委会议程（草案）
11 月 4 日	五届第四十三次主席会议	研究讨论 2021 年经费预算；协商讨论关于推进拱墅区新制造业发展的课题调研情况及“请你来协商”活动方案；协商讨论关于拱墅区垃圾分类工作的有关建议
11 月 5 日	五届第四十四次主席会议	通报拱墅区行政区划调整有关情况及要求区政协支持的相关事项
11 月 11 日	五届第四十五次主席会议	听取关于区行政区划调整实施专项工作的通报，协商讨论拱墅区行政区划调整方案、杭州市部分行政区划优化调整方案

（边鸿昌）

2020 年 5 月 8 日，区政协在康桥街道吴家墩社区“阳光老人家”开展“打造全域没有围墙的养老院”请你来协商活动
（区政协办 供稿）

与“会场”相结合，“视察”与“建言”相结合，“参与面”与“参与度”相结合的形式，共同探索没有围墙的养老院的建设路径，提出建立高效顺畅的工作机制、引导社会力量发挥主体作用、推进医养康养体系建设、用智慧化赋能养老服务、加强养老服务行业监管、加强养老服务队伍建设 6 个方面意见建议。

【“老旧小区综合改造提升拱墅样本打造”协商议政】2020 年 8 月 21 日，区政协围绕“打造老旧小区综合改造提升拱墅样本”主题，开展“请你来协商”活动。区委书记朱建明，区政协主席周志辉等区领导与部分区政协委员、相关部门街道负责人、社区负责人代表、居民代表共同参加协商，提出“超前规划，提升设计标准，着力打造旧改精品”“注重‘内外兼修’，改造材料要经久耐用，确保改造质量”“优化小区绿化，既保证绿化率又利用好公共空间”“在设计、资金、项目配套等方面加强统筹”等意见建议。

【“深化诉源治理，把基层矛盾纠纷减下来”协商议政】2020 年 9 月 25 日，区政协开展“请你来协商”活动，区政协主席周志辉、区人大常委会副主任韩峻、区政府副区长欧阳建国等区领导与政协常委、委员、街道代表、调解员代表、相关部门等面对面协商，围绕“深化诉源治理，把基层矛盾纠纷减下来”的主题，协商建言献策，提出坚持预防为先，在“诉”的初始源头推进基层善治、坚持需求导向；在“诉”的初始阶段协同多元化解、加强队伍建设；夯实人民调解“第一道防线”的基础、加强宣传引导；用数字化手段赋能诉源治理 4 个方面建议。

【“加快推进新制造业发展”协商议政】2020 年 12 月 9 日，区政协开展“加快推进我区新制造业发展”“请你来协商”活动，邀请部分政协委员、企业代表和区相关职能部门负责人，就如何加快推进拱墅区新制造业发展协商建言。区政协副主席钟黎明等领导参加，区委常委、常务副区长赵红出席。协商会围绕“加快推进我区新制造业发展”主题，政协委员、企业代表们提出“针对物理发展空间存在短板，建议建设一批适合集成电路生产的工业厂房”“要做好人才引培，优化企业人才服务，解决其居住、孩子就学等方面的困难”“建议成立

区上市或拟上市企业专案服务小组，鼓励支持区内企业上市融资”等意见建议。（边鸿昌）

重要活动

【概况】2020年，拱墅区政协坚持人民至上、生命至上，坚决贯彻落实中央和省、市、区委关于统筹推进新冠肺炎疫情防控和经济社会发展工作的部署要求，召开“向新时代最可爱的人学习”座谈会、《到最需要的地方去——杭州市拱墅区东西部扶贫协作援派干部人才口述实录》新书出版座谈、新任委员培训会、“寻访红色足迹 争当时代先锋”等活动，为夺取疫情防控和经济社会发展双胜利做出贡献。

【区政协参加省政协“城镇老旧小区改造与未来社区建设”协商议政】2020年10月23日，省政协举办民生协商论坛，围绕“城镇老旧小区改造与未来社区建设”协商议政。省政协主席葛慧君主持。省政协副主席孙景淼、张泽熙、陈铁雄及秘书长金长征出席。副省长陈奕君到会听取意见并讲话。拱墅区委副书记、区长章燕，区政协主席周志辉参加拱墅分会场活动。论坛上，拱墅区政协委员陶文龙提出要以“产权关系不变、党建红盟共建”等形式，将国有房产用于基层民生；充分利用改好的配套设施，支持社区通过配套用房改建、闲置场地利用等方式，缓解老旧小区配套用房不足的问题；社区的各类阵地要合起来，实现“一室多用”等建议。章燕介绍拱墅区老旧小区改造的经验做法，并建议对现有的政策有所突破，从拆倒重建一批、插花式改造一批、移交调拨一批、有条件新建一批4种路径尝试突破，为破解公共服务空间不足提供政策支撑，建议支持“旧改版未来社区”的创新实践，让老小区的“螺蛳壳”里也能做一点未来社区的“新道场”。省政协主席葛慧君对拱墅区老旧小区改造的做法给予肯定，并指出要坚持以人民为中心，坚持问需于民、问计于民、问效于民，高标准高质量推进老旧小区改造，加快把未来社区打造成让老百姓幸福生活的新平台，积极探索未来社区建设的新路径。政协组织和广大政协委员要发挥独特优势和重要作用，持续关注、跟踪推进，通过多种履职方式，为改造老旧小区、建设未来社区做出应有贡献。

【“向新时代最可爱的人学习”座谈会召开】2020年9月4日，区政协召开“向新时代最可爱的人学习”座谈会。区政协机关全体人员、医卫界政协委员、区卫健局负责人参加。会议特别邀请杭州师范大学附属医院援鄂医疗队队员代表参加。会议播放以杭州师范大学附属医院援鄂医疗队21名队员讲述驰援武汉故事为内容的视频作品《21闪亮的名字》，区政协副主席、视频作者钟黎明还介绍了摄制体会。杭州师范大学附属医院援鄂医疗队代表、杭州市第一批驰援武汉医疗队队长、临时党支部书记林乐清和队员潘勇莉分别介绍在武汉救治新冠肺炎危重病人的先进事迹。

【新书首发活动】2020年10月16日，区政协举行“让生命更闪亮”——《到最需要的地方去——杭州市拱墅区东西部扶贫协作援派干部人才口述实录》出版座谈暨新书首发活动。活动以“让生命更闪亮”为主题，分为新书介绍、赠书仪式、座谈交流等环节。在活动现场，拱墅区东西部扶贫协作援派干部人才代表讲述援派工作期间的体会和收获，专家学者、政府部门代表、政协委员代表、编委会成员等做主题发言。

《到最需要的地方去——杭州市拱墅区东西部扶贫协作援派干部人才口述实录》版式精美，援派故事具有较强的纪实性、史料性和文学性，客观、真实、生动地展现拱墅援派干部人才的良好形象，展示拱墅全方位、多层次、常态化的帮扶体系，反映来凤、黄平两地脱贫攻坚征程。

【“委员读书月”活动】2020年4月，区政协为给在参与疫情防控和复工复产两战全胜的委员送上精神鼓舞和政协力量，挑选《危机自救》和《简单甚好》两书作为“委员读书月”的读本。区政协委员在拱墅政协之家钉钉群，开展线上学习心得交流会。

【新任委员培训会】2020年6月16日，区政协举办新任委员培训

2020 年 10 月 16 日，区政协举行“让生命更闪亮”——《到最需要的地方去——杭州市拱墅区东西部扶贫协作援派干部人才口述实录》出版座谈暨新书首发活动（区政协办 供稿）

会，对区政协五届二十次常委会议新增补的区政协委员开展履职培训。培训会上，新任委员们学习全国政协主席汪洋在全国政协十三届三次会议闭幕会上的讲话精神。区政协提案委负责人就政协提案的意义、作用及要求进行阐述，并就如何撰写高质量的提案、更好发挥履职效能进行辅导。区政协委员工委负责人系统讲解《杭州市拱墅区政协委员履职办法》，并向新任委员颁发“区政协委员证”。（边鸿昌）

提案工作

【概况】2020 年，区政协常委会不断探索创新工作方法，努力推动政协提案工作提质增效。全年政协委员和区政协各参加单位共提交提案 189 件，其中大会期间 183 件、平时提案 6 件。经审查，立案 176 件，其中集体提案 24 件，委员个人或联名提案 152 件。经各提案承办单位办理，176 件提案办复完毕，其中：全部采纳的 133 件，部分采纳的 26 件，列入计划或留作参考的 17 件。提案涉及建议 588 条，其中问题建议 362 条，至年底，完成 146 条，正在实施 163 条，列入计划实施 37 条，无法实施 16 条，问题已经解决或正在解决率为 85.4%。

【重点提案领办和督办工作机制完善】2020 年，区委、区政府领导领办重点提案 9 件。区委办、区府办负责跟踪反馈，根据反馈信息，区委、区政府领导开展专题调研、听取专题汇报、召开工作推进会、实施专项督（检）查等 45 次，实现“办好一件、带动一片”的示范效果。区政协主席会议成员分工督办重点提案 6 件，通过督办调研、召开提案办理协商会等，推动提案办理办出成效。

【提案办理民主评议】2020 年，经区委常委会研究同意，区政协在区政协五届四次会议提案工作报告中，明确对区教育局、区城管局开展提案办理民主评议。12 月 2 日开展民主评议活动，由委员和智库成员担任评委，从日常工作、问题解决率、现场测评 3 方面进行综合评议，通过听取汇报、互动交流、现场点评、线上测评等环节，最终形成评议结果。经评议，区教育局、区城管局结果为优秀。

【历史提案办理结果“回头看”】2020年，区政协遴选区政协五届一次会议以来有关老旧小区长效管理、祥符桥历史文化街区打造、上塘古运河建设等历史提案，邀请提案人参加，开展提案办理“回头看”督办活动，通过“一看、二听、三议”的方式，加强与承办单位的沟通，跟踪督办提案办理的进度和成效，推动提案建议落地落细。

【提案委委员能力提升活动】2020年，区政协提案委员会根据疫情防控期间特点，以线上线下结合的形式，创新开展以赠送一本书、推荐一篇文章、举办一场讲座、开展一次心得交流、整理一本工作手册为主题的“五个一”提案工作能力提升活动，提高专委会委员立案审查和专业化审核评估能力，有效推进工作落实。

（边鸿昌）

民主监督

【概况】2020年，区政协发挥协商式监督特色优势，以推动区委区政府中心工作落实为重点，开展调研监督，发现问题并提出建议。全年开展3项专项民主监督。

【“生活垃圾分类处理”专项集体民主监督】2020年，区政协以垃圾减量化、资源化、无害化处置为突破口，继续开展“生活垃圾分类处理”专项集体民主监督。10个民主监督小组每组增加1名中共党员委员组长，加强党对民主监督工作的领导。5月，组织召开“生活垃圾分类处理”专项集体民主监督活动部署会。10个民主监督小组以小分队形式，按照“就地就近就便”原则，重点围绕社区组织实施、疫情应对情况、餐厨垃圾处置能力、生活垃圾资源化等方面，深入一线开展督查。

【“最多跑一次”改革专项民主监督活动】至2020年，五届区政协已连续4年对全区“最多跑一次”改革进行民主监督，并连续3年与省、市政协三级联动开展“最多跑一次”改革专项集体民主监督。2020年，区政协组织委员深入区级和各街道服务窗口，与前往办事的企业代表、群众面对面交流，向各部门深入了解再造服务流程、精减审批程序、实现信息共享、加大网上办理力度等方面的进展情况，力求找准突出问题和薄弱环节，提出务实管用之策。先后组织开展监督活动27次，参与委员218人次，发现问题并提出意见建议144条。形成《关于开展持续深化“最多跑一次”改革专项集体民主监督的情况报告》，提出“坚持传统服务方式与智慧服务创新并行”“坚持网上办事平台与线下窗口服务互补”“坚持明确职责分工与加强统筹协调兼顾”“坚持严格监督管理与关心爱护激励并重”等意见建议。

【常委会建议案落实情况民主监督】2020年，区政协对2019年区政协常委会《关于又好又快推进我区村级留用地开发建设工作的建议》《关于加快改革创新我区市场监管服务机制优化营商环境》2个建议案落实情况开展民主监督。6月19日，委员们实地督查吉瑞国际商务中心、汽车互联网产业园2个留用地项目建设情况，了解项目概况和进程；10月22日，在区行政服务中心商事登记专区，现场了解和体验拱墅区市场监管服务运行机制和优化营商环境工作。民主监督座谈会上，听取有关部门关于区政协常委会建议案采纳落实情况汇报，并与区相关部门、经合社代表座谈交流。委员们认为，区政协常委会2个建议案经区委书记朱建明批示交办后，得到相关部门的重视和采纳，在工作中基本得到落实，针对下一步工作，委员们开展督查建言。

（边鸿昌）

专项视察

【概况】2020年，区政协围绕改革完善拱墅区数据资源服务体系、诉源治理工作、“最多跑一次”改革、大运河新城建设、大城北项目建设等开展专项视察，助推经济社会发展。

【诉源治理工作专项视察】2020年6月29日，区政协组织开展诉源治理工作专项视察。委员们实地视察区法院半山法庭和区社会矛盾纠纷调处化解中心，详细了解诉前调解和矛调中心工作机制。在随后召开的视察座谈会上，委员们听取区法院、区信访局关于诉源治理工作的情况介绍，并就加强调解员队伍建设、整合各类矛盾调解资源、发挥专业调解组织作用等方面建言献策。

【数据资源服务体系工作专题视察】2020年9月2日，区政协开展改革完善全区数据资源服务体系工作专题视察。视察小河街道“城市眼·云共治·小河网驿”中心和区综合信息指挥中心，座谈听取区数据资源局有关拱墅区数据资源服务体系工作情况介绍，并进行互动交流。委员们提出“要加强数据研判，更好地服务党委政府中心工作”“避免数据重复导入，加快推进‘一码通’建设”“深度拓展场景设计，加强与头部企业协作”“成果运用要再发挥，运行安保要再夯实”等意见和建议。

【智慧安防工作专题视察】2020年9月18日，区政协开展智慧安防工作专题视察。委员们视察康桥街道计家社区蓝领公寓和康桥村社区康和嘉园小区，了解小区智慧安防建设情况。并在区公安分局召开视察座谈会，听取区委政法委和区公安分局关于智慧安防工作情况介绍，观摩区公安分局智慧云平台功能设置和运行情况，并围绕如何推进智慧安防建设进行协商建言。

【安置房建设和管理工作专项视察】2020年11月5日，区政协组织开展安置房建设和管理工作专项视察，视察祥符街道新文村、星桥村二期2个安置房项目建设情况，听取区旧改办关于拱墅区安置房项目建设、回迁安置、配套建设等工作情况介绍，并围绕如何提升安置房建设品质、优化后续管理等进行协商建言。

【大城北重点项目建设情况专项视察】2020年12月10日，区政协组织开展大城北重点项目建设情况专项视察，先后赴大运河亚运公园项目、大运河中央公园（二期）项目视察，现场听取项目建设及工程进度情况介绍。委员们对重点项目建设的扎实推进给予肯定。

【大运河新城建设工作视察】2020年12月11日，区政协组织开展大运河新城建设工作专题视察。委员们在康桥街道文体活动中心，实地察看多功能报告厅、图书馆、书画室、健身房等群众文体设施。在杭州市育才大城北学校，视察学校各项硬件设施，听取学校教育发展相关情况介绍。在视察专题座谈中，委员们围绕大城北文教事业发展、大运河新城建设等建言献策。（边鸿昌）

中共拱墅区纪律检查委员会 拱墅区监察委员会 10

综　述

【概况】拱墅区纪委由中国共产党拱墅区代表大会选举产生，是党的纪律检查机关；拱墅区监委由拱墅区人民代表大会产生，是国家监察机关。区纪委与区监委合署办公，实行一套工作机构、两个机关名称，履行党的纪律检查和国家监察两项职责。至2020年年底，区纪委区监委机关设办公室、干部室、宣传教育室、党风政风监督室、信访室、案件监督管理室、第一至第四纪检监察室、案件审理室11个内设机构。派驻（出）机构是区纪委区监委的重要组成部分，由区纪委区监委直接领导、统一管理。至年底，区纪委区监委设派驻（出）机构9个，经区纪委区监委授权，履行党的纪律检查和国家监察两项职责。区纪委区监委下属拱墅区纪检监察事务服务中心1个事业单位，负责做好执纪监督的服务保障工作。

【清廉拱墅建设】2020年5月，区纪委根据省、市纪委统一部署，开展“强化清廉村居建设，有力推动基层治理”专项工作，印发《“清廉社区（经合社）”建设工作要点》，开展基层监督能力提升、信访举报问题“三清”（清障、清零、清淤）、“三资”管理监督规范、小额工程管理深化、留用地开发管理完善、出入境证照管理核查、中介服务专项清查七大行动，统筹推进22项任务。拱墅区纪委升级推出清廉社区（经合社）数字驾驶舱，全年预警风险隐患802条，处置问题线索85件，其中转立案8件8人，数字赋能智慧监督工作成效初显。8月，区纪委区监委出台清廉机关、清廉学校、清廉医院等七个方面清廉建设实施意见，推进36项任务，将清廉因子渗入机关、社区、学校、医院、企业、家庭。

【“两个责任”落实】2020年，拱墅区探索创新述责方式方法，对主体责任报告对象进行扩面提级。4月24日，区委书记朱建明听取2名街道党工委书记、2名区直单位党委书记、2名区管副职落实主体责任的报告。28日，区委副书记、区长章燕听取4名单位行政主要负责人和2名单位分管负责人落实主体责任的报告。5月7日，区纪委常委会听取9名单位分管负责人、6名单位相关科室负责人、4名社区党组织主要负责人落实主体责任的报告，并进行现场质询提问。下达履行主体责任意见书12份，提出意见24条，全年追责落实责任不力问题5起6人。

【政治监督和纪律保障】2020年，拱墅区各级纪检监察组织围绕贯彻总书记习近平关于疫情防控、“两战”全胜的重要讲话和重要批示精神，统筹抓好疫情防控和企业复工两项监督，督办整改问题514个，提出工作建议60余条，问责涉疫问题4起5人。围绕贯彻落实党的十九届四中、五中全会精神，打好“三大攻坚战”，“最多跑一次”改革，亚运场馆建设，六大专项行动等重大决策部署贯彻落实的情况开展监督，监督项目269个，发现问题38个，提出意见建议28条。开展中央环保督察、国家文明城市复评迎检、制止餐饮浪费行为、社区换届纪律专项监督，督促整改问题35个。严肃基层组织换届纪律，开展社区（经合社）干部资格条件常态化联审，对86批次2723名社区组织换届候选人做出党风廉政意见回复，提出不能担任3人、不宜担任1人。5月，拱墅区纪委区监委出台《关于完善容错免责促进担当作为的实施细则（试行）》，列出容错免责正面清单、负面清单，实行容错免责事前备案会商制，全年共事前备案13起，推动容错纠错从“事后补救”到“事前预防”。7月，拱墅区纪委出台《关于全面加强政治监督的实施意见》，推动政治监督具体化、常态化。

【日常监督】2020年，拱墅区各级纪检监察组织坚持聚焦“监督的再监督”，以项目化为载体，优化监督方式，强化片组协作，全年完成监督项目90个，发现问题431个，整改落实407个，推动长效机制建设168项，问责456人次。

【纪检监察干部队伍建设】2020年7—8月，按照省、市纪委要求，全区纪检监察系统开展“警示教育月”活动，以“十一个一”（一次警示教育视频会议、一堂廉政建设党课、一次专题业务知识讲座、一批违纪违法典型案例、一次专题民主生活会、一次干部谈心谈话、一次重大事项报告情况监督检查、一次大讨论、一场主题演讲赛、一次现场警示教育、一次专题警示教育片）活动教育引导全区纪检监察干部以案为鉴、心有所畏、言有所戒、行有所止。区纪委搭建名师讲坛、知行课堂、师徒结对、擂台比武等载体，开展全员培训、以案代训、挂职锻炼，加强实战练兵，提高执纪执法本领。强化绩效考核，每月测评、每季张榜，督促各级纪检监察组织认真履责。从6月开始，开展“社区蹲点挂职、联系服务群众”活动，组织“当好一周社工、开展一次慰问、组织一次宣讲、攻坚一个难题、完成一篇报告”五个一活动，派出23批次纪检监察干部，覆盖34个社区，走访社区居民408户，慰问困难家庭34户，主题宣讲34场，参与攻坚难题42个，提出意见建议89条，完成调研报告34篇。落实“八必谈、五必访”制度，全年谈访干部89人次。坚持严字当头，严防“灯下黑”，年内办理纪检监察干部问题线索6件5人，给予责令检查1人、批评教育1人、谈话提醒3人。（董伯红）

重要会议

【区纪委七届六次全体（扩大）会议】2020年3月19日，区纪委七届六次全体（扩大）会议召开。会议回顾2019年全区党风廉政建设和反腐败斗争工作，部署2020年任务。区委书记朱建明出席并讲话，强调要始终保持“严”的主基调，坚定不移推进全面从严治党，以全面从严治党新成效推进区域治理现代化；要始终围绕“勤”的主题词，持之以恒抓好作风建设，大力实施干部作风建设工程，把“勤”字体现在效率、实干、担当上，推动广大干部勤勉敬业、勤政务实、勤廉双优，以更优良的作风确保疫情防控和经济社会发展“两战”全胜。区委常委、纪委书记、监委主任熊雄代表区纪委常委会做题为《坚定不移推进纪检监察工作，高质量发展为干好“六五四”、收官“十三五”提供坚强保障》的工作报告。会议指出党风廉政建设和反腐败工作要以习近平新时代中国特色社会主义思想为指导，全面贯彻党的十九大和十九届二中、三中、四中全会精神，按照中央、省市区委和上级纪委全会部署，增强“四个意识”、坚定“四个自信”、做到“两个维护”，坚持稳中求进，全面履行党章和宪法赋予的职责，协助党委持续深化全面从严治党，强化对权力运行的制约和监督，把“严”的主基调长期坚持下去，一体推进不敢腐、不能腐、不想腐，不断深化清廉拱墅建设，在加快高质量建设运河沿岸名区、推动大城北崛起中充分发挥监督保障执行、促进完善发展作用，以纪检监察工作的高质量发展，为干好“六五四”、收官“十三五”，争当高水平全面建成小康社会排头兵提供坚强保障。

【区纪委常委会议、区监委委务会议】2020年，拱墅区纪委区监委召开常委会议31次、委务会议31次。区纪委常委会、区监委委务会坚持以习近平新时代中国特色社会主义思想为指导，准确把握纪检监察机关作为政治机关的定位，按照决策科学化、民主化、制度化要求，就全面从严治党、党风

廉政建设和反腐败工作重大问题进行研究。（董伯红）

执纪审查和监察调查

【概况】2020年，拱墅区各级纪检监察组织受理检举控告70件次，立案68件，党纪政务处分58人，移送司法机关16人，其中实施不经留置移送8人。

【问题线索处置】2020年1月，拱墅区纪委区监委建立完善问题线索处置七项机制，强化问题线索管理“全口径、全纳管、全覆盖”，提升处置效率，全年处置问题线索296件，1个月内办结问题线索量同比提高32.8%。6月，拱墅区纪委区监委出台与审计机关协作配合意见，健全信息沟通、线索移交、成果共享等工作联动机制。

【审查调查工作】2020年，拱墅区监委采取留置措施5人，办结原杭州康桥综合市场经理周某某等5人贪腐窝案、拱墅安保服务有限公司系列贪腐案、浙江工业大学膜分离与水科学技术中心原主任助理陈某某贪污受贿案等一批典型职务犯罪案件。拱墅区纪委区监委全年运用监督执纪“四种形态”处理329人次，其中第一、第二、第三、第四种形态分别占比79%、12.2%、1.5%、7.3%。

【案件查办“后半篇”文章落实】2020年，拱墅区纪委区监委做好案件查办“后半篇”文章，推动以案促改、以案促建，督促案发单位召开民主生活会，分析查找问题原因，堵塞制度机制漏洞。通过纪检监察建议、问题抄告、专项约谈，推动问题整改68个，完善制度42项。4月，拱墅区纪委出台《拱墅区受党纪政纪处分人员回访教育制度》，对受处分人员“早回访、勤回访、全回访”，全年回访教育63人次。（董伯红）

作风建设

【概况】2020年，拱墅区各级纪检监察组织严格落实中央八项规定及其实施细则精神和省、市、区有关规定，坚守重要节点，紧盯薄弱环节，既严查违规吃喝、违规收送礼品礼金等老问题，又持续整治形式主义、官僚主义和隐形变异新问题。

【“兴五风破三慢解四题”干部作风专项行动】2020年，区纪委区监委持续以“兴五风破三慢解四题”（五风指雷厉风行之风、调查研究之风、改革创新之风、团结协作之风、勤政廉政之风，三慢指面对上级部署反应慢、面对工作任务节奏慢、面对群众呼声处理慢，四题指影响政令畅通的突出问题、联系服务群众的突出问题、违反中央八项规定精神的突出问题、加重基层负担突出问题）为主题，深化作风评议机制，对干部作风综合把握、每月研判、公开晒榜，严肃整治“三不”（不担当、不作为、不落实）“三慢”（反应慢、节奏慢、处理慢）等不良倾向。全年共查处“三不”“三慢”问题30起，问责34人，其中党纪处分7人。

【“四风”问题查处】2020年，区纪委区监委开展公共资源会所整治“回头看”、烟票背后的“四风”（形式主义、官僚主义、享乐主义、奢靡之风）、“纸螃蟹”（蟹卡或蟹券）等专项检查，查处形式主义、官僚主义问题9起10人，享乐主义、奢靡之风问题6起6人。全年通报曝光违反中央八项规定精神典型问题6起6人。

【重点领域专项治理】2020年，区纪委区监委深入开展重点领域专项治理。推进违规享受集体土地拆迁安置政策纠改工作，纠改违规享受房屋2652平方米，追回款项5125万元。开展惠民资金超发问题专项整治，纠改违规超发问题618个、追回超发资金38万余元。完成人防系统腐败问题专项治理、单一来源采购问题专项整治。（董伯红）

巡察工作

【概况】2020年，区委出台《关于加强巡察机构干部队伍建设的意见》，进一步明确巡察干部队伍的选派配备、交流使用、监督管理，推动全区巡察干部队伍建设。拱墅区委巡察工作领导小组认真履职，深入贯彻落实省市巡察工作要求，坚定不移深化政治巡察，高质量推进巡察工作。

【巡察开展情况】2020年，拱墅区委巡察组对12个区直单位开展常规巡察。6月中旬至11月中旬，开展扶贫领域专项巡察。8月底至10月底，开展扫黑除恶领域专项巡察。至9月份，完成47个社区党组织巡察工作，实现社区换届前夕巡察全覆盖。全年发现问题614个，提出意见建议380条，移交问题线索25件，督促被巡察单位完善制度334项。

【巡察整改落实情况】2020年，拱墅区委“五人小组”和巡察工作领导小组专题听取整改情况报告，推动问题整改落实。对巡察反馈意见实行通报制，将延伸巡察社区党组织情况向所在街道党工委通报，街道联系社区领导当场签收反馈意见，并重点领办1~2件重点难点整改项目，督促其履行“一岗双责”，真正参与难题整改。整改后由街道联系（分管）领导向区委巡察工作领导小组汇报社区巡察整改情况。8月底，为防止出现问题“回潮”，拱墅区委巡察机构会同区纪委成立3个专项督查组，围绕七届区委前八轮巡察反馈问题整改落实情况开展专项督查，确保反馈问题切实整改“清零”。全年督促被巡察单位完善制度334项，完成问题整改702个，整改率98.2%。

【巡察成果运用】2020年，区委巡察机构提炼总结2017年以来社区巡察经验做法，对比分析95份社区巡察报告，梳理共性问题15类，针对社区组织换届等提出13点意见建议，为有序推进社区组织换届工作和换届后快速提升社区工作水平提供参考。11月，围绕社区巡察发现共性问题进一步梳理分析，将典型案例汇编成《拱墅区委社区巡察发现共性问题66例》，印制500余本，发至各街道、社区（经合社）。（董伯红）

党风廉政宣传教育

【概况】2020年，区纪委区监委认真贯彻落实党的十九大精神和中央及省、市纪委全会精神，深入宣传拱墅区党风廉政建设和反腐败工作取得的新进展新成效。全年在中央电视台、《中国纪检监察报》、中央纪委网站微信等中央级媒体发稿106篇，在《浙江日报》、浙江卫视新闻联播、《反腐败导刊》、省纪委网站微信等省级媒体发稿88篇。

【党风廉政宣传平台融合发展】2020年，拱墅区纪委区监委加快推动传统媒体和新兴媒体融合，为全区党风廉政建设和反腐败工作提供服务。全年运河清风网站发布信息127篇。运河清风微信公众号全年推送图文信息164期278篇。对接《今日拱墅》，全年在“清廉拱墅进行时”专栏刊发稿件35篇。

【廉政教育活动】2020年，拱墅区纪委区监委督促各纪检组、纪工委开展形式多样的警示教育、清廉文化活动，推动纪法宣传教育全覆盖。全年组织全区近30家单位200余人旁听或云旁听王某平案、任某案、周某祥案、陈某鸿案、王某芳案庭审警示教育。5月，设计推出具有纪检监察职业特点和拱墅地域廉政文化特色的“清风侠”代言人形象。7月，创作清廉沙画《国以家为基，家尚廉为安》，在全区各大型综合体、街道社区党群中心进行展播。12月，通过集体廉政谈话、集中观看警示教育片、重温入党誓词和参观半山清风馆廉政教育基地“四道菜”，为24名新提（转）任区管领导干部“提神醒脑”，助力他们过好慎始关。

【清廉文化建设】2020年7月，拱墅区纪委区监委联合半山街道党工委建成拱墅区首个清廉文化教育主题展馆——“半山清风馆”，全年接待约114批次1.51万人。12月，创作拍摄的清廉微电影《桥西廉医》获第五届浙江省微电影评选特别表彰和十佳影片。尝试清廉公益广告“乘”公交，“坐”地铁，清廉“公交”覆盖10个街道3条公交线（371路、61路、153路）、10辆公交车；清廉“地铁”广告牌位于辖区内大运河站、拱宸桥站、萍水街站、和睦站内，集中展示清廉建设成果。“桥西廉线”被授予第一批杭州市清廉文化示范点，杭州市大关小学入选全市教育系统第一批清廉学校示范点。（董伯红）

民主党派·工商联 11

中国国民党革命委员会杭州市拱墅区基层委员会

【概况】至2020年年底，民革拱墅区基层委员会有支部3个，党员57人（含当年新发展6人）。

2020年是民革“组织建设年”。民革拱墅基层委持续深入学习宣传和贯彻落实习近平新时代中国特色社会主义思想，巩固主题教育活动成果。围绕中共十九届五中全会精神及各民主党派市委会“三个纪要”（《各民主党派杭州市委会关于进一步健全民主党派地方组织领导班子及其成员述职和民主评议制度座谈会纪要》《各民主党派杭州市委会关于进一步加强基层组织规范化标准化建设座谈会纪要》《各民主党派杭州市委会关于加强内部监督工作座谈会纪要》），创新学习方法，确保在职人员培训人数全覆盖，累计培训50余人次。建立领导班子调研责任制，将参政议政作为常态化工作。完善上下联动机制，加强与上级组织、区委统战部的上下联动。搭建社情民意收集平台，发挥党员的专业优势。参与市委会“同心·博爱”社会服务，在书画、医卫、艺术等服务团开展各类社会活动4次。有7篇问题建议信息被市级以上录用，其中省级录用2篇，一支部主委郑群撰写的《基层反映普惠性民办幼儿园陷入帮扶真空亟待关注和重视》被省政协录用并获副省长批示。委员吉正龙被浙江省记一等功1次，获评省人力社保厅“特级技师”职称、2020年度民革浙江骄傲人物。其所在的杭州运河技工学校记一等功1次。二支部主委周旭一获评民革中央抗击新冠肺炎疫情先进个人、民革浙江省抗击新冠肺炎疫情先进个人、杭州市政协系统“最美政协委员”、浙江省优秀归侨侨眷代表、浙江省侨界青年“强浙江”十杰，由其担任董事长的中翰盛泰生物技术股份有限公司与浙江医院、浙江大学、浙江省人民医院联合申报的“脓毒症/脓毒性休克发病机制、早期预警和规范化诊治的研究与应用”项目获浙江省科学技术进步奖二等奖。一支部主委郑群获评民革杭州市委会参政议政工作先进个人，党员郑彬铨获评2020年度民革全省宣传思想工作先进个人，党员陈勇强获评2020年度民革全省组织工作先进个人。（褚鹏凯）

【社情民意讨论会召开】2020年1月3日，民革拱墅基层委第一次组织召开由发展对象和年轻党员参加的社情民意讨论会。会议学习传达市委会相关会议精神，组织观看《聚焦大城北 画好同心圆》专题片。围绕“进一步完善弱势群体慰问机制的建议”主题，分别从数量联通、系统筛选、机制构建等方面建言献策。

【“重温历史，不忘合作初心”活动】2020年12月4日，民革拱墅基层委开展“重温历史，不忘合作初心”活动，组织全体党员到宁波奉化区参观蒋氏故居、张学良将军第一幽禁处等地。“重温历史”教育活动，使党员们对中国共产党领导的多党合作制度有更深的体会，对继承和发扬民革优良传统、弘扬爱国主义精神有更深的感悟。

【参政议政】2020年年初，主委沈忱代表民革拱墅基层委在区政协五届四次大会上做题为《抢抓5G商用和产业化新机遇，加快培育数字经济发展新动能》的大会发言。会议期间，党员中的人大代表和政协委员提交建议和提案11件，内容涉及经济科技、文化教育、城市建设、民生保障等。拱墅区“两会”期间，党员伍立波的《关于落实优化我区中小微企业扶持政策的建议》、党员曹群的《关于加强招商引资区级统筹的建议》、党员郑群的《关于尽快将3岁以下幼儿托育服务纳入政府管理的建议》3件提案被评为区政协五届三次会议以来优秀提案。组织党员参加区委统战部大调研活动，上报《加快推进我区无障碍环境建设的思考与建议》《打造“夜运河·月光经济”品牌的思考与建议》《全面推动我区制造业提档升级的思考与建议》3篇调研报告。

【民革拱墅基层委抗疫行动】2020年1月突如其来的新冠肺炎疫情发生后，拱墅民革全体党员参与抗疫爱心捐款活动，合计捐款4.72万元。二支部主委周旭一担任董事长的公司向相关部门捐款捐物，捐赠医疗物资200万元，联合经销商捐赠物资超1000万元，公司研发的诊断试剂产品共8项进入《新型冠状病毒感染的肺炎诊疗方案》，被武汉大学中南医院、武汉协和医院、雷神山医院等全国350多家新冠肺炎定点救治医院使用。2—3月新冠肺炎疫情暴发期间，吉正龙带领工作室团队赴区城管局、交警拱墅大队、社区卫生服务中心、浙江大学医学院附属第一医院、浙江大学医学院附属邵逸夫医院等抗疫单位，为一线工作人员开展义务理发活动10余次，服务500余人。基层委还和杭州海外海皇冠宾馆联合，率先在全国打造防疫洁净客房。经杭州市疾病预防控制中心监测，该项采用高效干式消杀的技术，可有效连续对空气中的冠状病毒和细菌进行消杀。党员郭少为、吴海燕向大关街道捐助抗疫物资1万余元。

【“党组织领导三方协调小区微治理工作”调研活动】2020年7月24日，民革拱墅基层委调研组8人到湖墅街道调研区党组织领导三方协同小区微治理工作，参观湖墅街道三方协同小区微治理阵地，并与湖墅街道三方办进行座谈。调研组分别就提高小区治理水平，凝聚小区治理合力、加强小区治理指导等方面进行交流与探讨，形成《党建引领铸造三方排头兵，小区自治打造拱墅金名片》调研报告。

【民革拱墅基层委公益便民活动】2020年9月9日，二支部主委周旭一参与腾讯久久公益活动，面向自闭症儿童捐赠价值10万元的试剂。党员吴海燕带领口腔医疗团队开展义诊活动154场，服务群众1500人次，开展“关注重点人群口腔义诊”活动5场，针对特定人群开展口腔卫生保健相关知识培训。吉正龙工作室开展义务理发便民服务，惠及5500余人次。

【“同心中墨情 立冬暖江城”学习交流主题活动】2020年11月7日，民革拱墅二支部与墨西哥蒙特雷科技大学中国创新中心（简称“墨西哥中国中心”）联合开展“同心中墨情 立冬暖江城”学习交流主题活动。支部党员冯广涛作为墨西哥中国中心合伙人主持会议，并介绍中心有关运营情况。民革拱墅基层委领导等参加活动。

【法律服务助企惠民专项行动】2020年，律师党员陈梦雨、俞起发挥民革社会法制界别优势特色，以杭州法律援助中心民革工作站为依托，联动杭州市台商（台胞）法律服务团，开展为期一年的法律服务助企惠民专项行动，开展活动5次，为企业和个人提供公益法律服务20人次。

（沈光明）

中国民主同盟杭州市拱墅区总支部

【概况】至2020年年底，民盟拱墅区总支有拱墅区机关、行知中学、长征中学支部3个，盟员62人。纳入重点发展对象1人，纳入发展和培养年轻对象2人。

2020年，民盟拱墅区总支成立5个工作委员会。盟员中，中青年盟员11人深入基层开展教育、文化、健康培训等帮扶服务工作20余次，参与3个党盟共建支部（项目部），并以“共建互助”的方式，联动推进各支部骨干盟员领办“党盟共建”活动计划工作履职体系。组织开展“走基地、悟初心”“第三届同心·大城北三服务”“陶行知纪念馆宣传阵地建设提升”“见证·初心”经典讲述微视频拍摄、“拱墅统战·浙大城院联合培训”、对口联系“拱墅民盟·名师服务站”打造、特约人员民主监督等履职项目，使在职中青年骨干盟员通过不同平台参加“不忘合作初心，继续携手前进”“战疫情、促发展”等主题活动。（褚鹏凯）

【“云端”组织生活会】2020年3月19日，民盟拱墅总支在中国民主同盟成立79周年之际，线上开展以“砥砺初心情怀，激扬同心力量”为主题的“云端”组织生活会。主委代表全体盟员表达对民盟母亲的生日祝福，并号召全体盟员在新时代更加紧密团结在以习近平同志为核心的党中央周围，不忘合作初心，继续携手前进，奋力把新时代统一战线和多党合作事业推向前进。民盟拱墅总支盟员近50人同时在线参加。

【“党盟共建”工作座谈会议】2020年5月8日，民盟拱墅总支携手市河道建设中心党委在大城北地区重点项目工地召开“党盟共建”工作座谈会议，继续巩固“党盟共建”创新实践工作，开展“不忘合作初心，我为亚运当先锋”主题活动。共建双方签订新一轮党盟共建协议，向党盟共建服务小分队党员、盟员代表授旗。区域党盟共建成为民盟拱墅总支打造践行“四新”（多党合作要有“新气象”，思想共识要有“新提高”，履职尽责要有“新作为”，参政党要有“新面貌”）、“三好”（好参谋、好帮手、好同事）要求的中国特色社会主义参政党基层组织的又一重要载体。

【民盟拱墅总支设立5个工作委员会】2020年7月23日，民盟拱墅总支召开半年度工作会议。各支部领导班子成员及骨干盟员参加，主委杨帆主持会议。会议研究决定，总支专门设立参政议政工作委员会、社会服务工作委员会（同心服务队）、民主监督工作委员会、协同创新工作委员会和活力联络工作委员会（同心文艺队）5个工作委员会。与会人员围绕工作委员会的组织架构、人员配置、运转模式等发表意见，为参政履职提供组织保障。

【“珍爱和平·团结奋进”活动】2020年8月12日，民盟拱墅总支为纪念中国人民抗日战争暨世界反法西斯战争胜利75周年，联合市河道中心党委组织开展“珍爱和平·团结奋进”暨“走基地，悟初心”党盟之日参观活动。盟员与党员代表通过参观纪念馆并听取讲解，体会抗日战争期间浙江人民面对侵略和苦难不屈不挠的精神。

【第三届“同心·大城北”三服务进工地活动】2020年8月14日，民盟拱墅总支联合共建方市河道建设中心党委开展第三届“同心·大城北”三服务进工地活动。启动仪式上，党盟慰问组为一线工作者送去绿豆、凉茶、藿香正气水等防暑降温物品。针对疫情防控期间，工地精神文化生活缺乏的问题，通过“培英公益”基金向工地项目部党支部赠送《习近平谈治国理政》第三卷和医疗卫生、运河文化等方面的书籍70余册，价值3000余元。该次启动仪式活动慰问一线建设工人80余名；“培英公益基金”开展急救知识及实际操作培训，惠及项目部管理技术人员50余人；杭州市第一人民医院医学博士、主任医师王昊盟员，内科医师张寿林盟员，和睦医院院长胡春雷盟员等为一线建设者义诊，并解答一线建设者健康咨询60人次、义诊100余人次。（沈光明）

中国民主建国会杭州市拱墅区基层委员会

【概况】至2020年年底，民建拱墅区基层委有6个支部，其中退休支部1个，在职支部5个。会员数164名，其中当年新发展4名会员，全部具有本科以上学历。

新冠肺炎疫情防控期间，民建拱墅基层委通过微信群和钉钉会议形式传达民建市委会和区委统战部年度相关工作要求。全年撰写调研文章13篇，其中8篇入选民建杭州市委会2020年调研课题。1篇被市委会列入理论研究课题，撰写社情民意48篇，其中7篇信息得到市委会录用。民建拱墅基层委获评民建市委会“抗击新冠肺炎疫情先进集体”称号；会员郭嵩被民建省委会评为“抗击新冠肺炎疫情先进个人"；会员刘琼、张敏、陈琳被民建市委会评为"抗击新冠肺炎疫情先进个人"；会员许斌获"中国石油流通协会第一届杰出贡献奖"，会员王志强被评为"拱墅区五水共治先进个人"，会员胡小华被评为"中国200强讲师"。（褚鹏凯）

【直播带货义卖献爱心活动】2020年3月16日，民建拱墅基层委企业家联谊会通过民建会员企业营销窗口试播"民建名品"线上爱心义卖活动。23日，该活动以"特价义卖·爱心正能量"为主题正式开播，购买方式包括一元秒杀和0元起拍。参与线上爱心义卖活动的会员企业捐献一半所得用于抗击疫情，助力复工复产。

【湖北籍员工网上定向招聘会】2020年4月，民建拱墅四支部主委、浙江省湖北商会会长郭嵩带领商会举办定向招聘湖北籍员工网上招聘会，组织65家会员企业参加此次活动，提供就业岗位271个，招聘人员563人。

【"民建之家"建成】2020年5月，拱墅区"民建之家"建设启动，12月完成建设。拱墅区"民建之家"位于拱康路100号马可波罗花园酒店一楼。建筑面积60平方米。墙面以挂图方式展示拱墅区民建的具体情况，包括组织建设、参政议政、社会服务、优秀会员、联谊活动等内容，配置专业会议设施，为拱墅区民建会员举办各种会议、活动搭建良好的平台。

【民建拱墅基层委抗疫行动】2020年1月，突如其来的新冠肺炎疫情发生后，民建拱墅区基层委组织会员捐款捐物，累计捐赠口罩5.1万个，防护服600套，护目镜2720副，捐赠医疗物资及相关器械、原料等折合人民币约116.6万元，通过各种渠道捐款153.71万元。其中四支部主委郭嵩捐款17.2万元，并组织浙江省湖北商会各企业向湖北捐款捐物累计1300多万元，其个人事迹被《杭州日报》《浙江日报》、中国新闻社、中共中央宣传部"学习强国"学习平台等报道。四支部副主委邓珍桂捐款8万元；会员叶建晓为杭州永嘉商会秘书长，个人捐款3000元，并在商会发出号召，短时间内筹集专项爱心款30多万元，并将这笔善款用于购买防护物资。会员张敏代表杭州博物文化公司免费提供全国100家博物馆线上展览，让老百姓可以线上参加展览，推动博物馆等文化产业的互联网化运作。会员余晓珍所在的杭州悦侍健康管理有限公司通过市卫健局向疫区一线女性人员医护捐赠NONOLAY品牌卫生巾3000盒，共2.48万片，价值10万余元。

【"加快重大产业项目建设"民主监督】2020年7月17日，民建拱墅基层委到工业设计小镇、智慧网谷小镇等重点产业平台，开展"加快重大产业项目建设"专项民主监督。走访浙江泰普森（控股）集团等，了解联想创投集团总部、"58同城"等项目的建设进度，并召开座谈会。座谈会上，民建拱墅基层委围绕项目推进工作中的招商引资、配套跟进等相关问题，提出在项目规划设计上应有前瞻性，项目建设和配套设施建设要齐头并进，项目招商应提前介入，项目建设设计应彰显拱墅特色等建议。主委沈燕翔指出各部门要加强协调配合，统筹安排，实现优地优用，吸引集聚高端人才和优秀企业入驻拱墅，以项目为抓手推动拱墅区经济社会持续发展。

【议政日活动】2020年6月，五支部主委刘琼带领支部11名会员，在桥西直街开展"夜经济点亮拱墅"议政日活动。各位会员围绕发展运河月光经济、提升运河地标光芒、增强招商引资力度、加强夜市管理等方面提出建议。7月22日，民建拱墅区二支部在上塘街道开展"新时代物业管理条例大讨论"主题议政日活动。民建杭州市委会副主委、拱墅区基层委主委沈燕翔参加活动。会员学习关于《杭州市物业管理条例》的立法后评估报告，围绕"新时代物业管理条例大讨论"主题开展议政交流，结合日常生活与工作情况，从住户管理、装修管理、财务管理等多个方面指出物业管理条例存在的问题，从三方协同、老旧小区规范治理、物业经营财务审计等多个角度对修改中的《杭州市物业管理条例》提出建议意见。11月17日，民建拱墅区二支部在西溪湿地管委会会议室组织会员学习贯彻中共十九届五中全会精神，并开展主题议政日活动。支部会员20人对“增强我国青少年体质的对策及建议”开展主题讨论，并提出建议意见，沈燕翔参加。

【杭钢云计算数据中心参观交流及送清凉活动】2020年8月18日，民建拱墅基层委四支部到杭钢云计算数据中心开展交流及送清凉活动，参加人数20余人。在交流座谈会上，与会人员学习《习近平谈治国理政》（第三卷）、《习近平在企业家座谈会上的讲话》、《中华人民共和国民法典》等内容。杭钢云计算数据中心有限公司负责人介绍杭钢云计算数据中心项目建设情况。与会人员就数据中心的应用方式、合作客户、未来发展等方面建言献策。座谈结束后，参观杭钢云计算数据中心二期（在建）项目，了解建设规模与进度，并向20余名一线工作人员送夏季清凉用品。

【“我为拱墅区建设献一策”专题考察学习】2020年9月，五支部主委刘琼带领13名会员在杭州大城北规划馆开展“我为拱墅区建设献一策”专题考察学习。会员了解城北的整体规划，参观相关项目建设进度，并为有效支持大城北转型升级，助力拱墅建设运河沿岸名区建言献策。

【河北丰宁满族自治县帮扶】2020年，民建拱墅基层委按照民建市委会《关于做好帮扶河北丰宁满族自治县脱贫攻坚工作的通知》的要求，率先响应号召，2天内筹得善款金额5.44万元，汇入中华思源工程扶贫基金会。其中会员刘琼、王必松、刘政奇均以个人名义分别捐款10000元。部分会员在捐款的同时，以认购丰宁产品的方式支持帮扶工作。

（沈光明）

中国民主促进会杭州市拱墅区基层委员会

【概况】至2020年年底，民进拱墅区基层委设4个支部，分别是联合支部、大关中学支部、行知中学支部、退休支部，转入会员1人，转出会员1人，会员总数87人。

2020年，民进拱墅区基层委贯彻“不忘合作初心，继续携手前进”主题教育工作部署，组织会员深入推进主题教育活动开展。组织班子成员认真学习中共十九届五中全会精神，并组织支部在全体会员中开展五中全会精神的学习活动。年内被评为年度市委会参政议政调研工作先进集体。

（褚鹏凯）

【民进拱墅基层委“战疫”行动】2020年，突如其来的新冠肺炎疫情期间，民进拱墅基层委动员会员先后开展募捐、应急、值守、声援、慰问等活动。65名会员向区红十字会累计捐款2.27万元。会员翁晨燕发起倡议引导建筑企业捐款捐物达500万元，会员童菁华2次到汽车北站参加新冠肺炎筛查保障活动，会员王艳参与“应对紧急疫情，助力教育发展”公益项目。会员李海波参与“以读攻毒、声援抗疫”活动并谱曲演唱《那些家庭》《看见你想见你》等歌曲。会员刘志华带领大关小学全体师生用艺术表达抗疫决心。3月8日，民进拱墅基层委在大关小学开展走访慰问活动，看望有亲人奔赴湖北疫情一线参加抗疫的学生家属。

【主题教育活动】2020年6月，民进拱墅基层委组织开展一年一次的“学会章、交会费、做民进人”主题教育活动，传达学习市委全会、区委全会和市委会十三届十五次常委（扩大）会议暨履职能力建设主题年工作交流会精神，提出要围绕党委、政府工作部署，进一步强化思想政治、参政履职、社会服务和基层组织建设，在推动经济发展、文化兴盛、社会治理中发挥作用，为杭州市在建设“重要窗口”展现“头雁风采”贡献力量。11月，组织开展“祖国听我说”会员读书活动，发动会员录制、朗诵歌颂祖国历史、文化、经济和社会新风貌、新变化的诗歌与短文，激发会员热爱祖国、共同建设新时代中国特色社会主义事业的热情。

【参政议政】2020年，会员王刚撰写的《推进杭州世界遗产保护传承与联动发展的思考》调研报告被采纳为2020年市政协大会书面发言材料和集体提案。会员陶林撰写的《关于对老旧小区提升改造工作的若干建议》入选区政协大会书面发言材料。会员史程执笔的《推动拱墅制造业提档升级的思考与建议》获得区委统战部年度重点课题调研报告评审二等奖。《建议推广整体装配式加装电梯技术方案，助力老旧小区加装电梯工作提速高效》《关于我市新能源网约车的建议》等信息被市委会录用。在市委会组织的纪念马叙伦诞辰135周年座谈（研讨）会征文活动中，会员李忠民撰写《寻访马老在上海的旧居小记》《揭秘“704”工程》、会员李静撰写《马叙伦说文解字六书疏证学习心得》，以此缅怀民进先辈。

【民主监督】2020年，民进拱墅基层委参加区政协“生活垃圾分类”民主监督和“请你来协商”活动。5月12日，组织会员到湖墅街道仁和仓社区和长乐路社区开展生活垃圾分类现场监督活动，提出加强垃圾分类宣传教育和监督管理的若干建议。9月25日，与区人力社保局开展专业技能大师工作室参观视察活动，听取人力社保工作的主要成绩、存在问题和下一阶段安排，并组织会员就推进人力社保工作进行座谈交流。

（沈光明）

中国农工民主党杭州市拱墅区总支部

【概况】至2020年年底，农工党拱墅总支有3个支部，分别是农工党拱墅一支部、二支部、三支部，党员63名，新发展培养对象3名。

2020年，突如其来的新冠肺炎疫情防控期间，农工党拱墅总支以“同心战疫，助力发展”为教育活动主题，开展“抗疫情”“助复工”“促发展”和“送温暖”四季主题教育活动。总支全体党员通过各种渠道捐款5.11万元，肖亚军、张智武、詹新宇、林隆等党员发挥采购优势捐助紧缺防疫物资价值40余万元。为庆祝农工党成立90周年，党员林隆为市委会的90周年庆典拍摄2部宣传片；党员参与农工党中央征文活动，撰写心得体会文章30余篇，其中郑瑶撰写的《登乌石峰，坐忘西湖》被《浙江农工》录用。上报战疫情促发展的建议文章20余篇，其中6篇被省级录用，3篇被市级录用。上报调研报告6篇。上报社情民意30余篇，其中7篇被省委会录用，1篇被市委统战部录用，1篇被市政协和市防指录用，1篇被市政协录用，2篇被市防指录用，1篇被区委统战部录用。农工党拱墅总支获“农工党浙江省先进基层组织”“农工党浙江省社会服务工作先进基层组织”等称号。林隆被评为“农工党浙江省宣传工作先进个人”，张智武被评为“农工党杭州市2020年度宣传工作先进个人”。

（褚鹏凯）

【参政议政】2020年市、区两会期间，农工党拱墅总支党员共提交提案建议15篇，其中由党员郑瑶执笔的总支集体提案《关于建立小区治理体系的建议》被编入市政协大会书面发言材料汇编，所提建议的核心内容被区委“住宅小区微治理”的决策所采纳。在1月的区“两会”上，党员汤丽菲提交的《关于优化提升村级留用地业态模式的建议》、党员郑伟明提交的《关于进一步推进我区垃圾分类工作的建议》被评为区政协五届三次会议以来优秀提案。党员郑瑶撰写的《健全“三方协同”共治，加快打造新型未来社区的建议》、党员刘莉莉撰写的《关于加快构建3周岁以下幼托幼育多级体系建设的建议》被市委会录用，在市政协十一届四次会议上做书面发言。党员余聃撰写的《大调解工作机制及网络体系建设的探索与实践建议——以杭州市拱墅区大调解工作机制及网络体系为样本》获省法学会论文三等奖。

【民主监督】2020年6月4日，农工党拱墅总支政协委员根据区政协安排，通过调研座谈、实地暗访等方式，对半山街道生活垃圾分类开展全面监督。7月3日，主委方友青牵头组织有法律专业背景的党员，共同参与加快构建协同高效的“大调解”工作机制和网络体系民主监督，通过开展调研活动，与区法院、区信访局、区司法局的主要领导进行座谈交流，为大调解工作建言助力。8月6日，主委方友青，党员汤丽菲、王丽琛参加区委统战部组织的“党组织领导三方协同小区微治理”专题考察活动，从机制建设、减负增能、法制治理、提质增效等方面为小区微治理出谋献策。

【“同心·悦读助跑”项目开展】2020年6月1日，农工党拱墅总支与桐庐窄溪小学开展第九次赠书以及表彰活动，学校和总支以简朴的仪式激励学生爱读书、会读书、读好书。该次活动共向教师及学生捐赠图书1112册，并为“同心·悦读之星”获奖代表颁奖。

【教育共建基地系列活动】2020年7月3日，农工党拱墅总支为助力学校健康教育，保障师生健康生活，邀请2位医生为教职员工做关于传染病防治的健康教育讲座，指导教职员工科学做好疫情防控，适时做好夏季传染病的防治。7月10日，农工党拱墅总支委派党员代表与学校共同开展教育共建基地系列活动，邀请半山街道卫生服务中心医生为学校全体教职工做关于传染病防治的健康教育讲座。

【农工党员慰问制度建立】2020年，农工党拱墅总支通过建立党员慰问制度、邀请老党员参加支部活动、召开茶话会等举措，加强对老党员关心与慰问。10月17日，以茶话会的形式，向老党员致以节日问候和祝愿。老党员在茶话会上分享退休生活和中医养生的保健知识。（沈光明）

中国致公党杭州市拱墅区基层委员会

【概况】至2020年年底，致公党拱墅基层委有一支部、二支部、三支部、四支部4个支部，63名党员。

2020年，致公党拱墅基层委开展抗疫防疫工作，38名党员共捐助款37.26万元，捐赠价值824.13万元的口罩、百令胶囊、营养餐和医用酒精等抗疫物资。帮助39家企业解决在抗击疫情和复工复产中碰到的困难和问题。设立“运河·红盾”云课堂，面向全区企业开设知识产权系列公益课程，累计培训近200人次。成立并选举产生新一届基层委员会领导班子。全年共参与调研和撰写提案、社情民意信息42篇，被市委会网站、省委会网站和致公党中央网站采用24篇次，被“浙江致公”微信公众号采用1篇，被“拱墅统战”微信公众号采用3篇。在区政协五届四次会议上，基层委团体提案《关于进一步夯实拱墅产业平台建设基础，助力大城北开发标杆区建设的建议》被评为区政协五届三次会议以来优秀提案。参加区“两会”的9名人大代表、政协委员共提交《关于搭建拱墅区产业扶持一网通平台的建议》等建议提案11篇。

（褚鹏凯）

【致公党杭州市拱墅区基层委员会成立】2020年8月29日，致公党杭州市拱墅区基层委员会召开成立大会，听取和审议致公党拱墅区总支工作报告，并选举产生新一届基层委员会领导班子。朱幼群为第一届委员会主委。致公党杭州市委会和中共拱墅区委、区政协的领导出席。

【民主监督】2020年1月16日，致公党拱墅基层委主委、区市场监管局局长朱幼群牵头组织基层委成员、食品安全协会代表开展春节食品安全特约民主监督活动，通过参观、实地体验等方式，让受邀人员了解拱墅区在食品安全方面的工作成效，增强对食品安全工作的支持和理解。6月2日，总支党员卢滨，党员倪丽华、委员林忠再参加拱墅政协第六监督小组，对康桥街道生活垃圾分类处理工作进行民主监督，调研街道落实垃圾分类和减量的办法，并撰写民主监督报告，提出有针对性的建议和意见。11日，委员林忠再参加省政法委执法监督司法规范提升年拱墅区座谈会，提出有关建议。12日，二支部组织党员对智慧网谷产业平台建设开展民主监督活动，考察奇虎“360项目”工程进度，并与企业进行座谈，帮助企业解决项目推进中存在的困难。9月17日，致公党拱墅基层委党员与致公党市委会专项民主监督小组就城市大脑在市场监管领域的应用等情况进行专项民主监督调研，推动“城市大脑”更加精准高效。23日，与致公党市委会专项民主监督小组共同调研“城市眼·云共治”基层治理模式和拱墅区三方治理数字化运作模式。10月27日，开展“数字赋能城市治理现代化，推动‘城市大脑’更加精准高效”专项民主监督调研。11月24日，到运河邻里康桥农贸市场和杭州金年蒋食品有限公司开展食品安全专项民主监督活动。主委朱幼

2020年10月27日，由杭州市副市长、致公党杭州市委会主委胡伟带队，赴拱墅区开展“数字赋能城市治理现代化，推动‘城市大脑’更加精准高效”专项民主监督调研　　（区委统战部 供稿）

群带队参加并召开座谈会，从加强食品安全监管、推进智慧农贸市场延伸扩面、做实冷链“物防”工作等方面提出意见建议。

【参政议政】2020年6月23日，由致公党拱墅总支党员主笔或参与执笔的3篇提案成果入选致公党浙江省委会2019年度参政议政优秀成果表彰名单，分别获得一等奖、二等奖和三等奖。其中，二支部党员姜衡执笔的《关于加强城市工程机械管控 打赢蓝天保卫战的提案》被选为致公党中央团体提案。总支副主委沈小东执笔的《完善千岛湖流域生态补偿机制 探索区域生态文明治理新路径》被选为省委会团体提案作为市政协大会书面发言材料。总支委员林忠再参与执笔的《对省两院的协商发言》被中国致公党浙江省委会采用作为协商发言材料。党员沈小东参与省委会环境保护专委会调研课题3项，负责撰写的调研报告《关于机械加工含油危险废物回收利用的建议》被省委会环境保护专委会采用。

【线上“3·15”维权互动小课堂】2020年3月15日，致公党拱墅总支联合区市场监管局、区消协在淘宝直播、腾讯看点直播平台开播线上“3·15”维权互动小课堂。三支部主委林忠再律师和执法人员在线上与5000余人交流，点赞量超过1万人次。

【物业维修资金购买的“电梯养老”保险落地】2020年5月中旬，致公党拱墅总支联合区市场监管局，帮助青莎阁小区完成使用物业维修资金购买电梯养老保险的审核流程，申请金额拨付至保险公司。这是全国首个使用物业维修资金购买“电梯养老”保险的小区。

【“法律体检”开展】2020年5月21日，致公党拱墅总支联合康桥司法所为辖区矫正对象“一对一”分析工作生活中存在的法律风险，助力减少矫正对象经济类犯罪和再犯罪增长的现象。在该次“法律体检”前，致公党拱墅总支党员、浙江君策律师事务所律师，对涉及非法吸收公众存款和诈骗等罪名的矫正对象进行先期走访，了解他们以及所在企业的现状和问题。在“法律体检”过程中，对如何预防重新犯罪等问题，2名律师分别与矫正对象进行个别交流，并提出相应意见和建议。

【“致公情、绿色行”健走毅行活动】2020年10月24日，致公党拱墅基层委、致公党浙江中医药大学支部、致公党浙江大学玉泉支部为纪念致公党成立95周年，联合开展“致公情、绿色行”健走毅行活动。该次毅行活动以香积寺为起点，沿运河，途经大兜路历史文化街区，最后到达小河直街历史文化街区。健走活动结束后，党员开展交流活动，学习习近平总书记在浙江、杭州考察时的重要讲话精神，围绕“建设‘重要窗口’、展现‘头雁风采’”主题进行座谈交流。

【基层组织“一对一”联系结对活动】2020年12月5日，致公党拱墅基层委三支部按照致公党省委会关于加强省基层组织“一对一”联系结对工作的部署，受邀到革命红船起航地嘉兴，与致公党嘉兴市委会秀洲支部开展结对活动。主委朱幼群一行到秀洲支部社会服务基地新塍镇虹桥社区进行实地考察，参观学习虹桥社区“八和”文化理念下一系列社会服务亮点，并与嘉兴秀洲支部座谈。会后，参观秀洲区美丽乡村潘家浜村和嘉兴地方党史陈列馆，领略嘉兴新农村的优美生态环境和深厚文化底蕴，学习嘉兴地方党史，重温红色记忆。（沈光明）

九三学社杭州市拱墅区基层委员会

【概况】至2020年年底，九三学社拱墅基层委有基层委员会支社、一支社、二支社和三支社4个支部，会员74人，其中当年发展3人。

2020年，九三学社拱墅基层委社员面对新冠肺炎疫情，联合民建、民盟、无党派等热心人士，组建基层舆情瞭望工作室，收集上报各类舆情风险点和社会热点，加强对舆情的引导和控温。同心工作室汇聚基层委法律、卫生、建筑、心理咨询等多方面的专业人才，累计帮助社区调解各类群众矛盾纠纷30余起。全年，主委带队走访社员及所在单位10余家，全面了解社员工作、生活、思想动态。全面开展基层委和支社班子成员两级述职制度，收集社员意见建议，落实整改。在参政履职中，社员刘冬芬被社市委评为参政议政工作先进个人，社员刘冬芬、梅圆被评为信息工作先进个人，社员陈晔、罗伟被评为宣传工作先进个人。拱墅基层委被九三学社浙江省委评为纪念九三学社创建75周年暨在浙江建立组织65周年先进基层组织，被九三学社杭州市委评为2020年度社务工作先进集体，基层委三支社蝉联五星支社称号。社员胡友耕、罗伟被社省委评为优秀社员，社员胡文兰被评为优秀社务工作者。社员陈晔入选中央网信办“网上群众路线典型”个人类优秀案例。（褚鹏凯）

【同心网络联盟“笑脸视频”】2020年1月14日，由区九三学社同心网络联盟策划推出，区融媒体中心协助拍摄制作的“笑脸视频”——《微笑战“疫”》上传网络。视频里的笑容来自不同年龄、不同职业、不同经历、不同民族的个人和集体。当月播放量达25万人次，微信公众号阅读量超过10万人次，微博阅读量163万人次，被浙江在线、今日头条、百度、腾讯、《都市快报》、西瓜视频等平台转播。

【九三学社拱墅基层委参与抗疫防疫】2020年突如其来的新冠肺炎疫情防控期间，九三学社拱墅基层委社员或代表单位、或个人捐款、捐物用于防疫抗疫，主动参与所在社区的疫情防控执勤工作。有20多名社员通过各种渠道累计捐款30.82万元，捐赠口罩、防护服、医疗器械等物资折价204.76万元。拱墅九三社员共抗疫情的事迹被“杭+新闻”等媒体报道。其中社员邵建雄获评九三学社省委新冠肺炎疫情防控工作先进个人，社员夏艳军获评九三学社省委新冠肺炎疫情防控工作先进个人、杭州市抗击新冠肺炎疫情先进个人。社员、杭开企业管理集团有限公司董事长邵建雄带领企业为方舱医院、湖北省生态环境监测抗疫一线累计捐赠价值199万元设备物资。

【民主监督调研】2020年，九三学社拱墅基层委安排专业、工作对口的社员参与九三学社杭州市委生活垃圾分类、老旧小区改造、数字化治理等重点课题调研，组织社员参与区政协、区委统战部组织的各项民主监督活动，深入社区、城建单位一线调研。社员梅园撰写的《关于六大产业中心发展战略留白的建议》得到区委主要领导批示肯定。市、区“两会”期间，社内的人大代表、政协委员提交人大议案建议、政协提案13件，社员刘冬芬撰写的《借助大城北开发机遇，深入保护挖掘传播大运河历史文化》和胡文兰撰写的《关于强化公共卫生体系建设提升我市基层防疫能力的相关建议》2篇调研报告被选为市政协十一届四次全会大会发言和集体提案。

【参政议政】2020年新冠肺炎疫情发生后，九三学社拱墅基层委引导社员通过社情民意信息的形式，共撰写上报《建议将个体工商户疫情期间的个税优惠政策延长至年底》《关于在新冠疫情结束后对灾难中的死难者给予集体悼念并在武汉华南海鲜城原址建立纪念碑的建议》《关于规范疫情隔离人员信息公开的建议》等建言信息10余篇。3个在职支社共完成九三学社杭州市委招标课题立项3篇，其中社员夏燕军的课题《关于加强未来社区数字医疗的建议》被作为2020年区政协大会发言，并在《联谊报》刊登；社员罗伟的课题《疫情背景下生鲜电商与冷链物流发展的若干建议》被作为市政协集体提案。围绕疫情防控和经济社会发展两大热点，撰写相关社情民意信息建议40篇，其中《建议尽快出台专门政策应对当前疫情帮扶中小企业共渡难关》《关于完善债权人申请参与分配程序的建议》等12篇信息被社中央、社省委等上级部门录用采纳。

【九三科技讲堂】2020年，九三学社拱墅基层委各支社对接社区，根据各社区的实际需求，利用社市委九三科技讲堂和基层委社内名师资源，分别在湖墅街道双荡弄社区、半山街道夏意社区，为社区居民和孩子开展有关民法知识、传统文化和文学修养等方面的讲座，扩大社会服务受众面，受到社区居民、家长和小朋友欢迎，进一步打响九三科技讲堂品牌。

【“收官‘十三五’、看拱墅新变化”主题活动】2020年12月，九三学社拱墅基层委举办“收官‘十三五’、看拱墅新变化”主题活动，组织社员参观智慧网谷小镇客厅和亚运公园建设场馆等拱墅新地标，感受创业创新干事新氛围、新环境，观看运河沿岸名区建设新变化、新形象，共谋拱墅发展新蓝图。　（沈光明）

拱墅区工商业联合会（总商会）

【概况】2020年，拱墅区工商业联合会（总商会）有会员企业1404家（其中新发展100家）、基层商会11个、行业商会2个、新生代企业家联谊会1个。会员企业家中，担任拱墅区第五届政协委员31人，区第七届人大代表25人。当年，区工商联获浙江省工商联系统2020年民营企业调查点工作先进单位、抗击新冠肺炎疫情以来民营企业调查点工作先进单位、2019—2020年浙江省“五优”县级工商联、2020年度全省工商联系统专项工作先进单位、2020年全省工商联系统优秀调研成果类三等奖、杭州市工商联系统促进“两个健康”优秀单位、宣传工作优秀单位等荣誉。

【基层商会改革】2020年4月26日，杭州市拱墅区祥符街道商会成立大会暨第一次会员大会召开。28日，区委办、区府办联合印发《拱墅区基层商会改革实施方案（试行）》，进一步规范基层商会改革流程，明确相关任务及时间节点。至年底，辖区10个街道、1个园区全部完成改革任务。9月28日至10月11日，祥符街道商会组织“金秋造物·约惠祥符”金秋造物节活动，为商会企业和品牌引流，组织辖区内3000多家商家开展集市活动，集体为消费者送优惠、送福利，全面激活消费积极性，带动经济稳步增长。11月12日，以“走进城市大脑，感悟未来科技”为主题的米市巷商会首场研学活动在云栖小镇举行。与会人员参观云栖小镇和云栖小镇2050博悟馆。12月15日，区工商联与区投资促进局联合召开区工商联基层商会工作座谈会，增进商会间的了解，促进商会间的学习和交流，推动基层商会工作开展。27日，拱宸桥街道商会理事会会议召开。30日，康桥街道商会举行第一次会员见面会活动。

【非公有制经济人士思想教育引领】2020年新冠肺炎疫情防控期间，区工商联通过线上学习的方式，开展《中华人民共和国宪法》《中华人民共和国监察法》《浙江省民营企业发展促进条例》网络培训；疫情有效控制后，利用轮值主席会、“亲清直通车·政企恳谈会”等场合，重点就习近平考察浙江时重要讲话精神、全国两会精神、《关于加强新时代民营经济统战工作的意见》及有关支持民营企业发展政策等内容进行集中学习。4月18日，在新生代企业家联谊会中开展“分享战‘疫’经验·共话中国制度的优越性”活动，引导会员企业参与“清廉企业”建设，指导海外海集团有限公司、杭州米络星科技（集团）有限公司、圣都家居装饰有限公司3家企业完成“小微权力清单”编制工作。11月24日，在拱墅区清廉两新组织建设座谈会上，区工商联主席许荣根向全区民营企业发出《清廉民企倡议书》。

【非公有制企业创新做强】2020年1月，区工商联副主席、新生代企业家联谊会副会长、杭州中亚机械股份有限公司总经理史正，工商联会员企业鲜丰水果股份有限公司董事长韩树人入围“品质杭商20强”，工商联常委企业杭州米络星科技（集团）有限公司案例《KK直播：视频生活，美好连接》入围“杭商品牌案例20强”。1月6日，区工商联执委、新生代理事、杭州琼楼服饰有限公司总裁赵烈江获“2019年度新锐杭商”称号；浙江执御信息技术有限公司创始人李海燕获“2019年度风云杭商”称号。8月19日，区工商联主席企业浙江建华集团有限公司，副主席企业品融控股集团有限公司、圣奥集团有限公司、话机世界通信集团股份有限公司、杭州天和建设集团有限公司、利尔达科技集团股份有限公司、汉嘉设计集团股份有限公司，常委企业德信控股集团有限公司、会员企业圣都家居装饰有限公司获评“浙商银行·2020浙商全国500强”。9月3日，浙江建华集团有限公司、区工商联副主席企业海外海集团有限公司获评“2020浙江省民营企业100强”。10日，浙江建华集团有限公司、海外海集团有限公司蝉联“2020年中国民营企业500强”榜单，海外海集团蝉联“2020年中国民营企业服务业100强”。15日，区工商联副主席企业杭州中亚机械股份有限公司获评“2019年浙江省人民政府质量管理创新奖”。10月23日，区工商联副主席、圣奥集团有限公司董事长倪良正和工商联会员浙江泰普森（控股）集团创始人兼董事长杨宝庆获评“杰出杭商”，工商联副主席、杭州天和建设集团有限公司董事长陆关林和海外海集团有限公司执行总经理夏云龙获评“优秀杭商”称号。11月27日，杭州天和建设集团有限公司、圣奥集团有限公司、副会长企业浙江中天智汇安装工程有限公司获“杭州市‘战疫情 促发展 稳就业’履行社会责任优秀企业”称号。12月14日，全国工商联对区工商联副主席企

2020年11月12日，以“走进城市大脑，感悟未来科技”为主题的米市巷商会首场研学活动召开 （区工商联 供稿）

业圣奥集团有限公司、会员企业浙江盘石信息技术股份有限公司等1000家“抗击新冠肺炎疫情先进民营企业”给予表扬。

【区工商联界别组活动】2020年4月18—30日，区工商联、农林界别组联合区政协委员工委开展《小崔数说》委员学习沙龙活动，邀请区政协委员、全拓科技创始人兼董事长崔永庆以“数字经济时代下，如何玩转营销”为题为全区政协委员讲课。10月27日，组织界别组委员开展“我心中的一本好书”主题荐书分享活动，通过政协工商联、农林界别微信群平台，每位委员在线推荐一本心中好书，分享自己的推荐理由和读书心得，通过荐书分享活动拓展知识面，增强委员履职本领、提高议政建言质量。11月6日，开展《关于以未来社区为目标，完善我区老旧小区改造工作的建议》提案督办活动，提高界别组参政议政服务企业和有效监督的能力。全年组织界别组活动3次，撰写提案参与率100%，其中，区工商联以《加快我区深度融入长三角一体化发展》为题在政协会议上发言。

【非公有制经济服务精准度提升】2020年1月2日，区新生代企业家联谊会召开常务理事会议暨2019年度会员总结交流座谈会。2月6日和5月7日，区工商联通过调查问卷和政企恳谈会形式，分别向企业搜集在抗击疫情、推进复工复产等方面面临的突出困难、问题和建议，并向区委提交专题报告，反映民营企业的诉求和呼声，为区委、区政府提供决策参考。4月28日，区工商联召开“亲清直通车、政企面对面”活动暨2020年第一次轮值主席（会长）会议，围绕复工复产后企业如何化“危”为“机”，展开交流与探讨。5月20日，区工商联、区金融办联合主办“亲清直通车·政企恳谈会——走进金融办”活动。6月18日，区工商联、区住建局联合主办“亲清直通车·政企恳谈会——走进住建局”活动。7月25日，区新生代企业家联谊会召开常务理事（扩大）会议暨2020年半年度工作总结交流座谈会，开展“后疫情时代企业危机管控”和《中华人民共和国民法典》解读主题讲座。8月21日，区新生代企业家联谊会召开学习交流培训会，区税务局、区检察院分别在会上开展政策解读。27日，生态环境拱墅分局、区工商联联合开展以“践行‘两山’理念、助力绿色发展”为主题的“亲清直通车·政企恳谈会”活动。全年分别联合区金融办、区建设局、市生态环境局拱墅分局开展3次“亲清直通车·政企恳谈会”活动，邀请发改、税务、商务、科技等部门走进浙江建华集团、海外海集团等辖区重点企业，为企业解决实际困难和问题117个。9月26日，区新生代企业家联谊会开展“切磋球技强体魄，增加交流促合作”活动，近20名会员企业参与球技竞赛和考察交流活动。11月20日，区新生代企业家联谊会开展学习考察经验交流活动暨走进杭州海康威视数字技术股份有限公司、杭州天和高科技产业园有限公司等企业。

【公益慈善事业开展】2020年，区工商联会员企业累计向湖北省武汉市、安徽省宿州市泗县、河南省驻马店市平舆县，以及浙江省杭州市、宁波市、绍兴市、诸暨市、湖州市、衢州市等地捐款捐物价值6000余万元，为打赢疫情攻坚战贡献民企力量。10月18—21日，组织民营企业到湖北省恩施土家族苗族自治州来凤县、贵州省黔东南苗族侗族自治州黄平县两地开展帮扶工作，通过建立“村企结对”，设立“名誉村长”，发挥企业项目、资金优势，帮助贫困地域全方位脱贫。同年，在“拱墅区工商联”微信公众号上以“抗击疫情 拱墅民企在行动”“不忘初心 温暖拱商”为主题，对企业家参与抗疫、助力脱贫攻坚善举进行系列报道，通过树立典型，进一步提升企业家社会责任感。（洪　佳）

群众团体 12

拱墅区总工会

【概况】2020 年，拱墅区总工会有街道（园区）总工会 11 家，系统基联会和直属工会 10 家。新建基层工会 172 家，新发展工会会员 1.2 万人，全区实名制会员 17.7 万人。创建杭州市示范职工之家 1 家、杭州市先进职工之家 13 家、杭州市先进职工小家 2 家，5 名工会干部被评选为 2020 年度杭州市优秀工会工作者，1 名基层工会干部被评选为全国优秀工会工作者。全年举办培训 6 期，500 名工会干部参加培训轮训。成功推荐全国劳动模范 1 人、杭州市五一劳动奖章 7 人、杭州市五一劳动奖状 3 个、杭州工匠 2 人，评选拱墅区工会系统最美人物 60 人。拱墅区城管局职工徐俊昌被授予“全国劳动模范”称号。协同 22 个区直属单位，牵头推进新时代产业工人队伍建设改革工作。召开区政府与区总工会第十四次联席会议，发挥工会的桥梁纽带作用。

【“助企业、稳就业、促创业”专项服务】2020 年，区总工会组织百余家企业开展线上招聘活动，招聘对象包括管理人员和普通职工。包车组织外地工人返岗 286 人。落实企业拨缴上级工会经费缓减 20% 的政策，辖区 142 家小微企业工会经费全额返还，助力企业复工复产。

【“名区建设赛技能、匠心共筑中国梦”活动开展】2020 年，区总工会以“名区建设赛技能、匠心共筑中国梦”为题，开展竞赛活动。全年共投入资金 170 万元，完成技能竞赛 77 场，直接参与职工 4500 余人。评选区“技术能手”15 名、区“创新能手”23 名。奖励 300 名高技能人才 16.38 万元。成功推荐工人先锋号 4 个，职工高技能人才（劳模工匠）创新工作室 2 个。

【“三重一新”立功竞赛】2020 年，区总工会在重点工程、重点建设、重大投资、新经济业态的 6 个工程项目中同步开展多形式、多层次的立功竞赛。7 月，运河亚运公园场馆建设单位荣获全市亚运场馆建设立功竞赛二等奖。

【“9·26”工匠日活动】2020 年 9 月 23 日，区总工会在区党群服务中心开展工匠技艺交流展示服务活动，组织工匠开展中医推拿、剪纸理发、刺绣教学、瓷画展示等志愿服务。24 日，区总工会在区政府报告厅举行“弘扬墅工精神 展现头雁风采”第二届“拱墅工匠”发布会，表彰第二届“拱墅工匠”10 名。

【“墅工讲堂”开课】2020 年 7 月和 9 月，区总工会邀请吉正龙、杨芳、杨勤奋、方建国 4 名劳模工匠为职工进行线上授课，讲述“干一行、爱一行、精一行、成一行”事迹，以先进人物为风向标，搭建职工技能培训、风采展示新平台。全年共举办“墅工讲堂”2 期。

【“爱在重阳、情暖人心”劳模活动】2020 年 10 月，区总工会组织 10 名劳模夫妻开展“爱在重阳、情暖人心”劳模活动，游览西湖美景，见证爱情最美瞬间，进一步优化劳模服务，营造先进人物关爱氛围。

【杭州建设新变化参观活动】2020 年 11 月，区总工会组织 76 名劳模工匠游览湘湖、参观杭州工

2020 年 7 月 20 日，第一期"墅工讲堂"开课　　（区总工会 供稿）

运史资料陈列馆，共同感受杭州建设新变化和杭州工人运动发展历程。

【"克时艰、战疫情、促发展"主题活动】2020 年"五一"国际劳动节期间，区总工会举办健康达人赛，通过线上打卡拱墅新八景，线下乐游拱墅山水的方式，倡导职工健康生活理念，线上直接参与职工 600 余人；举办"咱们工人有力量"疫线身影纪实摄影比赛，票选"最感动瞬间"，共评选优秀作品 27 件；收集归档 530 名劳模历史资料，推出"美好时光"劳模印记展，通过对不同年代劳模的老照片、老物件展示，激发职工学习热情。

【"中国梦·劳动美——奋斗者的故事"征文大赛】2020 年 7—8 月，区总工会举办"中国梦·劳动美—奋斗者的故事"征文大赛，围绕战疫、助复工、助脱贫、奔小康等主线，全面展示全区干部职工在特殊年份的精神风貌和难忘故事，共评选优秀作品 20 件。

【智能跳绳挑战赛】2020 年 11 月，区总工会参与杭州市第九届职工运动会，在全区设立线上智能跳绳赛点 1335 个，8.9 万人次参与，获评全市"最佳赛区"和"优秀赛区组织奖"。

【矛调中心仲裁工会派出庭】2020 年 8 月，区总工会协同区人力社保局、区发改经信局、区工商联等单位，设立矛调中心仲裁工会派出庭。至年底，派出庭受理案件 133 件，当期结案 127 件，为劳动者挽回经济损失 229 万余元。

【和谐劳动关系构建】2020 年，区总工会新建"运河平安管家"示范点 13 家。全年培育工资集体协商提质增效试点单位 20 家。4 月起，开展安全隐患大排查、"安全隐患随手拍"等活动，4 名职工获 2019 年度排查安全隐患成效突出奖。8 月，组织 61 家企业参加市"战疫情 促发展 稳就业"履行社会责任优秀企业认定申报，浙江中天智汇安装工程有限公司、杭州天和建设集团有限公司、圣奥集团有限公司获"履行社会责任优秀企业"称号。10 月，为 108 人颁发劳动法律监督员证书。11 月起，开展农民工工资支付情况冬季专项监督行动，助力拱墅"无欠薪"行动。

【职工普法教育】2020 年，区总工会开展"遵法守法·携手筑梦"等法治宣讲 12 场，参与职工 2100 余人次。全区各级工会为 163 家企业提供法律咨询，开展法律服务 90 余次，4100 名职工受益。全年区总工会微信公众号发布普法案例 47 期。

【职工维权窗口工作】2020 年，区总工会职工维权窗口受理维权咨询 120 余例，办理法人资格证 262 件，审批职工医疗互助 8.1 万人次，设置工会法律服务一体机，便捷职工法律咨询，窗口人员获季度"服务之星"。

【"爱心驿家"建设】2020 年，区总工会新建"爱心驿家"8 家，创建浙江顺丰速运有限公司为全市首家快递小哥"爱心驿家"。8 月 20 日，"爱心驿家"亮点工作获市人大常委会副主任、市总工会主席郑荣胜批示肯定。9月，“爱心驿家”专报被“学习强国”全国平台择优录用。

【职工健康服务】2020年，区总工会新增5个企业职工心理健康驿站。全年开展心理健康培训10场；开展“健康中国——名师基层行”送健康活动4场，参与职工200余人次；为6.8万名职工办理医疗互助。

【困难帮扶及对口扶贫】2020年，区总工会春风助学援助9人，牵线杭州正和石油化工股份有限公司结对资助桐庐困难学子2名。全年慰问困难职工45人，帮扶资金5万元。捐赠对口帮扶地区资金40万元，动员组织500名一线职工到贵州省黄平县疗休养，发动基层工会购买两地农特优产品金额300万元。

【一线职工免费疗休养】2020年6月19日，区总工会与桐庐县总工会签订疗休养合作意向书。全年区总工会组织1731名一线职工到临安、桐庐等地疗休养，疗休养对象向防疫抗疫人员倾斜。

【一线职工免费健康体检】2020年6月，区总工会联合浙江新盛建设集团有限公司开展“健康拱墅，感恩有你”一线职工免费体检活动，分4个批次对运河亚运公园、运河新城安置房、邵逸夫医院大运河分院，以及良渚新城小洋坝农居点一、二期等项目的600余名一线职工进行免费健康体检。全年全区组织一线职工健康体检5000人。

【外来务工人员学历与能力双提升】2020年7—8月，区总工会开展农民工学历与能力双提升行动，96人受益，奖励金额4.8万元。全年区总工会资助外来务工人员上大专6人，报销9名在读大学生的学习费用，报销金额4.5万元。

【职工精神文化家园建设】2020年，区总工会推进百家书屋提升活动，投入资金66.5万元，新增职工文化活动点12家，提升85家，成功推荐“新杭州人文化家园”市级示范点1家，省、市级职工书屋2家、“职工智能健身俱乐部”1家。

【单身职工联谊活动】2020年11月，区总工会在杭州龙坞大茶园举办“品茗筑缘·‘墅’说你我”单身职工联谊活动，搭建职工交友平台，40余名单身职工参与。全年全区组织青年联谊活动15场，参与职工1000人。

【“墅工阳光志愿者”（服务队）】2020年，区总工会依托一支由300余人组成的“墅工阳光志愿者”服务队，进街道、进社区、进企业为职工提供法律维权、技艺展示、就业招聘、文明劝导等志愿服务，形成工会志愿服务新品牌。

【“当一周工人、体工会初心”活动】2020年8月，区总工会选派机关干部赴杭州正和石油化工股份有限公司、浙江顺丰速运有限公司开展“当一周工人、体工会初心”活动，为企业送政策、送法律、送保障、送服务，搭建“向基层学、向职工学、向实践学”的平台。

【“墅工之家”上线】2020年，区

2020年8月13日，区总工会党员干部到浙江顺丰速运有限公司开展“当一周工人、体工会初心”活动
（区总工会 供稿）

总工会微信公众号上线“墅工之家”，推出“积分商城”，开设“产改进行时”“小微全额返”等专栏，有效拓展工会服务职工的内容和渠道，努力实现“网上群团”“指尖工会”。（林 红）

共青团拱墅区委员会

【概况】2020年，团区委围绕高质量打造“重要窗口”拱墅样本目标要求，以“红色活力群团”为主线，组织开展“青年大学习”“青春助力抗疫复工”“青春社区助力小区微治理”“运河青春护航行动”等系列重点工作。中国（杭州）青年创新直播基地挂牌智慧网谷小镇，拱墅区被团省委确定为中长期青年发展规划省级试点培育城区。开展各级“五四红旗团委（团支部）”、青年文明号、青工技能比武等争先创优活动，3家单位获评市级“五四红旗团委（团支部）”，5家单位成功争创市级青年安全示范岗，新命名省市区级青年文明号28家。拱墅区优秀共青团员石丹获第二十四届“中国青年五四奖章”，《新时期青年价值观综合调研——以杭州市拱墅区为例》调研报告在《中国共青团》刊发，服务援鄂医务人员的“暖心十条”工作得到区委领导批示肯定。

【青年大学习活动】2020年，团区委组织全区各级团组织开展主题教育实践活动30余场，每周开展“青年大学习活动”，参加学习团员超过10万人次。学习习近平总书记对少年儿童和少先队工作的重要论述，开设红领巾学院思政微队课，开展“真善美”大学习、大寻访、大实践、大传播，参与全国、省、市少先队工作调研10余次。5月，全区各级团组织以“激扬青春力量，聚力拱墅发展”为主题，深入学习习近平总书记五四寄语，创新形式开展“一把手与青年面对面”、青春圆桌会、青春故事直播分享、网络团课、朗诵演讲比赛等各类主题活动190余场次，拍摄主题短视频25个，展现拱墅青年风采。五四青年节期间，面向全区选树一批“最美90后”，宣讲青春事迹。拱墅区美团外卖小哥张宏达获评市级“最美90后”称号并在全市青年座谈会上做经验介绍，其优秀事迹在浙江卫视、《杭州日报》等省、市主流媒体报道。通过《今日拱墅》专版、“墅说青春”订阅号等平台持续推送“战疫”宣传文章40余篇。学雷锋志愿服务月期间，借助绿地广场等户外大屏，以主题灯光秀的形式致敬逆行者、志愿者。

【“青春社区”助力“小区微治理”】2020年，团区委根据区委党组织领导下三方协同小区微治理工作部署，结合团市委“青春社区”相关要求，制定“青春社区”助力“小区微治理”工作方案，探索党组织引领下青年深度参与社会治理的拱墅模式。8月，推荐12名青年加入杭州市青年业委会委员联谊会，其中3名分别担任市联谊会副会长和常务理事。9月，组建拱墅区青年业委会委员联谊会、青年小区专员和物业青年3支骨干队伍，根据拱墅区“三方协同”工作特点导入青年力量。10—12月，实施“建功学院”重点项目领办，组织75名青年干部立项攻坚，助力10个街道小区微治理工作。

【“运河青春护航行动”】2020年7月，团区委联合区教育局确定10所中小学为拱墅区首批青少年平安示范点，打造示范阵地。9月，联合浙江理工大学心理学团队开展“心理学视角下的校园安全调研”主题调研，专题调研拱墅区内中小学生心理问题。9—12月，联合区教育局、区委政法委举办“我与小河马一起成长的日子”主题系列活动，开展“小河马在你身边”打卡秀、“画里有话，爱在画里”绘画大赛、“小河马伴我成长”征文大赛、“小河马守护行动”青春宣讲行等一系列活动。

【青年志愿服务创新】2020年，团区委完成积分落户中志愿服务的审批，106名志愿者享受公共政策加分福利。祥符街道团工委、拱宸桥街道团工委等上线“蓝聚汇”“爱心义仓”等志愿服务小程序。7—8月，依托社区青少年俱乐部，开展夏令营和青少年课程440余次，服务5700余人次。全年依托大运河志愿者培训学院开展各类培训20余场次。

【青年工作联席会议制度实行】2020

年7月，团区委根据国家、省市青年发展规划要求，出台《拱墅区青年工作联席会议制度》，确定24家成员单位和工作职责，区委副书记牵头召开青年工作联席会议第一次全体会议，推进杭州市中长期青年发展规划落地拱墅，构建全区青年工作新格局。拱墅区被团省委确定为省级中长期青年发展规划试点培育城区。

【青年选优培育】2020年6月，团区委推动中国（杭州）青年创新直播基地在智慧网谷小镇落地，挖掘、培养一批优秀青年网红主播。推荐1名优秀青年企业家加入杭州市在杭港澳青年联谊会，8名优秀文艺青年加入杭州市青年文联，1名青年成为第六批杭州市青年人才大使，1名青年获评青年浙商领军人物。深入运行“建功学院”，开设“一把手面对面”课程，邀请区纪委、区“三方办”等单位的领导授课，80余名青年干部参加。联合浙江青年创业学院开展直播带货、新零售网络直播课程等8次，观看学习人数超500人次。

【青少年关心关爱工作】2020年，团区委依托“专业社会组织＋团干部”的工作模式，完成三轮重点青少年群体走访慰问。依托团省委4个“亲青”平台，服务青年婚恋交友、创业就业等多元需求。全年新建悦读益站55家，开展读书、捐书活动40余次。全区15个“青年之家”开展理论宣讲、志愿服务、青年交友等活动30余场次，覆盖600余人次。

2020年6月12日，中国（杭州）青年创新直播基地在智慧网谷小镇揭牌成立 （团区委 供稿）

【组织建设强化】2020年，团区委依托智慧团建系统，重点做好全区团员组织关系转接和规范化团建工作，完成全年692名团员发展。实施非公企业团建“百日攻坚”行动，全年完成40家非公企业团建工作。

【党团队一体化建设】2020年6月，团区委召开中学共青团改革推进会，制定并实施《拱墅区中学团校建设改革试点实施方案》。实施第二期教育系统青年学院工程，遴选40名优秀90后教师作为中坚力量。全区17个中学均成立中学团校。推进少先队改革工作，基础设施、理论研究、队伍建设三维推动全区少先队工作，举办辅导员政治素质提升班，开展课题论文评比、年度考核等工作。全区50%的学校成立校级运河红领巾学院。 （沈一鸣）

拱墅区妇女联合会

【概况】2020年，区妇联成立“运河女儿团·我们帮”志愿服务队，发动社会组织、爱心企业为辖区50位“最美逆行者”家庭提供家政服务、免费教育培训、心理危机干预咨询服务、上门理发等服务项目，发动巾帼志愿者、妇女干部，参与企业复工复产服务2918人次，为疫情防控和经济社会发展“两战全胜”的目标做出贡献。“三八”国际妇女节期间，表彰2018—2019年度拱墅区三八红旗手和拱墅区三八红旗集体，2019年度最美家庭、平安家庭、小爱家庭。创设“三九爱家日”，推出“分享·家”系列主题活动，开展“好家风故事汇”、巾帼抗疫她故事、抗疫我先行“伊朗通”、清廉好家风漫画宣传等线上活动，在线推出“在疫情期间的家庭关系处理”“如何智慧处理婚姻危机”“家庭沟通智慧，从这些技巧开始”等家庭关爱系列公益讲座和瑜伽、手工制作等课程，通过在线互动活动，疏导情绪促进社会和谐稳定。与区纪委区监委联合制作《倡廉洁好家风 树社会新风尚》廉政创意沙画视频，在大悦城、D32、运河上街等各大商场、区政府大楼、各党建服务中心等单位的电子屏幕进行展播。推进区域化妇联组织建设，将组织覆盖拓展到区域内行政事业单位、国有企业、非公经济和社会组织等领域，成立全市首个“运河物业女管家”联盟，在10个街道党群服务中心成立“妇女之家”，并在区党群服务中心成立拱墅区首个妇联移动执委工作室。建立妇联执委工作室5个，三八红旗手（集体）工作室5个；依托“有情天”社会组织，开展心理健康服务进社区、进企业活动，提供心理健康专题讲座与咨询服务20余场、服务人群2000余人次。举办拱墅区妇联系统的家事调解员培训班，打造“运河物业女管家联盟亲情维权工作室”，做好信访接待，区妇联本级接待来信来电来访80余起，结案率98%。至年底，全区10个街道、11个部门和735个新经济新社会组织建立妇联组织，实现妇女组织全覆盖。

启动《拱墅区妇女发展“十三五”规划》《拱墅区儿童发展“十三五”规划》终期评估和《拱墅区妇女发展“十四五”规划》《拱墅区儿童发展“十四五”规划》编制工作，召开区妇女、儿童发展调研督查座谈会，探讨女性健康、就业就学、参政议政、福利保障等重点工作以及“儿童健康、教育、权益保护”等民生实事，开展妇女儿童发展状况问卷调查。区妇联机关党支部被区委评定为“过硬党支部”。

【“女人家圆桌会”直播】2020年1月4日，由区妇联举办的首期“女人家圆桌会”，就《浙江省家庭教育促进条例》进行访谈，并现场直播。至年底，区妇联联合区社科联、区科协，直面女性实际需求，聚焦家庭育儿、心理健康、女性创业等热点话题，邀请专家进行6场专题直播。开通网上建议直通车收集民情，助力关爱女性健康、关注女性成长、关心女性家庭生活。6场直播活动在腾讯、网易等5个平台总观看量达8.73万人次，其中在线互动2399人次，腾讯回看2.51万人次，被《杭州日报》等媒体报道。

【“拱墅丽人”微信公众号改版】2020年1月29日，由区妇联主办的“拱墅丽人”微信公众号改版，增设“战疫·心灵加油站”“战疫·致敬英雄”“小区抗疫二三事”“战疫·家庭抗疫篇”“分享·家”“巾帼抗疫她故事”“健康云讲堂”等栏目。全年“拱墅丽人”微信公众号平台发布信息636条，被“学习强国”杭州学习平台录取1篇，被《中国妇女报》录用1篇，被省市区媒体录用40余篇，登上“拱墅发布”的“抗疫先锋”红榜9次。

【巾帼志愿宣讲队组建】2020年4月22日，区妇联在全区范围内通过演讲选聘8名优秀女性作为宣讲员，并以此以主，组建巾帼志愿宣讲队。宣讲拱墅优秀女性和好家风传承故事，并从中择优推选2名优秀的宣讲员，成为杭州市千鹤宣讲团成员。在线上开展以“弘扬千鹤妇女精神，争当运河巾帼铁军”为主题，以“她宣讲·千鹤巾帼宣讲团”“千鹤宣讲—做这样的人”为栏目的宣讲，通过QQ群、微信群、钉钉群，组织发动在线宣讲学习，将宣讲活动全方位、多角度辐射到全区各级妇联。

【社区示范儿童之家建设】2020年，拱墅区妇女儿童工作委员会办公室按照《浙江省儿童之家建设三年计划（2020—2021年）》要求，以“五有”（有活动场地、有设施设备、有工作队伍、有基础服务、有常态管理）建设标准，结合拱墅实际，稳步推进拱墅区示范儿童之家建设，构建“政府主导、部门联动、学校教导、家庭监护、社会参与”的关爱服务体系，打造拱墅区自己的特色品牌。半山街道金星社区儿童之家被命名为浙江省示范儿童之家、杭州市示范儿童之家，祥符街道蓝孔雀社区等4家社区儿童之家被命名为杭州市示范儿童之家。拱墅区“阳光小伢儿”婴幼儿照护服务品牌项目被确定为浙江省妇女儿童发展规划示范项目。

【运河物业女管家联盟成立】2020年5月28日，拱墅区物业管理协会第一届理事会第二次会议暨“运河物业女管家”联盟成立大会召开，并选举产生联盟第一届执委会。“运河物业女管家”联盟的职责是以“运河平安管家，一直幸福大家”为目标，开展运河巾帼大爱行动。

【全国首个女性社群妇联成立】2020年8月8日，区妇联在上塘街道锦鲤中心马路边边胜利河店召开“她时代”社群第一次妇女代表大会。大会选举产生“她时代”社群妇女联合会第一届执行委员会。市、区妇联领导为“她时代”社群妇联授牌。“她时代”社群妇联第一届执委班子成员平均年龄34岁，全部拥有本科以上学历，党员占80%，企业主占90%。

【第二届“智慧家长”选树活动】2020年9月15—30日，区妇联组织开展拱墅区第二届“智慧家长”选树活动，树立一批优秀的家庭教育典型。经过综合评选，有104位家长获评。在11月15日举办的智慧家长会上，智慧家长代表与现场的200多位家长分享家庭教育故事，交流家庭教育理念。

【交友嘉年华开幕】2020年9月20日，由杭州市妇女联合会主办，杭州市妇女活动中心、拱墅区妇女联合会承办的“全程邂逅季，

2020年8月8日，“她时代”社群第一次妇女代表大会召开。全国首个女性社群妇联成立（区妇联 供稿）

浪漫运河情”交友嘉年华第一弹在运河广场开幕。杭州市妇联、杭州市妇女活动中心的领导和拱墅区委、区妇联、拱宸桥街道的领导，以及《都市快报》编委，杭州君煜文化传媒有限公司、浙江爱与被爱品牌管理有限公司等单位负责人，在现场共同按下交友嘉年华启动按钮。来自IT互联网、医疗、教育、金融、文化传媒等企事业单位的400余名单身男女集聚现场寻找“缘分”。

【家庭教育指导员培训】2020年10月16日，区妇联组织举办以“托举梦想，相伴童行”为主题的拱墅区家庭教育指导员培训班，来自全区各中小学、幼儿园的家庭教育骨干指导教师，部分社区家长学校负责人共100人参加。培训班邀请浙江晒福社会工作服务研究院院长、杭州师范大学继续学院特聘教授沈宣元，国务院儿童工作国家智库专家、全国及省家庭教育讲师团专家来祥康，中国家庭教育学会儿童早期家庭教育专委会副理事长兼秘书长、浙江省家庭教育学会常务理事沈明革3位专家现场授课。

【区首个女残疾人妇女联合会成立】2020年10月22日，拱墅区首个女残疾人妇女联合会——“拱墅区残联牵手爱心妇女联合会”第一次妇女代表大会在区残联文体活动中心召开，50名残疾人妇女代表参加会议。会议选举产生牵手爱心妇联第一届执委会。区妇联、区残联领导向牵手爱心妇女联合会授牌，区女企业家协会与牵手爱心妇联签署共建协议。

【智慧家长大讲堂开讲】2020年，由区妇联、区学生成长支持中心主办的“拱墅区智慧家长大讲堂”开讲。10月25日，第11期“大讲堂”由杭州卖鱼桥小学承办，“作业帮”家庭教育中心协办，

在杭州卖鱼桥小学文汇校区举行。此次“大讲堂”邀请北京师范大学心理学部教授主讲，主题为《如何促进亲子沟通和亲子关系》，拱墅区300多名学生家长参加。11月15日，第12期“大讲堂”在杭州市文晖实验学校报告厅举行，邀请家庭教育专家做题为《亲子关系源于生活细节》演讲。近400名拱墅区学生家长参与。

【家事调解员培训班开班】2020年10月28—29日，区妇联组织举办全区妇联系统家事调解员培训班。培训班邀请杭州市婚姻家事调解员讲师团的成员和杭州市婚姻家庭纠纷人民调解委员会的委员，分别从婚姻家庭、夫妻人身关系、夫妻财产关系、父母子女关系4个板块进行解读。授课老师重点讲解“家庭暴力应对”“夫妻共同财产划分”和“继承法范围”等内容，让学员掌握《中华人民共和国民法典》颁布的意义和对日常生活的指导作用，提高妇女维权干部、婚姻家事调解员、志愿者的法律素养和专业技能，打造一支专业化、规范化、体系化、现代化的婚姻家事调解员队伍，提升婚姻家事调解员的业务素质，助推市域社会治理现代化。市、区两级妇联执委，各街道妇联主席，区委直属机关妇工委主任，系统妇委会主任（主席）及家事调解员代表100人参加。

【“运合妈妈团”成立】2020年12月23日，区妇联与区检察院共同打造的“拱小爱·运合妈妈工作室”在拱墅区检察院未成年人检察工作区挂牌。区委政法委、区公安分局、区法院、区司法局、区卫健局等部门及律师、卫健志愿者代表出席揭牌仪式，共建未成年人司法保护社会支持体系。区检察院、区妇联联合出台《关于建立共同推动未成年人权益保护工作合作机制的意见》。该意见要求充分发挥检察机关和妇联组织的职能优势，建立侵害未成年人案件的强制报告制度，加强拱墅区未成年人权益保护工作，推动未成年人司法保护社会支持体系的构建完善。（夏雪红）

拱墅区科学技术协会

【概况】2020年，拱墅区科学技术协会（简称区科协）以“强三性、去四化”（增强政治性、先进性、群众性，克服机关化、行政化、贵族化、娱乐化倾向）为改革目标，以红色群团建设为主线，立足四项服务职能，聚焦“战疫情促发展”大局，为高质量打造“重要窗口”的拱墅样本提供支撑。拱墅区作为全国科普示范区单位，拥有基层科协11家、企业科协11家、区级协会6家，科普教育基地17家（其中市级及以上基地6家）。建有市级及以上院士工作站11家，其中3家保留建站合作，8家采取项目合作形式；专家工作站1家。

【科协组织体系建设】2020年，区科协深入贯彻落实区委《关于深化科协系统改革的实施方案》，吸纳学校校长、医院院长、企业董事长（总经理）“三长”进入科协组织。1月，召开区科协第五次代表大会，完成换届工作，选出新一届科协委员35名、常委21名，其中来自基层一线代表占77.4%，本科以上学历占88.6%。区科协加强自身建设，年中召开主席会议、常委会，建立健全科协工作规则，出台相关制度3项，在科协委员中设立专门工作组4个。指导和推动试点街道进行基层科协换届，至年底，湖墅街道科协完成换届。

【科技创新助力工程建设】2020年，区科协深化创新驱动助力工程，促成市计算机学会与北部软件园、市仪表仪器学会与浙江托普仪器有限公司对接合作。新冠肺炎疫情防控期间，拱墅区科技企业杭州数尔安防科技股份有限公司等企业生产的红外线测温仪、口腔抗菌喷剂、抗菌液等产品被广泛运用于机场、宾馆、学校等地。实施高端智力集聚工程，建立浙大城市学院、浙江大学工程师学院、浙江树人大学等名校联系制度，深入开展“战疫情、促发展，千名专家进千企”活动，组织浙大城市学院信息与电气工程学院专家走进科技企业进行交流指导，助力企业创新发展，实现双方互助共赢。

【院士专家工作站建设】2020年，区科协创建院士专家工作站，支持企业与院士合作开展项目研发、技术攻关、人才培育。11月，辖区内浙江省肿瘤医院（浙江省癌症中心）院士工作站、中国科学院计算技术研究所数学经济产业研究院2家院士工作站通过认定。组织开展“院士企业行”活动，邀请范维登、孙九林、郑裕国等院士到企业，以技术专题讲座、技术研讨会等形式，为企业创新发展提供科学建议、解决技术难题。至年底，全区有院士、专家工作站12家。签约合作院士11名、团队人才200余名，开展合作项目38项。

【基层科普服务能力提升】2020年，拱墅区“科普中国”信息化建设加快推进，推动街道、社区以科普E站、手机App等多种形式落地“科普中国”。至年底，全区建有科普E站15处，科普中国信息员注册数6100余人。年初，区科协围绕“运河健康科普行动”，做好市“公民科学素质大赛”活动，并获市级优秀组织单位称号。3月起，开展社区科普服务、专家名师大讲堂进社区服务活动，通过公益巡讲的形式走进社区、学校，举办公益讲座161场。5月，联合区委政法委等单位举办“平安运河、心中无邪”杭州市青少年反邪教绘画大赛；结合新冠肺炎疫情防控和复工复产形势下的需求，联合区妇联、区社科联以为全区科技工作者提供“云”服务为抓手，开展每周1期、为期1个月的线上访谈活动，其中“科技她力量”“我们的餐桌有学问”为主题的2场“女性圆桌派”线上活动，参与观看1.2万余人次。9月，联系社区、科普重点单位开展“初心久久关爱九九老人庆重阳”“金融科普知识益民”“软陶知识科普”等科普周系列活动。

【科普重点项目征集】2020年，拱墅区科普重点项目支持力度不断加大，向全区有关机关单位、街道、学（协）会等征集2批重点科普活动项目，全年收到科普重点活动4大类40余个项目，经过实地考察、综合评审等流程，拨付补助项目资金39.35万元，以项目资助形式促进《全民科学素质纲要》实施。（朱亮银）

拱墅区归国华侨联合会

【概况】2020年，拱墅区有基层侨联组织77个，其中街道侨联10个、社区侨联65个、园区侨联1个和楼宇侨联1个。

【基层侨联规范化建设】2020年，半山街道侨务工作以“凝聚侨心促和谐，发挥侨力助发展”为宗旨，创新“三四五”侨务工作模式，推进“三化”（组织规范化、工作网络化、阵地品牌化）目标建设，完善“四大工作机制”（工作联席机制、走访服务机制、协商议事机制、干部兼职挂职机制），抓好“五项侨务工程”（侨网建设工程、侨商回归工程、爱侨暖心工程、侨宣文化工程、队伍建设工程），夯实基层侨联基础。在疫情防控常态化背景下，祥符街道根据服务人群的地域性特点，依托数字化“云”平台，在阮家桥、申悦2个社区试点建立网上侨联阵地，以强化信息服务和互动服务为重点，“线上＋线下”双管齐下，实现侨联智能化、便捷化和高效化，推进为侨服务工作现代化。（陈　琦）

【区留联会绿地分会成立】2020年9月1日，拱墅区留学人员和家属联谊会绿地分会成立大会在绿地中央广场湖墅楼宇红盟站举行。此为拱墅区首个留联会分会。区委统战部副部长、区侨联主席，湖墅街道有关领导出席会议。会议听取区留联会绿地分会筹备组筹建报告，审议并通过区留联会绿地分会规章制度，选举产生留联会绿地分会第一届领导班子。

【区科技工业园区首家企业侨联组织成立】2020年10月16日，区科技工业园区首家企业侨联组织——杭开投资（控股集团）有限公司归国华侨联合会成立。区委统战部副部长、区侨联主席，区侨联副主席，园区统战有关领导出席。会议选举产生杭开集团第一届侨联委员会，杭开集团总裁当选第一届侨联主席，委员13名，其中研究生9人，博士3人。区委统战部领导为杭开集团公司授牌。

【米市巷街道首支“侨·聚”志愿者服务队成立】2020年6月23日，米市巷街道“侨·聚”志愿者服务队成立仪式在聚侨堂一楼室外小广场举行。区侨联领导向志愿者服务队授旗。该队为米市巷街道第一支为侨服务志愿者队伍，队员平均年龄55岁，以各社区侨界人士骨干为主,涵盖归侨侨眷、归国留学人员、港澳同胞、在杭州创业的年轻台湾大学生等。

（徐　丹）

【第四次归侨侨眷代表大会召开】2020年7月28日，拱墅区第四次归侨侨眷代表大会召开。杭州市政协副主席、市侨联主席，区四套班子领导出席开幕式。拱墅区归侨侨眷代表，相关部门、各街道分管领导及嘉宾150余人参加会议。会议听取三届侨联题为《凝心聚力谋发展 同心协力谱新篇 为高质量打造“重要窗口”的拱墅样本展现侨界新作为》工作报告，审议并通过《杭州市拱墅区第四次归侨侨眷代表大会选举办法》,选举产生第四届侨联主席。

（陈　琦）

【拱墅首个海归驿家成立】2020年11月18日，小河街道侨联海归驿家挂牌成立，此为拱墅区首家海外留学归国人员联络工作站点。区委统战部副部长、区侨联主席，小河街道相关领导为海归驿家揭牌。海归驿家通过开展多种活动，为归国留学人员及其家属提供具有针对性、实效性的服务，成为海归人才学习交流、联络联谊、创新发展、创业合作的场所。

【杭州汽车互联网小镇归国华侨联合会成立】2020年11月26日，拱墅区成立杭州汽车互联网小镇归国华侨联合会，并在海外海杭州汽车城召开杭州汽车互联网小镇第一次归侨侨眷代表大会。会议讨论通过《杭州汽车互联网小镇侨联工作细则》《杭州汽车互联网小镇归侨侨眷代表大会选举办法》，选举产生第一届会长。区委统战部副部长、区侨联主席为杭州汽车互联网小镇归国华侨联合会授牌。

【区留联会白马分会成立】2020年12月9日，拱墅区留学人员和家属联谊会白马分会成立大会在米市巷街道白马公寓举行。区委统战部副部长、区侨联主席出席，区侨联、米市巷街道、区留联会领导参加会议。会议审议并通过《区留联会白马分会工作细则》《区留联会白马分会选举办法》，选举产生区留联会白马分会会长。白马分会有会员10人，主要为欧美澳日等国家和地区的留学归国人员。（徐　丹）

拱墅区文学艺术界联合会

【概况】2020年，拱墅区文学艺术界联合会（简称区文联）团结和引领广大文艺工作者，在文艺品牌活动、抗击疫情、组织建设、文化惠民等方面取得一定成效。全年策划承办“最美的你”主题摄影展览、“丰收吟2020多民族诗歌朗诵”活动。在抗疫情、促发展的特殊时期，发动全区文艺界人士共创作各类文学作品近120件、摄影作品300余幅、视频20余条，传递抗击疫情正能量。加强组织建设，年内，拱墅区摄影家协会和拱墅区舞蹈家协会成立。

【系列文化活动】2020年，区文联联系文艺界人士，开展各类暖人心、聚民心的文化活动。2月，与区住建局联合启动全区老旧小区改造“留存城市记忆、记录环境变迁”主题摄影。7月，与区文化馆联合举办云端摄影展，展现拱墅建设新成就。10月，举办摄影讲座进社区、进校园活动，到上塘、米市巷、大关等街道举行摄影公益讲座，举办4场手机摄影专题公益讲座，并与浙大城市学院联合举行摄影进校园系列活动。9月21日，举行“大运河‘丰收吟’多民族诗歌朗诵会”，全市30多位在杭州少数民族同胞相聚在运河畔的杭州畲族馆，歌唱民族团结之歌。

【拱墅区摄影家协会成立】2020年1月3日,拱墅区摄影家协会成立。市文联、区委、区政协和市摄影家协会的领导出席成立大会。会议选举产生拱墅区摄影家协会第一届理事会。

【拱墅区舞蹈家协会成立】2020年10月16日，拱墅区舞蹈家协会成立。市文联、拱墅区委、市舞协的领导出席成立大会。会议选举产生拱墅区舞蹈家协会第一届理事会。（王晓晨）

拱墅区残疾人联合会

【概况】至2020年年底，拱墅区有持证残疾人9913人，比上年增长5.1%，其中视力残疾1084人、听力残疾1917人、言语残疾102人、肢体残疾3921人、智力残疾1234人、精神残疾1340人、多重残疾315人。全年发放各类津（补）贴2503万元。全面完成残疾人第三代证换发工作。2020年，区残联下属的残疾人专门协会均与律师事务所签订合作协议，为及时回应残疾人法律需求、普及法律知识提供平台，增加残疾人与社会互动的渠道。

8月18日，区残联搬迁至余杭塘路1号市肢残人综合服务中心；10月22日，区残联与区妇联联合成立“区残联牵手爱心妇联”。

【残疾人康复工作】2020年，区残联以残疾人之家、心理科技馆和精神残疾人家庭为主要载体，以市精卫办具体项目团队、街道心理社工团队、购买第三方服务为专业力量，对试点单位小河街道的精神残疾人、家属、社工等开展心理健康知识科普和学习。以区党群服务中心心理社工培训和市精卫办专业医师团队的心理服务团队培养为主，培养心理社工15名。至年底，微信公众号推送心理健康宣教文章30余篇；印制心理健康折页500份；现场危机干预102人次；有30余名精神残疾人在家属的帮助下，情绪波动得到有效缓解；10名精神残疾人在专业医师的健康自我管理项目中，提升自我健康管理能力。全年组织残疾人工作者业务培训110人次，组织盲人定向行走训练10人次，结合“全国爱耳日”“全国爱眼日”“国际助残日”等残疾人节日进行线上和线下多种方式康复知识宣传，指导残疾儿童康复机构在新冠肺炎疫情防控期间开展线上康复教育，线上和线下累计服务20次。

【拱墅区残疾人辅助器具展示中心建设启动】2020年8月8日，位于拱墅健康大厦一楼的拱墅区残疾人辅助器具展示中心建设启动。根据规划，展示中心设置高科技康复辅助用品展示区、常用辅助用品展示区、无障碍居家场景展示区和康复辅具数字化展示区。该中心是展现辅助器具发展趋势，提高人们对残疾人辅助器具的认识，为残疾人提供知识宣传、信息咨询、辅助器具展示、评估适配等全方位服务的场所。

【残疾人生活保障】2020年元旦、春节，区残联走访慰问残疾人家庭500户，发放慰问金30万元；高温走访慰问500户，发放慰问金30万元；中秋节走访慰问80户，发放慰问金4.8万元。为持证残疾人发放每人每月生活津贴50元，共581.51万元；为5842人次符合条件的残疾人发放两项补贴计1912.65万元，目标人群覆盖率100%；对全区生活不能自理且常年卧床不起的82名困难残疾人，发放生活护理费补助19.6万元；为1093名残疾人发放医疗保险补助98.44万元；为600名残疾人及残疾人子女发放入学补助123.67万元；为1546名残

2020年10月22日，区残联牵手爱心妇联第一次妇女代表大会在区残疾人文体活动中心召开
（区残联 供稿）

疾人发放养老保险补助 335.04 万元，办结残疾人三代智能证 1356 本，其中社区代办 1302 本，代办率 96%。

【残疾人就业】2020 年，区残联深入开展残疾大学生就业百分百工程，为 1 名应届残疾大学生解决就业问题，帮助 1 名往届残疾大学生实现再就业。开办各种技能培训班，为残障者提供个性化的灵活就业方式。引进网络直播带货新模式，打开融入社会新窗口。通过直播技能培训、直播现场实训的模式将有意愿参与直播的家居人员培育成“残疾人网红”人员，在网络视听领域打开特殊的展示窗口。加强基层工作人员业务培训，组织辖区各社区残协主席、专职委员共 106 名参加就业培训，及时了解就业政策，增长就业知识。10 月 14 日，举办紫砂壶培训班，邀请非遗传承人高德芝授课，为残疾人拓宽就业之路。全年拱墅区就业年龄段残疾人 2508 人。其中，病退、特种行业提前退休的 50 人；无劳动能力及长期住院 108 人；明确表示无就业意愿的 40 人；灵活就业 26 人；创办企业的 1 人。全年新增残疾人就业 67 人，完成率 103%，其中电商创业就业 20 人，完成率 133%。职业能力测评人数 10 人，完成率 166%。城乡新增培训 100 人，完成率 105%。为 512 家企业进行用人单位申报审核，其中 235 家超比例安置残疾人就业。

【残疾人志愿服务】2020 年，区残联结合残联工作及残疾人的特点，开展残疾人志愿者回馈社会活动，强化对残疾人的价值认可，引领鼓励残疾人自尊、自强、自立，成立以残疾人志愿者为主体的“活力绿”志愿服务队，依托 10 个街道助残志愿服务站，在辖区开展志愿服务，形成区残联、街道残联及社区残协三级联动。全年“活力绿”志愿服务队承担各类专项活动的志愿者服务工作，定期到社区等场所，为群众提供磨刀剪、理发、修伞等回馈社会公益爱心服务，累计开展志愿服务 10 场，服务群众 2000 余人次。

【“残疾人之家”星级提升】2020 年，“残疾人之家”改造工作被纳入省、市政府民生实事。区残联按照市残联“2020 年各区至少有 1 家规范化‘残疾人之家’，三星级及以上达 100%”的要求，对拱墅区 6 家三星级及以下“残疾人之家”进行调研督查，列出改造提升目录清单 258 项，制定“一街道一方案”，各街道“残疾人之家”对照提升目录清单进行改造提升。改造后申报的“残疾人之家”全部通过验收，超前完成全年考核任务。至年底，拱墅区有四星级、三星级“残疾人之家”各 5 家。

【残疾人家庭无障碍改造】2020 年 1 月 10 日，区残联结合老旧小区提升改造工程，与区住建局共同制定并出台《拱墅区老旧小区无障碍改造实施标准》，促进老旧小区改造过程中无障碍环境水平提升。4 月，完成全区无障碍环境摸底调查，并配合区人大、区政府做好无障碍环境督查、改造工作。在无障碍环境调查基础上，与区人大、区政府确定重点改造部位，多次实地勘察督导，推进无障碍环境提升。8 月底，完成残疾人家庭无障碍改造 81 户，做到一户一策，残疾人家庭环境得到切实改善。

【残疾人信访工作】2020 年，区残联接待处理残疾人来信、来访和“12345”市长公开电话及市残联维权部等转办件、网上交办件 71 件次，接待残疾人有关困难求助、政策咨询服务等来电 163 人次。对残疾人所反映的问题、咨询的事由都给予详细、及时的回复。信访的回告率、办结率均为 100%。

【残疾人机动轮椅车驾驶培训和考核】2020 年 3 月起，区残联开展残疾人机动轮椅车驾驶培训和考核工作。在前期残疾人机动车需求调查的基础上，组织 29 名残疾人进行机动车驾驶培训和考核，并在合格后完成后续的选车、上牌工作。全年开展机动车驾驶安全教育培训 2 次。

【残疾人文体活动】2020 年 1 月 4 日，区残联协办的“音乐开启光明世界 2020 年公益音乐会”在浙江音乐厅上演。全场 10 个节目中，拱墅区支点合唱团携 6 个节目演出。“杭州市残疾人联合会”订阅号、“拱墅发布”新浪微博、拱墅门户网站等各类媒体平台相继报道。5月“全国助残日”期间，区残联开展各类扶残助残活动，举办以抗疫为主题的集邮书画作品暨优秀事迹展，通过以艺术创作方式讴歌抗疫英模并抒发爱国情怀，展现和发掘残疾人的才智，使他们尽快走出疫情阴影，以积极心态拥抱崭新生活。区盲人协会盲人推拿师到杭州启明星儿童康复中心，为康复中心的师生以及学生家长提供推拿按摩服务。区残联组织开展无障碍观影等助残惠残活动。“全国助残日”期间系列活动获得《杭州日报》、“杭州市残疾人联合会”订阅号等媒体的关注和报道。（崔　妍）

拱墅区红十字会

【概况】2020年，拱墅区红十字会在全区培训持证救护员1917人，普及培训19155人。造血干细胞登记入库84人，捐献2人，完成器官捐献6例，遗体（角膜）捐献5例，登记17例，落实帮困资金89万元，帮困1453人次。年初，区红十字会开展“红十字博爱送万家”活动，对辖区20户困难家庭进行走访慰问，发放慰问金及物资价值2.4万元。新冠肺炎疫情发生后，开通线上捐款捐赠物资绿色通道，全年接受捐款593万元、各类物资价值263万元。救护培训基地接待其他省、市参观者7批、120余人。

【2名志愿者捐献造血干细胞】2020年，区红十字会通过多次动员、多方协调，成功实现2名志愿者捐献造血干细胞。5月25日，区法院法官助理蒋扬杰赴省中医院捐献造血干细胞，成为拱墅区第一个捐献造血干细胞的公务员。9月16日，浙江中医药大学在读医学硕士胡银飞捐献造血干细胞，成为拱墅区第17例、浙江省第608例捐献者。

2020年5月25日，区法院法官助理蒋扬杰赴省中医院捐献造血干细胞，成为拱墅区第一个捐献造血干细胞的公务员
（区红十字会 供稿）

【全省率先上线“电子‘捐赠证书’”】2020年2月，区红十字会为解决因新冠肺炎疫情防控造成的群众出行不便，捐赠证书投递困难的实际情况，组织信息公司研发电子捐赠证书生成系统，在全省范围内率先上线“自助生成电子‘捐赠证书’”服务，并向全省各级红十字会及湖北省红十字基金会无偿提供捐赠信息管理平台服务，提高发放捐赠证书的工作效率。

【区红十字会党组成立】2020年4月20日，拱墅区红十字会党组成立，张建恩任党组书记。党组成立后，把党的建设列入年度工作计划，纳入重要议事日程，做到党建与业务工作同部署、同落实、同检查、同考核。全年党组会议专题研究党建工作5次。

【救护培训走进区党群服务中心】2020年6月4日，区红十字会主动为区党群服务中心提供自动体外除颤仪（AED）、红十字智慧一体机、医药箱等应急救护设备。6月19日，区红十字会组织党群服务中心的工作人员、社区党务工作者、志愿者30余人举办心肺复苏+AED培训讲座。通过课程讲授、演练实操，大家基本掌握AED操作方法。

【对口帮扶黄平县】2020年8月，区红十字会党组书记、专职副会长率队到贵州省黔东南苗族侗族自治州黄平县开展帮扶活动。协调区建筑业协会捐款66.2万元，用于资助黄平县旧州镇第二小学危旧教学楼修缮。区红十字会为黄平县培训二级救护师40人，实现黄平县红十字会救护师资提质扩面，为该地区普及应急救护知识、培训救护员提供保障。

【梁惠玲考察区红十字应急救护培训基地】2020年11月6日，中国红十字会党组书记、常务副会长梁惠玲考察拱墅区红十字应急救护培训基地，省、市、区相关领导陪同考察。拱墅区应急救护培训基地占地1100平方米。梁惠玲一行实地察看区应急救护培训基地场馆建设情况，并现场体验航空逃生、火灾逃生、红十字智慧一体机等设施，观看心肺复苏实操演练，对拱墅区红十字工作给予肯定。

【第四次会员代表大会召开】2020年12月4日，区红十字会第四次会员代表大会召开。大会选举产生新一届红十字会理事会、监事会，吴伟强当选为第四届理事会会长，杨玲玲当选为第四届监事会监事长。聘请区委书记朱建明、区长章燕为名誉会长。会议审议通过《拱墅区红十字会第三届理事会工作报告》，表彰在抗击新冠肺炎阻击战中有突出贡献的爱心企业10家、爱心人士10人。

（李　未）

外事·侨务·港澳台事务 13

外　事

【概况】2020年，杭州市拱墅区人民政府外事办公室（简称区外事办）在抗击新冠肺炎疫情中，严守外防输入的关口和前沿，把握外事工作正确方向，落实省、市部署要求，主动担当作为，加强统筹，全面开展入境人员防疫工作；严格审批，规范出国（境）管理，全年有3名小学教师执行外派迪拜中国学校任教任务。有1名民警随公安部团组赴西班牙执行押解任务。完善机制，简化外事工作办理程序。区外事工作为全面抗疫及复工复产做出应有贡献。

【境外到拱墅人员信息交互专班成立】2020年3月，根据省、市、区防疫指挥部要求，区外事办成立境外来拱人员信息交互工作专班，负责信息交互和车辆调度，派员进驻区防疫指挥部参与值班。至年底，摸排核对境外到拱墅人员信息1000多条；安排接送车辆290多次，接送境外到拱墅人员600多人。严格防控境外疫情输入，严格落实筛查、隔离、检测等措施，从严构建闭环防控机制。与区卫健局、区公安分局及各街道建立信息渠道，完善数据共享、信息通报和核查机制，强化境外到拱墅区人员管控，安排车辆对入境人员执行集中隔离医学观察。

【外国人来华邀请函审核管理】2020年，区外事办审核办理境外人员来华邀请函26批38人次，邀请11个国家的专家、高级管理人员来华复工、技术指导，为复工复产提供保障。来华人员国家以德国、意大利、英国为主。

【APEC商务旅行卡宣传】2020年10月，区外事办在智慧网谷小镇·城市客厅举办APEC商旅卡实操培训会。APEC商旅卡主要为企业人员出入境APEC经济体提供便利。培训会结合“亲清在线”平台，对APEC商旅卡的功能、具体事项操作等进行政策宣传、实务培训。在区级平台上宣传APEC商旅卡，普及相关知识，扩大其知名度。

【涉外部门联动机制建立】2020年，区外事办联合区委组织部、区财政局建立由区外事办负责备案登记和年度计划指标控制、区委组织部负责出访资格条件审核、区财政局负责出访费用审核的外事工作机制，进一步明确区内外事工作相关程序，强化责任。增加与区内公检法机关的联系配合，加强涉外管理，及时掌握临时来华人员的动态。响应“最多跑一次”的号召，加入机关内部“一件事”部门联办事项，简化因公出国（境）办理程序，实现区内全流程网上办理。

【全区公共外语标识排摸整改工作】2020年，随着运河广场改造升级项目的完成，区外事办负责广场上不规范的外语标识摘除工作。至年底整改完毕，规范全区公共外语标识译写。（王黎明）

侨　务

【概况】2020年新冠肺炎疫情防控期间，区侨联通过多种渠道宣传，提高入境预申报库平台的知晓度，确保拟回国人员如实填报信息。平台录入华人华侨、留学生等人员数据16299条。建立钉钉工作联络群，编发平台信息操作要点，加强对街道工作人员的培训，将入境涉浙人员核查、入浙人员联系人落实、入浙人员健康申报等指标量化，定期通报区对街道重点指数得分情况。基层侨联组织通过微信公众号、宣传橱窗、小区业主群等宣传平台，宣传最新侨务政策、侨务法律法规等。依托侨情基数等涉侨数据，加强与区公安分局等部门联动，建立完善的侨情数据库。全年组织区侨资企业、侨联、留联会、侨胞侨眷等各界人士捐款214.91万元。

【重点侨资企业服务联系机制建立】2020年11月，区侨联建立重点侨资企业服务联系机制，开展“助企抗疫情、联企复生产”专项行动，深入侨企走访调研，为企业送口罩等防疫物资，帮助侨企解决发展过程中遇到的急需解决的问题。在走访过程中，了解到浙江泰和智谷有限公司因企业办公场所即将到期，面临没有合适办公场所替换的困境。区侨联多方协调和联系，协助企业落实过渡用房。至年底，区委统战部领导带队走访侨企40余家次。

【侨资企业服务年活动】2020年，区侨联为帮助侨资企业解决“招工难”和人才短缺的问题，推出“云上招聘”。9月16—30日，区侨联联合区人力社保局举办侨资企业专场线上云招聘会。杭州天丰电源股份有限公司、杭开投资（控股集团）有限公司、杭州翔天供应链管理有限公司、杭州琼楼服饰有限公司等6家侨资企业提供岗位40余个，涉及技术、运营、设计、生产制造、销售等职位。

（陈　琦）

港澳台事务

【概况】2020年，拱墅旅港同乡会参与抗疫防疫，同时开展海外统战工作。3月30日，区海外联谊会筹措的2万只一次性医用口罩通过拱墅旅港同乡会送到旅港同胞手中。拱墅区政府台湾事务办公室（简称区台办）巩固和深化对台关系，加强服务保障，不断夯实两地各领域交流合作基础，保障各项工作稳妥有序推进。

（陈　琦　陈　珲）

【港澳青年创业创新推介会暨拱港两地社团结对仪式举行】2020年11月5日，港澳青年创业创新推介会暨拱港两地社团结对仪式在拱港青少年科创文化交流中心举行。杭州市委统战部、拱墅区委统战部的领导出席此次活动。活动现场，签署拱港两地社团友好结对协议，区委统战部领导为拱墅区香港青年创业创新基地揭牌。

（陈　琦）

【台企有序复工复产服务】2020年，拱墅区有注册台资企业36家，其中实际运营27家。因新冠肺炎疫情影响，台企累计受损额为2632.2万元。疫情防控进入复工复产阶段后，区台办推动台企复工复产，建立拱墅区台资企业微信群，及时传达省、市、区各类复工要求及优惠政策，及时了解企业复工需求和实际困难，及时为企业答疑解惑沟通协调。3月12日，区台办走访区内重点台企杭州宝荣汽车销售公司，为企业解答税收、社保优惠政策，并就房租减免事宜与祥符街道协调沟通。至一季度末，除3家教育培训类企业外，其他企业均复工。

【海峡两岸大学生交流服务保障】2020年，区台办做好39名去台湾读书的大陆学生的思想工作，以及疫情防控期间相关政策信息传达。在大陆学生微信群解答学生、家长各类疑问，做好思想工作，安抚情绪。8月，召开新生大陆学生行前思想教育座谈会，介绍形势和应注意事项，针对家长提出的人身安全、突发事件情况下如何保障安全等疑问进行解答。

【对台宣传工作】2020年11月22日，区台办承办“浙江台青看浙江”拱墅段活动，组织在杭州的台湾青年参观中国京杭运河博物馆、桥西历史街区，以台湾青年视角全程直播运河文化，淘宝在线观看人数为1.56万人次。

（陈　珲）

法治 14

政法委与综治

【概况】2020年，区委政法委和全区各政法部门聚焦共建共治共享治理体系建设，聚焦“七个减下来”（深化诉源治理，把面上纠纷减下来；深化积案治理，把突出矛盾减下来；深化隐患治理，把安全风险减下来；深化三方治理，把社区杂音减下来；深化治安治理，把警情发案减下来；深化乱象治理，把群众怨言减下来；深化数字治理，把人力低效减下来），落实提效减量工作，着力为打造高质量“重要窗口”拱墅样本贡献力量。“疫情防控心理疏导干预”“街道政法工作联席会议”等创新工作得到省委常委、政法委书记王昌荣批示肯定，拱墅区连续16年成功创建“省级平安区”。

【平安创建赛开展】2020年，区委政法委会同区公安分局、区信访局等部门，组织开展“平安创建赛”。每月召开平安形势分析会，通报平安赛5类指标，举行2轮平安赛大比武，召开3次专题推进会，区平安建设领导小组约谈6个部门。全年区委政法委全力普及“每月9日安全日”，开办“运河平安讲堂”55期，对电信网络诈骗、消防安全隐患等问题突出的26个社区进行挂牌整治。

【全区矛调中心建设推进】2020年，区委政法委贯彻省市部署，牵头搭建区级“一中心五区块”（一个矛调中心，信访矛盾调处、涉法涉诉矛盾调处、三方协同治理、社会治理综合信息指挥和法治文化宣传五大区块）社会治理街区。区司法局整体入驻区社会矛盾纠纷调处化解中心二期，诉讼服务中心、“12309”检察服务中心、行政争议调解中心、公共法律服务中心等部门成建制进驻涉法涉诉矛盾调处区。新设金融、商事纠纷、知识产权、物业纠纷人民调解委员会，完善行业调解建设。全年全区新建和完善10个街道、11个行业的调解室，投用非警务调处点10个、“微法庭”108个。

【社会心理服务正向干预引导】2020年1月开始，区委政法委根据疫情防控迅速展开战时心理服务响应，推动全区1家区级、11家街道（园区）的社会心理服务指导中心全面投入疫情防控工作，83名心理专家、社会服务机构心理专业人员在拱墅各街道社区、集中隔离点，累计服务医学隔离观

2020年2月10日，拱墅区心理社工为社区独居老人排忧解难

（区委政法委 供稿）

察人员5000多人、居家隔离人员1万余名。11月，拱墅区社会风险心态预警指标体系建设项目入围2021年全省政法工作现代化创新引导项目。

【“运河平安管家”升级版打造】2020年，区委政法委牵头区总工会、团区委、区妇联等群团组织参与平安建设，推出参与治理的各自载体，推行“运河平安管家示范门店”、街道“平安双增工程”，构建人人有责、人人尽责的社会治理共同体，做实做大平安基数。至年底，全区创建运河平安管家示范门店3888家，创建率98.33%。2020年平安“三率”（安全感满意率、平安建设知晓率、平安建设参与率）得分位居全市六城区第一。 （李远翔）

法治政府建设

【概况】2020年，拱墅区深入贯彻落实《法治政府建设实施纲要（2015—2020年）》《法治政府建设与责任落实督察工作规定》《县乡法治政府建设行动计划（2018—2020年）》等文件规定，围绕中心工作，着力推进全区法治政府建设各项工作。印发《拱墅区2020年法治政府建设工作要点》，修订完善2020年度街道、部门法治政府建设（依法行政）工作考核细则。落实2020年度法治政府建设考评工作，将法治政府建设（依法行政）工作纳入年度综合目标考核体系，与法治拱墅建设考核评价统一部署、同步实施。印发《关于表彰2019年度法治政府建设（依法行政）工作考核优秀单位的通报》，全区10家单位考评优秀。推进6个法治政府“最佳实践”示范点建设，培育“最佳实践”先进典型。关于行政规范性文件制定和社区微法庭的2篇调研文章获法治杭州调研工作二等奖。《拱墅区聚焦六个关键环节推动基层法治政府建设“最佳实践”培育》在《法治杭州简报》上刊登交流。

【“法治拱墅”建设】2020年5月，拱墅区召开区委全面依法治区委员会2020年第一次会议，总结2019年法治拱墅建设工作，统筹谋划2020年及之后一个时期法治拱墅建设主要任务，会议审议通过《2020年法治拱墅建设工作要点》和《2019年度法治拱墅建设工作情况报告》。建立拱墅区法治建设监督员制度，聘请10人为拱墅区首批法治建设监督员。8月，印发《拱墅区关于推进街道合法性审查全覆盖工作的通知》，推进街道合法性审查全覆盖工作。印发《2020年度法治杭州考核任务分解表》和《2020年度法治拱墅考核细则》，对标对表压实责任。9月起，区委依法治区办参与法治工作纳入党委巡察，完成对区人大办、区政协办、区数据资源局、区退役军人事务局、区金融办等单位的巡察工作。11月，做好法治杭州满意度提升整改工作，制订《拱墅区关于法治杭州建设群众满意度调查结果整改方案》，分解任务，汇聚宣传合力。召开全区法治政府建设推进会暨区政府与区法院联席会议，开展推行行政执法“三项制度”行政规范性文件合法性审查机制落实情况专项监督行动，开展2020年度全区法治政府建设（依法行政）工作考评工作。

【普法与依法治理】2020年4月，区司法局制定印发《2020年拱墅区普法教育依法治理工作要点》，全面部署拱墅区普法教育依法治理工作。指导各单位运用以案释法、现场咨询、召开新闻发布会、编印宣传册等形式，深化普法责任制的落实。4月15日，区委办公室、区政府办公室出台《关于进一步健全完善普法责任制的实施意见》，全区法治宣传教育责任清单新增35家单位。8月，拱墅区通过“七五”普法市对区考核验收，区司法局完成《关于“七五”普法决议贯彻实施情况的报告》，向区人大常委会汇报。拱墅区“七五”普法工作亮点在全省“七五”普法特刊《奏响普法新乐章》刊出，并受到省、市、区媒体宣传。

【《拱墅区重大行政决策能力提升专项行动实施方案（2020年）》出台】2020年6月，拱墅区落实重大行政决策机制，出台《拱墅区重大行政决策能力提升专项行动实施方案（2020年）》，方案明确履行公众参与、合法性审查、集体讨论等决策环节，并公布2020年度拱墅区重大行政决策事项目录，规定对实施满一年的重大行政决策委托第三方进行评估。

【规范性文件管理】2020年，拱墅区强化行政规范性文件监管，加大规范性文件制定、备案审查工作力度，5月，制定并印发《关于进一步加强行政规范性文件合法性审核和备案审查工作的意见》，从适用范围、送审材料、审核内容、审核期限、审核方式等方面做出详细规定。全年审核各类文件70余件，对出台的10件行政规范性文件出具合法性审查意见，并及时报备，备案率达100%。对区人力社保局等单位报备的6件行政规范性文件予以备案审查。组织开展与《中华人民共和国民法典》《优化营商环境条例》《浙江省民营企业发展促进条例》等不相符的行政规范性文件进行专项清理，废止修改与上位法相冲突的文件。

【行政机关合同管理和政府法律顾问工作】2020年，拱墅区重视和防范行政机关合同法律风险。全区各单位签订行政机关合同2151份，以办公用品采购、国有资产租赁、工程建设等类别为主，各单位法制机构和政府法律顾问参与行政机关合同审查，提出合法性审查意见2700余条。引导区政府法律顾问利用专业特长，参与拱墅区涉诉案件、重大行政决策、政府信息公开等活动，为拱墅区法治政府建设建言献策，提供法律服务。至年底，全区聘请法律顾问56人次，形成法律顾问参与政府决策新常态。

【行政执法主体和证件管理】2020年，拱墅区开展行政执法主体和执法人员证件的全面清理，对845本行政执法证件和89个执法主体（含派出机构）进行信息补录和主体关联。全年审核执法证290本，其中新申领证件114本，补证9本，注销87本，换证80本，执法人员持证率稳步提升。6月起，开展第二批行政执法主体资格确认工作，印发《杭州市拱墅区司法局关于确认拱墅区行政执法主体（第二批）公告》，将区网信办、区卫生监督所等4家单位列入拱墅区第二批行政执法主体名单并对外公布。

【行政执法监督】2020年，拱墅区推进行政执法监督规范化建设，落实行政执法监督机制，强化行政执法经常性检查与重难点领域执法监督，在全区范围内开展行政执法案卷评查、行政处罚结果公开情况抽查工作。1月，印发《关于聘任拱墅区人民政府特邀行政执法监督员的通知》，全区聘任第二批特邀行政执法监督员20名。7月，组织9位评查人员按照《浙江省行政处罚结果信息网上公开暂行办法》要求，对各行政执法单位网上公开的行政处罚结果开展为期14天的抽查，检查行政处罚决定书245份。8月，开展行政执法案卷评查，对17家单位202个行政许可、行政处罚和行政强制案卷进行集中评查。10月，按照“证照分离”改革要求，对区市场监管局、区卫健局开展专项检查工作，对发现的问题认真分析并要求相关单位进行整改，推动拱墅区行政执法水平逐年提高。至年底，完成全区“互联网＋监管”国库、省库监管事项认领、编制实施清单及实施清单要素完备度3项工作。在监督活动中，借力区特邀行政执法监督员15人次、借力相关单位法制人员40人次。

【行政执法行为规范】2020年，拱墅区制定《杭州市拱墅区行政执法公示办法》等文件，推动“三项制度”（行政执法公示制度、执法全过程记录制度、重大执法决定法制审核制度）全覆盖。全区配备行政执法记录仪914台，通过文字记录和音像记录相结合的方式，对行政执法的启动、调查取证、审查决定、送达执行等过程进行记录和归档。在区政府网站“行政执法公开”专栏动态公示行政执法信息。规范重大行政执法决定制作流程，明确将法制审核作为重大行政执法决定前置条件，各执法单位绘制重大执法决定法制审核流程图，实现法制审核人员占该机关人数的5%以上。开展行政执法“三项制度”落实情况专项执法监督工作，组织人员对区人力社保局、区应急管理局等5家单位进行“三项制度”检查，并将“三项制度”落实情况纳入年度法治政府建设考核。开展“无证明化”改革工作，形成《杭州市拱墅区第一批取消证明事项清单》，相关单位取消证明材料1075项。印发《拱墅区司法局关于印发拱墅区区级部门行政裁决事项基本清单(第一批)的通知》，规范行政裁决工作。

【行政复议应诉工作】2020年，拱墅区收到行政复议案件102件，审结包括结转案件91件，其中维持56件，驳回复议申请2件，经调解后结案23件，撤销、确认违法或责令履职6件，不予受理4件，纠错率6.6%。全区行政机关新收行政应诉案件101件，审结案件106件，行政机关败诉10件，败诉率9.4%；全区应出庭审结案件82件，出庭78件，正职负责人出庭8件，出庭率95.1%。区政府领导出庭并发言47件。深化行政调解与人民调解、司法调解协调配合、信息沟通和效力衔接机制。全年拱墅区各级行政调解组织受理行政调解案件1.72万件，调解成功1.60万件，调解成功率93.32%，涉案金额2332.95万元。

【学法用法活动开展】2020年，拱墅区开展以"政府招商引资等行政协议的法治化管理""征收补偿案件的法律分析及应对"等为主题的4次常务会议会前学法活动。组织法治政府建设培训班、非人大任命区管领导干部任前法律知识考试等。组织完成全区70家单位2000余名公务员和30余名市管干部的网上学法用法考试，完成率和通过率均为100%。10月，组织全区法治政府建设业务培训，并开展重大行政决策执行后评估工作。 (潘韵之)

2020年2月6日，区公安分局在半山入城通道开展疫情防控工作

(区公安分局 供稿)

公 安

【概况】至2020年年底，拱墅区公安分局受理刑事、治安总警情68052起，比上年下降2.93%；受理治安案件6435起，下降12.97%，查处6381起，上升20.97%；查处违法人员2813人，上升11.49%。全年立刑事案件2771起，下降6.61%。刑拘844人，移诉1092人，逮捕353人，行政处罚1987人，行政拘留1106人，与上年相比，刑事拘留数下降27.18%，移诉数上升20%，逮捕数下降28.54%，行政处罚数下降57.93%，行政拘留数下降27.67%。

区公安分局以推动《关于加强新时代拱墅公安工作的实施意见》落地为抓手，坚持统筹疫情风险防控与公安主责主业，融入全区市域社会基层治理大格局，护航社会经济发展，守护人民群众生命财产安全，实现全省公安机关信访工作"四连优"。全年立功嘉奖民警297人次，集体31个次，签发战时局长表扬令18次。各类媒体报道1450次，其中国家级媒体109次，省级媒体654次。新冠肺炎疫情防控期间，在全市首开"警媒联合直播"先河，联合省内媒体"1818黄金眼"在半山入杭防疫检查站开展直播，社会反响良好。

2020年12月4日，省委常委、政法委书记王昌荣在市委常委、秘书长、政法委书记许明及省信访局、省委政法委相关领导的陪同下，检查指导"109专项任务"，并慰问执勤人员。

【维稳安保】2020年，区公安分局探索构建"三制三圈六步法"(三制：专班运作机制、智能防控机制、共享联动机制；三圈：控制圈、警戒圈、核心圈；六步：提前预警、及早应对，动中巡查、合理引导，科学安检、分区引入，访后送离、锁定闭环，信息流转、及时报送，突发事件、分级处置)。全年组织开展13轮次"雷霆·飓风”系列行动，完成社区换届选举、中央巡组接访点专项安保等重要警卫安保任务100余场次，稳妥处置长租公寓“暴雷”等突出涉稳事件120余起，成功预警处置“4·29”“6·05”等涉众型经济案件投资人集体上访。

【首批省级“四联三防”示范点建设】2020年12月，运河文化广场“四联三防”（“四联”：联建、联保、联防、联控；“三防”：防车辆冲撞、防刀斧砍伤、防爆炸）示范标杆创建通过省反恐办专家组验收，成为首批省级“四联三防”建设示范点。

【金融风险防范处置】2020年，区公安分局全面落实金融类企业风险排查，针对性实施企业风险三级评估，联合区金融办、区处置办、区市场监管局等部门建立完善协同监管机制。依托区“P2PAuto”平台实现小额债权智能、快速、精准催收，涉众型案件累计追赃挽损122.43亿元，其中网贷案件追赃挽损“百日攻坚战”实绩位列全市第三位。

【传统刑事案件侦办】2020年，区公安分局深化“猎豹快侦”品牌建设，提升传统侵财和街面现行案件快侦快破能力，累计抓获各类犯罪嫌疑人406人，入室盗窃打击实效位列全市第一。攻坚大案要案，速破祥符“3·15”、大关“12·23”故意杀人案，连续9年保持现行命案全破。“两抢”（抢夺、抢劫）案件发案比上年下降28.57%。持续加大境外逃犯缉捕力度，“猎狐”行动中劝返1名潜逃境外4年之久的逃犯。侦破1件网络“水军”案件，实现2020年全省该类案件打处“零”的突破，网络犯罪预警工作受到副省长王双全的批示肯定。

【扫黑除恶专项斗争】2020年，区公安分局纵深推进扫黑除恶决战决胜，实现中央督导组线索、公安部线索、全国举报平台线索全部清零，完成省公安厅、公安部督办逃犯清零目标。集中攻坚网络现金贷、“招转培”及传统套路贷等涉黑恶案件，累计对104名九类涉黑恶人员采取强制措施，查扣涉案资金4329万元，涉网黑恶案件破案数居全市前列。

【新型违法犯罪全链条打击】2020年10—12月，区公安分局开展对电信网络新型违法犯罪、跨境赌博犯罪及黑灰产业全链条打击整治，实施打击电信网络新型违法犯罪“百日攻坚战”“断卡”“断链”系列行动，大力整治“对公账户”等社会乱象，打处各类团伙62个，采取刑事强制措施627人，查扣资金1.2亿元，摧毁一条从杭州往返澳门赌博通道。

【黄赌毒乱象整治】2020年，区公安分局紧盯环境、食品、药品领域民生福祉，常态化保持对黄赌毒等严重影响民生的违法犯罪打击整治力度，开展对销售假冒伪劣产品类案件、涉野生动物案犯罪重点打击，累计采取刑事强制措施141人，打击处理实绩获评全市优胜，全区黄赌毒警情比上年下降19.47%。其中，5月7日，区公安分局联合市公安局打掉一个“制气贩气”犯罪团伙，缴获“笑气”钢瓶3.5万支，查处黑仓库、黑工厂3处，获得公安部专员刘跃进批示肯定。

【“降报警、控发案”工作开展】2020年2月，区公安分局创新建模计算全区警情指数，服务指导各街道、社区精细精准防控，联合区委政法委约谈街道、社区负责人32人次，“把警情案件减下来”专项工作成效位列全区基层治理“五场比赛”第二名，工作做法得到区委书记朱建明3次批示肯定。8月，启动全区反诈“心·链计划”，搭建区、街道、社区、小区、楼道五级宣防架构，发展“运河义警”4.2万余人。全年全区刑事、治安警情分别比上年下降8.61%、12.39%，侵财发案量下降9.88%。

【大调解体系建设】2020年，区公安分局在警情多发的专业市场、综合体、写字楼宇等区域，建设运行3个联勤警务站、8个现场处调点，推动纠纷警情就近快速调解处理。完善硬件建设标准和相关工作规范，初步实现公安调处力量与街道、企业调解力量的协同工作，为警情分类处、纠纷就地调、隐患源头治做出有益探索。

【户籍人口管理】2020年，区公安分局开展户口登记清理整顿工作，

2020 年 10 月 30 日，区公安分局举行全市公安机关电信网络反诈“直通车”拱墅站活动暨拱墅“心·链计划”发布仪式　（区公安分局 供稿）

重视核查死亡人员户口清理工作，将其作为第七次全国人口普查户口整顿的重要内容，强化与卫健部门的业务协作，整合有关人口数据，实现资源共享，采集 2019 年第三季度以来拱墅区户籍人口死亡信息（含交通事故死亡、刑侦死亡）、参军未注销等人口数据 2812 条，下发各派出所进行核对注销，全部完成户口注销任务。全年办理居民身份证 43225 张，临时身份证 3648 张，边境通行证 640 张；办理户口业务 7.98 万件，全流程网办 1.67 万件，变更更正 5.18 万件，户口事项审核审批 9649 件。

【流动人口管理】2020 年 1 月，区公安分局面对新冠肺炎疫情，及时向区政府相关部门提供重点疫区登记在册流动人口基本信息，开展大规模电话回访核查相关人员实际居住情况，为上级部门疫情防控提供第一手资料。在疫情趋于平稳后，全区流动人口服务管理工作重回正轨。区公安分局结合流动人口管理工作，加强“一码通”推广，提高流动人口居住登记自主申报率，开展出租房屋二维码绑定与星级评定工作。全年，全区流动人口管理工作围绕市公安局统一开展的“雷霆行动”工作要求，强化流动人口责任主体管理，加大居住出租房屋安全管理，办理违反流动人口管理规定的行政案件 666 起，其中，依据《杭州市居住房屋出租安全管理若干规定》处罚 80 起。在全市流动人口管理考核中，拱墅区流动人口信息登记率、流动人口信息准确率、出租房屋登记率均达到 90% 的考核标准。

【出入境人员管理】2020 年，区公安分局出入境管理大队受理、审核、上报审批中国公民因私出国（境）申请 8105 人次，其中申请出国 3529 人次，赴港澳台地区 4576 人次。登记境外人员 1.30 万人次到拱墅区旅游、经商、探亲等。其中外国人 7036 人次，华侨 55 人次，港澳居民 3095 人次，台湾居民 2799 人次；查处各类涉外案（事）件 79 起，对 1563 名法定不准出境人员情况进行报备，遣送出境非法居留、非法就业、非法入境境外人员 4 人。

【智慧安防建设推进】2020 年，区公安分局结合老旧小区改造提升“智慧小区”“智慧单位”建设，会同区数据资源局等部门制定智安小区“六统一”（前端设备选型统一、建设施工单位统一、数据资源接入统一、系统应用平台统一、数字驾驶舱全区统一、智慧应用全区统一）建设标准并推动实施，全区全年建成智安小区 234 个，总量居全市第一位，其中 78 个小区实现“零发案”。全年建成 81 个智安单位，将 147 所中小学幼儿园纳入“雪亮工程”建设。首创“护校警眼”AI 智能预警系统，该系统入选拱墅区“城市眼·云共治”十大拓展应用项目。在全区首次将无人机作为智能移动监控列编区监控设施。

【“一窗通办”落地实施】2020 年，区公安分局推进“最多跑一次”改革，打造 18 个全省范围内通办窗口，实现 84 个公安事项“一窗通办”，全年开展线上全流程网办和“一件事”联办事项 1.7 万件。创新“云服务”工作模式，依托“半山助跑犬嘿燕”微信服务号，为群众提供预约服务和在线服务，拱墅区实现“零跑次”的做法，获《平安时报》等媒体宣传报道。

【警企战略合作深化】2020年，区公安分局与杭州海康威视数字技术股份有限公司、华数传媒网络有限公司等科技领军企业合作建立“猎鹰实验室”，以可视化共享服务实战应用，推进“云盾”“云瞳”“云图”“云战”“云警”“云效”6个智慧警务“云系列”项目研发，初步形成智慧警务体系。年底，2.0版本升级研发工作部署启动。特别在中央第四巡视组接访点专项安保工作中，“云瞳”系统预警6249人次，科技预警预防能力明显提升。在深化警企协作的同时，注重智慧警务模式下大数据应用能力提升。9月，开启与浙江警察学院所属院系、杭州云深科技有限公司“系—局—企”三方实战化合作项目建设，推动公安院校人才、智力资源与警务资源深度融合，推出大数据建模、APK（App安装包）溯源挖掘分析等六大实战化练兵项目。

【执法办案管理中心启用】2020年12月9日，区公安分局执法办案管理中心挂牌启用，法制部门入驻中心办公，对全局执法活动进行全流程动态监管。在派出所层面，以祥符派出所为试点，强化执法规范化试点建设，以科技赋能和机制加码为抓手，在全市派出所执法管理中心评比中入选全市十佳，经验做法在杭州市公安局执法管理委员会第六次会议暨派出所执法管理中心提档升级推进会上做交流发言。

【执法突出问题整治】2020年，区公安分局开展覆盖全局的执法各环节一站式“体检”，重点推进伤害案件及取保案件办理、涉案财物管理等方面执法突出问题专项整治，组织对伤害类警情、醉酒人员类警情等28类“教科书式执法”警情处置规范学习，制定完善执法过错责任追究、涉案非涉案财物处置等机制规范。全年累计约谈提醒责任单位7家、发放执法建议书5份，增设涉案车辆集中保管场所1处，146起重点督办案件均办结。（鲁　萍）

检　察

【概况】2020年，区检察院克服新冠肺炎疫情带来的影响，抢抓检察“工期”，从严从快办理口罩诈骗、妨害公务等涉疫案件，全体干警分批投身一线联防联控。开展监管场所疫情防控专项检察，创新“云庭审”“云阅卷”“云普法”工作模式，确保司法办案不停、程序不乱、正义不缺席。全年受理审查逮捕案件377件576人，批准逮捕247件357人；受理审查公诉案件798件1148人，提起公诉569件904人。所办案件获评杭州市级及以上优秀案事例14件，典型案例登上《人民日报》《检察日报》等国家级媒体。集体和个人获得各级荣誉共50余项。官方微博“拱墅检察”多次进入全国检察区县排行榜前20位，获评2020年度全国检察微博二十佳。被省委、浙江省人民政府评为“全省扫黑除恶专项斗争成绩突出集体”。全年立项市级以上重点课题11个，其中最高人

2020年8月4日，区检察院就运河码头无障碍设施公益诉讼案件的检察工作进行回访。（区检察院 供稿）

民检察院检察理论研究课题1个，16篇文章被《检察工作》《人民检察》等期刊录用。1名干警获“全国优秀公诉人”、杭州市“最美检察人”称号，1名干警成为首批全国检察机关职务犯罪检察人才，3名干警入选全省检察机关专业人才库。

【企业发展护航】2020年2月21日，区检察院与区工商联会签《关于贯彻落实〈条例〉促进全区民营企业健康发展的意见》(《条例》指《浙江省民营企业发展促进条例》)，量身定制11项服务企业检察举措。3月4日，至浙江省顺丰速运公司总部开展“三·四”检察服务民企主题日活动，送服务上门。聚焦“六稳”“六保”(六稳：稳就业、稳金融、稳外贸、稳外资、稳投资、稳预期；六保：保居民就业、保基本民生、保市场主体、保粮食能源安全、保产业链供应链稳定、保基层运转)，落实“少捕慎诉”理念，审慎从宽处理涉税犯罪，对11家企业的主要负责人依法做出不起诉决定，并督促涉案企业自我规范、守法合规经营，引导企业完善管理制度，顺利复工复产。在后续回访中，部分企业步入正轨，实现逆势增长。11家民营企业虚开增值税专用发票系列案被评为“全省刑事检察服务民营经济专题精品案件”。在“转供电”等领域开展惠企措施落实监督专项活动，通过诉前检察建议为2491家企业追回多缴电费1000余万元，与相关部门共同制定长效方案，降低中小企业经营成本。该案获省检察院检察长贾宇批示肯定，并刊登于《检察日报》头版。

【金融风险防范化解】2020年，区检察院依法办理多起非法集资案以及为非法集资活动洗钱的偷渡、洗钱案，打好防范化解重大金融风险攻坚战。办理一批社会关注度高的涉众型金融案件，对杭州鑫合汇互联网金融服务公司等中新力合股份有限公司关联公司涉案的13名犯罪嫌疑人提起公诉。办好全省首起私募基金非法集资案件，对非法吸收公众存款460余亿元的金诚集团首批11名犯罪嫌疑人提起公诉。主动参与司法环节追赃挽损，定期开展信访接待，避免金融犯罪引发的风险向社会领域传导。

【刑事检察】2020年，区检察院决战决胜扫黑除恶专项斗争，加快案件办理，对从事涉网络“现金贷”犯罪的2起案件43名被告人提起公诉。在办理强揽工程系列涉恶案件中，制发检察建议，促进行业清源。依法办理多起职务犯罪案件，涉及浙江运管系统、拱墅安保服务公司、浙江工业大学等单位。打击新型毒品犯罪，“笑气”案被列为浙江打击寄递毒品十大典型案例之一，“大麻食品”案被“中国禁毒网”等媒体报道。以提升量刑建议采纳率、善用诉前会议、及时释法说理等方式，推进认罪认罚从宽制度适用，适用率85.87%。加强检警协作，升级驻派出所检察官办公室工作模式，12月9日揭牌启用拱墅区驻公安分局办公室，派驻检察官以阅卷、同步录音录像审查、业务数据巡查、列席案件会商等方式开展派驻工作，前移监督关口，加大监督力度。加强刑事执行监督，监督维护在押人员合法权益，多方沟通协调，依法监督收监1名性别鉴定困难的易性者。开展财产刑执行专项监督，朱某财产刑执行监督案获最高人民检察院认可，并入选杭州检察机关法律监督十大案例。

【民事检察】2020年，区检察院与区公安分局、区法院等部门通力协作，深挖案件线索，持续打击虚假诉讼，维护司法权威。重点探索公开听证在民事监督案件中的运用，全年就土地拆迁、债务纠纷等案件召开公开听证会，邀请律师、专家、民主党派人士到场参与，厘清实质性问题、促进纠纷解决。开展民事执行监督，助力破解执行难，疫情严控期间帮助1名困难群众申请执行回转款项，解决弱势群体实际困难，经验做法被浙江省人民检察院认可推广，并获评全市检察机关践行“枫桥经验”优秀案例。

【行政检察】2020年，区检察院把握行政检察推进依法行政、化解群众矛盾这一工作主线，以行政争议实质性化解为重点提升履职实效。5月7日，与区法院、区司法局签订《关于共同推进行政争议实质性化解工作的意见》，形成行政调解和司法调解相互融合、行政手段和司法手段优势互补的工作格局。全年化解行政诉讼争议案件 12 件，妥善处理 1 起不服行政决定的涉疫案件，经过释法说理，促使当事人撤回行政复议申请，取得良好成效。

【公益诉讼】2020 年，区检察院践行“检察官是公共利益的代表”理念，就食品安全、公共安全、生态环境等群众关心的问题开展专项监督，以制发检察建议推动食品生产领域从业禁止措施落实、道路交通限高限宽设施整改、无障碍环境建设完善。推进整改落实，就 48 家牙科诊所医疗污水违规排放问题举办全市首场公益诉讼公开听证会，实现问题长效解决。该听证会作为示范案例获评全省优秀听证会。与杭州铁路检察院协同办理宣杭铁路沿线公益损害监督案，解决铁路沿线 1 万余立方米砂石及彩钢瓦围挡堆放问题，消除安全隐患，两次获省检察院检察长贾宇肯定，并入选最高人民检察院铁路安全生产领域十大公益诉讼典型案例，为浙江省唯一入选案例。完善硬件设施，建成办案指挥中心、快速检测实验室，为案件办理提供有力技术支撑。

【基层治理现代化推进】2020 年，区检察院打造检察机关参与基层治理新模式，创建“十全”（10 个街道全覆盖、10 项检察业务全下沉、组建 10 支检察服务队伍）检察服务站工作机制，在辖区 10 个街道分别设置服务站，形成诉

2020 年 10 月 19 日，区检察院干警参加“政法文化润万家 平安五进抓攻坚”暨上塘街道“政法文化周平安五进”主题活动　　（区检察院 供稿）

源治理、矛盾化解、服务企业、法律监督等多项工作一体化开展载体。该机制为全市检察机关创新重点项目。发挥检察服务站贴近基层、贴近群众的优势，对接街道政法工作联席会议、三方协同小区微治理，融入共治工作格局，前置矛盾调处介入时间，实时修复社会关系，防止各类“民转刑”案件发生，从源头上促进群众和谐、解决群众难题。以大关街道为试点，于 8 月 20 日会签《关于建立大关街道“十全”检察服务站工作机制的实施意见》，对该街道“十全”检察服务工作举措进行细化。将法学沙龙活动直接办到街道、社区和群众的家门口，先后在湖墅街道举办反诈骗宣传直播会演、在康桥街道开展普法讲座、在上塘街道开展政法文化周等主题活动。

【大运河世界自然遗产保护基地建立】2020 年，区检察院立足职能开展大运河世界自然遗产保护工作，该项工作入选全省公益诉讼检察创新实践基地创建项目。该基地为全省检察系统唯一的大运河世界自然遗产保护基地。12 月，与杭州市京杭运河（杭州段）综合保护中心会签《杭州大运河世界文化遗产保护领域公益诉讼协作机制》，延伸公益监督触角，促进京杭大运河文化遗产、生态环境和资源保护等多领域的治理。围绕运河环境保护开展一系列常

态化监测、巡查工作，引进与气体、水质等领域相关的快检设备，对运河水质环境进行监测；运用无人机设备开展沿岸环境巡查、航拍取证，就发现的支流沿岸建筑垃圾、生活垃圾混合堆放等问题，及时制发检察建议督促整改。针对拱宸桥、信义坊2处客运码头长期存在未配套设置无障碍设施的情况，制发检察建议，推动全市11座运河客运码头、2条水上巴士无障碍设施完善。该专项监督工作被《人民日报》《检察日报》等媒体报道，形成的调研报告分别获时任省长袁家军和省委政法委书记王昌荣批示。

【“智慧检察”建设】2020年，区检察院强化数字赋能，将“智慧检务”建设升级为“智慧检察”建设，推进数字化在核心业务中的运用。自主设计研发流程监控“扫地机”应用程序，实现流程瑕疵问题一键筛查、统计分析自动生成、移动办公实时互动反馈，提升司法规范化水平。该程序入选杭州检察创新项目，并作为首个地方性特色模块正式植入“浙江检察”App。根据上级安排，统一步调推进政法一体化单轨制协同办案改革，摒弃传统路径依赖，实现数字化时代的卷宗变革。依托电子数据实验室，为办案部门提供技术性证据审查、勘验、调取扣押等协助，在一起销售假冒注册商标口罩案中，对涉案手机进行补充取证，取得关键性证据。该案获评2020年度全市检察机关检察技术优秀案例。

【司法规范】2020年，区检察院增强工作透明度，自觉将各项工作置于上级监督、民主监督和社会监督之下。接受区人大、区政协和社会各界的监督评议，就重点工作等情况向区人大代表、政协委员和党外人士做专项通报，听取意见和建议。加大检务公开力度，通过检察服务大厅和网上平台，提供检察服务，全年公开程序性信息1731条、法律文书656份，在各类传统媒体发布宣传稿43篇，其中17篇被国家级媒体录用，26篇被省级媒体刊登，在微信、微博、头条号等平台发布信息5万余条。做好执法司法规范化水平提升年活动各项工作，落实防止过问或干预、插手检察办案的规定，要求干警主动记录报告他人过问案件、不当接触交往等情况。（石玉婷）

法　院

【概况】2020年，区法院受理各类案件18464件，比上年下降9.76%；结案18812件，下降12.94%；现存未结案4967件，下降6.58%；一线法官人均结案396件，主要办案质量、效率、效果指标保持正向运行态势。

【刑事审判】2020年，区法院审结一审刑事案件582件942人，案件数比上年上升12.57%，其中判处五年以上191人。依法审结集资诈骗、非法吸收公众存款等涉众型经济犯罪案件39件，保证金融市场稳定。审结郑某等人开设网络赌场系列案，涉案赌资2亿余元，追缴非法所得近1亿元，维护人民财产安全。审结浙江省国兴进出口有限公司原党总支书记、董事长陈某某受贿罪、国有公司人员滥用职权罪、贪污罪一案，判处有期徒刑十五年六个月，并处罚金180万元，保持反腐高压态势。审结耿某某等人买卖公司营业执照及对公账户的非法买卖国家机关证件罪系列案。在被告人刘某某等人销售有毒有害食品一案中，首次对被告人刘某某做出禁业规定，坚决守住“米袋子”“菜篮子”安全红线。加强对网络期货等互联网金融领域非法集资犯罪的分析研判，完善涉案财物处置机制，做好“金诚”“鑫合汇”等涉P2P群体性案件的审理工作。甄别涉套路贷等违法犯罪行为，向公安机关移送经济犯罪线索案件20件。强化人权司法保障，准确适用认罪认罚从宽制度，对231名被告人适用缓刑等非监禁刑，为325名被告人指定辩护人，指定率为100%。

【民事审判】2020年，区法院审结一审民事案件3848件，比上年下降19.37%。审结抚养、赡养等家事案件160件，发挥婚姻家事调解委员会专业调解功能，组建家事案件调解工作群，引入专业家事律师参与调解，并指定法官对接团队随时指导，维护好“一老一小”合法权益。审结公民生命权、健康权、身体权案件126件，审结首例空调氟利昂泄露致病环境污染侵权责任案，依法认定环境污染侵权，维护公民生命健康。审结涉教育、住房、医疗等社会保障领域案件 339 件，依法保障人民群众学有优教、住有安居、病有良医。坚持线上办案与线下服务结合，为辖区内企业劳动纠纷提供咨询及法律服务，会同区劳动人事仲裁委员会提前介入企业因复工复产产生的劳资纠纷，避免群体事件发生。加大司法救助力度，依法为当事人缓、减、免交诉讼费 7.14 万元，发放司法救助金 13.2 万元。

【行政审判】2020 年，区法院审结行政诉讼案件 85 件，比上年上升 54.55%。监督支持行政机关依法行使职权，保护行政相对人合法权益，“两降一升”［降低行政案件发案量、降低败诉率（纠错率）、提高行政负责人出庭率］指标持续向好。推进行政机关负责人出庭应诉工作，全年行政机关负责人出庭应诉率达 95.7%，比上年上升 10.3%。推进拱墅区行政争议调解中心实质化运作，强化司法与行政良性互动，促进行政争议实质化解。5 月 7 日，联合区检察院出台《关于共同推进行政争议实质性化解工作的意见》，创新引入律师至行政争议调解中心开展调解工作，共调处行政案件 9 件。全年当事人撤诉案件 16 件，其中经协调撤诉的 5 件，占一审行政案件的 19%。

【执行工作】2020 年，区法院执结案件 7662 件，执行到位 42.29 亿元，执结率 91.49%，首次执行案件执结率 88.47%。建立健全执行工作联动机制，推进构建综合治理执行难工作大格局。实现执行源头治理，移送“执转破”（执行案件移送破产审查）案件 33 件，受理 12 件，涉及标的 8815 万余元。加大强制措施运用力度，全年罚款 283.85 万元，做出拘留决定 460 人次，对 5360 名被执行人限制高消费，纳入失信黑名单 1603 人。加大拒执罪打击力度，以拒执罪将 9 名被执行人移送公安机关立案侦查。开展“六稳六保”专项执行行动，腾退土地、房屋 34 处，其中由 5 家企业、200 余名住户长期侵占的 3 万多平方米的外地土地房屋腾退案件，经过

2020 年 6 月 22 日，区法院创新推动破产案件办理在线表决　　（区法院 供稿）

10余次协调，最终顺利腾退完毕。

【微法庭融入诉源治理大格局推进】2020年，区法院深度参与基层治理，在全区设立各类微法庭109个，提升基层自治能力。12月2日，举行“乐堤港微法庭”揭牌仪式。“乐堤港微法庭”系杭州首家商业综合体微法庭，被市中级人民法院评定为示范微法庭。针对小区居委会、业委会、物业公司三方职责不清、协调不畅造成物业纠纷多发等难题，依托区物业纠纷调解中心设立物业微法庭，建立“321调判结合”（案件由物业微法庭调解员调解3次；调解不成的，转入法院诉调中心再调解2次；仍调解不成的，法院启动小额速裁程序快速判决）工作机制，全年调解物业纠纷303件，成功率超过80%，年内最终进入法院诉讼程序的物业纠纷案件208件，成诉上升比例显著低于纠纷上升比例，“家门口解纷”新模式打通司法服务群众“最后一公里”，初步发挥微法庭化解基层矛盾纠纷的窗口作用，获得省高级人民法院领导批示肯定。

【法治营商环境建设】2020年，区法院审结商事案件6570件，比上年下降24.19%。完善各类金融纠纷管控机制，审结民间借贷、金融借款、融资租赁、担保等金融领域案件1465件，标的11.59亿万元。加强对职业放贷人的排查规制，推动形成合法有序的民间融资市场。创新推动破产案件办理，审结破产案件4件，完成首次强制裁定批准破产重整计划、首次达成破产和解、首次行使强制解除权助力企业过户、首次采取破产案件出售式重整“四个首次”。进一步推动信息技术与司法审判相融合，运用区块链技术实行破产案件债权人线上表决5次，累计近500人参与线上会议，完成数十项空场表决，通过25项议案，避免因人群聚集造成疫情传播风险。妥善处理好依法办案与企业正常经营的关系，在财产保全工作中采取灵活的诉讼财产保全措施，最大限度不中断企业的资金往来，不影响企业的生产经营。

【智慧法院无纸化办案办公全面实行】2020年，区法院出台《拱墅区人民法院无纸化办案操作流程》，将无纸化办案办公作为“一把手”工程，建立“清单式”管理，定期通报工作进展。应用网上立案，配齐设备，不再接收非必要的纸质材料，不再通过纸质材料分案，开通电子签章、e键智能送达，所有节点均实行随案扫描，实现将电子卷宗应用到办案办公全流程，全年网上立案1.30万件，比上年上升83.43%，无纸化立案率96.95%，一键转档率100%，以“整体智治”的理念和方法推动办案质量、效率、效果提升，打造信息时代司法新模式。

（姚高峰）

司法行政

【概况】2020年，区司法局全面推进诉源治理、法治建设、法治保障、平安建设等工作，推动创建“治理现代化标杆区”，为拱墅区统筹推进疫情防控和经济社会发展提供坚强法治保障和精准法律服务。至年底，区司法局工作获各级领导批示肯定7次，经验做法被“学习强国”杭州学习平台、《浙江日报》等媒体平台多次报道。1家律师事务所获评全国公共法律服务工作先进集体及“浙江律师法律援助志愿服务行动”项目先进单位，1名律师获评全国法律援助工作先进个人，2名律师获评浙江省法律援助优秀志愿律师。祥符司法所创建省级“枫桥式”司法所。2名调解员获评杭州市第六届“金牌和事佬”称号，1名调解员入选首批杭州市人民调解专家名录。2家社区创建浙江省2020年度“省级民主法治村（社区）”。2家单位获杭州市“七五”普法优秀社会组织称号。5人获杭州市“七五”普法优秀志愿者称号。

【法律援助】2020年，拱墅区建立区、镇（街道）、村（社区）三级公共法律服务实体平台，以区公共法律服务中心为龙头，街道公共法律服务工作站为支点，社区公共法律服务工作点为辅助，构建纵横相交的公共法律体系。5月，区公共法律服务中心增设司法鉴定窗口，发挥“3+X”（指在法律援助、法律咨询、综合窗口的基础上，增加司法公正、人民调解、司法鉴定等法律服务窗口）功能效应，做到法律援助“一窗受理、集成服务”。实现公检法刑事案件100%通过政法一体化单轨制流转，全流程线上收案、办理、反馈。通过“互联网+”公共法律服务，推进“数字法治、智慧司法”信息化体系建设，实现律师视频咨询二维码嵌入“拱墅司法”微信公众号，提供线上线下全方位公共法律服务，满足群众多层次、多领域、个性化的法律需求。全年区司法局办理法律援助案件446件，其中刑事395件，民事46件，行政5件；法律帮助719件；接待法律咨询7360余人次。拱墅区法律援助案件优秀率排名全市第二位，案卷上传率、归档率均名列前茅。浙江杭天信律师事务所获评“全国公共法律服务工作先进集体”，浙江民禾律师事务所律师孙健成获“全国法律援助工作先进个人”，梅锴、孙健成、康海锋3名律师获“浙江省律师法律援助志愿服务行动”优秀志愿律师称号。律师徐奕飞编写的“马某交通事故纠纷法律援助案例”被司法部中国法律服务网案例库收录。

【法治宣传】2020年，区司法局围绕“防控疫情、法治同行”专项法治宣传行动和4月的“法雨春风”法律服务月活动，累计开展《浙江省民营企业发展促进条例》宣讲活动162场，参加公开课收看观众2.05万人次。开展互联网+普法示范活动进园区5次，条例文本解读进民营企业220家，线上直播送法到企业家和员工3.18万人。继续发挥“赵老师普法工作室”职能，面向广大青少年进行法治宣传，开展各类法治课程80余场次，参加听课8400余人。7月，推出《见“微”知法》民法典普法课堂，在西湖先锋App上开设系列普法直播课堂。在“拱墅司法”微信公众号设“谁执法谁普法”专栏，对全区普法责任单位的普法宣传活动等进行报道，全年共发布信息100余篇。同月，组建区级民法典普法讲师团，开展“菜单式”普法。全区集中开展为期半年的民法典普法活动，发放民法典海报100份、书籍400本、折页1万份。8月，创新制作“七五”普法宣传片，在杭州公交、地铁移动电视上播放。继续深化“民主法治社区”创建工作，建成申慧宪法文化园、长乐苑宪法公园等宪法宣传阵地，指导祥符街道申慧社区、湖墅街

2020年12月3日，区司法局组织律师开展第三个宪法宣传周法律咨询活动 （区司法局 供稿）

道长乐苑社区争创省级民主法治社区。成立社区组织换届普法宣讲团，开展换届选举法律宣讲巡讲活动，深入社区、经合社、企业、群众，集中宣讲《中华人民共和国宪法》《中华人民共和国选举法》《中华人民共和国村民委员会组织法》等法律。累计开展相关活动22场，张贴挂图、悬挂横幅270条，发放宣传资料1.2万余册。以提升法治建设人民群众满意度为目标，在全区93个社区培育“法治带头人”93名，“法律明白人”292名，“遵纪守法示范户”98名，以“身边事教育身边人”“身边人带动身边人”的方式，提升公民法律素养。

【“拱墅法治茶点”展出】2020年12月，区司法局在浙江“七五”普法成果展上联合运河法治茶馆——老开心茶馆展出法治糕点和茶汤。法治糕点原型是传统定胜糕。拱墅区在传统定胜糕基础上，研发法治定胜糕，寓意“胜利”，蕴藏着大家对创造法治蓝图的美好愿景，同时将“尊法、学法、守法、用法”八字融入糕点中。法治茶汤是从宋代点茶文化“茶百戏”中找到的灵感，茶汤中勾勒着“法”字，将普法理念与茶文化有机结合，将“法治茶汤”分享给大家。区司法局的法治糕点和茶汤受到市民的欢迎。“学习强国”杭州学习平台、浙江新闻客户端、《浙江法制报》等平台对“法治茶点”进行报道。

【拱墅宪法文化园开园】2020年12月3日，由省司法厅、市司法局指导，区司法局、区文广旅体局、区普法办主办，杭州市传统文化促进会、小河街道办事处承办的“遵宪蔚然成风，崇法铸就信仰”拱墅区第三个宪法宣传周暨“12·4”国家宪法日原创法治文艺会演暨拱墅宪法文化园开园仪式在江墅铁路遗址公园举行。省市区有关领导出席，省市司法厅领导为拱墅宪法文化园揭幕。区有关部门及社区代表等100余人参加活动。拱墅宪法文化园依托江墅铁路遗址公园，将宪法文化与火车铁路文化融合，凸显“宪法是所有法律的火车头”的根本法地位。活动中，高空抛物情景剧、垃圾分类说唱、反诈骗小品、抗疫小热昏等系列法治节目受到喜爱。

【社区矫正】2020年，拱墅区接收

2020年12月3日，拱墅宪法文化园开园 （区司法局 供稿）

社区矫正对象235人，解除矫正对象146人，在册社区矫正对象294人，全区无社区矫正对象涉嫌重大恶性案件和影响社会稳定的重大事件发生。新冠肺炎疫情防控期间，区司法局组织全区社区矫正对象通过“易帮矫”教育软件开展以“防控疫情、从心出发”为主题的情理健康专题教育，同时向全省开放直播。4月，召开全区社区矫正执法规范化水平提升动员部署会。5月，开展2020年第二期“易帮矫”名家讲堂活动，邀请浙江对口支援湖北荆门的抗疫英雄，为社区矫正对象分享其在湖北荆门抗“疫”的心路历程和感人事迹。同时，市司法局对拱墅区开展社区矫正执法司法规范化提升年活动案卷评查、专题调研、专题督导等工作。7月，区司法局在社区矫正对象中通过入矫教育、现场教育、“易帮矫”手机直播等形式对社区矫正对象进行社区矫正法宣传教育。12月，成立拱墅区社区矫正委员会，成员为各矫委会成员单位分管领导共18人。

【人民调解】2020年3月底，区司法局开展“平安深化赛——矛盾纠纷减下来”专项行动，全区排定工作任务1298项，全年完成率100%。每季度组织开展比学赶超竞赛，各街道强化属地管理责任，推动拱墅区矛盾纠纷化解态势向好转变，化解率大幅提高。全年全区调解案件总数5748起，其中成功调解案件数5717起，成功率99.46%。9月，区司法局组织公选出杭州市人民监督员9人。10月29日，全市第一家纯社会团体、民办非企业单位——杭州市拱墅区梵迩云调解中心社会组织成立，为群众提供矛盾纠纷化解服务，诉讼、仲裁、行政、民商事调解及法律咨询服务。拱宸桥司法所协理员沈磊受聘为首批杭州市人民调解专家，祥符街道人民调解委员会获评首批杭州市“矛盾纠纷化解工作先进集体”，湖墅司法所所长夏淑辞获首批杭州市“人民调解宣传工作先进个人”称号，上塘司法所所长洪校宗、祥符司法所副所长王国栋获评首批杭州市“矛盾纠纷化解工作先进个人”。

【安置帮教】2020年新冠肺炎疫情防控期间，区司法局实现对归正人员的100%对接，确保归正人员落实隔离措施，实现归正人员“零传染”。11月，与拱墅区精益职业培训中心签订拱墅区帮教安置合作协议，解决刑满释放人员就业问题，维护社会安宁。区司法局副局长带队赴浙江省南湖监狱、浙江省长湖监狱进行监地协作互动交流。全年全区在册帮教对象357人，其中刑满释放人员194人，解矫人员163人。全区在册归正人员帮教率100%，全年未发生重新犯罪。建立归正人员信息及材料的交接机制，确保辖区所有归正人员不漏管，不漏建，实现辖区服刑人员核查率100%，重点人员回执率100%。

【律师管理】2020年，拱墅区新设立律师事务所8家。5月起，区司法局围绕中小型律师事务所培育、青年律师培养等开展“扬帆行动”，促进全区法律服务行业健康发展。7—10月，开展全区“律师行业教育整顿活动”，在律师队伍中开展违规兼职等行为专项清理，均取得良好效果。至年底，全区88家律师事务所、1065名执业律师办理各类案件2.18万件，担任法律顾问2168家，业务收入5.08亿元。7家法律服务所、28名基层法律服务工作者办理各类案件556件，担任法律顾问33家，业务收入771万元。浙江泽厚律师事务所、北京天达共和（杭州）律师事务所被授予“杭州市规范化律师事务所”称号。浙江宏昊律师事务所联合党支部获“全市司法行政系统最强党支部”“杭州市律师行业最强党支部”称号，浙江杭天信律师事务所党总支“杭天信公益法律服务项目”获评“杭州市律师行业最优项目”。

【直播节目《全“律”以“复”》开播】2020年3月，区司法局与区委统战部联合主办访谈直播节目《全“律”以“复”》，从16日起，每日开播，共5期。每期由1名律师和1名主持人围绕改善薪酬体系、建筑施工行业、餐饮娱乐企业复工等热点话题开讲，为新冠肺炎疫情下复工复产中的企业答疑解惑。吸引60余万名网友、企业群体在线观看、互动评论，被“学习强国”杭州学习平台、中新网、“浙江普法”等媒体平台多次转载报道。

【行政调解】2020年，拱墅区各级行政调解组织受理行政调解案件17164件，调解成功16018件，调解成功率93.32%，总涉案金额2332.95万元。（潘韵之）

案 例

【进口“巧克力”“糖果”等新型毒品案】2019年年底，在美国留学的21岁的小妍，前往美国西雅图游玩，在当地的大麻制品专卖店购买不少含有大麻成分的糖果、巧克力、蛋糕等食品。大麻糖形似五颜六色的圆形糖果，大麻巧克力是巧克力色的正方形薄片，大麻饼干是棕色的小圆饼干，大麻蛋糕就像一小块普通棕色蛋糕……除了外包装上的THC成分标注，不仔细查看，它们跟常见的小零食并无二致。几天后，小妍偷偷带着这些大麻食品回国。为了逃避海关检查，她拆开大麻食品的包装，将其混装在平时吃的普通糖果里。回到家后，小妍邀请未成年的小汪来自己家玩，并向小汪介绍大麻食品。两个人各吃1颗大麻糖。第二天，小妍又邀请刚满18岁的小哲和小冰来家里玩。几人先是吸食“笑气”，接着，小妍拿出大麻糖和大麻巧克力等。几个人各吃了1颗糖，就有些“上头”。当小冰得知，除了“糖果”外，小妍家里还有很多“巧克力”和“蛋糕”，想着自己还有一笔网贷没有还清，突然间动了歪念。小冰背着小妍偷偷拿走一些“糖果”和“巧克力”，并将这些“食品”拍照给好友小白看，炫耀这是有大麻成分的，国内买不到。同样“贪玩”的小白向小冰买了一颗大麻糖和一块大麻巧克力，共520元。第二天，他俩又进行2次交易，分别以400元和800元钱交易2颗大麻糖和2块大麻巧克力。交易完成后，小冰被当场抓获。民警顺藤摸瓜抓获小妍，并在她家中查获、扣押蛋糕状大麻制品26.53克。经查明，小冰3次贩卖的大麻制品及民警扣押的大麻制品均为小妍从美国带回。经鉴定，上述大麻制品中均检出Δ9—四氢大麻酚。犯罪嫌疑人小妍、小冰的行为均构成犯罪。2020年，拱墅区人民检察院以涉嫌走私毒品罪、容留他人吸毒罪对小妍提起公诉，以涉嫌贩卖毒品罪对小冰提起公诉。

【保安公司副总经理等人贪污案】2005年，任某进入杭州拱墅安保公司工作。之后，他多次晋升，2019年被提拔为副总经理兼保安二部经理。祖某某1999年进入杭州拱墅安保公司工作，从2003年起担任拱墅园区班组长。两人除负责公司的项目管理、人员调配、日常考勤等工作外，还掌握着手下保安工资发放“大权”。利用职务上的便利，任某和祖某某通过滞留已辞职员工的工资卡、给他人办理虚假入职或虚假社会保险等方式回收发放工资的银行卡，再通过虚假考勤套取公款。实际上，这些“空气员工”并未实际到岗。两人还通过手上掌握的项目和业务公司，虚报人员名单并从中开票走账套取公款。近年来，公司为近200名“空气员工”发放工资款。为了“空气员工”的漏洞不被发现，任某和祖某某还私下聘请无资质保安顶替“空气员工”，并通过虚报保安名单、虚假考勤的方式将“空气员工”的工资“打折”后发给无资质保安，从中赚取1/4到1/3的差价。8年间，任某和祖某某侵吞公款逾2000万元，在刨去“黑保安”工资成本后，两人约定“利润”七三分成。为讨好任某，祖某某还以“隐名股东代持”的形式，把自己持有的某保安公司4%的股份赠与任某，价值70余万元。另外，两人还收受下属保安班组长的“好处费”。2019年7月，经人举报，案发。随着该案查处的推进，还牵扯出一连串的保安班组长。保安班组长黄某某和任某、祖某某走得比较近，帮忙将公款从银行卡里“提现”，并收受祖某某给予的20万元“好处费”。保安班组长韩某某、陈某某、陶某、孙某等人将任某、祖某某两人的做法如法炮制。他们先后虚假安排30余人在公司办理入职手续和社会保险挂靠，尽管这些人并未到岗，但还需要每月向他们缴纳挂靠费。其间，公司为这30余名“员工”都按照相关规定缴纳社保。他们也私下聘请无资质保安，并从中赚取工资差额。截至2019年案发，4人通过上述方式侵吞公款逾100万元。

2020年，拱墅区检察院以涉嫌贪污罪、受贿罪对任某、祖某某提起公诉；以涉嫌贪污罪对黄某某、陈某某提起公诉；以涉嫌贪污罪对陶某、孙某批准逮捕。韩某某经拱墅区检察院提起公诉。拱墅区法院一审判决被告人韩某某犯贪污罪，判处有期徒刑3年，并处罚金30万元。（石玉婷）

【拱墅区法律援助中心对马某交通事故纠纷提供法律援助案】2017年10月20日零时28分许，在杭务工的河南人马某，在驾驶轻型厢式货车至杭州绕城高速路段时，与殷某驾驶的重型仓栅式半挂车发生追尾相撞，造成马某重伤。2018年1月2日，市公安局交通警察支队绕城公路大队经过勘查后，作出《道路交通事故认定书》，认定马某驾驶机动车在事发地点疏忽观察，未确保安全驾驶，是造成本起事故的一方面过错，承担主要责任；殷某驾驶不符合技术标准的机动车上路行驶，是造成事故的另一方面过错，承担次要责任。殷某驾驶机动车的所有权人系王某，该车在太平洋财产保险股份有限公司四平中心分公司投保交强险和商业第三者责任险。

8月8日，经浙江千麦司法鉴定中心司法鉴定，马某的伤残评定如下：双眼球萎缩，评定为二级伤残；颜面部多发挫裂伤致瘢痕形成，评定为八级伤残；上下颌骨、颧骨骨折经手术治疗，导致张口度受限，评定为九级伤残。马某因此次交通事故丧失了劳动能力，全家没有了经济来源。为此，马某多次与殷某、王某、太平洋财产保险股份有限公司四平中心分公司协商赔偿事宜，但因各方的推诿始终未能达成调解。为维护自身的合法权益，双目失明的马某决定通过法律途径解决该赔偿纠纷。

8月20日，马某在妻子的陪同下，到拱墅区法律援助中心申请法律援助。拱墅区法律援助中心按照《杭州市法律援助条例》第十二条的规定，审查马某的经济状况证明和诉讼材料，当日审批通过，指派浙江宏昊律师事务所律师徐亦飞承办此案。援助律师接受指派后，立即与马某妻子任某沟通法律援助相关事宜，深入了解案情。立案后，援助律师多次与法官沟通，使案件得以快速进入送达。

11月29日，该案开庭，通过一次次的据理力争，最终达成调解协议：王某支付马某医疗费、误工费、后续治疗费、残疾赔偿金、护理费、营养费、住院伙食补助、被抚养人生活费、交通费、鉴定费、精神抚慰金、财产损失费、拖车费等合计8万元；太平洋财产保险股份有限公司四平中心分公司在交强险和商业险的范围内支付马某医疗费、误工费、后续治疗费、残疾赔偿金、护理费、营养费、住院伙食补助、被抚养人生活费、交通费、鉴定费、精神抚慰金、财产损失费、拖车费等各项损失合计57.2万元。由于车辆报废损失确实属于无法在该案中处理的客观情况，该部分损失诉求先撤回。之后，援助律师准备好全部材料，通过与马某自己车辆的保险公司一方多次协商沟通，最终保险公司也基本理赔报废车辆的损失4万多元。

2020年，该案律师徐奕飞编写的“马某交通事故纠纷法律援助案例”被司法部中国法律服务网案例库收录。（潘韵之）

【“宁某奇非法经营案”侦破】2020年4月，区公安分局网警大队发现辖区内一犯罪团伙从事“有偿删帖”，交易频繁，涉案资金大，在利益链中处于上层。网警大队细致刻画类案生态，查明该团伙长期在网络群组发布付费删帖广告，在接受“客户”的删帖需求后，通过勾结“删帖中介”“非法自建网站”等从事网络“黑灰产”的个人和团伙，进行“有偿删帖”交易，或通过伪造公文的方式，委托律师事务所出具“律师函”，要求网站进行删帖。经综合研判，基本掌握宁某奇团伙从事网络有偿删帖并从中牟利的犯罪事实。4月15日，区公安分局组织精干警力分别在杭州、福建莆田、四川成都抓获涉案嫌疑人3人。“宁某奇非法经营案”网络水军案件的侦破，实现2020年全省“网络水军”案件打处“零”的突破，申报为公安部部督案件。

（鲁　萍）

军事 15

人民武装

【概况】2020年，区人武部坚持抓思想固根本，抓练兵增战力，抓集训提素质，抓正规强基础，抓安全促稳定，完成上级赋予的各项任务。在民兵整组训练、民兵专项行动演练、民兵岗位练兵比武、征集优质兵员、持续加强基层规范化建设、巩固民兵调整改革成果等方面取得成绩和进步。

【兵员征集】2020年1月16日，区人武部召开征兵工作会议，贯彻上级年度征兵工作指示。在新冠肺炎疫情防控形势下，探索依托网络、微信、门户网站等媒体平台进行宣传，区卫健局组织开设封闭式体检站，区公安分局采取函调和实地相结合的方式政审，紧扣“五率”（兵役登记率、体检上站率、双合格率、大学生兵员比率、非责任退兵率）完成征集任务。连续三年被省、市表彰为征兵先进单位。

【《党委议事规则》修订完善】2020年，区人武部党委学习军委党的建设工作会议精神，学习《中国共产党章程》《党内政治生活若干准则》，修订完善《党委议事规则》，增强组织生活的政治性、原则性、战斗性，完善敏感领域、易发问题环节监督制约，落实上级组织指出的苗头隐患问题的整改，确保军队调整改革以来单位安全稳定的良好态势。

【“传承红色基因、担当强军重任”主题教育活动开展】2020年，区人武部持续深化“不忘初心、牢记使命”“传承红色基因、担当强军重任”主题教育。按照浙江省军区、杭州市警备区统一部署组织主题教育，结合拱墅实际开展“感恩知责、感恩思进”和得失观、荣辱观、职业观等专题教育，落实常规性的法纪法规、安全保密教育，强化干部、文职职工的事业心、责任感。抓好专武干部和民兵队伍的思想教育，结合武装工作例会、整组点验、骨干集训、执行任务等时机，因地制宜开展国防形势、职能使命等方面的教育活动。民兵政治教育的做法被省军区推荐参加国防动员部调研座谈汇报，获调研组肯定。

【民兵整组】2020年1月16日，区人武部专题召开整组任务部署会，成立民兵整组工作指导小组，对各单位进行检查督导。整合力量资源、优化编组结构，完成民兵整组任务，民兵整组质量显著提高。

【训练备勤】2020年6月，区人武部在常态化疫情防控形势下，采取相关理论网上学、共同内容街道训、专业课目集中练的方式，组织为期10天的民兵应急连训练，提升遂行任务的能力。8月，遴选人员及队伍参加杭州警备区第三届岗位练兵大比武，获得2个个人第三名，1个分队第三名，总分排名全市第四位。承担全市指挥工程维管和特种车辆维修2个专业60人次的训练任务，达到“把人员训全、把内容训够、把时间训足、把质量训精”的目标。

【战备执勤】2020年1月22日，区民兵应急连接受省军区拉动检验，实现“零扣分”目标。组织元旦、春节、五一、国庆节日战备值班。抓好担负省军区第一季度战备值班任务的区民兵应急连和担负区人武部战备值班任务的街道民兵应急分队战备常态化保持，完成战备值班任务。

【演习保障】2020 年 5 月，区人武部参与“国防动员专项行动”，省军区工作组赴杭州铁路北站现地拉动拱墅区安全警戒分队。小河街道应急排和顺丰集团杭州分公司人员及车辆，按照上级规定的时限要求快速集结，携带装具齐全，受到肯定。7 月，参与“东部—动员 2020”演练活动。

【役前训练】2020 年 9 月 2—12 日，区人武部按照“模拟化组织、正规化训练、封闭式管理、全程淘汰”的原则，在浙江工商大学人武学院组织新兵役前教育训练。通过体验军营生活、感受训练管理氛围、了解部队纪律要求，端正预定新兵入伍动机，提高入伍适应能力，及时淘汰不合格人员，有效减少退兵特别是拒服兵役问题发生。

【战备“三化”建设成果巩固】2020 年，区人武部在 2018 年担负省军区“三化”（组织指挥预案化、力量体系专业化、保障设施野战化）建设的基础上，对照人武部战备建设新标准要求，区人武部和 10 个街道人武部投入资金，配齐各类器材，满足战时和平时防恐维稳、救灾任务等需求。

（朱超峻）

2020 年 6 月 15 日，区人武部组织民兵应急连训练　（区人武部 供稿）

人民防空

【概况】2020 年，区人防办坚持疫情防控和年度工作同部署、同落实，在抗击疫情、人防系统专项治理、宣教、省市人防大检查、行政执法、指挥部常态化建设、专业队伍力量建设等工作上扎实推进。

【拱墅区防空袭疏散演练活动】2020 年 9 月 18 日，区住建局联合大关街道开展杭州金盾 2020 系列演习——拱墅区防空袭疏散演练活动，200 余人参加。活动以实现指挥部成员单位、街道、社区、重要经济目标全员、全域行动为目标，采用分场景分阶段形式实施，获得良好社会效益。

【拱墅区—淳安县跨区域临战人口疏散与对口接收演练】2020 年 9 月 29 日，区人防办组织 3 个街道 33 个社区人防骨干队伍开展杭州金盾 2020 系列演习——拱墅区—淳安县跨区域临战人口疏散与对口接收演练。演练完成从组织疏散、疏散行进、接收编组、对口安置、熟悉景场、建立长效互动的一整套演练动作，宣告“拱墅区—淳安县跨区域临战人口疏散及对口接收安置演练三年行动”训练科目圆满收官。

【全市首台 5G 音源警报完成】2020 年，拱墅区作为杭州市新型音源警报试点，率先完成全市首台 5G 音源警报，在“4・4”全国哀悼日警报试鸣，“5・12”防空减灾日警报试鸣及“9・18”社区居民防空袭疏散演练任务中，首次实现综合体室内音源警报、地下工程 5G 音源警报、机动指挥车防空警报、地面无人机警报、点位固定警报联合鸣放。5G 音源警报基于物联网云服务，发放稳定。

【战备点验】2020 年，拱墅区人民防空专业队伍在传统专业队的基础上，新建心理防护、网电防护新型专业队。9 月 16 日，区人防指挥部指挥长，区人武部部长，区住建局、区人民防空指挥部办公室领导对拱墅区人民防空专业队进行战备点验。区专业队骨干参加点验，完成拱墅区人民防空专业队伍首次点验工作。

【人防专业队伍训练】2020年10月12日，拱墅区2020年度人防队伍骨干集中训练启动。此次训练以按纲施训为主线，从党的建设、周边形势、人防核心要素、救援技能实操、队列队形训练等方面开设课程，进行人防理论和军事技能培训。区人防指挥部成员单位联络员、街道人武部部长、街道人防专管员、重要经济目标、社区人防骨干以及抢险抢修、医疗救护、治安、通信等人防专业队伍队员参加训练，其中指挥部成员单位、重要经济目标及社区人防骨干等人防力量首次被纳入全区人防队伍集中训练中。（潘　超）

2020年9月29日，区人防办组织开展“杭州金盾2020—4”人民防空系列演习——拱墅区—淳安县跨区域临战人口疏散接收安置演练（区人武部 供稿）

国防教育

【概况】2020年，区人武部在辖区内开展以各级领导干部为关键领头，以大、中、小学生为基础源头，以民兵预备役为骨干重头的全民国防教育活动，营造全社会关心国防、热爱国防、建设国防、保卫国防的氛围。区人武部领导结合周边军事热点和群众普遍关心的现实问题，深入学校开展国防教育宣传工作。注重加强党政机关领导干部的国防教育；结合地域实际，探索创新街道、社区国防教育的形式和方法，强化各级领导干部和广大群众的国防意识、大局意识，为完成兵员征集、民兵整组、备勤训练、演习保障等任务营造良好氛围。

【“军人为你骄傲”主题宣传活动】2020年5月起，杭州市委宣传部、杭州市退役军人事务局、杭州警备区政治工作处联合开展“军队为你骄傲”暨寻找“最美军嫂（兵妈妈）”主题宣传活动，拱墅区推荐的2名军嫂赵萍、吴靓被评为杭州市“最美军嫂”，2人事迹于8月6日在杭州电视台播出。

【征兵宣传】2020年3月，区人武部配合年度征兵活动，区、街道两级召开征兵工作宣传动员会议。区人武部部长、政委深入一线调研，参加征兵体检组、政治考核组和街道征兵工作人员集训，并多次到辖区内街道、高校指导宣传征兵、体检政审。区、街道人武部针对疫情防控形势，探索依托网络、微信、门户网站等媒体平台进行征兵宣传。

【学生军训】2020年，区人武部根据省、市下达的2020年学生军训任务，和相关学校成立军训工作领导小组。军训教官由区人武部抽调部分军事素质好、组织指挥能力强的街道专武干部、民兵连长作为骨干，挑选军事素质好，在部队服役期间担任过班长、副班长，服役期5年以上的民兵担任教官。开训前在人武学院组织为期5天的军训教官集训，优化军训教官队伍。9月上旬，完成辖区内杭州市第十四中学的军训任务。

【全民国防教育日系列活动】2020年9月19日第二十个全面国防教育日，区人武部牵头组织全区各街道围绕“奋进新时代、聚力强军梦”主题，开展教育宣传活动。区人武部部长赴浙大城市学院进行国防教育授课，扩大国防教育的覆盖面和影响力。（朱超峻）

特色产业 16

综 述

2020年，拱墅区克服新冠肺炎疫情影响的不利因素，在做好疫情防控工作的基础上，实现“6+2”产业平稳增长。全区“6+2”产业实现营业收入1982.90亿元、增加值380.43亿元，分别比上年增长10%、1.9%。其中，数字经济产业实现主营业务收入156.44亿元，增长16.4%；商贸旅游产业实现主营业务收入963.09亿元，增长6.4%；金融服务行业实现增加值146.32亿元，增长11.3%；限额以上文化创意产业实现主营业务收入292.82亿元，增长25.1%；商务服务产业实现主营业务收入331.47亿元，增长24.6%；体育健康产业实现主营业务收入250.13亿元，增长2.7%；智能制造产业实现主营业务收入202.80亿元，增长3.1%；建筑规划产业实现主营业务收入375.8亿元，增长13.0%。

谋划重大平台建设，实现产业错位发展。全区数字经济平台6个，新制造业平台2个，金融类小镇1个，健康产业平台1个，外国人才“双创园”1个，集聚新浪集团控股有限公司、顺丰速运有限公司、联想集团、中国科学院数字经济研究院、北京五八信息技术有限公司等全球优质互联网和数字经济头部企业，北部软件园众创空间获评国家级众创空间，创新创业生态全面优化。深入推进产业立区战略，依托产业平台，全力培育六大产业中心，研究制定“六大产业中心20条”，建立30亿元规模的转型升级产业基金，打造“产业新森林”。

不断优化营商环境，强化重点企业培育。全面落实“六稳”“六保”任务，大力开展“补短争先、提质增效”攻坚行动，深入“走亲连心三服务”、持续“助万企、帮万户”，举办美食节、汽车节、外惠季等各类促消费活动，创新开展云上“双招双引”、电商直播带货，线上线下累计落实各类涉企扶持政策资金5.48亿元，为企业减负降本37.18亿元，在全省两次MEI综合评价中分获“优+”和“优”评级，推动全区经济企稳回升。杭州锦江集团、浙江建华集团、海外海集团入围中国民营企业500强，品融控股集团有限公司等9家企业入选浙商全国500强，浙江盘石信息技术股份有限公司等9家企业荣登“独角兽”“准独角兽”榜单，中亚集团获省政府质量管理创新奖，杭州华普永明光电股份有限公司获省标准化创新奖，拱墅区获2020企业家幸福感最强区。

（倪 维）

数字经济

【概况】2020年，拱墅区紧抓省委、省政府数字经济“一号工程”，通过强基础、搭平台、促转型，为全区数字经济高质量发展蓄积新动能，拱墅区获评“杭州市数字经济（一号工程）工作成绩突出集体”。全区数字经济核心产业增加值达37.3亿元，比上年增长17.2%，增速居全市第四位；实现营业收入156.44亿元，增长16.4%，增速居全市第三位。

【385个5G基站建成】2020年，拱墅区实现重要区域、重要点位5G信号覆盖。全年完成385个5G基站建设，完成率110%。基于5G的物联网、大数据、人工智能等数字技术在产品、制造、服务等环节深度应用，引导企业

加快建设工业互联网平台，其中利尔达科技集团股份有限公司在建的5G工业互联网智能网关项目，将应用于智慧工厂、智慧城市、机器人等应用领域。

2020年6月6日，中科院计算所数字经济产业研究院（杭州分所）揭牌

（区发改经信局 供稿）

【“企业上云”】2020年，拱墅区完成“企业上云”1670家，完成市对区目标的304%。杭州匡信科技有限公司、大箴（杭州）科技有限公司获评“浙江省第六批大数据应用示范企业”。杭州电堂科技有限公司、浙江盘兴信息技术有限公司等6家企业获评“浙江省第四批上云标杆企业”。

【中科院计算所数字经济产业研究院（杭州分所）揭牌】2020年6月6日，中科院计算所数字经济产业研究院（杭州分所）在拱墅区智慧网谷揭牌。该项目由中科院计算所与拱墅区政府共同合作成立，是全市“三名”工程（知名企业、知名品牌、知名企业家培育工程）重点项目，也是中科院计算所在浙江省唯一深度合作布局的产学研项目。中科院计算所（数研院）成功获批浙江省第一批省级新型研发机构，成为拱墅区唯一的省级首批新型研发机构。至年底，中科院计算所（数研院）入驻杭州北部软件园4层，共计5000平方米场地，并进行实体化运作，引进6支研发团队，成立图灵实验室、新媒体中心、宽带智联中心、智能超算中心、区块链物联网中心、三维视觉及行为识别中心6个主体，孵化和引进杭州中科领睿信息技术发展有限公司、杭州中科睿鉴科技有限公司等10余家科技创新型企业，引进各类高端人才50余人。

【企业质效提升】2020年，拱墅区数字经济企业杭州华普永明光电股份有限公司和浙江托普云农科技股份有限公司入选工业和信息化部第二批专精特新“小巨人”企业名单；数字经济企业浙江盘石信息技术股份有限公司入选2020年浙江省软件业务收入前30家企业；数字经济企业利尔达科技集团股份有限公司、杭州美创科技有限公司入选2020年浙江省电子信息50家成长性特色企业。浙江盘石信息技术股份有限公司“基于云计算和大数据的企业信用评价和预警平台”项目入选2020年浙江省数字经济“五新”优秀案例。（计　凯　尤紫薇）

旅游业

【概况】2020年年底，拱墅共有旅行社83家，其中纳入统计监测的80家旅行社接待国内旅游者14.08万人次，比上年下降69.15%；国内组织出游人数15.55万人次，下降44.33%；实现经营总收入5.25亿元，下降72.96%。运河景区接待国内外游客954.5万人次，下降85.53%。纳入统计的27家宾馆饭店2020年实现营业收入近7亿元，下降31.64%，接待总人数60.07万人次，下降43.98%，其中客房出租率43.08%，下降35.46%。2020年，区文化和广电旅游体育局（简称区文广旅体局）贯彻文化和旅游部关于暂停旅游业务的要求，打赢抗疫攻坚战，做强运河·百县千碗项目，持续推进文旅数字化，加强拱墅旅游资源梳理和旅游宣传介绍，深化文旅融合改革。随着疫情防控形势的好转，拱墅区旅游产业发展逐步恢复。12 月 23 日，拱墅区入选首批“浙江省文旅产业融合试验区”培育名单。

【旅游景点建设】2020 年，拱墅区全面实施上塘河与沈半路沿线提升改建工程，进一步激活申遗点段的文化魅力，打造以“一秀一街一廊”为特色的上塘古运河景区。改建重点项目包括：改建上塘河沿线游步道，完善公共市政设施，提升上塘河沿线绿化景观带；依托上塘河沿岸江南民居式建筑，打造上塘古运河历史街区；立足上塘河历史故事，依托现代技术，打造“梦话上塘”沉浸式古运河夜游项目；打通上塘河沿岸与半山的链接，美化沿线环境，优化沿线公共设施配套，打造都市山水休闲连廊。上塘古运河景区计划 2021 年 7 月建成开放。

【百县千碗工程实施】2020 年，区文广旅体局推进“诗画浙江·百县千碗”工程实施，在区域布局、政策支持、特色挖掘和产业引领上积极探索，努力打造“运河·百县千碗”（百县千碗是指全省 100 个县市，每个县市 10 个菜，刚好 1000 个菜。）一店一街一镇。4 月，拱墅区被评为“诗画浙江·百县千碗”工程示范区。

【旅游数字化建设】2020 年，拱墅区持续推进城市数字化工作，完成“630”、“930”和“1230”（指 6 月 30 日、9 月 30 日、12 月 30 日 3 个时间节点）三次攻坚任务，“30”秒入住服务酒店达 40 家，“20”秒入园文化场馆接入数 16 个。拱墅数字文旅服务平台全面建成，百度拱墅文旅城市名片和拱墅文旅程序上线，拱墅数字文旅管理信息平台完成数据对接。

【旅游宣传推广】2020 年，区文广旅体局利用百度拱墅文旅小程序、运河南官方微信公众号及百度拱墅文旅百家号等平台，开展拱墅旅游景点、旅游线路及拱墅美食宣传，制作《南望拱墅》旅游指南，拍摄拱墅文旅宣传片，组织参加第二届大运河文化旅游博览会、2020 中国旅游产业博览会、“最忆是杭州”2020 杭州文化旅游促销和高校新生文旅宣介等活动，以及“百县千碗”拱墅十碗美食体验、文明旅游拱墅旅游线路推荐，全年组织 5 场活动，进一步扩大拱墅影响。

【旅游行业监管】2020 年，区文广旅体局贯彻文化和旅游部关于暂停旅游业务的要求，摸清区内 83 家旅行社出团、出境人数和企业损失情况，同时做好对企业的安抚与政策解读。开通省、市、区疫情防控直通车，建立假日值班制度和信息上报工作机制，构建安全网络。结合省、市文旅部门的政策要求，组织律师团编写旅游投诉纠纷处理指南，帮助企业妥善处理旅游退费投诉，规范操作流程。全年处理旅游投诉 316 件，办结率为 100%。（姚　辉）

金融服务业

【概况】2020 年，区金融办优化融资环境，推进股改上市，加强金融风险防控，全年全区实现金融业增加值 146.32 亿元，比上年增长 11.3%，金融业增加值占 GDP 比重达 21.8%。

【融资环境优化】2020 年，拱墅区持续优化获得信贷环境，推动杭州市范围内各银行为拱墅区小微企业减息减费超过 700 万元，兑现“降低企业融资成本”政策补助 350.66 万元。建成“杭州 e 融”拱墅专区，实现平台企业入驻 4700 家，授信 2381 家，放款 2200 家，授信 66.09 亿元，放款 54.02 亿元。联合各行业主管部门开展 4 场专题政银企融资服务会，累计服务企业 100 多家次。助力全区业主（房东）型企业发展，完成减租减息减支专项工作，兑现政策补助 2280.53 万元。

【企业上市进程推进】2020 年，拱墅区新增杭州罗莱迪思科技股份有限公司等 4 家企业进行股改，全区拟上市股份企业 18 家。新推进杭州美创科技有限公司等 7 家企业入选市级重点拟上市企业名单，全区市级重点拟上市企业累计达 18 家。优选聘请 15 位知名券商、律师等专家人士组建“拱墅区资本市场专家智库”，为拱墅区拟上市企业提供一站式的金融服务。组织区内重点企业参与专项辅导会等活动 8 场，涉及企业 66 家次。优化上市政策申报流程，兑现股改等各类政策奖励 700 万元。

【金融风险防范】2020 年 2 月，区金融办开展处置非法集资宣传活动，6 月，开展“守住钱袋子、护好幸福家”主题防范处置非法集资宣传活动，开展 4 场社区专场宣传，发放宣传品 3 万余份。联合各街道做好重点行业领域、重点人群、重点场所的常态化宣传和非法集资源头治理工作。全年开展 10 余次各类金融风险排查，涉及私募机构、小贷、融资担保、融资租赁、私募、转贷、车贷等重点行业领域，对失联企业进行再次核查，通过资料填报、联合检查、中介核查等方式，累计排查企业 300 余家。（张 振）

2020 年 7 月 8 日，区金融办举办“资本市场专家智库”聘任仪式
（区金融办 供稿）

文化创意产业

【概况】2020 年，区文创产业实现主营业务收入 388.73 亿元，比上年增长 19.4%，实现税收 12.44 亿元。辖区文创园区建筑面积 50 余万平方米，集聚文创企业 1000 余家，营业收入、总税收分别达 135.39 亿元、5.30 亿元。重点培育信联文创园、元谷尚堂园、影天像素园等十大新兴文创园区。全面推动疫情防控和复工复产，为文创园区（楼宇）入驻企业减免租金、发放补助，合计金额 167.61 万元。开展打造拱墅区十大“文创新势力”“大运河文创会客厅”等文创品牌活动。

【文创品牌亮点打造】2020 年，区委宣传部开展打造文创品牌亮点活动。全年筹办 6 期“大运河文创会客厅”，邀请知名财务和金融机构的嘉宾，通过案例分享、实际应用、互动交流等形式，为拱墅区企业提供展示分享平台。10 月 22 日，举办“数字运河、智慧拱墅”拱墅区十大“文创新势力”决赛，经过路演评审，浙江悦味家居有限公司、杭州罗莱迪思科技股份有限公司、杭州世见科技有限公司、杭州米络文化传播有限公司、杭州大丰文化传媒有限公司等 10 家企业获得十大“文创新势力”称号。其中，排名前 5 的企业直接进入 2020 杭州市“文创新势力”总决赛，杭州大丰文化传媒有限公司通过决赛成为杭州市十大文创新势力之一。拱墅馆参展杭州市文博会，展出上新“故宫”系列文创产品、青瓷丝语文创礼盒等文创展品。

【文创园区提升改造】2020 年，拱墅区推进园区提升改造，将乐富智汇园、丝联 166、元谷创意园 3 个文创园区列入重点巩固提升名单。认定挂牌一批精品文创园区。以各街道各园区互比互看、争创一流的方式，推动文创园区培育提升，打造“一街一园”“一街多园”格局。1 月，丝联 166、元谷创意园、天堂 e 谷、乐富智汇园被认定为市级文化产业园区，大兜路历史街区被认定为市级文化创意街区、乐富智汇园被认定为浙江省侨联侨界创新创业基地。

【文创产业发展】2020 年，拱墅区加强文创产业招引，全区引进文化创意产业链项目 9 个，包括杭州印智亚科技有限公司、杭州缇铭科技有限公司、杭州汇趣科技有限公司、中青旅联科（杭州）公关顾问有限公司、杭州尚辉企业管理有限公司、杭州名九至文化控股集团有限公司、杭州开课啦信息技术有限公司、浙报边锋控股有限公司、浙数文化科技有限公司。招引龙头企业平台 1 个，为浙数文化科技发展（浙江）有限公司；招引 4 个亿元项目，分别为浙数文化科技发展（浙江）有限公司、米络星科技创新中心项目、新浪技术中心项目、新浪信息产业项目。全年全区文化创意产业主营业务收入 388.73 亿元，比上年增长 19.4%。限额以上企业实现主营业务收入 292.82 亿元，增长 25.1%。文创园区（楼宇）实现主营业务收入 135.39 亿元，增长 9.2%。全区文化创意产业总税收实现 12.44 亿元，增长 15.45%。

【文创补助资金兑现】2020 年，拱墅区开展市文化创意资金拨付工作，累计拨付市文创重点项目、文创企业贴息、市动漫补助金额 343.97 万元，惠及企业 31 家。根据市财政局、市委宣传部联合印发的《关于下达文化企业帮扶纾困资金的通知》文件精神，帮助浙江博采传媒有限公司、杭州寸村广告有限公司、杭州单向街文化传播有限公司 3 家企业申报成功市“支持文化企业帮扶纾困资金”，共计 120 万元。全年惠及 40 余家单位，涉及金额 546.97 万元。

【文创企业发展】2020 年 10 月，杭州米络星科技（集团）有限公司被第六届杭商论坛组委会评选为杭商品牌案例。浙江博采传媒有限公司获得市级企业高新技术研究开发中心称号。11 月，杭州大丰文化传媒有限公司被评为杭州市十大“文创新势力”企业，杭州米络星科技（集团）有限公司、浙江博采传媒有限公司获评杭州文创青云榜上榜企业。12 月，杭州开源丝绸文化创意有限公司在中诚信全球品牌大会暨中国智慧品牌全球化峰会上被授予“中国丝绸文化最具潜力品牌”，其创始人吕健元在中诚信全球品牌大会暨中国智慧品牌全球化峰会上被授予“中国丝绸创意大师”称号。

【文创产品获奖】2020 年，拱墅区文创企业的优秀产品获评一系列国际、国内的重要奖项。浙江博采传媒有限公司制作的广告作品《酿晒工艺篇》《冰与火篇》分别获第二十届 IAI 国际广告奖金奖，优秀奖。浙窑大师侯红美被评定为拱墅工匠，司文阁作品《好运鱼 · 最忆是杭州》获 2020 年中国（杭州）工艺美术精品博览会“神功杯”创意设计制作大赛银奖。安道设计所属项目获 2020 法国巴黎 DNA 设计大奖。（王晓晨）

商务服务业

【概况】2020 年，拱墅区商务服务产业有入库企业 159 家，其中米市巷街道 35 家，区科技工业园区 33 家，祥符街道 21 家，上塘街道 19 家，湖墅街道 11 家，康桥街道 9 家，小河街道和半山街道各 8 家，和睦街道 7 家，大关街道 6 家，拱宸桥街道 2 家。实现主营业务收入 331.47 亿元，比上年增长 24.6%。

【楼宇“小升规”企业 113 家】2020 年，区市场监管局按照《拱墅区楼宇经济提升五年专项行动方案（2017—2021 年）》，完成楼宇小升规企业 113 家，其中区科技工业园区 31 家，祥符街道 16 家，上塘街道 15 家，米市巷街道 12 家，湖墅街道 10 家，小河街道、半山街道及康桥街道各 6 家，拱宸桥街道及大关街道各 4 家，和睦街道 3 家。2017 年至 2020 年，拱墅区制定新增楼宇企业小升规任务量共 135 家，各街道（含区科技工业园区）实际完成 281 家，完成量翻一番，且呈逐年增长趋势。

【商务服务业名录增减】2020 年，区市场监管局配合相关部门，及时做好商务服务产业单位名录库增减的核实和审定工作，对各街道推荐的符合条件的优质企业及时上报统计部门入库。年内，推荐新增入库企业 20 家，各街道新增入库商务服务企业分布情况：上塘街道 3 家，祥符街道 5 家，大关街道 1 家，区科技工业园区 11 家。年内，区科技工业园区的杭州凌锐物流有限公司申请退出规模以上企业库。（张玲慧）

体育健康产业

【概况】2020 年，拱墅区有体育企业 382 家，其中正常开展经营活动的体育企业 364 家。按经营方式分类，体育健身服务企业 147 家，占总数的 38.5%；体育用品批发零售企业140家，占36.6%；体育活动策划服务企业76家，占比19.9%；体育场地设施施工企业19家，占5.0%。体育健身服务企业实现产值约3.9亿元；体育用品批发零售企业实现产值约2.4亿元。拱墅区体育健康产业规上企业69家。体育健康产业实现主营业务收入250亿元，比上年增长2.7%，实现增加值61.43亿元，减少9.7%。

（姚靖雯　宋羽莎）

【省体育产业发展资金项目申报】2020年，根据《2020年度浙江省体育产业发展资金项目库项目的通知》，拱墅区向市体育局申请疫情纾困类单位4家：杭州安耐捷健身有限公司（健身服务）、杭州南博万文化体育发展有限公司（蹦床主题公园）、伊犁万国天骐体育文化发展有限公司杭州第二分公司（击剑教学）、北京世纪星冰雪体育文化发展有限公司杭州拱墅分公司（冬奥会冰上运动项目）。经省市体育局评审，通过2020年浙江省体育产业发展资金项目（疫情纾困类）3家：杭州安耐捷健身有限公司、杭州南博万文化体育发展有限公司、北京世纪星冰雪体育文化发展有限公司杭州拱墅分公司。年内拱墅区完成3家体育企业扶持经费各5万元的发放工作。

【冰上运动——世纪星冰场、蹦床——南博万蹦床公园获评浙江省运动休闲旅游优秀项目】2020年，省体育局、省文化和旅游厅发布《关于开展2020年浙江省运动休闲旅游示范基地、精品线路和优秀项目评定工作的通知》，对照《浙江省运动休闲旅游示范基地、精品线路和优秀项目评定管理办法（试行）》，区文化和广电旅游体育局申报的冰上运动——世纪星冰场、蹦床——南博万蹦床公园两个项目，于2021年11月12日，被认定为“浙江省运动休闲旅游优秀项目（2021—2023年度）”。

【浙江省全域户外智能信息服务平台数据采集工作完成】2020年5月，拱墅区文广旅体局委托杭州市体育休闲行业协会开展“2020年浙江省全域户外智能信息服务平台数据采集工作”，完成热水河健身步道（浙建大成公司—上塘河）、上塘河健身步道（华中桥—铁路桥）、上塘河健身步道（胜利桥—高亭坝）、运河健身步道（茶仓桥—青莎公园）和虎山公园健身步道5条户外线路的采集工作。（姚靖雯）

智能制造业

【概况】2020年，拱墅区全力推动制造业高质量发展，把新制造业发展专项行动列为拱墅区六大专项行动之一。拱墅区实现规上工业增加值86.3亿元，比上年下降7.0%；实现工业总产值253.1亿元，下降8.9%；实现工业销售产值256.6亿元，下降2.9%；实现新产品产值98.7亿元，下降22.2%；新产品产值率39.0%，下降6.7个百分点。杭州中美华东制药有限公司、浙江顺丰速运有限公司获评杭州市“鲲鹏”企业，杭州中亚机械股份有限公司获2019年浙江省人民政府质量管理创新奖。杭州华普永明光电股份有限公司获2020年浙江省标准创新优秀贡献奖。

【规模以上工业企业营业收入利润率指标位居全市首位】2020年，拱墅区规模以上工业企业实现营业收入278.9亿元，比上年增长1.6%；实现利润总额43.2亿元，增长16.7%；规模以上工业企业营业收入利润率15.5%，位居全市首位。

【“亩均论英雄”综合评价】2020年，拱墅区持续深化“亩均论英雄”改革，规模以上工业亩均增加值603.1万元/亩。完成全区68家规上工业企业“亩均论英雄”综合评价，评选出A类企业17家，B类企业31家，C类企业20家。杭州中美华东制药有限公司入选2020年浙江省制造业重点行业亩均效益综合20强。

【工业投资稳步增长】2020年，拱墅区实施工业投资项目11个，其中工业基建项目7个，工业技改项目4个，工业投资比上年增长4.5%。竣工工业投资项目6个，分别为杭州中美华东制药有限公司“大分子药物研发专业实验室（中试）技术改造项目”、杭州泄川电子工业有限公司“5号地块新建厂房”、杭州中亚机械股份有限公司“中亚机械有限公司新建科研用房”、杭州金网新能源汽车有限公司“19号地块工业用房”、杭州华电半山发电有限公司“1号机组燃机——压气机转子P5包升级改造”、浙江宏顺纸业有限公司“浙江宏顺纸业有限公司新建厂房”。

【工业“小升规”企业培育】2020年，拱墅区进一步推进工业企业“小升规”工作。根据市下达“小升规”年度目标任务，建立20余家拟新增规模以上工业企业培育库，并强化培育企业走访服务，对“小升规”培育对象实行重点监测，及时了解企业生产经营情况。年内，浙江建林电子电气股份有限公司、杭州信达自动化有限公司、杭州超耐德科技有限公司、杭州群乐包装有限公司、杭州开复电气科技有限公司、杭州英吉士电机有限公司、运盛家用饰品(杭州)有限公司、浙江省公安厅人民警察服务中心、杭州五湖电子有限公司、杭州现代彩色印刷有限公司、杭州中开电气有限公司11家培育企业实现工业企业“小升规”。

【中美华东制药公司入选省生产制造方式转型示范项目】2020年，杭州中美华东制药有限公司制剂大楼3及配套工程技术改造项目入选浙江省生产制造方式转型示范项目计划实施名单。该项目总投资4.6亿元，建设新赛斯平软胶囊生产线1条，泮立苏冻干粉针生产线1条，卡双平、卡司平和吲哚布芬固体制剂生产线2条，计划竣工时间为2021年6月。项目采用先进的制造执行系统、拆包称量系统、开装箱码垛系统等先进设备，实现智能化、数字化制造规模产业化要求。

2020年12月，建设中的中美华东制剂大楼3及配套工程技术改造项目
（区发改经信局 供稿）

【3种产品入选浙江制造精品名单】2020年，杭州飞仕得科技有限公司“新能源车高性能一体化智能IGBT驱动器”、杭州中美华东制药有限公司“百令胶囊（0.2克×60粒）/（0.5克×42粒）”、浙江托普云农科技股份有限公司“农作物病虫害测报系统（TPCB）”3个产品入选2020年度“浙江制造精品”名单。

【工厂物联网项目通过验收】2020年，中建材智能自动化研究院有限公司“基于物联网的8.5代液晶显示玻璃基板生产制造执行系统”和杭州比孚科技有限公司“基于物联网的智慧终端及其船联网智慧云综合平台”2个项目通过杭州市工厂物联网项目验收。

（严盼盼）

建筑规划业

【概况】2020年，拱墅区建筑规划业平稳健康发展。全区有区属建筑业企业682家，其中规模以上企业149家，建筑业省内总产值287.5亿元，比上年增长6%。全区在建工地在监工程项目286项，其中房屋建筑工程188项，总建筑面积1282.66万平方米，市政工程项目98项，总造价11.2亿元。受理各类工程质量、安全生产和文明施工的投诉共823起，及时处理率和反馈率均达100%；全区建设工程质量处于受控状态，安全生产形势持续稳定，文明施工水平继续提升。

【工业化装配式建筑发展】2020年，拱墅区大力发展工业化装配式建筑。全年新开工装配式项目50个，建筑面积400.11万平方米，完成年度目标任务的181.8%；新开工装配式住宅和公共建筑项目44个，建筑面积351.33万平方米，完成年度目标任务的175.6%；钢结构装配式住宅项目9个，建筑面积8.36万平方米，完成年度目标任务的83.6%；住宅全整修项目11个，建筑面积116.69万平方米。拱墅区连续第4年被评为省“工业化装配式建筑”先进城区。

【公共建筑能效提升】2020年，区住建局根据市建委下达的20万平方米公建能效提升任务，完成环城北路318号办公楼、大悦城商业综合体、乐堤港商业综合体等项目的专家验收，项目总面积42.2万平方米（其中合同能源管理34.96万平方米），超额完成目标任务。

【绿色文明施工】2020年，区住建局对全区建筑工地进行动态巡查，通过责令整改、通报曝光、约谈警示、信用扣分、行政处罚等多种方式，督促责任主体落实扬尘污染整治管理责任。全区建筑工地累计覆盖裸露土方78万平方米，累计配置车辆自动清洗装置109台、雾炮225个，各类塔吊、基坑、外架喷淋设施781处，洒水车63辆，127个项目安装扬尘在线监控系统。

【架子工技能竞赛举办】2020年10月23日，由区总工会、区人力社保局、区建筑业协会主办，浙江建设职业技能培训学校承办，祥符街道总工会及诚达建设集团有限公司工会协办的“2020年拱墅区架子工技能竞赛”在诚达集团康桥单元安置房项目现场举行，7家公司组成7个代表队共38名选手参加。大赛由理论考试和实操考核两部分组成。实操考核内容为：双排钢管扣件式脚手架搭设。选手根据竞赛的技术要求、构造要求、安全要求完成全程比赛。考评员通过实测实量项目、过程工效及操作行为项目对选手进行打分。杭州泰城建设公司获团队第一名。

【建设工程招投标监管】2020年，区住建局完成房屋建筑和市政基础设施类项目交易372个。4月，牵头开展《拱墅区政府投资项目监督管理主要措施》文件修订工作，制定《拱墅区政府投资房屋建筑和市政基础设施工程项目交易内控管理若干意见和建议》，切实规范政府采购和工程建设领域交易行为。6月，开展建设工程直接发包情况专项检查、区房屋建筑和市政基础设施工程建设行业专项整治，履行建筑市场监管职责，规范行业秩序。强化日常监管，累计处理企业13家、评标专家8人次。严格执行全市招投标管理“一盘棋”格局，施工、监理项目均实现全流程电子招投标模式，设计类项目实现“不见面”的招标投标模式。创新工作机制，开展招标代理机构年度动态计分，强化招标投标中介机构人员管理。继续深入开展扫黑除恶专项斗争，落实一项目一排查制度，加大建设工程项目标前、标中、标后的全方位监管力度，营造公开透明、公平竞争的招标投标市场环境，确保拱墅区工程建设招标投标工作依法依规开展。

【建设项目审批制度“五减”】2020年，区住建局深化工程建设项目审批制度改革，落实减环节、减事项、减材料，减时间、减费用的“五减”要求，杭政储出〔2019〕23号地块商业商务用房兼容城市轨道交通项目等12个项目先行办理底板以下施工许可，杭政工出〔2019〕22号地块创新型产业用房项目等5个项目以承诺制办理施工许可证，杭州金星股份经济合作社的商业综合用房（三）项目等留用地全面采用模拟审批。开展施工图审查改革，缩小施工图审查范围，取消低风险项目图审，一般工业项目事前审查改为事后审查。依托“亲清”平台，系统自动抓取建设工程消防设计审查、应建防空地下室的民用建筑项目报建审批资料推送该事项办理，无需建设单位进行申报，实现“无感智办”。按照数字化转型要求，提升政务服务核心指标，审批事项“网办”“掌办”“即办率”“承诺压缩比”“跑零次”等指标均达100%。开展三服务（服务企业、服务基层、服务群众）活动，走访杭开绿兴环境有限公司、半山股份经济合作社等10余家单位，充当项目“代办员”，进行全过程指导，帮助企业梳理流程，加快审批进程，实现一般企业投资和政府投资项目最多80天办结。

（翁晨燕）

开放型经济 17

综　述

2020年，在国内外疫情蔓延的背景下，拱墅区进一步夯实外贸产业基础，发挥产业优势，紧盯全区前85强外贸企业经营情况，重点关注防疫物资及“宅经济”产品出口情况，全年外贸出口破100亿元，达104.4亿元。优化和完善服务贸易监测系统建设，服务贸易规模不断扩大，全年实现服务贸易出口额3.76亿美元。拱墅区外贸企业在转型升级的过程中，涌现跨境电子商务龙头企业5家，跨境电商质量不断提高，全年跨境电商进出口7.7亿美元。通过排查摸底，兑现资金扶持，创建省市出口名牌，完善工作机制，参加展会培训，做好对外贸易经营者备案，完成各项常规工作。（周灵江　周燕萍）

对外贸易

【概况】2020年，拱墅区不断推进外贸企业开拓市场，增加进出口额，辖区753家外贸企业实现外贸进出口总额152.53亿元，比上年增长11.33%，其中外贸出口104.4亿元，进口48.13亿元。出口企业中，前85强企业完成外贸出口额79.95亿元。外贸出口涉及6大洲，200个国家和地区，其中欧洲、亚洲、北美洲为主要出口目的地。

【货物出口突破100亿元】2020年，在国内外疫情蔓延的背景下，拱墅区进一步夯实外贸产业基础，外贸进出口整体呈现前低后高的运行态势。全年通过企业调研走访、开展业务培训、扶持政策加持，帮助企业开拓市场、增加出口额，全年实现货物出口总额104.4亿元。其中，出口额超过1亿元的企业16家，比上年增长超过1倍的企业8家。

【货物进口增速居全市首位】2020年，拱墅区实现货物进口总额48.13亿元，比上年增长60.83%，位列13个区县（市）第一。其中，全年累计进口额超过10亿元的企业1家，超过1亿元的企业12家，超过5000万元的6家，规模大幅度提升。

【对外贸易扶持】2020年，区商务局兑付外贸条线资金947.45万元。其中，中小外贸企业开拓市场项目补助资金143万元，外贸企业出口信用保险保费补助224万元，杭州市自办展会及重点展会展位补助259.15万元；2019年度应对国际贸易救济案件补助9.97万元、2019年度“杭州市出口名牌”新增企业补助5万元、2019年度品牌建设补助（海外商标注册）0.88万元，2019年预警点奖励资金42.5万元；同时通过因素分配法，下达切块资金262.95万元。

【小微企业出口统保举措实施】2020年，拱墅区首次落实小微企业出口信用保险统保协议，为全区年出口额低于500万美元的429家企业免费投保出口信用保险，与中国出口信用保险公司浙江分公司签订“中小外贸企业信保保单”，帮助区内小微外贸企业降低风险，增强出口信心。

【金融信贷资源对接】2020年，区商务局帮助企业申请国家、省、市、区各类配套政策及融资信贷优惠，为23家外贸企业对接中国进出口银行和中国银行，其中汇孚集团有限公司获得中国进出口银行直贷对接，其余22家企业均为小微企业转贷对接；为杭州翔天供应链管理有限公司争取到1500万元的融资授信。区商务局与区金融办联合举办拱墅区“抗疫情、优环境”商贸企业融资服务大会，帮助汇孚集团有限公司、杭州华普永明光电股份有限公司等14家外贸企业与5家银行、2家融资担保公司进行现场对接。并在省、市商务部门支持下，帮助汇孚集团争取到950万元信贷。

【出口资源信息平台搭建】2020年，区商务局为帮助企业出口有需求的医疗防疫物资，搭建“拱墅外贸资源对接群”和“拱墅外贸出口预警群”，帮助外贸企业对接防疫物资出口资源及渠道。至年底有50余家企业实现有效对接，其中德国向杭州启硕进出口有限公司提出采购意向并寄出样品。至年底已组织企业参加浙江省网上交易会50余场；帮助防疫物资出口企业做好二级医疗物资经营备案，并对接钱江海关，帮助护目镜出口企业杭州睿清眼镜公司通过萧山机场出口至韩国，并与英国卫生部签下2000万美元护目镜订单。

【内销渠道拓展】2020年，区商务局全力帮助外贸企业拓展内销渠道。进一步拓展“拱墅外惠季”系列活动，继续投用湖墅南路478号店铺，企业周销售额约在2万元左右。全面开展外贸企业“清库存、销样品、拓市场”主题活动，连续开办3季“外惠集市”，分别在天阳D32广场、水晶城、万融城搭设展位，帮助外贸企业出口转内销。4月28—30日，在天阳D32广场开设户外产品、家居产品专场。5月1—5日，在水晶城开设服装服饰、儿童用品等产品专场。8天累计销售约15万元。上线“拱墅外惠季”万融城专场，5月24日至6月7日，组织15家外贸企业在万融城开展“拱墅外惠季”活动，设展位29个，抖音直播在会场内同步进行。通过搭载省商务厅网上“云展会”，帮助企业联系联华华商超市、物美超市等传统供应链龙头企业，推进外贸企业拓展内销渠道，开辟国内线下市场。对接淘宝、京东、网易优选等电商龙头企业，探索网红直播带货模式，梳理符合国内消费者需求的商品，做好外贸商品进军网络零售市场工作。

2020年4月28日，区商务局在天阳D32广场开办外惠集市
（区商务局 供稿）

【省市出口名牌创建】2020年，拱墅区组织企业申报省、市出口名牌。8月，杭州华普永明光电股份有限公司、汇孚集团有限公司成功复评浙江省出口名牌。9月，杭州天丰电源股份有限公司、汇孚集团有限公司、杭州中亚机械股份有限公司成功复评杭州市出口名牌。

【对外贸易经营者备案】2020年1月开始，为落实“最多跑一次”的工作要求，提升对外贸易经营者备案数据外延工作，区商务局优化企业外贸备案流程。外贸企业备案自行选择现场申请办结当天完成备案或通过网络申请及邮件办结3天内完成备案，实现最多“跑零次”。全年拱墅区对外贸易经营者备案新增251件、变更131件、注销2件。

【外贸培训活动】2020年，区商务局为帮助外贸企业共克时艰，加强应对疫情状态下的外贸出口不利环境，在全区首次开展外贸企业网络直播培训课程。提供企业线上境外展会平台，举办“数字展览·预见未来”网络直播活动。联合市综试办等单位，开展专项培训，针对如何运用政策性保险工具防范和化解海外应收款风险，提升企业风险管理水平，开展小微出口企业相关政策及海外风险防范业务培训。针对9710、9810新跨境海关监管代码的试点，联合市综试办对拱墅区9家重点跨境出口企业及20余家跨境出口企业开展跨境出口B2B新政业务培训（9710/9810监管模式），帮助企业跨境出口阳光化。

（周灵江　周燕萍）

服务贸易

【概况】2020年，拱墅区有服务贸易、服务外包系统入库企业286家，其中服务贸易系统入库企业106家，服务外包系统入库企业180家，比上年新增杭州骇阁网络科技有限公司、杭州麦茗信息技术有限公司2家服务贸易企业。全年服务贸易出口额3.76亿美元，增长0.45%。其中，服务外包离岸执行额1.97亿美元，直报系统服务贸易出口额1.79亿美元。

【服务贸易企业规模提升】2020年，拱墅区有服务贸易出口额1000万美元以上的企业4家；服务贸易出口额500万~1000万美元的企业27家，服务贸易企业整体规模有所提升。

【服务贸易展会参展】2020年10月，区商务局组织辖区内杭州华普永明光电股份有限公司、杭州优磊科技有限公司、大钟（杭州）花样制作有限公司等企业参加第十一届中国国际服务外包交易博览会。

【服务贸易企业鼓励扶持】2020年，区商务局走访液化空气（杭州）有限公司、杭州华普永明照明电器有限公司、杭州平定投资有限公司、杭州顶秀科技有限公司等辖区内服务贸易企业，了解全区服务贸易发展情况，听取企业意见建议，传达国家、省、市对服务贸易的最新政策和文件，帮助协调解决企业遇到的困难和问题。全年组织企业申报服务贸易创新发展资金76.04万元，服贸监测体系奖励10万元。（周灵江）

跨境电子商务

【概况】2020年，拱墅区直接或间接从事跨境电子商务领域的企业400余家，实现跨境电商出口额6.11亿美元，比上年下降10.9%；完成跨境电商进口额1.59亿美元，增长6.67%。拱墅区外贸企业在转型升级的过程中，涌现出汇孚集团有限公司、杭州翔天供应链管理有限公司等一批跨境电子商务龙头企业。

【跨境电商平台建设】2020年，拱墅区全面建设运河（国际）跨境电子商务园，该园区成为拱墅跨境电商核心区块。6月，顺丰创新创业园区建成投入使用，总建筑面积约40万平方米，目标为建设华东地区最大的以智能供应链管理服务和金融服务为核心的跨境电子商务服务平台。

【跨境电商扶持】2020年，区商务局组织企业申报市级跨境电商扶持项目，共计兑付资金213.05万元；通过因素分配法，发放跨境电商扶持资金462.8万元。

（周灵江　周燕萍）

商贸服务业 18

综　述

2020年，拱墅区实现社会消费品零售总额609.2亿元，比上年下降1.9%。从主要商品看，汽车类商品零售总额下降23%；石油及制品类商品零售总额下降17%；通信器材类商品零售总额下降7%；日用品类商品实现零售总额增长4%；粮油、食品类商品零售总额下降10%。全年实现网络零售额527.7亿元。8家商业综合体全年实现营业额共52.34亿元。实现批发业销售额1963.5亿元，增长2.2%；实现零售业销售额445.36亿元，下降3.3%。高标准完成9个安置房小区生活服务配套建设，为22个社区、近9万社区居民提供了5分钟小区商业服务配套圈。全面完成再生资源回收体系建设。全年，全区累计开展各类商贸节庆活动200余场。　　（周灵江　张文忠）

电子商务

【概况】2020年，拱墅区实现网络零售额527.7亿元，比上年增长8.5%。零售额在杭州市排名第六位。至年底，拱墅区在重点监测第三方电子商务平台上有各类活跃网络零售网店1万余家，相当于注册零售网店总数的42.8%，活跃网络零售网店总数在杭州市排名第七位，在全省排名第十九位。电子商务就业创业氛围良好，直接解决就业岗位2.8万个，间接带动就业岗位7.4万个。

【电商扶贫】2020年3月23—27日，区商务局组织开展2020年拱墅区电商战疫“数字生活新服务”云课堂网上培训活动，对区内及对口扶贫地区相关企业开展短视频营销线上培训，累计收看量超1.3万人次。9月18—20日，邀请来凤西利工贸有限公司、浙江清亦润贸易有限公司等对口扶贫企业与区内直播电商共同参加第七届电博会，并牵线湖北省来凤县的10余种特色农副产品上线杭州蜂小七科技有限公司的公销社线上销售平台。10月27—29日，组织杭州同顺职业技能培训学校教师赴来凤开展“互联网营销师”职业技能培训。

【新零售企业发展】2020年8月，杭州银泰三江发展有限公司、绿嘉商业运营管理（浙江）有限公司、杭州九洲大药房连锁有限公司、浙江云之涞网络科技有限公司、杭州浙海华地网络科技有限公司、鲜丰水果股份有限公司、浙江物联电子商务有限公司、话机世界通信集团有限公司、杭州凌诚文化创意有限公司、杭州物美商业有限公司、杭州绿地众选商业管理有限公司、浙江久加久科技股份有限公司12家企业入选杭州市首批新零售企业名单。

【第七届中国（杭州）国际电子商务博览会参展】2020年9月18—20日，区商务局组织杭州旭航网络科技有限公司、来凤西利工贸有限公司、浙江清亦润贸易有限公司、浙江蜂小七科技有限公司、杭州隐秀电子商务有限公司等企业参加第七届中国（杭州）国际电子商务博览会，搭建拱墅区特色展馆，展示全区电子商务发展成果，并利用直播电商新模式助力电商扶贫。

【第四届拱墅电商O2O购物节】2020年12月21—26日，区商务局与桥西历史文化街区管理委员

2020 年 9 月 18 日，区商务局参加第七届中国（杭州）国际电子商务博览会
（区商务局 供稿）

会、星汇直播产业联盟共同举办第四届拱墅电商 O2O 购物节，邀请网红主播在桥西大运河直播间为区内参展企业进行直播带货。

（周灵江　朱天龙）

批发和零售业

【概况】2020 年，拱墅区实现批发业销售额 1963.5 亿元，比上年增长 2.2%；实现零售业销售额 445.36 亿元，下降 3.3%。

【“夜运河 · 月光经济”品牌建设】2020 年，拱墅区大力发展夜间经济，通过点亮“夜坐标”、推广“夜美食”，重点打造胜利河美食街、桥西直街、乐堤港国际 Yeah 街区、运河集市等“六街一市”夜消费特色街，不断优化空间布局。依托餐饮综合体胜利河·锦鲤中心，打造运河畔的“网红”美食打卡点。5 月 20 日、7 月 11 日、9 月 11 日、9 月 30 日，区商务局组织开展天幕启动仪式、千岛湖啤酒节、“必吃街”授牌仪式及夜游拱墅、运河美食节等活动。9 月，拱墅区成功入选为浙江省夜间经济培育城市；10 月，胜利河美食街、桥西直街，成功入选为杭州市高品质步行街。

【汽车互联网产业中心打造】2020 年，拱墅区围绕产业高质量发展主线，提出“建设汽车互联网产业中心”的重大战略，大力推进汽车新零售的领航地、汽车互联网新技术研发的先行地、汽车后市场与出行服务的标杆地建设，高质量建设“华东汽车互联网产业示范区”。编制《拱墅区打造汽车互联网产业中心行动方案》，提出构建“一带一核多点”的空间布局，全面实施产业链补强、招大引强、提质增效和创新创优“四大计划”。12 月 22 日，万科汽车互联网核心产业园开园，杭州汽车城数智直播产业园实施改造，石祥路汽车贸易特色街区改造提升项目开展论证。

【促消费活动】2020 年，为应对疫情带来的严重影响，区商务局联合浙江都市快报控股有限公司开展“来运河拱墅，得人生好运”为主题的全年促消费活动，开展手机节、夜游拱墅、运河美食节等 13 场商贸节庆活动，注重拱墅消费领域的整体品牌塑造，从活动策划到版面宣传、专题报道、媒体造势均实现“流量”突破。

【第十一届拱墅运河美食节】2020 年 9 月 30 日，2020 第十一届拱墅运河美食节开幕式暨“运河 yeah 宴寻味图”发布会在远洋乐堤港举行。开幕式上，拱墅区有关部门联合各综合体及美食特色街区，共同发布“运河 Yeah 宴寻味图”，向广大中外游客推荐“最能代表拱墅夜晚”的运河美食和网红打卡餐厅。除了美食，拱墅运河美食节 · 梦幻 Yeah 集市、静态时装 Show 也在远洋乐堤港开启，连续 9 天展示具备运河特色的文创、美食、非遗等内容，并结合远洋乐堤港静态时装 Show，四大品类 13 类大品牌联袂展出，为市民打造美食节盛会。现场设置千岛湖啤酒、非遗技艺 2 个直播展位，流动主播在现场进行直播互动。美食节期间 5 条餐饮特色街区和 8 大商贸综合体，共实现营业收入 1.89 亿元。

【安置房小区生活服务配套建设】2020年，拱墅区建成安置房小区商业网点项目9个，其中涉及安置房4个、邻里中心2个、商品房3个。共招引杭州联华华商集团有限公司、浙江云之涞网络科技有限公司等商业配套企业约280家，涵盖超市、生鲜、果蔬、粮油、药店、早餐、小吃、教育培训8类业态，为22个社区、近9万名社区居民提供5分钟小区商业服务配套圈。

【再生资源回收体系建设】2020年，拱墅区首推“政府+国企”运营模式，推进再生资源回收体系建设。回收网点选址主要通过社区管理用房、物业用房，垃圾箱改造、集装箱利用、回收企业整编、智能回收设备等模式建设，全年全区建成网点151个，覆盖全区10个街道，覆盖率达100%；完成提升建设的宸运、正信、金锐3家综合性分拣中心项目合计面积超1.7万平方米；全年完成回收总量16.1万吨，城镇垃圾回收利用率达到54%。

【第七届汽车置换节举行】2020年4月3—23日，第七届杭州汽车置换节暨拱墅汽车消费节启动线上宣传。通过《都市快报》和《都市快报》微信矩阵、《杭州新闻》客户端、快抱App、《都市快报》头条号、《都市快报》微博、《杭州日报》、《每日商报》、杭州网等媒体平台开展宣传活动。先后在报纸发稿5个半版、官微推送2次、快车评推送8次、《杭州新闻》App和快抱App均设立活动专题和报名通道。置换节销售新车2947辆，实现销售额7.5亿元。

【商业预付卡投诉处理】2020年，区商务局通过12345市长公开电话、110联动等平台接到预付卡投诉件1904起，实地查看250余次，调解成功971起，成功率51%。在预付卡投诉处理工作中，注重上下级和部门联动，约谈企业19次，与区市场监管局、区文广旅体局等部门联合行动8次，通过现场执法、责令整改，规范了不良商家的违规行为，净化了市场环境，切实保护了消费者权益。

（周灵江　张文忠）

商业综合体

【概况】2020年，拱墅区有中粮·大悦城、城西银泰城、水晶城、万达广场、运河上街购物中心、远洋乐堤港、D32时尚街区、蓝钻天成8家商业综合体。其中年营业额在10亿元以上的1家，城西银泰城实现营业额17.85亿元。

【城西银泰城】城西银泰城位于杭州市拱墅区丰潭路380号，2013年9月8日开业，商业建筑面积29万平方米，由高层现代建筑以及低层商业建筑、广场、空中休闲公园等建筑形态组成。其购物

2020年拱墅区商业综合体经营情况统计表

表12

综合体名称	商业建筑面积（万平方米）	2020年经营收入（亿元）	比上年（±%）
中粮·大悦城	20	8.99	-13.60
城西银泰城	29	17.85	-38.31
水晶城	6	2.97	-24.43
万达广场	15	7.71	-14.03
运河上街购物中心	8	4.47	-18.72
远洋乐堤港	15	8.60	3.00
D32时尚街区	4	1.60	-9.00
蓝钻天成	4.5	0.15	-16.67

广场部分采用独特的内街外街相结合的构造，拥有银泰百货、喜悦真冰场、传奇奢华影院、孩子王、唛歌时尚KTV、舒适堡健身中心、BLT精品超市、神采飞扬电玩城、正格运动城等10大主力店。2020年，城西银泰城客流量1650万人次，比上年下降41.07%；经营收入17.85亿元，下降38.31%。

【运河上街购物中心】运河上街购物中心位于杭州市拱墅区金华路80号，2014年3月开业，商业建筑面积8万平方米。东西“街”长约350米，南北“街”宽60米，中间是12米宽的内廊，被称为“室内的步行街”。作为杭州首条以低碳概念打造的商业步行街，以家庭型时尚休闲购物中心为定位的运河上街，集购物、美食、娱乐、休闲、旅游为一体，并引进杭州市首家盒马鲜生新零售店。2020年，运河上街购物中心客流量941万人次，比上年下降23.31%；经营收入4.47亿元，下降18.72%。

【水晶城】水晶城购物中心位于杭州市拱墅区上塘路458号，商业建筑面积6万平方米。2014年12月开业，由浙江建华集团全资子公司杭州水晶城购物中心有限公司负责运营，是拱墅区唯一的开展个体户联营模式的综合体。地理位置与钱江商贸城等商业组成“大钱江”商圈，以“主力店+快时尚+品牌集成店+人气餐饮+休闲娱乐”为业态组合。水晶城购物中心内有国际快时尚巨头H&M、万达影院、银乐迪KTV。新华书店城北旗舰店落户水晶城，弥补城北文化用品市场的空白。2020年，水晶城全年客流量652万人次，比上年下降22.38%；经营收入2.97亿元，下降24.43%。

【万达广场】万达广场位于拱墅区杭行路666号，2014年12月开业，商业建筑面积15万平方米。万达广场涵盖大型商业中心、休闲娱乐中心、室内步行街、杭州金街商铺、投资型写字楼等业态，将万达百货、万达IMAX国际影院、大玩家超乐场、大歌星KTV等主力店涵盖在内，从商业、休闲、娱乐、文化、商务等方面满足人们的“一站式”生活需求。2020年，万达广场客流量1597万人次，比上年下降5.10%；经营收入7.71亿元，下降14.03%。

【天阳D32时尚街区】天阳D32时尚街区位于杭州登云路与小河路交叉口，居大运河商圈桥西核心，2016年10月开业，商业建筑面积4万平方米。街区建筑获得同济大学设计研究创作奖。天阳D32时尚街区打造休闲、轻松、开放的商业空间，集中餐饮、购物、休闲、娱乐等综合生活服务功能。2020年，天阳D32时尚街区全年客流396万人次，比上年下降14.00%；全年经营收入1.60亿元，比上年下降9.00%。

【蓝钻天成】蓝钻天成位于萍水街1号，莫干山路和萍水街交叉路口，2017年1月开业，总面积21.36万平方米，其中商业建筑面积4.5万平方米。蓝钻天成内有餐饮、休闲、购物、娱乐等各领域知名品牌。全年，实现营销收入0.15亿元。

【远洋乐堤港】远洋乐堤港是远洋商业独立运营的首个大型综合体项目，位于拱墅区大关路与丽水路交叉口，居运河商务中心，2017年开业。项目总建筑面积57万平方米，其中商业面积15万平方米，包含汇集零售、餐饮、休闲、娱乐等多元业态的中高端购物中心，24小时Yeah街区以及文化创意、智力碰撞多维互动的特色体验区三大区块。品类涉及文创、餐饮、家居、艺术等。2020年，远洋乐堤港全年客流991万人次，比上年下降8.00%；全年经营收入8.60亿元，比上年增长3.00%。

【中粮·大悦城】杭州中粮·大悦城位于杭州市拱墅区隐秀路1号，总建筑面积50万平方米，其中商业面积20万平方米，含3000余个停车位，总投资80亿元，入驻商户规模330—400户。2018年8月28日开业，有四大体验业态及三大主题街区，整体定位“快时尚、酷生活，首座体验式水岸潮圣购物乐园”，是集购物中心、滨水街区、商务办公、酒店式公寓、高品质住宅、文化艺术中心于一体的“商业驱动型”城市综合体，是杭州市首店进驻最多的综合体，共有各级首店91家。2020年，中粮大悦城客流量823万人次，比上年下降12.80%；经营收入

8.99 亿元，下降 13.60%。

（周灵江　张文忠）

特色街区

【概况】拱墅区有大兜路历史街区、信义坊商业特色街区、桥西历史文化街区、小河直街历史文化街区、胜利河美食街、石祥路汽车贸易街区 6 个特色街区。2020 年，区商务局对特色街区的营业户进行梳理。通过梳理完善，整理拱墅区商业特色街报表，新增进入统计商户 20 家，停止营业商户 14 家。

【大兜路历史街区】大兜路历史街区位于拱墅区运河大关桥至江涨桥一段东岸。南北长 780 米，东西进深 150 米，占地面积 9.5 万平方米，总建筑面积 5 万平方米，其中商业物业面积 2 万平方米。2020 年，大兜路利用街区空间资源、传统历史文化、文创产业，吸引旅游、宣传、科教、社团等有关部门和街区外企业到街区举办“有点艺市”“兜兜小集”等周末集市 20 余场、社区“送演出下基层”活动 2 场以及运河庙会、素食节等各类宣传、庆祝、促销、公益性活动，推动街区文化宣传，增加街区活力，增强街区凝聚力，扩大街区影响力。

【小河直街历史文化街区】小河直街历史文化街区地处京杭大运河、小河、余杭塘河三河交汇处。长约 1000 米，占地面积约 12.9 万平方米，分重点保护区、风貌协调区和商贸旅游区三个区块。其中，商贸旅游区总建筑面积 3400 平方米，以餐饮业为主。小河直街历史文化街区是以保持传统商住功能，延续杭州地方传统特色，集商贸、居住、休闲、旅游为一体的历史文化街区。2020 年，小河直街历史文化街区实现营业收入 3470 万元，比上年下降 31.75%；累计就餐人数 47 万人次，下降 31.43%。

【胜利河美食街】胜利河美食街也称古水街，位于杭州市拱墅区霞湾巷，长 460 米，宽 13 米，东连上塘路，西接德胜巷，沿胜利河北岸而建。2020 年，胜利河美食街实现营业收入 8731 万元，比上年增长 10.10%；累计就餐人数 104 万人次，增长 8.44%。

【石祥路汽车贸易街区】石祥路汽车贸易街区地处拱墅区祥符街道，东起沈半路，西至祥中路，由石祥路、沈半路 2 条商街和 1 个汽车物流园区组成，全长 10.5 千米，室内经营面积 60 万平方米。街区集聚 800 余家汽车贸易企业，涉及新车销售、二手车交易、汽车维修、汽车用品、汽车配件等领域。杭城最大的旧机动车交易市场和唯一的微型车超市入驻街区。石祥路汽车贸易街区有杭州最完善的汽车售后服务体系，能在最短时间内为客户提供购车、上牌、工商检验、办理保险、交车购税、养路费的“一站式”服务。2020 年，销售汽车 19.16 万辆，实现销售收入 300.79 亿元。

【桥西历史文化街区】桥西历史文化街区位于杭州市拱墅区小河路与桥弄街交叉口东北 50 米，长 800 米，宽 200 米，总营业面积 1.5 万平方米。2020 年，桥西历史文化街区被评为浙江省旅游丝路目的地，入驻商户总数 27 家，其中购物 10 家、餐饮 4 家、休闲娱乐 4 家、其他类 9 家。全年，街区合计营业收入 4801 万元，就餐人数 22.4 万人次。

【信义坊商街】信义坊商街是杭州市 18 条市级商业特色街之一。东起湖墅南路，西至莫干山路。2002 年建造完成，有一河二街三桥独特景观，建筑面积约 2 万平方米，以 8 幢富有中国传统文化特色的低层商业建筑连接而成，建筑之间有水榭、广场、凉亭、走廊、雕塑等。信义坊商业步行街侧重餐饮、休闲娱乐、培训教育方面的发展，是集文化、旅游、购物、休闲于一体的步行街。2020 年，信义坊商街实现餐饮收入 3086 万元，就餐人数 58 万人次。

（周灵江　朱天龙）

涉农产业 19

综 述

2020年，拱墅区落实乡村振兴工作，牵头杭州市第三区县协作组各成员单位共同落实2020年向桐庐提供协作资金1亿元（其中拱墅区提供4000万元），协作资金主要用于确定协作共建的8个项目。区发改经信局牵头会同区委组织部、区民政局处置股社分离遗留问题，对40个经合社涉及股社分离人员先后6次进行专题梳理，完成120名社工编制核销手续办理。区发改经信局撰写的《集体经济发展与基层治理的拱墅实践》专报作为拱墅经济专班材料报送市经济专班、省经济专班，股社分离工作经验被省市推广。加强涉农企业管理，组织6家农业企业参展浙江农业博览会，1家农业企业参展北京农交会，开展乡村振兴产业发展资金指导性任务申报并助力申报企业获市级补助资金100万元。实施“新增百万亩国土绿化”行动，全年新增国土绿化17.33公顷。至年底，全区森林面积（乔木林、竹林、特殊灌木林和一般灌木林面积之和）1792.8公顷，森林覆盖率25.9%。全区未发生食用本地农产品中毒事件。（洪金娣）

经济合作社

【概况】2020年年底，拱墅区40个股份经济合作社实现集体总资产235.67亿元，比上年增长5.06%。总收入12.88亿元，其中经营收入7.85亿元，40个股份经合社平均收入3219.71万元，年终股民分红4.93亿元，人均分红9661.30元，其中，东新经合社分红最高的基本股东年终分红突破40万元。

【经合社董事会、监事会换届】2020年12月底，拱墅区40个经合社全部完成董事会、监事会换届选举，选出经合社董事会成员180名，其中大专及以上学历160名。监事会成员150名，其中大专及以上学历81名。股东（股东代表）平均参选率96.48%，经合社董事长人选平均得票率91.24%，除独城经合社外，其余39个经合社实现书记、董事长“一肩挑”。

2020年12月12日，三宝股份经合社第六届董事会、监事会换届选举

（区发改经信局 供稿）

【清廉经合社建设】2020年，拱墅区推进全区清廉经合社建设，制订清廉经合社建设实施三年行动计划，完成市纪委关于经合社“三小”（小微权力、小型工程项目、小额资金）、民主决策管理等情况专项督查、区纪委派驻第二纪检组专项调研；在自行开发的阳光“三资”手机App平台上新增信访举报功能，确保经合社股民监督权的全面落实，实现经合社手机App与中纪委“12388”网站实时联网。在全市率先推行经合社无现金社务卡支付，全区经合社共办理社务卡60余张，各经合社在对应银行开通单位限额消费公务卡，在经合社全面实行小额公务卡支付，明确除必须用现金支付的特殊情况外，所有日常零星非生产性开支均用公务卡结算，实行专人专管，确保小额支付规范。

【经合社年度财务审计完成】2020年，区发改经信局通过政采云平台，公开选聘2家审计中介机构开展经合社年度财务审计和重点审计，审计内容包括财务管理制度的建立及执行情况、财务会计报表、会计凭证、会计账簿的完整性、真实性和合法性；财务预决算执行情况（重点是预算执行力、超预算民主决策情况）；集体资金的管理情况（重大资金使用的程序是否到位，是否按照文件要求存放，是否存在乱存、乱开户、销户不及时现象）；资产、负债变动情况（重点反映当年资产清理、应收款清缴、负债增减的情况）；收益分配情况等涉及年度财务审计包含的事项内容。年内完成经合社集体资产达223.74亿元的2019年度财务审计。

【全区经合社集体资产清产核资工作完成】2020年，区发改经信局在全区40个经合社开展农村集体资产清产核资工作，按照清查核实、公示确认、建立台账、审核备案、汇总上报、纳入平台管理等操作程序进行。该次清产核资的范围包括集体经济组织所有的资源性资产、经营性资产及非经营性资产，并将清产核资后的全部资产纳入平台管理，推动农村集体资产财务管理制度化、规范化、信息化。清查结果向集体经济组织全体成员公示。历时6个月，全面完成2018年、2019年、2020年度全国农村集体资产清产核资工作。至年底，拱墅区经合社集体资产总额为235.67亿元，比上年增长5.33%，其中，经营性资产214.64亿元，非经营性资产21.03亿元。（洪金娣）

涉农企业

【概况】2020年，拱墅区有国家级农业龙头企业1家，省级2家，市级农业龙头企业11家，从业人员4500余人。企业总资产28.93亿元，年销售收入超过45亿元，上缴税金2586.66万元，净利润1.78亿元。浙江金年蒋食品有限公司农产品仓储保鲜及冷链物流项目列入杭州市乡村振兴产业发展资金指导性任务建设，并获补助资金100万元。浙江托普云农科技股份有限公司、杭州速派餐饮管理有限公司申报成为浙江省农业龙头企业；浙江金年蒋食品有限公司、杭州递鲜客贸易有限公司和杭州君元贸易有限公司申报成为杭州市农业龙头企业。

【浙江金年蒋食品有限公司】浙江金年蒋食品有限公司位于杭州市拱墅区康中路10号，是拱墅区规模较大的市级农业龙头企业。该公司主要生产初级食用农产品火腿、腌猪肉等。产品主要销往苏、浙、沪、皖、粤等全国近30个省、自治区、直辖市，并出口到东南亚国家。公司生产的金年蒋商标火腿先后获得省著名商标、省知名商号、省名牌农产品、长三角名优食品等称号，并自2017年起连续4年获省农博会金奖产品。2020年12月，公司承担的杭州市重大科技项目“低硝肉制品加工技术研究与推广应用”通过专家验收。全年，浙江金年蒋食品有限公司主营销售收入实现1.15亿元。

【杭州君元贸易有限公司】杭州君元贸易有限公司位于杭州市拱墅区新文路33号3幢（2号楼）108室，注册资金3000万元。公司从事农副产品配送，业务单位涵盖学校、企事业单位和社会餐饮行业，形成从种植养殖、原料采购、保鲜加工、储藏运输和送货上门的一体化服务。该公司持有《GB/T19001—2008—ISO 9001：2008标准》、《GB/

T24001—2004—ISO 14001：2004 标准》、《GB/T28001—20011—OHSAS 18001：2007 标准》、ISO 2200 认证证书、HACCP 认证证书等。该公司获杭州市市场监管局颁发的 AA 级“重合同、守信用”证书、“浙江省诚信经营示范单位”荣誉证书。2020 年，该公司营业收入 4885.7 万元。

（洪金娣）

动物防疫检疫与农产品安全

【概况】2020 年，区市场监管局常态化开展动物疫病防控、动物检疫、动物卫生监督及农产品质量安全监督管理工作。全区马场日本脑炎、马流感强制免疫密度 100%，动物诊疗机构、农资、兽药经营单位检查全覆盖，全区未发生食用本地农产品中毒事件。

【动物疫病防控】2020 年 5 月，区防治动物疫病指挥部办公室部署重大动物疫病防控工作。开展犬类狂犬病免疫工作，采购和配送犬类狂犬病疫苗 3700 头份，免疫宠物犬 3718 只，核发犬类免疫证 1276 本，有效预防城区狂犬病发生。6 月，对全区 2 个马场 14 匹马，进行日本脑炎、马流感强制免疫，免疫密度达 100%，切实落实马属动物管理属地责任，落实各街道联场带户监管责任人 10 名，每季度对辖区内所有马属动物饲养场开展一次巡查，规范开展马属动物流行性病学调查和采样复核工作，全年共采集鼻试子、抗凝血、虫媒等 38 份。

【动物检疫】2020 年，按照行政许可事项网络申报和办理的要求，区动物卫生监督所官方兽医按照动物免疫、实验室疫病筛查、提前报检等流程规范，开展动物检疫工作，全年检疫宠物犬、猫共 46 只。年内，对使用动物及动物产品信息凭证的单位进行彻底查漏补缺工作，对缺少的材料、变更人员、变更场地等信息进行梳理，并建立电子档案，换发手工开具信息凭证 28 本，1400 份。

【动物卫生监督】2020 年 3 月，区市场监管局完成全区 20 家动物诊疗机构活动情况年度报告和 49 名兽医师执业活动年度报告的审核。年内，开展动物卫生监督执法推进年活动、诊疗机构专项整治等专项行动，出动执法人员 100 人次，检查对象 50 家次，有效规范辖区动物诊疗等行业的经营行为。

【农产品质量安全监督管理】2020 年，区市场监管局开展农资、兽药等专项检查，全区 1 家农资经营商店、10 家农资经营公司、4 家兽药经营单位均检查到位，未发现违法违规行为，全年未发生食用本地农产品中毒事件。

（张玲慧）

林　业

【概况】2020 年 4 月 8 日，市规划和资源局拱墅分局启动拱墅区自然保护地整合优化工作。5 月 25 日，向省林业局报送《拱墅区自然保护地整合优化调整方案》。开启“新增百万亩国土绿化”行动，新增国土绿化 17.33 公顷，完成省下达任务的 130%。完成 2019 年度森林资源动态监测及林地变更调查。监测结果显示，全区土地总面积 6922 公顷，其中林地面积 1833.27 公顷，占 26.48%。全区森林面积（乔木林、竹林、特殊灌木林和一般灌木林面积之和）1792.8 公顷，森林覆盖率 25.9%。全区活立木总蓄积 15.53 万立方米。

【自然保护地整合优化工作】2020 年，为贯彻落实中央办公厅、国务院办公厅印发的《关于建立以国家公园为主体的自然保护地体系的指导意见》，践行习近平生态文明思想，4 月 8 日，市规划资源局拱墅分局开始启动拱墅区自然保护地整合优化工作。在研究政策文件精神、掌握整合优化工作背景、意义以及要求的基础上，经过资料准备、问题梳理、调查核实、部门论证、编制预案等阶段，历经三次调整方案，5 月 25 日，向省林业局报送《拱墅区自然保护地整合优化调整方案》。自然保护地情况整合优化后，拱墅区范围内自然保护地数量 1 个、类型为森林公园、面积 752.97 公顷。

【“新增百万亩国土绿化行动”超额完成】2020 年，根据《浙江省人民政府办公厅关于印发浙江省新增百万亩国土绿化行动方案（2020—2024年）的通知》和《浙江省林业局关于全力推进新增百万亩国土绿化行动的通知》，拱墅区开启“新增百万亩国土绿化”行动，全年完成新增国土绿化17.33公顷，达省下达任务的130%。

【森林资源调查】2020年4月，市规划资源局拱墅分局开展2019年度森林资源动态监测及林地变更调查。6月底查实全区森林、林地和林木资源的种类、数量、质量与分布，建立森林资源档案，更新拱墅区森林资源“一张图”数据库。监测结果显示全区林地面积1833.27公顷，占总面积的26.48%，非林地面积5088.73公顷，占总面积的73.52%。全区林地中，乔木林1759.47公顷，占林地面积95.97%；竹林地17.33公顷，占0.95%；灌木林地16公顷，占0.87%；迹地4.73公顷，占0.26%；宜林地35.73公顷，占1.95%。全区森林面积（乔木林、竹林、特殊灌木林和一般灌木林面积之和）1792.8公顷，森林覆盖率25.9%。全区林木总蓄积155331立方米，其中：乔木林蓄积144493立方米，占93.02%；散生木蓄积382立方米，占0.25%；四旁树蓄积10456立方米，占6.73%。

【“十四五”期间采伐限额编制】2020年，根据《浙江省林业局关于开展“十四五”期间年森林采伐限额编制工作的通知》要求，市规划资源局拱墅分局委托中介单位开展2021—2025年的年森林采伐限额编制工作，并通过专家评审会论证。拱墅区测算“十四五”期间森林合理采伐量为4460立方米，其中，主伐10立方米，抚育采伐3391立方米，更新采伐879立方米，其他采伐180立方米。公益林采伐量4270立方米，商品林采伐190立方米。根据森林采伐分区施策、分类管理要求和拱墅区森林资源实际情况，确定全区年采伐限额建议指标为760立方米，其中，抚育采伐550立方米，更新采伐150立方米，其他采伐60立方米。公益林采伐限额建议指标为700立方米，商品林采伐限额建议指标为60立方米。

【野生动植物保护系列活动】2020年，受新冠肺炎疫情影响，市规划资源局拱墅分局把野生动物保护管理作为重点任务进行管理，对辖区内的大悦城未来动物城、钱江花鸟市场开展每日巡查，强化野生动物疫源疫病防控，严厉打击野生动物非法经营。为增强野生动物救助的科学性，林业科通过参加省、市野生动物收容救护培训，增强野生动物识别能力。与拱墅区韵来宠物医院丽水路分院开展合作建立区野生动物救护站，通过日常巡查和处理群众举报以及响应110应急联动，全年开展野生动物救护25起，救护白鹭、猫头鹰、夜鹭等动物30余只。

（李　静）

房地产业 20

房地产市场

【概况】2020 年，拱墅区新房市场成交量缩水，为近五年新低，二手房市场较上年有所回暖，成交量回升。其中，新房市场住宅、非住宅均有所降温。全年住宅成交 4391 套、面积 57.3 万平方米、成交金额 254.7 亿元，比上年分别下降 20.4%、19.6% 和 16.4%；非住宅市场持续降温，成交 17.4 万平方米、45.6 亿元，分别下降 48.0%、45.1%；二手房成交 8740 套，成交面积 71.4 万平方米，成交金额 256.6 亿元，分别增长 34.5%、44.9% 和 58.1%。

【商品住宅供应增长】2020 年，拱墅区新建商品住宅批准预售 76.8 万平方米，比上年增长 5.1%。新建商品住宅批准预售面积和成交面积的比值约为 1.3，供需关系较为宽松。全年有 20 个住宅项目申领预售证，其中联发·北秀观云小区批准预售住宅 805 套，位列全区第一。

【新房成交量下降】2020 年，拱墅区新建商品房成交 6759 套，成交面积 74.7 万平方米，成交金额 300.4 亿元，比上年分别下降 31.6%、28.7% 和 22.6%。新建商品房住宅成交 4391 套、57.3 万平方米、254.7 亿元，分别下降 20.4%、19.6% 和 16.4%；非住宅市场成交 17.4 万平方米、45.6 亿元，分别下降 48.0%、45.1%，成交量连续 3 年下降。

【刚需房源占比下降】2020 年，拱墅区刚需房源几近枯竭，新建商品住宅中 90 平方米以下刚需户型成交占比 0.5%，比上年减少 1.1 个百分点。90~140 平方米改善户型成交占比超过 9 成，为市场主要成交户型。

【新房住宅成交均价回升】2020 年，拱墅区新建商品住宅成交均价为 44435 元 / 平方米，比上年上涨 3.9%，价格止跌回升。非住宅方面，成交均价为 26290 元 / 平方米，上涨 5.6%。

【新房住宅可售库存大幅增长】2020 年，拱墅区新建商品房库存面积 102.0 万平方米，比上年增长 12.8%，其中商品住宅库存可售 43.7 万平方米（3612 套），面积增长 86.2%。按近 12 个月平均成交面积计算，住宅库存去化周期为 9.1 个月，增加 5.2 个月。非住宅库存可售面积 58.3 万平方米，去化周期为 40.3 个月，增加 16.2 个月。

【二手住宅市场量价齐升】2020 年，拱墅区二手房成交 8740 套，成交面积 71.4 万平方米，成交金额 256.6 亿元，比上年分别增长 34.5%、44.9% 和 58.1%。其中，二手住宅成交 8320 套、66.7 万平方米，分别增长 39.8%、49.3%。二手住宅成交均价为 37212 元 / 平方米，上涨 8.5%。

【涉宅地、商地楼面均价均小幅上涨】2020 年，拱墅区出让土地 23 宗。土地出让金 195.4 亿元，比上年增长 15.6%。涉宅地楼面价小幅回升，均价 24289 元 / 平方米，上涨 1.6%；商地楼面均价 7794 元 / 平方米，上涨 31.8%。自 2019 年“双限”（限地价、限房价）政策执行以来，拱墅区涉宅地楼面均价趋于平稳。

（楼成钢）

住房租赁市场

【概况】2020年，拱墅区大力推进人才公寓、蓝领公寓等保障性住房建设，完成蓝领公寓选址3701套。全年春风驿·计家蓝领公寓一期、二期出租房屋792间；春风驿·康桥蓝领公寓出租316间。推进申花单元884套人才专项租赁房建设，做好公租房、廉租房的受理工作，累计服务1万余人次。

【人才公寓建设】2020年，拱墅区人才公寓建设新增项目1个，为申花单元人才专项租赁房。该项目位于申花板块，东至规划短浜路，南至规划飞虹路，西至莫干山路，北至规划短浜北路，占地面积2.99万平方米，建筑面积6.28万平方米，设计套数884套。12月完成主体建设。

【蓝领公寓建设】2020年，区住建局超额完成蓝领公寓筹建3700套的目标任务，分别为康盛苑蓝领公寓720套、计家蓝领公寓一期582套、计家蓝领公寓二期631套、杭钢焦化小区蓝领公寓136套、杭钢蓝领公寓轧钢小区473套、总管堂蓝领公寓约880套、天和蓝领公寓279套。至年底，康盛苑蓝领公寓和计家一期、二期蓝领公寓正常对外招租，杭钢焦化小区蓝领公寓于9月17日验收交付，轧钢小区蓝领公寓基本建成，总管堂蓝领公寓和天和蓝领公寓项目施工中。

【公租房管理】2020年，区住建局驻区行政服务中心住建窗口，围绕“网上办”“就近办”的要求，推进“政务2.0”覆盖、衔接住房保障系统迭代，指导各街道窗口开展工作。全年通过综合受理、区街协同等方式，完成公租房受理审核工作，办理廉租房审批业务3055件，公租房货币补贴申请7993件、资格续审1080件，业务量在全市9个受理区域中排名第二。（任　艳）

物业管理

【概况】2020年，拱墅区有物业企业170家，开展月查、季考，区专业化物业考核物业管理项目259个，完成率100%。当年，区住建局抽查135个项目，约谈物业企业25次，督促整改59个问题。邀请物业管理方面专家，分街道逐一组织街道、小区专员进行物业管理项目检查实训。街道将业主投诉信访内容作为项目检查考核重点，利用物业月度例会、人民调解会等形式处理协调问题，探索物业管理纠纷调解新模式。属地街道处理“12345”、网络等关于物业、业主、业委会投诉信访495件。重点问题部门协调处理95件，集中化解清水公寓、星河明苑、水色宜居等问题较为突出的小区矛盾。以电话、面商等形式指导三方工作327次。

【党建引领物业服务建设】2020年，区住建局强化党建引领三方协同治理，强化“党建+物业”模式，完善拱墅区物业管理协会党委下属支部设置，健全物业协会党组织架构，当年物协党委下属10个支部，党员85人。加强物协党委与夹城巷社区党委开展结对共建帮扶活动，签订共建帮扶协议书，并对米市巷街道提出的问题深入了解情况，现场指导昆仑公寓、星河明苑及半道红小区业委会运作及物业选聘等问题。组织盛全物业服务股份有限公司党支部结对帮扶远大花园第二党支部，提供物业法律法规等现场咨询服务。

【创优物业项目交流学习】2020年9月，拱墅区开展名城公寓、阮家桥公寓、景瑞悦西台、绿地运河商务中心等创优物业项目相互交流学习活动，组织物业专家上门介绍杭州市物业管理优秀住宅类、非住宅类项目的管理工作。名城公寓、阮家桥公寓被评选为2020年度杭州市物业管理优秀住宅类项目，绿地运河商务中心被评选为2020年度杭州市物业管理优秀非住宅类项目。

【物业行业技能竞赛】2020年8月21—22日，为提升拱墅区物业行业职业技能水平，拱墅区物业管理协会组织开展拱墅区物业行业电工和物业管理员选拔赛，从全区13家物业企业66名物业员工中，选拔6名选手，参加杭州市物业管理协会举办的杭州市第四届物业行业技能比武电工项目、物业管理员项目决赛，拱墅区在杭州市决赛中获团体三等奖。

2020 年 9 月 18 日，和睦新村 5 幢 8 号既有住宅加装电梯竣工交接仪式举行　（区住建局 供稿）

【《拱墅区加强住宅小区物业综合管理实施意见》出台】 2020 年 12 月，区政府出台《拱墅区加强住宅小区物业综合管理实施意见》，《意见》根据区委、区政府关于创新社会治理、加强基层建设的总体要求，提出住宅小区物业综合管理要形成“党建引领、政府保障、基层主导、业主主体、市场运作”五位一体和良性互动的格局。

【“美好家园”住宅小区评比】 2020 年，拱墅区 10 个小区被评为杭州市“美好家园”住宅小区，分别为大河宸章、湖墅观邸、孔雀蓝郡、畔上居、杭钢南苑、和睦新村、天时苑、东二苑、东三苑、蔡马人家、康馨苑。

【老旧小区长效管理机制建立】 2020 年 1 月，区住建局编制出台《拱墅区老旧小区综合改造提升后续长效管理指导意见》，要求落实“两规两员一房”（两规：《居民自治规约》和《小区议事规则》；两员：小区专员和物业管理员；一房：物业管理用房）机制，由属地社区指导居民制定小区《居民自治规约》，成立小区居民自管委员会，发挥自治作用；利用“旧改政策”红利，通过置换、购买、整合辖区单位空置房屋及社会捐赠房产等措施，解决“物业管理用房”问题；按照“政府引导扶持、动员群众参与、促进居民自治、鼓励中介组织参与市场化管理服务”的思路，在老旧小区综合改造提升时，整合公共管理经费，由街道引入专业物业服务企业提供有偿服务，并按照《关于调整杭州市区普通住房前期物业服务收费标准的通知》向居民收取相应费用，确保老旧小区改造提升完成后能提供专业化的物业管理服务。至年底，全区有 94 个老旧小区成立居民自管委员会，98 个老旧小区制定《居民自治规约》

和《小区议事规则》，98 个老旧小区落实物业管理用房，96 个老旧小区引入专业化物业管理。

【物业纠纷人民调解新模式探索】2020 年，区住建局进一步健全区级物业管理纠纷人民调解工作机制，在大关公园内打造区级物业纠纷调解的固定场所，并通过区人民调解协会聘请 2 名专职律师进驻区物业纠纷调解中心，每周固定时间在调解中心办公。联合区法院在区物调中心设立物业微法庭，对辖区范围内物管项目的物业纠纷进行诉前人民调解。汇合区法院、区司法局之力，建立“321”（每件案子先由区物调中心在大关公园驻地协商调解三次，由中心律师或人民调解员负责调解，若调解不成，转入区法院诉前调解，由人民调解员调解二次，若仍调解不成，则转入区法院快速审判程序，进行一次判决）化解物业纠纷调判结合工作机制，开展拱墅区既有物业纠纷集中化解月行动，至年底，拱墅区采用该模式化解汀澜府、新安天苑、依锦苑、锦绣文澜阁等 343 个小区物业费欠缴纠纷，追缴物业费 120 余万元。（沈倩寅）

2020 年物业指数汇总一览表

表 13

街 道	总 分	平均分
大关街道	294.12	98.04
康桥街道	293.48	97.83
上塘街道	290.16	96.72
祥符街道	288.76	96.25
小河街道	288.66	96.22
拱宸桥街道	287.98	95.99
半山街道	287.88	95.96
和睦街道	287.39	95.80
湖墅街道	287.38	98.79
米市巷街道	285.71	95.24

（沈倩寅）

十大产业平台 21

综 述

2020年，拱墅区贯彻实施“产业立区”发展战略，围绕高质量发展主线，依托数字经济与新制造“双引擎”，开展产业平台建设专项行动，加快推进十大产业平台建设。面向未来布局打造六大产业中心，促进全区产业向高端化、高质量迈进，有效提升拱墅产业的核心竞争力，打造产业转型升级样板区。全年十大产业平台实现主营业务收入1118.18亿元、税收收入45.32亿元，比上年分别增长5.8%、0.5%。

产业平台领跑发展。拱墅区在全域范围内规划智慧网谷小镇为领跑的十大产业平台，将产业平台作为全区“双招双引”和项目建设的主战场。推动核心企业靶向招引，年内十大产业平台新招引企业1226家，其中特色产业企业545家，引进重大产业项目18个。有序推进重点产业项目落地，十大产业平台内浙江云计算数据中心、58集团等19个项目开工，顺丰创新中心、汽车互联网产业园一期、运河财富中心等13个项目竣工投入使用，7宗地块顺利出让。积极推进省级特色小镇建设，2019年度省级特色小镇考核中，智慧网谷小镇、运河财富小镇2个省级创建类小镇考核良好，星汇直播小镇、汽车互联网小镇2个省级培育类小镇考核优秀。

平台建设成效显著。智慧网谷小镇中科院计算所数研院入选首批省级新型研发机构，芯空间集成电路项目、网银互联总部等重大项目落地，智慧网谷孵化器、商务先行区（首开公园）和360花创科技中心等产业示范区投入运营。运河财富小镇举办浙江省特色小镇投融资物联网专场对接会，挂牌全省首家“产业基金服务基地”。星汇直播小镇落户央云听（杭州）声音数字产业基地，运河园区电商直播基地获评“杭州直播电商重点培育园区（基地）”，星汇直播联盟揭牌成立。汽车互联网小镇落地阿里云智能物联网产业基地。北部软件园众创空间晋级为“国家级众创空间”，杭州楚环科技股份有限公司、浙江执御信息有限公司等9家企业入围市高新技术研发中心，托普云农获省级骨干农业龙头企业认定。康桥新能源产业园杭开科创园被认定为市级孵化器。北城·智汇园、工业设计小镇、申花产业集聚区等平台建设和招商引资有序推进。

平台影响持续提升。2020年，十大产业平台举办省级特色小镇投融资物联网专场对接会、浙江省海外青年人才项目云路演对接会、杭州汽车互联网产业发展大会、市首个“交地即发证”颁证仪式等重大活动20余场，中央、省、市、区主流媒体宣传报道产业平台建设成果200篇。情况专报《拱墅区以四条核心产业链打造特色产业平台，实现平台逆增长》获省、市领导批示，浙江卫视新闻联播专题介绍拱墅区秉承绿色发展理念、拓宽“两山”转化之路，打造顺丰全球创新中心、360等一批项目助力经济高质量发展的做法。“市两会”专刊《筑巢引凤绘蓝图，发力数字经济，助力打造“全国数字治理第一城”》刊登拱墅区智慧网谷小镇等产业平台建设成效。（倪　维）

智慧网谷小镇

【概况】拱墅智慧网谷小镇是杭州

首个创新型用地数字经济小镇。规划范围北至金昌路，南至石祥路，西至拱康路，东至上塘河，总占地面积3.4平方千米，核心区面积1.8平方千米。小镇以数字产业为主导，发展人工智能、数字传媒、数字健康、数字生活四大产业板块，打造千亿级产业平台。2020年，小镇实现财政收入7.57亿元，比上年增长180%；营业收入127.96亿元，增长71%；有效投资14.37亿元，其中特色产业投资13.96亿元，占比97%，增长82%。

2020年，智慧网谷小镇建设外景　　（智慧网谷小镇 供稿）

【重点项目全面开工】2020年，小镇产业类项目中五八威信产业用房、海外海产业用房、联想产业用房、米络星产业用房、世创电子产业用房、托普云农产业用房、浙数文化产业用房、花印产业用房共8个项目开工，道路项目中储鑫路及2号支路开工，为加快推进小镇建设发展夯实基础。

【集成电路设计产业中心及大数据产业中心成立】2020年6月6日，中科院计算所数字经济产业研究院（杭州分所）揭牌仪式暨新闻发布会在智慧网谷小镇·城市客厅举办。8月，小镇贯彻落实区委区政府建设“六大产业中心”战略决策，成立集成电路设计产业中心及大数据产业中心。大数据产业中心围绕中科院计算所数字经济产业研究院（杭州分所）的科研实力，旨在实现“数据集聚共享—数据技术产品—数据融合应用—数据治理”的闭环管理和开放发展，目标为打造大城北数据产业创新高地。集成电路设计产业中心依托并重点打造“芯空间集成电路产业园”等项目，加速实现产业导入、要素集聚和生态构建，打造长三角地区具有重要影响力的集成电路设计产业中心。9月10日，杭州市拱墅区科技工业功能区管理委员会与芯空间控股有限公司就杭州市集成电路创新产业园、孵化器及拱墅区集成电路产业基金项目在拱墅智慧网谷小镇签约。至12月，中科院数研院已落地中科物缘科技（杭州）有限公司、杭州中科睿鉴科技有限公司、杭州中科云智科技有限公司等15家公司，并成立图灵实验室及5个研究中心，申报省级重点研发项目2个。

【顺丰创新中心招商发布会】2020年1月10日，由顺丰创新中心主办，拱墅智慧网谷小镇协办的“顺丰创新中心招商启动发布会”在小镇城市客厅举行。浙江顺丰速运有限公司、浙江丰驰网络科技有限公司、浙江丰巢科技有限公司、杭州顺丰同城实业股份有限公司等企业在活动现场签约，顺丰创新中心落户拱墅区。

【吴晓波新国货直播】2020年6月29日，由杭州巴九灵文化创意股份有限公司主办，拱墅智慧网谷小镇协办的“吴晓波新国货直播”在小镇城市客厅举行，该活动历时5.5小时，实时观看人数超870万人次，上线产品34件，累计销售额5200万元。（吴晓波是知名财经作家、哈佛大学访问学者、“蓝狮子”财经图书出版人，蓝狮子财经丛书为我国本土财经书籍出版的最著名的品牌之一，吴晓波曾被《南方人物周刊》评为年度“中国青年领袖”。）

【智慧网谷“党建共建、携手北建”共建活动】2020年7月14日，由拱墅智慧网谷小镇主办的智慧网谷“党建共建、携手北建”共建活动在小镇城市客厅举行。该活动邀请市发展和改革委员会、市经济和信息化局、市城乡建设委员会大城北办、市文化广电旅游局、市投资促进局、拱墅区委组织部、区委人才办、区发改经信局、区科技局、区投资促进局、区住建局、区城管局、区文广旅体局、区金融办等市、区级共建职能部门，杭州顺丰创新中心、浙报数字文化集团有限公司、海外海集团有限公司等智慧网谷建设单位及工商银行半山支行、农业银行半山支行等辖区银行，共同发布智慧网谷“党建共建、携手北建”共建项目，签署智慧网谷党建共建协议书，并宣布智慧网谷小镇党委成立。

【相约浙里，运创未来——浙江省海外青年人才项目云路演对接会】2020年10月30日，由省委组织部（人才办）、省人力社保厅主办，省留学与专家服务中心、拱墅区委组织部（人才办）、拱墅区人力和社保局承办，杭州海硅人才服务有限公司、极光创新中心、拱墅智慧网谷小镇协办的“相约浙里，运创未来——浙江省海外青年人才项目云路演对接会”在小镇城市客厅举行。10位优秀的海外人才通过云端进行路演，与嘉兴、绍兴、湖州3个线上分会场、数十家投资机构、孵化平台以及行业代表们实现“零距离”“零延迟”的互动交流。

【智慧网谷商务先行区开园】2020年10月30日，智慧网谷商务先行区开园。智慧网谷商务先行区由首开公园及“智慧之核”中央公园共同组成。首开公园是利用4幢当地仓储用房改建而成的商务园区，由智慧网谷小镇和首开杭州公司联合打造，旨在打造一个集合式、具有复合多功能空间的公园式体验综合体，满足智慧网谷先期进驻企业的办公及商务需求。项目占地面积4500平方米，建筑面积约2.5万平方米，其中地上建筑面积约1.6万平方米，总投资约8200万元。“智慧之核”中央公园以“开枝散叶”为设计理念，占地面积1.8万平方米，包含标志性雕塑、下沉中心广场、大面积静水池、水上休闲厅、运河沿线休闲步道等设施。

【招商创库·智慧网谷孵化器投入使用】2020年11月27日，拱墅智慧网谷小镇的招商创库·智慧网谷孵化器投入使用。该孵化器是由智慧网谷小镇与招商蛇口杭州公司共同打造运营，聚焦数字经济及大健康、医疗等领域的成长型企业。孵化器总运营面积超4000平方米，规划有联合办公空间、分区办公空间和整层办公空间。全方位提供展示、会客、办公、会议、洽谈、茶咖等服务。

（郑劼婧）

运河财富小镇

【概况】运河财富小镇东至上塘路，南至胜利河，西接湖墅路、小河路，北至湖州街，总面积3.3平方千米，核心区面积为1平方千米。2020年，运河财富小镇累计入驻金融企业408家，实现税收10.17亿元、营业收入171.31亿元。全年完成产业投资4.37亿元，特色产业投资、民间投资占比均为100%。

【“胜利河·锦鲤中心”开业】2020年5月20日，胜利河旅游综合体“胜利河·锦鲤中心”开业，美食街“天幕夜景”启动项目建设。该项目为“国字号”特色美食街的融合、提升项目，同时也作为百县千碗美食新零售体验基地。5月1—17日试营业期间，综合体内有一点点奶茶店、马路边边串串香等10家商户营业。

【运河文化产业委员会客厅揭牌仪式暨“国际机构看浙江”主题协商活动举行】2020年9月10日，浙江省杭州运河文化产业委员会客厅揭牌仪式暨“国际机构看浙江”主题协商活动在小镇客厅举行。该委员会客厅将作为沟通国内外金融产业、国际机构的交流平台。揭幕仪式上省、市、区三级政协委员和在华东及浙江地区的部分外资机构负责人等，围绕“国际机构看浙江”主题，从杭州如何接轨世界、引进海外高端国际人才、提升文化艺术影响力等方面建言献策。

【运河会客厅栏目播出完成】2020年1月3日、5月23日、9月19日，运河会客厅第4期、5期、6期节目分别播出。至此，小镇与浙江经视合作打造的运河会客厅栏目顺利收官，播出过的6期节目内容涵盖专业人才、自然条件、营商环境、平台资源、设施配套等方面。

2020年10月30日，“产业基金服务基地”在运河财富小镇客厅揭牌
（运河财富小镇 供稿）

【投融资物联网专场对接会暨“产业基金服务基地”揭牌仪式举行】2020年10月30日，浙江省特色小镇投融资物联网专场对接会暨“产业基金服务基地”揭牌仪式在拱墅区运河财富小镇客厅举行。活动安排7个物联网领域项目进行路演。后续有6家投资机构与路演项目达成初步合作意向，其中澳新银行、浙江省金控投资管理有限公司分别与杭州暖芯迦电子科技有限公司等企业达成金融服务合作。

【金融财富联盟常务理事会会议】2020年11月25日，小镇金融财富联盟常务理事会工作会议召开，13家联盟轮值主席、常务理事单位及联盟秘书处代表参加。会议回顾联盟2020年工作，讨论联盟轮值主席及常务理事单位换届事宜及扩版事宜。会后联盟扩版工作推进，以持牌金融机构会员单位为主的金融财富联盟纳入小镇内各行业优质企业，联盟架构经重新梳理形成传统金融、类金融、重点企业三大分会。

【金融服务环保小微企业专场路演活动】2020年12月15日，以“打造良好营商环境，推动环保小微企业发展”为主题的金融服务环保小微企业专场路演活动在小镇举行。活动由杭州市生态环境局、浙江省金控投资有限公司、运河财富小镇管委会、杭州市第十一届政协致公党界别委员工作站、杭州市环保产业协会主办，运河财富小镇管委会、杭州市环保产业协会承办，邀请5家优质环保项目代表及小镇内外金融、投资机构代表参加。

【优质企业落户小镇】2020年3月27日，浙江物产中扬供应链服务有限公司迁入小镇。该公司成立于1995年，注册资金5000万元，实际控股股东为物产中大集团。5月19日，浙江兴农创业投资合伙企业（有限合伙）在小镇注册成立。该企业系浙江省总规模100亿元的浙江省乡村振兴引导基金旗下乡村建设引导子基金项目。12月29日，安盛天平财产保险有限公司浙江分公司与小镇签订入驻协议。该企业系浙江省引进的首家国际独资保险机构500强分公司。12月30日，工银安盛人寿保险有限公司浙江分公司迁入小镇远洋国际中心B座。该企业总部位于上海，注册资本22.05亿元，由中国工商银行、Axa安盛集团、中国五矿集团公司共同组建。

【小镇楼宇管理系统优化升级】2020年12月31日，小镇楼宇运营管理系统完成优化升级后上线进入试运行阶段。此次升级优化系统底层逻辑，提升操作便捷性，同时接入楼宇物业模块，加强与小镇内商务楼宇物业合作，提高小镇楼宇联动管理效率。

（许依璠）

星汇直播小镇

【概况】星汇直播小镇规划面积2.85平方千米，是省级培育类特色小镇、市级创建类特色小镇，获评省级数字化示范园区、省级科技企业专业孵化器、市两创示范小微企业创业创新基地、市产业创新服务综合体等多项荣誉。2020年6月，为抢抓大运河文化带建设、长三角一体化和大城北开发建设战略机遇期，全面落实国家“数字生活新服务”拉动新消费的经济发展战略，小镇加快产业转型升级，由上塘电商小镇改名为星汇直播小镇。小镇坚持以“直播+”赋能为主线，以“校园经济”为依托、“直播+数字文娱”“直播+数字供应链”为两大细分产业主攻方向、N个直播场景应用为产业生态圈的发展思路，全面打造“1+2+N”直播产业发展体系。全年，小镇实现营业收入86.99亿元、常规税收入2.25亿元。

【杭州—云上常山飞地直播基地揭牌】2020年5月19日，杭州—云上常山飞地直播基地在拱墅区运河(国际)跨境电子商务园揭牌，衢州市常山县在杭州设立的第一个“飞地直播基地”正式成立。杭州平定投资有限公司与常山县经济和信息化局签订“杭州—云上常山飞地直播基地”共建合作协议。该次合作利用拱墅区的特色小镇、产业园区，电商园区的创建运营经验，推动常山县特色产业带和直播产业融合发展。

【2020中国灯都渠道高峰论坛】2020年9月19日，以“品牌致胜、渠道为王”为主题的2020中国灯都渠道高峰论坛(浙江站)在杭州灯具市场举行。论坛由中国灯都灯具市场联盟和古镇灯饰报联合主办，杭州灯具市场协办，业界专家学者、知名企业、浙江省百强经销商参加研讨。政府领导、全国主要灯具市场代表、灯具品牌厂家、商协代表、市场优秀商户、家装公司、知名媒体代表等300余人参加论坛活动。

【拱墅星汇直播联盟成立】2020年11月6日，拱墅星汇直播联盟在运河(国际)跨境电子商务园举行成立仪式，该次活动由区委统战部、上塘街道共同主办。区委统战部、上塘街道、区财政局、区商务局、团区委等相关负责人上台触屏启动联盟成立按钮，共同见证小镇开启全新数字时代。星汇直播联盟由上塘街道联合星汇直播小镇发起，以新的社会阶层人士为主体，由杭州翔天供应链管理有限公司、阿里巴巴环世通(杭州)网络科技有限公司、杭州旭航网络科技有限公司、锦鲤中心直播基地等29家大咖企业组成，下辖供应链中心、人才创业创新中心等4个分中心，基本覆盖直播行业全产业链条，旨在发挥统战人员的人才优势，引导和鼓励企业拓展“云上市场”，形成“人、货、场”供应体系的灵活响应和快速对接，加速打造拱墅直播经济生态圈。同时，“网络直播产教融合基地”正式挂牌，多维互动、校地双赢新局面形成。

【星汇直播小镇校地合作】2020年，小镇深化校地合作模式，与拱墅团区委、浙大城市学院传媒学院共同打造“网络直播产教融合基地”，基地落地小镇，整合村级留用地吉瑞大厦1万余平方米办公空间合作共建直播学院，助推浙大城市学院校友产业园尽快落地。校地直播致力为直播企业提供全流程、专业化、项目式的指导服务，为学校学生提供场景式、岗位制、实战化的培育锻炼，实现多维互动、校地双赢的良好局面，为拱墅直播产业中心提供人才保障。直播产教基地的建立，打造“众创空间—孵化器—加速器—总部科技园”的接力式创新链条，促进产学一体化发展。

（倪家伟）

工业设计小镇

【概况】工业设计小镇规划范围东至小河路，南至登云路，西至莫干山路，北至湖州街，规划面积1.42平方千米，是浙江省首个产业发展单元。小镇依托泰普森国家级工业设计中心和LOFT49省级工业设计基地，重点打造工业设计公园、乐富设计园、LOFT49三大核心项目。小镇入驻泰普森(控股)集团、浙江省创意设计协会、杭州形意内建筑设计有限公司等龙头企业。2020年，小镇实现营业收入3.1亿元，实缴税金0.3亿元，税收比上年增长10%，固定资产投资2.7亿元。

【LOFT49创意城市先行区开放】2020年7月7日，工业设计小镇首个项目LOFT49创意城市先行区开放。该项目建筑面积6.2万平方米，传承原有拱墅工业底蕴与文创精神，引入以产业结构和消费结构升级的创意产业生态，以创意产业为核心，构筑具有创新性、成长性和开放性的创意产业生态服务圈平台。项目构建由产、商、集、秀、展五大功能组成的生态系统，打造集创意办公、总部集群、时尚街区、艺术展演等于一体的创意城市先行区。

【工万创新型产业用房项目推进】2020年，工万创新型产业用房项目完成内外墙施工。项目位于祥符街道的桥西拱宸桥单元地块，投资主体为杭州工万产业投资管理有限公司，占地面积1.59万平方米，总建筑面积6.2万平方米。项目打造以工业设计全价值链为主导，涵盖创意设计研发、生产制造、营销推广、销售渠道、咨询服务等产业上中下游各个环节，以文化创意、创新平台和消费品产业为重点，以创投、融资、培训、法律咨询等多维产业配套服务为支撑的产业园区，建成后将聚焦工业设计与文化创意两大产业。

【泰普森创新型产业用房项目结顶】2020年7月26日，泰普森创新型产业用房项目结顶。项目位于祥符街道的桥西拱宸桥单元地块，投资主体为浙江康达工业设计有限公司，该项目占地面积1.04万平方米，总建筑面积4.5万平方米。项目在泰普森集团国家级工业设计中心的基础上，打造以设计、研发、检测、展示、培训为核心的设计园区，建成后重点引进工业设计、文化创意、智慧经济三大产业，推动相关产业转型升级。

（金晓鹏）

北部软件园

【概况】北部软件园规划范围南至石祥路，北至油车桥港、祥云路，东至通益路，西至西塘河，规划面积3.07平方千米，被评为国家广告产业园、中国（杭州）智慧信息产业园、国家级科技孵化器、国家电子商务示范基地、杭州国际人才创业创新园、国家级众创空间。北部软件园着力打造浙江省乃至国家级创业创新示范园区，推动信息技术、数字传媒、数字创意、电子商务等细分领域集聚发展。园区集聚浙江盘石信息技术股份有限公司、浙江执御信息技术有限公司、杭州米络星科技（集团）有限公司、浙江托普云农科技股份有限公司等独角兽、准独角兽企业。2020年，园区实现财政收入8.37亿元、营业收入226.81亿元，特色产业营业收入占总收入的77%，特色产业投资2.35亿元。

【众创空间获得“国”字认定】2020年4月，科技部火炬高技术产业开发中心公布2020年度国家备案众创空间认定名单，北部软件园众创空间成功晋升为“国家级众创空间”。北部软件园众创空间位于拱墅区祥园路33号众创大厦内，空间总面积1317平方米，设有136个创客工位，可容纳150人的路演大厅及开放式洽谈区。至年底，有30余家科技、文创类企业入驻办公。

【创新驱动持续力提升】2020年，北部软件园累计辅导杭州联科生物技术股份有限公司、杭州微盘信息技术有限公司等30家企业通过“旭日计划2.0”初审；推动辉驿网络等42家企业申报国家高新技术企业，园区现有国家高新技术企业156家；推荐申报省科技型中小企业22家、市级研发中心10家；申报区专利试点企业4家、区发明专利产业化项目6家；引进培育高层次人才6名，其中院士1名。（何　飞）

康桥新能源产业园

【概况】康桥新能源产业园位于康桥街道，南接康桥路，西靠杭宣铁路，北与余杭相邻，东部为杭钢厂区，靠近320国道、绕城高速、运河新城和半山公园等。规划面积1.87平方千米，建筑面积100余万平方米，重点打造以节能环保、新能源为主的现代产业集聚区。杭州华普永明光电股份有限公司、杭州英普环境技术股份有限公司、杭州禾迈电力电子技术股份有限公司、杭州杭开环境科技股份有限公司等知名企业入驻园区。园区拥有隽维中心产业园、杭州恒山钢贸产业园、杭开科创园等40个园中园。2020年，园区实现主营收入78.72亿元，税收2.75亿元，其中新能源企业税收 7431 余万元，比上年增长 16.05%。新引进企业 301 家，注册资本 24.56 亿元。

【新制造业发展新平台打造】2020 年 5 月 15 日，康桥新能源产业园 2 宗工业用地出让，其中 0.46 公顷地块由园区企业杭州杭开绿兴环境有限公司竞得，0.68 公顷地块由园区企业浙江恒明电子有限公司竞得。2 宗地块未来将作为康桥新能源产业园发展新制造业的新平台，重点发展光伏设备及元器件研发制造、城乡生活垃圾综合利用、先进环保产业等战略性新兴产业。

【平安园区建设】2020 年，园区开展常规企业安全生产检查 300 余次，组织电瓶车停放及充电、企业住宿情况、油气安全、食品药品等专项督查 60 余次，发现 500 余个隐患问题，督促整改完成 430 余条并做好台账记录。全年完成各级重大事故隐患挂牌单位闭环整改 5 家，整改问题 60 余个，实现按时整改完成率 100%。

【英特物流公司获评“全国抗击新冠肺炎先进集体”】2020 年 9 月 8 日，康桥新能源产业园企业浙江英特物流有限公司在全国抗击新冠肺炎疫情表彰大会上获“全国抗击新冠肺炎先进集体”称号。突如其来的新冠肺炎疫情防控期间，浙江英特物流有限公司全面落实浙江省委省政府决策部署，超前谋划、周密部署、科学组织、日夜奋战，高效率调配运送抗疫防治药品与防护医疗器械。至 6 月 19 日，累计运输各类防疫物资 16000 余车次，配送 9600 多万个口罩、46 万多件防护服、近 6 万个红外线测温仪，保障了全省 80% 左右政府调用防疫物资的供应配送工作，为浙江省打赢疫情防控阻击战贡献了重要力量。

（李　捷）

北城·智汇园

【概况】北城·智汇园位于半山街道，规划总面积 0.61 平方千米，园区形成以智能制造、智慧物流和建筑规划产业为主、电商贸易为辅的产业格局，入驻浙江来益医药有限公司、杭州市路桥集团股份有限公司、顺丰国际生鲜电商供应链基地、杭州广银建设有限公司、话机世界产业用房、浙江省公安牌证制作中心等重点产业项目。2020 年，园区实现税收 1.5 亿元，营业收入 40 亿元，固定资产投资超 2 亿元。

【广银产业用房开工建设】2020 年 5 月 12 日，北城·智汇园石塘区块地块（广银建设有限公司产业用房项目）获得施工许可证，实现开工建设。该项目用地面积 1.77 公顷，建筑面积 5.1 万平方米，总投资 1.5 亿元，计划打造集电力设备制造、售电服务、电力设计及智能电力工程等产业于一体的产业基地。

【重点区块出让】2020 年 12 月 8 日，北城·智汇园杭钢单元地块挂牌出让，该地块用地面积 1.59 公顷，建筑面积 3.81 万平方米，竞得单位为浙江景嘉医疗科技有限公司。该公司成立于 1995 年，是国内生产医用透明质酸钠凝胶产品起步较早的公司之一，是集生物医用材料研发、制造与销售的国家级高新技术企业，国家级三类医疗器械生产企业，产品涉及手术防粘连、眼科黏弹剂、关节润滑以及微创整形填充等领域，是中国医用透明质酸钠凝胶领域应用范围最广、产品系列最全的生产厂家之一。

【企业招引精准开展】2020 年，北城·智汇园新引进企业 73 家，其中引进的杭州易博特科技有限公司项目，是当年首个正式入驻北城·智汇园的新制造业项目，主要从事国际标准托盘输送和分拣机器人的研发和生产。依托半山街道“企业回家计划”，引进落地上海的宝盈 SK 公路科技研究所，该项目由多个重要实验室构成，填补了园区在前端科研上的产业空白。

（沃　瑾）

申花产业集聚区

【概况】申花产业集聚区位于祥符街道，东至莫干山路，南至余杭塘河，西至丰潭路，北至申花路，规划面积 4.3 平方千米。至 2020 年，建成投入使用楼宇 15 幢，总建筑面积 107 万平方米（其中总商务面积 46 万平方米），在建楼宇5幢。入驻重点企业2500余家，是一个集产业优质、生态旅游、交通便捷、资源丰富等优势于一体的楼宇经济（总部经济）产业集聚区。集聚区重点打造商贸商务、数字创意和科技信息三大主导产业。2020年，实现营业收入40.3亿元，比上年增长35.2%，实缴税金4.3亿元，增长6.6%。资辉置业商业综合用房、中交（杭州）商业金融用房、丰潭实业商业综合用房等项目投入使用。

【2020运河置业节】2020年5月23—24日，“安家拱墅，筑梦未来”2020运河置业节在杭州大悦城举办，活动由区住房和城乡建设局、祥符街道主办，浙报传媒地产研究院和大悦城承办。参展项目10多个、广大购房者以及业内专家活跃互动，通过专家现场答疑，广大购房者得到全面、系统、详细的购房信息。

【祥符金秋造物节】2020年9月28日至10月11日，“金秋造物，约惠祥符”祥符金秋造物节在城西银泰城举行，活动由区住房和城乡建设局、祥符街道主办，浙报传媒集团、城西银泰城承办。华晨宝马汽车有限公司、杭州德奥汽车有限公司、杭州领克中心、海外海杭州汽车城、杭州月星家居城、杭州圣都装饰有限公司、鲜丰水果股份有限公司、品凯口腔连锁医院、浙江泰普森（控股）集团、杭州昂立教育等把明星产品搬到现场，打造出一个“小祥符”。活动有3000余家企业参与。

【“祥符云”智能管理系统上线】2020年12月25日，“祥符云”智能管理系统正式上线，系统收集楼宇招商、经济指标、企业服务等全方位数据，并直观展示。智能管理系统的上线将帮助申花产业集聚区管理、服务数字化提升，在政府与企业之间搭建起数字化服务平台。（金晓鹏）

汽车互联网小镇

【概况】拱墅汽车互联网小镇东临通益路，南接湖州街和石祥路，西至莫干山路和丰庆路，北靠祥泰街、三墩路，规划面积3平方千米，核心区1.1平方千米。围绕汽车智能研发、汽车电子商务、汽车互联网出行和汽车互联网后市场四大领域，构造四轮驱动产业体系并形成“一核三园，一城多点”暨以万科汽车互联网产业园为核心，以运河汽车互联网产业园、运河汽车电商园、创新谷汽车互联网产业园为三园、以海外海汽车城为一城的空间布局结构。2020年，小镇新入驻汽车互联网相关企业200余家，实现总营业收入221.4亿元，税收21.4亿元，2019年省级特色小镇考核获培育类优秀。

【运河汽车消费节】2020年6月1—20日，“目标发动·精准拉动”2020运河汽车消费节在海外海（杭州）汽车城举行，活动由拱墅区人民政府主办，拱墅区商务局、拱墅区汽车互联网小镇管委会、祥符街道、海外海（杭州）汽车城承办。该活动有43家汽车品牌的120多款车型参展，意在通过优惠活动和周到服务拉动汽车消费，树立拱墅祥符街道汽车一条街品牌新形象。

【2020中国（杭州）汽车互联网产业发展大会】2020年12月22日，“汽车智联·城市共振”2020中国（杭州）汽车互联网产业发展大会暨万科汽车互联网产业园开园仪式在万科运河中心召开，活动由拱墅区政府主办，拱墅汽车互联网小镇管委会、祥符街道办事处、万科运河中心承办。汽车互联网领域的专家、学者、企业家、创业者齐聚一堂，共同探讨汽车互联网前沿技术。浙江博思海泰科技产业发展集团有限公司、浙江中海达空间信息技术有限公司、杭州慧停科技有限公司等6家企业现场签订战略合作协议。万科汽车互联网产业园总建设规模约37.6万平方米，以汽车互联网等数字经济产业为核心，融合甲级办公、缤纷商业、SOHO、汽车博物馆、会展中心以及主题酒店六大业态，打造汽车互联产业生态创新区，项目一期的开放为产园区提供近19万平方米的物理空间，同时有效促进平台人才引进和项目集聚。

【汽车互联网小镇区域环评通过】2020年12月15日，小镇管委会参加拱墅汽车互联网小镇创建规划环境影响报告审查会。经过一系列的专家评审，以及对原有报告修改，小镇创建规划环境影响报告审核通过。报告的通过标志着小镇最多跑一次工作的进一步深化，也对招商引资过程中参照环境准入条件清单，切实加强污染风险防范提出要求。

【项目建设推进】2020 年，小镇内竣工 3 个重点项目。2 月 17 日，钧顺商业综合用房项目竣工；8 月 20 日，万科汽车互联网核心产业园二期竣工；8 月 27 日，花园岗大厦项目竣工。小镇核心产业项目万科汽车互联网核心产业园一期项目外立面完成 50%，计划 2021 年 6 月投入使用；三期项目结顶，计划 2022 年底投入使用。

（金晓鹏）

康桥健康产业园

【概况】康桥健康产业园规划面积 1 平方千米，东至宣杭铁路、南至杭钢河、西至拱康路、北至康桥路。核心区面积 0.2 平方千米，东至电厂热水河、南至杭钢河、西至拱康路、北至平炼路，可开发土地 16.41 公顷，2017 年被认定为杭州市培育类健康（养老）产业集聚区。2020 年，康桥健康产业园招引浙江威洋科技、杭州甄华集生物科技有限公司 2 家大健康特色产业企业，落地杭州慧芯达科技有限公司产业链项目，实现营业收入 638 万元、税收 15 万元，分别比上年增长 96.3% 和 9.24 倍。

【核心区建设】产业园核心区以马桥路为界，分为两大建设区块。核心区南区块 8.78 公顷，其中浙江大学医学院附属邵逸夫医院大运河分院总用地 5 公顷，总建筑面积 21.4 万平方米，由拱宸桥指挥部负责建设，至 2020 年年底项目已开展主体结构施工，计划在 2023 年年底竣工。另一地块为 3.8 公顷商住用地，办理前期做地工作。产业园核心区北区块，共 5 宗商业用地 7.63 公顷。其中 4 宗为康桥街道辖属 6 个经合社的 10% 留用地，共 6.14 公顷留用地，分两期开发，一期项目为康桥村、永和 2 个留用地块，用地 2.26 公顷，2020 年 12 月开工建设；二期为蒋家浜独城、吴家墩计家 2 个留用地块，用地 3.88 公顷，2020 年启动用地报批。另 1 宗商地由拱宸桥指挥部做地，用地 1.51 公顷。产业园统筹 6 个经合社 10% 留用地，立足“统一规划、统一设计、统一管理”开发原则，围绕“健康 +”发展定位，重点发展与大健康紧密相关的服务产业链，打造以健康产业为主导，上下游不断延伸、形成规模发展效应的大健康产业平台。

【产业园一期动工】2020 年，康桥街道统筹康桥村、永和村 2 个留用地项目作为一期整体开发。康桥街道牵头与浙江省基础建设投资集团、招商蛇口产业园事业部、西子联合控股有限公司等几十家企业开展洽谈招商合作并综合考察，确定浙江省基础建设投资集团为健康产业园留用地一期项目运营合作单位，于 6 月签订运营协议，共同打造具有区域带动力的大健康产业园区。同期通过概念性方案比选，确定“拟山筑城”为主题的设计方案，与马桥路南侧以“治愈之帆”为主题的浙江大学医学院附属邵逸夫医院大运河分院的建筑形态遥相呼应。产业园一期项目完成协议出让、工程规划许可证和施工许可证等前期手续，12 月 9 日开工建设。产业园一期围绕健康产业园初步构建的数字医疗、特色诊疗、产业办公、商业配套、台商产业五大功能区定位，构建完整的大健康细分领域产业链体系，为后续产业精准招商，提前谋划布局。

【地块招商推介活动】2020 年 8 月 14 日，康桥街道与区投促局联合在杭州电视台综合频道《财经第一线之城长相对论》节目开展“康桥新推留用地，大城北核心绘新蓝图”主题地块推介，重点介绍康桥健康产业园等相关留用地块。1 月和 8 月，康桥街道主要负责人带队赴深圳、上海等地开展敲门招商，考察洽谈招商蛇口、顺丰集团等优质企业。12 月，康桥街道结合新成立的康桥商会和新乡贤联谊会等新平台进行招大引强，建立完善合作意向库，将 40 余家优质企业纳入合作意向库，推动产业园留用地开发提速增效。

（高神军）

投资促进·区域合作22

综 述

2020年，拱墅区围绕大城北建设目标，着力推进招商引资工作，克服疫情和经济下行双重影响，突出外资、产业链、大项目、1亿元以上固定资产投资等工作重点，完善招商机制，细分投资促进领域，运用数字化手段创新招商方式，构筑良好营商环境，吸引国际国内投资者及一批优质项目落户拱墅区。全年引进1亿元以上项目65个，其中落地固定资产投资9亿元以上产业项目25个，落地10亿元以上产业项目7个。全区实际利用外资8.12亿美元，完成目标任务的180.44%，比上年增长40.98%，外资引进数量创历史新高，增速位居杭州市前列。区领导带队赴北京、上海、厦门等地敲门招商、上门服务。区招商团队赴北京拜访中科寒武纪科技股份有限公司、北京知存科技有限公司等企业，引进江苏常熟中利科技集团总部项目；赴绍兴考察芯空间控股有限公司项目。储备“快看漫画”App、厦门雅迅网络股份有限公司、豆包网等多个细分领域龙头项目，并与启明维创创业投资管理（北京）有限公司、赛富亚洲投资基金管理公司等拥有美元基金的风投、股权投资企业对接项目招引工作。依托以企引企，收集国内外500强、行业领军企业投资信息及全区“大树”“小巨人”等企业信息，拱墅区投资促进局编制《拱墅区以企引企人脉手册》，对接上下游配套企业和相关优质企业。强化地块“点对点”推介，专题向九龙仓集团有限公司、香港置地控股集团有限公司等港资房企，华润（集团）有限公司、中国金茂控股集团有限公司等央企推介拱墅区运河湾、杭钢站地铁上盖、华丰板块、民生板块等大宗连片土地资源。区投资促进局组织招商小分队到上海调研世博B片区央企总部集聚区，结合拱墅区产业布局、总部经济发展现状等探索华丰地块打造央企总部集聚区的工作。制定出台《拱墅区重点楼宇招商指数排行榜》，提高重点楼宇入驻率和引进楼宇企业质量。做好楼宇招商三年行动计划政策兑现，为2019年度招引的58家楼宇企业兑现扶持资金803.43万元。协助企业邀请境外技术专家、高管来华开展技术指导、协助外资企业办理网上年检等事宜。

拱墅区贯彻实施东西部扶贫协作战略，10个街道和1个园区与湖北省来凤县11个乡镇、8个街道及贵州省黄平县8个乡镇实现镇街结对全覆盖。3月，拱墅区对口帮扶的黄平县被贵州省政府批准退出贫困县序列，实现整县脱贫摘帽。

（王黎明　杨　婧）

招商引资

【概况】2020年，拱墅区完善各项投资促进工作机制，建立投资促进工作领导小组例会机制，定期召开工作会议，对盯引项目（“盯引”指政府针对招商引资工作的一种方法，具体是盯住企业盯住客商、引进项目）进行预审研判，对项目落地推进过程中存在的问题进行协调解决，统筹推进全区招商引资工作。建立招商目标任务清单管理机制，将外资项目、50亿元以上产业项目、10亿元以上产业项目、1亿元以上产业项目等招引任务，细化量化分解到项目引进部门负责人、分管负责

2020 年 4 月 9 日，拱墅区召开 2020 年投资促进工作领导小组第一次例会，研究地块及外资引进等工作进展
（区投资促进局 供稿）

人、招商业务科室个人，对项目进度进行“一对一”全程跟盯服务。实施招商信息汇总统筹机制，每周更新汇总全区新落地、新洽谈项目及重点盯引项目进展情况，动态化掌握全区项目信息，协调单位之间项目信息重叠和承载平台资源对接，提升项目的对接效率，推进项目进度。建立龙头企业评估机制，明确招大引强方向。以招引龙头企业为突破口，分门别类建立龙头企业评估标准，指导街道（园区）、产业平台、城建单位、产业部门梳理可招引的目标龙头企业，同时坚持“全区一盘棋”，实行部门、街道、平台集中联动，联合攻坚龙头企业的招引工作。多措并举主动拓展项目，全年开展外出敲门招商 57 次，对接洽谈重点项目 508 个，落地宝荣汽车总部、乐歆机器人、泰数华东数字产业园等项目 290 个。利用数字技术拓展项目信息。打造拱墅“招商在线”平台，上线 VR（视频模拟系统）看地、视频读地等实用功能，推动疫情防控期间实现“线上招商”常态化。新开发互动招商云系统，通过“投资拱墅”微信小程序，以人员智能名片，系统访客痕迹分析等功能为依托，为招商工作提供大数据支撑。坚持以外资招引、产业链招商、大项目招商、1 亿元以上固定资产投资项目招商等为重点，做强产业研究，加大“谋盯引、促落地”工作力度。2020 年新引进 1 亿元以上项目 65 个。全区实际利用外资 8.12 亿美元，完成目标任务的 180.44%，比上年增长 40.98%。外资引进数量创历史新高，增速位居杭州市前列。

【重大项目引进】2020 年，拱墅区引进落地固定资产投资 1 亿元以上产业项目 25 个，完成全年目标任务的 166.67%。落地固定资产投资 10 亿元以上产业项目 7 个，完成全年目标任务的 140%。落地总投资 158 亿元的浙江云计算数据中心项目（该项目列入 2020 年浙江省重点建设项目名单）。引进浙江宝盈爱思开物资集团有限公司、浙江物产中扬供应链服务有限公司、浙数文化科技发展（浙江）有限公司等龙头型企业 18 家。

【楼宇招商】2020 年，拱墅区新投

入使用楼宇17幢，新投入使用面积115万平方米，其中重点楼宇可招商面积14万平方米。出台《重点楼宇招商指数排行榜》，聚焦重点楼宇去化，从楼宇招商发展、规模、效益三个维度对全区10幢重点楼宇招商绩效进行科学评价，有效提高重点楼宇入驻率和引进楼宇企业质量。入驻企业有中关村智酷人才与产业创新基地、省交通规划设计研究院检测中心、柯恩供应链管理全国总部、国潮老字号产业园、鸿艺影视文化总部等。行业涉及大数据、文化创意、汽车后市场服务等。全区楼宇入驻率达85.81%，新增楼宇规模以上企业119家，完成年度目标任务的108.8%。

【地块招商】2020年，拱墅区出让地块25宗、46.69公顷，其中住宅地块（不含专项人才住房用地）9宗、23.05公顷，商业地块8宗、12.51公顷，商住地块1宗、4.84公顷，工业地块出让4宗、4.06公顷，创新型用地2宗、1.97公顷，留用地1宗、0.26公顷。引进融创中国控股有限公司、绿城理想小镇建设集团有限公司等地产商开发商业（商住）地块，落地杭州宝荣汽车销售服务有限公司、花印集团等总部办公项目及杭州杭开环境科技股份有限公司、浙江恒明电子有限公司等新制造业项目。对接中骏集团、中合联宇房地产开发有限公司、时代中国控股有限公司等房地产开发企业以及赛特斯信息科技股份有限公司、中利科技集团、万邦科技有限公司等产业企业，对东部金融总部地块、祥符老街地块、庆隆小河单元商住两用等重点地块资源进行招商推介。专题向九龙仓集团有限公司、香港置地控股有限公司、嘉里集团有限公司等港资房地产企业，华润（集团）有限公司、中国金茂控股集团有限公司等央企推介运河湾、杭钢站地铁上盖、华丰板块、民生板块等大宗连片土地资源。

【云上“双招双引”大会】2020年3月19日，在防疫复工两手抓两不误的背景下，拱墅区在智慧网谷数字经济小镇客厅举办“运河之约·云启未来”2020云上“双招双引”（双招双引是指招商引资、招才引智，是一种对外招商引资的创新型策略）大会。现场通过网上互动+直播的形式云推介地块和“运河英才”全球引才云评审计划，经过前期“云洽谈”“云论证”等落地签约26个项目，总投资额逾72亿元，其中招商项目21个，人才项目5个，涉及先进制造、数字经济、人工智能、文化创意等领域和一批高端人才项目。3月19日拱墅区还推介了6宗重点地块（均为大关、庆隆小河、申花等主城核心单元的地块资源）和5大重点楼宇CBD（包括武林壹号写字楼、远洋国际中心、绿地中央广场、中粮大悦城等核心商务区的高端楼宇及位于智慧网谷数字经济小镇的顺丰创新中心），发布杭州拱墅“招商在线”平台，通过信息高效交互，实现24小时招商在线、服务在线。

【产业链招商】2020年，拱墅区围绕打造六大产业中心，成立大数据、电商直播、智慧物流等六大产业招商专班，做强产业研究，梳理六大产业前20强企业和细分领域前10强企业，并根据区内产业平台、配套资源、落地企业等，精准确定靶向招商企业，绘制招商图谱。对接东华软件股份有限公司、江苏菲利斯通信息科技有限公司等大数据企业，深圳市缇苏网络科技有限公司、杭州谦喜文化传媒有限公司、迅销公司等电商直播项目，杭州汤氏物流有限公司、普洛斯物流园等智慧物流项目。以每半个月召开的全市重大产业项目专题会议为契机，密切跟踪对接服务重大产业项目。引进央广云数（浙江）文化传媒有限公司“云听中国”全国总部、柯恩供应链管理有限公司全国总部、学而思国际教育集团区域总部、芯空间控股有限公司、浙江物产中扬供应链服务有限公司、浙江东日农业发展有限公司、杭州旭航网络科技有限公司等重大产业项目。（王黎明）

对口帮扶

【概况】2020年，拱墅区贯彻实施东西部扶贫协作战略，研究制订《2020年拱墅区对口帮扶及协作工作计划》《拱墅区对口帮扶协作项目资金管理办法》，多次召开全区对口帮扶工作会议，细化工作任务，明确责任分工，全区10个街道和1个园区与湖北省来凤县11个乡镇、8个街道及贵州省黄平县8个乡镇实现镇街结对全覆盖。3月，拱墅区对口帮扶的黄平县被贵州省政府批准退出贫困县序列，实现整县脱贫摘帽。全年共帮助黄平县、来凤县建档立卡贫困人员在当地就近就业2932人，到杭州就业674人，带动黄平县4258个、来凤县3400个建档立卡贫困人员通过就业或者利益联结等形式受益脱贫。

【结对帮扶推进】2020年，拱墅区与黄平县、来凤县两地村社结对扩大至24对，拱墅区的30所学校、10家医院（其中包括萧山医院和杭州红十字会医院）分别与黄平县的73所中小学、13家医院结对；与来凤县的8所中小学、幼儿园，3家医院结对；66家社会组织分别与黄平县64个贫困村，来凤县3个贫困村结对；30家杭州市属、区属企业和民营企业分别与黄平县28个贫困村、来凤县17个贫困村结对。

【对口帮扶资金落实】2020年，拱墅区大幅增加对口帮扶资金，全年安排财政援助资金1.02亿元，社会帮扶资金3339万元（含物资）。引导12家企业到结对地区开展投资扶贫，企业实际投资5.03亿元，吸纳就业带动贫困人口296人。

【人才交流】2020年，拱墅区选派66名技术人才到黄平县、来凤县开展对口帮扶工作。其中，医护人员34名、支教教师32名。东西部合作举办党政干部培训班5期、267人次参加培训；举办专业技术人才培训15期、3836人次参加培训。

【消费扶贫】2020年，拱墅区开展“凤凰出山”“苗银入杭”活动，开辟拱墅区党群服务中心来凤县农特产直播带货专区，举办来凤县农特产品直播带货专场活动，实现线上线下相融合销售渠道，助力消费扶贫标杆性产品。全年帮助扶贫协作地区消费扶贫2.16亿元，其中黄平县0.58亿元、来凤县1.58亿元。（杨　婧）

2020年6月10日，拱墅区委书记朱建明（前排右二）赴贵州省黄平县考察东西部扶贫协作项目——食用菌产业园
（区发改经信局 供稿）

经济监督管理 23

发展和改革管理

【概况】2020年，拱墅区严格落实疫情防控、有序推进复工审批、全面推进复工复产三个阶段的稳企、助企服务工作，开展“争先创优、补短增效”攻坚行动。抓住长三角一体化发展、大运河文化带建设、高品质推进大城北规划建设等重大机遇，深入实施“六大专项行动”，谋划推进“六大产业中心”建设，深入实施“大树”企业培育工程、“小巨人”企业成长工程，新增补“大树”企业6家、“小巨人”企业17家，兑现“大树”“小巨人”企业补助资金5626.1万元。

【经济监测分析】2020年3月、4月、7月、9月，拱墅区政府召开全区经济形势分析会，分别对一季度、半年度、三季度各类经济数据进行分析研判，结合疫情影响和经济形势大环境的分析，提出全区经济保持稳定增长的意见和工作举措。根据省市工业企业、服务业企业监测工作指导要求，每季度完成221家服务业企业、40家工业企业监测信息报送。区发改经信局围绕经济发展重点和突出问题，抓好调查研究，完成调研与专报21篇，涉及壮大产业平台、运用“亲清在线”平台做优企业服务等内容。3月、4月，区长章燕组织一季度经济形势分析会，相关经济部门和街道、园区主要领导参会。7月，章燕组织半年度经济形势分析会，相关经济部门和街道、园区主要领导参会。9月，章燕组织三季度经济形势分析会，相关经济部门和街道、园区主要领导参会。全区经济社会运行逐步恢复正常，保持平稳有序健康发展态势。1—9月，全区实现地区生产总值483.81亿元，同比下降0.8%；实现规模以上工业增加值62.31亿元，下降7.1%；实现服务业增加值394.07亿元，增长0.9%；实现财政总收入128.9亿元、地方一般公共预算收入73.5亿元，分别下降5.5%、4.5%；实现固定资产投资下降8%；实现社会消费品零售总额417.68亿元，下降5.3%，降幅较1—6月收窄2.8个百分点。

【“大树”“小巨人”企业认定及政策兑现】2020年，拱墅区组织开展2019年度政策兑现和2020年度“大树”企业、“小巨人”企业增补等工作。新增补“大树”企业6家，“小巨人”企业17家，“大树”企业、“小巨人”企业总数达153家。为切实解决企业因受疫情造成的生产经营困难，在2月份线下先行兑现2019年度“大树”企业、“小巨人”企业第一批次政策规定的奖励资金，合计发放4304.7万元。第二批次兑现金昌汽车集团有限公司等58家“大树”企业、“小巨人”企业政策奖励资金共计1321.4万元，其中，引育人才奖励450.5万元。积极落实专属服务，牵头组织评审第二批“大树”“小巨人”“运河英才”VIP卡（企业）人员21人，帮助12人VIP持卡人申报子女就学需求，兑现小客车上牌补贴资金19.23万元、健康券补助资金6.32万元。

【全区《国民经济和社会发展计划》编制】2020年6月，《杭州市拱墅区2020年上半年国民经济和社会发展计划执行情况的报告》编制工作启动，拱墅区落实区发改经信局主要领导为编制工作的第一责任人。7月初，报告征求意见稿完成，下发至各街道、园区、相关职能部门征求意见。8月31

日，报告稿提交区七届人大常委会第三十四次会议审议通过。

（姜聪聪）

国有资产管理

【概况】2020年，拱墅区行政事业单位国有资产涉及独立核算机构189家，行政事业单位国有资产总额85.81亿元，其中行政单位资产29.83亿元，事业单位资产55.98亿元。全区有国有企业38家，注册资本187.73亿元，资金到位58.85亿元。其中，区属一级企业7家，二级企业15家，街道下属企业16家。区属企业资产总量1364.8亿元，净资产387.2亿元，街道下属企业资产总量为14.4亿元，净资产4.6亿元。区属一级企业中，区政府授权区财政局直接出资企业3家，2家由区财政局代为履行出资人职责进行监管，1家由科技工业园区负责监管；区政府职能部门出资的企业4家，由出资单位负责监管。

【行政事业单位资产管理】2020年2月20日，拱墅区财政局落实全区疫情防控复工复产“两手抓”、坚决打赢疫情防控阻击战工作的要求，出台《关于做好疫情防控落实减免房租措施意见的操作细则》。3月底前完成国有房产租金减免两个月的工作，兑现减免租金4641万元，惠及1026户中小企业及个体工商承租户。7月，首次将行政事业单位资产管理情况纳入对街道、部门综合考评工作进行考核，进一步落实资产管理主体责任，督促单位强化日常管理。10月10日，修订《杭州市拱墅区行政事业单位通用办公设备家具配置标准》，强调资产预算与部门预算相结合，优化通用办公设备及家具类目标准，落实特殊配置管理单位责任。11月，进一步落实疫情防控减免房租政策，完成减免第三个月房租工作，新增减免租金2244万元。至11月，全区国有房产累计减免租金6951万元，惠及1118户中小企业及个体工商承租户。

【国资国企重组整合】2020年3月，拱墅区完成全区国有资本重组整合，将原城建指挥部经营性资产、项目及流动资产等注入其下属公司，并将原城建指挥部下属公司杭州市拱墅区城市建设发展有限公司、杭州拱宸建设发展有限公司、杭州天宸实业发展有限公司等8家国有企业划入杭州拱墅投资发展有限公司（简称拱投发公司）作为其下属子公司，将10个街道经营性资产注入杭州市拱墅区经济发展投资有限公司（简称经发投公司）全资子公司杭州智慧网谷经济发展有限公司，完成区内两大融资平台公司拱投发公司和经发投公司真正市场化转型。4月30日，转发《杭州市国资委〈改革市属国有企业工资决定机制实施办法（暂行）〉的通知》，实现国有企业负责人、职工薪酬

2020年拱墅区区属一级国有企业名录表

表14

主管单位	区属一级国有企业
区政府授权区财政局履行出资人职责	杭州拱墅区资产经营有限公司
	杭州拱墅投资发展有限公司
科技工业园区	杭州市拱墅区经济发展投资有限公司
城管局	杭州宸运环境工程有限公司
	杭州胜利河美食街夜市管理有限公司
	杭州拱墅区道路停车收费服务有限公司
住建局	杭州半山国家森林公园旅游开发有限公司

（姜聪聪）

制度改革全覆盖。8月31日，区人大常委会听取和审议区政府《关于2019年度拱墅区国有资产管理的综合报告》和《关于拱墅区企业国有资产管理情况的专项报告》，对区政府提交的国有资产“明白账”予以肯定，对进一步完善国有资产管理体制、提高国有企业发展质量提出新要求。12月，全面完成区内3家全民所有制企业改制工作，杭州市拱墅区商业总公司由杭州宸寓物业经营管理有限公司吸收合并后注销，此前杭州拱墅安保服务有限公司、杭州拱墅区道路停车收费服务有限公司完成公司制改制，至此，全区全民所有制企业“清零”。

（叶　青）

财政监管

【概况】2020年，拱墅区实现地区生产总值668.60亿元，按可比价格计算，比上年增长0.1%。其中，第二产业增加值125.40亿元，下降4.5%；第三产业增加值543.20亿元，增长1.6%。三次产业结构比为0∶18.8∶81.2。全区财政总收入154.39亿元，下降4.7%，其中地方一般公共预算收入86.73亿元，下降4.9%。一般公共预算支出47.43亿元，增长12.7%。全年收支平衡。

【金融服务优化】2020年，区财政局加大街道风险池基金信贷支持力度，全年为187家企业提供授信3.55亿元。深化政府采购信用融资，签订贷款融资合同14个，授信金额2200万元，节约企业融资成本50万元。10月，推出30亿元规模的拱墅产业基金2.0版，下设“直投子基金”“主题子基金”“非定向子基金”三大模块，撬动更多金融资本、社会资本集聚拱墅。

【民生支出持续增加】2020年，全区民生支出40.02亿元，比上年增长13.4%，占一般公共预算支出的84.4%。全年投入教育支出16.04亿元，提升各学段教师待遇，优化教师梯度培养体系，推进名校培育提升工程，推动教育数字化转型，支持中小学教育教学改革。全年投入文化旅游体育与传媒支出5942万元，助力打响运河文旅品牌，提升区域内人均藏书量，推动公共场馆免费开放，支持非遗传承活动开展、非遗成果编撰和传统工艺工作站建设。投入社会保障和就业支出6.9亿元，保障应届高学历毕业生生活补贴、杭州人才码、安置就业、拥军优抚等政策落地，支持“互联网+养老”服务全覆盖，落实困难群体民生兜底，推进“新时代枫桥式退役军人服务站”创建。投入卫生健康支出3.21亿元，全面构建重大疫情防控救治体系，保障公共卫生、疾病防控、卫生监督、精神卫生等各项事业开展，助力打造“阳光小伢儿”婴幼儿照护品牌，深化基层医疗机构补偿机制改革。全年投入城乡社区支出4.56亿元，保障垃圾分类、道路保洁、公厕管理、绿道建设、污水零直排等工作，支持老旧小区加装电梯工程、老旧小区物管改善、旧住宅区改造，加强交通治理和盲区暗点整治。

【财政改革深化】2020年，区财政局推进预算招标控制价审核工作，全年完成施工图预算审核项目4个，送审总投资7908万元。4月，全面推行街道财政运行综合绩效评价机制，在区城管局、区教育局开展部门整体绩效评价试点；9月，出台《拱墅区事前绩效评估管理暂行办法》《拱墅区项目支出预算绩效管理办法》《拱墅区预算绩效运行监控管理暂行办法》。推进财政数字化转型，全面推广运用政采云电子交易系统，全区政府采购项目采购全部实行电子化交易；7月，率先在全国实现财政电子票据改革实际应用率100%，全年开出电子票据219万张，开票金额122.5亿元。

【财政监管强化】2020年，区财政局加强支出管控，落实拱墅区《关于坚持“过紧日子”进一步厉行节约的十条意见》，进一步压减预算单位日常公用经费5%、非刚性和非重点支出26%、会议费30%、培训和活动经费44%，对受疫情影响的92个项目延后安排资金，核减、取消受疫情影响的项目201个，全年压减资金8700万元。加强财政监督检查，聚焦重大财政政策和重点资金，完成基本户往来款、“两直”资金、财政扶贫资金和项目管理、基层财政安全4个专项督查检查。强化政府债务管理，争取债券资金18.45亿元，贯彻落实隐性债务化解工作，防范债务风险。规范政府采购行为，5月10日建立政府采购正负面清单制度，6月1日全面实施政府采购意向公开。

（龙扬洋）

税务管理

【概况】2020年，拱墅区税务局共组织各项税费收入218.77亿元，比上年下降11.32%，其中：税收收入161.25亿元，下降6.99%；非税和社保基金收入57.52亿元，下降21.56%。完成一般公共预算收入85.67亿元，下降5.02%，占全区一般公共预算收入98.78%。其中，税收收入完成一般公共预算收入81.62亿元，下降5.03%；非税收入完成一般公共预算收入4.05亿元，下降4.63%。按照国家税务总局“优惠政策落实要给力、‘非接触式’办税要添力、数据服务大局要加力、疫情防控工作要尽力”的工作要求，区税务局强化政策落实质量，完善纳税服务模式，提升数字管税能力，加大新型冠状病毒肺炎疫情防控力度，2020年度绩效考评位列杭州市税务系统第一，“运河税滴”服务品牌入选浙江省税务系统纳税宣传服务十大优秀品牌。

【“非接触式”办税服务】2020年，区税务局实行“非接触式”办税服务，组建电子税务局业务小组、预约业务小组、错峰分流引导小组、咨询电话接听处理小组、数据分析小组等功能化团队，优化定人定岗配置，增强机动性人员调配。实行每日通报和每周总结制度，逐笔业务点评分析，完善不同类别业务“非接触式”办理的方式和流程。优化办税服务大厅现场管理，启用“非接触式”叫号系统，实行预约办、错峰办、延时办、自助办，“非必须，不窗口”的办税理念深入人心。至年底，网上综合办税率达98.18%。

【个人所得税汇算】2020年，区税务局开展精准测算分析、精准调研走访、精准培训辅导，完成个人所得税首次汇算工作。汇算期内，受理申报146914人，其中退税申报82394人，补税申报6193人，豁免申报5868人（收入不超过12万元、需补税或补税金额不超过400元），应补税款为“零”的申报52459人。

【发票电子化推广】2020年，拱墅区税务局在全区范围内全面推广使用增值税电子普通发票、通用电子发票，采取多渠道宣传、分类辅导相结合的方式，有序推进工作开展，并按照国家税务总局的工作部署，遵循试点先行、分期分批、稳妥推进的工作思路，于10月28日起开展增值税专用发票电子化试点工作。全年全区增值税电子发票开具份数占全部增值税发票开具份数的比例超过60%，通用电子发票开票纳税人占全部通用发票开票纳税人的比例超过90%。

【税收风险管理】2020年，区税务局完成各项风险任务66批共3551户次，查补各项税款滞纳金2056.34万元。其中，落实“减税降费”专项任务76户次，落实应享未享增值税及财产和行为税风险8户次；落实违规享受增值税及财产和行为税风险68户次。比

2020年12月25日，拱墅区税务局专设专票电子化咨询辅导岗，手把手教会纳税人如何使用电子专用发票开票软件开具发票　　（区税务局 供稿）

对行政执法部门财产罚没数据与申报明细数据，查找涉税风险企业1户，补缴税款83.62万元。应对异议申诉属实高风险企业1户，移送稽查部门做进一步处理。

【税收管理创新】2020年，区税务局对浙江税务征纳沟通平台进行功能优化，拓展在线约谈、优惠政策匹配推送等多场景应用，“V-TAX远程约谈”项目获杭州市税务系统管理创新二等奖。承接浙江省税务局税费一体化管理项目建设、“互联网+便捷退税”项目建设、杭州市税务局出租车行业通用电子发票推广等一系列试点工作，试点成效显著。

【干部队伍建设】2020年，区税务局打造“运河税学堂”教育培训品牌，全年开展全员培训、专业人才培训和岗位业务培训等线上线下培训班43期，培训干部3028人次，提升干部素质能力。实施针对性青年干部培养三年计划。全年共有2名干部被省税务局授予“浙江省税务系统专业骨干”称号，其中1名干部入选浙江省税务局集训队，并被评为2020年度全国税务系统业务展示突出贡献个人。（徐财鑫）

工商行政管理

【概况】2020年年底，拱墅区实有市场主体7.75万户，注册资本4986.55亿元，比上年分别增长8.55%、30.89%。其中：内资（含私营）企业5.34万户，注册资本4960.91亿元；个体工商户2.41万户，资金数额25.63亿元。年内开展市场出清工作，吊销企业271家，强制注销企业2666家。

2020年，有4.27万户市场主体办理登记事项，其中，设立登记1.13万户，变更（备案）登记2.16万户，注销登记0.98万户。年内，新增小微企业5349家，八大万亿重点产业小微企业1808家；引导个转企172家；新增股份公司9家；新增小微企业培育库企业1681家。区市场监管局查办各类工商行政处罚案件504件，罚没款1070.78万元。

【企业开办“一件事”改革】2020年，区市场监管局以“最多跑一次”改革为统领，优化提升开办企业便利化。1月，在全面实施开办企业“一件事”一日办结的基础上，对“开办企业服务专区”实施提升改造，升级等候区配套设施，明确开办企业自助服务角区域标识，提升服务专区辨识度、友好度、亲和度。1月起，拱墅区对新开办企业推出赠送一套四枚章服务，包含企业规范名称章、法定代表人名章、财务专用章和发票专用章各一枚，并同步推行增值税防伪税控设备免单服务。8月，对新开办企业首次申领税控设备免首年服务费，彻底实现开办企业“零费用”。年内，免费送出企业公章7347套（含同城通办）；根据企业自愿选择，完成企业开办流程营业执照+公章刻制4716家，营业执照+公章刻制+税务发票1880家。6月起，根据杭州市商事制度改革工作专班《关于进一步优化提升开办企业便利化实现“一个环节30分钟办结”的指导意见》，通过“线上一网、线下一窗”，进一步压缩企业开办时间，自业务受理到营业执照办结发放不超过30分钟，实现“分钟制”办理。

【“陪你跑一次”升级】2020年，区市场监管局深化“最多跑一次”改革，提升“陪你跑一次”服务。10月底，通过对注册审批工作的多次论证讨论，结合群众办理业务实际情况，通过取消终审窗口、减免取号等待环节等方式，实现前台后台窗口相融合，完成商事登记审批流程创新性改革，并正式服务企业。

【股份有限公司审批事项承接】2020年7月1日，根据《关于进一步落实股份有限公司委托登记实现市域范围“全覆盖”的通知》，杭州市市场监管局通过委托登记的形式，将注册资本3000万元以下（含本数）股份有限公司（内资非上市）的设立、变更、注销、备案等各类事项委托下放到区级市场监管局，区市场监管局行政审批中心正式开启“股份委托”企业登记工作。此项举措便利辖区非上市股份有限公司的登记办理。

【个体工商户简易登记改革】2020年5月，区市场监管局在总结市场内个体户地址承诺制做法经验的基础上，决定扩大地址承诺制试行范围。以小河市场监管所管辖区域为试点，全面推行地址承诺制，个体经营者只需携带身份证，现场签署《经营场地申报承诺书》即可办理设立登记。至年底，小河市场监管所管辖区域核发符合条件的个体工商户 17 户，纸质材料精简 50% 以上。

【“小微企业三年成长计划”收官】2020 年是第二轮“小微企业三年成长计划”收官之年。区市场监管局对照杭州市新一轮小微企业三年成长计划（2018—2020 年），结合各部门、各条线的培育行动，从扩大小微企业总量规模、增强小微企业发展活力、优化小微企业营商环境等方面入手，开展多类型活动，助力小微企业成长。至年底，辖区新增小微企业 5349 家（任务数 4868 家），完成率 109.88%；新增八大万亿重点产业小微企业 1808 家（任务数 1311 家），完成率 137.91%；引导个转企 172 家（任务数 115 家），完成率 149.57%；新增股份公司 9 家（任务数 8 家），完成率 112.5%；新增小微企业培育库企业 1681 家（任务数 1490 家），完成率 112.82%，各项指标均完成营商环境考核目标任务。

【3 家企业入围省百强民营企业名单】2020 年，根据浙江省市场监督管理局、浙江省工商业联合会《关于开展 2020 年浙江省民营企业 100 强排序工作的通知》，区市场监管局对照申报条件，依据企业信用信息公示系统数据，联合工商业联合会开展排查摸底，就企业申报的相关数据和守法经营状况，征询区统计局、区税务局、区应急管理局、杭州市生态环境拱墅分局等部门意见。结合调研情况，对符合要求的企业专人落实，做好申报中的沟通解释工作，协助企业如实填报《2020 年浙江省民营企业 100 强申报表》。年内，拱墅区杭州锦江集团有限公司、海外海集团有限公司、浙江建华集团有限公司 3 家企业进入百强名单，分别为第 11 名、37 名、67 名。

【市场主体年度报告工作】2020 年 1 月 1 日至 12 月 31 日，区市场监管局开展市场主体年度报告工作。至 6 月 30 日，拱墅区应年报企业 46257 家，实际年报企业 43060 家，年报率 93.09%；至 12 月 31 日，应年报个体户 19702 家，实际年报个体户 20335 家，年报率 103.21%。

【异常经营名录管理】2020 年，拱墅区企业新列经营异常名录 2724 家、2756 户次，移出经营异常名录 1932 家、2021 户次；个体户标注异常 177 家、180 户次，取消标注 307 家、338 户次。

【“双随机一公开”工作】2020 年 7 月，区市场监管局联合区卫健局开展医疗美容行业跨部门“双随机”抽查，检查医疗美容机构 1 家。9 月，区市场监管局联合区民政局开展养老行业跨部门“双随机”抽查，检查养老机构 6 家。同月，区市场监管局联合区商务局开展健身消费行业跨部门“双随机”抽查，检查健身房 1 家。10 月，区市场监管局联合区科技局开展科技型中小企业跨部门“双随机”抽查，检查科技企业 1 家。11 月，区市场监管局联合区投促局开展外商投资企业跨部门“双随机”抽查，检查外商企业 9 家。12 月，区市场监管局联合区教育局开展教育培训行业跨部门“双随机”抽查，检查教育培训机构 24 家。

【动产抵押登记工作】2020 年，区市场监管局做好动产抵押的登记工作，使抵押权人可对抗善意第三人，保障债权的实现。当年办理动产抵押登记 58 件，抵押登记金额 87912.16 万元，办理变更登记 5 件，办理注销登记 10 件。

【“守合同重信用”企业公示活动】2020 年 1 月 15 日，区市场监管局拟定《关于开展 2020 年度浙江省“守合同重信用”企业公示活动的通知》，正式启动“守合同重信用”企业公示活动，以电话、QQ 群、微信等方式进行宣传，鼓励企业申报，并通过现场辅导、电话、培训视频、QQ 对企业进行指导。全年辖区有 97 家企业被公示为“守合同重信用”企业，其中 AAA 级 21 家（新公示 9 家，续公示 12 家），AA 级 34 家（新公示 14 家，续公示 20 家），A 级 42（新公示 26 家，续公示 16 家）。

【信用管理示范企业培育】2020 年，

为促进企业树立诚信意识，加强信用管理，区市场监管局不断推进信用管理示范企业培育工作。通过线上、线下相结合的方式，发送宣传信息 1000 多条；通过信用信息平台，审核申报企业 60 家；通过开展业务培训会、建立工作联络群的方式开展业务指导 104 次。全年培育省级信用管理示范企业 10 家，比上年增加 7 家，培育市级信用管理示范企业 13 家，增加 3 家。

【合同格式条款备案与整治】2020 年，根据《浙江省合同格式条款备案办法》，区市场监管局通过浙江省合同格式条款备案系统对企业提交的合同进行备案，并根据杭州市市场监管局要求，对商品房买卖合同的条款进行备案前的实质审查，对其他备案合同实行抽查，发现问题及时反馈企业进行修改并重新备案。全年，区市场监管局办理合同格式条款备案 65 份，其中商品房买卖合同 47 份。5 月，根据省、市市场监管局要求，对往年整治规范过的房地产合同，包括商品房买卖合同，二手房买卖、租赁及其居间、委托合同进行“回头看”检查。12 月，根据省、市市场监管局关于对房屋租赁中介机构利用不公平格式条款侵害消费者权益违法行为开展专项整治的工作要求，对全区房屋中介企业进行摸查，责令 5 家经营者使用合同格式条款应备未备等行为进行整改。

【互联网广告监管与整治】2020 年，区市场监管局优化辖区广告企业服务和监管，指导辖区内 2 家互联网广告平台类企业完善审核机制，健全审核流程，强化诚信建设，严厉查处互联网违法广告，全年查处各类互联网违法广告案件 68 件，罚没款 85.3 万元。

【放心和星级市场创建】2020 年，省放心农贸市场创建被列为区民生实事项目之一。运河邻里康桥、叶青兜、大关西三苑、拱宸桥、蚕花园、陆家圩 6 家农贸市场推进市场软硬件改造，提升农贸市场管理水平，成功创评省放心农贸市场。至此，全区在业农贸市场放心市场覆盖率超过 80%。年内，全区有 10 家市场成功创建星级文明规范市场，其中四星级市场 5 家、三星级市场 5 家。杭州灯具市场和运河邻里康桥农贸市场完成提升改造，公共服务能力进一步加强。

【中央“两直”补助】2020 年，为贯彻落实国务院新增财政资金“直达市县基层、直接惠企利民”（简称“两直”）的要求，根据浙江省小微企业和个体工商户纾困专班《关于印发小微企业和个体工商户“两直”补助工作指导意见的通知》，7 月 20 日，拱墅区小微企业和个体工商户纾困专班出台《拱墅区小微企业和个体工商户纾困工作方案》，将区税务局、区人力社保局等 10 个职能部门和 11 个所属街道、园区纳入纾困专班成员单位，明确各纾困专班成员单位的工作职责及工作流程。7 月 22—28 日，“亲清在线”网上自助申报端口开通并接受补助申报。至纾困工作全部完成兑付，线上申报企业（含个体工商户）32003 家，审核通过 14643 家，其中完成支付 14619 家。通过线下支付 24 家，其中 1 家自愿放弃。审核通过的小微企业 9906 家，个体户 4737 家，共兑付资金 10852.4 万元。接受“亲清在线”异议申请 861 家，处理 12345 中心投诉件 57 件，现场接待投诉咨询 370 件，投诉咨询人员 1230 人。

【消费维权工作】2020 年，区市场监管局多渠道接收各类投诉举报件，全年收到 20595 件投诉举报（含咨询等其他件），比上年增长 14%。投诉的增量与新冠肺炎疫情密切相关，出现如口罩、酒精等防疫用品短缺及价格方面的投诉，文艺、体育类的教育培训因长期关门导致的退费问题，以及疫情后经济恢复中的电费补助、“两直”补助等各种问题。全年，为消费者挽回经济损失 548.76 万元。

【放心消费环境创建】2020 年，区市场监管局落实省“放心消费在浙江”品牌战略重点工作三年创建计划。全年按创建标准共创建“放心消费单位”2011 家，“无理由退货单位”889 家，“放心工厂”58 家，“放心消费街区”1 个，按 110% 的比例超额完成全年创建目标。

【放心网店创建】2020 年，区市场监管局根据全市开展的“放心消费迎亚运、助推城市国际化”创建工作要求，开展放心网店创建工作。指导符合条件的企业完成网上申报，对提出的疑难困惑逐一进行解答。全年培育放心消费网店41家，经第三方放心消费体验全部通过。

【3·15“云”活动举办】2020年3·15国际消费者维权纪念日的各项活动在受疫情影响下开展，区市场监管局围绕“凝聚你我力量”年度主题，推出以提高消费者维权意识和知识为主线，以推进放心消费市场并重的系列“云”活动。3月9—19日，发布维权案例11期、放心市场“金承诺”9期，其间组织线上有奖答题活动1场、线上“云调解”2次。3月15日当日，维权知识直播间开播，吸引观众近5000人次，获得点赞1万余个。

【“杭州市12315青年执法维权技能竞赛”在拱墅举行】2020年，区市场监管局承办杭州市市场监管系统内12315技能竞赛。10月15日，杭州市12315青年执法维权技能竞赛总决赛在拱墅区举行，区市场监管局代表队在赛中获冠军，并获最佳组织奖。

【非公有制企业党建】2020年1月2日，拱墅区个私民营企业协会举办2020年新春“扶贫帮困献爱心”活动，4家集体和39位个人捐得款物价值6.94万元。1月，区个私民营企业协会获2019年“扶贫帮困献爱心”优秀组织单位荣誉奖，受到杭州市市场监督管理局、杭州市个私民营企业协会表彰。3月27日，区个私民营企业协会牵线杭州沐与光健康管理服务有限公司向浙江老年关怀医院捐赠新泓能光波房1间，用于医护人员身体健康修复。6月18日，区个私民营企业协会组织举办《贯彻“两会”精神克服疫情影响》党建专题教育培训。10月10日，区个私民营企业协会组织3家专业美容美发业7名员工参加区广场学雷锋为民服务日活动，服务居民群众和外地来杭人员80余人。年内，区个私民营企业协会推进非公党建“小个专”党群服务驿站和经济指导站与“两站一组织”建设，增设非公党建工作联系点，新增瑞林光环境集团党支部非公党建工作联系点。

【保健品市场治理】2020年，区市场监管局协同公安、卫生、文广旅体等多个部门落实区保健品市场乱象治理三年行动计划，针对会销易发易藏的宾馆、酒店，开展市场整治告知全覆盖行动。全区102个社区综合运用媒体宣传、活动宣讲、手册提示、微电影等手段进行地毯式宣传，摸排百人以上活动75场次，举办各类社区宣传活动86场次，推广城市眼云共治手段排查保健品会销线索11条。区市场监管局提升保健品市场监管电子取证技能，立案查处保健品虚假宣传等违法案件35件，罚没款近190万元。

【反走私综合治理】2020年，拱墅区反走私综合治理办公室将反走私综合治理工作与市场监管执法相融合、与基层平安建设相融合、与惠企服务相融合，正式启动进口冷链食品物防工作，全年未发生进口冷链食品物防工作重大舆情。联合杭州市烟草专卖局城北专卖所加大对烟草领域反走私治理，全年查处走私贩私卷烟案件114起，查扣走私烟633.3条，案值131175.4元。利用街道、社区食品安全科普宣传站平台优势，长期摆放反私禁传宣传资料进行常态宣传，全年发放宣传册、雨伞、环保袋等宣传用品5000余份。

【涉传销案件打击】2020年，区市场监管局把打击传销工作和扫黑除恶专项斗争相结合，发挥成员单位的协作与配合效能。对上级交办的涉传线索，落实街道、园区属地责任，清退叫停“玩物得志”“高优联盟”“优付智还”等打“擦边球”的网络平台。年内，成功移送涉案资金近1亿元的杭州和众社科技有限公司传销案，对杭州爱小兔科技有限公司涉嫌传销进行调查并暂停其账户结算。

【公平竞争审查】2020年，区市场监管局作为公平竞争审查工作牵头单位，对全区新增的涉及市场主体的文件拟定提供相关意见，并进行公平竞争复核性审查。全年清理2019年12月31日前制定的规章、规范性文件和其他存量政策措施34份，2份因涉及排除、限制竞争情况进行修改，2份因上级政策调整进行修改，7份因

2020年10月20日，市场监管执法人员检查农贸市场（区市场监管局 供稿）

超过有效期而废止。另审查2020年增量规范性文件11份，未发现排除、限制竞争的情况。

（张玲慧）

食品药品监管

【概况】2020年，拱墅区被浙江省食品药品安全委员会命名为“浙江省食品安全区”。浙江省食品药品安全委员会办公室确定湖墅街道食安办为“浙江省四星级乡镇（街道）食安办”，确定上塘街道、半山街道、米市巷街道、拱宸桥街道、大关街道食安办为“浙江省三星级乡镇（街道）食安办”。全年，区市场监管局查处食品领域行政处罚案件165件，罚没款171.93万元；药品领域行政处罚案件11件，罚没款20.09万元；医疗器械领域行政处罚案件20件，罚没款14.82万元；化妆品领域行政处罚案件3件，罚没款36.25万元。

年内，区市场监管局创建“24小时网订店送”药房11家，平安药店20家、化妆品示范商场2家、化妆品示范店9家，1家医疗器械生产企业被评为放心工厂。监督检查药品医疗器械化妆品生产经营企业和使用单位1003家次，抽检药品129批次、医疗器械29批次、化妆品26批次，完成226个国产非特殊用途化妆品的备案后检查。全年未发生药品安全事件。

【浙江省食品安全区创建】2020年3月27日，拱墅区召开2020年食品安全工作会议暨食品安全委员会第一次全体会议，部署推动浙江食品安全区创建工作。7月22日，浙江省食品药品安全委员会下文，命名拱墅区为“浙江省食品安全区”。11月27日，2020年度《拱墅区申请省食品安全区市级跟踪评价报告》向社会公示，接受并通过市级跟踪检查。

【基层食安办分类管理】2020年3月13日，区食品安全委员会办公室转发《浙江省乡镇（街道）食安办分类管理指导意见》，启动拱墅区基层食品安全分类管理工作。4月，组织327名基层食品安全协管人员开展“浙江省食品安全协管网络学院”线上学习活动，8月31日督促所有学员完成线上学习学分并考试合格。年内，湖墅街道打造“1147”基层食安阵地［1个食安委（办）、1处食安检测站、4处食安宣传驿站、7处食安工作站］守护群众“舌尖安全”案例入选杭州市基层食安办履职十大典型案例。

【食品安全主体责任落实】2020年7月29日，区委办、区府办印发《拱墅区党政领导干部食品安全责任清单任务分解》，随后，辖区各街道以街道党工委、街道办事处名义印发街道层面党政领导干部食品安全责任清单，全区食品安全工作责任体系更趋完善。11月10日，区政府第47次常务会议研究深化浙江省食品安全区行动有关问题。12月16日，七届区委常委会第101次会议研究食品安全工作。年内，区委、区政府主要领导检查调研食品安全工作3次。区委巡察办将食品安全履职情况纳入巡查内容，全年开展食品安全履职巡查7次。区委宣传部将食品安全内容纳入区委理论中心组学习内容，并于12月14日举办食品安全专题讲座。

【食品安全宣传周活动】2020年11月16—20日，拱墅区开展以“同筑食品安全·共享幸福拱墅”为主题的食品安全宣传周活动。集中宣传活动于11月17日在欧尚超市（大关店）广场举行，现场设置食品安全科普知识有奖问答、食品“快检”体验、解答群众疑惑等内容，发放各类宣传册近2000份。其间，开展食品安全“你点我检”活动，抽检蔬菜、禽蛋、水产品等食品8批次；开展进社区宣传10余次，发放宣传资料3000余份；举办食品安全知识讲座7次；开展进企业宣传，发放食品安全宣传海报100余份。

【食品安全特色宣传】2020年，拱墅区建立区级宣传基地1个、街道宣传站60个、社区宣传栏66个，常态化开展食品安全宣传教育活动。每周一早上以手机短信为平台发送食品安全小知识短信，全年累计发送51期，受益25.5万人次。年内，依托“3·15”维权云课堂、运河上街云课堂、大运河讲堂等载体，以抖音、腾讯看点等网络直播形式，开播食品安全知识4期。12月15日，结合“文化惠民、送演出进基层”文艺演出，区食品安全委员会办公室联合致公党拱墅区基层委员会在拱墅区信义坊广场共同开展食品安全宣传活动，吸引600余名群众观看并参与，发放食品安全宣传资料2000余份。

【校园食品安全】2020年，区市场监管局联合区教育局推进片组化管理模式。6月3日，召开校园食安慧眼建设推进会，布置全年度工作。至年底，全区有38家学校食堂建成“智慧阳光厨房”，完成全年计划。10月30日，以浙大城市学院、浙江树人大学为代表的第十二片组正式成立，该片组的主要成员单位为辖区内大学以及民办高中，片组化管理的覆盖面进一步延伸。年内，10家学校食堂餐饮量化等级从B级提升为A级。

【综合体美食街食品安全监管】2020年，区市场监管局在综合体三位一体监管模式持续推进的基础上，对餐饮集聚区域的监管展开探索。年内，对辖区内胜利河美食街、锦鲤中心、万达金街、半山夏意美食街等进行综合提升整治，并协调推进阳光厨房建设及智慧监管系统接入工作。

【集中医学观察点食品安全监管】2020年，区市场监管局开展辖区集中医学观察点食品安全隐患排查和保障监督工作。全年集中医学观察点未发生食品安全事故。

【食品生产领域安全监管】2020年6月，区市场监管局对全区食品生产企业进行全项目日常监督检查，并按照《浙江省食品生产企业风险分级监管办法》完成年度风险等级评定。出动检查人员168人次，对其中3家食品生产企业进行约谈，11家生产企业实施整改。8月，区市场监管局组织召开全区食品生产企业履行食品安全主体责任半年度工作会暨食品安全培训会，全区22家食品

2020年1月28日，湖墅市场监管所工作人员检查华润超市云河店杀白禽情况
（郑丽虹 摄）

生产企业的负责人（授权委托人）、质量负责人及市场监管所分管干部共 55 人参加。年内，组织对食品生产经营者食品添加剂使用培训，防止添加剂滥用。

【食品流通领域安全监管】2020 年 6 月起，拱墅区正式启动进口冷链食品物防工作。对 2020 年 5 月 1 日（以海关入境日期为准）以后进口冷冻畜禽肉、水产品的企业、农产品批发市场和农贸市场入场销售者、大中型商超、第三方专业冷冻冷藏库房经营者、冷冻食品使用量较大的餐饮服务单位和食品生产企业进行备案，并组织开展新冠病毒监测。7 月 2 日，召开全区冷链食品闭环管理培训会，部署落实冷链食品闭环工作，全区 17 家大型商超及 2 家食品进出口贸易公司负责人参加。11 月 23 日，区市场监管局召开全区进口冷链食品“物防”工作暨食品安全工作会议。11 月 26 日，召开全区进口冷链食品“物防”应急处置及个人防护工作培训，确保基层干部熟练掌握相关技能，降低从业风险。至年底，全区激活重点冷链单位 209 家（其中首站经营单位 26 家）；累计赋码 13.41 万件，入库 13.90 万件，出库 119257 件。区市场监管局出动执法人员 684 人次，检查首站企业 50 家次，大型超市 66 家次，餐饮单位 120 家次，排查冷库 69 个（均为自营冷库），发现并整改问题 20 个，处置输入性涉疫物品事件 1 件。全区未发生冷链食品物防工作重大舆情。

【食品安全整治行动】2020 年，区市场监管局针对食品生产企业、大型商超、各类餐饮单位等食品生产经营各条线开展整治行动，年内出动 1200 余人次，检查大型商超 13 家、食品生产企业 19 家，排查大中型餐饮 466 家，停业整改 12 家，限期整改 90 余家。

【食品安全监督抽检】2020 年，区市场监管局推进国家食品安全抽样检验信息系统规范使用，抽检监测的计划编制、任务下达、样品抽取、检验数据录入等工作均在国家食品安全抽样检验信息系统上完成。全年食品安全监督抽检 2554 批次，检查发现不合格食品 111 批次，不合格率 4.3%。每月在杭州网、“杭州·拱墅”区政府门户网、各社区及农贸市场等平台公示区级食品安全监督抽检信息，供消费查询和消费提醒。其中，推送的拱墅区“农药氟虫腈残留超标上海青案”入选 2020 年全市抽检不合格食品核查处置十大典型案例。

【食品安全宣传培训】2020 年，区市场监管局围绕普及食品安全知识、规范餐饮市场秩序、提高食品安全管理水平等主题，开展各类培训宣传活动，在综合体、美食街、学校食堂、大型餐饮单位开展培训、讲座 16 场，开展食品生产企业、大型商超培训 6 场，餐饮从业人员培训 5 场。

【“长江禁渔”整治行动】2020 年 8 月，区市场监管局采取“巡查 + 宣传”双管齐下推进辖区打击市场销售长江流域非法捕捞渔获物专项整治行动，共张贴“打非断链”宣传海报 200 余份，倡导广大经营主体和市民自觉遵守长江禁渔有关规定，未发现辖区有涉及长江鱼售卖行为。

【食品安全百日执法行动】2020 年 9 月起，区市场监管局开展“亮剑 2020”食品安全百日执法行动。严厉打击销售不合格和假冒伪劣燕窝的违法行为，出动执法人员 88 人次，检查各药店、超市、食品经营户、餐饮企业 44 家，对辖区销售的燕窝开展 2 批次监督抽检，均合格。9—12 月行动期间，将行动与其他食品安全重点工作同步部署，依托投诉举报、监督检查、部门协作等，对涉及食品安全违法行为严厉查处，未发生重大食品安全事故。

【药品、医疗器械、化妆品生产流通环节监管】2020 年，区市场监管局组织人员对全区正常经营的药品零售企业、医疗机构、第三类医疗器械经营企业开展全覆盖现场检查。对 2 家特殊管理药品经营企业进行重点监管，每家现场检查 4 次。检查药品生产企业 7 家次、医疗器械生产企业 20 家次、药品批发企业 21 家次。3—11 月，区市场监管局开展第一类医疗器械生产质量管理规范提升行动，出动 22 人次，规范提升 11 家。5—12 月，区市场监管局开展第二类精神药品生产经营专项检查，现场检查企业 5 家次，未发现精神药品流弊行为。开展药品网络销售违法违规行为专项整治，检查药品信息服务网站16家、批发企业5家、零售企业5家，未发现违法网售药品行为。6—10月，区市场监管局组织开展美容美发行业化妆品安全专项整治，出动333人次，检查化妆品经营使用单位217家次，督促整改14家次。6—11月，区市场监管局组织开展化妆品"线上净网线下清源"行动，排查化妆品网络交易平台2家、清理产品1006个，排查化妆品经营单位44家、清理产品124个。7—8月，区市场监管局开展疫苗质量安全专项，出动33人次，检查疫苗接种单位、储运企业15家，未发现涉及疫苗质量的违法违规行为。7—12月，区市场监管局组织开展中药饮片专项整治，出动278人次，检查中药饮片生产企业1家、中药制剂生产行动企业2家、中药饮片经营企业94家、中药饮片使用单位42家，抽检中药饮片24批次，未发现严重违法行为。9—10月，区市场监管局组织开展中秋国庆期间药品医疗器械安全专项整治，出动执法人员194人次，检查经营企业、医疗机构97家，整改21家、立案查处4家。11—12月，区市场监管局开展麻醉药品和精神药品隐患排查行动，按照行业排查、隐患自查、抽查督导的进程对全区涉及麻醉药品、精神药品的2家经营企业进行全覆盖检查；排查行动期间，未发现企业违法行为。

【药店含麻黄碱类复方制剂销售计算机化管控】2020年3—11月，辖区100家药店在区市场监管局的指导下，完成对计算机管理系统的升级改造。改造后，药店在销售含麻黄碱类复方制剂时的"实名限量登记"由人工管控转为计算机化管控。

【药品不良反应监测】2020年，区市场监管局依托国家药品不良反应监测系统，初审、上报药品不良反应1070例、医疗器械不良事件243例、化妆品不良反应55例。督促、指导辖区3家药品生产企业完成《药品上市许可持有人药物警戒年度报告》。

【药品安全宣传活动】2020年5月25—31日，区市场监管局以"安全用妆、伴您同行"为主题，线上线下同时开展化妆品安全科普宣传周活动。10月下旬至11月下旬，区市场监管局以"安全用药、战役同行"为主题，通过组织药品监管人员和从业人员志愿服务进社区、参与"药品安全网络知识竞赛"、宣传抗疫事迹等方式，开展"安全用药月"活动，有300多名药品从业人员参与活动，服务居民100余人次。

（张玲慧）

质量技术监督

【概况】2020年，区市场监管局按照区委、区政府及省、市市场监管局工作部署，围绕特种设备安全生产、责任主体责任落实，加强特种设备安全、产品质量安全监管，完成《拱墅区电梯安全社会综合治理三年行动计划（2018—2020年）》提出的要求。至年底，拱墅区3590台电梯参加电梯养老综合保险，住宅电梯覆盖率达到60%（计划50%），拱墅电梯养老模式获杭州市鼓励推行。

【特种设备安全监察】2020年，区市场监管局联合应急管理、城管、消防等部门开展安全检查6次。依托省行政执法平台，按照"双随机＋重点监管"原则，组织开展特种设备使用单位日常监督检查，联合技术机构开展充装单位年度检查、特种设备生产单位证后检查，出动执法人员949人次，检查企业440家次，排查特种设备1959台，发现隐患264处，下达监察指令书48份，立案15起，罚款39.1万元。

【"双控"体系构建】2020年，区市场监管局从签订安全责任书、开展特种设备安全分类评价等工作入手，构建控责任意识、控日常管理"双控"体系。全年分别与重点监督检查单位和公共场所特种设备使用单位签订安全责任承诺书116份，指导1156家企业开展分类评价、123家企业应用隐患风险日志系统，提高企业的风险自识自辩自纠能力，组织充装单位开展移动式压力容器天然气泄漏应急处置演练，确保应急处置体系有效运转。

【特种设备管理宣传服务】2020年，区市场监管局通过“网上办、掌上办、预约办、容缺办”等形式，特种设备安装告知1139台，办理使用登记证1366份，办理安装告知、停用、注销1619台，当天办结率99%。开展广场宣传活动2场，开设“进企微课堂”3期，培训宣传300余人，普及特种设备安全管理知识。

【超期特种设备“四色”管理】2020年，区市场监管局通过“红橙黄绿”四色法对超期特种设备实行分类管理：红色表示特种设备使用状况不明，需赴现场核对情况；橙色表示已经申请延期检验的特种设备，需督促其及时上报检验情况；黄色表示已经申请检验或者停用、搬迁，需进一步跟进；绿色表示已经检验合格或者办理相关停用注销手续。全年排查特种设备873台，督促351台报检。在排查中发现1台无物业、无维保单位、无检验“三无”电梯，协调街道、社区于一周内消除该重大安全隐患。

【特种设备安全整治】2020年，区市场监管局开展移动式压力容器等涉危化品设备、锅炉、快开门式压力容器、机械式停车设备等重点设备和加气站、景区等重点场所特种设备安全大检查，出动执法人员264人次，检查企业125家次，发现并整改隐患53处，下达监察指令书16份。对存在问题较多或风险较高的企业，以隐患快报的形式通报给属地街道（园区），重大风险隐患整改率达99%。

【电梯维保质量抽查】2020年8—11月，根据《拱墅区电梯安全社会综合治理三年行动计划(2018—2020年)》，区市场监管局委托杭州市特种设备检测研究院对全区电梯维保单位维保质量开展监督抽查。累计对拱墅区133个项目的2726台电梯中的150台进行电梯维保质量的抽查，被抽查到的电梯占电梯总数的5.5%，整个评价过程历时4个月，涉及电梯维保单位33家。抽查到的电梯其维保质量评价等级为A级的20台、B级71台、C级28台、D级31台。

【既有住宅加装电梯长效管理】2020年6月，拱墅区将电梯土建、钢结构以及连廊等部分一并纳入保险赔付范围，通过签订长周期保险合同，一站式、一体化解决电梯设备本体及相关联结构维护问题，加强既有住宅加装电梯后续长效管理。全年，拱墅区有85台加装电梯纳入保险受益面，大关西四苑8幢1单元加装电梯为首台签约长周期保险的加装电梯。

2020年6月23日，大关西四苑8幢1单元加装电梯签约“15+2”全生命周期综合养老保险，为电梯加装后未来17年的维保、维修、人身意外、连廊维修等问题上了一道“保险”　（区市场监管局 供稿）

【物业维修资金试点】2020年，为破解保费资金瓶颈问题，拱墅区在全市率先启动使用物业维修资金开展电梯养老综合保险试点工作，业主投保后，可按规定比例申请使用物业维修资金作为保费来源。5月，首个使用物业维修资金投保案例在湖墅街道落地并逐步推广。至年底，全区8个街道13个项目200台电梯启动试点工作，申请使用物业专项维修资金37.48万元。

【工业产品证后监管】2020年，区市场监管局将块状产业产品质量风险排查与工业产品许可证的证后监管相结合，开展食品相关产品质量提升行动。对3家食品相关产品换证企业开展首次证后检查，其中1家因关键项不符合被撤销许可证。依据企业风险因素、质量信誉以及现场检查情况进行质量信用等级评定，产品质量承诺书签订率、年度自查报告提交率和隐患整改率达100%。年内，抽检生产、流通领域食品相关产品20批次，合格19批次，合格率95%，立案查处3件。

【产品质量抽检】2020年，区市场监管局围绕电动自行车、成品油等重点产品开展区级产品质量监督抽查，抽查80家企业生产、销售的80批次产品，发现不合格5批次，不合格率6.25%。对民用口罩、“3·15”晚会曝光毛巾等关系民生的产品加大执法抽检力度，发现不合格3批次。对不合格产品实行从严监管，处理率100%，全年立案查处18起。

【重点产品监管】2020年，区市场监管局以守住消费品、重点工业品安全为底线，开展重点产品质量专项检查。4月，开展民用口罩专项整治，通过签订质量诚信承诺书、行政约谈等方式督促落实企业主体责任，同时在标准执行、标识标签等方面开展帮扶。开展执法检查，口罩质量问题立案案件4件，涉案案值3.34万元，罚款2.9万元。6—12月，开展电动自行车联合整治，排摸核查建档电动自行车经营户68家，联合交警部门开展集中整治，出动执法人员430人次，检查经营户214家次，立案查处4件，没收不合格电动自行车13辆，罚没款3.5万元。9月，开展钢筋混凝土用热轧钢筋产品专项检查，约谈4家销售聚集区域市场主办方，印制并送达产品质量安全责任告知书873份，检查销售企业19家，联合区住建部门开展质量抽检2批次，1批次不合格。同月，开展重点领域禁限塑推进专项检查，以商场、超市、集贸市场、药店、餐饮行业为重点，出动执法人员130人次，检查商场超市、农贸市场等137家，下架超薄塑料购物袋800个。

【产品质量安全消费环境营造】2020年，区市场监管局创建放心工厂43家，结合流通领域产品质量安全法律法规培训“十百千”活动（组织十个场次以上、百家以上商场超市、卖场、经营店铺，千人以上相关负责人参加活动），与拱墅交警大队联合推出“看新规拿新盔，安全拱墅你我行”线上直播，向经营者和消费者培训宣传新国标和新规，观看人数近3000人。开展消费品质量安全“进社区、进校园、进乡镇”活动，开学季发布儿童学生用品安全消费提示，引导学生购买使用合格、安全的儿童玩具和学生用品，在社区发放消费品质量安全宣传资料200余份。

【质量强区建设】2020年，区市场监管局指导辖区企业争创政府质量奖。1家企业获得省政府质量创新奖，1家企业获省标准贡献奖。12月，浙江省建材集团有限公司、杭州楚环科技股份有限公司、杭州英普环境技术股份有限公司、中建材智能自动化研究院有限公司4家单位获2020年度拱墅区政府质量奖。

【标准化战略实施】2020年，区市场监管局开展全国百城千业万企对标达标专项行动、标准化统计监测和各类标准化工作。5月，完成省标准化统计监测66家。6月，完成全国百城千业万企对标达标专项38家。9月，3家单位通过市级标准化试点验收，培育1家企业获省标准化创新奖。5—10月，发布2项浙江制造标准。10月，辅导7家企业（社会团体）通过市级标准化资助评审。

【计量专项执法】2020年1月，区市场监管局与拱墅区18家农贸市场签订计量工作目标责任书，制定2020年计量双随机抽查计划，检查项目9类，抽查企业109家，覆盖眼镜制配场所、商贸市场、加油站、医疗卫生、能效标识、计量单位使用单位、定量包装、能效水效标识、计量型式批准企业等重点行业和领域。出动执法人员237人次，检查计量器具使用单位134家，检查计量器具392台件，查处计量违法行为7起；抽查4家商场（超市）29批次定量包装商品，发现3批次不合格；开展计量型批专项检查，行政立案2起，没收违法所得近2万元，罚款3700元。

【计量器具强制检定与监管】2020年，区市场监管局开展全区强制检定计量器具的检定工作。8—9月，组织18家农贸市场1168台件电子秤集中强制检定工作，其他贸易结算、安全防护、医疗卫生、环境监测等领域的强制检定计量器具，实行网上备案预约检定的方式。年内，辖区网上备案强制检定计量器具使用企业296家，完成备案并实施强制检定计量器具6971台件，强制检定费用69.27万元。11月24日，区市场监管局妥善处置辖区首例计量仲裁事件。

【合格评定监管】2020年根据省、市市场监管局“双随机、一公开”的监管任务，1—10月，区市场监管局双随机检查ISO 9000质量管理体系认证企业23家、检验检测机构19家，认证机构2家，有机产品认证企业1家，强制性认证产品20家，出动执法人员128人次，共开出责令整改通知书12份，行政立案1起，罚款11900元。

（张玲慧）

物价监管

【概况】2020年，区市场监管局开展防疫物资等价格专项监管，整治“转供电”乱象。年内，拱墅区新增涉企收费专项检查监测点5处，全区累计监测点10处，保障稳企降费政策落实。

【“转供电”乱象整治】2020年4月，区市场监管局针对电价惠企政策落地“最后一公里”难题，会同区检察院发布《关于联合开展转供电环节加价清理规范工作的方案》。全年清退多收电费2300.72万元，受惠企业8864家，立案调查转供电主体17件，结案12件，罚款322.94万元，查办的杭州某投资有限公司转供电违规加价案被评为浙江省转供电乱象整治典型案例。

【价格监管】2020年新冠疫情突如其来后，区市场监管局对辖区药店、农贸市场、超市、商业综合体等场所开展口罩、酒精等卫生防疫用品及板蓝根、维生素片等常备药品的重点商品价格专项检查，维护市场价格秩序。全年共出动执法人员800多人次，检查辖区企业400余家次，查处未明码标价等违法行为12件，罚没款119.31万元。

（张玲慧）

知识产权保护

【概况】2020年，拱墅区专利申请量4899件，其中发明专利申请1236件。专利授权量3214件，其中发明专利授权量299件。至年底，拱墅区有效发明专利拥有量1604件，万人发明专利拥有量28件，国际专利申请21件。新增杭州市专利试点企业14家、拱墅区专利试点企业6家。

【注册商标培育和保护】2020年拱墅区新增商标申请16063件，新增商标注册9479件，截至年底，有效注册商标53293件，新增马德里商标申请5件，拥有驰名商标9个。全年，查处商标违法案件36件，涉案金额57万元，罚没款128万元。

【知识产权项目申报】2020年，区市场监管局组织开展知识产权项目申报，培育申报中国专利奖1个、省专利导航项目1个、省商标品牌示范企业3家、省专利预警项目2个、市专利试点示范企业14家、区专利试点企业11家。

【知识产权助企服务】2020年，为帮助企业顺利复工复产，区市场监管局通过加快兑现企业知识产权项目资助，解企业燃眉之急，发放市、区资助资金885.4万元。

【知识产权质押融资】2020年，区

市场监管局开展专利、商标质押需求和存量项目摸排，对接有需求的企业进行点对点服务。同时构建政、企、银三方有效沟通渠道。年内，开展政策宣讲会1场、银企对接会1场、上门服务5家。鼓励商业银行支持中小企业以知识产权权利进行担保融资，专利权质押融资金额2.24亿元。

【知识产权行政执法】2020年，区市场监管局开展知识产权保护领域执法检查，重点对辖区综合体、市场中化妆品、服装、电子产品等领域知识产权侵权假冒行为进行检查。突如其来的新冠肺炎疫情防控期间，开展蓝天专项整治行动，摸排107家商标资质企业，从源头上规范商标代理行为。4月，开展西湖龙井市场专项执法行动，出动116人次，检查销售企业46家。5月，区市场监管局开展“亮剑2020”保护知识产权综合执法铁拳行动，对防疫物资、食品、家电、汽配、服饰箱包、农产品等重点商品和亚运会特殊标志、商标、专利等知识产权领域进行执法保护，查处商标侵权、地理标志侵权假冒、假冒专利、恶意重复专利侵权、侵犯商业秘密等各类违法行为，严厉打击不以使用为目的的恶意申请注册商标行为。行动期间，联合上海市嘉定区市场监管局，查处一起某网站使用的中国地图存在漏绘我国南海诸岛、钓鱼岛、赤尾屿等问题的违法行为。10月，开展商品流通领域知识产权保护专项行动，对全区21家专业市场进行知识产权领域集中检查。全年，区市场监管局查处侵犯知识产权案件32件，案值54万元，罚没款113.6万元。（张玲慧）

统计管理

【概况】2020年，区统计局围绕区委、区政府中心工作，服务全区六大专项行动，加强经济形势分析监测预警，防范和惩治统计造假工作，开展第七次全国人口普查，为高质量打造“重要窗口”的拱墅样本提供有力统计保障。全年撰写统计分析（信息）110余篇，编撰《拱墅区统计月报》《拱墅区统计快报》《统计年鉴》等统计资料，共印制4282册。首创规模以上企业培育机制，获市、区领导批示肯定。围绕民生热点，做好月度劳动力调查、住户调查和6项社情民意调查，调查报告多次得到区委、区政府主要领导肯定。提升统计宣传服务质量，依托“拱墅统计”微信微博及时发布统计信息，全年发布微信104篇，单篇阅读量最高达10675人次，发布微博3600余条。区统计局连续7年蝉联杭州市统计系统综合考评先进单位。（江瑶红）

【统计法规宣传落实】2020年，区统计局落实行政首长依法行政责任制，党政主要负责人履行推进统计法治建设（依法行政）第一责任人职责。6月，制定下发《2020年全区统计法治建设（依法行政）工作要点》《2020年全区统计法治宣传教育工作要点》，明确任务措施和责任体系，确保统计法治建设（依法行政）工作有序开展。结合全区统计工作实际，制定《杭州市拱墅区统计局关于印发防范和惩治统计造假全面整改自查自纠实施方案的通知》，文件下发至各街道（园区）及各有关单位，要求对照文件要求进行认真自查。全年共执法监督检查企业47家，其中“双随机”检查12家，“掌上执法”12家，处罚企业6家，共罚款4900元。（朱婷婷）

【重点产业统计监测】2020年，区统计局紧扣数字经济与新制造业“双引擎”，摸清“6+2”重点企业信息新情况，从源头上把好单位入库和退库质量关，夯实“6+2”重点产业统计基础，“6+2”产业实现增加值380.43亿元，占全区GDP56.9%，营业收入1982.9亿元。修订完善《拱墅区十大产业平台统计监测制度》，开展重点企业监测，利用行政大数据完善产业平台统计，十大产业平台实现营业收入1118.18亿元，税收45.32亿元；强化特色小镇数据审核，规范完善小镇基础台账，提高特色小镇统计数据质量，10月公布的2019年度省级特色小镇考核结果显示，拱墅区3个省级培育特色小镇考核优秀，2个省级创建特色小镇考核良好。

（邱美丽）

【社情民意调查】2020年，区统计局围绕区委、区政府重点工作和广大居民关心、关注的领域，挖掘各项社情民意调查的深度和广度，做好新冠疫情防控调查、社区治理建设情况调查、老旧小区综合改造提升情况、平安浙江等调查；配合国家统计局杭州调查队做好营商环境和各项满意度调查。撰写并上报《关于我区“居民消费意愿”的民意调查报告》《我区大运河文化带建设民意调查报告》《关于社区治理情况民意调查的报告》等调查报告，多次获区领导批示肯定。（陈　艰）

【统计名录库管理】2020 年，区统计局加强与市场监管、税务等部门的协调，更新、完善全区统计名录库信息，及时完成新增单位入库工作和“四上”（指规模以上工业企业、资质等级建筑业企业、限额以上批零住餐企业、规模以上服务业企业）单位月度审批入库工作。全年新增入库法人 7650 家，产业活动单位 760 家，新增审批入库单位（项目）156 家（个），其中工业 14 家、建筑业 13 家、贸易 57 家、服务业 38 家、房地产业 12 家，5000 万元以上投资项目 22 个。（陈　艰）

【统计队伍建设】2020 年，区统计局坚持“两手硬、两战赢”，在统筹推进疫情防控和经济社会发展中锻炼培养干部。2—5 月，先后支援祥符街道蓝孔雀社区、勤丰社区，大关街道德胜社区疫情防控工作。全局 26 名企业服务专员一对一服务企业，及时解决企业需求，助力复工复产；多名干部参与区疫情防控指挥部数据处理工作，2 人常驻区疫情防控指挥部协助数据处理，提升统计干部综合能力。（江瑶红）

【第七次人口普查】2020 年 3 月 6 日，区政府印发《杭州市拱墅区人民政府关于开展第七次人口普查的通知》，成立全区第七次人口普查工作领导小组和办公室。区统计局发动全区 5200 余名普查员，完成标绘建筑物电子图 8456 个，划分普查小区 4062 个，短表填报 37.6 万户，长表上报 2.78 万户，普查居民信息 82 万人。（陈　艰）

审计监督

【概况】2020 年，区审计局完成 17 个审计项目，查出违规金额 228 万元、损失浪费金额 4 万元，管理不规范金额 24268 万元；提出审计建议被采纳 29 条，督促被审计单位制定整改措施 2 项，建立健全规章制度 1 项；向相关部门移送问题线索 11 件、移送处理金额 1113 万元。

【预算执行和财政决算审计】2020 年，区审计局运用大数据审计实现一级预算单位预算执行审计全覆盖，重点关注集中财力办大事政策体系落地情况、财政事权和支出责任划分改革实施情况、全面预算绩效管理实施情况、防范化解地方政府隐性债务风险情况、落实政府过“紧日子”的要求等重点领域财政保障情况和重大财政政策贯彻落实情况。完成拱墅区财政局具体组织的 2019 年度区本级预算执行和决算草案情况审计和上塘街道、和睦街道办事处财政决算审计。

【政府重大投资项目审计】2020 年，区审计局完成 4 个政府投资审计项目。在投资审计转型落实清理规范的基础上，推进历史遗留问题的全部清理，推动投资审计彻底转型，加强对政府投资、以政府投资为主的建设项目及其他重大公共工程项目的审计监督，对运河亚运公园项目 2020 年建设情况、运河中央公园项目 2020 年建设情况进行跟踪审计，重点关注亚运会筹办工作重大决策部署落实情况、亚运场馆建设项目推进及规范情况。在 2020 年度老旧小区综合改造提升项目、拱墅区政府投资建设项目自行审价管理情况 2 个专项审计调查项目中，重点关注工程投资控制、建设资金管理、建设单位内控制度等情况，并通过专项培训指导，督促项目投资和建设管理单位落实责任，提高政府投资绩效。

【经济责任审计】2020 年，区审计局完成 6 名领导干部经济责任审计和 1 名领导干部自然资源资产责任审计。在审计实施过程中主要把管理主线与资金主线相对接，把审计重点由过去的财政、财务收支为主，向领导干部任职期间“三重一大”（重大事项决策、重要干部任免、重要项目安排、大额资金的使用）决策及执行方面转变，及时揭示决策不规范、监督管理不到位等问题，促进领导干部依法用权、秉公用权、廉洁用权。区审计局首次把领导干部经济责任审计发现的问题汇总后在《关于2019年度杭州市拱墅区本级预算执行和其他财政收支情况的审计工作报告》中单列表述，审计发现问题后的整改得以促进。区审计局上报的1个经济责任审计大数据案例入选浙江省优秀大数据案例。

【专项审计调查】2020年，根据审计署的统一部署，为促进疫情防控资金和捐赠款物规范高效使用及保障性政策落地见效，区审计局组织开展应对新冠肺炎疫情防控资金和捐赠款物专项审计，发现社会捐赠在管理等方面问题。组织开展民生政策落实专项审计调查，通过数据先行、分析先行，依托市审计局智慧审计平台并由市审计局数据处协调市民卡公司等单位提供更多数据支撑，共采集人力资源、劳动保障、帮扶救助等资金专户和相关部门共205个财务账套数据信息、119.56万条银行流水数据，107.16万条民生资金发放记录和市民卡“重阳分”消费、工商登记、社保医保、车辆登记等海量数据信息，通过大数据综合分析生成5.51万条疑点数据，发现“互联网+养老”服务企业运营监管不够到位、民生项目资金惠及对象信息共享机制不健全等导致民生资金使用效益不高的问题，通过以审促改有效提升民生资金绩效。区审计局上报专项审计调查的2个大数据案例入选杭州市审计局优秀大数据案例。

【内部审计】2020年年底，拱墅区已建立内审机构、纳入内审协会管理的单位共56家（政府机构28家、群团组织5家、街道10家、国有企业1家、民企12家）。全年，拱墅区44家内审机构完成内审项目279个，涉及总金额294.33亿元，促进单位增收节支2177.43万元，审计发现问题394个，问题实质有效整改339个，提交各类内审管理意见建议被采纳266条。区卫生健康局内部审计小组被杭州市内部审计协会评为杭州市疫情防控内部审计先进集体，区教育局占丽萍被评为浙江省内部审计先进工作者，拱墅区教育局报送的内审项目获杭州市内部审计优秀项目表彰项目。年内区审计局组织全区内审相关单位业务培训3次，赴8家单位进行走访调研，积极探索国家审计与内部审计协同的方式方法，在区民生政策落实专项审计调查中，把街道、部门内审人员列入项目组成员，通过以审代培提高内审人员业务素质，提升审计效能。区审计局推动拱墅区政府出台区级层面的《关于进一步加强内部审计工作的意见》，明确内部审计制度与机构建设、内审职责与工作重点等内容，为顺利开展全区内部审计起到指导性作用。

【审计整改】2020年，区审计局健全审计整改督查和审计整改挂销号机制，统筹监督资源，加大与纪委监委、巡察机构、组织部门、财政部门及区委办、区府办督查机构的协作联动，形成审计整改监督合力。以审计整改“回头看”为抓手，加强对关键环节、重点领域、体制机制性问题的整改督查，防止被审计单位整改不到位、整而不改等问题发生。落实《“三个区分开来”审计容错纠错免责实施办法（试行）》，正确把握容纠并举的原则，鼓励干部探索创新，支持担当作为。

（周莉莉）

城市建设与管理 24

规划和自然资源管理

【概况】2020年，杭州市规划和自然资源局拱墅分局（简称规划资源拱墅分局）配合推动杭州市新一轮国土空间总体规划编制工作。服务企业复工复产，确定41名干部职工为企业（重点项目）的服务专员，通过电话联系、实地走访40家企业跟进复工情况，帮助解决杭州锦祥房地产有限公司规划档案馆调档接收等难题12个。建立2个服务专班，为各指挥部、政府投资类项目开展面对面服务。持续深化“一件事”改革，精简审批流程。通过重塑审批流程、精简申报材料、压缩审批时限，实现一般企业投资项目审批80天。至年底，全区办理投资项目审批事项717件；完成承诺制审批件82件；受理办结不动产登记业务19970件，大宗地权调业务121件，大宗地首次（变更）登记106件。完成经营性地块出让14宗、31.35公顷；完成经营性用地收储12宗、34.74公顷，完成率103%；完成市对区工业用地出让目标考核任务4宗4.06公顷；消化利用批而未供土地105公顷，开工供而未用土地工317.13公，低效用地再开发71.6公顷，市对区“三块地”降存控新目标完成率分别为101%、147%和107%；消化2009—2017年批而未供土地27.47公顷，浙江省自然资源厅考核完成率129%。完成市重点“清零”项目9个。

（叶迦勒　陈　倩）

【第三次全国国土调查基本完成】2020年11月，拱墅区第三次全国国土调查成果通过国家级内业核查和数据库质量检查。拱墅区第三次全国国土调查起始于2018年。当年8月，拱墅区第三次全国土地调查（后更名为第三次全国国土调查）领导小组成立，领导小组办公室设在规划资源拱墅分局，相关单位及属地街道明确分工，协同推进工作开展。2019年1月，根据国家下发的2017年变更调查影像，按现状地类结合社区界线及权属界线进行内外业调绘，调绘地类图斑4394个。同时针对国家提取不一致图斑、可调整地类图斑、空闲地图斑及其他疑问图斑开展外业核查，形成数据完整、质量合格的调查成果。2020年3月，调查成果通过市级核查。4月，通过省级核查并上报国家。6月，根据《国务院第三次全国国土调查领导小组办公室关于调整第三次全国国土调查有关内容与要求的补充通知》及下发的相关技术问答精神，对上交数据进行修改并重新提交成果。8月，拱墅区基础库成果通过国家级核查。12月，根据上级统一部署，拱墅区开展第三次全国国土调查统一时点更新工作，统一时点更新图斑780个，其中国家提取644个，省级提取5个，自提131个。至年底，拱墅区“三调”基本完成。（罗雄兴　袁　柳）

【建设工程批后监管】2020年，全区建设工程批后监管名录221项（总建筑面积1453.1万平方米），其中公共建设项目111个，产业平台项目73个，新制造业项目9个，美丽拱墅项目3个，商品住宅项目25个。受新冠肺炎疫情影响，全区建设工程进展迟缓，规划资源拱墅分局重点对疫情受滞、产业平台、民生关注等建设项目，开展主动上门服务，提供精准对接指导，助力各在建工程顺利推进。至年底，累计提供上门服务155次，办结规划验线53项、竣工规划核实65项（建筑总面积419.5万平方米）、土地复合验收39项（宗地总面积84.24公顷）。

【中央生态环境保护督查】2020年9—10月，规划资源拱墅分局采取领导领队、组建专班的方式，领办受理第二轮中央生态环保督察信访交办件。专班人员通过踏勘核实、历史档案调阅、信息比对验证，研判每件督察信访交办件，完成督察交办任务，累计受理信访件7件（主办件3件、协办件4件）。

【信访与舆情处理】2020年，规划资源拱墅分局处理各类信访件894件，其中受理并办结543件；妥善处理"好时运酒店""沁园外立面""合景天銮地下室隔墙""宜和园公厕"等群众意见大、反映人数多的信访事件，做到"有信必应"，落实"七个减下来"（深化诉源治理把面上纠纷减下来、深化积案治理把突出矛盾减下来、深化隐患治理把安全风险减下来、深化三方治理把社区杂音减下来、深化治安治理把警情发案减下来、深化乱象治理把群众怨言减下来、深化数字治理把人力低效减下来），提升群众对平安建设的满意度、获得感。

（吴德来）

【项目行政审批】2020年，规划资源拱墅分局办理投资项目规划资源业务审批事项1096项。完成多规合一平台项目298个，其中合规性审查纳入前期计划库项目214个，建设条件集成纳入实施计划库项目84个；审查选址论证报告43件，核发建设项目选址意见（含规划条件）100项，选址意见书和用地预审意见161件；办理用地规划意见审查129件，核发建设用地规划许可证100件，用地面积166.61万平方米；建设项目设计方案审定119件；核发建设工程规划许可证146件，建筑面积771.35万平方米。

（张乐翼）

【存量土地盘活调查】2020年，规划资源拱墅分局按照《杭州市存量"三块地"降存控新三年行动计划（2020—2022年）》开展全区存量土地盘活调查，对批而未供、供而未用和低效利用土地进行全面清查。通过整体统筹、清单管理及强化监管等举措，完成存量土地盘活工作。至年底，完成消化利用批而未供土地105公顷，开工供而未用土地317.13公顷，低效用地再开发71.6公顷；消化2009—2017年批次批而未供土地27.47公顷。（朱　珊）

【规划编制】2020年，规划资源拱墅分局配合推动杭州市新一轮国土空间总体规划编制工作，开展《拱墅区城市开发边界方案》划定、全区重大项目和基础设施梳理等工作。围绕半山国家森林公园区域的生态保护要求和发展现状，衔接现有空间管控手段，践行多规合一，优化国土空间布局，盘活存量建设用地，提高土地利用效率，推动城市集约化发展。围绕土地要素和轨道交通线位、站点，推进全区轨道线网加密。协调推进全区大城北核心区的控规单元修编和报批。编制过程中，统筹协调康桥街道、半山街道的民生配套、留用地等问题，杭钢单元、运河新城单元、康桥单元先后获得市政府批复。开展全区留用地布点规划调整编制和报批。协调将《拱墅区10%留用地布点规划调整（第二批）》纳入全市国土空间规划编制计划。

（徐靖璐）

【不动产登记"最多跑一次"改革深化】2020年，规划资源拱墅分局继续深化不动产登记"最多跑一次"改革。打通数据共享渠道，以电子证照代替居民身份证、居民户口簿等材料复印件；根据全市统一部署，将原市房管局、规划资源拱墅分局、区税务局3个部门联办的事项调整为规划资源拱墅分局、区税务局2个部门联办。不动产登记进一步减事项、减环节、减材料，并实现不动产一般登记3个工作日办结，一般抵押登记、商品房交易登记即日办结。全年规划资源拱墅分局不动产登记窗口接受群众咨询3万余人次。受理办结不动产登记业务19970件，大宗地权调业务121件，大宗地首次（变更）登记106件。4月，为稳步有序推进全区1万多户回迁安置房办证工作，专项研究并实施安置房集中委托"专人办、上门办、预约办"的办证思路，将原有"个人自行办"调整为"集中委托办、主动上门办”。对具备办理不动产权证条件的地块，根据建设单位预约的时间段，派遣工作人员到各安置现场，以拆迁项目地块为单位，为回迁安置群众提供上门服务，就近办理资格核查和现场委托业务。7月，设立“企业财产登记专窗”，推行“一人受理、一窗进件、一套资料、同窗出证”的工作模式。

【“交地即发证”模式推出】2020年6月5日，市、区两级规划资源部门在杭开集团公司环境展示厅举办“交地即发证”首颁仪式，市、区规划资源部门领导为2家用地单位颁发“一书两证”（即《交地确认书》和“建设用地规划许可证”“不动产权证”）、完成全市“交地即发证”试点工作，在全省率先实现交地发证“零时差”。拱墅区工业类招拍挂土地开始全面实施“交地即发证”新模式，为项目节约审批时间30余天，助力企业早融资、早开工、早投产。（林荣峰）

【经营性用地管理】2020年，规划资源拱墅分局牵头制定年度经营性用地出让、收储、做地计划编制工作。为有序推进经营性用地做地进度和地块出让节奏，及时梳理分析市场需求，适度调整地块供应结构，优化做地环节，将25个做地环节整合压缩至21个。全年区属做地主体出让经营性地块14宗、31.35公顷，出让金总额162.67亿元；出让工业用地4宗、4.07公顷，出让金总额4499万元。（蒋明敏）

【项目用地报批】2020年，规划资源拱墅分局为推动区重点项目建设，结合全国第三次土地调查数据，对全区耕地总量再次进行排查摸底，落实耕地质量等别（等级）年度更新评价成果和耕地质量调查评价与监测相关成果的编制，通过省、市级专家评审，根据用地报批涉耕项目的占补平衡要求，完成与衢州市签订水田、粮食产能等指标调剂并入库，继续补充拱墅区水田指标缺口。至年底，拱墅区在部耕地占补平衡动态监管系统中库存耕地指标116.63公顷、水田38.89公顷，产能指标141.88万千克。为有力保障建设项目指标需求，加快项目落地，同步开展征地报批全程跟踪服务，联系省、市有关部门，落实新增建设用地指标19.23公顷，全年受理征地项目49宗，征收集体土地面积36.55公顷，其中农用地面积10.41公顷，耕地面积9.23公顷。组件上报2020年度存量建设用地14宗、项目3个批次、农转用14宗、项目2个批次、增减挂10宗、项目5个批次，完成第一批撤村建居项目审批11宗。（许一昆　任　华）

2020年6月5日，市、区两级规划资源部门在杭开集团公司环境展示厅举办杭州市“交地即发证”颁证仪式（规划资源拱墅分局 供稿）

【拆迁安置】2020年，规划资源拱墅分局为保障“双清”（杭州市重点项目征地拆迁“清零”，杭州市集体土地回迁安置“清零”）工作有序开展，围绕“加快推动大城北规划建设核心区”的工作目标，强化组织保障，完善工作机制，加快回迁进程，完成年度“双清”工作任务。全年全区重点“清零”项目任务9个，拆迁集体非住宅7家、国有非住宅10家；居民54户，全部现房安置。全区回迁安置任务2743人，实际回迁安置5970人，回迁安置任务完成率217%，实现到2020年年底在外过渡5年以上的被拆迁户全部回

迁安置。　　　　　　　　（谢晓东）

【卫星遥感影像图片执法监察】2020年，自然资源部下发杭州市拱墅区卫星遥感影像图片执法图斑272个。至年底，完成实地核实和图斑填报272个，完成率100%。下发图斑中，发现违法行为7件，立案查处7件，做出行政处罚（处理）4件，结案1件，行政处罚（处理）落实到位2件，并按卫星遥感影像图片工作要求向区纪委发出纪律处分建议函。拱墅区2020年度违法用地面积占新增建设用地总面积、违法占用耕地面积占新增建设用地占用耕地总面积的比例分别为0.32%、1.48%。

【征地项目报批审核】2020年，规划资源拱墅分局执法监察大队为切实推进用地报批速度，简化报批地块是否存在违法用地认定程序，保障报批项目完成，针对报批项目出现的问题，多次到市局沟通与对接，并对上报的7个批次、60个地块、面积28.47公顷报批项目地块开展现场踏勘与信访核查工作，并根据现场踏勘与信访核查情况出具情况说明，提交市局综合执法队。

【土地例行督查】2020年8月21日，规划资源拱墅分局根据市总督办工作要求，上报整改到位的独城村老年过渡房项目全部电子化佐证材料，以及整改项目进展、前后对比照片、验收材料等佐证电子台账，做好迎接国家自然资源督察上海局抽查准备。

【各类专项整治工作开展】2020年9月始，规划资源拱墅分局牵头开展为期三年农村乱占耕地建房专项整治工作，联合各部门成立专班，制定《拱墅区农村乱占耕地建房问题专项整治三年行动实施意见》，开展工作层面对接协调。沟通上级，同时做好基层的政策指导、技术支撑工作，确保专项工作排摸成果真实准确。组织各街道建立村级排摸网格，落实基层属地责任，确保排摸工作有效推进。联合宣传部门利用多种载体，开展多角度、多层次、多维度的正面宣传和警示教育，面向全社会（在政府门户网与公众号）公开有奖举报电话，并动员全社会共同参与。至年底，部、省、市三级根据全国第三次土地调查数据、卫星遥感影像图片数据等下发疑似农村乱占耕地建房图斑5个批次，涉及拱墅区的图斑493个，图斑面积651.30公顷。完成乱占耕地建房摸排工作，最终摸排成果（3宗，图斑面积1.56公顷，耕地面积0.38公顷）经区主要领导审核、签字，上报市局。

是年，规划资源拱墅分局根据省、市专项工作部署要求，完成辖区违建别墅问题清理整治自查自纠验收工作，并根据市局要求，完成自查报告，及时提供相关证据与情况说明资料，做好迎检准备。此外，规划资源拱墅分局根据市、区“扫黑除恶”小组多次会议布置工作任务，拟稿完成“拱墅区自然资源领域扫黑除恶”自查报告，针对工作清单要求，开展落实各项工作，并制定相关方案与宣传计划等。在全区范围内就省自然资源厅明确的涉及国土领域3方面问题再进行摸底排查。与属地街道、相关部门对接，从政治站位、依法严惩、综合治理、宣传发动、深挖彻查、基层组织、组织领导7个方面开展扫黑除恶工作。至年底，受理区扫黑办转来3条涉及自然资源类领域线索，根据线索情况，进行核查与反馈，均办结。　　　　　　（柯卫东）

重点项目建设

【概况】2020年，区发改经信局围绕区委、区政府高质量打造重要窗口“四个样板区”的战略部署，进一步完善全区项目统筹管理机制，统一管理全区开工、竣工、投用等项目，持续聚焦开工目标，完善项目过程管理机制，实时更新进度，以“红绿箭头”展示项目推进情况。建立“三赛”（排位赛、服务赛、破题赛）评比机制，引导审批部门、经济部门等优化服务，牵头部门、责任单位加快破难。全年拱墅区列入省市县长项目5个，分别为联想创投集团总部、宝龙桃源企业总部中心、浙数文化数字娱乐产业总部中心、顺丰国际生鲜供应中心、58集团五省总部。5个项目均在一季度开工，上半年统计入库，拱墅区成为全市首个落地率达100%的县（区）。全年列入省重点项目4个，分别为杭州拱墅瓜山社区、杭钢云计算数据中心项目、杭州市拱墅区运河亚运公园项目（原城西公园）、浙江云计算数据中心项目，总投资220.9亿元，年内完成投资12.97亿元。列入市重点项目20个，总投资370亿元，其中实施项目18个（含计划新开工项目5个、续建项目13个），预备项目2个，2020年实施项目完成投资62.69亿元。

深入实施公共项目建设专项行动，全年公共项目建设专项行动任务6360项，累计完成6305项，完成率99.13%。累计开工项目140个，竣工项目52个，完工投用项目68个。有序开展村级留用地开发建设攻坚行动，全年安排村级留用地项目75项，牵头推进留用地开发建设，至年底，已开工建设谢村商业金融用房等留用地项目11个，竣工蓝祥购物中心等项目4个，投用睿亭大厦等项目6个。

【浙江云计算数据中心项目】该项目为2020年省重点建设项目，总投资158亿元，用地面积20.67公顷，位于拱墅区杭钢半山基地管辖区域内，建设单位为杭州钢铁集团有限公司与阿里巴巴集团控股有限公司，2020年7月开工建设，至2020年年底主体施工顺利推进。项目采用阿里巴巴最新的设计、建设、运营标准体系，建设10栋数据中心，10800个机柜，共计20万台服务器的高标准绿色数据中心项目。建成后将是阿里巴巴未来在杭州算力能力构成的核心节点之一，也是全国单元区计算能力最大的项目之一，将为电商、金融、物流、云计算大数据及各类互联网增值服务提供坚实的基础设施平台。

【顺丰国际生鲜冷链项目】该项目为2020年市重点建设项目，总投资10亿元，用地面积约6.8公顷，位于杭州市拱墅区北城智汇园，建设单位为杭州振泰资产管理有限公司，建设工期为2019—2022年，2019年12月开工建设，至2020年年底主体施工顺利推进。项目引入国内物流第一品牌顺丰，依托顺丰的物流资源和互联网基础，主要建设超6万立方米的冷柜，配套供应链上下游企业，以冷链为核心，围绕生鲜供应，打造国际生鲜供应链基地。

【运河中央公园项目】该项目为2020年市重点建设项目，总投资14.5亿元，用地面积约为11.12公顷，项目位于杭州市拱墅区桥西拱宸桥单元，东至十字港河、南至十字港河与西塘河交叉口、西至西塘河、北至严家桥路，建设单位为拱墅区绿化委员会办公室、拱墅区基础设施建设中心。2015年12月开工建设，计划工期2015—2021年，至2020年年底幕墙施工顺利推进。主要建设内容为综合性公园，包括公园绿化，休憩、服务、管理用房、公厕等配套用房，水景工程，园路、场地工程，地下机动车停车库、非机动车停车库、设备用房、附属用房等。

【杭州顺丰创新中心项目】该项目总投资12.3亿元，用地面积5.36公顷，位于谢村路与拱康路、俞家桥路交会处，建设单位为杭州丰泰电商产业园管理有限公司，建设工期为2016—2019年，2020年10月投入运营，项目主要打造集科技成果转化中心、创新孵化中心、跨境O2O展示体验中心、供应链金融中心、电子商务总部基地、企业创新服务平台为一体的产业转型升级示范基地。

（孙　萌）

公共基础设施建设

【概况】2020年，拱墅区新增地下空间开发项目69万平方米，竣工地下公共停车场（库）等停车泊位1399个，开工及续建泊位3346个。打造“百姓家门口好学校”，开工学校16所，竣工12所，通过全国学前教育普及普惠区省级验收。加快推进浙江大学医学院附属邵逸夫医院大运河院区建设。全域推进131个老旧小区综合改造，完工73个，老旧小区改造经验在省政协民生论坛、住房和城乡建设部专题培训班上交流推广。实施94条53.4千米道路和轨道交通建设，完善路网框架、加密支小路，高质量构建全区路网体系。萍水东路、储鑫路等20条重点道路实现开工，圣东街、拱宸中路等14条道路竣工，完成地铁三期14个站点主体结构施工。6月29日，杭州首条下穿古运河的隧道——香积寺路隧道正式开通。重点解决群众关注热点难点、对交通影响较大涉铁、涉河、跨区“断头路”问题，建成与余杭区衔接的大洋坝路及与西湖区衔接的圣东街，开通后横港路，开工与余杭区衔接的洋湾路，加快城区互联互通。

（蔡　蝶　张　婧）

【邵逸夫医院大运河分院桩基工程完工】2020 年 7 月，浙江大学医学院附属邵逸夫医院大运河分院完成桩基施工。该项目地处大城北核心区康桥健康产业园内，东至俞家桥河，南至杭钢河，西至拱康路，北至马桥路，占地面积 5 万平方米，总建筑面积 21.4 万平方米，其中地上建筑面积 12.9 万平方米，地下建筑面积 8.5 万平方米，总投资 16.8 亿元，建设工期 1270 天，规划建设成为拥有 1000 张床位的国内一流三甲医院，填补大城北医疗资源匮乏的空白。项目于 2020 年 1 月开工。

【吴家墩社区南侧社会足球场建成】2020 年 8 月，拱墅区吴家墩社区南侧社会足球场开工，9 月建设完成。该项目东至吴家墩东苑，南至康桥路，西至康贤路，北至吴家墩东苑地块，总面积 5309 平方米，是拱墅区第一个 11 人制社会足球场。

【亲仁里落架大修工程竣工】2020 年年底，亲仁里落架大修工程竣工。该项目为拱墅区老旧小区改造工程，位于拱宸桥街道温州路与新昌路交叉口。该次改造涉及亲仁里 6 幢、8 幢、10 幢、11 幢、12 幢共 5 幢房屋 270 户住户，总建筑面积约 1.49 万平方米，总投资约 5400 万元。改造遵循原位原样重建兼顾适当户型优化设计，具体内容包括土建、安装、室外附属工程等。（俞叶燕）

【谢村 36 班初中项目开工】2020 年 12 月，运河新城单元地块 36 班初中（谢村 36 班初中）项目开工。该项目位于运河新城单元，东至一号支路，南至 GS1003-G1-41、42 地块，西至顾扬路，北至 GS1003-G1-38 地块，总用地面积 4.24 万平方米，总投资 3.63 亿元。项目设计总建筑面积 6.34 万平方米，其中地上建筑面积 4.24 万平方米，地下建筑面积 2.1 万平方米，另有不计容架空层面积 2500 平方米。项目建设内容为新建 36 班初中，包括校舍建筑、室外活动场地及地下建筑等。其中，地上建筑为 5 幢 5 层楼，地下室 1 座。

（黄　鑫）

【杭州市创意艺术学校项目取得施工许可证】2020 年 11 月 30 日，铁路北站单元地块职业高级中学（杭州市创意艺术学校）项目取得施工许可证。该项目东至规划商业地块，南至北站路，西至规划绿地，北至宣杭铁路，用地面积 3.35 万平方米，总建筑面积 6.78 万平方米，总投资 6.63 亿元。规划为 36 班中学，设计有停车位 294 个。由原拱墅职业高级中学领办（挂牌为杭州市创意艺术学校）。该校与北京电影学院战略合作，引进“华君武漫画艺术研究院”，为拱墅艺术教育的重要组成部分。建设单位为拱墅区城中村指挥部上塘分指挥部。

【瓜山小学项目取得施工许可证】2020 年 12 月 28 日，运河新城单元地块 30 班小学（瓜山小学）项目取得施工许可证。该项目位于拱康路以西，上塘路延伸段以南，瓜山新苑以北，总用地面积 2.74 万平方米，总建筑面积 4.94 万平方米，总投资 8.19 亿元。规划为 30 班小学。由教学用房、行政办公用房、生活服务用房、地下车库、体育运动场地组成。建设单位为拱墅区城中村改造指挥部上塘分指挥部。（韩　金）

【桃源新区 48 班小学及社会停车库主体竣工】2020 年 12 月，桃源新区地块 48 班小学及社会停车库主体竣工。该项目东至桃源街，南至下塘河，西至规划康园路，北至规划金星街，用地面积 3.33 万平方米，建筑面积 6.1 万平方米，地上建筑面积 3.3 万平方米，建筑层数以 5 层为主，规划为 48 个班级。社会停车场配置车位 680 个，用于学校和周边小区居民停车。项目总投资 3.6 亿元。该小学为卖鱼桥小学教育集团下属小学，是继桃源上海福山外国语小学后，桃源新区又一优质教育资源。

【洋湾路开工建设】2020 年 5 月，洋湾路（拱康路—石前港）道路工程开工。该项目横跨余杭区与拱墅区，是余杭区崇贤新城单元及拱墅区康桥北单元内的一条东西向城市次干路，位于杭州市康桥职业高级中学南侧，西起拱康路，东接余杭区横十一路，下穿宁杭高铁，跨北马桥港及石前港。全长 855 米，标准段宽度 30 米，设计时速 40 千米 / 每小时，双向四车道。用地面积 3.18 万平方米，估算总投资 1.91 亿元。建设内容包括道路工程、桥梁工程、河道工程、管线工程、附属工程及现状道路顺接改造等。（俞叶燕）

【沈康路开工建设】2020 年 10 月 16 日，沈康路（储鑫路—沈半路）道路工程项目开工建设。该道路西起储鑫路，东至沈半路，全长 1107 米，宽 30 米，用地面积 3.72 万平方米，总投资 1.92 亿元。建设内容包括道路工程、桥梁工程、管线工程、交通设施、景观绿化及照明工程等。建设单位为拱墅区城中村指挥部上塘分指挥部。

（韩　金）

【大吉路一期开工建设】2020 年 5 月，大吉路（环镇北路—五里塘河）道路工程项目一期开工建设。该项目位于祥符单元，南起五里塘河，北至环镇北路。道路全长 673 米，宽 26 米。分两期建设，其中一期为环镇北路—三墩路段，二期为三墩路—五里塘河段，工程总投资 9862 万元，属城市次干路项目。建设单位为拱墅区城中村改造工程指挥部，勘测单位为浙江城建勘察研究院有限公司，设计单位为浙江工业大学工程设计集团有限公司，监理单位为杭州市市政公用建设开发集团有限公司，施工单位为杭州市路桥集团股份有限公司。（洪淑环）

城中村改造（城市更新）

【概况】2020 年，拱墅区交付安置房 57 万平方米，回迁 1490 户，实现在外过渡五年以上征迁户回迁“清零”。收购储备经营性用地 12 宗、34.73 公顷，出让经营性用地 14 宗、31.33 公顷。

（张　婧）

【拱宸桥单元拆迁安置房项目交付】2020 年 5 月 11 日，拱宸桥单元地块拆迁安置房项目交付。该项目东至宸麟路、南至衢州路、西至上塘路、北至舟山东路，总用地面积 1.2 万平方米，总建筑面积 6.69 万平方米，总投资 3.91 亿元。有高层安置房 3 幢，可供安置房源 448 套，主要用于安置拱宸村被拆迁农户、居民。

【铁北单元瓜山北安置房项目开工】2020 年 6 月 2 日，铁北单元地块瓜山北安置房项目开工建设。该项目东至规划俞家桥路，南至铁路北站单元地块，西至铁路北站单元地块，北至规划沈康路，总用地面积 1.99 万平方米，总建筑面积 9.01 万平方米，总投资 6.58 亿元，规划有高层安置房 5 幢，设计房源 540 套，由蓝城房产建设管理集团有限公司代建。主要用于安置瓜山村被拆迁农户。

【上塘单元瓜山南安置房项目开工】2020 年 7 月 1 日，上塘单元地块瓜山南安置房项目开工建设。该项目北至规划支路，西至茶汤路，南至陈家桥河沿线绿带，东至规

2020 年 5 月 11 日，拱宸桥单元地块拆迁安置房项目交付

（区城建发展中心 供稿）

划商业商务用地，总用地面积 2.56 万平方米，总建筑面积 11.46 万平方米，总投资 9.96 亿元，规划有高层安置房 5 幢，设计房源 540 套，由蓝城房产建设管理集团有限公司代建。主要用于安置瓜山村被拆迁农户。

【祥符桥传统风貌街区改造项目开工】2020 年 6 月 1 日，祥符桥传统风貌街区 6 个改造项目全部开工。该项目位于祥符南路以北，莫干山路以西，三墩路以南，大吉路以东，总用地面积约 10 万平方米，总投资约 20 亿元。项目综合考虑周边区域城市资源的配置现状与未来发展趋势，抓住项目与城市紧密衔接的关键点，以已保留的历史文化元素为基础，通过功能配套、交通流线、景观资源等元素的叠加、重组，形成该地块历史底蕴深厚、文化多元发展、配套设施完善、生活品质优越的城市生活新业态。

（韩　全）

【运河新城单元安置房项目完成主体结顶】2020 年，运河新城单元地块安置房项目主体结顶。该项目东至丽水北路，南至新开河防护绿地，西至西杨直街，北至郁世门路，用地面积 5.91 万平方米，建筑面积 26.2 万平方米，包括安置房及配套公建设施，规划建成安置房 1572 套，总投资 15.2 亿元，全过程由绿城房地产建设管理集团有限公司设计和代建。主要用于安置康桥街道蒋家浜、西杨等 5 个社区的拆迁户。

【康桥谢村单元安置房二期工程回迁交付】2020 年，康桥谢村单元地块安置房二期工程完成在外过渡 5 年以上 380 户农户回迁。该项目东至绿化带，南至金昌路，西至俞家桥路，北至杭钢河，用地面积 4.73 万平方米，建筑面积 13.9 万平方米，其中地上建筑面积 10.2 万平方米，地下建筑面积 3.7 万平方米，总套数 880 套。建设内容包括安置房及配套公建设施，安置对象为康桥村、计家村农户。

【桃源单元安置房改造提升工程竣工】2020 年，桃源单元地块安置房改造提升工程竣工。该项目为金星村农转居公寓环境功能综合提升改造工程，北部靠近半山国家森林公园，毗邻下塘河，西至云锦路，南至桃源街。总建筑面积 11.3 万平方米，改造地块有 10 幢楼，住户 822 户。改造项目主要包括公寓外墙翻新、地下室改造、小区内部道路整治提升、绿化景观改造、建筑雨污水改造、屋面漏水改造、建筑智能化改造等。

【桃源控规单元土地出让】2020 年 4 月 28 日，桃源控规单元地块成功出让。该地块东至规划康园路，南至规划金星路，西至半山路以西区块 B 等，北至半山路以西区块 B 等。用地面积 3.36 万平方米，总建筑面积 9.41 万平方米，容积率为 2.8，建筑密度 28%，绿地率 30%，性质为住宅（设配套公建）用地。该地块由成都永进合能房地产有限公司以 212679 万元竞得，楼面价 22594.9 元 / 平方米，溢价率 29.94%，自持率 7%。

【桃源单元土地出让】2020 年 5 月 7 日，桃源单元地块出让成功。该地块东至桃源街，南至金星街，西至康园路，北至金昌路。性质为住宅用地，面积 2.62 万平方米，总建筑面积 7.61 万平方米，容积率 2.9，建筑密度 28%，绿地率 30%，建筑限高 100 米。该地块由滨江集团以 171316 万元竞得，楼面价 22518.47 元 / 平方米，溢价率 29.947%，自持率 7%。

【半山单元土地出让】2020 年 5 月 7 日，半山单元地块成功出让。该地块东至半山单元地块，南至上塘河绿带，西至石桥路绿带，北至半山东路。性质为人才房专项用地，面积 1.35 万平方米，总建筑面积 2.98 万平方米，容积率 2.2，建筑密度 22%，绿地率 35%，建筑限高 50 米。该地块由拱宸桥指挥部下属杭州天宸实业发展有限公司以 9374 万元底价竞得，楼面价 3145 元 / 平方米。（俞叶燕）

城市绿化

【概况】2020 年，拱墅区新增绿地面积 34.61 万平方米，完成率 115.4%。实施杭州市育才大城北学校、祥符水厂等单位屋顶绿化建设，完成屋顶绿化 1.26 万平方米，完成率 126.3%。推进绿道建设，建成瓜山未来社区绿道、李佛桥河绿道等绿道11条16千米。完成美化家园3处，完成大关公园垂直绿化和方家埭公园垂直绿化。菊展作品《满庭芳》在西湖秋韵——2020年长三角菊花精品展中获综合布展大奖。环境小品《幸福生活像蜜糖一样》获一等奖；“五一”花境《争春》《群芳谱》分别获得一等奖和二等奖；“国庆”立体花坛《亚运梦想》获一等奖。

【《拱墅区绿道建设专项补助资金管理办法》出台】 2020年7月20日，区住建局、区财政局联合出台《拱墅区绿道建设专项补助资金管理办法》，对补助资金的申请和拨付做出明确规定，规范和强化区域绿道建设专项补助资金的管理。

【“全民健身·共享亚运”系列活动开展】 2020年9月29日，由杭州市政协教育科技卫生体育委员会、杭州市体育局主办，区住建局、区文广旅体局承办的“全民健身·共享亚运”杭州毅行大会暨拱墅区绿道毅行系列活动举办。拱墅分会场开展为期30天的线上绿道毅行以及线下毅行大会活动。区住建局获“优秀组织铜奖”。

【绿道建设推进】 2020年，区住建局建成瓜山未来社区绿道、虾龙圩绿道、李佛桥河绿道、新开河绿道等11条，总长约16千米。7月，完成第一轮绿道实名工作，对建成的绿道进行规范命名，接入高德地图导航系统，在高德导航中实现绿道优先搜索功能。

【古树名木复壮保护工程】 2020年，区住建局对全区60株古树名木进行全面普查，摸清每株古树的生长情况，对市二医院内长势较差的古树开展复壮保护和专业养管，最大限度促进古树正常生长。重点关注建设地块中的古树，做好项目施工前提前介入和建设过程中的监管。

【大关公园第二届月季花展获好评】 2020年4月25日，大关公园第二届月季花展开幕。活动持续10天，展出“莫奈”“中国红”“金徽章”“黄金庆典”等月季品种50余个，设置总长50多米的“月季爱情隧道”，被浙江新闻、杭州网、《杭州日报》等10余家媒体的报道，并在“学习强国”平台进行展示。

【义务植树和认养】 2020年3月，拱墅区在全市首次推出“云植树”活动，为不能到现场种树的群众代种树木、挂牌；在全市首次推出古树名木认养活动，全区60株古树名木面向全市热心市民自由选择认养，并于4月10日与4月18日分批在方家埭公园开展认建活动，18家企业32户家庭150余人参加。全区推出认建认养基地24个，面积22万平方米。

（叶文文）

城市交通

【概况】 2020年，拱墅区深入贯彻落实省、市治堵办治堵工作精神，印发《关于明确市对区治理城市交通拥堵与综合交通建设工作专题目标分解任务的通知》，逐项逐个主体细化分解任务目标，及时上报各类报表、材料等。开展城西银泰城周边区域、古运路与赵伍路交叉口2处堵点治理，缓解局部拥堵。完工大浒街（金华南路与上塘路间）2个公交站点

国庆立体花坛《亚运梦想》　（区住建局 供稿）

和香积寺路西延工程地面道路范围（莫湖路）2 个公交站点，优化区位交通条件。

【“三网融合”地铁 5 号线拱宸桥东站示范引领工作专题会议】2020 年 12 月 9 日，拱墅区召开“三网融合”（地铁、公交和慢行融合）地铁 5 号线拱宸桥东站示范引领工作专题会，区治堵办、区轨道办、市地铁集团、区城管局、交警拱墅大队、区城建发展中心、上塘街道、拱宸经合社等单位负责人参加。会议要求加快做好拱宸桥东站 B、C 出口景观工程移交，加快实施 A、D、C 出站口周边环境恢复，充分挖潜非机动车停车场地，推进地铁站点周边道路开通等工作。

【交通拥堵点整改】2020 年，区治堵办（区住建局）会同相关部门综合运用工程性改造、小改小革及路口渠化、可变导向、信号配时优化等非工程性措施，改善拥堵易发、常发路口、路段通行条件，继续逐步缓解老旧小区、学校、医院等周边“停车难”矛盾。至 9 月，完成城西银泰城周边区域、古运路与赵伍路交叉口堵点治理。

【学校周边秩序治理】2020 年，区住建局完成卖鱼桥小学教育集团文汇校区、杭州市文澜实验学校周边秩序治理工作。卖鱼桥小学教育集团文汇校区主要通过落实错时上下学制度，交通设施优化调整，细化上下学接送方案，家、校、警三方联动等措施缓解上下学期间学校周边交通拥堵。杭州文澜实验学校专门开设 8 条求知专线，局部路段特定时段单行即南门所在的风景街限时单向通行，增加非机动车临时停靠点等措施缓解上下学期间学校周边交通拥堵。

【社区微公交开通】2020 年 9 月 3 日，拱墅区瓜山未来社区地铁接驳及通勤专线开通仪式在瓜山东苑举行，杭州市治堵办、市公交集团、拱墅区政府办、区委人才办、区治堵办、区住建局、区发改经信局、交警拱墅大队、上塘街道相关领导及社区运营方朗诗寓代表出席活动，并与瓜山未来社区“诗友”代表、外创园国际青年人才代表共同试乘专线巴士，体验数字化出行。7106 路（瓜山未来社区—拱宸桥）、7107 路（瓜山未来社区—运河广告产业园）2 条专线正式开通。

【地下空间开发】2020 年，拱墅区新增地下空间开发项目 69 万平方米，完工杭州运河新城 30 班小学、蓝天环保中学地下公共停车库等公共停车泊位 1399 个，开工及续建 3346 个。运河新城 30 班小学项目位于康桥街道平安桥社区，东、北至平安桥河，南至杭钢河，西至顾扬路，占地面积 2.27 万平方米，建筑面积 3.56 万平方米。利用学校操场地下空间建设公共停车场，有公共停车位 95 个，可为平安雅苑小区、育才大城北学校等提供停车服务。湖墅单元绿化及地下停车场项目位于赵伍路以东、余杭塘河南侧、消防站北侧、凯德湖墅以西，占地面积 5914 平方米，建筑面积 4109.56 平方米，总投资 4287 万元。停车场采用地下自走式设计，停车方便、易于维护，有公共停车位 91 个，可为周边凯德湖墅、景上公寓等小区提供停车服务。做好全区公共停车场（库）建管衔接工作，累计移交投用泊位 603 个。

【轨道交通建设】2020 年，区住建局根据市轨道办 3 月印发的《杭州市轨道交通 2020 年度拱墅区段征迁任务表》，按时完成地铁 3 号线、4 号线、10 号线共 9 项征借地任务，征地面积 217 平方米，借地面积 11405 平方米。至年底，地铁三期 3 号线、4 号线、10 号线 3 条线路 4 个站点全部完成主体结构施工。（蔡　蝶）

城区管理

【概况】2020 年，区城管局牢记“推进绣花治理，守好金山银山，营造美好生活，当好城市管家”使命，以打造“重要窗口”拱墅样本为目标，抢抓大城北发展机遇，着力破难题、强共治、提服务、惠民生，推进“城市环境大整治、城市面貌大提升”百日集中攻坚行动、重要道路沿线改造提升、美丽河道改造提升和环境设施改造提升，深化城市顽疾治理，实现从“围墙外”向“围墙内”的拓展和“城市管理”向“社会治理”的转变，推进城区城市管理精细化再上台阶。全年办理城市管理行政执法一般程序案件 2826 件，简易程序案件 35613 件，受理陈述申辩案件 14 件；数字城管立案交办问题 148820 件，问题解决率 100%，问题及时解决率 98.51%；受理投诉件 14347 件，比上年下降 4.30%；受理城市管理类审批 2190 件，其中行政许可 1434 件，非行政许可件 756 件，行政审批案卷及时办结率 100%、满意率 100%。完成“瓶改管”街区改造项目 1 个，道路加固项目 6 个，“迎亚运”道路修缮项目 15 个。完成 12 座公厕提升改造并投入使用，全年创建街容众包示范街 10 条。落实餐饮类证照办理联审制度，完成二次供水提升改造工程 10 个，受益住户 5100 余户。

【“城市眼·云共治”平台继续完善】2020 年，区城管局探索智慧＋共治的城市治理模式，“城市眼·云共治”平台继续升级完善。油烟监测场景被纳入平台，数字监管范围进一步扩容。在接入高清监控的数量上，在算力可承受范围内新接入监控 400 路，总数达 1900 路。推进区城市大脑停车系统数据接入工作。全年完成中国铁建·太阳城、浙大城市学院、杭州复地·壹中心、杭州中粮大悦城、杭州万通中心等 99 个停车场 2.9 万个泊位“先离场后付费”接入工作。推广应用浙江省行政执法监管平台“浙政钉·掌上执法系统”。全区执法中队累计开通账号 110 个。全年实施“双随机”抽查 249 次、专项检查 84 次、即时检查 1779 次，掌上执法检查 2111 次。

【亮灯工程建设】2020 年 5 月初，区城管局启动消除老旧小区、桥下栈道照明暗区项目，8 月施工中标公示，11 月完工，分布在拱宸桥、湖墅、小河、上塘、康桥、祥符 6 个街道的暗区 22 处新增路灯 341 盏；配合市亮灯中心，在 11 月完成年度杭州市道路（拱墅段）增亮 8 处点位更新路灯 294 盏工作。全年督促完成景观亮灯工程 5 处（区运河发布中心安装灯具 14460 套，康运社区安装灯具 7791 套，中交财富大楼安装灯具 3753 套，胜利河美食街景观提升工程安装灯具 22569 套，方家塘村项目安装灯具 6966 套）。

【信义坊商街“瓶改管”外接管工程完成】2020 年年初，区城管局实施信义坊商街餐饮企业煤气瓶改管道燃气外接管工程。在施工过程中，为每一户商户预留燃气接口，为其后续开通天然气提供便利，降低成本。至年底，信义坊商街“瓶改管”外接管项目完成。符合条件的第一批商家 2 户接通并使用管道燃气。

【非法瓶装燃气专项集中整治】2020 年 3 月，区城管局制定《2020 年度瓶装燃气专项整治方案》，方案确定整治时间安排，各部门职责分工和工作要求，以及治理任务。全年开展瓶装燃气专项集中整治 27 次，约谈杭州百江能源有限公司 7 次，牵头属地街道、属地执法中队、杭州百江能源有限公司落实安全检查，督促整改、跟踪回查工作，排查燃气点位 18553 处，发现隐患 569 处，暂扣违规使用钢瓶 135 只，辖区隐患均整改完成。

【防汛隐患点排查】2020 年，区城管局开展防汛隐患点排查工作，排查辖区内防汛泵站、320 国道、半山小流域等易发积水的区域，编制“一点一方案”。对梅汛期 4 次强降水出现的 22 个积水点逐个分析并销号整改，确保不出现积水；对于因工地影响出现的 8 个积水点，执法部门加大处罚力度，确保消除积水隐患。对半山街道小流域受山洪灾害威胁的 147 名人员转移基础信息全部排查完毕，并录入浙江安全码平台。7 月 30 日，开展防汛防台应急演练及防灾减灾专题培训，完成新安江水库开闸泄洪等 I 级应急响应防御工作。

【“两清四查”专项行动】2020 年 1 月，区城管局开展“两清四查”[“两清”：清管（雨水管）、清口（排出口）；“四查”：一查（防护网缺失）、二查（窨井身份牌缺失）、三查（雨污混接）、四查（管道功能性病害）]专项行动。根据辖区内道路与河道的关联程度，对 696 条重点城市主次干道、区管道路、背街小巷进行雨水管道清管养护，年内完成雨水主干管养护 724.82 千米，检查井养护 17828 座，边窨井养护 35481 座，安装防护网 601 套，更换身份铭牌 134 块，清淤 1868.6 吨。（徐燕祥）

环境保护 25

综述

2020年，拱墅区深入践行“绿水青山就是金山银山”理念，坚决打赢污染防治攻坚战，统筹推进蓝天、碧水、净土、清废行动，全面改善全区生态环境状况。完成第二轮中央环保督察迎检工作。开展固定污染源排污许可清理整顿，实施“一证式”管理模式，完成42家企业排污许可证发证。完成污染地块华丰造纸厂和运河新城单元地块修复治理。强化有机废气、扬尘污染、机动车尾气整治。为应对新冠肺炎疫情，助力防疫物资生产线的快速投入运行，简化环境影响评价工作，采取“特事特办”，通过行政告知函的方式，对杭州好特路卫生制品有限公司拟新建口罩生产项目、康桥健康产业园康桥单元地块医院项目实施“先开工后补办手续”的应急环评审批机制。围绕世界环境日、浙江生态日、“8·15”两山理念15周年等主题开展专题宣传活动51场，下发宣传折页、海报、图册10万余份。拱墅区绿道建设、污水“零直排”、落实“河长制”等工作成效明显，完成省级全域“污水零直排区”创建。完成红建河、瓦窑头河清淤工程，杭钢河综保工程等8个河道工程建设，创建省级“美丽河湖”1片区（红旗河片区）河流5条、市级“美丽河道”11条、区级“美丽河道”25条。新建沿河生态健康廊道8条、9千米，累计建成60条、109千米。完善层级众包制及桶长点长制，新创省级生活垃圾分类示范小区17个、市级107个，创建工作在全市领先，提前并超额完成市级民生福祉工作任务民生实事目标。全区所有生活小区实行生活垃圾“定时定点”投放，覆盖率100%。全区生活垃圾日均量700.19吨，比上年下降7.46%。建成易腐垃圾减量点7处，实现日均减量11.2吨。至年底，全区大气环境优良率89.8%，上升14.2%。细颗粒物（$PM_{2.5}$）浓度均值33.1微克/立方米，下降16.4%，“水十条”（全称《水污染防治行动计划》）6个断面中红旗河（入运河口）、瓦窑头河（上塘路桥）、西塘河（上园桥）水质为Ⅲ类，均变好一个类别；余杭塘河（勤丰桥）、运河（义桥）和上塘河（半山桥）断面均保持Ⅲ类。创建省级绿色学校1家。拱墅区生态环境满意度得分85.25分，13个区、县（市）中排名第8，比上年提升1.23分，提升值排名第三。拱墅区创建省级生态文明建设示范区。生态环境拱墅分局获得浙江省第二次全国污染源普查先进集体，是主城区中唯一获得此荣誉的城区。生态环境拱墅分局获得生态省建设突出贡献集体三等功、2013—2020年美丽杭州建设工作突出贡献集体。（王淑芝）

环境质量

【概况】2020年，全区细颗粒物（$PM_{2.5}$）平均浓度为33.1微克/立方米；环境空气质量指数（AQI）优良天数为327天。6个断面中红旗河（入运河口）、瓦窑头河（上塘路桥）、西塘河（上园桥）水质类别为Ⅲ类；余杭塘河（勤丰桥）、运河（义桥）和上塘河（半山桥）断面均保持Ⅲ类。

【大气环境质量】2020年，全区细颗粒物（$PM_{2.5}$）平均浓度比上年下降16.4%，下降率在13个区、县（市）中排名第4。环境空气质量指数（AQI）优良天数为327天（全年有效天数364天），其中优98天、良229天，优良率为89.8%，优良天数增加55天。

【水环境质量】2020年，全区61条河道水质稳定保持在V类及以上，平均水质为Ⅳ类，其中Ⅱ类2条、Ⅲ类11条、Ⅳ类29条、Ⅳ类以上河道占比54%，氨氮指标比上年下降12.5%，运河（拱墅段）出境断面水质达到Ⅲ类标准。6个断面中，红旗河（入运河口）、瓦窑头河（上塘路桥）、西塘河（上园桥）水质类别为Ⅲ类，与上年同期相比，均变好一个类别；余杭塘河（勤丰桥）、运河（义桥）和上塘河（半山桥）断面均保持Ⅲ类。（王淑芝）

“五水”共治

【概况】2020年，拱墅区有257名河长，其中区、街道、社区各级河长195名、民间河长62名，全年参加巡河近1万人次，巡河率基本保持100%；上报问题13124个，处置率100%。全区61条河道水质稳定保持在V类及以上，Ⅳ类以上河道占54%，氨氮指标比上年下降12.5%，总磷指标下降23%。新增污水管网2.87千米，建成雨水管网2.87千米，改造雨污分流管网24.29千米，清淤排水管网2322千米，均超额完成目标任务。完成红建河和瓦窑头河清淤，清淤量4.74万平方米；完成河道标识标牌更新工程，更替河道标识牌2200余块；城市河道划界24条，长度27.6千米。胜利河美食街提升工程完工并投用，改建380米景墙，打造300米天幕，打响拱墅“夜运河·月光经济”品牌。开启智慧治水新征程，利用“互联网+”技术，融合地下管网和河道智慧平台、“城市眼·云共治”平台、闸泵站远程操控平台、河道淤泥监测平台及红旗河片区水下三维（BIM）5个平台数据，打造集场景判别、实时监控、管理服务、应急保障、操作运用于一体的“多功能智慧河道管理平台”。

【“美丽河道”建设】2020年，区城管局完成杭钢河河道综保工程，完成8条9千米沿河生态廊道建设目标任务。注重培育特色亮点，重点打造新开河的法制文化和蒋家浜河的农耕文化为特色的生态廊道，新开河沿河绿道展现法制元素与法律文化，打造有文化特色和现实意义的河道景观段；蒋家河生态绿道展现河道沿岸康桥农耕文化的历史变革，介绍河道所在地区农业种植、商业、水运等的变迁，打造有文化特色和历史记忆的河道景观段。莫婆桥河、上塘河、神龙桥河等25条河道文化长廊及36处垂钓区155个钓位投入使用。红旗河片区获评省级“美丽河湖”，蒋家浜河、莫婆桥河、罗家斗河等11条河道获评市级“美丽河道”。

【智能生物链治水技术首次引进】2020年9月25日，拱墅区举行“专利运用，融创管理，拱墅区开拓智慧治水新时代”发布活动，重点介绍全省首次引进的中国科学院上海高等研究院认证专利的“智能生物链靶向治水”技术，通过构建生物群落、丰富水体环境、完善生态指标等方式，为红旗河片区5条河道量身打造水质提升方案，探索“政府少投入、企业

2020年9月25日，红旗河片区“智能生物链靶向治水”技术发布活动开展（区城管局 供稿）

有盈利、水质能提升、产业可发展、社会效益好”的生态治水新模式，助推“治水护水”向“活水经济”转变。全年，拱墅区以片区水质提升为目标，打好“技术革新”+“智慧管控”的组合拳，通过与中国科学院上海高等研究院、哈尔滨工业大学生命科学与技术学院、浙江大学环境与资源学院、浙江启尚清湖公司等团队合作，引进全新生物治水技术，结合多方位管养手段，探索抓好水环境、提振水经济的生态治水新模式。红旗河片区运用的“封闭半封闭型水域贝类生物链养殖治水技术”被评为浙江省科学技术成果技术。

【“污水零直排区”全域创建】2020年12月29日，拱墅区全域“污水零直排区”创建通过市级验收、复核，“污水零直排区”全域建设完成。2018—2020年，拱墅区落实建设、长效养护资金6.01亿元，全面完成全区10个街道所有生活小区、1个工业园区、2316家公建单位等零直排创建工作。累计改造雨水干管372千米、支管188千米、立管535千米、检查井47113座，改造污水干管364千米、支管237千米、立管459千米、检查井68621座，清淤排水管网5750千米。编制《杭州市“五水共治”污水零直排区雨污分流长效管养工作导则》（暂定名），在11月19日全市“污水零直排区”建设经验交流会上，拱墅区作为先进代表做经验交流。

【胜利河美食街提升改造】2020年，区城管局牵头实施胜利河沿线（胜利河美食街）水环境街景风貌共治项目，打好“拆、接、治、堵”截污组合拳，开展沿河违建拆除工作，实行入河排水口“身份证”管理，投资1700万元完成胜利河沿线“污水零直排区”建设。实施立面全域覆盖整治，改造沿河10个子区块600米景观绿化，投入1650万元打造350米景墙、300米“网红”天幕等特色景观。7月，推动举办拱墅区发展直播电商经济暨千岛湖啤酒节开幕式、“风秦上塘·七妙之夜”乐享生活节等夜经济系列活动，融入直播、电商、IP展、主题集市等元素，至年底，累计接待游客140万人次，客流量比上年增长52%，实现营业收入7198万元，增长11.56%。

【智慧治水“五平台”整合】2020年，拱墅区利用大数据+互联网技术，通过设立工作站，整合地下管网和河道智慧平台、“城市眼·云共治”平台、区闸泵站远程操控平台、区河道淤泥监测平台、红旗河片区水下三维（BIM）5个平台，对各河道排放口实施动态管理，对河道的河底淤泥情况进行定期、动态监测，及时发现河道范围内出现的设施损坏、环境卫生等问题，对突发性排污情况进行实时报警。“五平台”整合实现各平台互联互通及数据、信息的共享，有效提高平台利用效率，提升全区河道智慧化管理水平。

（徐燕祥）

“五废”共治

【概况】2020年，区城管局以“垃圾分类赛”为抓手，按照“设施标准到位、宣传动员到位、责任落实到位、志愿引导到位”原则，落实“减量控量”“分类质量”“制度保障”等工作，打造生活垃圾分类的拱墅样板，助推“美丽拱墅”建设。至年底，全区日均生活垃圾量700.19吨，比上年下降7.46%。全区所有生活小区实行“定时定点”投放，分类正确率提升至80%，平均分类率上升25%。10个街道完成易腐垃圾就地减量点建设并投入使用，实现日均减量11.2吨；规范运行6条玻璃回收专线、313个收运点，日清运量约10吨。51家连锁餐饮门店开展低价值物回收，日均约0.5吨。全区创建垃圾分类省级示范片区1个、省级高标准示范小区17个、市级示范小区107个。全区示范创建工作被新华社电讯、《浙江日报》、“学习强国”浙江学习平台、《杭州日报》等媒体报道。

【垃圾分类设施提升改造】2020年，拱墅区根据老旧小区占比大，其中有一半以上是20世纪80年代甚至更早的房子，存在小区分类设施未规划、公共空间有限、分类设施简陋和不健全等弊病的情况，多措并举推进分类设施提标。按照《拱墅区老旧小区、安置房小区环卫设施提升指导意见》，以文件形式统一老旧小区垃圾投放点、集中收置点(接驳、清洗点)、特殊垃圾临时堆放点、再生资源回收中心"三点一中心"的设置规范。全年全区89个老旧小区分类设施竣工并完成验收。该项工作纳入全区民生实事项目。

【再生资源回收体系建设】2020年7月，区城管局制订《拱墅区全域再生资源回收工作计划》，进一步完善再生资源回收体系建设，依托规范化管理体系，针对前端收运、中端分拣、末端处置不同特性及需求，"因材施教"，实现全域低价值再生资源回收清运处置"大闭环"。6月，全区开始推进低价值再生资源回收工作。低价值再生资源主要以泡沫、玻璃、塑料(含薄膜)等抛货为主的品类构成。至年底，全域范围内垃圾桶数量(含居民生活小区、机关企事业单位、餐饮门店及综合体、写字楼等)总体减少15%左右。4条玻璃回收专线313个收运点每月清运量约为240吨；6条餐饮店低价值回收专线串联51家连锁餐饮门店，日清运量约430千克；泡沫线每月回收量60吨，棉织物线每月回收量约30吨。康桥、和睦及小河街道生活小区低价值物回收专线总回收量约5吨/日。杭州银泰城、杭州绿地中央广场、杭州大悦城、远洋乐堤港购物中心、杭州运河上街购物中心再生资源回收点平稳运行。

【低价值再生资源清运专线建立】2020年，区城管局以辖区范围内星巴克、必胜客、肯德基、麦当劳4家连锁餐饮企业51家门店为试运行重点攻坚目标，开设餐饮店低价值再生资源清运专线，拱墅区生活垃圾"三化四分"工作领导小组办公室出具具体的分类要求并进行现场指导，打造4家"再生资源分类样板店"，由各企业负责参照样板店完成其他门店的初步分类工作。依托综合体物业，推广样板店成功案例，在综合体内部进行分类宣传、指导，建立综合体清运专线及商业街区清运专线。至年底，低价值再生资源清运专线覆盖全域7家综合体及胜利河、西塘河、湖墅南路商业街区200余家沿街商铺。

【有害垃圾回收专线建立】2020年，拱墅区为进一步规范有害垃圾前端分类和清运工作，提升有害垃圾精细化管理水平，结合"美丽杭州"创建暨"'迎亚运'城市环境大整治、城市面貌大提升"集中攻坚行动，开展有害垃圾固定清运、再细分工作，建立有害垃圾回收专线。辖区10个街道每个社区设立一个有害垃圾清运点。以社区为单位，清运日当天将每个小区的有害垃圾运送至社区的有害垃圾清运点，并细分电池电子类、废灯管类和日用品类，由专业清运单位上门清运，并以街道、园区为单位建立有害垃圾清运专管员工作群，进行动态管理，实现一整套有害垃圾"投放、回收、清运"处置链。

【渣土治理】2020年，全区3个水路中转码头即谢村码头、老谢村码头、路河码头渣土总消纳量2292.87万吨，日消纳量6.28万吨，消纳车次共65.7万车；泥浆总消纳量352.87万吨，日消纳量0.97万吨，消纳车次8.18万车。全年开展区级联合专项渣土整治120余次，立案查处违法违规行为283件，办理渣土准运证4736张，渣土处置证4396张。（徐燕祥）

蓝天保卫战

【概况】2020年，杭州市生态环境局（简称生态环境拱墅分局）拱墅分局牵头编制《拱墅区2020年大气污染防治实施计划》。通过智慧治气，构建立体全方位的监管网络，在杭州市重点道路（拱墅段）建设扬尘在线监测点位11个。2014年始，拱墅区全面开展蓝天保卫战行动，生态环境拱墅分局每年牵头制订《拱墅区大气污染防治年度实施计划》。2016年制定《拱墅区大气重污染应急预案》。2018开始，每年针对和睦点位空气质量保障制定强化管控方案。2020年，生态环境拱墅分局发挥拱墅区大气污染防治办公室的统筹协调作用，借力"第三方巡查+部门联动"的模式，强化行业整治，全力推进蓝天保卫战。

【智慧治气】2020年，生态环境拱墅分局编制《拱墅区2020年大气污染防治实施计划》，建立由各街道大气监测站、建筑工地、工业企业、餐饮行业和主要道路等构成的全时段、全过程、全覆盖在线监测网络，做到实时监测、预警预告、精准管控、立整立改。在杭州市重点道路（拱墅段）建设扬尘在线监测点位 11 个。采用“第三方巡查+部门联动”的模式，由第三方单位定期巡察发现问题，区大气办综合协调督查督办，属地街道和相关职能部门落实立整立改。

【行业专项整治】2020 年，生态环境拱墅分局强化有机废气防治。开展汽修行业挥发性有机物夏季环保专项整治，检查含喷漆作业的汽车 4S 店、综合修理厂 115 家次。关停涉气“散乱污”企业 5 家，完成工业用燃气锅炉低氮改造 4 台，完成涉气企业重污染天气应急减排信息审核 14 家，完成 ODS（消耗臭氧层物质）销售、使用企业的年度备案 6 家。查处涉气环境违法行为，立案查处油气回收设施超标的加油站 1 家。全年，检查在建工地、市政道路、拆房工地、汽修、印刷、干洗等排放源 1500 余次，会同区住建局、区城管局、规划资源拱墅分局，多次开展部门联合巡查，下发抄告函 13 件，均完成整改。立案查处违规码头 3 家，罚款 60 万元。对工地施工方开展非道路移动机械申报、上牌及检测工作，检测 180 台，督促整改未经申报或上牌的非道路移动机械。（王淑芝）

环境监督与管理

【概况】2020 年，生态环境拱墅分局统筹“战役情、促发展”，做好环境安全保障工作，助力企业复工复产。完成第二轮中央环保督察迎检，在区政府组建专班集中办公，办结信访件 55 件，立案查处企业 34 家。信访件 100% 结案。多部门联动对码头、汽修、加油站、印刷等行业进行检查。

【省级生态文明建设示范区创建】2020 年，生态环境拱墅分局编制《拱墅区生态文明建设示范区规划（2019—2025 年）》（简称《规划》），用一张“生态蓝图”引领拱墅区生态文明建设。10 月，拱墅区成功创建省级生态文明建设示范区。开展“十四五”环境保护规划和水生态环境规划编制工作，开展半山国家森林公园生物多样性保护现状调查及研究。

【第二轮中央环保督察迎检】2020 年，拱墅区开展第二轮中央环保督察迎检工作。生态环境拱墅分局牵头开展全面清查，做好前期准备工作。制定《拱墅区贯彻落实省生态环境保护督察反馈意见整改方案》，梳理中央环保督察交办信访件排查汇总表、中央环保督察交办信访件排查情况表、项目清单表、重点难点问题清单、省级生态环境保护督察清单化调度单，并整理督察意见整改典型案例，形成迎检第二轮中央生态环保督察自查报告，并逐一分解落实，限期整改化解。拱墅区分别于 8 月 18 日、9 月 2 日召开第二轮中央环保督察工作部署会，成立由区委书记和区长任组长的领导小组，设立综合、信访、宣传、督责、后勤 5 个专项工作组，抽调 18 名专班人员，组建现场指挥部，实行集中办公。督察交办信访件实行区领导领办制度，标星的重点件由区委书记和区长直接领办，普通信访件由各单位主要领导领办，区纪委全程督办。第二轮中央环保督察期间，全区接到信访主办件 55 件，比第一轮下降 25%。全年出动执法人员 357 人次，检查企业 165 家，责令整改 37 家，立案查处 34 家企业，罚款 17.91 万元。

【环境执法】2020 年，生态环境拱墅分局完成国家核辐射技术利用单位专项检查 120 家，辐射安全许可证发证 12 家，国家核辐射系统企业数据调查及信息填报 120 余家。环境安全大检查专项检查 12 家次，“双随机”抽查 40 家，完成跨部门“双随机”联合执法检查 5 次，参与市级“交叉执法”4 人次。完成 160 家挥发性有机废气（VOCs）企业、17 家加油站油气回收设施、62 家汽修行业危废专项执法检查。开展 21 家宠物医疗机构专项整治，申领辐射安全许可证 4 家，整改进行中 17 家。完成全区企业信息公开 40 家、企业信用等级评价 400 余家、排污申报 80 家、浙江省重点污染源企业在线监测方案制定及填报工作 2 家。全年受理信访件 814 件，比上年下降 16.4%，信访总量稳中有降。

【排污许可清理整顿】2020 年 2 月

2020 年 4 月 23 日，拱墅区七届人大常委会第三十一次会议听取和审议环境质量状况及环境保护目标完成情况
（生态环境拱墅分局 供稿）

中旬，生态环境拱墅分局启动固定污染源排污许可清理整顿和排污许可发证登记工作，至年底完成 33 个行业清理整顿工作，91 个行业发证登记工作。全区为排污单位核发排污许可证 42 家，发出排污限期整改通知书 1 份，发证、登记完成率均 100%。4 月，召开 2 次拱墅区排污许可登记管理企业培训会；5 月，召开加油站行业发证管理培训；6 月召开医疗行业发证管理培训；7 月，召开汽修行业发证管理培训。生态环境拱墅分局“日日清”“周周清”的工作模式得到市局肯定，在全市率先实现排污许可清理整顿阶段发证率、登记率“双 100%”，提前完成第二阶段的发证登记工作。

【土壤污染防治】2020 年，生态环境拱墅分局开展污染地块治理修复，继续落实《拱墅区土壤污染防治工作方案(2017—2020 年)》。对省控以上危险废物重点企业实现联网监控全覆盖，基本完成拱墅区一般工业固体废物调查工作。完成华丰造纸厂、运河新城单元地块和沈家桥安置房建设场地修复治理，启动原杭州钢铁厂半山基地、杭州煤气厂、杭州炼油厂地块的土壤污染治理工作。开发利用污染地块 1.64 万平方米，全区实现绿色供地。

【水污染防治】2020 年 5 月，生态环境拱墅分局制订《拱墅区 2020 年治污水暨水污染防治工作计划》和对街道、部门的考核细则。对贯彻“水十条”考核的重点河道加强数据监测，落实对街道和部门的考核和通报制度；加强与区治水办等部门的协作，对 6 个考核断面的河道采取进一步治理措施。落实河道断面水质自动监测建设工作，加强重点河道监测频次和巡查力度，做好水质实时动态研判，确保断面水质考核合格。开展上塘河（半山桥）、余杭塘河（勤丰桥）断面移位工作。

【生态环境治理体系和治理能力提升】2020 年，拱墅区健全区政府不定期研究生态环保工作制度。4 月，在习近平总书记到浙江考察调研后，区委、区政府在第一时间召开区生态环保大会，专题部署生态文明建设工作，辖区 29 个部门、街道主要负责人参会。4 月 23 日，区七届人大常委会第三十一次会议听取和审议区政府关于 2019 年度环境状况和环境目标完成情况的报告，10 个街道同步完成人大报告监督。10 月，组织召开全区生态环保工作意见征求会、基层调研会。建立健全工作制度和考核制度，落实生态目标责任制、评价考核办法，多次召开街道层面生态文明建设年度工作推进会，开展生态环境公众满意度调查，推动环境质量改善和满意度提升。（王淑芝）

环境宣传与教育

【概况】2020 年，生态环境拱墅分局围绕世界环境日“关爱自然，刻不容缓”主题和“美丽中国，我是行动者”口号，开展专题宣传活动。以建设多元治理、共建共享的“大环保”共同体为目标，发动全区街道、社区及各街道人大工委、团工委、志愿者、学校等多方参与，做到环保“五进”（进部门、进街道、进社区、进企业、进学校）。全年印发宣传折页、海报、图册共 10 万余份。政务信息先后被生态环境保护部录用 7 篇，被省生态环境厅政务网录用 47 篇。外宣信息被中央电视台、《人民日报》等媒体录用 7 篇，被《浙江日报》、浙江电视台等媒体网站录用 22 篇，在《杭州日报》等媒体平台发布 17 篇，被“杭州生态环境”微信公众号录用 9 篇。

【环保宣传活动】2020 年，拱墅区围绕“六・五”世界环境日、浙江生态日、“8・15”两山理念纪念 15 周年等重要时间节点推出宣传平台，开展活动 51 场。其中，“拱墅‘六・五’世界环境日宣传系列活动”10 场，“人大监督守护碧水蓝天”活动 10 场，“纪念两山理念 15 周年：环保全民总动员・共护绿水青山”活动 31 场。在“环保启蒙・绿色播种”行动中，对全区的 34 所小学、23 所中学的 5.7 万名学生开展环境保护宣传教育。杭州市紫荆幼儿园（吉如园区）完成省级绿色学校创建。

【生态环保文艺演出】2020 年，拱墅区举办由市生态环境局、市文化广电旅游局、浙江传化艺术团发起的“环保文艺演出进乡村进社区”文艺演出。活动由生态环境拱墅分局主办，湖墅街道承办。在演出现场发放宣传资料、环保宣传小礼品 3000 余份，并通过摆放环保宣传易拉宝、现场环保知识交流等方式，与民众面对面交流互动。

【两街道环保节目入选“美丽杭州”专栏】2020 年，市生态环境局在杭州一套《新闻 60 分》节目推出《美丽杭州》专栏系列报道，拱墅区湖墅街道的《从源头控制，实现垃圾减量》、康桥街道的《开辟专用车道，做好扬尘防控》节目入选，在《美丽杭州》专栏分两期推送。

【亲子环保宣传】2020 年，拱墅区为提升家庭整体环保意识，组织开展“小手拉大手”的环保亲子活动，达到“教育一个孩子，带动一个家庭，引领一个社会”的宣传效果。全区组织“亲子环保”志愿者活动 10 余场，内容包括拱宸桥街道“环保云课堂”、湖墅街道“小学小河长”、康桥街道“垃圾分类小游戏”、米市巷街道锦绣社区“垃圾分类的趣味少儿编程课”等。8 月，拱宸桥街道衢州路社区组织辖区青少年儿童在连通港河开展“投放鱼苗，争做护水小河长”的主题活动，让小朋友一起投放鱼苗。（王淑芝）

科学技术 26

综　述

2020年，区科技局统筹推进疫情防控和科技创新工作，为高质量打造“重要窗口”的拱墅样本提供科技支撑。全年，拱墅区全社会研究与试验发展经费（简称R&D经费）投入7.12亿元，全社会R&D经费投入占地区生产总值比重为1.08%，其中企业R&D经费投入5.63亿元，企业R&D经费投入占主营业务收入比重为2.05%，占比位居杭州市第三。全区高新技术产业增加值69.88亿元，占规模以上工业增加值的81%。区本级财政科技支出4.21亿元，比上年增长40.30%；科技支出占地方财政经常性支出的比重达6.95%，提高1.07个百分点。重大科技项目财政资金配套到位率100%，科技专项转拨完成率100%。严格落实科技企业研发费用税收优惠政策，全年企业研发费加计扣除额18.13亿元，增长40%；高新技术企业所得税减免额3亿元，增长7.74%。新培育国家高新技术企业99家、浙江省科技型中小企业163家、杭州市“雏鹰企业”45家、“旭日2.0企业”35家、省重点农业企业研究院1家、省级研发中心9家、市级研发中心12家。浙江华电器材检测研究所入选省领军型创新团队，并获浙江省科学技术进步奖三等奖。　（朱亮银）

科技创新与扶持

【概况】2020年，区科技局对省、市、区有关科技创新政策进行认真梳理，整理编印《拱墅区科技创新政策精编》，主要内容是针对科技创新资质类、科技创新人才类、科技创新项目类、科技创新其他类四大板块政策的申报条件、支持政策、政策依据进行选取和汇编。选取的文件有《浙江省科学技术奖励办法实施细则（修订）》《杭州市科技成果转化资金管理办法》《杭州市“雏鹰计划”企业培育工程实施意见》《关于进一步强化科技创新提升产业质量的若干政策（试行）》等。

全年，拱墅区兑现研发投入补助等各类科技创新扶持奖励资金7186.66万元，其中兑现区级资金3873.1万元。

【“旭日计划2.0”认定奖励】2020年12月8日，由区政府主办，区科技局、区工业科技园区管委会承办、杭州酷博信息科技有限公司协办的“旭日引航·运河之星”2020年拱墅区科技型企业创新创业大赛总决赛在中国（杭州）智慧信息产业园举行。根据《拱墅区快速成长科技型企业（旭日计划2.0）认定和管理办法》，在全区范围内征集2020年“旭日计划2.0”企业。经过街道、园区推荐，有83家企业申报，经合规性审查、专家评审及总决赛路演，最终评选出35家企业列入“旭日计划2.0”企业。其中，第一梯队5家、第二梯队11家、第三梯队19家，发文兑现奖励资金205万元。

【企业研发投入奖励】2020年，区科技局根据《关于兑现2018年度拱墅区研发投入补助经费的通知》，发文兑现杭州中美华东制药有限公司、杭州火小二科技有限公司、汉嘉设计集团股份有限公司等10家企业2018年度拱墅区研发投入补助1000万元。根据

2020 年 12 月 8 日，"旭日引航·运河之星"拱墅区科技型企业创新创业大赛总决赛在中国（杭州）智慧信息产业园举行
（区科技局 供稿）

《关于兑现 2019 年第一批中小微企业研发费用投入补助配套资金的通知》，发文兑现沸蓝建设咨询有限公司、杭州凤侠网络科技有限公司、浙江联泰信息系统有限公司等企业 2019 年第一批中小微企业研发费用投入配套补助 627.6 万元。

【高新技术企业认定奖励】2020 年，区科技局根据《关于兑现拱墅区 2019 年申报国家重点扶持领域高新技术企业补助资金的通知》，兑现杭州腾昊科技有限公司、杭州齐圣科技有限公司、浙江科晓通信技术有限公司等企业 2019 年申报国家重点扶持领域高新技术企业补助资金 470 万元。根据《关于兑现拱墅区 2019 年新认定国家重点扶持领域高新技术企业奖励资金的通知》，兑现杭州金星铜世界装饰材料有限公司等企业 2019 年新认定国家重点扶持领域高新技术企业奖励资金 1200 万元。

【企业研发中心认定奖励】2020 年，区科技局根据《关于兑现拱墅区 2019 年企业研发机构认定资助经费的通知》，兑现杭州美创科技有限公司、杭州融都科技股份有限公司、杭州掌盟软件股份有限公司等企业 2019 年企业研发机构认定奖励 570 万元。

【孵化载体扶持】2020 年，区科技局鼓励科技企业孵化器、众创空间等孵化载体平台做大做强。全年兑现国、省、市级科技企业孵化器、众创空间认定补助 210 万元。对上一年度区级以上众创空间房租、宽带费用补助以及品牌活动项目进行审计，协同区财政做好项目费用补助审核、发文等相关事项，兑现房租、宽带补助资金 208.44 万元，补助创新创业品牌活动资金 56.35 万元，为孵化载体平台开展创新创业活动提供资金支持。（朱亮银）

科技服务

【概况】2020 年，区科技局践行服

务为本理念，多措并举优化营商环境，创新推出外国专家业务“一窗办理”服务。成立杭州市首个外国专家来华工作许可证区级制证窗口，打造外国专家“家园一站式”畅通服务，全年办理外国人来华工作许可业务597件。外籍专家安东入选市“钱江友谊使者”。科技品牌服务活动进一步深化，科创微课堂、政策直通车、全员跑企业等“店小二”品牌服务活动深入开展。全年组织线上线下政策直通车、科创微课堂共8期，发放《2020拱墅区科技创新政策精编》600本。选派12名党员干部作为企业服务专员，为42家企业提供复工复产“一对一”精准指导，解决困难80余个。

【重大项目立项】2020年，浙江托普云农科技股份有限公司的《智慧植保关键技术与装备》项目、中国科学院计算技术研究所数字经济产业研究院的《面向智联网的6G通信基带芯片关键技术》项目获浙江省重点研发计划项目立项。

【双创载体建设】2020年，拱墅区推进“大众创业、万众创新”（简称双创）工作，着力培育区域内众创空间、孵化器等特色载体建设，北部软件园众创空间和聚翼空间分别备案国家级、省级众创空间，汽车互联网产业园通过省级产业创新服务综合体绩效评价，杭开科创园被认定为市级科技企业孵化器，中芯国际·芯空间项目孵化器落地。开展双创平台走访活动，助推区科技企业孵化器众创空间资源登陆“拱墅区招商在线”，推广线上组团招商，区级以上孵化器、众创空间新引进企业（团队）212个。

【公益孵化体系打造】2020年，区科技局探索“全域协同—垂直孵化—精准扶持—统筹协调”的全区协同垂直孵化体系，鼓励科创孵化平台留企引企，免费为初创型企业提供4000平方米办公场所，对进驻的7家企业提供技术服务、咨询服务、投资融资、资源对接等服务，聘请国家级专职驻点创业导师，免费提供创业辅导。搭建“运河科创大学知识星球”创业交流平台，举办线上线下活动18场，成为企业获取更多资源的渠道。

【外专业务“一窗办理”】2020年，区科技局联合区委人才办、区公安分局，启动外国人来华工作许可证、外国人工作居留许可（两证）流程办理梳理、再造，成立全市首个外国专家来华工作许可证区级制证窗口；在外创园设立外国专家服务站点，实行外国专家工作、居留许可“一窗办理”，进一步为涉外企业和外国专家办事“减环节、减时间、减材料、减跑动”。（朱亮银）

科技合作与交流

【概况】2020年，区科技局加强与中国美术学院、浙大城市学院、浙江省创意设计协会等高校和协会的战略合作，促进创意设计人才资源的引进、培育和使用。10月，联合中国科学院计算技术研究所、杭州市科技局，共同举办以“智变与突破——数字经济芯时代”为主题的人工智能与数字经济高峰论坛，邀请专家解读数字经济最新进展的可靠资讯，为把握数字经济的发展态势、做好数字经济的未来规划提供有力支持。12月，与浙江省创意设计协会联合举办浙江省文化创意与设计产业年度发展论坛，助力拱墅创意设计产业中心打通创意设计产业链运作渠道，增强招商引资水平。

【区校合作全面启动】2020年，区政府与浙大城市学院签订战略合作协议，成立浙江省政府产业基金服务基地，加速推进科研成果转化落地和优秀人才创新创业。强化校企合作，牵头摸排企业科技类需求47项，与学校进行产学研对接，杭州罗莱迪思科技股份有限公司与浙大城市学院信电学院签署框架合作协议。联合举办“运河科创大学”活动，全年举办科创政策解读、产学研合作等讲座11场。

【产学研合作】2020年，区科技局开展科技项目“揭榜挂帅”活动。整合优化科技资源配置，摸排、细化企业技术难题和合作需求，征集攻坚项目47个，总标的额突破5000万元，其中沸蓝咨询有限公司入选国际人才大会项目路演，揭榜金额达800万元。拱墅区成果转化总指数位列全省第一梯队（全省共17家），其中转化绩效分指数位列全省第7。推广科技创新券使用，鼓励企业购买科技服务和创新资源，2020年度兑现创新券53.16万元。

（朱亮银）

科研机构

【概况】2020年，区科技局继续实施科研机构分级培育机制，加大政策引导，加大财政扶持力度。对新认定的省级企业研究院给予一次性补助20万元；新认定的省级、市级企业研发中心分别给予一次性补助50万元、30万元。新认定的省级重点企业研究院，按省财政补助资金额，给予同比例配套。发挥高校科研院所和科技中介机构的作用，引导创新成果、科技人才等创新要素向企业聚集，做到研发中心发展有方向。全年发文兑现570万元补助资金。

【企业研发机构建设】2020年，拱墅区强化企业研发机构建设。全年新增省级重点农业企业研究院1家、省级企业研发中心9家、市级企业研发中心12家。全区累计组建市级以上研发中心71家，其中省级重点（农业）企业研究院3家，省级企业研究院7家，省级企业研发中心37家。

【省级重点农业企业研究院】2020年，拱墅区新认定省级重点农业企业研究院1家——浙江托普云农科技股份有限公司。该研究院通过融合人工智能、物联网、大数据、区块链等数字技术，打造“智能装备+软件平台+数据服务”为一体的数字农业综合解决方案，致力于探索未来农业发展之路，为国内领先的数字农业综合性研究机构。研究院聚焦智能感知、图像识别、算法模型、墒情检测、墒情分析、智能孢子测报、IOT平台大规模并发技术、矢量地图、组态化开发等技术领域，解决一批行业内共性核心关键问题，尤其在植保测报细分领域填补农业科技领域的空白，引领智慧农业的发展方向，助力落实粮食安全国家战略，为农业数字化转型提供了多重助力。（朱亮银）

科技人才

【概况】2020年，区科技局强化党管人才工作机制，在疫情防控期间，成立全市首个外国专家来华工作许可证区级制证窗口，助力提升国际化营商环境。揭牌成立中科院计算所数字经济研究院等高能级平台，引进包括院士李国杰在内的研发人员60余人。举办以“智变与突变——数字经济芯时代”为主题的人工智能与数字经济高峰论坛。协助杭州云童智能科技有限公司成功申报市新型冠状病毒肺炎防控应急科研项目立项。推荐浙江华电器材检测研究所入选省领军型创新团队，并获浙江省科学技术进步奖三等奖。

【外国专家服务】2020年，针对外籍高端人才引进、外国人来华工作许可证办理等相关事项，区科技局协调外专中介服务机构、外籍员工用人单位等，打造外国专家“家园一站式”畅通服务模式，全年办理外国人来华工作许可业务597件。

【科技人才项目申报】2020年，区科技局立足科技人才和平台计划项目申报，支持创新人才和优秀团队扎根拱墅，申报市引进人才计划项目9个，比上年增长30%。实施科技项目“揭榜挂帅”办法，征集项目47个，总标的额突破5000万元，其中沸蓝建设咨询有限公司入选杭州国际人才大会项目路演，揭榜金额达800万元。（朱亮银）

教育 27

综 述

【百姓家门口好学校建设】2020年，区教育局在“打造主城区最好教育，让每一个小区都成为居民心目中的学区房，让每一所学校成为大城北的标志性建筑”三大目标的指引下，在坚决打好新冠肺炎疫情防控攻坚战的同时，推进区域基础教育高位均衡发展，为高质量打造“重要窗口”的拱墅样本贡献力量。拱墅区党组织领导下的校长负责制试点工作经验在《中国教育报》6月24日头版专版登载，题为《红色引擎为教育高质量发展赋能》，并在《人民教育》第13—14期刊载，题为《“党组织领导下的校长负责制”新探索》。区教育局策划制作的“复学第一课”视频《逆风成长》入选教育部典型案例并呈送副总理孙春兰阅示。拱墅区中学团校改革被列为共青团基层组织改革市级专项试点。9月，拱墅区探索校园周边交通安全管理长效机制，破解早晚高峰校园周边交通堵点难点的做法得到副市长陈国妹批示肯定。

【教育竣工投入使用项目9个】2020年，拱墅教育竣工投入使用项目9个，总投资约15.9亿元。项目分别为祥符东单元地块9班幼儿园（星澜幼儿园）、运河新城（拱墅区范围）地块12班幼儿园（新城实验第二幼儿园）、庆隆单元地块15班幼儿园（隐秀幼儿园）、庆隆单元地块12班幼儿园（童星幼儿园申悦园区）、庆隆单元地块幼儿园（登云幼儿园）、金地大运河府配套幼儿园（红缨幼儿园童玩家园区）、庆隆小河单元地块45班九年一贯制学校（文晖实验学校）、运河新城（拱墅区范围）地块30班小学（育才大城北学校）、祥符单元九年一贯制学校（永正实验学校）。

【校外培训机构综合治理】2020年，区教育局持续巩固校外培训机构治理成果，促进校外培训机构安全、规范、有序发展。联合区卫健局、区市场监管局、属地街道开展校外培训机构复课核查工作，落实校外培训机构疫情防控和有

杭州师范大学文晖实验学校 （区教育局 供稿）

序复工复课，确保平稳过渡，逐步恢复正常培训秩序。通过系统调研，落实惠企政策。全年为拱墅区校外培训机构承租市属及以下国有经营用房减免租金 80.81 万元，发放居家看护补助 301.95 万元，政策惠及企业 2743 家，享受带薪居家看护家庭 6039 户。审批设立校外培训机构 22 家、分支机构 6 家。（沈星凯）

学前教育

【概况】2020 年，拱墅区有幼儿园 75 所（96 个园区），其中公办园 43 所（64 个园区）、部门办园 3 所、民办园 29 所；学前教育班级 817 个，比上年增加 64 个；在园幼儿 23082 人，公办幼儿园人数占 74.3%，3~5 周岁幼儿入园率 99.9%；幼儿园教职工总数 3442 人，其中园长和专任教师 1907 人。园长和专任教师学历达标率 100%，大专以上学历占 99.2%。创建全国学前教育普及普惠区，通过省级督导评估。

【优质学前教育覆盖率提升】2020 年 6 月，全区桃源第二幼儿园、虎山幼儿园夏意园区、拱宸桥幼儿园、蓝宸幼儿园、舟山路幼儿园星星园区、小花朵幼儿园、智多星幼儿园、海贝艺欣幼儿园、北城幼儿园、贝尔树幼儿园、唯诗礼幼儿园、凯地幼儿园 12 所幼儿园被认定为省二级幼儿园。11 月，京杭幼儿园、虎山幼儿园、申花实验幼儿园被认定为省一级幼儿园。12 月，文华幼儿园、蓓蕾幼儿园小河园区、红缨幼儿园西岸园区被认定为浙江省现代化幼儿园。至年底，拱墅区有省一级幼儿园园区 28 个，省二级幼儿园园区 60 个。全区省等级幼儿园在园幼儿覆盖率 100%，省一级、省二级幼儿园在园幼儿覆盖率（优质学前教育覆盖率）94.2%。

【6 所公建配套幼儿园投入使用】2020 年秋季，拱墅区新投入使用公建配套幼儿园 6 所，分别是运河新城地块 12 班幼儿园（新城实验第二幼儿园）、庆隆单元地块 15 班幼儿园（隐秀幼儿园）、祥符东单元地块 9 班幼儿园（星澜幼儿园）、庆隆单元地块幼儿园（登云幼儿园）、金地大运河府配套幼儿园（红缨幼儿园童玩家园区）、庆隆单元地块 12 班幼儿园（童星幼儿园申悦园区）。（沈星凯）

义务教育

【概况】2020 年，拱墅区有小学 30 所，在校学生 39340 人；初中（不含九年一贯制）15 所，九年一贯制教育 6 所，在校学生 14980 人；特殊教育学校 1 所，在校学生 100 人。

【社会主义核心价值观教育】2020 年，拱墅区继续开展党的知识进课堂教育活动，组织教师团队制定“党的知识”线上教学计划指南，开展党的知识进课堂线上教学活动，指导全区中小学生开展责任担当与红色精神教育，致敬英雄榜样，传递战疫正能量。开展党的知识进课堂赛课活动，组织各中小学和幼儿园围绕“党的建设”“永远跟党走”“我身边的共产党员”3 个主题，进行第三轮“党的知识进课堂”教学活动和优质课评比活动。区教育局结合《“运河情·家国爱”新时代运河好少年培育行动计划》，制订拱墅区新时代“五育”并举新评价体系，即以理想信念教育、社会主义核心价值观教育、中国优秀传统文化教育、生态文明教育、心理健康教育为主要内容，以“修身、齐家、爱国、知天下”为主线，以培育正直善良、身心健康、敢于担当、学有所长、全球视野的新时代运河好少年为目标的区域德育新体系。

【公办初中提质强校计划实施】2020 年，拱墅区研究出台《拱墅区公办初中提质强校实施方案》，加大公办初中与高校、科研院所的合作办学力度，深化华东师范大学等高校领办初中的办学成果；拱墅区有大关中学等 5 所公办初中入选杭州市首批“公办初中提质强效试点校”。实施公办小学强基计划。建立初中对口直升相关工作机制、制度，削减随迁子女学校比重，启动随迁子女专门学校重组计划，重点加大对薄弱学校的教育投入，提升薄弱学校整体建设水平，提高学校教育教学水平。

【第十届“运河公民节”系列活动】2020 年 7 月 2 日，“平安健康，筑梦未来”拱墅区第十届运河公民节启动仪式在杭州市卖鱼桥小学文汇校区举行。区领导、各中小学老师出席活动。运河小公民通过网络观看活动。启动仪式上，推出团区委与区教育局共同打造的10所学校的“运河平安示范点”。“运河平安示范点”以心理健康教育为切入点，参与全区“运河平安管家”工作。12月19日，拱墅区第十届“运河公民节”闭幕式暨第一届“运河情·家国爱”主旨论坛在杭州第十四中学附属学校举行。会议通过观看视频，回顾运河公民节的10年历史，并表彰拱墅区第十届“运河公民节”明星小公民和“优秀组织奖”获奖学校。主旨论坛围绕“我为中医药申遗代言”展开，拱墅区3所学校的学生代表发表专题实践探究汇报，分别为行知中学申遗小分队通过手绘年代尺的方式梳理的中医药沿革史、华师大附属杭州学校的中医药申遗探究小分队的“中医药防治青少年近视有良方”探究汇报、杭十四中附校探究小分队的“萌本草”产品发布会。

【体育卫生心理健康教育开展】2020年，区教育局继续开展“健康两室”的规范化建设。至年底，大关小学完成健康促进金牌学校的复评工作，育才京杭小学完成银奖学校的创建工作。行知中学、大关实验中学、星澜小学等5所学校完成铜奖学校的申报。全区学校推进学生心理健康教育工作，重视学生心理危机干预工作，排查心理高危学生并将干预方案上报省、市中心，组织近400教师参加心理健康C证的培训。

2020年10月31日至11月1日，拱墅区第三十届中小学学生运动会在文澜中学田径场举行 （区教育局 供稿）

【智慧课堂更新迭代】2020年，区教育局推进“智慧课堂”项目二期，在原有基础上实现区域学科整体推进，实现4所中小学和拱墅区教育研究院的驻点服务。二期项目覆盖全区所有学前和义务教育阶段的学科。 （沈星凯）

高中教育

【概况】2020年，拱墅区有普通高中3所，分别为杭州市长征中学、杭州育新高级中学、杭州上海世界外国语中学，在校学生1961人，教师数185人。有中等职业学校1所，为拱墅职业高级中学，在校学生882人，教师数95人。全区高中在校学生（含职高）2843人。

【特色高中教育发展】2020年，长征中学在成为沈阳音乐学院、天津音乐学院、星海音乐学院的生源基地后，音乐特色教育教学走在全市前列，入选“杭州市艺术特色学校”，为全市区属高中唯一一所。2020—2021届音乐班学生参加高考取得好成绩，重点音乐院校考取率89.4%，录取率59.6%。

【职业教育改革】2020年，拱墅区职业高级中学在校地合作、校企合作、教师队伍建设、人才培养方案和课程体系改革等方面进行探索。2月，被省政府授予集体一等功，教师石丹和吉正龙获个人一等功，石丹获评24届“中国青年五四奖章”。华君武美术馆及华君武漫画艺术研究院项目落户拱墅，并纳入学校新址统一规划建设。该项目于12月动工开建。 （沈星凯）

特殊教育

【概况】2020年，拱墅区持证残

疾学生通过分级分类安置，在学前段、义务教育段和职高段三个学段入学率达95%、100%和95%。拱墅辖区有1所特殊教育学校——湖墅学校，班级14个，其中1个为人民小学卫星班；专任教师45人；在校生156人，其中卫星班4人、送教上门学生6人。拱墅区发挥特殊教育中心指导职能，提升随班就读服务水平，11月，在文澜实验学校承办市教研室随班就读研讨会，探索融合教育工作机制，推出“随班就读拱墅样板”，并进一步推进人民小学卫星班与资源教室工作的合作，探索特殊教育学校和普通学校合作新模式。

【塑梦坊职业教育校外实训基地创建】2020年5月12日，湖墅学校塑梦坊职业教育校外实训基地举办揭牌仪式。塑梦坊职业教育校外实训基地位于拱墅区健康大厦一楼。该基地的创建，进一步完善拱墅区康复、教育、就业一体化的特殊教育模式。

【个别化教育推进】2020年，湖墅学校深入推进个别化教育，参与浙江省个别化教育网络平台建设。湖墅学校被评为浙江省网络平台建设先进学校，为浙江省培智学校个别化教育的发展提供湖墅方案。

【合格资源教室创建】2020年，拱墅区首次开展区合格资源教室创建工作，童星幼儿园、明德小学、拱宸中学3所学校完成创建。全年华师大附校、花园幼儿园、宸星幼儿园、拱墅职业高级中学和育才京杭小学5所学校完成杭州市合格资源教室创建工作，大关中学完成杭州市示范资源教室创建工作，实现全区所有街道、所有学段和个案在5个以上的学校全覆盖。

【资源教师培育】2020年11月，文澜实验学校、卖鱼桥小学等学校的6位资源教师参加首届省、市资源教师基本功大赛，获得省二等奖2个、市一等奖1个、市二等奖2个和市三等奖3个的成绩。

（沈星凯）

成人教育

【概况】2020年，拱宸桥街道社区学校通过浙江省现代化社区学校认定，小河街道获杭州市“示范性街道30分钟市民学习圈”称号。“柔之艺太极文化多维传承”获浙江省终身学习品牌称号，“没有围墙的武术馆”获杭州市终身学习品牌称号。半山街道“桃源舞蹈队”等5个社团被评为杭州市示范性学习型社团（学习共同体）。全年全区培训347289人次。

【全民终身学习活动周】2020年11月6日，拱墅区“全民终身学习活动周”启动，宣传和展示成人继续教育发展所取得的成果。启动仪式在运河财富小镇举行，200余名来自各街道、社区教育工作者及市民、社团等先进代表参加开幕式。学习周期间，各街道社区学校围绕“乐学 享学 智学”主题，通过“互联网+社区教育”的模式，在辖区内开展各类科普宣传讲座、文艺活动、读书分享等活动。辖区内图书馆、科技馆、文化馆、博物馆和体育场馆等公共场馆、中小学校开展“学习开放日”“主题活动日”“专题讲座”等活动，以文化艺术或学习体验等活动，创设良好的宣传氛围。学习周期间近8万市民参与相关活动。

【社区教育进文化家园活动】2020年，拱墅区社区学院及各街道、社区、学校创精品、树典型，推进社区教育进文化家园活动。董家新村市民学校、祥符街道社区学校、上塘街道社区学校获评杭州市社区教育进文化礼堂（家园）活动优秀组织单位。社区学院“杭州故事”微课、和睦街道隔代亲子教育课程、拱宸桥街道“梦工坊”青少年公益课程、祥符街道蓝孔雀文化家园葫芦丝培训课程获评杭州市社区教育进文化礼堂（家园）活动特色课程。祥符街道“文化粮仓”获评杭州市社区教育进文化礼堂（家园）活动学习品牌。

【老年教育】2020年，浙江老年开放大学拱墅学院为满足老年人学习需求，在原6个专业、9个教学班基础上，增设2个专业、4个教学班。全年全区完成新增老年学位4327个（32学时计一个学位），为老年人提供更多的学

2020 年 4 月 21 日，大关小学教育集团开启复学第一课，老师为孩子们讲解卫生知识（区教育局 供稿）

习机会。

【社区教育课题研究加强】2020 年，区教育局继续面向 10 个社区学校开展社区教育实验项目的申报与评审工作，开展浙江省社区教育实验项目《打造传统社区"历史 +"文化阵地集群的实验项目》研究工作。课题《以学习型社团构建共学养老社区的实践》《传承"巩式通臂拳"文化推进全民健身的实践》《"文萃西韵"老年教育品牌创建》获浙江省社区教育与老年教育案例三等奖。浙江省教育规划课题"社区教育推进社区治理的实践功能研究"结题。

（沈星凯）

教师队伍建设与管理

【概况】2020 年，全区教育系统在职在编教职工 4951 人，其中普通高中 100 人、职业高中 101 人、初中 1335 人、小学 2403 人、幼儿园 893 人、特殊教育学校 46 人、直属事业单位 73 人。全区普通高中专任教师 96 人，职业高中专任教师 95 人，初中专任教师 1297 人，小学专任教师 2385 人，幼儿园专任教师 892 人，特殊教育专任教师 46 人。

【教师队伍充实】2020 年，区教育局组织公开招聘教师 5 次，9 月份完成 562 名新招聘教师的入编工作。其中，音乐、体育、美术、科学、英语、信息技术教师 191 名，占 34%，实现综合学科专职教师配备能满足学校教学工作的需要。拱墅区公办学校每百名学生拥有体育、艺术（含美术、音乐）专任教师数分别是小学 1.29 人、初中 1.33 人，均高于省优质均衡发展评估 0.9 人以上要求。

【教师队伍建设】2020 年，区教育局围绕班主任、学科教师、教育干部，架构"新锐班主任—优秀班主任—名班主任—功勋班主任""新苗—新秀—绿荫—丹桂""教坛新秀—学科带头人—运河名师—特级教师—领军教师""后备干部—中青干部—运河名校长—特级校长—功勋校长"三类 N 层梯级教师培养体系。依托省内外、境内外培训基地和名师力量，架构以"共建、共享、高效、未来"为特征的"基础教育集团、'新好学校'发展群、学前教育'1+N'"集群培养模式。

【教师校长交流工作推进】2020 年，区教育局先后与贵州黔东南苗族侗族自治州黄平县、湖北恩施土家族苗族自治州来凤县等多地签订 2020 年智力扶贫工作协议书。拱墅区派出 39 位优秀教师赴湖北来凤县、贵州黄平县、青海德令哈市、新疆阿克苏市、浙江桐庐县、浙江常山县等地因地制宜开展支教帮扶活动。另有 3 名教师赴迪拜支援迪拜中文学校的教学工作。

【优秀教师评比活动】2020 年，拱墅区 2 人获评浙江省"春蚕奖"、23 人获评杭州市优秀教师（优秀教育工作者）、3 人获评杭州市优秀校长、6 人获评杭州市优秀班主任，10 人获评拱墅区十佳教师，10 人获评拱墅区"春蚕奖"，10 人获评拱墅区十佳班主任，20 人获评拱墅区师德楷模，12 人获评拱墅区功勋班主任，275 人获评拱墅区优秀教师（优秀教育工作者）。

（沈星凯）

文化 28

综述

2020年，拱墅区认真抓好文化项目建设，区文化规划馆、民俗迹忆馆对外开放，浙江紫檀博物馆签约落地，运河大剧院和运河亚运公园建设加快推进，上塘古运河风景区项目加快建设。

区文广旅体局聚焦文艺作品创作，创作舞蹈《捻河泥》《花朝》，歌曲《寻味运河》《运河十碗头》。新认定区级非物质文化遗产（简称“非遗”）保护基地42家。助力文旅市场复产复苏，开展文化和自然遗产日系列活动、“寻味运河”线上直播促消费等，评选出“诗画浙江·百县千碗”特色美食旗舰店、示范店、体验店12家，改版微信公众号“运河南”，发布“千年大运河，南望是拱墅”旅游宣传口号和四大主题16条旅游线路。大运河景区接待游客人次1056.9万人次，旅游营业收入17.8亿元。推进文化惠民工程，全年开展公益文化培训140课时，大运河戏曲驿站惠民演出100场，送演出下基层83场，文化走亲42场，送讲座和展览40场，送书4.8万册，开展各类文化服务505场，累计参与人数53万人次。

（杨于佳）

文化艺术

【概况】2020年，拱墅区文化馆创作《运河十碗头》《寻味运河·香》2首音乐作品，提升加工《捻河泥》《河埠头》等舞蹈作品，创作包括散文、童谣、诗歌、论文等多种形式的文学作品近30篇，创作戏曲作品《回家》，收集“麦秆画”“天下手工”折纸等作品参加民间美术作品展。开设线上春季公益培训、线下秋季公益培训13个门类、112个班次。

【舞蹈艺术】2020年，拱墅区文化馆提升加工大型舞蹈《捻河泥》《河埠头》《厉害了，我的国》《蝴蝶双飞》。8月，《厉害了，我的国》参加2020年长三角地区排舞邀请赛，获得“团体银奖”。《捻河泥》10月参加长三角地区舞林大会“首届江南舞蹈节”比赛，获最强王者奖，次月又获第十届“风雅颂民间舞蹈”大赛银奖。11月，《河埠头》参加“拥抱亚运·艺术先行”杭州市第三届女性艺术节，获优秀作品奖。12月，《蝴蝶双飞》参加“戴爱莲杯”人人跳全国群众舞蹈展演浙江选拔赛“风采之星”。

【音乐艺术】2020年，拱墅区文化馆业务干部创作《运河十碗头》《寻味运河·香》2首音乐作品。《运河十碗头》在“文化和自然遗产日”非遗促消费系列活动的启动仪式上首发。《寻味运河·香》联合KK直播平台及大运河文化旅游交流中心在6月23日首发，并于11月20日获浙江省第十九届音乐新作大赛入围作品奖。

【文学艺术】2020年，拱墅区在文学艺术创作上取得丰硕成果。在2020“小康生活·幸福在身边”杭州钱塘童歌童谣唱作大赛成人组中，半山街道创作的《画杭州》获一等奖，拱宸桥街道创作的《英雄谣》获二等奖，小河街道创作的《睡午觉》、区文化馆文学创作团队成员创作的《什么歌》《春天的小树林》获三等奖，半山街道创作的《叠手组》、区文化馆文学创作团队成员创作的《夏天到》获少儿组三等奖，区文化馆业务干部获优秀辅导奖，区文化馆获得最佳组织奖。在“我们靓，杭州靓”杭州市第十届新童谣大赛中，拱宸桥街道创作的《桥西谣》获二等奖，区文化馆文学创作团队成员创作的《画家人》获三等奖。在浙江省第十一届“中国梦·故乡情”乡村诗歌大赛中，半山街道创作的《乡村画卷》获一等奖，康桥街道创作的《康桥花海》获二等奖，拱宸桥街道创作的《踏莎行·乡村道中》获三等奖，区文化馆业务干部获优秀组织奖。在浙江省第十四届新故事作品征文大赛中，区文化馆文学创作团队成员创作的《帮个小忙》、拱宸桥街道创作报送的《山村》获二等奖，半山街道创作的《夜幕下的恐惧》获三等奖。在浙江省第二届微型故事作品征文大赛中，康桥街道创作的《阿汪》获三等奖。在第十一届杭州市网络故事大赛中，区文化馆文学创作团队成员创作的《帮个小忙》获一等奖。在浙江省农村文化礼堂建设成果展演中，拱墅区芝兰文学社创作的《我是一支瘦瘦的芦苇》获入围奖。在杭州市第二十七届群文论文比赛中，区文化馆业务干部创作的《区文化馆在新时代文明实践中心建设中的志愿服务》获一等奖，《漫谈浙地群文舞蹈特色及现状格局》论文获三等奖。在杭州市“探古村镇风情，寻新时代幸福”故事创作采风作品评奖中，康桥街道创作的《秋风放牧严州府》、拱宸桥街道创作的《宿建德江》获银奖。

【戏剧艺术】2020年，区文化馆启动“大运河戏曲驿站廊道”建设，完成大运河戏曲驿站（南戏楼、老开心茶馆、九剧场、大关百姓戏园、小河国际昆曲馆）的挂牌。戏曲廊道成员单位与省艺术职业学院、省音乐学院共建的“教学实践基地”挂牌。该基地创作的大运河文艺精品《荣华·越剧印象》、小品《回家》，参加2020“杭州有戏”戏剧大赛，获创作金奖、表演金奖。

【民间艺术】2020年9月30日至10月18日，由杭州市文广旅体局主办的“春风桃李”——杭州民间美术作品展在杭州市科技馆举行。拱墅区文化馆选送辖区民间艺术作品“麦秆画”“天下手工”团队的折纸作品参加。区文化馆获“优秀组织奖”。（黄晓冰）

群众文化和群众文化管理

【概况】2020年，区文化馆在做好新冠肺炎疫情防控的基础上，组织开展群众文化活动，丰富群众文化生活。全年区文化馆开展以“运河文化”为主题的10场跨区域文化走亲活动，举办两年一届的拱墅区“第二届运河童谣大赛”主题征文活动，开展“寻味运河”系列直播活动，组织面向大众的免费公益培训及面向辖区企退人员的孵化培训。全年组织开展近100场群众文化活动。

【运河文化走亲】2020年，区文化馆举办以“运河文化”为主题的跨区域文化走亲，赴常山、诸暨、余杭、岱山等地开展10余场走亲活动，内容包括文艺表演、民间艺术、书画摄影等。

【“第二届运河童谣大赛”主题征文活动】2020年1月17日至5月20日，拱墅区第二届运河童谣大赛主题征文活动举行，收到来自全国各地的应征作品300多件。经评审，29件优秀作品入围各个奖项。

【“寻味运河”系列直播活动】2020年6月23日至11月25日，拱墅区文化馆开展“运河南·香之旅”体验活动，线上和线下同步发布《寻味运河·香》歌曲MV。首发期间，线下约2000人参与14个体验点打卡，线上30余万人次参与活动。全年完成“寻味运河”系列直播推广活动16场，累计直播时长约38小时，70万人次观看。

【群众公益文化培训】2020年，受新冠肺炎疫情影响，区文化馆开展网络培训课程与线下课程相结合的公益培训活动。春季开展古琴、葫芦丝、陶笛、茶道、中国舞、美术、卡通漫画7门线上课程。秋季开展香道、摄影入门、乐理入门、成人语言口才等8门线下课程。

【精品文艺团队孵化】2020年，区文化馆与区人力社保局继续合作开展“十支精品文艺团队”孵化，聘请各门类专业老师，对拱墅区企业退休人员开展舞蹈、声

乐、书画等多个门类的培训辅导。全年开展培训 320 次，培训 6400 人次。（黄晓冰）

历史文化保护

【概况】2020 年，区住建局指导、监督各产权单位（管理单位）、使用单位做好历史建筑的修缮、保护及历史文化街区的活化利用、日常管理。全年分别于 1 月 19 日、4 月 30 日、5 月 11 日、9 月 29 日、12 月 28 日进行房屋安全大检查及每季度日常管理巡查，发现问题落实整改到位。完成对祥符茧行旧址、祥符桥粮仓、祥符直街 38 号、祥符直街 48 号、杭一棉有限公司离退休人员服务中心卫生所旧址、浙江杭州石油公司小河油库建筑群、杭丝联建筑 7 处历史建筑修缮项目的设计方案初审，并督促产权单位（管理单位）加快推进修缮。9 月 12 日，召开历史建筑保护单位（点）“智慧消防”建设工作专题部署会，对全区智慧消防工作进行布置，推进拱墅区历史建筑的“智慧消防”建设。

【全国重点文物保护单位大运河之祥符桥保护现场会召开】2020 年 4 月 20 日，区住建局为推进祥符老街建设，做好街区建设施工期间的文物保护，避免文物安全事故发生，牵头各单位，组织召开全国重点文物保护单位大运河之祥符桥保护现场会，明确建设单位严格按照国家、省、市三级文物部门意见施工，并在施工期间加强文物保护单位标志牌等的保护。

【文物安全工作】2020 年，区住建局督促文物保护单位（点）的各产权（管理、使用）单位加强文物安全隐患自查并落实整改的同时，对接区消防救援大队，分别于 4 月 29 日、9 月 26 日、12 月 29 日开展文物安全联合检查，发现安全隐患 3 处，均完成整改。

【“让文物活起来”系列文物宣传】2020 年，区住建局根据市园文局“让文物活起来”文物资源报送工作的要求，报送资源 404 条。全年完成大运河之通益公纱厂旧址、富义仓、拱宸桥、祥符桥，国家厂丝储备杭州仓库建筑 5 处不可移动文物和 1903 年官斛、民国朱金木雕花轿、清咸丰年间京杭运河漕运堪舆图、战国青铜削刀、浙江省姚大伦德计过塘行发票 5 处可移动文物的“十佳文物保护利用”推荐案例音频制作与案例汇编工作。

【全区文物保护单位（点）白蚁危害专项调查】2020 年，区住建局根据省文物局《关于组织开展全省文物保护单位白蚁危害专项调查的通知》要求，组织产权（使用、管理）单位开展文物保护单位白蚁危害情况自查，做好全区文物保护单位（点）白蚁危害专项调查工作。12 月，全区文物保护单位（点）白蚁危害情况初步调查工作全部完成并提交调查成果。（蔡　蝶）

非物质文化遗产保护

【概况】2020 年，区文广旅体局对区级以上（含区级）92 个非遗代表性项目和 55 位代表性传承人进行全面评估。拱墅区成功入选“省级文化传承生态保护区（创建）”名单；张小泉剪刀和天竺筷成功入选省级第二批优秀非遗旅游商品名单；完成“第一批杭州市传统工艺振兴目录”“能工巧匠”“2020 年拱墅区新时代美丽杭州建设特色创新示范成果资料”的申报；开展区级保护基地新一轮的申报与认定，新认定区级非遗保护基地 42 家。区文广旅体局承办“非遗贺新年”、半山立夏节、文化和自然遗产日、大运河非遗会商、少年非遗说、一河串百艺等活动；开展全国传统工艺工作站（杭州拱墅站）系列活动；启动小学非遗教育课程建设研究。

【“非遗贺新年”活动】2020 年 1 月，区文广旅体局主办、区非遗保护中心与全国传统工艺工作站拱墅站承办“非遗贺新年”一系列活动。内容包括祈福走运、传统服饰秀、国潮市集和曲艺快闪等。其中模特走秀现场所用的传统服饰有旗袍、汉服、畲绣 72 套；运河广场及运河边参与活动体验的市民达 1 万人次。活动得到省、市非遗中心的支持。

【第一批杭州市传统工艺振兴目录申报】2020 年 4 月，区非遗保护中心根据市文广旅游局、市经信局《关于推荐杭州市传统工艺振兴目录项目的通知》精神和要求，组织推荐7个项目申报第一批杭州市传统工艺振兴目录。经评审，“张小泉剪刀锻制技艺”“天竺筷制作技艺”“叠镶铜建筑技艺”“传统陶瓷柴烧技艺”“铜饰工艺”5个项目入选振兴目录项目。

【非遗项目和传承人评估】2020年4—11月，区文广旅体局开展对全区所有非遗项目和传承人的评估工作。工作分为两个阶段：前期完成浙江省非遗保护中心指定的5个省级项目、5个省级代表性传承人的评估，后期完成全区所有非遗代表性项目和传承人的评估。经过走访、调研和专家评审，有15个非遗项目处于濒危状态未参评。参评的项目中，有26项获得优秀等级，36项合格，15项待复评；有28位传承人获优秀等级，13人合格，13人待复评，1人未参评。

【非遗保护基地复评认定】2020年5—11月，区文广旅体局开展区级非遗保护基地的复评认定工作，由区非遗保护中心具体实施。经过初步审核和专家评审，新认定区级非遗保护基地42家，其中展示基地7家、传承基地9家、体验点15家、非遗传承教学基地11家。

【文化和自然遗产日系列活动】2020年6月，根据“非遗购物节浙江消费季系列活动”主题，区文广旅体局开展为期半个月的非遗美食市集、传统工艺分享会、非遗购物节、“节气与养生”主题展览系列线上和线下活动。其中线上活动阅读量达9万人次，参与讨论的帖数178条；开设的“开幕式＋非遗集市探店”“手工艺专场”“张小泉剪刀专场”3场直播，观众达17.8万人次，总点赞数12.5万次。

【省级文化传承生态保护区创建】2020年，根据《浙江省省级文化传承生态保护区建设的意见》，拱墅区开展创建工作。3月开展调研和材料整理。7月底，区政府代表向省文化和旅游厅现场陈述、答辩。8月底，《浙江省文化和旅游厅关于公布省级文化传承生态保护区（创建）名单》公布，拱墅区与余杭区联合申报的省级“大运河文化传承生态保护区”列入浙江省省级文化传承生态保护区（创建）名单。

【大运河非遗会商活动】2020年10月14—16日，由文化和旅游部非遗司主持，省文化和旅游厅非遗处、拱墅区人民政府承办，拱墅区文化和广电旅游体育局执行承办的“大运河非物质文化遗产保护传承利用工作会商活动”在拱墅区举行。来自北京、天津、河北、江苏、浙江、山东、河南等省（市）文化和旅游厅的27位领导与嘉宾参观考察拱墅区的一系列非遗旅游景点，并以论坛的形式交流商讨有关大运河非遗保护传承利用事项。

【非遗保护工作培训】2020年，区非遗保护中心组织召开2次非物质文化遗产保护工作培训会。第一次于7月31日举行，邀请浙江省非遗专家许林田就非遗项目和传承人评估工作的要求进行指导培训；第二次于12月25日召开，邀请浙江省非遗专家蒋羽乾，针对非遗项目和传承人评估后的提升工作进行指导培训。参与培训

2020年9月13日，浙江省第三届“少年非遗说”拱墅赛区颁奖仪式举行
（区文广旅体局 供稿）

200 人次。

【第三届“少年非遗说”浙江传说故事大赛】2020 年 4—10 月，第三届“少年非遗说”浙江传说故事讲述大赛开赛。活动由浙江省文化和旅游厅主办，浙江省非遗文献馆、浙江《山海经》杂志社有限公司、宁波市文化广电旅游局、拱墅区文化和广电旅游体育局、海宁市文化和广电旅游局、缙云县文化和广电旅游体育局、绍兴市上虞区文化广电旅游局承办，其中总决赛在浙江省非遗文献馆暨拱墅区图书馆非遗文献分馆举行。大赛分为大运河诗路、钱塘江诗路、浙东唐诗之路、瓯江山水诗之路 4 场半决赛，全省总决赛有 40 位小选手演绎二十四节气的新传说故事。大赛共吸引 10159 名全省 3~12 周岁在园小朋友和在校小学生参加，其中 4 场半决赛直播累计观众达 119 万人次。拱墅区有近 500 名小选手报名参加，95 名小选手进入片区决赛、4 名进入全省半决赛、1 名进入全省总决赛。

【第七届“一河串百艺”创新设计营开营仪式】2020 年 12 月，拱墅区文广旅体局、浙江大学城市学院创意与艺术设计学院、传统工艺工作站拱墅站共同举办第七届“一河串百艺”创新设计营开营仪式。创新设计营活动主题是“运河 · 非遗创新设计”，会场展示 2019 年第六届“一河串百艺”活动成果，浙大城市学院的老师解读 2020 年“一河串百艺”创新设计营活动方案。拱墅区文广旅体局负责人、浙大城市学院创意与艺术设计学院负责人为学生代表授营旗。

【小学非遗教育课程建设研究】2020 年 8—12 月，拱墅区文广旅体局与杭州师范大学、拱墅区教育局合作，开展小学教育阶段相关非遗系列课程的编写开发工作。拱墅区非遗保护中心、杭州市文澜小学、杭州市大关小学的 10 多位教育工作者组成编写团队，经多次商讨、修改，完成教材设计说明、课程大纲，课程样稿的编写。

（徐雪清）

文化市场管理

【概况】2020 年，拱墅区合法设立的文化市场实体经营单位 792 家，其中娱乐消费性场所 215 家（网吧 115 家、歌舞及游艺娱乐场所 39 家、演出场所 6 家、高危险性体育经营项目游泳 55 家）、新兴文化企业 541 家（文艺表演团队 22 家、艺术品经营单位 173 家、广播电视制作企业 177 家、境外卫星节目接收单位 10 家、境内卫星节目接收单位 1 家、网络文化 120 家、互联网视听 3 家、演出经纪机构 35 家），旅游社分支机构和服务网点 36 家。

【文化经营场所消防安全宣传】2020 年，区文广旅体局对公众聚集场所在节假日前后、重要时期采取多种形式开展安全生产宣传，制订 2020 年公众聚集场所行业管理承诺书，收到 71 家单位对经营场所安全生产的承诺书（在营业的网吧 45、娱乐场所 26）。召开游泳场所夏季开放安全管理工作会议，要求各单位坚守安全生产底线，在游泳场所开放前开展集中大排查，杜绝安全隐患。加强救生人员管理，场所开放期间救生员人数必须按照规定配齐。坚持疫情常态化管理，实行“一日一进一测一登记”制度，做好台账记录，确保可追溯。与各场所签订《拱墅区游泳场所安全管理承诺书》。

【“最多跑一次”改革深化】2020 年，拱墅区文广旅体局开展“最多跑一次”改革深化工作，继续落实“互联网 + 政务服务”，推进数字资源共享。提高网上审批率，行政许可事项实施电子归档，归档率 100%。广播电视节目经营制作事项实行承诺告知制，群众的满意率提升。

【广播电视节目制作经营机构业绩审核】2020 年，区文广旅体局开展全区广播电视节目制作经营机构业绩审核工作。至年底，全区 177 家单位参加“广播电视节目制作经营许可证”和“电视剧制作许可证（甲种）”持证机构年度业绩审核。（蓝依文）

博物馆事业

【概况】2020 年，中国京杭大运河

博物馆（简称运河博物馆）开展各种活动163场次，举办线下临时展览18场、线上展览11场。通过书店、孔夫子旧书网、馆际交流等途径，收集普通运河文献资料200余种。讲解员参加杭州市讲解大赛，通过比赛提升讲解水平和专业素养。当年，运河博物馆新增参观预约系统，方便观众进行参观预约，场馆也可通过数据分析，为观众提供更优质的服务。

【消费券主题展】2020年4月1—30日，消费券主题展在运河博物馆展出。展出藏品有2009年杭州发放的消费券、2020年的电子消费券及各类新闻报道资料。消费券根据使用范围大致分为三类：文化旅游消费、社会商品消费、生活服务消费。

【大运河申遗六周年抗击疫情主题邮展】为庆祝中国大运河申遗成功六周年，2020年6月18—21日，运河博物馆推出“大运河申遗六周年抗击疫情主题邮展”，相关邮集10框，内容丰富多彩。同时展出“抗击疫情，众志成城”主题70框，包含新冠肺炎疫情防控期间杭州市区的各类通行证、最美逆行者、同舟共济驰援武汉、一线抗疫记录等。

【“生命的涅槃”主题图文展】2020年8月15日至9月30日，运河博物馆推出“生命的涅槃”主题图文展。展览围绕“生命的伊始”“五次大灭绝”“远去的记忆”“人类的影响”“生命的多样性”5

2020年运河博物馆举办临时展览情况表

表15

日　期	展览名称	地　点	参观人数
1月1日至3月31日	毛泽东诞辰120周年主题邮花展	博物馆临展厅	20000
4月1日至30日	消费券主题展	博物馆临展厅	6000
5月14日至25日	残疾人书画主题	博物馆四展厅过道	3000
5月1日至31日	众志成城抗击疫情集邮展	博物馆临展厅	8000
6月18日至21日	大运河申遗六周年抗击疫情主题邮展	博物馆临展厅	3000
6月1日至8月31日	回首大运河老照片摄影展	博物馆临展厅	10000
7月15日至31日	“大运河印记”篆刻展	博物馆临展厅	8000
7月1日至8月31日	建党99周年集邮展	博物馆临展厅	15000
8月12日至19日	廉政漫画主题展	博物馆临展厅	1000
8月21日至9月15日	生命涅槃主题图文展	博物馆临展厅	8000
9月15日至28日	家国情怀书画	博物馆四展厅过道	6000
9月1日至30日	反法西斯战争主题展	博物馆临展厅	10000
9月29日至10月20日	喜迎国庆书画展	博物馆临展厅	8000
10月1日至31日	喜迎国庆邮花展	博物馆临展厅	7000
10月27日至11月9日	“钱塘杯”廉政微漫主题展	博物馆临展厅	5000
10月26日至11月30日	光盘行动主题儿童画展	博物馆临展厅	10000
11月1日至12月30日	纪念恩格斯、列宁邮花展	博物馆临展厅	8000
12月18日至2021年1月18日	运河南@未来儿童画展	博物馆临展厅	15000

个主题，旨在唤醒人们，保护人类生活的地球。

【“光盘行动”主题儿童画展】2020年10月26日—11月30日，运河博物馆举办“光盘行动——杜绝舌尖上的浪费”主题儿童画展。画展作品均来自12岁以下的小朋友创作，共30幅。画展旨在减少浪费行为，使小朋友将所学知识带给家长，从而带动家庭、社会做到厉行节约，践行“光盘行动”。

【运河微课程】2020年，运河博物馆的宣传阵地从单一的线下体验转为线上、线下全面开展。5月份开始推出运河微课程系列活动，通过手工制作、立体绘本的形式让观众了解运河文化，内容涵盖运河人家、运河水利、运河美食、运河非遗、新冠病毒等，全年开课35次。线上课程每周五举行，在线阅读点击量累计5500余人。

【“宅家看运河”线上系列活动】2020年，为控制新冠疫情蔓延，运河博物馆推出专场线上活动，内容有“宅家看世界运河”“外国人眼中的运河”“古诗词中的运河”“航行在运河上”“沿着运河的印迹”“运河边的廉政故事”和线上直播的活动。全年线上参与活动1.2万人次。

【运河探索之旅活动】2020年，运河博物馆开展线下运河探索之旅体验活动。1—2月，开展“博物馆里过大年”活动，200余人参与。7月，推出拱墅区党员红色七月运河文化打卡活动。9月，围绕传统节日开展“月上柳梢头，相约运河畔”体验活动，180余人参与。10月，推出运河少年走进博物馆体验活动，围绕“大运河的开凿与变迁”“大运河的功用”“我们身边的大运河”“大运河文化”组织现场教学，来自杭州市10多所小学的1000余名小学生参与。10月1—7日，围绕“向国旗致敬”开展“我与国旗合影和志愿者先行”体验活动，300人参与。11月在重阳节来临之际，围绕“爱在深秋·情暖重阳——笔绘大运河”，组织志愿者专场体验，80余名在馆注册志愿者参加。12月，组织“我们的节日：冬至日体验”“大手拉小手”“纸上精彩”等系列体验活动，500余人参与。全年运河博物馆举行运河探索之旅活动15场。

【《运河拾贝》校本课程推出】2020年10月，运河博物馆开发的运河文化校本课程《运河拾贝》在杭州京都小学推出。课程以小学三年级学生为授课对象，围绕大运河文化主题，结合讲述大运河流经城市历史，探讨城市独特文化产物的形成，内容涉及传统戏曲、文学著作、历史名人等，让学生体味运河带给中国文化的深远影响力。课程以体验手工互动为授课模式，每课1个独立内容，该学期开展社团课10课时，每课活动30人，有300名学生参与。

（焦　明　杨　芳）

公共图书

【概况】2020年，区图书馆以打造文化新地标，提升拱墅书香品质；贴近群众“零距离”，提供便捷阅读服务；感受智能新智慧，体验数字书香阅读为工作举措，完

2020年12月12日，运河博物馆举办“纸上精彩”体验活动

（区文广旅体局 供稿）

善公共文化阅读服务体系，激发城市书房、主题特色馆、基层分馆等特色人文空间能量。全年新挂牌杭州书房（蓝孔雀社区）、杭州书房（云锦社区），新建运河书房（北软点）、运河书房（湖墅绿地红盟点），建成拱墅区图书馆总馆、非物质文化遗产文献主题分馆、10个街道图书分馆、69个社区图书亚分馆、17家运河书房、3家杭州书房的总分馆阅读服务体系。

【区图书馆第17家运河书房开馆】2020年12月8日，拱墅区第17家运河书房开馆。新书房位于北部软件园，面积660平方米，藏书近2万册，集文创产品、轻食茶饮、编程创客、机器人模型、跆拳道运动等元素于一体，以科技、体育为主题。杭州市文化广电旅游局、杭州图书馆、拱墅区文广旅体局等单位负责人出席书房揭牌仪式。至年底，运河书房借还图书4829册，举办阅读活动3场，吸引读者1050人次。

【阅读推广活动】2020年，区图书馆以“让阅读成为一种习惯”为主题，围绕阅读四大力量，即阅读+行走的力量、科技+艺术的力量、爱的力量、视觉的力量开展各类阅读推广活动322场，参与读者19万人次。4月23日，以“品千年文化，阅运河南端”为主题的“运河南·第六届全民阅读节”启动仪式以“云读书”的方式在单向空间书店开幕，超过8万人进入直播间，参与启动仪式。8月18—21日，以“少年派的奇幻安全之旅”为主题的“爱在拱图之运河少年暑期夏令营”开营，来自区消防救援大队、区红十字会、国家电网、城北青少年活动中心的老师先后带领20位“小候鸟”体验8场专业课程，传递爱的力量。9月18日，第七届运河幼儿故事大赛开赛，分为初赛、复赛和决赛3个赛程，历时3个月，吸引300余个亲子家庭参加。

2020年12月8日，拱墅区图书馆第17家运河书房揭牌仪式　　（王戈 摄）

【信息服务】2020年1月18—20日，区图书馆在区政府大厅设立服务台，为参加拱墅区七届人大四次会议和政协五届四次会议的代表、委员提供信息服务。通过收集整理大运河文化带建设方面的文献和研究论文，拱墅区图书馆定制《拱墅信息文摘——讲好拱墅故事》，在服务现场发放。同时提供图书借阅服务，并展出由区文广旅体局编写的《拱墅文旅》《运河南端醉拱墅》等画册。服务代表、委员60余人次。

【读者服务】2020年，区图书馆创新阅读推广服务模式，新辟“书香悦读”实体书店借阅服务，拓展“你选书，我买单”线下借阅方式，推进读者借阅服务平台不断延伸。紧跟全省图书业务一体化建设步伐，加入浙江省“通借通还”服务体系，落实浙江省内图书文献资源通借通还服务。持续开展免押金注册和免逾期费服务，降低开架外借文献遗失赔偿费率（调整为按原价赔偿），并取消赔偿文献加工费。

【特殊群体服务】2020年，区图书馆从硬件设施、馆藏资源建设、服务措施等方面着手，定制特殊人群的免费人性化服务，完善各类特殊群体服务保障制度，开展面向特殊群体的阅读推广活动，以保障特殊群体的权益。持续开展“书香门递”图书借阅服务，完善基层图书点的借还流通服务，新辟“运河南·书香阅读”线下借阅服务。4—10月，区图书馆组织开展面向特殊群体的活动近100场，有面向外来务工人员的智慧家长课堂、运河少年主题夏令营、悦读嘉年华、线上艺术课堂和绘本阅读等；有面向残障人的拱图有声读物、“小人书里的时光”线上连环画阅读、送电影、送展览进基层等；有面向老年人的敬老电脑公益培训、现场图书借阅等，服务读者约5万人次。11月，区图书馆全面提升无障碍环境设施，更新盲道、提升无障碍电梯、无障碍厕位、无障碍坡道、无障碍停车位、低位服务台等15处服务设施的无障碍功能。

【少儿服务】区图书馆未成年人服务区域面积约500平方米，内设少儿借阅室和少儿活动室，并设有专门的绘本区。少儿阅览座位132个，藏书13.7万余册，设有2台少儿自助借还机、1台检索电脑和1台少儿图书杀菌机，并配备工作人员7名，其中管理人员4名，少儿阅读推广活动专职人员3名。2020年，区图书馆开展小小志愿者招募活动，给未成年人提供社会实践平台。全年少儿借阅室流通量15.96万人次，借阅量25.8万册，开展运河讲堂、运河少年主题夏令营、运河科普等少儿活动200余场，参与8万余人次。

【地方文献收集】2020年，区图书馆推进地方文献建设，新收集《善贤志》4册、《七古登村史》3册，基层单位自编期刊《拱宸》35期、《田园天地》《蔡马月刊》《西苑印象》《七古登特刊》等20份。

【公共数字文化建设】2020年，区图书馆聚焦公共数字文化建设，参加全国数字图书馆推广工程，共享省中心的数字资源。利用各类数字资源库，通过微信公众号，发送“运河云讲堂”“画说运河”“拱图有声”等数字图书、讲座、展览、绘画资源127篇，服务1.1万人次。在电子阅览室，组织开展“敬老电脑公益培训”和数字阅读推广活动4场，向中老年读者和少年儿童普及数字资源使用知识，共服务22人次；15台数字阅读机，投放至区政府、行政服务中心、医院、商场、社区图书室等公共场所，方便市民浏览图书、报刊、“学习强国”等数字资源；新建“喜马拉雅”听书墙，读者可扫码在线收听有声图书。

【数字资源建设】2020年，区图书馆设采购数据库9个，其中移动端5个（中华诗词库、红色故事绘、云图有声、仁仁阅·一网读尽、喜马拉雅有声数字图书馆），电脑端4个（中华诗词库、书香拱图、连环画库、看展览库），自建特色数据库1个（拱墅区工业遗产数据库）。拱墅区工业遗产数据库汇集拱墅区工业遗存相关的图书、期刊、报纸、图片、音视频、网络资源等各种资料，主要栏目包括运河工业概况、工厂遗产介绍、工厂遗产相关文献等，包含10万字、500幅图片、100分钟视频、20分钟音频。10个数据库面向全市开放、接受馆外访问，数字资源总容量约为 9TB。

【区域联盟合作】2020 年，区图书馆在统一使用 Interlib 图书馆集群管理系统的基础上实现杭州地区文献资源联合目录、统一检索、统一流通、通借通还。积极参与浙江省公共图书馆信息服务联盟工作，促进信息资源的整合和利用。8 月，正式开通浙江省图书馆信阅平台图书归还服务。12 月，加入浙江省“通借通还”服务体系，正式开通全省文献资源通借通还服务。同时，参加省、市图书馆的联合阅读推广活动。

【志愿者服务】2020 年，区图书馆依托文明帮帮码、志愿汇平台，开展场馆日常维护和阅读活动两类志愿服务活动。全年招募志愿者 800 余人，涵盖初中、高中、大学学生、在职人员、退休人员等人群，倡导文明新风尚，不断发挥拱墅区新时代文明实践中心的引领作用。（童　卉）

新闻传媒

【概况】2020 年，区融媒体中心围绕“两手硬、两战赢”的中心大局，为全区疫情防控和经济发展营造良好舆论氛围。1—12 月，《今日拱墅》报纸刊发 51 期，稿件 1600 余篇，专版 310 余个；拱墅发布微信推送信息 1726 条，总阅读量超过 566 万人次，其中单篇阅读量超过 1 万的信息 78 条；拱墅发布微博发布信息 3460 条，总阅读量约 2500 万人次；《今日拱墅》微信推送信息 698 条，总阅读量约 60 万人次；《今日拱墅》App 推送稿件约 7500 篇；拱墅新闻视频节目推出 38 期，共计 397 条视频新闻；“学习强国”拱墅供稿中心被“学习强国”各平台录用稿件 1200 余篇，其中全国平台 180 余篇，浙江省平台 200 余篇。

【新闻产品提质增效】2020 年，区融媒体中心坚持一体化发展、全媒融合理念，新闻产品质量和效果显著提升。新冠肺炎疫情防控期间，以图文、视频、H5、设置议题等多元融合形式采编制作《你可曾见过城市这么空？见到了，也就放心了》《记者蹲点 | 此刻，拱墅的社工究竟有多忙》《相隔 400 公里的团圆！看到 3 分 08 秒我飙泪了……》《记者探营拱墅区集中隔离医学观察点》《严防死守！大关街道真的“大关”了》《拱墅“最严禁令”背后的温柔》《拱墅创新推出企业有序复工现场审核“七问七查”工作法》等优质稿件。《今日拱墅》报纸推出贯穿全年的“经济工作‘争先创优、补短增效’攻坚战”系列专版专栏专题，推出专版 32 个、稿件 162 篇。创新推出“蚊子姐姐深度游拱墅系列”，其拱墅发布微信阅读量超过 42 万人次。推出融媒体电子月刊《城长》，以视频、精简文述的形式记录拱墅发展，全年推出 6 期，每期阅读量均超过 1 万人次。制作的原创微视频《你的模样》入围由国家互联网信息办公室指导、中国互联网发展基金会主办的第五届“五个一百”（百名网络正能量榜样、百篇网络正能量文字作品、百幅网络正能量图片、百部网络正能量动漫音视频作品、百项网络正能量专题活动）网络正能量精品评选。区“两会”期间推出“2019 拱墅区民生实事成绩单”“2020，我与拱墅地标合影”新媒体产品，受到读者好评。

【“学习强国”学习平台供稿】2020 年，区融媒体中心开启“学习强国”百日攻坚，供稿工作在量和质方面得到明显提升。上报的《遇见运河》《古琴基础课：认识古琴》等 9 篇稿件获评市学习平台好稿，其中《非遗 + 电商 杭州拱墅让苗银“出山”又“出圈”》《东西扶贫协作 唱响丰收赞歌》等 5 篇稿件登上全国平台推荐频道，阅读量达 100 万次，点赞量达 30 余万次。组织开展的“学习强国”“云助团直播赛”拱墅站，帮助拱墅对口扶贫地区直播带货，两场活动吸引观众 10 万余，销售额达 90 万元。（王晓晨）

区社会科学界联合会（拱墅区大运河文化研究院）

【概况】2020 年，拱墅区社会科学界联合会（简称区社科联）以“认识社会、传承文明、创新理论、咨政育人、服务社会”为使命，推进各项工作上台阶。全区有社科普及基地 19 家，其中省级社科普及基地1家——中国京杭大运河博物馆，市级社科普及基地4家——区图书馆、小河社区、拱宸书院、杭州郎朗艺术世界，区级社科普及基地有杭州水文水资源科普展厅、九剧院戏曲影像基地、单向空间、剑瓷视界艺术馆、吴理人民俗艺术馆等14家。区社科联定期举办"浙江人文大讲堂·大运河讲堂"等文化活动，开展大运河课题研究，完成《大运河拱墅段璀璨文化带建设研究》《杭州大城北区域运河文化的挖掘、保护与利用》课题研究报告2个。

【社科文化传播】2020年，区社科联开办"浙江人文大讲堂·大运河讲堂"，推出"云上讲堂"系列，围绕抗疫工作、经济形势等举办主题讲座25期。4月29日至6月3日，联合区妇联、区科协以"关爱女性健康、关注女性成长、关心女性家庭生活"为主题，共同推出品牌活动"女性圆桌派"。活动在抖音、腾讯直播平台进行6期全程直播。发动辖区社科普及基地开展各类宣传活动，杭州米络星科技（集团）有限公司"人民战'疫'"系列直播活动、单向空间的"云游"系列直播以及杭州朗朗艺术世界的钢琴教学公益直播等活动，被市社科联官方微信刊发。

【社会科学普及】2020年，区社科联建立完善省、市、区三级社科普及阵地。7月22日，拱墅区2020年社会科学普及周活动启动仪式暨"大运河印记"篆刻邀请展在中国京杭大运河博物馆举行。12月，通过单位申报、走访考察、综合评估，区社科联将善贤书苑、大关百姓戏园、笛友之家、丫头文化传媒有限公司4家各具特色的社科文化场所认定为区级社科普及基地，辖区内的社科普及基地数量扩大到19家。各社科基地组织开展"走出孤岛，彼此点亮——'守护城市之光·书店支持计划'""杭州是摄影史发展的重要城市展览主题展""回首大运河摄影展""喜迎建党99周年集邮展"主题展览等活动。

【大运河文化研究新成果】2020年4月，拱墅区大运河文化研究院启动编撰"拱墅区大运河文化带建设·拱墅丛书"项目。8月开展上塘河专题研究，通过无锡、淮北等多地走访调研，向区委报送关于上塘河规划建设专报。10月，区委书记朱建明对专报做出批示，同意采纳研究院提出的"古运河"概念。同月，完成《大运河拱墅段璀璨文化带建设研究》《杭州大城北区域运河文化的挖掘、保护与利用》两项课题。全年大运河文化研究院编印关于大运河文化建设的简报9期、专报5期，编印《拱墅区大运河文化研究》杂志2期、《拱墅区大运河文化研究动态》1期。还通过多种渠道收集大运河拱墅段、大运河沿线的文献、视频材料，累计收集80种101册运河相关纸质书籍、电子书，其中包括《中国大运河历史文献集成》80册、《中国运河志》11册、《杭州运河（河道）文献集成》等文献。

（王晓晨）

体育 29

综　述

2020年，区委、区政府以“健康拱墅”为目标，以“健康杭州（浙江）考核”为契机，全面落实《健康浙江2030》《健康杭州2030》行动纲要相关要求，指导10个街道20多个社区完成新建、更新、维修全民健身点318件健身器材，全区所有的街道、社区建有健身苑（点）和达标的设施、设备。按照健康浙江建设领导小组办公室印发的《2020年健康浙江考核评分细则》，区文广旅体局（体育部分）获得健康浙江考核满分（116分）。冰上运动——世纪星冰场、蹦床——南博万蹦床公园获2020年浙江省运动休闲旅游优秀项目。杭州安耐捷健身有限公司、杭州南博万文化体育发展有限公司、北京世纪星冰雪体育文化发展有限公司杭州拱墅分公司成功申报2020年度浙江省体育产业资金项目库（疫情纾困类）省扶持体育发展专项资金。

区文广旅体局举办社会体育指导员培训班，培训三级社会体育指导员135人，拥有各级社会体育指导员1821人，全年举办各类体育业务培训11次。开展区级国民体质监测工作，指导各街道完成2680人的国民体质测试，体质合格率94%。　（马卫平）

群众体育

【概况】2020年，区文广旅体局举办中国（杭州）新年祈福走运大会暨拱墅区第十四届“新年走运·香积祈福”健走活动、“迎亚运·运河南”2020年城市山水快闪赛、“迎亚运”杭州市第十五届桥牌联赛第二站（拱墅站）、拱墅区全民健身日系列活动、“迎亚运·运河南”拱墅区第七届“杭开集团杯”篮球联赛、“全民健身·共享亚运”杭州毅行大会拱墅分会场等体育活动36场，参与人数1.1万人次。组织各街道社区及体育社团开展各类全民健身活动。

【第十四届“新年走运·香积祈福”健走活动】2020年1月1日，中国（杭州）新年祈福走运大会暨拱墅区第十四届“新年走运·香积祈福”健走活动起点、终点设在香积寺广场，全程6.66千米。该活动由杭州市政府、中国新闻社主办，杭州市运河集团、拱墅区政府、杭州市园林文物局（市运河综保委）、杭州市大城北规划建设指挥部办公室、中新社浙江分社承办，杭州运河集团文化旅游有限公司、杭州市京杭运河（杭州段）综合保护中心、拱墅区文化和广电旅游体育局、浙江都市快报控股有限公司执行承办。省、市领导和拱墅区主要领导以及杭州市各城区健走爱好者2000人参加活动。

【“运河南·城市山水”走运快闪赛】2020年5月1日至11月30日，“运河南·城市山水”走运快闪赛活动举行。比赛起点、终点均设在拱墅区迪卡侬大关店。该活动由区文广旅体局主办、杭州风雪体育用品有限公司承办。快闪赛具有非竞技、门槛低、环保、不限时的特点，没有固定比赛日期、没有关门时间、没有CP点、没有完赛拱门，只要喜爱跑山，热爱自然，在做好个人防护、不聚集的情况下，打开玩赛小助手，就可以得到完整的赛事体验。“运河南·城市山水”走运快闪赛以快闪的方式发现身边的景致，累计有1000余名爱好者参与。

【"迎亚运"杭州市桥牌联赛第二站（拱墅站）】2020年11月7—8日，"迎亚运"杭州市第十五届桥牌联赛第二站（拱墅站）在拱墅区文化馆举行。活动由市体育局主办，区文广旅体局、杭州市桥牌协会承办。全市32支代表队192名运动员参赛，拱墅区、滨江区、江干区代表队分别获得团体前三名。

【"杭开集团杯"篮球联赛】2020年12月5—11日，"迎亚运，运河南"拱墅区第七届"杭开集团杯"篮球联赛在杭州市大关实验中学举办。活动由区文广旅体局、拱墅区体育总会主办，拱墅区篮球协会、区文化体育交流协会承办，杭开集团股份有限公司冠名，杭州市大关实验中学协办，杭州京运体育发展有限公司执行。比赛分机关企业、社会公开两组，来自辖区26支代表队425名运动员参加，中国农业银行之江支行、拱墅区教育局、杭州市公安局特警支队代表队分别获机关企业组前三名，诸葛荷饭、贝儒、鹫鬼队将代表队分别获社会公开组前三名。

【全民健身日系列活动】2020年8月8日，区文广旅体局举办全民健身日系列活动。活动包含趣味挑战赛、大型冰上体验活动、体育场馆免费开放3个环节。上午，在杭州市大关实验中学（郭家厍校区）举办2020年杭州市全民健身日趣味挑战赛（拱墅站），比赛由市体育局主办，拱墅区文广旅体局承办，杭州京运体育发展有限公司执行，来自10个街道的100名运动员参赛，上塘街道、湖墅街道、康桥街道分别获得团体前三名。下午，在拱墅区乐堤港世纪星滑冰场上举行杭州市全民健身日（拱墅站）大型冰上体验活动。活动由市体育局主办，拱墅区文广旅体局承办，北京世纪星体育文化发展有限公司杭州拱墅分公司执行。活动分为观看冰上表演和体验滑冰两个环节进行。当天，区文体中心乒乓球馆、羽毛球馆、区体育馆游泳中心等辖区20家体育场馆在不同时间段向市民免费开放；8月8—15日，位于拱墅区祥园路88号的菲特尼斯北软旗舰店进行为期7天的免费健身体验活动。

【省市群体比赛】2020年，区文广旅体局组队，参加的浙江省第三届女子体育节足球、篮球比赛、浙江省老年桥牌交流活动、迷你气排球交流活动、第37届浙江省业余网球公开赛年终赛等省级比赛中，取得6枚金牌、3枚银牌、3枚铜牌的成绩。组队参加杭州市第十七届乒乓球比赛、杭州市第十五届桥牌联赛等市级比赛，获2枚金牌、1枚银牌。

【市老年人体育比赛参赛】2020年9月28日至12月8日，拱墅区参加杭州市老年人乒乓球、持杖健走、钓鱼、排舞、太极拳（剑）等10个项目比赛，获得6枚金牌、6枚银牌、6枚铜牌；并在多个项目获优胜奖，参赛160余人，展示拱墅人"健康向上、老有所为"的精神风貌。（姚靖雯）

竞技体育

【概况】2020年，拱墅区输送的运动员参加2020年全国游泳冠军赛暨东京奥运会达标赛，获1枚金牌、1枚银牌；代表杭州市参加浙江省青少年马术锦标赛获丙组盛装舞步团体赛冠军，参加浙江省青少年摔跤锦标赛获1项冠军。参加"迎春杯"2020年浙江省青少年（儿童）游泳锦标赛获30项冠军，参加2020年浙江省青少年（儿童）游泳冠军赛获36项冠军。

【青少年击剑锦标赛】2020年6月26日，拱墅区青少年击剑锦标赛暨参加市锦标赛选拔赛在杭州万国德胜国际击剑中心举办。活动由文广旅体局主办，伊犁万国天骐体育文化发展有限公司杭州第二分公司承办，辖区11所中小学校、幼儿园118名运动员参赛。通过比赛选拔出何玥阳等44名运动员参加杭州市中小学生阳光体育击剑锦标赛。

【青少年跆拳道锦标赛】2020年10月3日，拱墅区青少年跆拳道锦标赛暨参加市锦标赛选拔赛在杭州万达广场一楼1号大厅举行。活动由区文广旅体局主办，杭州共创体育发展有限公司承办，辖区23所中小学校、幼儿园231名运动员参赛。此是区级比赛首次在大型商场内举行，比赛得到商场物业的支持，在比赛期间还进行有奖竞猜活动。该赛为在新冠疫情后期逐步恢复商业活动，加强体育锻炼，抵御疫情进行了有意义的宣传。

2020年6月26日，拱墅区青少年击剑锦标赛比赛现场

（区文广旅体局 供稿）

【青少年羽毛球锦标赛】2020年10月31日至11月1日，在杭州大关游泳健身中心举办拱墅区青少年羽毛球锦标赛暨参加市锦标赛选拔赛。活动由区文广旅体局主办，杭州曹骥体育文化策划有限公司承办，辖区10所中小学校及俱乐部87名运动员参加男女单打比赛。比赛共选拔出87位运动员参加杭州市中小学生阳光体育羽毛球锦标赛。

【全国游泳冠军赛暨东京奥运会达标赛获一金一银】2020年9月26日至10月2日，2020年全国游泳冠军赛暨东京奥运会达标赛在山东省青岛国信体育中心游泳跳水馆举行，由拱墅区培养输送的叶诗文代表浙江队参赛，以2′11″37的成绩获得女子200米个人混合泳冠军、以2′27″57的成绩获得女子200米蛙泳亚军。

【浙江省青少年马术锦标赛夺冠】2020年10月31日至11月1日，2020年浙江省青少年马术锦标赛在杭州伯骏马会举行，代表杭州队参赛的拱墅区籍运动员李宓尔（马匹：多瑞）获得丙组盛装舞步团体赛第一名、丙组场地障碍0.5米团体赛第二名、丙组盛装舞步个人赛第三名。

【业余训练管理干部培训班举办】2020年12月9日，区文广旅体局联合区教育局在杭州广银大酒店举办拱墅区业余训练管理干部培训班。为提升拱墅区业余训练管理干部业务能力，培养科学创新思维，提高科学化管理水平，区属各中小学校体育教研组组长、业训单位、部分社会体育俱乐部和杭州大关游泳健身中心的负责人和总教练、区文广旅体局、区教育局业务科科长等149人参加。培训班学习了习近平总书记新时期关于体育工作的论述和中央、省政府有关青少年体育事业发展的文件精神。

【行政审批三级运动员2名】2020年，拱墅区文广旅体局根据国家体育总局《运动员等级制度》规定，经审核，冯弋庭（国际象棋）、李奕民（围棋）2名运动员达到《运动员技术等级标准》规定的国家三级运动员等级标准，按照标准，经公示，授予该2名运动员国家三级运动员称号。

【青少年中国式摔跤锦标赛举办】2020年10月25日，2020年拱墅区青少年中国式摔跤锦标赛在杭州文渊小学新城校区举行。活动由区文广旅体局主办，区中国式摔跤协会承办，辖区内中小学校、区中国式摔跤协会等11支代表队213名运动员参赛。

【杭州市阳光体育举重锦标赛参赛获奖】2020年10月23—25日，拱墅区代表队21名运动员参加杭州市中小学生阳光体育举重锦标赛，获得2个冠军、4个亚军、4个季军。

【杭州市阳光体育空手道锦标赛参赛获奖】2020年8月15日，拱墅区代表队 4 名运动员参加杭州市中小学生阳光体育空手道锦标赛，获得 2 个冠军、2 个季军。

【杭州市阳光体育篮球锦标赛参赛获奖】2020 年 12 月 12—14 日，拱墅区代表队 48 名运动员参加在杭州市西湖区第一实验中学举行的杭州市小学生阳光体育篮球锦标赛，获得小学男子甲组比赛第二名、女子甲组第四名；小学男子乙组第五名、小学女子乙组第一名。

【杭州市阳光体育田径锦标赛参赛获奖】2020 年 5 月 12—13 日，拱墅区代表队 40 名运动员参加在杭州市中学生阳光体育田径锦标赛，获得 2 个冠军、1 个亚军、2 个季军。

【杭州市阳光体育击剑锦标赛参赛获奖】2020 年 12 月 12—14 日，拱墅区代表队 44 名运动员参加在萧山区少年儿童体育运动学校举行的杭州市中小学生阳光体育击剑锦标赛，获得 4 个冠军、2 个亚军、2 个季军。

【杭州市阳光体育羽毛球锦标赛参赛获奖】2020 年 11 月 27—29 日，拱墅区代表队 32 名运动员参加在桐庐体育馆举行的杭州市中小学生阳光体育羽毛球锦标赛暨第七届杭州市羽毛球协会训练基地交流赛，获得 1 个单项冠军、1 个单项亚军和团体总分第八名。

【杭州市阳光体育马术锦标赛参赛获奖】2020 年 10 月 17—18 日在杭州西湖马术运动俱乐部举行，拱墅区代表队 2 名运动员参加杭州市中小学生阳光体育马术锦标赛，李宓尔（马匹：多瑞）获得盛装舞步国际马联挑战赛预备科目（中三）丙组个人第三名。

【杭州市阳光体育射击锦标赛参赛获奖】2020 年 11 月 27—29 日，拱墅区代表队 6 名运动员参加杭州市中小学生阳光体育射击锦标赛，获得 2 个冠军、1 个亚军、2 个季军和小学组团体总分第七名。

【杭州市阳光体育艺术体操锦标赛参赛获奖】2020 年 11 月 27—29 日，拱墅区代表队 38 名运动员参加杭州市中小学生阳光体育艺术体操锦标赛，获得 1 个冠军、2 个亚军、1 个季军。

【杭州市阳光体育网球锦标赛参赛获奖】2020 年 12 月 11—13 日，拱墅区代表队 17 名运动员参加 2020 年杭州市中小学生阳光体育网球锦标赛，共获得 1 个冠军、1 个亚军、1 个季军。

【杭州市阳光体育乒乓球锦标赛参赛获奖】2020 年 12 月 5—6 日，拱墅区代表队 32 名运动员，参加杭州市中小学生阳光体育乒乓球锦标赛，获得 1 个冠军、3 个亚军、2 个季军。

【浙江省青少年摔跤锦标赛参赛获奖】2020 年 8 月 26—27 日，拱墅区 18 名运动员代表杭州市参加 2020年浙江省青少年摔跤锦标赛，获得 1 个冠军、1 个亚军、3 个季军。

【杭州市阳光体育摔跤锦标赛参赛获奖】2020 年 11 月 6 日，拱墅区代表队 61 名运动员参加杭州市阳光体育摔跤锦标赛中国式摔跤比赛，共获得 9 个冠军、8 个亚军、15 个季军和中国式摔跤团体总分第一名。

【杭州市阳光体育柔道锦标赛参赛获奖】2020 年 11 月 20—22 日，拱墅区代表 3 名运动员参加杭州市中小学生阳光体育柔道锦标赛，获得 2 个第三名。

【“迎春杯”2020 年浙江省青少年（儿童）游泳锦标赛参赛获奖】2020 年 1 月 5—19 日，拱墅区 34 名运动员参加 2020 年“迎春杯”浙江省青少年（儿童）游泳锦标赛，获得 30 枚金牌、20 枚银牌、21 枚铜牌。

【2020 年浙江省青少年（儿童）游泳冠军赛参赛获奖】2020 年 8 月 23—28 日，拱墅区 43 名运动员参加 2020 年浙江省青少年（儿童）游泳冠军赛，获得 36 枚金牌、27 枚银牌、20 枚铜牌。

【杭州市第六届“市长杯”青少年(儿童）游泳锦标赛总决赛参赛获奖】2020 年 12 月 20 日，拱墅区 28 名运动员参加 2020 年杭州市第六届“市长杯”青少年（儿童）游泳锦标赛总决赛，获得 16 枚金牌、17 枚银牌、9 枚铜牌。（何　超）

卫生与健康 30

综　述

2020年，拱墅区各社区卫生服务中心门诊量261万人次、门诊均次费用189.64元。全区居民健康素养水平达41.3%。全区拥有医疗卫生机构386家，其中省、市级医疗机构6家；卫生系统所属医疗卫生单位51家（其中公共卫生单位3家，社区卫生服务中心9家，社区卫生服务站39家）；社会办医院22家及门诊部、诊所224家；其他医疗机构包括学校卫生室83家。全区医疗机构拥有床位8580张，每千人拥有床位14.95张。全区卫生工作人员11925人，其中卫生技术人员9738人，每千人拥有卫生技术人员16.97人，其中执业（助理）医师3775人，每千人拥有执业（助理）医师6.58人；注册护（士）师4477人，每千人拥有注册护（士）师7.80人。

自新冠肺炎疫情发生后，区卫健局把疫情防控作为重中之重，认真贯彻落实中央和省、市、区关于疫情防控的决策部署和要求，全力保障全区人民群众的身体健康和生命安全。全面加强公共卫生服务体系建设，大力构建与拱墅发展相匹配的基本医疗、公共卫生、爱国卫生服务体系。杭州市委副书记张仲灿、副市长陈卫强分别对拱墅区“疫情防控”“心理疏导”“驻企健康指导”等方面工作给予批示肯定。（应　悦）

生育管理

【概况】2020年，全区育龄妇女10.14万人，已婚育龄妇女7.22万人。计划生育率98.85%。全年全区办理生育登记2812例，其中一孩生育登记1769例、二孩生育登记1043例、再生育审批25例。各街道对全区2812例生育登记进行电话回访，满意率100%。按照健康浙江考核要求，全区各项考核指标均达标。

【全面两孩政策实施和宣传】2020年，拱墅区为弘扬优良家风，展示两孩幸福家庭生活，利用各种主题宣传日开展全面两孩政策、优生优育健康知识和避孕节育科学知识的宣传服务活动10余场。5月，组织参加杭州市举办的“5・15”国家家庭日主题宣传暨育儿经验视频分享大赛主题宣传活动，组织10个街道报送小视频16个，其中全能宝妈视频8个、阳光宝妈视频5个、智慧宝妈视频3个。经过网络投票点赞，拱墅区有3户家庭晋级并获奖，大关街道王璐芳家庭获得“阳光宝妈”称号，康桥街道曹凯家庭获得“智慧宝妈”称号，半山街道董文娟家庭获得“全能宝妈”称号。区卫健局被授予优秀组织奖。

【生育“最多跑一次”改革深化】2020年，区卫健局对权利事项库15个事项库办事指南、办理流程进行梳理和优化。优化生育登记和再生育审批工作，落实好“一证通办”和婚育户“一件事”联办服务，生育登记服务证办理时间从原来的3个工作日缩减到受理之日起24小时内办结，群众满意度提高。

【人口监测预警机制建立】2020年，区卫健局全面应用信息共享平台，及时采集更新全员（常住人口）人口信息平台数据，做好怀孕、生育信息监测，建立定期核查通报制度。落实政务服务2.0建设任务，优化全员人口信息系统和统计工作，实现全区信息互通共享，全员人口信息覆盖率、准确率均为95%以上。开展半年一次的人口监测统计分析，配合区统计局做好第七次全国人口普查工作，配合区公安分局完成流动人口居住证积分审核4947人次。

【特殊家庭“三个全覆盖”专项行动】2020年10月，区卫健局制订《拱墅区开展计划生育特殊家庭“三个覆盖”专项行动的实施方案》，成立工作领导小组，落实计划生育特殊家庭联系人制度、就医“绿色通道”和家庭医生签约服务“三个覆盖”工作。至年底，全区发放特殊家庭扶助986人，发放金额1220.62万元，其中特扶金发放902.06万元、护理费264.8万元、家政补助53.76万元。农村奖励扶助10户，发放金额9600元。发放2020年度市级公益金27户44人共12.25万元；发放区级公益金43户60人共55.3万元；发放无业待业人员独生子女父母奖励费768人次共3.84万元。

【公共场所母婴设施管理】2020年，区卫健局按照省、市母婴室建设与管理规范地方标准要求，对建成的规范化母婴室加强日常管理工作督查，联合各街道开展督查活动2次。全区34处公共场所母婴设施全部纳入全省母婴室管理平台，并向公众开放母婴室查询导航入口。

【“三优”工作】2020年，全区10个街道社区卫生服务中心全部完成优生、优育和优教“三优”服务指导中心设立，落实以新婚夫妇、怀孕夫妇以及0~3周岁婴幼儿看护人为主的“三优”系列科普知识和技能培训，注重婴幼儿早期教育和素质提升。全年，全区组织家长培训活动30余场，受教育人群1000余人次，发放宣传资料近1万份。

【生育关怀】2020年，拱墅区开展失独家庭暖心行动，对435名失独家庭成员落实“四必访”（生日、重大节日、重大疾病、突发事件必访），开展技能培训及兴趣活动5场，对新增的23名失独家庭上门开展心理援助。7月2日，区卫健局与大关实验中学合作建设的大运河青春健康教育基地在拱墅区第十届运河公民节启动仪式上发布，基地位于大关实验中学南区教学楼，全年开展青少年培训62期，培训2030人；开展家长培训58场，培训2280人；上线网上微课46场，点击量过1万次。6月，与公益组织合作开展“青春健康伴我行”项目，在社区、区图书馆等地开展青少年培训10期，培训189人次；开展家长培训、读书会等活动6场，参与76人次。全年组织青春健康师资培训及认证、研讨活动3场，培训180余人次，认证区级青春健康师资20名。在上塘街道杭州灯具市场建成“杭州灯具市场流动人口计生协”区级示范点，在半山街道云锦社区建成市级“暖心家园”。情暖计生家庭行动服务计生家庭25461户。独生子女家庭保险、计生特殊家庭保险、计生干部保险、困难育龄妇女家庭保险计生四大险种开展公开招标，全年参保人数1.39万人。

【婴幼儿照护服务示范点创建】2020年8月，拱墅区计划生育协会与华媒维翰托育有限公司（由杭报集团控股）合作，在和睦街道实施“阳光小伢儿”婴幼儿照护服务机构建设项目，建成使用面积约216平方米的托育中心。托育中心每班均配备专业教师、育婴师及保育员，通过绘本、音乐、美术等课程，提供符合0~3岁婴幼儿身心发展的照料服务。托育中心一期开设1个班，招收婴幼儿20名，于9月上旬开班。全年在该中心开展系列宣传服务及亲子互动活动6场，参与和睦托育入园体验活动的婴幼儿100人以上。该项目被中国计生协列入“中国计生协婴幼儿照护服务示范创建项目拱墅实施点”。9月15日，中国计划生育协会党组成员、专职副会长姚瑛带队到实施点指导调研，并为其授牌。（应　悦）

疾病防控与卫生应急

【概况】2020年，全区发生19起突发公共卫生事件，包括流行性感冒疫情1起、诺如病毒感染疫情12起和新型冠状病毒肺炎疫情6起，均为传染病类事件。全区报告法定传染病17种10177例，无甲类传染病报告，乙类传染病13种964例，丙类传染病4种9213

例。法定传染病年报告总发病率为1633.29每10万人，其中乙类传染病年报告总发病率为154.71每10万人，丙类传染病年报告总发病率为1478.58每10万人。全区有预防接种门诊9家，其中五星级6家、三星级1家、规范门诊2家。全年全区各医疗机构新发现艾滋病（HIV/AIDS）39例，比上年下降23.53%；报告艾滋病（AIDS）8例，较2019年下降68.0%。全区各街道“现代结核病控制策略（DOTS）”覆盖率100%，高血压规范管理率73.16%，糖尿病规范管理率72.61%。

2020年8月11日，拱墅区组织13个单位参加中国疾控中心慢病中心举办的第五届万步有约健走激励大赛　（区卫健局 供稿）

【慢性疾病综合防控】2020年，区卫健局推进“全国慢病综合防控示范区”建设工作，开展慢性病综合防治教育，举办“肿瘤宣传周”“全民健康生活方式日”“全国高血压日”“联合国糖尿病日”等宣传日活动，报名参加中国疾病预防控制中心举办的第五届“万步有约”健走激励大赛。组织开展重点人群结直肠癌筛查、杭州市健康期望寿命调查等工作。至年底，完成结直肠镜检查1127人，全区居民健康素养水平41.3%；人均期望寿命86.44岁，比2010年上升1.82岁；户籍人口重大慢性病过早死亡率6.64%，比2010年下降23.94%。

【精神卫生管理】2020年2月，区卫健局出台《关于做好下阶段拱墅区新冠肺炎疫情心理干预的几点意见》，细化拱墅区学校青少年心理健康关爱行动措施。5月，启动该行动，制订并实施《杭州市拱墅区学校青少年心理健康关爱行动方案》，分层分类提供心理健康服务，有效预防、干预青少年心理危机事件。全年完成部门联络员、社区残联专干、民警、社工、工疗站管理人员、精防医生等161名精防工作人员的精神卫生工作综合业务培训，其中社区社工培训率98%。完成全区社区卫生服务中心150名全科医生的培训，培训率95%。至年底，拱墅区在册在管严重精神障碍患者管理率100%，规范管理率100%，规律服药率99.21%，报告患病率4.84‰，拨付精神障碍患者医疗救助费用10.15万元。

【公共卫生风险评估】2020年，区卫健局开展突发事件公共卫生风险月度评估12次，完成全区突发事件公共卫生风险评估月度报告12期。开展拱墅区新冠肺炎疫情专题风险评估1次，并完成专题风险评估报告。组织开展突发公共卫生事件的快速风险评估19起。（应　悦）

妇幼保健

【概况】2020年，区卫健局依据消除艾滋病、梅毒、乙肝母婴传播工作实施方案，通过不断强化培训、宣传及督导，规范全区母婴阻断工作，做好知情告知和转介服务。开展危重孕产妇医院监测、高风险育龄妇女监测、婴幼儿营养改善与监测、儿童意外伤害监测、杭州市0~6周岁新发疑似残疾儿童信息监测等项目监测。

【孕期保健】2020年，全区接受婚前保健咨询及检测1874对，孕期接受初次产前保健的孕妇数 7417 人，接受艾滋病、梅毒和乙肝检测人数 7417 人，检测率 100%，发现初诊梅毒感染孕妇 12 例，乙肝表面抗原阳性孕妇 353 例，艾滋病病毒（HIV）感染孕产妇 1 例。住院孕产妇 2196 人中，孕期接受艾滋病、梅毒和乙肝检测 2098 人，产时接受检测 98 人，住院孕产妇检测率 100%，发现梅毒感染产妇 9 人，其所生活产数 9 人，无艾滋病病毒（HIV）阳性产妇；乙肝表面抗原阳性产妇 116 人，其所生活产数 116 人，乙肝免疫球蛋白注射儿童数 116 人，乙肝表面抗原阳性孕产妇所生新生儿注射乙肝免疫球蛋白的比例 100%。

【儿童保健】2020 年，拱墅区 7 周岁以下儿童 3.71 万人，系统保健管理 3.67 万人，儿童保健管理率达 98.80%。当年，区卫健局对辖区内 80 余所幼儿园幼儿进行系统的体格检查，共检查 2.08 万人。

【妇幼筛选管理】2020 年，全区活产数 2595 人，新生儿疾病筛查数 2595 人，筛查率 100%；听力筛查数 2595 人，筛查率 100%。户籍人口孕产妇 2562 人，产前筛查 2451 人，筛查率 95.67%；流动孕产妇 1478 人，产前筛查 1414 人，筛查率 95.67%；孕产妇系统管理率 97.03%，高危孕产妇发生率 70.02%，高危孕妇住院分娩监护率 100%，辖区无孕产妇死亡。

【“健康妇幼、幸福家庭”惠民工程实施】2020 年，区卫健局实施“健康妇幼、幸福家庭”惠民工程项目，B 超服务 14386 人次，宫颈癌液基细胞学检查 13790 人次，乳腺癌筛查 13811 人次，甲状腺癌筛查 13846 人次。检查发现宫颈液基细胞学异常 210 人次、宫颈癌 1 人、宫颈癌前病变 10 人、甲状腺癌 6 人、乳腺癌 3 人、卵巢癌 1 人，子宫内膜癌 1 人，均给予积极治疗和提供绿色就医通道；女性抗衰老中心为更年期人群服务 4625 人次，并开展电子建档全程跟踪服务；盆底门诊 220 人次，营养门诊开诊 20 次，包括专家门诊 9 次，累计服务 145 人次。拱墅区国家免费孕前优生健康检查率 91.05%，国免实验室质控指标达到优秀。（应　悦）

老龄健康

【概况】2020 年，拱墅区人口老龄化趋势进一步发展。至年底，全区户籍人口 413949 人，其中 60 岁以上老年人 104213 人，占全区人口的 25.18%。按照 1965 年联合国《人口老龄化及其社会经济后果》标准，拱墅区处于人口中度老龄化。全市首个安宁疗护中心落户拱墅。在全市率先成立区级“医养护康教结合联盟”，辖区 34 家医养结合机构加入联盟。7 月 28 日，副市长陈卫强对拱墅区的老龄工作批示肯定。

【老龄委机构改革】2020 年，区老龄工作委员会实行机构改革。主任由副区长担任，副主任由区政府办公室主任、区委组织部副部长、区委老干部局局长、区卫健局局长、区民政局局长、区人力社保局局长担任，委员由区委宣传部、区发改经信局、区文广旅体局、区人力社保局等 18 个成员单位组成。在机构改革中，基本理顺老龄委办公室的工作机制。老龄办设在区卫健局，保留参公事业编制。区老龄委根据上级老龄工作会议精神，拟定区老龄办“三定”方案。基层老龄组织得到进一步完善和调整。全区老龄工作围绕“老有所养、老有所医、老有所学、老有所乐、老有所为”的要求开展工作。

【老龄健康服务新业态构建】2020 年 1 月 8 日，拱墅区在全市率先成立“杭州市拱墅区安宁疗护中心”，依托医养结合机构建立安宁疗护病房，面积约 1000 平方米，设置安宁疗护病床 27 张，收入安宁疗护病房的终末期老人 42 人次。5 月，由杭州市老年病医院牵头组织的拱墅区医养护康教结合联盟成立，辖区养老、康复护理医疗机构和护理培训机构志愿加入 34 家，推动医养护康教结合资源优化配置，打造区域老龄健康服务共同体，畅通老年人双向转介、转诊通道。全年举办“护工技能”“院感管理”等业务培训 9 期，开展各类义诊、疑难病例会诊 10 余次。

【敬老爱老助老环境构建】2020 年 4 月，拱墅区推进老人心理关爱项目，完成第二批国家老年人心理关爱试点项目，筛查65岁及以上老人565人，开展“老年心理沙龙”11次、对二类关注（包括轻度焦虑、抑郁的老年人）的48人实行“一对一”心理干预。6月，开展第三届敬老爱老助老“最美”系列选树活动，7个单位及29名个人获拱墅区“第三届敬老爱老助老最美”称号，祥符派出所谢钧获全国“敬老爱老助老模范人物”称号。7月1日，启动老年人意外伤害保险项目，为全区户籍60岁以上的失独老人、低保特困老人、优抚老人和80岁以上的高龄老人四类特殊老年人群统一购买团体意外险，参保人数20329人，投保费用60.99万元，保险期限1年。9月，省、市、区开展第三届“敬老文明号”选树活动，拱墅区获评省级“敬老文明号”2家、市级“敬老文明号”6家、区级“敬老文明号”11家。当年，开展百岁老人慰问，省、市、区、街道和社区领导上门慰问百岁老人71人，给每位百岁老人发放慰问金1000元，为23名100周岁老人送上“期颐之贺”印章一方。

拱宸桥大运河国医馆　（区卫健局 供稿）

【文化惠老活动开展】2020年9月，拱墅区举办以“人文新气象·美丽新拱墅”为主题的老年书画摄影大赛活动，收到各街道、部门选送的书法作品、国画、摄影作品121副（组），其中米市巷街道武万林书法作品《盛世湖墅赞》、小河街道张立新国画作品《常青》获市级三等奖。9月“敬老月”期间，区老龄委各成员单位和街道、社区举办太极拳剑气功培训、非遗演出进社区、老年人节慰问、敬老读书会、文艺会演、义诊等活动30余场。10月17日，区老龄委组织老年健康文化“十百万”公益讲座，聘请23名讲师，开设10门课程，为期2个月，覆盖全区102个社区（含养老机构）1万名老人。10月18日，区老龄委联合区文广旅体局举办重阳节排舞比赛，19支代表队230名老年队员参赛。

（应　悦）

中医中药

【概况】2020年，全区有中医医疗机构70余家，其中社区中医馆8家，社区中医师142名。全年社区卫生服务中心中医诊疗人数117.26万人次，占门诊总诊疗人次的40.2%。

【“看中医到拱墅”品牌打造】2020年，拱墅区的“社区中医药”品牌建设不断呈现新亮点，全年加强基层中医药服务工作，深入打造“看中医到拱墅”品牌。在杭州市中医药适宜技术推广应用比武中，拱墅区获区县（市）团体一等奖，拱墅区中医院郭晓获区县（市）个人二等奖；在杭州市中医护理综合技能竞赛中，拱墅区获团体三等奖，拱宸桥街道社区卫生服务中心朱杏娟获个人三等奖。

【中药技能竞赛】2020年10月，拱墅区举办区卫健系统中药技能竞赛，辖区内各级各类中医医疗机构近20家30人参加，拱宸桥街道社区卫生服务中心殷颖获一等奖，祥符街道社区卫生服务中心黄俊、杭州启承中医诊所郑杭获二等奖，拱宸桥街道社区卫生服务中心翟红、拱宸桥街道社区卫生服务中心赵斌、杭州方回春堂信源中医门诊部李梦菊获三等奖。

（应　悦）

卫生法制与监管

【概况】2020年，区卫健局按照《法治政府建设实施纲要（2015—2020年）》《拱墅区2020年法治政府建设工作要点》和《2020年拱墅区普法教育依法治理工作要点》要求，围绕“法治卫生”建设目标，优化决策机制、严格规范公正文明执法，坚持依法行政和普法教育两手抓。

【卫生知识教育】2020年，区卫健局结合典型案例开展以案说法普法宣传，展示卫健执法成效，营造良好的执法环境，扩大“蓝盾先锋”品牌影响力。3月，举办生活饮用水宣传周、职业病防治法宣传周、世界无烟日集中普法宣传活动。4月，自制发布“职业卫生呼吸防护——口罩的选择和使用”短视频，介绍口罩的种类和正确佩戴方式，引导劳动者有效防护有毒有害气体的伤害，受到用工单位和劳动者的好评。

【“双随机”抽查】2020年，辖区“双随机”任务数415家，其中国抽195家，省抽220家。“双随机”抽查发现违法线索，查处案件98起，查处率23.61%。

【卫生行政许可】2020年，区卫健局受理、办结行政审批事项3403件，办结率100%；其中，公共场所卫生行政许可425件、医疗卫生机构设置执业许可527件、医护人员执业许可2266件、放射诊疗许可87件、放射诊疗建设项目卫生审查41件。

【审批服务模式创新】2020年9月，区卫健局核准设立全市首家互联网医院，完成辖区9家社区卫生服务中心的互联网诊疗审批。拱墅区成为全市首个实现互联网诊疗社区全覆盖的城区，实现就医“零跑次”。10月，区卫健局为小河湖墅街道社区卫生服务中心，颁发杭州市首张承诺制“放射诊疗许可证”。至年底，实现全部14类审批事项“零跑次”办理，累计提供不接触的咨询、办件服务1500余次，确保服务不打烊。

【卫生违法查处】2020年，区卫健局办结行政处罚案件266起，其中大案要案26起，罚没款157.62万元。投诉举报线索查处77起。其中，“杭州肤康皮肤病医院有限公司使用非卫生技术人员从事医疗卫生技术工作、未履行《医疗纠纷预防和处理条例》规定义务案”被评为杭州市2020年卫生行政处罚“十大案件”；“杭州全好健康管理有限公司信义坊口腔诊所未按规定对放射诊疗工作人员进行个人剂量监测、健康检查案”获评2020年拱墅区法治政府考核优秀案卷。

【医疗纠纷查处】2020年3月20日至5月25日，杭州肤康皮肤病医院有限公司为翟某、李某等皮肤病性病患者开展激光治疗，未取得患者书面知情同意，并使用护士刘某、董某、梁某等人员，为皮肤病性病患者开展穴位埋线操作治疗。在对众多皮肤病性病患者开展激光、穴位埋线治疗过程中，未对症选择激光种类、参数以及埋线穴位的位置或名称，从而引起医疗纠纷。8月28日，区卫健局依据《医疗纠纷预防和处理条例》第四十七条第九项的规定，决定对当事人做出警告并处罚款5.3万元的行政处罚，并责令当事人立即改正违法行为。

（应　悦）

医政管理

【概况】2020年，拱墅区出台《拱墅区基层医疗机构使用抗菌药物开展静脉输液核准办法（试行）》和《杭州市拱墅区医师不良执业记分管理办法（试行）》，制定《拱墅区医疗质量控制中心管理办法实施细则》，加强医疗机构管理。各医疗机构建设如期推进，其中邵逸夫医院大运河分院土方开挖，新华医院急救站点投入使用。拱墅区妇幼保健计划生育服务中心以及3个社区卫生服务中心启用新址。杭州魏尔啸医学检验实验室取得新冠病毒核酸检测资质，并参与全区新冠疫情应检尽检等防控任务。

【医疗资源格局提升】2020年，全区各医疗机构建设按计划推进，新华医院整体设计方案调整并优化，可行性研究报告取得省发展改革委批复，其中新华医院急救站点完成改造，并投入使用；邵逸夫医院大运河分院、上塘社区卫生服务中心、庆隆社区卫生服务中心加快建设；小河湖墅街道社区卫生服务中心、祥符街道社区卫生服务中心、康桥街道社区卫生服务中心、拱墅区妇幼保健计划生育服务中心新址全面启用。杭州魏尔啸医学检验实验室取得新冠肺炎病毒核酸检测资质，并参与全区新冠肺炎疫情应检尽检工作，缓解核酸检测压力。基层医疗机构管理软实力提升，小河湖墅、康桥、米市巷街道社区卫生服务中心通过国家优质服务基层单位验收。

【医疗机构管理】2020 年，区卫健局基于对拱墅区医疗机构监管中暴露的薄弱环节，为减少抗菌药物输液的负效应，着力提升医师个人的执业行为自律，出台《拱墅区基层医疗机构使用抗菌药物开展静脉输液核准办法（试行）》和《杭州市拱墅区医师不良执业记分管理办法（试行）》2 个规范性文件。结合辖区实际，制定《拱墅区医疗质量控制中心管理办法实施细则》，规范质控中心建设，发挥质控中心的区域指导作用。

【医护人员培训考试】2020 年，辖区 73 名医师通过执业（含助理执业）资格考试，完成 5 名美容主诊医师备案、5 名盲人医疗按摩人员执业备案，51 人参加全科继教培训，组织 14 人参加初级继教培训，5 人参加 2020 年住院医师规范化培训。（应　悦）

爱国卫生和健康城区

【概况】2020 年，区爱国卫生运动委员会印发《关于下达 2020 年拱墅区爱国卫生和建设健康拱墅工作任务的通知》《2020 年拱墅区爱国卫生和健康城市建设工作要点》《关于组织开展 2020 年季节性除“四害”防制行动的通知》《关于做好新冠肺炎疫情防控加强爱国卫生与健康促进工作的通知》等文件。至年底，拱墅区病媒生物防治工作通过国家病媒生物 C 级复审。完成省级健康促进区创建工作，在健康浙江（杭州）考核中达到优秀等次、在健康家庭比赛中获得全省第四名。全区创建省级健康促进医院 2 家，健康促进金牌学校 2 所。

【病媒生物防治工作通过国家病媒生物 C 级复审】2020 年，区爱国卫生运动委员会督促各街道、部门落实好属地管理责任，根据辖区人口及面积，建立健全社区的病媒生物防控工作网格组织，加强对网格人员的管理，实行街道、社区、网格长三级管理模式。牵头做好各街道对有害生物防治公司（PCO 公司）续标工作，加强辖区病媒生物防治管理，拱墅区通过国家病媒生物 C 级复审。

【健康单位创建】2020 年，健康拱墅建设领导小组办公室牵头落实各项健康促进工作，协调各单位各部门，推进健康浙江、健康杭州考核工作的开展。以健康促进创建为抓手，开展健康教育促进培训、健康家庭比赛、世界无烟日健康宣传等活动。全年指导开展 487 个家庭、30 个企业、36 个社区、9 所学校、5 个机关和 2 家医院的健康创建工作。当年，拱墅区完成省级健康促进区创建工作。（应　悦）

人力资源 31

综 述

2020年，区人力社保局围绕“战疫情、促发展”中心工作，以“打造全面过硬部门、争当民生服务尖兵”为行动载体，推进稳就业、促改革、聚人才、强和谐等重点任务。全年城镇新增就业59328人，失业人员再就业2510人，累计向区内失业人员、重点人群发放就业和创业类补贴5.8万余人次1.2亿余元。举办劳务协作专场招聘会8场，其中线下招聘会2场，发动辖区263家企业提供扶贫岗位17837个，其中爱心岗位9667个。打造全职妈妈成长互助平台。联合1755家企业举办线上招聘会57场，提供岗位8.3万余个。制定拱墅区《关于支持青年人才创新创业若干意见的实施细则》等人才新政，强化人才“引育服”政策保障，全年兑现各类人才政策扶持资金1.16亿元。复产复工、青创联盟、“云端服务”等工作得到上级部门和区领导肯定，《人民日报》《杭州日报》等媒体刊发报道20余次。（朱祺祺）

人事管理

【概况】2020年，区人力社保局按照全区事业单位改革部署，完成全区28家涉及机构改革事业单位的岗位设置方案调整和人员转隶工作，指导相关单位科学调配分流人员和超配职数的过渡消化工作。完成全区234家事业单位机构及用户信息采集工作，完成6000余名事业在编人员基本信息采集工作，配合组织部门，将基层一线医护人员和机关干部关心关爱相关政策落实到位，包括医护人员及街道社区和机关干部的临时性工作补贴审核备案，一线医护人员的职称倾斜、考核等相关激励政策落实。

【事业单位和国企公开招聘管理】2020年，区人力社保局对教育系统开展4个批次565人的公开招聘方案进行指导监督，规范招聘流程；对拱墅投资发展有限公司公开招聘工作从严把控各个环节，确保招聘工作公开、公平，指导其开展公开招聘工作。实施事业单位机构改革相关工作。按照全区事业单位改革部署，立足政策规范，结合单位实际，准确把握口径，加强业务指导，完成全区28家涉及机构改革事业单位的岗位设置方案调整和人员转隶工作，指导相关单位科学调配分流人员和超配职数的过渡消化工作。

【事业单位人事管理服务平台建设】2020年，区人力社保局完成全区234家事业单位机构及用户信息采集工作，6000余名事业在编人员基本信息采集工作。完成区内234家事业单位岗位设置方案核准，725名事业单位工作人员的岗位聘用备案和后续的工资兑现。完成事业单位交流调动56人，人员流出163人，在职转退休82人，军转干部安置备案4人。为全区234家事业单位7200余人按时发放统发工资，累计发放金额4.2亿元。汇总初审上报2020年度拱墅区达标表彰项目1个，通报表扬项目3个。依据区纪委追逃办的相关申请，开展临时行政奖励工作。初步审核拟上报区政府记个人三等功2名，给予个人嘉奖6名。对745名年度考核优秀的事业单位工作人员进行嘉奖。

【基层一线医护人员和机关干部关心关爱政策落实】2020年，区人力社保局配合组织部门，将基层一线医护人员和机关干部关心关爱相关政策落实到位，包括医护人员及街道社区和机关干部的临时性工作补贴审核备案，一线医护人员的职称倾斜、考核等相关激励政策落实。指导义务教育教师相关待遇落实工作。指导教育部门做好义务教育教师基本工资摸底统计工作，并多次与财政、教育部门会商确定教师待遇落实方案，多次与教育部门协商确定教师待遇分配方案，以确保教师待遇按时间节点按规定落实到位，确保拱墅区事业单位工作人员工资待遇水平及标准的统一性。

（朱祺祺）

就业创业

【概况】2020年，拱墅区通过复工专列和专车运送13批次516名务工人员到拱墅就业。联合1755家企业举办线上招聘会57场，提供岗位8.3万余个。组织举办劳务协作专场招聘会8场，其中线下招聘会2场，发动辖区263家企业提供17837个扶贫岗位，其中爱心岗位9667个。返还社保费和稳岗补贴1.9亿元，发放助企就业和创业补贴近0.2亿元，落实稳企业、促发展工作。组织开展春风行动暨就业援助月活动、政策宣传服务周活动和就业援助公益服务“云市集”活动，安置就业困难人员1249人，走访企业50余家、重点群体639人，发放宣传资料1000余份。全年实现城镇新增就业59328人，失业人员再就业2510人；累计向区内失业人员、重点人群发放就业和创业类补贴5.8万余人次、1.2亿余元。

【企业用工状态动态监测】2020年，区人力社保局对辖区65家企业进行每月2次的失业动态监测，对101家企业进行每月1次的用工监测。新冠肺炎疫情防控期间，对76家规模以上工业企业开展用工需求调查，动态监测企业用工情况，预防出现因经营困难大面积裁员风险。4月起，针对2019年出口额100万美元以上的242家企业，进行每周一次的重点企业用工数据填报，调查内容主要为企业用工变化、减员原因、缺工需求等。7月起，针对带动就业能力强、用工规模大的3家重点企业，进行每月一次用工数据填报。

【就业创业“110”精准服务体系推行】2020年，区人力社保局创新推行就业创业“110”精准服务体系（梳理形成就业创业政策“1本通”；打造1支精通就业创业政策、服务质量过硬的就业创业服务小分队；深入社区、企业，做到就业创业政策“零”遗漏）。通过点单式培训、定期交流座谈等形式为街道、社区的就业经办人员和企业就业专管员答疑释惑。至年底，对辖区100余名就业经办人员开展上门点单培训，实现全区经办能力的提升。在11月27日杭州市第四届职业指导人员技能竞赛中，拱墅区获团队一等奖和个人特等奖、一等奖、二等奖共4项奖项。

【“全职妈妈成长互助平台”打造】2020年，区人力社保局建成拱墅区200余名有就业意愿全职妈妈的就业创业服务档案。8月11日，杭州市首场“心花绽放”全职妈妈就业援助项目直播在拱墅区上线，近200位全职妈妈在线观看；10月，举办全职妈妈成长互动月分享会，邀请实现就业创业的全职妈妈代表、街道就业援助联络员代表交流经验、分享心得，助力全职妈妈共同成长，融入社会。

【政策保障助力企业成长】2020年，区人力社保局对新申请认定创业陪跑空间的“沈豪丽创业园”开展实地服务指导，提高园区核心竞争力和可持续发展力。强化对企业吸纳就业创业担保贷款认定指导。9月召开全区创业担保贷款工作推进会，其后实地查看有需求的小微企业，帮助申请创业担保贷款及后续贴息，全年为重点人群创办的115家企业及个体工商户提供创业担保贷款4952万元。

【人才政策保障落实】2020年7月，区人力社保局根据市委办下发的《关于服务保障“抓防控促发展”落实“人才生态37条”的补充意见》，参与制定拱墅区《关于支持青年人才创新创业若干意见的实施细则》等人才新政，强化人才“引育服”政策保障。全年兑现各类人才政策扶持资金 1.16 亿元，追回补贴资金 23 万元。结合助力企业复工复产、支部主题党日等活动，全年派出 65 名干部、20 名专家，到 171 家企业服务 201 次，解决难题 175 个。

【线上线下人才项目对接】2020 年，区人力社保局承办参加“创客天下”大赛决赛外国人项目专场、“相约浙里运创未来”2020 浙江省海外青年人才项目云路演对接会、“长三角人才云市场高层次人才招聘大会”等活动，签约人才项目 18 个，签约金额 8472 万元。全年全区高层次人才分类认定新增 858 人，其中 D 类以上人才 147 人，比上年增长 93%。在“6・13”杭州大学生“双创”日期间，拱墅区举办“创青春 墅未来”2020 运河青年人才季活动，创新成立“运河青年创新创业联盟”，出台主城区首个青年就业创业专项政策“运河青创 7 条”，其中包括“对经认定的各类众创空间、孵化器、创业园等，对引进落地 10 个以上科技创新类大学生创业项目，并提供创业相关服务的，给予每家每年 10 万元工作经费补助”等扶持政策，进一步整合高校、企业、平台、机构等要素资源，弥补政策服务短板，助力青年创新创业。至年底，全区新增大学生创业企业 190 家，比上年增长 197%。组织参加各类招聘活动 36 场，推出就业岗位 5 万余个，引进应届毕业生来拱墅就业 10344 人。相关工作被《人民日报》、浙江新闻、浙江人社、《杭州日报》等多家省、市级媒体报道。

【人才培育】2020 年，区人力社保局指导 3 家企业及 1 家培训机构获得技能等级认定资质。全年组织持证类市区级比武竞赛活动 5 场，以赛促训 1358 人次。累计新培养高技能人才 2382 人，开展补贴类技能培训 9260 人次。开展职业线上培训 3130 人，补贴资金 137 万余元。实施“以工代训”补贴工作，全区 2 万余家企业补贴资金 7500 余万元。在贵州黄平、湖北来凤、浙江常山等地开展技能培训 734 人次，实现就业 291 人。全区新增市（区）级技能大师工作室 4 家、杭州市首席技师 1 名、杭州市技能大师工作室 1 家。全年受理公共服务事项 2.2 万人次，完成 3.2 万份人才人事档案数字化建设并接入杭州人才服务管理平台。开展职称初（认）定、申报 3112 人，完成 2062 名积分落户申请人员的职称和技能水平审核。指导成立全区第二批“运河大师”宣讲团，围绕“红社大讲堂”设立“大师宣讲菜单”，开展进社区、进企业、进机关、进学校主题宣讲 5 场。依托“拱墅人社发布”微信公众号，升级“墅说人才”故事专栏，刊登人才创新创业故事 5 期、技能小课堂 4 期，营造“尊重技能、尊重人才”的良好社会氛围。（朱祺祺）

劳动监察

【概况】2020 年，区人力社保局累计排查企业 8257 家，涉及员工 5.2 万余人。受理各类欠薪案件 3083 件，处置“110”社会应急联动中心欠薪类联动警情 2291 起，涉及劳动者 3452 人、4978 万元。开展全区在建工程落实“无欠薪”长效机制专项检查，出动区、街道监察力量 480 余人次，发放整改通知书 170 份。建立农民工维权公示标准化机制，制定统一的维权公示模板，打造全区 10 个示范样板项目，并向全区推广。

【企业用工情况摸排】2020 年，区人力社保局联合各街道（园区）全面摸排辖区企业用工情况、工资支付情况和欠薪隐患点，重点关注建筑类、装饰类、餐饮类等欠薪易发高发行业企业。联合街道、科技园区、区税务局，建立定期报送欠水、欠电、欠税机制，将欠薪预警信息录入智慧监察系统，最大限度掌握企业运行情况。全年全区受理各类欠薪案件 3083 件，其中建筑装饰行业 1347 件，餐饮服务行业 247 件，制造加工业 7 件，其他行业 1482 件；处置“110”社会应急联动中心欠薪类联动警情 2291 起。

【企业生产经营过程动态跟踪检查】2020 年 2—3 月，区人力社保局联合属地街道开展企业复工复产劳动用工服务活动，服务企业 336 家。5 月，开展清理整顿人力资源市场秩序春雷专项行动，检查用人单位 83 家，有效压实企业责任，促进规范用工。8 月，开展根治欠薪夏季行动，检查用人单位120家，其中在建工地43家，消除欠薪隐患5起。11月，开展根治欠薪冬季攻坚行动，检查用人单位178家，涉及劳动者1.3万余人。（朱祺祺）

劳动人事争议仲裁

【概况】2020年，拱墅区劳动人事争议仲裁委员会受理各类劳动人事争议案件1753件，其中10人以上集体争议案件24件，涉及劳动者2016人，其中要求劳动报酬案件占58.3%。当期结案1791件，为劳动者挽回经济损失3633万余元。其中裁决结案489件、调解及其他方式结案1302件，调解率72.7%，裁决案件中一裁终局占64%。案件受理量比上年增长7%。

【区劳动人事争议仲裁委第三个仲裁派出庭运行】2020年，区人力社保局按照劳动关系三方四家会议精神，联合区总工会在区信访超市内建立区劳动人事争议仲裁委第三个仲裁派出庭，建立运行制度和人、财、物保障机制，推进劳动纠纷多元化解机制建设。区人力社保局负责指派1名常驻的专职工作人员，具体负责该派出庭的日常管理以及仲裁员的培训和相关制度的制定。8月1日，该派出庭启动运行，全年受理案件133件，涉及劳动者133人，当期结案127件，为劳动者挽回经济损失229万余元，其中裁决10件，调解及其他方式结案117件，调解率92.1%。

【"一窗式"即接即办机制建立】2020年6月16日，区人力社保局为创新劳动纠纷处理机制，推进拱墅区人社领域群众诉求"一窗式"即接即办机制建设，建立"一窗受理、即时即办、按责转办、限时办理"的工作流程，并在各程序处理中体现调解优先，为群众提供劳动纠纷处理最快速、最有效、最专业、最公正的权益解决途径，实现人力社保领域群众诉求"专科受理"向"全科受理"转变。

【劳动纠纷多元化解机制建设推进】2020年，区人力社保局联合区劳动保障监察大队，对全区各街道劳动纠纷多元化解机制和"一窗式"即接即办机制建设情况进行调研和现场指导。根据浙江省劳动人事争议调解仲裁信息管理系统显示，全年，街道调解组织调解处理各类劳动纠纷案件1772件，涉及劳动者1793人，挽回各类损失2742.39万元。全区实现劳动纠纷多元化解机制全覆盖。区劳动人事争议仲裁院发挥诉前调解室的过滤作用，建议当事人到诉前调解室接受诉前调解822件，调解成功420件，调解成功率51.1%，其中有275件置换仲裁调解书。（朱祺祺）

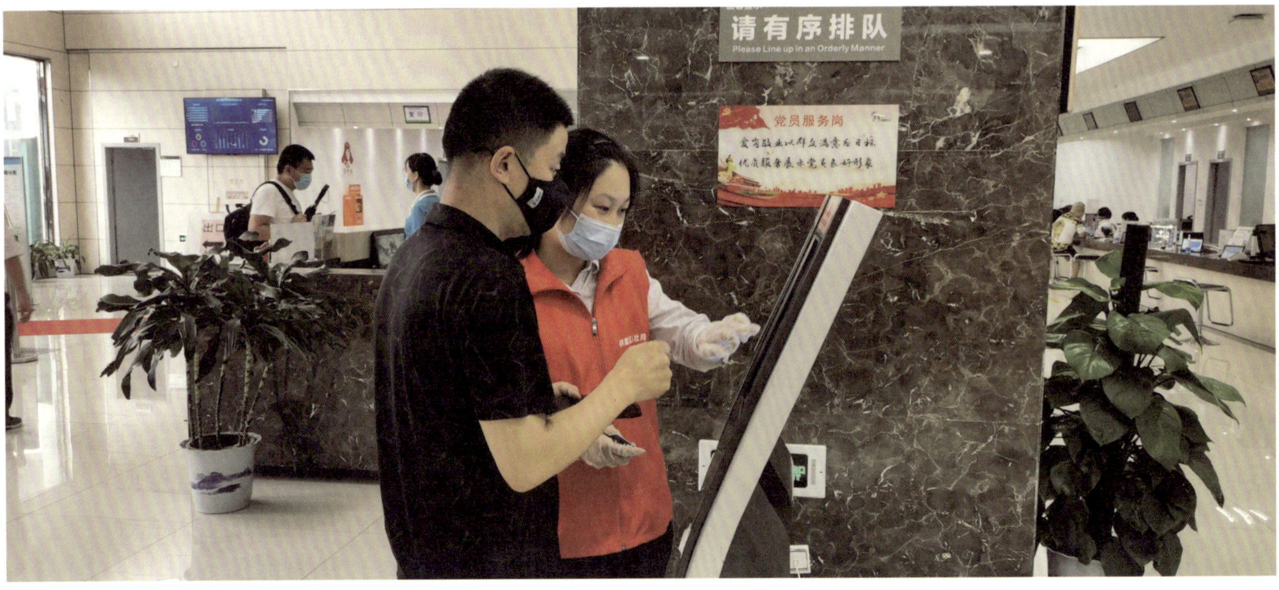

2020年12月30日，社保大厅工作人员为办事居民讲解社保办事流程 （区人力社保局 供稿）

社会民生 32

社会保险

【概况】2020年，拱墅区基本养老保险参保人数314291人，比上年净增37924人；工伤保险参保人数399179人，净增45515人。全年为参保单位减免社会保险（养老、失业、工伤）3个险种保费22.88亿元。惠及3.6万家参保单位和27万名参保职工。

【社会保险各类津贴发放】2020年6月开始，区人力社保局陆续完成“企业员工租房补贴”“小微企业和个体工商户‘两直’补助”发放，累计复核个人600余人次、个体工商户800余家。受理“亲清在线”店小二实时服务企业网上咨询100余件。

【“社保易窗”智能服务平台上线运行】2020年6月28日，“社保易窗”智能服务平台在拱墅区社保业务大厅上线运行。“社保易窗”是一扇依托于数字赋能设立的以“易”为本的服务专窗，具有智能咨询、互动交流、业务画像、在线窗口、决策支持5个功能。平台支持用户通过二维码、短链接及浙江政务服务网、微信等一键直达，灵活接入，实现社保经办“零次跑”、不见面。日均服务量由上线初期的185人次上升至年底的1200人次，并呈现稳步上升趋势。（朱祺祺）

社会救助

【概况】2020年，区民政局加强社会救助兜底保障，贯彻落实低保制度，推进“支出型”贫困家庭基本生活救助，全面保障困难群众基本生活。至年底，全区有各类困难家庭2502户、3381人，其中低保家庭2129户、2831人，低保边缘家庭362户、539人，特困家庭11户、11人。全年累计发放各类救助金5022万元，受益困难群众11.65万人次。其中，发放低保金3178.43万元，特困人员救助金16.82万元，低边家庭定期生活补助43.75万元，市临时救助金256.25万元，困难家庭价格补贴559.26万元，“春风行动”春节慰问金684.29万元，“春风行动”送清凉慰问金149.38万元，“五八城迁”、农婚知青生活补贴8.34万元，其他各类救助金125.49万元。

【“春风行动”】2020年1月19日，拱墅区部署全年“春风行动”工作。区慈善总会募集“春风行动”爱心捐款252.19万元。春节前，区领导以及各部门、街道、社区开展走访慰问困难家庭“冬季送温暖”活动，走访慰问市、区两级救助圈的困难家庭2440户，发放慰问金684.29万元。7月，开展“夏季送清凉”慰问活动，发放困难家庭高温慰问金149.38万元。

【社会救助家境调查】2020年，区民政局根据市统一部署，委托第三方社会组织，开展社会救助家境调查工作。调查期间，规范入户调查工作流程，约束入户调查的自由裁量权，公平分配社会救助资源，了解困难群体的社会救助需求，为实施分类救助打好基础。至年底，入户调查850户。

【低保专项治理】2020年4月，区民政局下发《拱墅区民政局关于开展2020年社会救助领域专项治理行动的通知》，推进低保工作中腐败和作风问题专项治理（简称低保专项治理），全面提升低保工作规范化管理水平。专项治理重点包括清理纠正低保政策落实不到位、临时救助政策落实不到位、特困人员供养服务落实不到位、因疫致贫及因疫返贫人口兜底保障政策落实不到位、社会救助资金监管不力、救助工作作风不实、救助申办程序不规范等问题，以及未按规定时间、内容和方式政务公开，清理纠正救助系统信息、档案管理不规范问题。

（张　静）

【“心智模式”培育视角下的阻断贫困代际传递试点项目】2020年7月，区民政局实施“心智模式”培育视角下的阻断贫困代际传递试点项目，在全区选择30名低保或者低边户的中、小学生为帮扶对象，以学科辅导为载体，关注儿童心理建设，实现“扶志与扶智”的双目标。该项目获“2020年度杭州市社会救助创新试点优秀案例”。（冯　雪）

【困境儿童扶助】2020年，区民政局指导各街道、社区开展困境儿童逐门逐户摸底调查和定期走访工作，掌握困境儿童个人情况、监护人情况及家庭经济状况，及时了解困难儿童的身体、生活和学习等方面动态情况，为困境儿童完善“一人一档”“一人一卡”。全区有困境儿童301人，其中，社会散居孤儿4人，事实无人抚养困境儿童27人，贫困家庭重病重残罕见病儿童10人，低保家庭儿童215人，困难家庭儿童45人。加强儿童关爱保护队伍建设，10个街道、95个社区均配备儿童督导员和儿童主任，参与一线儿童福利工作。7月，开展2020年“福彩暖万家”系列公益活动，其中“福彩助力·点亮梦想”公益活动资助困境儿童43人、8.6万元，“福彩牵手·助圆大学梦”公益活动资助2020级困难大学新生8人、6.4万元。10月起，困境儿童生活费补贴通过“民生直达”系统发放，全年发放生活费补贴182.96万元。

【“阳光儿童家”建设推进】2020年9月11日，区民政局出台《关于加快推进“阳光儿童家”建设的通知》，明确全区儿童之家场地布点、场地规模、安全要求、标识要求、服务功能、管理要求等具体要求，全面推进全区儿童之家建设工作。至年底，全区儿童之家完成场地建设与设施配备，使用统一名称“阳光儿童家”，由社区儿童主任牵头负责日常运行，并配备相应的管理、运行、服务人员。全年建成“阳光儿童家”86家，其中基础型76家、示范型10家，10个街道各建成示范型“阳光儿童家”1家，服务覆盖全区95个运行社区。

【流浪乞讨人员救助】2020年，区民政局开展“三层次一联动”巡查，即由区公安分局、区城管局、区民政局等部门组成的部门巡查救助队伍，由社工、联防队、志愿者、网格员组成的各街道巡查小分队以及政府购买服务的社会组织巡查劝导队伍“三层次”巡查力量，在拱墅区城市无着流浪乞讨救助管理工作领导小组领导协调下联动开展工作。全年巡查2.01万次，出动机动车867辆次，电动车9528辆次，处置并反馈110联动平台案件65条。区民政局开展“寒冬送温暖”“夏季送清凉”专项救助行动，设立区级临时避寒（暑）点，严寒、高温天气及时启用，24小时开放救助流浪人员。全年全区发放洗漱用品、被褥、衣物、避暑药品、食品等救助物资2500余件，送救助站救助19人次，送医2人次，劝导劝离126人次，未发生一起流浪乞讨人员非正常伤亡事件。

（祝永昕）

【福利彩票发行与关停】2020年，“中福在线”拱墅区上塘路营业厅销售福利彩票总额342.22万元。福彩公益金用于资助养老机构床位建设、社区服务设施、生活救助、医疗救助等社会福利事业。6月30日，上塘路营业厅正式关停，不再办理兑奖及退卡业务。自2010年1月上塘路营业厅启用，至2020年6月关停，累计销售福利彩票5.72亿元。（严旭东）

退役军人事务

【概况】2020年，区退役军人局按照“打基础、抓规范、上台阶”的工作思路，开展“思想政治工作年”和“基层基础建设年”活动，推进“新时代枫桥式退役军人服务站”创建，做好退役军人服务保障工作，7家单位获评浙江省首批全国“示范型退役军人服务中心（站）”。

【双拥工作】2020年，区退役军人局开展以“致敬荣光”为主题的“八一崇军”系列活动，举办表彰会、座谈会、集中走访慰问、退役士兵返乡招聘会、讲好老兵故事等活动，制作纪录片《致敬荣光》，开展全区“最美退役军人”选树活动，表彰23名全区“最美退役军人”。2人获评市“最美退役军人”，1人获评省模范退役军人。

【优抚工作】2020年，区退役军人局向部分优抚对象包括三属（烈士遗属、因公牺牲军人遗属、病故军人遗属）、在乡老复退、残疾军人、失业“两参”人员、现役军人家属等发放“八一”、春节慰问金；向各类企业退休移交社会化管理的复员、退伍军人发放春节慰问金；向在乡老复员军人、带病回乡退伍军人发放一次性生活补助费；对未享受定期抚恤金的烈士、因公牺牲军人、病故军人的父母（抚养人）、配偶等人进行“三属”补差；对失业“两参”人员进行医疗保险补助；向区重点优抚对象发放年度价格补贴。为拱墅区年满60周岁以上享受定期补助的优抚对象办理为期一年的市老年人团体意外伤害统筹保险；通过购买服务的方式为拱墅区年满90岁及以上退役军人提供每人各一次服务家政保洁和理发服务；发放2018年、2019年入伍义务兵家属优待金。

【移交安置】2020年，拱墅区按照《人力资源和社会保障部、财政部关于2020年调整退休人员基本养老金的通知》文件精神，根据无军籍退休（退职）职工的职级、出生年月和工作时间等条件，从1月起核算无军籍退休职工增加的基本退休费，于9月前调整到位，同时调整生活补贴和发放一次性福利费，做好无军籍军休系统的信息采集及核查工作。1—3月，区退役军人局完成全区自主择业军转干部信息采集及年审工作。4月，组织采集上报企退军转干部信息。5月，根据《杭州市退役军人事务局等四部门关于认真做好2019年退役士兵相关补助经费发放工作的通知》精神，开展2019年自主就业退役士兵一次性就业补助金发放工作。9—12月，完成营职以下（含技术）军官、由政府安排工作退役士兵、随军家属、随调家属安置，接收退役士兵返乡报到，做好档案移交工作。（金克强）

2020年杭州市区部分优抚对象抚恤（补助）标准一览表

表16

属别		月抚恤（补助）标准	年抚恤（补助）标准
烈士遗属		5636	67632
因公牺牲军人遗属		5166	61992
病故军人遗属		4697	56364
在乡复员军人	抗日战争	3522	42264
	解放战争	3289	39468
	中华人民共和国成立后	3054	36648
带病回乡退伍军人		2818	33816

（金克强）

2020年杭州市区无工作单位残疾军人残疾抚恤金标准一览表

表17

残疾等级	残疾性质	月抚恤金标准	年抚恤金标准
一级	因战	11029	132348
	因公	10528	126336
	因病	10026	120312
二级	因战	10026	120312
	因公	9525	114300
	因病	9024	108288
三级	因战	9024	108288
	因公	8523	102276
	因病	8021	96252
四级	因战	8021	96252
	因公	7520	90240
	因病	7019	84228
五级	因战	7019	84228
	因公	6517	78204
	因病	6016	72192
六级	因战	6016	72192
	因公	5515	66180
	因病	5013	60156
七级	因战	5013	60156
	因公	4512	54144
八级	因战	4512	54144
	因公	4011	48132
九级	因战	4011	48132
	因公	3510	42120
十级	因战	3510	42120
	因公	3008	36096

（金克强）

2020 年杭州市区伤残人员护理费标准一览表

表 18

残疾等级	残疾性质	月护理费标准	年护理费标准
一级	因战	5013	60156
	因公	5013	60156
	因病	3008	36096
二级	因战	5013	60156
	因公	5013	60156
	因病	3008	36096
三级	因战	4011	48132
	因公	4011	48132
	因病	3008	36096
四级	因战	4011	48132
	因公	4011	48132
	因病	3008	36096

（全克强）

社会事务管理

【概况】2020 年，区民政局婚姻登记处办理结婚登记 2937 对，离婚登记 1411 对，补发结婚证 438 对，补发离婚证 99 本，出具无婚姻登记记录证明 3 件，办理事实收养评估 5 例，登记合格率 100%。全年提供各类婚姻家庭辅导和政策咨询 1000 余人次。10 月 13 日，区婚姻登记处开通婚姻登记全省通办服务。年内，继续开通“婚育户一件事”联办服务、内地居民补领婚姻登记证全省通办服务、周日办理预约结婚登记服务。全年受理“婚育户一件事”联办事项并推送婚姻登记信息 2283 件，办理跨区域补证 181 例、跨区域调档 237 件。

全年拱墅区命名住宅区 17 个、道路 30 条、桥梁 18 座。区民政局为企事业单位和个人办理发放门牌证 1.3 万本，制作安装（幢）门牌 2 万余块。对祥符街道都市水乡小区、小河街道广兴新村小区、米市巷街道大塘新村小区等 8 个老旧小区的门牌进行整体整治更新。4—7 月，拱墅区牵头开展拱墅区—江干区行政区域界线联合检查。10 月，启用浙江省区划地名系统，开展全区地名地址图属关联工作，完善省系统数据。

10—11 月，开展全区安葬（放）设施违规建设经营专项摸排，区、街道、社区三级均实地详细调查摸排，填写专项摸排情况确认单并将信息录入省殡葬政务信息直报系统。至年底，全区有 1 家经营性公墓，为杭州市半山公墓，总墓穴 57380 穴，已安葬 41885 穴。1 家公益性公墓，为杭州市半山生态公墓，总墓穴 6520 穴，已安葬 5705 穴。2 个集中埋葬点，分别位于沈家桥社区和石塘社区，沈家桥总墓穴 600 穴，已安葬 572 穴，石塘总墓穴 2075 穴，已安葬 1417 穴。全区有骨灰堂 6 家，为独城社区静安堂、蒋家浜社区静安堂、康桥村社区静安堂、吴家墩社区静安堂、义桥社区永安堂和永和社区安乐堂。独城社区静安堂总墓穴 490

穴，已安葬319穴；蒋家浜社区静安堂总墓穴1416穴，已安葬1323穴；康桥村社区静安堂总墓穴1200穴，已安葬972穴；吴家墩社区静安堂总墓穴400穴，已安葬353穴；义桥社区永安堂总墓穴2000穴，已安葬927穴；永和社区安乐堂总墓穴400穴，已安葬360穴。3月25日，辖区公墓首次实行清明群众集中祭扫预约祭扫制度。

（周婧斯　严旭东　徐文玲）

【婚姻登记全省通办】2020年10月13日，省民政厅发布《关于印发〈浙江省内地居民婚姻登记全省通办改革试点工作实施方案〉的通知》，决定在全省试点开展省内内地居民婚姻登记全省通办工作。婚姻当事人男女双方或一方为浙江省内居民的，或者部队驻地、入伍前常住户口所在地或另一方常住户口所在地在浙江省的现役军人，可以在全省自主选择任一内地居民婚姻登记机关申请办理结婚登记、离婚登记。根据省统一安排，拱墅区婚姻登记处开通婚姻登记全省通办服务，至年底，共跨区办理婚姻登记及补发结婚证离婚证2408例。

【婚姻家庭辅导】2020年，区民政局婚姻登记处继续开放婚姻家庭辅导室，由拱墅区有晴天社会心理服务中心在工作日为市民免费提供专业婚姻家庭辅导服务。因疫情防控要求，2月1日起暂停现场服务，开通线上婚姻家庭辅导热线，7月20日恢复现场服务，并持续提供线上服务，对有后续辅导需求的市民给予热线帮助或预约后到婚姻家庭辅导室进行专业咨询，实现婚姻家庭辅导线上服务常态化。上半年疫情防控期间受理婚姻家庭辅导热线咨询电话39人次，其中提供信息咨询24人次，开展线上婚姻家庭辅导15人次。8月25日（七夕节）、11月11日，分别在婚姻登记处组织集中新婚辅导活动。全年辅导婚姻家庭个案141例，线上线下辅导291人次，其中婚前辅导154人次、婚姻家庭问题咨询21人次、离婚劝导和调解116人次，离婚劝导和调解暂缓离婚率57%。

（周婧斯）

【平安边界建设】2020年，拱墅区行政区域与下城区、江干区、西湖区、余杭区接壤，界线总长61.9千米，设实埋界桩4个。有县（市、区）三交点4个，分别为“下拱西”“拱西余”“下江拱”“江拱余”；有县（市、区）陆地行政区域界线4条，分别为“下拱线”（全长12.8千米）、“江拱线”（全长5.5千米）、“拱西线”（全长12.2千米）、“拱余线”（全长31.4千米）。4月，拱墅区牵头开展拱墅区—江干区行政区域界线联合检查。4月20日，拱墅区民政局、江干区民政局联合制订《拱墅区、江干区行政区域界线联合检查实施方案》。6月9日，拱墅区与江干区、余杭区联合对三区交点界桩开展实地检查。17日，召开拱墅区、江干区行政区域界线第四轮联合检查会，并形成议纪要。7月30日，形成《拱墅区人民政府、江干区人民政府关于拱墅区与江干区新郑区域界线联合检查情况的报告》，行政区域界线联合检查工作结束。开展行政区划边界纠纷隐患排查，年内没有发生因边界纠纷引发的群体案件，边界地区治安稳定，人民生活安定。

【不规范地名清理整治】2020年1—8月，区民政局常态化开展不规范地名清理整治工作，通过实地检查，发现“运河万科中心”“厘望NEO1”“九龙仓·臻玺”3处使用非标地名广告现象，其标准地名分别为“中尚汇府”“厘望轩”“臻玺公寓”。区民政局通知相关产权单位自行整改。在责令整改的同时，做好宣传教育工作。年内，3处不规范地名分别整改完毕。（严旭东）

【安全文明祭扫】2020年，拱墅区推进丧葬移风易俗，为防控新冠肺炎疫情，减少人群聚集，宣传倡导居家追思、网络祭扫方式。清明群众集中祭扫活动期间，辖区公墓实行分级分类管控和预约祭扫制度。3月25日起，半山公墓、半山生态公墓开通微信公众号预约和电话预约，每个墓位限约3人，并开通网上祭祀、代客祭扫服务。墓区现场做好祭扫人员流量关口前置管控，实行出、入口分流，要求祭扫人员佩戴口罩，凭预约码、健康码分时分段进入公墓内，并实行限时祭扫。2个集中埋葬点落实安全防范措施，通过预约进行祭扫，由属地社区（经合社）根据各墓地情况，统筹分时、错峰、限人数进行预约祭扫。相对封闭的骨灰存放室安排祭扫人员分时、错峰、限人数等进入室内祭扫。清明期间，辖区公墓预约44204人（网上预约38129人、现场预约4558人、电话预约1517人），现场总祭扫人数49792人，代客祭扫105穴。冬至群众祭扫活动期间，辖区公墓继续实行分类管控预约祭扫制度，12月12日起开通预约平台。冬至期间辖区公墓总预约25133人，现场总祭扫人数75621人。年内，墓区疫情防控和群众安全文明祭扫管理平稳有序。

【殡葬服务收费专项整治行动】2020年5月，拱墅区启动全区殡葬服务收费专项整治行动。6月，区民政局、区发改经信局、区市场监管局组成联合检查组，对辖区内公墓及销售丧葬用品的社会殡仪服务机构（丧葬用品店）开展随机抽查，检查经营手续是否齐全、实际经营地址与注册地址是否相符、销售殡葬用品是否明码标价等问题，对于发现的问题，现场要求整改，检查组开展事后监督。至6月底，检查发现的问题全部整改完成。（徐文玲）

社区建设

【概况】至2020年年底，全区有建制社区99个，实际运行社区95个，代管社区4个。有社区专职工作者1301人，其中男性475人，女性826人；大专及以上学历1263人，占97.1%，其中硕士及以上39人；社会工作师持证社工666人，占51.2%，其中高级职称1人、中级职称279人、初级职称386人；平均年龄39.2岁，其中30岁及以下188人，占14.5%。

2020年12月19—20日，华丰社区举行换届选举活动 （区民政局 供稿）

【社区换届选举】2020年10—12月，拱墅区开展新一届社区居委会换届选举。至12月20日，所有社区完成选举，产生新一届社区居委会班子成员483人，其中，居委会主任95人，副主任171人，委员217人。选举方式上，95个社区采取有候选人的差额直选方式进行选举，直选率100%。全区登记选民322513人，选民登记率97%以上，选民登记率比往届显著提升。

【社区分类治理深化】2020年，拱墅区开展国际化社区示范点、撤村建居社区示范点建设。10月，上塘街道七古登社区、祥符街道申悦社区被评为2020年杭州市撤村建居社区示范点，上塘街道瓜山社区、祥符街道阮家桥社区被评为2020年杭州市国际化社区示范点。

【社会工作人才队伍建设】2020年，拱墅区持续推动社区专职工作者提升社会工作专业能力。9月，区民政局组织开展2020年社会工作职业水平考试考前培训，采用线上钉钉“直播”的授课方式，800余名专职社工参加培训。11—12月，开展全区社会工作个案评比，推动社会工作专业化进程，上报社会工作个案666例，其中被评为市级优秀个案4例。省慈善联合总会联合省社会工作师协会评定拱宸桥街道蚕花园社区业委会委员金莲、上塘街道志愿者朱国惠、和睦街道李家桥社区党委副书记徐美芳、湖墅街道仁和仓社区党委副书记宋晓燕、康桥街道西杨社区居委会委员郁康平5人为“战疫群英”优秀个人；评定半山街道“杭钢西苑社区‘1234’自治法助推志愿服务工作开展”为“战疫典型”优秀案例。高森立、张伟强、孙菁、高洁、苍洪伟、周玉群、郭二祥、陈冰一、陆昕越、戴佳莹、徐淑蓉、赵巍巍、项政、陈红利、周呈、邢晓春、傅波、陈波、马兆斌19人被民政部评定为城乡社区抗疫防控先进典型人物。

【社区减负增效深化】2020年8月，区民政局根据《整治形式主义突出问题切实减轻基层负担的若干意见》《关于新形势下深化社区（村）减负增效工作的若干意见》等文件精神，开展全区社区机构牌子多、上墙制度多等问题自查清理工作，梳理社区减负清理事项、清理形式，落实规范社区工作事项准入制度、盖章证明事项、执行“3+1+8”〔可挂（3+1）：社区党组织、居委会、居务监督委员会，如未经社分离可挂经合社；可挂（8）：党群服务中心、社区服务中心、文化家园（新时代文明实践站）、居家养老服务照料中心、社区微型消防站、社区警务室、社区卫生服务站、社区避灾安置点〕挂牌规定、严控上墙制度数量等减负举措，明确社区履职主要事项18项、协助政府工作主要事项23项、市级部门准入盖章事项22项。开展民政系统“双随机”抽查，对半山街道石塘社区、湖墅街道双荡弄社区、湖墅街道仓基新村社区、米市巷街道夹城巷社区4个社区进行抽查，对“四张清单落实情况”、依法依规履行职责情况进行检查。

【专职社区工作者招聘】2020年3月，拱墅区成立招聘专职社区工作者工作领导小组，启动招聘工作。全年招聘专职社区工作者162人（含选拔拱墅区优秀网格员5人），其中面向社会公开招聘125人，定向退役军人及随军家属（配偶）招聘32人，定向招聘拱墅区现任优秀专职网格员5人。此次招聘首次定向招聘网格员岗位；为提升社工队伍归属感，首次对考取户籍所在街道岗位给予笔试加分。6月23日，发布拱墅区2020年招聘专职社区工作者公告；29日完成报名工作；7月11日进行笔试，实际参加考试人数1864人，到考率84%；26日进行面试；27日公示综合成绩及入围体检人员名单；7—12月，陆续公示拟聘用人员名单。至12月，新进社区专职工作人员全部入职。（孙启鹏）

社会组织

【概况】2020年，拱墅区新登记成立社会组织27家，其中社会团体6家，民办非企业单位21家；新备案社区社会组织11家，有37家社会组织变更名称、住所、法定代表人等登记事项，有15家社会组织注销登记。区民政局组织实施社会组织登记档案整理和电子化处理工作，完成档案条目5485条，电子化处理档案16972页。完成社会组织登记数据由杭州市社会组织管理平台系统向浙江省社会组织业务应用系统的迁移工作，社会组织登记、备案、年度检查等所有业务开始全面使用浙江省社会组织业务应用系统。至年底，全区有社会组织3155家，其中，社会团体82家，民办非企业单位388家，基金会1家，备案类社会组织2684家。社会组织等级评估获得AAAA级1家，AAA级2家。拱墅区乐居社会工作服务中心副主任陈波、拱墅区应急救援大队法人马兆斌入围浙江省城乡社区千名抗疫人物英雄谱。杭州市拱墅区心巢公益发展中心获杭州市品牌社会组织称号，中心法人刘浏获评杭州市社会组织领军人才。拱墅区有晴天社会心理服务中心法人杜奕获评杭州市抗击新冠肺炎疫情先进个人，拱墅区应急救援大队获评杭州市抗击新冠肺炎疫情先进集体。

【社会组织年检】2020年，拱墅区应参加2019年度社会组织年度检查的社会组织376家。区民政局与主管部门开展联合检查，并向社会发布年度检查结果公告。检查合格345家、基本合格5家、不合格26家。其中，社会团体年度检查合格59家，不合格6家；民办非企业单位年度检查合格285家，基本合格5家，不合格20家；基金会检查合格1家。

【社会组织监管】2020 年 1 月起，区民政局组织开展打击非法社会组织行动，通过主动排查和群众举报，发现未经注册的非法社会组织 33 家，分别采取取缔、责令解散、劝散、引导登记等方式进行依法查处。加强对监管服务对象的监督和管理，全年共开展“双随机”执法抽查 47 家次；开展跨部门联合检查 10 家次，跨机构监管率 21.3%；开展书面检查 35 家次、现场检查 12 家次。检查共发现问题 15 个，均限期完成整改。

【公益创投资助】2020 年年初，区民政局完成区第六届社会组织公益创投资助项目签约和首批资金拨付工作。7 月、10 月分别启动区第七届第一批、第二批社会组织公益创投活动，投入社会组织发展专项资金 100 万元，征集公益创投项目 55 个、立项 26 个。经专家评审和区民政局确定，对 22 个社会组织公益项目予以资助。9 月，第三方机构完成第六届社会组织公益创投项目实施情况中期评估。各街道均投入 30 万元以上资金开展社区社会组织公益微创投，10 个街道投入总资金达 322.4 万元，购买服务项目 86 个，促进“草根”社会组织参与“社区微自治”。动员拱墅区社会组织参与市民政局 2020 年第一、二、三批公益创投项目的申报，其中 8 个项目入选 2020 年市社会组织公益创投项目，获公益创投项目扶持资金 122 万元。

【社会组织对口帮扶】2020 年，拱墅区发挥社会组织在志愿扶贫领域中的独特优势，动员拱墅区心巢公益发展中心、拱墅区乐居社会工作服务中心等 6 家社会组织向贵州省黔东南苗族侗族自治州、湖北省恩施土家族苗族自治州贫困地区捐款 30 万元，并对接各类爱心慈善资源，加大帮扶力度。其中，拱墅区应急救援大队为贵州省黔东南深度贫困县榕江县“爱心帮扶”行动项目捐款 5 万元，为 100 户贫困家庭每户资助 500 元，用于更换破损的床、衣柜和灶具；拱墅区心巢公益发展中心为湖北省恩施土家族苗族自治州新塘乡前坪村（深度贫困村）散居户捐赠约 5 万元，用于修缮改造沙石道路，并于 7 月 1 日通过“西湖先锋”微信公众号，以及京东、淘宝、抖音等平台开展直播助农，助力湖北省恩施土家族苗族自治州来凤县的腊肉、藤茶等特色产品建立互联网销售体系，观看人数 10 万余人次，直播当天销售额 56 万元。10 月 12—17 日，拱墅区有晴天社会心理服务中心赴贵州省黔东南苗族侗族自治州黄平县开展“梦想启航”教师心智培育专项培训项目，为黄平县中小学的教师团队开展培训，帮助开展学生心理健康及危机干预防控普及工作，并联合北京三智文化书院，向黄平县各个中小学及幼儿园捐赠书籍 400 册。

【社会组织党建】2020 年，区民政局强化拱墅区社会组织综合党委建设，对 41 家社会组织派驻党建指导员，将党建工作与社会组织登记管理结合起来，建立社会组织与党组织同步审批、同步年检、同步评估、同步表彰、同步调整“五个同步”机制，推进“党建入章”工作，明确要求社会组织将党的

2020 年 10 月 12—17 日，拱墅区有晴天社会心理服务中心在贵州省黔东南苗族侗族自治州黄平县开展“梦想启航”教师心智能力建设专项培训项目

（区民政局 供稿）

建设和社会组织核心价值观写入社会组织章程。6月，拱墅区社会组织服务中心入驻拱墅区党群服务中心，建立社会组织一条街，常态化开展社会组织党建活动。

（田　蜜）

养老服务

【概况】2020年，全区户籍人口41.39万人，60岁以上老年人10.42万人，占比25.18%，其中80岁及以上高龄老年人1.88万人，失能老年人1232人，半失能老年人3367人，人口老龄化、高龄化、失能化和空巢化“四化叠加”趋势明显。在60岁以上老年人中，95.9%选择居家养老。全区社会化养老床位4929张，其中养老机构7家、微型养老园7家，床位2214张；撤村建居社区集中托老点12家，床位1294张；护理院5家，核准床位795张；照料中心床位626张。全区建有社区（街道）居家养老服务照料中心88家，其中街道级照料中心10家，社区级照料中心78家；其中升级示范型居家养老服务中心13家。社区（街道）居家养老服务照料中心全部与社区卫生服务中心或杭州和康康复医院、杭州杭钢医院等医疗机构签订协议。全区建成“阳光老人家”站点78家，社会化运行率达100%。针对70周岁及以上老年人发放养老服务消费券8800张，用于购买康复、护理技能培训、健康管理、辅具租赁等服务。拱墅区被授予“全国智慧养老示范基地”，米市巷、祥符、小河、和睦、半山街道被授予“全国智慧养老示范街道”，拱墅区养老工作获省政府督查激励奖。

【养老机构建设与管理】2020年7月20日，区民政局组织开展拱墅区2020年度“926工匠日”杯养老护理员职业技能竞赛。9月，开展养老机构安全大整治大提升行动，区民政局、区应急管理局、拱墅消防救援大队等部门组成联合检查组，先后到区老人公寓、区老人公寓小河分院、和睦老人公寓、康久天颐养老院以及独城社区集中托老点进行安全生产督查，现场检查消防安全、食品安全、突发事件应急响应等工作落实情况。11月26日，召开2020年全区养老福利机构安全生产工作会议，联合拱墅消防救援大队，在拱墅区老人公寓开展消防灭火及组织疏散逃生实战演练。至年底，全区有养老机构14家，设有机构床位2214张，其中区老人公寓324张，杭州和睦老人公寓355张，康久天颐养老院595张，海华幸福家园201张，半山颐养院322张，杭州博爱颐养院150张，杭钢随园智汇坊100张，杭州市拱墅区和睦街道和睦社区壹健康养老园20张，杭州市拱墅区祥符街道映月社区元墅养老园10张，杭州市拱墅区和睦街道化纤社区元墅养老园21张，杭州市拱墅区壹健康华丰社区养老园21张，元墅登云路社区养老园12张，杭州市拱墅区祥符街道庆隆社区康久天颐养老园27张，康桥朗诗居家养老服务中心36张，上塘朗诗居家养老服务中心20张。有集中托老点12个，设床位1294张。社区（街道）居家养老服务照料中心88家，设日托床位626张。有老年食堂34家。

【“阳光老人家”居家养老服务体系建设】2020年，拱墅区根据《拱墅区老旧小区“阳光老人家”社区居家养老服务体系建设实施意见》要求，深入推进“阳光老人家”社区居家养老服务体系建设，在“1平台2厅堂3中心4队伍+X特色服务”（“1”：全区统一的“阳光大管家信息平台”；“2”“3”：服务站点“食堂+客厅”“健养中心+休养中心+乐养中心”功能；“4”：“好管家”“好小二”“好大夫”“好帮手”，对应社区养老专管员和助老员、社会组织、医疗服务人员、志愿者4支队伍；“X”：根据不同社区资源条件提供特色服务，把服务资源整合成“菜单化”模块，为不同小区定制服务）的建设标准基础上，着力构建资源配置、组织培育、信息支撑、支付保障、监管服务五大体系。至年底，全区累计建成“阳光老人家”站点78家，覆盖全区所有老旧小区。其中省级示范型13家，市级五星级11家，市级四星级24家，形成“15分钟”居家养老服务圈，养老服务覆盖全域。全区居家养老服务中心社会化运行率达100%。

【“医养服务联盟”合作共建】2020年，拱墅区以浙江老年关怀医院为龙头，依托康复医疗中心、护理站、微型养老院、街道居家养老服务中心、家庭照护病床，形成分层分类的康养服务格局。全区所有“阳光老人家”站点均与医疗机构签约合作，建成示范型医养结合站点 5 家、普惠型康复护理站 3 家。建立由杭州市老年病医院牵头，辖区养老、康复护理医疗机构、护理培训机构共同组成的区域老龄健康服务共同体，为 4.6 万余名老年人提供健康管理、康复体检、康复护理等服务。12 月，杭州市首家社区护理中心——“乐龄家护理中心”落户大关街道“阳光老人家”，实现“社区护理 + 居家护理 + 医疗衔接”三大服务功能。至年底，拱墅区实现康复护理服务全周期覆盖。辖区综合医院负责康复治疗，社区卫生服务中心负责康复评估、业务指导、家庭病床等服务，街道级居家养老服务中心及社区照料中心负责康复护理、上门照护、家庭支持以及日间照料服务，家庭配合并提供最基本照护服务，分级分类为老年人提供医养服务，形成医治、转介、培训、签约、建档等一套规范化服务流程。区民政局联合区卫健局进行服务资质、服务项目、服务价格等前置审核，引进杭州青悠养老服务有限公司、杭州康久医疗投资管理有限公司、杭州全日医康健康管理有限公司、杭州和康养老服务管理有限公司、浙江宏爱助老为老养老服务有限公司 5 家专业医养机构，打造“藤叶护”“康久和颐”“全日康护”“和康医养”“乐龄家”五大康养服务品牌，居家养老服务从标准化向专业化转变、从基础型向品牌化发展。

2020 年 6 月 16 日，“926 工匠日”杯 2020 年拱墅区老年食堂厨艺大赛总决赛举办

（区总工会 供稿）

【困难老年人、残疾人家庭适老化、无障碍化改造】2020 年，拱墅区开展困难老年人、残疾人家庭适老化、无障碍化改造工作，对生活困难老年人及重度、多重残疾人的居家生活环境进行必要的适老化、无障碍化改造和辅具用具配置，重点围绕如厕洗澡安全、室内行走便利、居家环境改善、智能监测跟进、辅助器具适配 5 个方面开展改造工作。抓住老旧小区综合提升改造、无障碍社区建设等契机，实施小区环境适老化、无障碍化改造。利用小区空地建凉亭，装石凳、健身设施，改造生态休闲角等方式，丰富老年人的文化娱乐生活。全年全区完成 34 户困难老年人家庭适老化改造，改造成效获老年人好评。自改造工作实施以来至年底，累计为 1006 户困难老年人、残疾人家庭实施适老化、无障碍化改造，满意率 100%。

【老年食堂厨艺大赛】2020 年 6 月 3—16 日，区民政局组织开展以“夕阳无限好、竞享好食光”为主题的“926 工匠日”杯 2020 年拱墅区老年食堂厨艺大赛。大赛首次通过网络直播的形式展示。区民政局领导为上塘街道朗诗常青藤阳光老人家老年食堂等养老服务企业现场带货，做养老企业和产品代言人。直播展示拱墅各老年食堂制作的菜品 30 余款，直播间观看人数最高时近 9 万人，直播开始 1 小时售出 58 单，直播期间平台共销售 340 单，销售总额超过 1 万元。

【家庭养老照护床位】2020 年，全区试点设立家庭照护床位 145 张，依托杭州康久医疗投资管理有限公司、杭州和康养老服务管理有限公司等医疗机构，利用信息化手段，对老年人实行 24 小时照料支持和服务响应，并与就近医疗机构建立绿色通道，确保及时响应，实现居家康养服务“不打烊”。

【“阳光大管家”平台 2.0 版本推进】2020 年，区民政局打造“阳光大管家”平台 2.0 版本，推进“阳光大管家”信息平台对接“城市大脑”与“浙里养”平台，19 家养老服务商加入平台，老年人及家属可随时通过“老人家”App“阳光大管家”网站 PC 版、拨打热线等方式呼叫服务。（高　菲）

关心下一代工作

【概况】2020 年，区关工委按照市委提出的“创新载体，走在前列”的要求和区委“两个一流”的标准，做好“三个创新”（创新工作方法、工作载体、工作制度）。重视“五老”（老干部、老战士、老专家、老教师、老模范）队伍建设，打破传统界限，动员更多优秀“五老”参与关心下一代工作中。区级“五老”团队 4 个，分别为指导团、关爱团、讲师团和调研团。受新冠肺炎疫情影响，“五老讲师团”开启新的工作模式，将讲课内容录制成视频或音频，通过线上的方式将课程下发。街道、社区全面调整关心下一代工作领导小组成员，进一步健全以“五老”为主体的关心下一代工作小组，帮助青少年解决实际问题和困难。153 名“五老”人员加入“文明帮帮码”服务团队参与志愿服务。区关工委指导 13 家街道、部门关工组织结合工作实际，确定关心下一代重点实事项目，包括康桥街道三里洋爱心学校、小河街道“懂家”学堂、拱宸桥街道青少年微型消防教学基地等 18 项。全区所有街道和社区关工委班子健全。

【第十届“运河小公民”节】2020 年 7 月 2 日，由区关工委主办的拱墅区第十届“运河小公民节”启动仪式在杭州市卖鱼桥小学文汇校区举行。活动主题是“平安健康 筑梦未来”。全区所有中小学校参加“运河小公民”节系列活动，莫干山路小学开展“我是莫小小公民 平安出行我践行”活动，新华实验小学开展“健康好习惯 平安伴成长”活动，建新小学开展“绿光旋风安康前行”活动。12 月 16 日，拱墅区第十届“运河公民节”闭幕式暨第一届“运河情 · 家国爱”主旨论坛在杭州第十四中学附属学校举行。省、市关工委领导。会上为在活动中获得优秀组织奖、明星小公民奖和优秀小公民奖的 16 所学校和 51 名学生颁奖。

【调查研究】2020 年，区关工委为庆祝市关工委成立三十周年，形成《“运河小公民”主题教育实践活动：指向社会主义核心价值观培养的载体设计与实践》理论研究文章，并提交“新时代教育系统关工委助力青少年思想道德建设的实践与研究”专项课题申请书。

【宣传教育】2020 年，区关工委按照《关于做好新型冠状病毒感染肺炎疫情防控工作的通知》要求，组织“五老”及关工委工作人员参与到疫情防控一线，通过书法、

2020 年 12 月 16 日，第十届“运河公民节”闭幕式暨第一届“运河情 · 家国爱”主旨论坛在杭州第十四中学附属学校举行（区关工委 供稿）

漫画、诗歌、制作音频和视频等形式宣传防疫控疫。3月，组建“五老宣讲团”和“红领巾宣讲团”，培训“百名红领巾讲解员”100多人次，与区教育局、团区委、区妇联合作收集整理拱墅抗疫故事，在“五老”、青少年、妇女中开展“做这样的人”系列宣讲活动。全年开展“法律进学校、社区、企业”活动46次，受教育人数1.2万人次，进一步完善学校、家庭、社会共同参与的青少年普法教育网络。“五老”团队继续协助拱墅区社区矫正社会服务中心做好对全区在矫人员开展的帮扶教育工作。

【假日学校系列活动】2020年，区关工委坚持公益性、基本性、便利性和安全性原则，实行制度化、规范化管理，更好地发挥“假日学校”和“四点半学校”的服务功能和育人功能。区关工委调整工作方式，为企业送课程视频和音频上门，帮助企业关工组织提前谋划疫情防控期间的“假日学校”活动。7月，启动“网上关工委”建设，录制“五老团”网上宣讲课程，为街道、社区和企业送课上门，开启疫情防控期间“假日学校”活动新模式。

【品牌阵地建设】2020年，拱墅区部门和街道关工委为提高青少年校外活动质量，综合利用各类活动场所和博物馆群，丰富青少年课外活动，逐步建立健全街道、社区校外活动场所。半山街道金星社区的“文化家园”和康桥街道康运社区的“艺趣空间”青少年俱乐部2个品牌项目获得市关工委基金会资助，市关工委领导带队对2个社区的品牌建设运行情况进行调研，并予以肯定。上塘街道的“青苗驿站”和半山街道的“清风馆”2个基地获评市第二批示范教育基地。

（余一青）

慈善事业

【概况】2020年，区慈善总会参与抗疫工作，实施“六一”助学、“九一九”困难群众帮扶日、重阳节助老、母亲微笑行动、中央厨房、慈善临时救助等关爱项目，探索建立慈善信托新模式。

【慈善项目】2020年6月，区慈善总会开展“六一”助学活动，面向308名持证困难家庭就读幼儿园到高中阶段的学生、80名外来务工子弟学校学生以及90名智障困难学生发放营养午餐补助，23.9万元。10月，开展“九一九”困难群众帮扶日项目，对符合条件的173名七类重大疾病救助对象发放救助金38.4万元。11月，实施“重阳节助老”项目，对符合条件的863名困难老人发放救助金43.15万元。10月，与祥符街道联合开展中央厨房项目，接收11家企业55万元捐款，一期项目支出30万元为85周岁及以上老年人提供重阳礼包、重阳节聚餐、爱心配送冷链餐车等服务，为辖区1.3万名60周岁及以上老人提供就餐配餐服务。12月，联合区文明办开展“公民爱心日”募捐活动，部分捐款23万元用于“母亲微笑行动”。该项目专门为全国贫困家庭的唇腭裂及头面部畸形患儿提供免费救助治疗的公益慈善项目。

【慈善基地建设】2020年，区慈善总会按照省民政厅要求，进一步完善具有拱墅特色的区、街道两级慈善基地，在全区部署开展以慈善组织培育基地、慈善文化传播基地、志愿者服务基地为主要内容的慈善三大基地建设工作，建成10个慈善基地，并以拱墅区“宸益阁·慈善荟”慈善基地为切入点，主要通过传播与展示慈善文化、培养慈善公益人才、孵化慈善公益组织等业务整合资源，协调配置，打造慈善公益孵化器，推动全区慈善事业实现新的跨越。

【爱心“墅”慈善信托】2020年，拱墅区通过与杭州工商信托股份有限公司合作，探索设立慈善信托2单（杭州工商信托股份有限公司阳光15号“六一”助学信托资金和杭州工商信托股份有限公司爱心墅信托资金），实现信托公司和慈善组织强强联合、优势互补，为进一步提升慈善总会慈善救助项目及资金管理的专业化和精细化拓展空间。爱心“墅”慈善信托项目交由专业信托机构管理，制定《拱墅区爱心“墅”慈善信托项目资助办法》，明确资助群体、资助标准、基本要求、申报审核发放流程等一系列规范化操作标准，做到资助资金和受助对象全过程跟踪，确保项目长期稳定运行。12月24日，区民政局联合区慈善总会召开拱墅区打造“没有围墙的养老院”暨爱心“墅”慈善认领养老项目发布会，同时在西湖先锋App中设置主题界面启动西湖先锋显示爱心“墅”微心愿项目。会上华东医药股份有限公司、泛城设计股份有限公司、浙江圣都家居装饰有限公司、鲜丰水果股份有限公司等33家爱心企业认领爱心“墅”慈善信托项目，共捐赠资金231.3万元。（陈琳娜）

民族·宗教

【概况】至2020年年底，拱墅区有宗教活动场所10处。

2020年新冠肺炎疫情防控期间，区委统战部组织各宗教场所进行爱心捐款，累计捐款25万元。贯彻落实全省民族团结进步表彰大会精神，开展少数民族困难家庭走访慰问，为其排忧解难。建设米市社区“民悦轩”少数民族服务阵地，通过丰富社区服务平台内容，完善少数民族流动人员服务管理。以“新农活”公益直播课堂为载体，通过整合民族地区特色资源，提升对湖北来凤、贵州黄平等结对地区困难少数民族农民的帮扶力度。发挥区数字统战体验馆、贤聚堂民族家园、杭州畲族馆等民族工作阵地的宣传、服务功能，深入挖掘少数民族文化，举办“丰收吟”多民族诗歌朗诵晚会。

【“云上歌会三月三”直播活动】2020年3月26日，杭州畲族馆推出“云上歌会三月三”直播活动，持续时间2个小时。山歌是畲族文化的重要组成部分。杭州畲族馆通过线上多个平台直播的形式，直播具有民族特色的畲歌《畲家三月三》《特殊的三月三》《抗疫之歌》《唱南城，赞莲都》等，在线收看人数累计1万余人。该直播活动是拱墅区首次以线上云直播畲歌方式，庆祝畲族传统节日。

【“民族团结教育第一课”活动】2020年9月，区民宗局联合区教育局在桃源中学报告厅举办“民族团结教育第一课”活动，近300名初一新生参加。活动通过猜民族、听民歌、读历史、讲故事等形式，将民族文化融入课堂教学，引导学生牢固树立正确的祖国观、民族观、文化观，铸牢中华民族共同体意识。

【宗教活动场所安全检查】2020年1月21日，拱墅区开展春节前宗教活动场所安全检查，区政府办公室、区民宗局、区公安分局、区应急管理局、消防救援拱墅大队负责人参加。检查组重点检查节日值班、消防安全、活动安全、建筑安全等内容，督促相关街道落实属地责任，加强常态化巡查，及时反馈整改情况。指导部分场所开展消防应急演练，发现个别场所存在消防灭火器缺少定期检查记录、场所环境不够整洁等问题，现场指出并要求立即整改。

【区宗教专项工作会议召开】2020年1月23日，拱墅区召开区宗教专项工作会议。会议根据疫情防控的实际和国家的有关规定，要求全区所有宗教场所一律暂时关闭、各类活动一律暂停，通过下发通知、张贴公告等方式引导信教群众不到宗教场所聚集。

【宗教活动场所开放】2020年6月，全区宗教活动场所根据省、市疫情防控工作统一部署，在严格落实疫情防控措施的前提下，开始逐步有序恢复开放。6月2日，先期通过疫情防控评估的香积寺和显宁寺率先开放。开放前，寺庙组织全面消毒杀菌工作，并进行开放流程演练。社区志愿者协助寺庙做好游客的秩序引导工作，区民宗局派专人到现场指导演练。根据错时、分流、预约的工作要求，香积寺、显宁寺实行线上预约参观、礼佛。

【杭州显宁寺首届文化论坛】2020年9月20日，杭州显宁寺举办首届文化论坛。浙江省民宗委、杭州市民宗局、拱墅区委统战部等领导，浙江省佛协副会长、杭州市佛协会长光泉法师，浙江省佛协秘书长金幸祥等嘉宾，以及全国各地的专家学者约100人参加开幕式。与会者以主题发言和分组讨论等形式，围绕显宁寺的佛教特色、历史文化、各时期发挥的作用及未来发展定位进行深入研讨，为显宁寺的未来规划提供理论支撑。

【“宗教政策法规”学习活动】2020年9月29日，拱墅区香积寺举行普法宣传讲座。全区各宗教场所负责人、三人驻点小组成员等70余人参加。该次讲座以《中华人民共和国民法典》《浙江省宗教活动场所消防安全标准化管理规定（试行）》等为切入点，引导宗教界人士和民宗干部准确把握新的法律法规精神实质和主要特点。讲座结束后，各宗教场所管理人员参与消防灭火实战演练。采用线上与线下相结合的方式，全方位开展宗教领域普法工作，组织宗教教职人员、民宗局干部收听、收看“和谐宗教·法在心中”宗教法治面对面网络直播，提升个人法律意识和法治素养。邀请宗教界、法律界专业人士开展线下专题讲座，用信教群众听得懂、听得进、能领会的方式进行普法等知识宣讲，加强活动的针对性和有效性。

【宗教活动场所消防安全标准化管理】2020年9月，区民宗局与拱墅消防救援大队在香积寺举办全区宗教场所消防技能培训，利用浙江掌上宗教App开展每月安全巡查，定期开展消防用品维保检测，组织灭火和应急疏散演练，确保宗教场所人员熟练掌握器材使用和逃生自救方法。张大仙庙获省级平安宗教活动场所称号。

【宗教反邪专题讲座】2020年，区民宗局以创建警示教育基地为抓手，为把反邪教警示宣传延伸到各宗教活动场所，联合区委政法委、区反邪教协会等，分别举办佛教、道教和基督教反邪专题讲座，参与学习150余人次，向各宗教场所发放“科学防疫，反对邪教”倡议书、反邪宣传手册1000余份。

（刘雪明）

2020年9月20日，杭州显宁寺举办首届文化论坛　　（区委统战部 供稿）

上塘街道

【概况】上塘街道位于上塘河与京杭大运河交汇处，因毗邻上塘河而得名，北与康桥半山接壤，南至长板巷石灰坝，西至运河，东至上塘河。辖区下辖10个社区、11个经济合作社。

2020年，上塘街道完成财政总收入19.35亿元；楼宇总税收6.38亿元，税收超过1亿元楼宇3幢；实现营利性服务业营业收入36.24亿元，增幅居全区首位；完成固定资产投资40.36亿元，总量位居全区前列；数字经济累计实现营业收入55.61亿元；外贸出口逆势增长，出口额11.71亿元，比上年增长17.37%。

2020年，上塘街道抓住在线新经济风口机遇，推进国家级5G声音新媒体平台央广“云听”、全国首个“飞地直播基地”及浙大城市学院“网络直播产教融合基地”等落户星汇直播小镇。准独角兽企业杭州旭航网络科技有限公司等龙头企业落户街道。新认定市级高层次分类人才7名、“运河英才”3名，培育新制造业高层次人才5名。

【善贤社区智慧“微脑”小程序优化整合】2020年，善贤社区“微脑”平台基于大数据分析等技术，不断整合管理社区基础数据，实现物业、社工、社会组织、智能设备等多方数据协同汇总，大幅提高数据收集效率和准确率。疫情防控期间，善贤社区发挥该平台统筹调度作用，利用社区智能门禁等设备，通过对善贤人家小区进出人员开门信息比对、检查视频监控点情况等，形成一套问题发现、上报、处置、反馈、报结的闭环回路，提升防控工作效率。

【在外过渡5年以上征迁户“清零”】2020年，上塘街道与区城建发展中心密切配合，完成拱宸39地块（宸麟府）回迁安置工作，回迁拱宸桥单元地块、东文教路道路拓宽、地铁5号线3个拆迁项目涉及的拱宸、七古登、沈塘湾经合社农户105户，完成回迁安置年度目标任务的210%，实现辖区在外过渡5年以上78户征迁户“清零”。

【4家单位上榜市“平安示范单位”】2020年5月，上塘街道辖区4家单位上榜2019年度杭州市“平安示范单位”，分别是上塘街道人民调解委员会、善贤社区第三网格以及辖区企业杭州灯具市场、浙江新盛建设集团。为打造平安环境，街道推进“网格化管理、组团式服务”，把辖区划分成61个网格，实现居民小区、专业市场等全覆盖。落实专职网格长，组建网格员队伍，不断夯实“四个平台”建设，妥善处置各类突发事件。2019—2020年共上报处置涉及信访、矛盾调解及治安隐患等问题事件3万余件。依托街道人民调解委员会载体，引入“金牌和事佬”调解基地，发挥“其杨流动人口调解室”“阿锋工作室”等社会组织的示范效应，全面践行“矛盾不上交、平安不出事、服务不缺位”的“新枫桥”经验，引导群众、社会组织和企事业单位参与诉源治理。累计调处各类矛盾纠纷940余起，调解成功率100%。

【全市首辆多功能一体化路面清扫车上岗】2020年，上塘街道投入近100万元，购置2台多功能一体化路面清扫车。该车作为曾服务于国家体育场“鸟巢”的同款奥运专供车型首次出现在杭州，兼具洒水降尘和吸尘器的功能。每台清扫车一天内能将辖区内东教路、湖州街、拱康路等路段清扫2遍，等于14名保洁人员作业量。清扫车的引进有效解决环卫人员人手不足的问题，提高上塘“第二文教区”和瓜山未来社区等区域的机械化作业率。

【区首家街道级民兵训练基地启用】 2020年9月26日，上塘街道民兵训练基地启用。该基地是按照规范化建设五星标准打造的一处集国防教育和基层民兵工作示范、民兵训练演练为一体的综合性训练基地，也是全区首家街道级民兵训练基地。

【营利性服务业营业收入逆势增长】 2020年，上塘街道营利性服务业营业收入逆势增长，实现营业收入36.24亿元，比上年增长119.75%，居全区第一。为了培育优质企业、强化企业服务，街道以“四心工程”为抓手，成立街道商会，组建星汇直播联盟，协助企业对接银行等外部资源，为助力企业发展打造优质发展生态圈。其中，辖区企业杭州子默网络科技有限公司、浙江丰巢科技有限公司业绩突出，营业收入比上年分别增长29.14%、62.82%。广泛摸排名录库服务业企业，及时指导帮助企业完善资料，加快推进新增企业入库工作，全面掌握辖区经济发展动态。实时跟进重点企业浙江双捷供应链科技有限公司，该公司贡献营业收入17.38亿元。擦亮“塘小二”金牌服务名片，构建供需对接桥梁，举办“风秦上塘·七妙之夜”胜利河美食街乐享生活节、2020年中国灯都渠道高峰论坛等活动，激发杭州旭通文化传媒有限公司、杭州焦点广告传播有限公司等企业活力。

【上塘街道商会成立】 2020年11月13日，上塘街道商会成立大会暨第一次会员大会举行，72家企业代表参加会议。商会涵盖上塘区域内工业、建筑业、商贸等领域的企业单位。成立商会旨在助推辖区企业了解新政策、新情况，规范发展行为，搭建企业间交流、联谊、互动、合作、发展及共赢的平台，提升企业的竞争力和抗风险能力，为街道经济高质量发展做出贡献。

【上塘街道新乡贤联谊会成立】 2020年11月13日，上塘街道新乡贤联谊会成立大会召开。街道首批新乡贤代表囊括技术类人才、企业家、专家学者、非遗传承人等行业精英、志愿者、劳模等24名。会议讨论通过《上塘街道新乡贤联谊会章程》《上塘街道新乡贤联谊会成立大会选举办法》，选举产生联谊会第一届会长、副会长及秘书长，并聘请杭州高氏照相机博物馆馆长、杭州天和建设集团有限公司董事长、浙江城北送变电建设有限公司负责人、杭州建华文创集团股份有限公司董事长分别为顾问和理事。

【七古登社区文化家园获评市“五星级”社区文化家园】 2020年11月，七古登社区文化家园被认定为市五星级社区文化家园。七古登社区文化家园总面积1400余平方米，其中室内面积800平方

2020年11月13日，上塘街道商会成立大会暨第一次会员大会举行

（上塘街道 供稿）

米，室外面积600平方米，总投入300余万元。设有三大空间（阅览空间、亲子儿童活动区、健身空间）、三大场所（展陈场所、恳谈场所、培训场所）和“七古登志愿者之家”。文化家园由社区和第三方社会组织共同管理，开展常态化有效运行。七古登社区文化家园集思想引领、道德滋养、文明倡导、文化熏陶功能于一体，实现设施完备、服务精细、居民参与、群众满意的服务目标，发挥打造和谐社区作用。

【七古登公寓获省级和市级垃圾分类奖项】2020年，上塘街道七古登公寓获“浙江省生活垃圾分类标准示范小区”“2019年度杭州市生活垃圾分类工作优胜生活小区”称号。七古登公寓有446户居民，2018年6月居民回迁后，七古登公寓作为开展生活垃圾分类试点小区，坚持问题导向、目标导向和结果导向有机统一，不断深化垃圾分类“领导包干、志愿者参与、民主协商”的“三员”管理工作机制，全面铺开定人、定时、定点的垃圾分类“三定”措施，探索打造垃圾分类源头治理的“七古登”路径，引导居民树立垃圾分类、节能低碳的健康生活方式。

【市级新的社会阶层人士统战工作实践创新基地落地】2020年12月，街道“运河·星汇直播·同心荟”被杭州市委统战部确定为第四批市级新的社会阶层人士统战工作实践创新基地。该基地位于上塘辖区拱墅星汇直播小镇，创新组织活动和联谊交友形式，延伸统战工作手臂，提升网络人士统战工作的覆盖面和影响力，为上塘对标“头雁风采”，努力打造“重要窗口”的拱墅示范样本，贡献网络人士的智慧和力量。

【社会心理服务体系建设】2020年，上塘街道依托浙江省首个“心理社工培育督导孵化基地”浙江晒福研究院的“大阵地”，链接打造心晴大讲堂、心理放松健身馆、社区书苑等“小阵地”，不断整合资源，打造形成独具上塘特色的社会心理服务新模式。引进浙江晒福社会工作服务研究院社会心理服务组织，组建一支由18名心理咨询师为主导核心、多名心理社工为辅的专业化服务团队，为居民提供多层次服务，化解基层矛盾。通过开展心理沙龙、绘画投射测试等系列活动，推出群众喜闻乐见的体验式心理服务项目，使广大群众更加关注心理健康。全年开展大型心理活动5次，发放心理健康宣传册1000余份，服务居民374人次，实施重点人员心理干预5人。

【街道首个退役军人服务中心成立】2020年7月1日，上塘街道首个退役军人服务中心成立。该中心利用数字科技探索“智慧化”服务，实现辖区内退役军人大数据分析、在线诉求反馈、信息采集等功能，针对性开展管理和服务。服务中心结合“八一”等重大节日，走访慰问在职伤残军人、老复退军人、参战退役失业人员等重点优抚对象。全年累计走访优抚对象34人次，发放抚恤经费23.46万元。

【善贤经合社商业综合用房结顶】2020年12月16日，杭州善贤股份经济合作社商业综合用房完成主体结顶。该项目位于沈半路91号，东至沈半路，南至杭州艺术学校，西至浙江树人大学，北至地铁5号线。总建筑面积5.33万平方米，由5个单体建筑构成，1幢主楼19层，4幢群楼各3层。作为善贤经合社首个10%村级留用地项目，综合用房主要用于商业、办公等业态，旨在保障村级经济稳定，推动大城北高质量新发展。

【上塘2家企业入选中国民企500强】2020年9月10日，全国工商联正式公布“2020中国民营企业500强”榜单，其中拱墅区2家企业入选，均为上塘街道辖区企业，分别是海外海集团有限公司、浙江建华集团有限公司。海外海集团有限公司同时入选“2020中国民营企业服务业100强”。

（王　静）

祥符街道

【概况】祥符街道位于拱墅区西北部，东沿京杭大运河西畔与拱宸桥街道、小河街道相接，南依余杭塘河与西湖区古荡街道相邻，西与西湖区三墩镇相连，北与余杭区良渚街道接壤。下辖17个社区，15个经合社。

2020年，街道财政总收入37.61亿元、地方财政收入21.19亿元、楼宇税收24.45亿元；完成有效投资137亿元，列全区第一；完成营利性服务业营业收入26.49亿元，比上年增长17%。运河工业设计小镇“LOFT49创意城市先行区”开放，汽车互联网小镇获省级特色小镇年度考核优秀，汽车互联网小镇、工业设计小镇、申花产业集聚区三大产业平台累计实现主营收入265.2亿元、税收26.32亿元；落地阿里云智能物联网产业基地，新引进1亿元项目19个，认定市级高层次人才11人，入选运河英才9人，落实人才项目补助1760万元。

街道持续攻坚留用地开发建设，做好莫干山路沿线、运河亚运公园、大运河中央公园、祥符桥传统风貌街区等175个在地重点项目保障。开展“环境大整治”攻坚行动，创建省市级垃圾分类示范小区38个，全年拆除各类违章建筑7.4万平方米，“无违建街道”创建通过考核，推进防欠薪、房屋租赁等重难点领域工作协调。全年投用加装电梯54台，新增电梯“养老保险”参保423台，实现全街道保障性住房799台电梯智能梯阻车系统全覆盖，建成投用全市首个养老助餐中央厨房，构建“中央厨房+社区配送”全域服务网。

【杭州银泰城党群服务中心投入使用】2020年12月25日，杭州银泰城党群服务中心全新升级后投入使用，中心建筑面积1866平方米，包含云书吧、人才洽谈区、融媒体中心、多功能会议室、群团之家、侨之家、营商孵化平台等功能区域。中心将党建与区域经济、社区治理融合，集“党群之家”与“企业之家”于一体，提供智慧党建、创意生活、群团联谊、阳光党务、培育孵化、产业互联、企业服务、人才驿站八大资源共享服务，实现组织、机制、团队、平台四大支撑。同步上线“祥符云”智能管理系统，通过数据集成、分析研判，实现企业楼宇招商精准服务，助力中心辐射整个申花产业集聚区。

【三大产业平台招商项目签约发布会举行】2020年7月10日，“趁势互联时代，打造共赢生态”拱墅汽车互联网小镇暨祥符街道三大产业平台招商项目签约发布会在万科运河中心举行，活动由祥符街道主办，汽车互联网小镇、万科运河中心承办。会上，万科运河中心等运营单位进行招商推介，与杭州旅播科技有限公司等企业签订合作协议，现场开展项目路演及“平台有讲”主题访谈活动。

【北城天地留用地项目遗留问题化解】2020年，祥符街道运用多方纠纷解决机制，通过实地走访沟通、债权人谈判协商、争议相对人应诉沟通，先后召开座谈协调会议50余次，协调各方利益，于8月13日化解北城天地项目（吉如经合社留用地项目）权益争议系列诉讼案件。

【4个留用地项目开工】2020年，祥符街道留用地开发建设攻坚行动取得阶段性成果，全年实现4个留用地项目开工。其中，总管堂商业综合用房总用地面积1.56公顷，总建筑面积6.7万平方米，于6月开工；新义大厦项目总用地面积1.15公顷，总建筑面积5.1万平方米，于10月开工；郭家厍加气站总用地面积0.15公顷，总建筑面积约300平方米，于12月开工；星桥商业综合用房三期总用地面积1.45公顷，总建筑面积6.5万平方米，于12月开工。

【勤丰老旧小区改造工作完成】2020年3月，祥符街道启动勤丰小区提升改造管线迁改工作。5月16日，项目总承包单位正式进场施工。该项目于年底竣工，完成改造垃圾分类收集点3个，提升文化休闲、体育健身等公共活动场地550平方米，优化公共绿地3500平方米，迁改管线约4000米。项目由设计团队进驻社区，全程把控改造成效，实现专业把控、群众共建、专班运行、社会参与、施工贯彻，在提升改造的同时，整合力量、争取资源、加强反馈，形成合力改造、多方联动的长效机制，提升居民获得感、幸福感。

【拱墅区首个新乡贤联谊组织成立】2020年6月29日，祥符街道召开首届新乡贤大会，成立拱墅区首个新乡贤联谊组织。联谊组织旨在适应基层统战工作新常态，构建基层侨联新架构，将涉及建筑、金融、科研、制造、文化等行业领域的36位精英人士纳入其中，统战人才储备库得以充实。会上，街道与辖区新乡贤代表签订4项共建协议，启动实施新乡贤“四大工程”（乡贤事迹寻访工程、乡贤力量凝聚工程、乡贤文化传承工程、乡贤精神涵养工程），推动新乡贤工作走深走实。

【庆隆“阳光小伢儿”驿站落成】2020年11月12日，祥符街道落成庆隆社区“阳光小伢儿”驿站，打通托幼“最后一公里”。场所配备成熟安全的安防应急设施、生活设施、服务设施、培训设施、婴幼儿照护生活设施、卫生保健设施。该驿站为庆隆苑15分钟生活圈内，有托管需求的3周岁以下幼儿家庭提供专业、安全的托管服务，至年底，服务超过200人次。

【北星文化家园投用】2020年10月8日，祥符街道建成并投用北星社区文化家园。家园总面积约1100平方米，内设悦览、文艺、健身3大空间，培训、展陈、恳谈3大场所，藏书3000余册，每周开展1~2场志愿便民服务活动、1~2场公益亲子阅读活动，并开设健身空间为社区居民提供专业便捷的健身服务。

【莫干山路提升改造工程沿线征迁工作“清零”】2020年，莫干山路提升改造工程沿线征迁工作启动。莫干山路提升改造工程拱墅段约2000米，均位于祥符街道，征迁涉及祥符新村5幢（20户国有居民、1家国有企业）、盛时大酒店等5家集体土地企业。祥符新村5幢于7月28日实现半天签约清零，5家集体土地企业于12月8日完成签约工作，至此征迁“清零”工作完成。

【首个养老助餐中央厨房投入使用】2020年10月25日，全区首个养老助餐中央厨房在祥符街道投入使用。中央厨房实行统一采购食材、统一烹饪制作、统一营养膳食、统一安全检测、统一物流配送的“五统一”方式，将营养膳食以“中央厨房＋社区配送”的模式，辐射多个阳光老人家助餐点，形成“一厨多点”区域覆盖，实现15分钟餐饮功能输出服务。

【星桥锦绣嘉苑二期回迁安置工作完成】2020年12月15日，祥符街道启动星桥锦绣嘉苑二期回迁安置工作。该项目涉及5个拆迁地块、414户农户。街道联合区科技工业区管委会、星桥经合社提前半年谋划，在启动安置程序后历时3天完成回迁安置。至此，祥符街道完成5年以上所有在外过渡户“清零”。

【电梯物联网智慧监管平台及电动车阻拦系统搭建】2020年，祥符街道针对电动车上楼道停放充电引发火灾安全隐患问题，统一为辖区农转居安置房、经济适用房、廉租房、公租房4类小区安装电动车阻拦系统，并接入电梯物联网监管平台，共完成799台电梯系统加装。至年底，系统阻止电动车上楼39373次，劝阻不文明乘梯

2020年10月25日，杭州首个养老助餐中央厨房在祥符街道投入使用
（祥符街道 供稿）

107794 次，电梯故障预警 3291 次。

【矛盾调解中心升级改造完成】2020 年 9 月，祥符街道矛盾调解中心完成升级改造。调解中心设 1 个导引区、6 个功能区、7 个开放式接访窗口及多个功能室，整合平安综治、信访、司法行政、公安、人力社保等力量资源，推进数字赋能、品牌工作室等一系列特色创新工作，基本实现矛盾纠纷“一站式”解决。至年底，中心化解信访积案 9 起，成功调解案件 760 件，调解成功率 99.08%。

（张振宇　范晓芳）

2020 年 9 月，祥符街道矛盾调解中心内景　（印师源 摄）

半山街道

【概况】半山街道位于杭州市东北部，东邻江干区丁兰街道，南与上塘街道相连、与下城区石桥街道以上塘河相隔，西与康桥街道接壤，北与余杭区崇贤街道为邻，下辖 16 个社区（含 4 个托管社区）。

2020 年，面对突如其来的新冠肺炎疫情，街道贯彻中央和省、市、区委决策部署，做严做细做实疫情防控工作。半山区域未发生一起病例，街道党工委分别获评杭州市首批战“疫”先进党组织、杭州市抗击新冠肺炎疫情先进集体。

全年，街道实现财政总收入 7.98 亿元，地方财政收入 3.92 亿元，完成固定资产投资 72.77 亿元。实现税收 1000 万元以上企业 23 家，比上年增加 1 家；入选“大树企业”“小巨人企业”16 家；实际利用外资 6445 万美元，排名全区第一。引进新产业企业 105 家、区级产业链项目 5 个，新制造业行业龙头企业和云计算行业龙头企业各 1 家，培育高新企业 2 家，省科技型中小企业 10 家，落地重大人才平台 1 个，有市级 D 类以上高层次人才 6 人。全面启动老旧小区改造项目，推进安置房建设，提升改造半山路、沈半路沿线及上塘古运河风景区沿线。完成 6 件民生实事项目，建成并投入使用 3 个阳光老人家和 2 个“阳光小伢儿”项目，获评“国家级智慧健康养老应用试点示范街道”。探索数字赋能基层治理，丰富智慧治理应用场景，小餐饮数字治理“六个一”工作机制在全区推广。推进党组织领导三方协同小区微治理，调整优化 41 个小区党组织，选优配强 41 名小区专员，组建（换届）14 个业委会（自管会），8 个老旧小区引进专业物业。推进街道本级及社区级党群阵地服务提质升级，区域化党建整体水平提升。街道机关党总支被评为市级“最强党支部”，智伴长者服务中心党支部成为区级“最强支部”。完成社区和经合社换届选举工作。

【首批老旧小区改造项目完成】2020 年 4 月，半山街道全面启动 12 个小区 65 万平方米老旧小区改造项目。首批改造小区包括杭钢北苑、杭钢南苑、田园、杭玻阔板桥 4 个社区的 8 个居住小区。改造主要涉及屋顶修缮、楼道修整、雨污管线和消防设施更新等方面的硬件提升和小区出入口形象提升、休闲活动中心、门禁安防系统、健身及活动设施等方面的功能优化。通过“一小区一方案”将改造小区打造成为具有鲜明社区文化特色的样本小区。在项目启动之前，社区通过入户或电话问询的形式，充分吸收居民群众好的意见建议，实现旧改工作全民参与、全面参与、全程参与。至年底，8个首批改造小区基本改造完毕。

【宝龙桃源企业总部中心项目开工】2020年3月20日，拱墅区重点项目——宝龙桃源企业总部中心项目开工。该项目位于桃源新区，东至沈半路，南至永宁路，西至春蓝路，北至桃源街，用地面积4.2公顷，总建筑面积19.38万平方米，总投资20亿元，打造成城北桃源板块集商务办公、创业创新、配套商业服务等于一体的大型产业总部中心。

【石塘安置房项目主体结构结顶】2020年9月，石塘社区安置房项目主体结构全部结顶。该项目含3个地块，其中桃源单元2个、铁路北站单元1个，总占地面积约10公顷。项目于2018年8月开工，规划建设31栋高层住宅及配套设施，总建筑面积约38万平方米，可安置2365套。

【半山清风馆开馆】2020年7月24日，半山清风馆在杭州半山国家森林公园内明园路28号正式开馆。半山清风馆由区纪委区监委联合半山街道党工委共同打造，是拱墅区首个清廉文化教育主题展馆。展馆以“观廉洁教化，行半山清风”为主题，运用主题浮雕、艺术造景、动态景箱、多媒体影像、互动小游戏多种展陈形式，将中国廉政思想溯源与内涵、古代监察制度沿革、八位御史典故等通过历史长卷展示出来，让党员干部从先贤廉者的一言一行中，感知“廉”之本源、“廉”之底色、“廉”之初心。半山清风馆里特设裸眼、360度全景VR观影，全景化展现廉政教育内容。

2020年12月，杭钢北苑社区旧车库改造成的阳光老人家（半山街道 供稿）

【全市首批“杭州市数字赋能基层社会治理十佳乡镇（街道）”获评】2020年1月，半山街道建成2700余平方米的社会治理综合服务中心暨矛盾调解中心。该中心集合平安司法、公共服务、城管执法、市场监管等部门，实现一体化办公，提供“一站式”服务。依托“四平台”基层治理体系，实施深化基层治理专项行动，探索数字赋能，打造具有“诉源治理、信访代办、人民调解、民情搜集、心理服务”五大功能的“宸心汇客厅”治理平台、“望宸·智汇”指挥中心，以线上+线下相结合，充分发挥合力，实现社会治理的“主动式预警”。8月，半山街道获全市首批“杭州市数字赋能基层社会治理十佳乡镇（街道）”称号。

【商源创新中心项目（二期）开工】2020年9月28日，商源创新中心项目（二期）开工仪式在半山街道桃源新区举行。该项目东至观桃路，南至北秀街，西至秀锦巷，北至丰源街，用地面积1.13公顷，总建筑面积5.93万平方米，计划总投资3.79亿元。该项目是金星经合社留用地项目，建成后，由商源集团统一运营，通过整合酒类产品的产业研发、销售，搭建线上销售平台、酒类产业数据中心及酒文化展示中心，形成一个全方位多层次的酒产业、酒文化整合推广平台，打造中国酒类行业全国一流的酒产业创新高地。

【“半山新十景”发布】2020年11月，半山街道根据网络意见征集、市民群众投票，选出“半山新十景”。新十景自然、人文景观兼具，覆盖整个辖区，分别是贤音雅韵、虎山映翠、竹林探幽、静脉小镇、半山云香、衣锦还乡、清风徐来、显宁梵音、薄板印象、望宸揽胜。

半山街道邀请专业摄影师，以国风主题拍摄新十景形象照，通过拍摄《蚊子姐姐秋游半山》系列短视频，在“拱墅发布”“半山发布”等平台推送，以展示新十景的人文历史和优美风光，同时推出3条特色旅游线路图，多维度宣传造势，扩大影响力，促进半山文化旅游发展。

【首届新乡贤联谊会召开】2020年11月8日，半山街道首届新乡贤联谊会在半山乡贤文化馆召开。30余位活跃在政经、科教、文卫等各个领域的半山乡贤参加，拱墅区首个乡贤文化馆在现场正式揭牌。该馆位于半山脚下、上塘河畔，面积约900平方米，整体为宋式书院风格，典雅古朴，集半山历史文化展陈、乡贤风采展示、联谊交友、协商议事、文化交流等功能于一体。

【半山路沿线店招整治完成】2020年10月，半山街道围绕“美丽杭州”创建暨“城市环境大整治、城市面貌大提升”集中攻坚行动，针对沿街店招环境短板，采取“排查核实、宣传告知、政策服务、督促落实”4步走方式，启动半山路改造提升项目。落实店招破损提醒服务，明确店招统一标准设置要求，不间断提供店招审批流程服务。12月，为期2个多月的店招整治工作完成，累计整改半山路破损店招25家，政策上门服务25家，督促整改11家。半山路道路两侧旧貌逐步换新颜，新装修的店招设置统一规格、统一模板、统一标准，做到有序整洁、大方美观。

【半山街道商会成立】2020年11月30日，半山街道召开商会成立大会暨第一次会员大会。区委统战部、区工商联和街道相关领导出席，80余家会员企业代表到会。会议审议通过《杭州市拱墅区半山街道商会章程》《杭州市拱墅区半山街道商会会费缴纳和管理办法》《杭州市拱墅区半山街道商会选举办法》，以举手表决的方式选举产生商会第一届领导班子成员。杭州天丰电源有限公司董事长当选为首届会长并发言。

【第七届“最美半山人”暨“四美”人物征选】2020年12月15日，半山街道印发《2020年度半山街道“四美”人物评选活动方案》，开展第七届“最美半山人”暨“四美”（最美半山人、志愿者、楼道长、网格员）人物征选工作，通过单位推荐、群众推荐等方式，征集候选人共47人。经过推荐、审查、投票、终评等环节，通过“线下+线上”投票，最终评出“最美半山人”10人，“最美志愿者”“最美楼道长”“最美网格员”各5人。（李喻辉）

望宸揽胜　（半山街道 供稿）

康桥街道

【概况】康桥街道位于拱墅区北部，东接320国道，南连石祥路、西沿京杭运河与余杭区良渚街道相连，北接杭州绕城高速公路，下辖13个社区。全年实现财政总收入5.6亿元，地方财政收入3.0亿元，实现建筑业总产值15.31亿元；批发零售额139.7亿元，比上年增长12.93%；零售业销售额21.56亿元，增长5.84%；工业总产值61.78亿元，增长3.6%；楼宇总税收1.8亿元，增长65.9%；“6+2”产业整体营收96.79亿元，增长3.7%；实现服务业增加值33.47亿元，与上年持平；实现固定资产投资26.59亿元，增长60.7%。新增建筑业一级资质企业3家，填补辖区无一级建筑业资质企业的“空白”。全年引进重大项目落地16家，其中1亿元以上项目5家，新增楼宇规上企业5家，认定固定资产总投资1亿元以上产业项目2个、产业链项目3个。

【留用地重点项目建设】2020年，康桥街道以大城北开发建设为契机，坚持“产业优先、项目为王”的总要求，推进重点项目开工建设，先后制订加快村级留用地开发建设三年行动计划和留用地开发建设管理办法，推进留用地项目开发建设。吴家墩加油站项目于3月31日开工；谢村商业金融用房项目于8月18日举行开工仪式；西杨股份经合社·海外海集团合作开发商业用房运河财富大厦于9月23日复工；义桥经合社与祥符街道新文经合社联合自主开发的留用地项目新义大厦于11月22日开工；健康产业园一期（康桥村及永和地块）项目于12月10日启动建设。

【877户在外过渡5年以上征迁户安置完毕】2020年，康桥街道根据新冠肺炎疫情防控和拆迁户回迁安置工作的实际，于年初制定分房实施方案和疫情应急处置、防疫物资筹备、临时隔离点设置等预案，安置工作顺利推进。谢村地块回迁安置工作于3月开始，至6月底完成。康桥村地块回迁安置工作于7月开始，分3批次进行回迁安置。至12月底全面完成877户在外过渡5年以上征迁户的安置。

【“丰”字形公交接驳线上岗】2020年，为解决群众出行困难这一难题，康桥街道上门与市公交集团沟通相关公交配套问题，在多次的沟通、协调、实地踏勘下，康桥运河新城一带市民的出行条件得到有效改善。通过设置“一主三支、一连接、一优化”的“丰”字形线网方式全域优化公交线路。开通1条公交主线，为崇贤新城开往大关小区的60路，通过运河新城的龙腾街、丽水北路、拱康路等道路，在大家运河之星设置站点。3条支线分别为60B、60C、1160路，60B从平安雅苑出发，终点为地铁5号线拱宸桥东站；60C从康馨苑始发，终点为地铁5号线拱宸桥东站；1160路从候圣街公交停车场出发，依次到达平安雅苑、康馨苑和康和嘉苑，并与60路形成换乘，最终返回公交停车场；优化61路公交线路站点，在安潭街、西杨直街及丽水北路新设置公交站，方便运河新城小区居民出行。

【康桥红十字应急救护培训基地通过国家级基地验收】2020年1月13日，康桥红十字会应急救护培训基地通过国家红十字总会生命健康安全教育项目基地验收。该培训基地位于城北健康中心，设立于2019年12月，是国内首家位于社区卫生服务中心的国家级红十字应急救护培训基地。总建筑面积近1100平方米，以关爱生命为主题，以信息化、互联网思维为亮点，不仅包含应急救护、家庭安全、红十字运动、消防安全，还包含地震演练、航空逃生、交通安全等信息化智能化的场景模式，原创32个功能体验板块，模拟各种自然灾害和突发事件现场，通过“场景式＋情景式＋体验式”的教育方式，让防灾减灾、救护培训教育融“场景＋情景＋体验＋互动＋乐趣”为一体。

【康桥文体中心投入使用】2020年11月26日，坐落杭州城北康桥路296号的拱墅区康桥文体中心启用。中心总建筑面积3000平方米，集聚图书馆、阅览室、多功能综合报告厅、音乐房、舞蹈室、书画室、乒乓球室、体育健身房等文体功能型场地。该中心由康桥街道负责并引入“政府＋三方机构共同运营管理”的管理模式。

【民主协商议事平台“康康大家说”设立】2020年5月，康桥街道创新设立听民声、聚民智、解民忧的品牌民主协商议事项目——“康康大家说”。该项目用“你说、我说、大家说”的形式，体现共议、共治、共享理念。按每月不少于1次、重点问题及时对话的原则，通过街道领导、职能科室、社区、小区专员、业委会、监委会、物业管理企业、楼道长、居民群众等主体参与的意见、问题收集、处置机制，在小区公共矛盾调处、三方协同效能提升等多方面取得实效。至年底，街道举办“康康大家说”4 场。

【运河农园开园运营】2020 年 10 月 24 日，由康桥街道和杭州市运河集团联合打造的运河农园开园运营。运河农园占地约 1.4 公顷，是杭州大城北地区首个都市农园项目。该农园是集绿色生态循环理念与儿童体验教育为一体的特色有机都市农园，有创意集装箱、种子图书馆、康桥知食馆、有机体验厨房等区块，为研学体验的完美去处。

2020 年 10 月 24 日，运河农园开园运营　（康桥街道 供稿）

【回迁安置小区物业费收缴难题破解】2020 年，康桥街道回迁小区物管费“三免两减半”的优惠政策陆续期满。街道以先到期的康运社区为试点，探索实践“政府主导、市场运作、多方协同”的“断奶式小区管理”模式，攻坚回迁安置小区物业费收缴难题。通过引入本土物业管理企业，提升社会服务效能；通过硬件配套设施改造完善，提升人居环境品质；通过多方协同治理，提升矛盾问题处理效率，使居民更有获得感、幸福感及对物业费缴纳的认可。至年底，康运社区 3 个小区物业费收缴率达 87.17%，其中康盛苑、康锦苑分别达 94.48%、93.52%。

【吴家墩“顺丰快递小哥之家”投用】2020 年 9 月 22 日，位于康桥街道的吴家墩“顺丰快递小哥之家”通过竣工验收。公寓内配套家电、家具一应俱全，实现拎包入住。吴家墩“顺丰快递小哥之家”的投用，惠及拱墅区内企业的外来务工人员，也为杭州市租赁住房合建探索出新路子。

【非物质文化遗产“康桥烧鸡”重回康桥】2020 年 7 月 1 日，康桥“李丽芬”烧鸡店在运河邻里康桥农贸市场开张。从 2004 年开始，该店由于拆迁一直没有固定的店面，李丽芬的康桥烧鸡一直都是散卖，或在农博会、年货展上销售。2011 年，康桥烧鸡被评为区级非物质文化遗产，但老街坊都不知道哪里能买到。2020 年，由于有了全新的门店，康桥烧鸡结束了以前“打游击”的状态，重新在康桥安了“家”。

【运河邻里康桥农贸市场成为全市第一批智能亚运一站通城市体验点】2020 年 11 月 19 日，杭州市公布第一批智能亚运一站通城市体验点，地处康桥街道的运河邻里康桥农贸市场榜上有名，成为第一批杭州智能亚运一站通城市体验点。（史晓琴）

米市巷街道

【概况】米市巷街道位于拱墅区的中心地块，紧邻武林商圈，东临京杭大运河、上塘河，南至环城北路，北靠德胜路、文一路，西至莫干山路。下辖半道红社区、大塘巷社区、沈塘桥社区、红石板社区、锦绣社区、米市社区、夹城巷社区 7 个社区。

2020 年，街道实现财政总收入 11.04 亿元、地方财政收入 4.8 亿元。1 亿元税收楼宇 4 幢，楼宇常规税收 6.9 亿元。货物出口额 26.8 亿元，绝对值列全区第一。全年利用外资 3503 万美元，创历史新高。

米市巷街道落实疫情防控工作，全力推动经济增效。街道成为全区首个无信访积案街道；经济攻坚指标、营商环境打造位列全区前茅；垃圾分类工作和老旧小区改造工作在全市工作会议上做交流；叶青苑小区旧改工作和辖区企业“文化绿码”工作先后在《人民日报》和央视一套《新闻联播》等中央媒体刊登和播出。

【1家龙头企业及多个重大项目落户米市巷】2020年，有1个龙头企业及7个1亿元项目落户米市巷街道。龙头企业为浙江天洁智慧停车科技有限公司，为全国民营企业500强，主要从事智慧出行类相关设备。经区相关部门认定为龙头企业。7个1亿元项目分别来自以下公司：浙江话机世界通信服务有限公司、杭州中盟智控科技集团有限公司、浙江龙烈建设工程有限公司、旭日春意智联（杭州）商贸有限公司、浙江新邻里置业有限公司、浙江惠佳辰医疗科技服务有限公司、浙江开美铝业有限公司。

【区域发展共同体打造】2020年年初，米市巷街道结合前期工作经验，并结合新冠肺炎疫情防控实际情况，以社区微治理为依托，面向辖区企业开展服务。提前谋划企业复工复产并联合辖区企业共同开发企业“复工码”，通过“一楼一企一人”对应编码实现24幢商务楼宇人员精准防控、进出溯源，为3000余家企业复工复产提供便利；依托“指尖米优汇”App进行信息发布对接，配合产业链上下游企业的需求与供给，在疫情防控期间，为需求端企业成功匹配500个口罩；以组建“楼宇共同体”为抓手，由街道牵头银行派驻专员组成“楼宇管家”队伍，为企业提供金融服务，帮助52家中小企业累计授信9000多万元资金；配套实施“破企业发展五难”行动，收集企业难题，会同经济发展联盟内的公共服务单位为企业免费破难，全年走访企业1127家，收集解决企业问题152个，解决率100%。街道区域发展共同体打造初显成效。

【企业申报及人才认定】2020年，米市巷街道助力企业进行各类申报，至年底，申报国家级高新技术企业12家、科技型中小企业申报3家，“旭日计划”有7家递交纸质材料。推动天格科技（杭州）有限公司、杭州杂技总团演艺有限公司等企业认定市级人才，有7人被认定为D类人才。

【老旧小区提升改造】2020年，米市巷街道进一步推进实施老旧小区改造的相关工作。街道在全区首创民间监理员队伍，组建“居民质量监督小组”“现场临时党支部”，利用座谈会等多种形式，激活居民自治热情。在老旧小区改造的施工方面，第一批18个小区全面进场施工，第二批9个小区于12月开工。全年重点打造左家新村、莫干新村、叶青苑、维元弄4个精品小区。强化老旧小区提升与运河文化的结合，突出小区文化特色、历史底蕴、情感记忆。完善改造后的小区长效管理机制，成立业委会、自管委等自治组织，扩大民间监理员队伍，吸收有专业知识、社会资源的居民，发挥主观能动性，在现场协调、质量监督、邻里宣传等方面架起街道、社区与居民之间的桥梁。

【“零直排”项目建设】2020年，米市巷街道完成18个生活小区的管线污染源调查和地形图绘制，完成23家公建单位的截污纳管。在“零直排”工程推进过程中，街道委托第三方完成工程前的线路勘探及工程后的线网维护。11

2020年3月25日，米市巷街道夹城巷社区召开老旧小区改造座谈会
（米市巷街道 供稿）

月 10 日，米市巷街道“污水零直排”街道创建工作通过市、区两级联合验收。

【垃圾分类质量提高】2020 年，米市巷街道总结前期垃圾分类工作经验，首创大件垃圾清运专线，拍摄全区首个垃圾分类主题的公益视频；新建及改造大件垃圾围挡 19 处，新建再生资源回收站点 5 处，置换新桶 692 个。完成大塘新村等接驳点及大件垃圾集中点位的建设和改善，辖区环境明显改善。街道相关创新做法被学习强国 App、《杭州日报》、浙江卫视等各类媒体报道。

【平安建设】2020 年，米市巷街道全力开展平安建设工作。辖区内 18 个高层小区、19 个多层小区和 37 幢公建设施全部完成消防车“生命通道”治理工作；联合三方办、业委会、社区等，筹措资金，完成银都大厦消防设施维修整治；开展三合一场所“回头看行动”，实施集中治理 5 次，排查沿街商铺 428 家次，发现 4 处问题并全部整治完毕；完成米市等 3 个社区微型消防站提升改造，开展应急演练 4 次，参与 120 人次。创新搭建“智慧消安管控平台”，在商户、住户前端接入烟感、温感、电感、气感四类物联设施，联动后端信息化平台报警预警，在第一时间有效管控火情。至年底，为 450 家用户安装智慧消安设施 467 个，发出系统预警 3000 余起，有效处置真实警情 6 起。借助老旧小区改造等力量，

2020 年 7 月 10 日，米市巷街道组织消防演习　　（米市巷街道 供稿）

增设并优化消防设施和安防设施。整合各方执法力量，打造“运河平安管家示范门店”，推动建设“门店平安共同体”，通过示范门店的正面引领，激活商户的主体意识、责任意识和参与意识，挂牌示范门店 500 余家，居全区首位。开展治安重点地区整治，推进智慧安防小区、“雪亮工程”建设，依托“110”社会应急联动指挥中心平台，有效提高辖区治安防控能力，当年，辖区路面发案率下降 40.9%，小区内发案率下降 13.9%。

【“米市巷街道民主协商铃”建立】2020 年，为进一步做好居民服务工作，米市巷街道探索建立“米市巷街道民主协商铃”。5 月 15 日，在街道二楼会议室召开“米市协商铃”工作交流会。“米市协商铃”旨在搭建街道、社区与小区居民之间的信息“直通车”，以微信小程序为渠道和载体，通过“群众按铃，各方响应”，实现第一时间在源头发现问题、在源头多方协同、在源头化解矛盾。居民一键按铃后，街道、社区、区级部门对协商事项进行专业指导、答疑，法务、调解、仲裁、建筑、市政等方面专家意见，实现一呼多应，提升小区自治水平。至年底，“协商铃”使用人数达 600 人，召开培训会 70 余次，培训工作人员 600 余人次，参与居民 450 余人次。接受群众按铃并成功解决和列入代办的事件 178 起，解决率 82%、满意率 90% 以上。《浙江日报》《杭州日报》等媒体多次对此进行报道。　　（吴英杰）

湖墅街道

【概况】湖墅街道位于拱墅区中南部，大运河穿境而过。辖区东临上塘路、红建河、德胜巷，与上塘街道、大关街道毗邻；西沿莫干山路、和睦路，与小河街道、西湖区西溪街道隔路相望；南以

文一路和德胜路为界，与米市巷街道接壤；北至贾家弄、大关路，与小河街道相连。湖墅街道下辖7个社区，分别为珠儿潭、卖鱼桥、双荡弄、仓基新村、霞湾巷、仁和仓、长乐苑。全年实现财政总收入3.86亿元，地方财政收入1.96亿元。完成常规税收总额3.4亿元，完成财政目标考核收入1.69亿元。全年引进企业233家，注册资金20.71亿元，其中引进包括浙江东日农业发展有限公司在内的注册资本5000万元以上企业18家。街道新增就业3107人，安置公益性岗位13人，全街道就业率99.09%，无“零就业”家庭。

【楼宇红盟服务站建立】2020年5月，湖墅街道为助力营商环境提升、吸引更多人才到大运河畔创业，启动“+U Home”楼宇红盟服务站建设。该项目面向绿地运河商务区等商务区内的楼宇红盟单位和员工，为他们提供智慧党建、人才招引、企业服务、爱心公益、“最多跑一次”便民五类服务。引进第三方商务服务企业进行专业化管理，联合银行为企业提供专项红色授信，还提供“一对一”人才服务、“零距离”招商等服务内容。

【心理防“疫”专场获央媒点赞】2020年年初突如其来的新冠肺炎疫情，湖墅街道为帮助工作在抗击新冠肺炎疫情第一线的社工调适情绪、保持心理健康，特邀“扬帆心理工作室”签约心理咨询师为社区工作者开设心理防“疫”专场辅导，用专业知识为基层一线工作人员疏导心理压力，帮助大家以更健康的状态投入工作中。2月18日人民日报客户端浙江频道刊文《浙江：抓疫情，不松劲；抓复工，铆足劲》进行报道，获得14.5万浏览量。

【全区首个省“四星级”食安办创建】2020年，湖墅街道在全区第一个设立由街道党工委书记和办事处主任共同担任食品安全委员会主任的“双首长”领导机制，并将食品安全工作列入对社区年度目标任务考核，占比达5%，完善“一办五员”（即食品安全办公室、街道食安办专职人员、街道食安协管员、社区食品安全专管员、社区食安信息员、社会监督员）的食品安全管理体系。街道统筹居民小区、楼宇、商街各方资源，开创“1147”食安建设新格局（1间专属办公室、1处食安检测站、4处食安驿站、7处社会监督服务站），在卖鱼桥社区建立全市首个开放式食品安全检测室，该做法获省、市、区媒体报道推广。街道织密监管网络，通过全街餐饮单位接入餐饮食品安全“众食安”平台，“线下+线上”确保“全域监管”。落实街道食品安全办公室、市场监管所、执法中队、社区“四方联审”机制，实现“全程监管”。全年出动1000余人次开展“食安全员监”活动。当年街道食安办获评全区首个浙江省四星级乡镇（街道）食品安全办公室。

【全域停车收费电子化管理实行】2020年，湖墅街道在辖区全域实行停车收费电子化管理，成为全区首个实现全域停车收费电子化管理的街道。街道智能升级26处

2020年5月15日，湖墅街道“+U Home”楼宇红盟服务站投入使用

（湖墅街道 供稿）

停车道闸，建立智慧停车总控台，实行收入账目日清日对，明确免费车种管理细则，严格访客停车券领用登记等，做好规范管理文章。自停车收费电子化管理系统运行以来，门岗人员减少 19%，月收入同比增长 187.4%，老旧小区车流数据不清、停车收入不透明、通行效率偏低等易引发矛盾纠纷的问题得到解决，工作成效获《杭州日报》头版、省纪委网站、《都市快报》等媒体报道。

【垃圾分类积分兑换制推行】2020 年，湖墅街道探索实施垃圾分类积分兑换制，首推“我会分·赢积分”活动，即居民倒垃圾时正确分类一次就能获得鼓励章一枚，集满一定数量的章，就能兑换 50 余类商品及服务。全年组织积分专场兑换活动 84 场，在积分机制带动下志愿者人数增加 18%，分类正确率提升 25% 以上，垃圾减量率达 50%，非投放时间段乱投放现象减少 50%。

【全域实施智慧治水 3.0 版“湖墅方案”】2020 年，湖墅街道通过机器人“网格长”与“智慧网警”双联动模式，即时“锁定”污水源头，开发“智慧治水”手机客户端，实时推送污水排放报警信息，做到发现问题即查即改，将治水工作从末端治理转向源头防控。至年底，街道完成 18 个“污水零直排”小区创建工作，余杭塘河南线、胜利河 2 条河道被评为市级“美丽河道”；《湖墅街道智慧治水 3.0 版实施方案》入选杭州市“五水共治”十佳金点子；全年辖区 4 条河道平均水质指标显著提升，Ⅳ类水及以上达标天数平均占比由 2015 年的 40% 提升到 2020 年的 85%。

【杭办大厦二次供水改造完成】2020 年，湖墅街道针对辖区内的杭办大厦由于建造年份久远、供水管腐朽不堪、供水立管和水箱位于居民户内、无维修基金等造成居民常年用水难、饮水难的问题，通过多方联动、精准施策，全面完成杭办大厦二次供水改造，使居民用水难、吃水难问题得到彻底解决。该项目经“学习强国”、新华网、《杭州日报》等媒体报道，老旧小区高层二次供水改造的“湖墅经验”得以推广。

【“湖数通”微治理平台打造】2020 年 10 月，湖墅街道与杭州数询云知科技有限公司合作，打造“湖数通”微治理平台。该平台以服务群众为核心，提高政府运行效率为导向，推进各部门数据共享为支撑，面向辖区居民群众、小区专员，物业、街道各科室等工作人员，实现“让数据多跑路，让群众少跑腿”。该做法是小区微治理实现智慧服务、精准服务的一次探索。

【全国“蒲公英计划”大型公益培训志愿服务项目总部落地湖墅】2020 年，湖墅街道联合区委宣传部共同打造全国“蒲公英计划”大型公益培训志愿服务项目总部，该项目总部落地湖墅墅园。至年底，该项目工程建设完工并通过验收，后续计划常态化开展教师公益书法培训等活动。

（毛晓黎）

全国“蒲公英计划”大型公益培训志愿服务项目总部　（湖墅街道 供稿）

小河街道

【概况】小河街道位于拱墅区中西部，地处京杭大运河两侧，东邻上塘街道，西与祥符街道相连，南与湖墅街道、西湖区西溪街道为邻，北与拱宸桥街道、和睦街道接壤，因境内有京杭大运河支流小河而得名，下辖9个社区。2020年，小河街道实现地方财政收入3.05亿元，比上年增长3.63%。楼宇总税收5.63亿元，增长83.38%，楼宇常规税收3.43亿元，增长27.34%。规模以上企业研发经费投入增长8.19倍。招引1000万元以上项目49个，其中1亿元项目5个，新增楼宇规上企业11家，实际利用外资2871.14万美元。

【“红茶议事会”网上平台推出】2020年，小河街道针对城市居民小区管理难、服务难、治理难的问题，坚持从“群众关心的事”做起，聚焦物业管理服务突出问题，创新推出“红茶议事会”网上平台，打通红茶议事会线上线下议事通道。网上平台自上线以来，平均每月收到各类意见建议2000件左右。全年，召开红茶议事会89场次，累计参会人员2100余人次。议题涉及党建引领、老旧小区提升改造、居民自治、社会治安、企业服务、城市管理等，成功破解明真宫社区停车难、广兴新村老旧小区改造等治理难题300余个。至年底，红茶议事会在全街道9个社区全面推广，社工参与率达100%，《人民日报》、人民日报社《民生周刊》、《国家治理周刊》等媒体相继报道以红茶议事会和小河网驿相融的小河街道治理经验。

【重点企业培育和招引】2020年，小河街道新增2家小巨人企业：中国电建集团环境工程有限公司（简称中电建环境集团）和浙江乐邦装饰工程有限公司（简称乐邦装饰）。街道协助中电建环境集团取得市政一级资质。至年底，街道共招引1000万元以上项目49个，其中1亿元项目5个、区级龙头企业2家、准龙头企业1家，新增楼宇规上企业11家。新招引楼宇企业浙江物产中扬供应链服务有限公司（年营收超10亿元）、浙江诚通股权投资有限公司（注册资金1亿元），均申报为区级龙头企业。引入杭州飞鸟与禾文化创意有限公司、杭州简与真文化创意有限公司等数字传媒企业入驻小河驿·序空间。

【远洋商务区·运河左岸一站式亲清服务阵地】2020年，小河街道打造远洋商务区·运河左岸“一站式”亲清服务阵地，聚焦远洋商务区企业需求，以党建为统领，整合民生群团、公安司法、城管执法、市场监管、劳动保障等功能，形成商务区“一站式”企业服务阵地。建立完善相关机制，派出所常驻，法律服务、城管执法、市场监管、劳动保障、企业服务每个星期各安排一人轮值。做优环境和配套，让远洋商务区等重点区域楼宇释放对优质企业的虹吸效应。至年底，共服务企业362家。

【小河驿·智序数字化智慧共享空间打造】2020年，小河驿·序空间在原有常规企业服务平台基础上，打造数字内容产出高地，为企业提供智慧信息服务。空间聚集新媒体从业人才，重点挖掘互联网科技人才、内容创作人才，通过“以才引才”的方式，壮大人才队伍，全年吸引160余名新媒体从业者入驻。招引知名数字媒体企业、直播团队入驻空间，与涵盖公众号运营、视频创作、影像研究等领域的10余家互联网传媒企业完成签约，合力打造空间内容实验室、视觉实验室、文化实验室；聚集数字内容资源，以翻转课堂为产学理念，以智慧课堂为产学手段和形式，统整相关企业资源，形成互联共通。空间与人民日报社浙江分社、淘宝网洽谈引进MCN（网红经济运作）项目。推进小河驿·智序数字化智慧共享空间建设，绘出“温暖、艺术、智慧”的跨河发展新图景。

【“城市眼·云共治·小河网驿”数字治理枢纽平台搭建】2020年7月15日，“强化科技支撑、深化民主协商——探索基层智治有效模式”主题新闻发布会在小河街道举行。会上发布“城市眼·云共治”2.0——“城市眼·云共治·小河网驿”平台，介绍小河街道在基层数字治理模式方面的新探索。平台升级后，实现对重点企业搬迁、经营情况异常等 8 种情况及时预警。至年底，该平台帮助街道精准化走访企业 1287 家次，协调解决问题 593 个，开展疫情政策线上宣讲 13 场，帮助企业解决各类问题 316 个。“城市眼 · 云共治”社情民意模块自应用以来，平均每月收到各类意见建议 2000 余件，累计召开线上线下红茶议事会 90 余场次，参会人员 2100 余人次，助力大关公寓等 4 个业委会换届选举，破解董家新村老旧小区长效管理、长征桥社区高层消防隐患两大难题，成功培育小区专员等红茶议事会促动师 45 人。“城市眼 · 云共治 · 小河网驿”数字治理枢纽平台升级搭建后，小河街道小区微治理进一步深化，获得《人民日报》、人民日报社《民生周刊》、《国家治理周刊》等媒体报道，获评 2020 年全国政法智能化建设智慧治理优秀创新案例。

【小河街道商会成立】2020 年 11 月 10 日，小河街道辖区 50 余家商会会员单位代表齐聚运河财富小镇会客厅，召开小河街道商会成立大会暨第一次会员会。会上，由华领控股集团董事长报告商会筹备工作情况，区工商联宣读《关于成立杭州市拱墅区小河街道商会的批复》，会议一致通过《拱墅区小河街道商会章程》《会费缴纳和管理办法》《选举办法》等内容，并选举产生拱墅区小河街道商会会长、副会长、秘书长、理事和独立监事。新当选的小河街道商会会长以《凝心聚力共同打造小河商会》为主题做发言。

【小河街道退役军人服务站开放】2020 年，根据省、市、区“新时代枫桥式退役军人服务站”创建要求，小河街道投入 80 余万元，经过 4 个月施工，小河街道退役军人服务站于 7 月 28 日正式对外开放。服务站建筑面积约 140 平方米，有专职管理员、服务员 2 人，讲解员 2 人。至年底，服务站接待了企业党支部、2020 年新兵、机关退役军人、社区工作人员、关工委、学校等团队组织。服务站开展百部爱国影片联播，每天下午放映一部，至 10 月底，共播放电影 49 场次，观看人数 500 多人次。组织仿真枪射击 17 次，参加体验 78 人次。12 月，小河街道退役军人服务站被评为“杭州市新时代枫桥式退役军人服务站”示范站点。

【全市首个综合体“微法庭”设立】2020 年，小河街道在乐堤港设立全市首个综合体“微法庭”。通过配齐专职调解员力量，成立律师志愿者团队，“微法庭”成功调处退役军人信访事项 9 件、矛盾纠纷案件 524 件，调处成功率 100%。区域接警量、发案量比上年实现双下降。

【老旧小区提升改造】2020 年，小河街道继续推进老旧小区改造等重点工程，经过反复研讨、设计，因地制宜敲定改造方案，按计划先后完成 11 个老旧小区综合改造提升，涵盖 221 幢楼、10030 户居民，总建筑面积 64.2 万平方米，完成 17 个“零直排生活小区”建设。启动娑婆桥社区、董家新村社区、紫荆家园社区 3 个“阳光老人家”站点建设，实现“阳光老人家”多点覆盖，建成富有小河特色的“阳光小伢儿”托幼机构。全面启动正兴堂弄 9 幢、10 幢危旧房落架大修工程，原塘河西片 30 户住户完成全区首个回迁安置选房。建成 2 个省级、13 个市级垃圾分类示范小区，拆除锦昌文华苑阳光房违法建筑。（何　婷）

2020 年 7 月 15 日，小河街道“城市眼 · 云共治 · 小河网驿”新闻发布会召开

（小河街道 供稿）

拱宸桥街道

【概况】拱宸桥街道位于拱墅区中部，是拱墅区委、区政府所在地，京杭大运河穿境而过，将其划分为桥东和桥西两大区块，东与北和上塘街道相邻，西与祥符街道、和睦街道相接，南连小河街道，下辖8个社区。2020年，拱宸桥街道实现财政总收入3.68亿元，比上年下降1.44%；实现地方财政收入1.69亿元，增长0.93%。完成限上社会消费品零售总额12.6亿元，下降19.27%。营利性服务业营业收入4.56亿元，下降3.87%。货物出口总额3132.32万美元，下降9.27%。楼宇常规税收1.29亿元，增长34.48%。4幢楼宇平均楼宇经济工作指数66.86，平均入驻率96.84%，出税率65.32%。至年底，辖区在册企业7002家。在册企业中出税正常经营企业1691家，出税率24.15%。全年新注册企业税收落地161家，当年出税50家，当年引进当年出税率31.05%。街道新招引企业167家，入选区云上“双招双引”（招商引资、招才引智）大会签约项目1个，上报1亿元项目5家，产业链项目初步认定2家，新增楼宇规模以上企业5家，外资实际到位2001.29万美元。拱宸桥街道台州路社区游凌飞家庭在全国精神文明建设表彰大会上被评为全国文明家庭。

【党员春训全区首次以直播形式开展】2020年5月28日，拱宸桥街道党员春训活动在大运河直播间以现场直播的方式进行。拱宸桥街道党工委书记通过直播，为春训做开班动员。杭州市委党校教授讲授“十九届四中全会精神”专题党课：《坚持和完善共建共治共享的社会治理制度——十九届四中全会精神学习》。街道8个社区的社区书记首次跨界直播，以微党课的形式展示社区项目化党建工作的成果。全街道3700余名党员参与，通过“在线学+送学上门”的模式，破解在疫情防控期间开展大型培训的难题，打破在职党员现场学习困难的壁垒，实现党员参训全面覆盖。

【“爱心义仓”志愿者项目启用】2020年6月，拱宸桥街道的“爱心义仓”志愿者项目启用。志愿者参与垃圾分类等志愿活动后，通过“爱心义仓”小程序和“爱心义仓”存折，获得储蓄积分。积分可在桥西历史文化街区的“爱心义仓”小木屋兑换实物或在小程序兑换志愿者商户消费券。该项目致力于推动志愿者建设工作，并参展首届浙江志愿服务展示交流活动暨项目大赛。至年底，爱心义仓志愿者参与活动6000余人次。

【《发展党员全过程优质管理办法》实行】2020年8月，拱宸桥街道根据区委组织部基本面工作任务安排，起草《拱宸桥街道发展党员全过程优质管理办法》（简称《办法》）及《拱宸桥街道发展党员全过程优质管理项目实施标准》（简称《标准》），并于当月开始实行。《办法》及《标准》梳理总结发展党员工作过程中的5大类21项资料，自制入党教程《小宸宸带你学入党》，制定一套发展党员四步编号技术，通过12位编码将发展人员、发展阶段、党组织性质、发展阶段开始时间完整呈现，方便档案查阅。通过档案盒上编码即可快速调取所需档案，直观了解发展时间和人员成分，及时进入下一发展阶段。与发展材料目录、发展资料配合使用，优化党员发展操作，优化规范发展党员流程。全年拱宸桥街道发展预备党员15人，新增入党申请人68人，入党积极分子30人，其中新经济组织新社会组织中高级知识分子入党申请人8人。

【小区党建“微治理”】2020年，拱宸桥街道总结“睦邻小区党建”工作经验，结合疫情防控成果，推进“党组织领导三方协同小区微治理”工作。全街道设立27个小区管家党支部、15个小区红领管家联合会，建设42个小区“邻聚里”党群议事厅，将组织工作重心下沉，实现小区党组织实体运作。形成“党组织直接领导、小区专员全面统筹、党群议事多元协商治理”的基层治理新格局。为“窗口办事在小区、协商议事在楼道、便民服务送到家、矛盾化解不出门”的拱宸桥小区微治理新模式打牢坚实的组织基础。

【市二医院周边交通治理】2020年8月4日，杭州市第二人民医院

（简称市二医院）周边交通治理项目启动，9 月 20 日完工。该项目通过数字赋能、智慧诱导完成市二医院周边交通治理。完成后，周边街区工作日高峰延误指数从 1.58 下降至 1.41，下降 11%。泊位指数均值提升 20% 以上，平均每位车主泊车时间下降至 10 分钟，日均导流车辆 600 余辆。运河广场停车库停车指数上升 20%；运河上街停车库停车指数上升 25%。居民和市二医院患者满意度从 34% 上升至 83%。

【民生微实事项目首次采用线上票选模式】2020 年 3 月 27 日，拱宸桥街道首次在线上开展 2019 年民生微实事项目实施情况满意度测评及 2020 年民生微实事项目票选工作。由于疫情防控要求，街道组建“拱宸桥街道居民议事会成员”群，群内的居民议事会成员由党代表、人大代表、政协委员、居民代表、企业代表等 55 人组成。根据票选结果，“零直排小区”创建、垃圾房改造、蚕花园法制广场建设成为街道要在年内完成的 3 件实事项目。实事项目的投票率达到 85%。

【运河同心小镇成立】2020 年 10 月，拱宸桥街道的运河同心小镇成立。小镇北起湖州街，南至登云路，西到小河路，东临京杭大运河。运河同心小镇拱宸桥段汇集大小商铺 40 余家，通过打造拱宸桥西侧亭子处“统战展示之窗”、桥西人家统战主题墙、拱宸书院“网络人士会客厅”，作为统战工作的集中展示区。小镇以“宸贤荟”为载体，以“世界咖啡”共议会为手段，联合统战人士和成员单位常态化开展集中议事、风采展示、成果分享等活动，促进街区商户“微治理”，并在线上同步开展“统战人士读同心心语”展示活动。

【桥西社区获评全省志愿服务最美（最佳）典型最美志愿服务社区】2020 年 12 月 11 日，桥西社区被评为全省志愿服务最美（最佳）典型最美志愿服务社区。该社区有常住居民 740 户、1980 多人，通过“文明帮帮码”平台，注册招募志愿者 879 人，占社区总人口的 44.3%。社区组建“红袖章”巡逻队、运河微笑巡河队、“杭州故事”工作室、巩式通臂拳非遗传承中心等 10 余支志愿者队伍。位于同和里 30 号的桥西小广场每月开展学雷锋活动，组织志愿者、辖区商户开展志愿服务项目。项目包括手工剪纸学习、运河文化展示、茶文化宣传、爱心理发、公益义诊、小家电维修及垃圾分类宣传。社区依托杭州工艺美术馆，中国刀、剪、剑博物馆等 4 家国家级博物馆，杭州方回春堂国医馆等 3 家老字号国医馆，联合开展“我的工美 V 学堂”、手工游园会、“百工节”、“运河小匠”夏令营等活动，吸引青少年朋友参观体验，传承非遗知识。社区配有纯公益性质的大运河直播间，服务于运河文化传播、匠心传承和街区对外推介，先后开展“华语之声”“寻味运河”等 10 多场公益主题直播，线上观摩人数超过 20 万人次，现场吸引观众 4000 余人。

【基层治理综合信息平台 2.0 版本上线】2020 年 1 月，拱宸桥街道升级基层治理综合信息平台系统，

2020 年 8 月 4 日，市二医院周边交通治理　（拱宸桥街道 供稿）

将“平安通”整合到浙政钉，融合河长通、矛盾调解、市场监管等平台，精简优化平台操作流程，融合数据资源，设置场景式采集巡查模式，开展点对点的逐项问题排查采集，确保事件高效处置和各环节智能化操作，全年处置事件21977件。完善统一地址库建设，全年完成40240项地址信息采集，实现全街道地址信息100%上线。

【“1+8+N”矛盾调解平台搭建】2020年3月，拱宸桥街道建立“1+8+N”矛盾调解平台（即建立街道级信访矛盾调解室，设立8个社区微法庭和特色调解工作室）、政法联席会议机制和调解队伍矩阵，通过搭建“1+8+N”矛盾调解平台模式，培育市二医院非警务警情处调站、运河上街商业综合体调解室和42个小区微治理小区调解室等N个调解细胞组织，在全街道范围内实行法律咨询、心理服务、三方联调、诉讼服务、劳动维权等一站式矛盾调处服务，实现群众有矛盾、有诉求就近反映、受理、调解，突出源头防范化解，全年调解成功69件。完成“书记领衔信访积案化解清零专项行动”任务，落实领导包案、定期例会等工作机制，坚持每月研判分析，做到项目稳控不升级，完成“无信访积案街道”创建任务。

【“123456”网格治理模式构建】2020年4月，拱宸桥街道构建“123456”网格治理模式。“1”即一个街道社会基层治理网格工作领导小组，“2”即两级管理组织机构（街道网格管理中心、社区网格管理服务站），“3”即成立3支队伍（综治中队、联防中队、专职队伍，实行采办分离、专业处置），“4”即流转事件四级闭环（网格、社区、街道、区），“5”即网格五员（网格长、网格党组织负责人、网格指导员、专职网格员、兼职网格员），“6”即六项工作机制，为指挥协调机制、网格准入清单机制、三联机制（联社、联片、联动，社区网格联席会议，街道领导和机关科室在编人员联系社区网格，条线网格员每日联动）、交办督办机制、信息采集奖励机制、日提醒周通报月考核机制。至年底，专职网格员上报各类隐患问题事件，流转处置办结率均为100%，开展平安暗访督查，检查场所2000余处，发放督查整改单19期，发现问题400余个。兼职网格员在疫情防控期间、全国“两会”第三届中国国际进品博览会等重要时间节点参与交通安全劝导、巡逻等志愿者服务2万余人次。

【杭州师范大学附属医学院校区启用】2020年9月1日，杭州师范大学附属医学院校区启用。该校区位于拱宸桥街道温州路120号，总用地面积9371平方米，总建筑面积3.94万平方米。校区主要用于杭州师范大学临床类专业本科生后3年理论教学、实验教学、教学见习、毕业实习，以及硕士研究生的三年理论教学、住院医师规范化培训等。

【老旧小区综合提升改造项目启动】2020年3月18日，小河路295号老旧小区综合改造提升工程开工仪式举办，拱宸桥街道老旧小区综合提升改造项目启动。该项目坚持以人为本、居民自愿的原则，实行“三上三下”（指三轮征询意见）居民意见征求，坚持统筹兼顾，同步提升加装电梯、垃圾分类、智慧安防等综合功能，确保一揽子解决老旧小区先天不足的问题。至年底，拱宸桥街道第一批9个老旧小区全部完成综合提升改造工程，第二批5个老旧小区综合提升改造工程稳步推进。

【易腐垃圾就地减量点建成】2020年3月，拱宸桥街道易腐垃圾就地减量项目在全区率先开工，4月中旬完工，5月15日投入使用。该点辐射8个社区及周边农贸市场、生鲜超市、综合体等，是杭州主城区垃圾减量最大、辐射范围最广的易腐垃圾就地减量点。在杭州市科协的指导下，街道与市农科院、拱宸桥小学合作在项目附近开辟“新劳动教育基地”，就地使用肥料，打造新型垃圾分类宣传教育阵地。

【“省级街容示范街”创建】2020年12月，桥西直街—桥弄街（小河路以东段）被评为拱墅区唯一的浙江省“省级街容示范街”。桥西直街和桥弄街（小河路以东段）是桥西历史文化街区的主干道，位于拱宸桥西。两条街总长约1000米，宽约10米，共有43家商铺。街道通过提升基础设施、强化“四化”管理（序化、洁化、美化、绿化）、引导共管共治（引导商家加强自我管理，参与到街区的共同管理中来）等措施，全面提升街区街容街貌，使桥西历史文化街区成为拱宸桥畔的醒目地标。

【“污水零直排区”创建】2020年，拱宸桥街道对崇庆里、裕兴院、永兴坊等17个生活小区及全域38家公建单位进行“污水零直排”改造。生活小区“零直排”改造工作委托第三方专业公司实施，协调养护单位，准确、快速推进整改，完成改造施工。至年底，拱宸桥街道辖区生活小区及公建单位全部完成“污水零直排”改造，并通过“污水零直排区”创建验收。

【“圣奥杯”第三届文艺会演举行】2020年1月18日，拱宸桥地区“圣奥杯”第三届文艺会演举行。活动由拱宸桥街道党工委、街道办事处主办，街道文化站承办，圣奥集团有限公司、浙江泰隆商业银行杭州城北支行、杭州荣华大来文化传媒有限公司协办。活动包含“奋斗新时代”“美好的生活”“无穷的力量”3个篇章，展示时代变革，感受时代变迁带来的美好生活，体现拱宸桥街道建设发展成果。运河轻舟艺术团、沐邻学堂舞蹈队、老开心茶馆、视界轩歌友团、杭州巩式通臂拳非遗传承中心、拱宸桥小学、古运河舞蹈队参加演出。拱墅区党代表、人大代表、政协委员、企业代表、居民代表等600余人观看演出。

【“抱拳礼”活动】2020年5月8日，“承让”礼（也称抱拳礼）活动在运河广场上开展。活动由杭州故事工作室、杭州市拱墅区运河传统体育产业发展协会联合承办。杭州故事工作室的工作人员现场分发练功服。练功服正面的图案是“抱拳”logo，背面是根据巩式通臂拳的拳法量身定做的图案。活动中，巩式通臂拳的队员穿着新款练功服在运河广场上施展拳法，并向路人展示抱拳礼，见面抱拳，有礼、有“距”、有节。在新冠肺炎疫情防控期间提倡保持社交距离，以抱拳礼互相问候，既传承中华传统文化，又能保持卫生。

【“同讲普通话，携手进小康”活动举办】2020年9月18日，“同讲普通话，携手进小康”第23届推普周作品展演在运河广场荣华戏院开演。该活动由区语言文字工作委员会主办，区教育局和拱宸桥街道承办。展演作品由中小学、幼儿园选送，来自9所学校的10个语言类节目进行集中展示，节目类型有相声、故事、朗诵等。展演展现推普工作的重要作用和意义，展示推普工作23年来的积极成效和传承地方文化多样和谐的语言生活。

【红歌赛】2020年10月17日，运河上街第二届红歌赛在运河上街中庭开展。该次活动主题为“中华儿女、唱中华红歌——唱响新时代，经典永流传”。活动由拱宸桥街道文化站、杭州运河上街商业企业管理有限公司工会委员会、杭州运河上街购物中心党支部主办。活动分为儿童组、青年组、老年组合团体赛，100余人参加。

【大运河武术文化联盟揭牌】2020年12月22日，“争创中华武术特色小镇——大运河武术文化联盟揭牌暨中华文化海外传播促进会活动基地、拱墅非遗项目巩式通臂拳传承学校授牌仪式”在京杭大运河博物馆二楼报告厅举行。活动由拱宸桥街道办事处主办，拱墅区运河传统体育产业发展协会、杭州巩式通臂拳非遗传承中心承办，浙江中华文化海外传播促进会协办，100余人参加。活动推动武术文化走出去，促进中外文明交流互鉴，加强对外文化交流和多层次文明对话。

（陈　闻）

和睦街道

【概况】和睦街道位于拱墅区西北部，东南接小河、拱宸桥街道，西北与祥符街道接壤，下辖4个社区，分别为和睦社区、华丰社区、化纤社区和李家桥社区。

2020年，和睦街道实现财政总收入2.67亿元。地方一般公共预算收入1.16亿元，比上年略有下降；500万元以上税收企业11家，完成财政总收入1.66亿元，增长30.03%。新增大树企业1家、小巨人企业1家。浙江诺迪福科技有限公司税收超5000万元。

和睦新村旧改工程被评为2019年度杭州市老旧小区综合改造提升工作典型案例及最佳案例，并入选住房和城乡建设部《城镇老旧小区改造“九项机制”试点案例集》。阳光老人家·颐乐和睦养老服务综合街区被列为新时代文明实践创新点全国培训现场教学基地。街道退役军人服务站被评为全国首批示范型退役军人服务站、全市首批“新时代枫桥式退役军人服务站”。和睦街道获浙江省“五水共治”工作考核优秀街道、杭州市“五水共治”二十佳镇街等称号。辖区4个社区获评“省级无障碍社区”，成为杭州市首个“无障碍社区”全覆盖的街道。和睦社区当选2020年度杭州市和谐（文明、平安）考评示范社区（村）。华丰社区获评浙江省文化示范社区、杭州市高质量就业社区。李家桥社区成功创建杭州市高质量就业社区。华丰新村、化纤公寓、化纤新村获评2020年度浙江省生活垃圾分类高标准示范小区。

【街道“大工委”机制建立】2020年，和睦街道探索建立街道“大工委”机制，结对“和睦红盟”单位拓展至51家。探索党建共建项目认领云平台，推动合计金额300余万元的70余个共建项目的认领和实施。其中杭州市军队离休退休干部第二服务管理中心认领出资的老旧小区改造电梯加装项目完成；区住建局认领的和睦公园腾挪空间项目，街道将其打造为“阳光小伢儿”托育中心一期，被列为“中国计生协婴幼儿照护服务示范创建项目拱墅实施点”。“大工委”机制的相关做法获《人民日报》网站等媒体报道，区委组织部在“运河先锋”微信公众号进行专题报道肯定。

【经济发展活力激发】2020年，和睦街道完成总税收2.67亿元，其中500万元以上税收企业11家，比上年增长41.83%，税收考核完成率位列全区街道首位；评定“大树企业”1家，为浙江中天智汇安装工程有限公司；评定“小巨人”企业6家，分别为：杭州正和石油化工股份有限公司、利尔达科技集团股份有限公司、华越设计集团股份有限公司、浙江鑫网能源工程有限公司、浙江诺迪福科技有限公司、华润（浙江）电力销售有限公司。创新人才逐步集聚，4位高层次人才申报市级D类人才认定成功。在全区“四心工程”评比中，获“匠心工程”先进单位、“聚心工程”先进单位等多面流动红旗。开展消费扶贫活动，帮助贵州黄平县宣传售卖农副产品16万元；协助对接杭州华东家禽批发市场，构建生产流通消费的良性循环。

【和睦新村老旧小区改造二期工程复工】2020年3月5日，和睦新村老旧小区改造二期工程复工。二期工程于2019年12月启动，新冠肺炎疫情防控期间曾一度停工。该工程以居家养老提升和婴幼儿照护服务机构建设为核心，涵盖屋顶修缮、景观提升、强弱电上改下、道路整治等10大项36小项内容，改造范围拓展至全小区54幢住宅楼。二期工程全面升级“阳光老人家”居家养老服务体系，构筑“居家—社区—机构”为闭环的街区式居家养老综合体。引进杭州市江干区公羊会养老服务中心、慈继医疗集团、华数传媒控股股份有限公司等多家企业，打造“阳光好管家、好小二、好帮手、好大夫”4支队伍，全面覆盖医养护、文教娱、住食行等老年群体所需的各项服务。至年底，综合体共服务小区老人6000余人次。同时，升级打造“阳光小伢儿”0~3岁婴幼儿照护服务机构，建设包括小剧场、婴幼儿托管、老幼共享教室等多功能设施，二期工程计划于2021年初完工。和睦新村小区改造兼顾“一老一小”，老旧小区公共服务体系得到全面提升。

【浙江省生活垃圾分类高标准示范小区创建】2020年，和睦街道实施“三引一促”做好生活垃圾分类工作。“三引一促”工作具体为：强化党建引领，将生活垃圾分类纳入街道年度重点工作清单，层层签署目标责任书，通过党员带头、青年助力、条线联动等形式细化分解任务；注重宣传引导，通过悬挂横幅、推送短信、张贴通知、利用小广播、加装感应器等形式进行全域宣传，同时，每个垃圾投放点招募2名党员志愿者负责“桶边督导”。至年底，开展培训活动12场、悬挂横幅27条、发放宣传手册3500余册。坚持示范引路，推出“垃圾分类红黑榜”，探索垃圾分类积分兑换机制，提高居民生活垃圾分类积极性，确保生活垃圾“零增长”。辖区华丰新村、化纤公寓、化纤新村获“2020年度浙江省生活垃圾分类高标准示范小区”称号。

2020年4月25日，化纤社区党员志愿者参加“桶边督导”，助力垃圾分类工作
（和睦街道 供稿）

【平安宣传活动】2020年，和睦街道“运河平安管家理事会”依托“1+3+N”网格化服务体系，实施精准化管理。利用辖区宣传橱窗、楼道单元门等宣传阵地进行宣传，社区文化家园固定推出平安宣传小课堂，“巧媳妇和谐小广播”每天高峰时段播放平安“三率”（平安建设安全感、知晓率、参与度）、消防安全等内容。推出“巧媳妇时间银行”积分兑换机制及管理办法，招募社区居民骨干23名，带动居民志愿者135名，在小区开展平安巡查、文明劝导等活动。

【新时代文明实践阵地建设】2020年，和睦街道各级新时代文明实践志愿服务阵地发挥宣传群众、教育群众、关心群众、服务群众“最后一公里”的作用，弘扬社会主义核心价值观和志愿服务精神，提升辖区百姓的思想觉悟、道德水准、文明素养和全社会文明程度。广大志愿者在疫情防控、平安建设、服务百姓、帮扶助困等方面发挥作用。华丰社区“巧媳妇”志愿者骆荣娣坚持公益理发20年，获2020“最美诚信浙江人”。6月，位于和睦新村东区的拱墅区新时代文明实践志愿服务街区作为全国文明城市创建工作培训班的现场教学点，迎接全国各省、市、区和新疆生产建设兵团文明办主任，全国文明城市和提名城市中的73个地级以上城市文明委、文明办负责人参观考察。全年，各级阵地开展理论宣讲、公益培训、便民服务等各类志愿服务活动400余场次，服务2.1万人次。

【华丰社区获评浙江省文化示范社区】2020年3月，和睦街道华丰社区成功创建浙江省文化示范社区。华丰社区是原杭州华丰造纸厂的职工宿舍区。华丰社区动员群众深入挖掘造纸文化内涵，构筑华丰人的共同精神家园。年初制订详细计划，配备宣教文体专职人员1人，专管员1人，成功打造和丰社书画苑、巧媳妇文化艺术团舞蹈队等5支文体团队。整合资源建成600余平方米的文化家园，拥有“六空间和七大梦想天堂”。其中华丰记忆展厅完整留存华丰造纸厂老物件，并对华丰精神的文化底蕴进行挖掘。结合垃圾分类、文明创建等工作开展特色活动，做到每周有培训、每旬有活动、每月一服务。图书室每日接待量超过100人次，全年开展各类文体活动40余次，举办各类作品展10余次。

【全国首批“示范型退役军人服务站”获评】2020年12月，和睦街道退役军人服务站获评全国首批“示范型退役军人服务站”。该服务站设立服务窗口，并设立荣誉墙、老兵之家、退役军人心理咨询室等功能区，为退役军人及家属提供政策宣传、来信来访登记、矛盾纠纷化解等服务。服务站根据政策，及时为退役军人、重点优抚对象、义务兵家属等发放抚恤补助，开展退役士兵社会保险接续工作。设立4个信息录入点，建立街道、社区服务站责任专班制。全年完成退役军人申请材料审核录入，帮助通过审核的退役军人完成缴费等工作。全面摸清底数，采集军队转业干部、军队离退休干部和退休士官、复员军人、退役军人、现役军人家属及“三属”等基础信息。年底，完成辖区的“光荣牌”悬挂工作。

【基层治理深化】2020年，和睦街道深耕党组织领导三方协同小区微治理，加大本土社工引育力度，小区专员入驻小区实现全覆盖，试水“管家制”，三方治理水平提升明显。成立“旧改督导团”，发挥“和睦议事港”平台作用，号召老党员积极参与志愿服务，做好旧改的政策宣传引导和施工质量安全监督。加强老旧小区改造提升后的长效管理，成功引入专业物业管理，实现辖区老旧小区物业管理全覆盖。做好诉源治理工作，融合微法庭、公共法律服务、三所联动以及在线矛盾纠纷化解，将矛盾及时有效化解在基层。开展平安创建，推进智安小区三年行动计划，至年底建成智安小区3个，其中视频建设率100%，人脸识别建设率100%，3个小区车闸建设完成率100%。

（胡晓岚）

大关街道

【概况】大关街道位于拱墅区南部，北靠大关路，东临上塘河，西接上塘路，南至石灰坝，下辖8个社区。2020年，大关街道实现财政总收入2.51亿元，比上年下降9.42%；地方财政收入1.14亿元，下降9.14%；实现实际利用外资603万美元；培育国家高新技术企业5家，引进市级D类和E类高层次人才17人，省级创新人才杜光焰博士化工项目和蔡焱博士汽车后市场项目获评“运河英才”C类。风险池基金授信企业29家，发放授信额度5235万元，助力小微企业发展。

【“锚式”组织架构的治理闭环建设】2020年，大关街道在全区首先实现专业化物业、小区专员及自管会（业委会）的3个全覆盖，采用独创的“锚式”组织架构形成“党组织领导、小区专员统抓、自管会议商、物业服务”的治理闭环。街道结合辖区实际情况，压实“一沉到底，专员兜底”的直线责任机制，将原有的29个小区划分为26个微治理单元，重组小区党组织30个，委派31名小区专员入驻小区，全面做好党建引领三方协同微治理的协调工作，形成“上级关注有载体，群众满意有抓手”的基层治理氛围。相继成立老旧小区自管会25个、商品房小区业委会1个。运用百姓圆桌会居民自治平台及“提出议题—广开言路—民主协商—拟订方案—居民表决—形成决议”的六步议事法，实现基层民主自治。引进3家专业物业公司联片管理经营，分包北、中、南3个物业服务片区，鼓励物业公司在广告营销、物流管理等方面自营创收，按照“片区组团、服务升级、自主造血、进出有序、绩效管理”的模式巩固并完善专业化物业全覆盖工作成果。

【“争先创优、补短增效”经济攻坚战开展】2020年5月，大关街道抽调33人组成脱产的“争先创优、补短增效”工作专班。该专班分设3个招商小分队和7个专项工作小组，创建“1+11”清单化分析监测机制（针对地方一般公共预算收入、工业总产值、建筑业总产值、营利性服务业营收、批发业销售额、零售业销售额、社零总额、有效投资、实际利用外资、外贸出口、网络零售额11个重点经济指标，每周形成1个指标汇总表及11个指标分析监测表），实行一企一册，日、周、半月、月定期会商等工作机制。全年召开碰头会50余次、推进会16次、集中走访企业169家，系统化推进攻坚行动。攻坚行动取得成效，通过辖区企业引荐落地浙江浙通医药有限公司等企业25家，新增楼宇规上企业3家、小升规企业1家。

【大关街道商会成立】2020年11月

18 日，大关街道商会成立大会暨第一次会员大会在拱墅区广银大酒店召开，区委统战部、区工商联和大关街道等单位领导出席，近 40 家会员企业代表参会。会议表彰大关街道先进企业，审议通过《杭州市拱墅区大关街道商会章程》《杭州市拱墅区大关街道商会会费缴纳和管理办法》《杭州市拱墅区大关街道商会选举办法》，选举产生商会第一届领导班子成员，并进行商会授牌。

【加装电梯“15+2”全生命周期综合养老保险签约】2020 年 6 月 23 日，大关街道举行加装电梯“15+2”全生命周期综合养老保险签约仪式。街道依托“政府搭台、百姓唱戏、市场运作”的机制，率先在西四苑 8 幢 1 单元加梯项目中，实现全市首台加装电梯参加“15+2”电梯综合养老保险模式。“15+2”即前 2 年由电梯公司负责维修，后 15 年由保险公司聘请维保人员进行维护。该模式使加装电梯保险签约方式及年限从原来的一年一签延长升级至一次性签约 17 年，为电梯加装后的维保、人身意外等问题加了一道“保险”。

【三方管理服务中心启用】2020 年 12 月 17 日，大关街道三方管理服务中心暨百姓大管家启用，这是全区首个启动的三方管理服务中心。该中心位于拱墅区大关苑路 22 号，面积 200 平方米，具备展示大厅、三方办公、支部引领、专员协调、自管会议事、物业服务、老屠调解、百姓超市 8 个功能区块，提供三方管理服务一站式体验，打造“百姓大管家”老旧小区专业物业服务品牌。区三方办、大关街道等单位领导出席启用仪式，各社区三方办主任、小区专员代表、自管会成员代表、各物业公司负责人及社区民间矛盾调解队代表参加。

【老旧小区改造】2020 年，大关街道老旧小区改造工作全面推进。改造立足基本配套、公共管理、服务提升三大需求，维修完善水、电、气、路等市政基础设施，推进安防监控、消防站点、垃圾分类等设施标准化建设，新增托幼、养老等专业配套，统筹规划公共活动场地。第一批 16 个小区 65.45 万平方米，于 12 月底全面完工。第二批东二、西一和西二 3 个社区 12 个小区近 50 万平方米，于 11 月底开工建设，计划于 2021 年 10 月底完工。改造中同步完善文化、医疗、助餐、家政、快递、便利店等便民设施，打造 15 分钟生活圈，力争“一次投入、多重收益”。

【乐龄养老生态圈建成】2020 年，大关街道整合资源，在德胜社区腾出 2000 平方米配套用房打造省、市、区三级养老示范点（街道级阳光老人家）和全市首个社区级护理中心，形成日间照料、全托护理、康复健养、服务项目居家上门的一站式乐龄养老生态圈，打造以居家养老服务中心为主体，联合乐龄家护理中心，为辖区老年人提供个性化、专业化康养服务的“康养联合体”。

【省“无欠薪”区创建通过验收】2020 年，大关街道通过早发现、早介入、早处置的“三早”工作模式，协调处理辖区内有关薪资

2020 年 6 月 23 日，杭州市首份加装电梯“15+2”全生命周期综合养老保险签约仪式举行
（大关街道 供稿）

纠纷案件38件，帮助劳动者要回工资及补偿金18.12万元，深入推进辖区“无欠薪”建设。7月，街道代表拱墅区接受省“无欠薪”区创建工作组对工程建设项目专项治理及验收标准落实情况现场核查，各项制度落实情况通过验收。

【垃圾分类质量提高】2020年，大关街道立足“百姓美安居”精细管理，结合老旧小区改造工程，因地制宜，改造提升16个小区的垃圾分类设施。9月，街道与拱墅清洁直运有限公司达成协议，开通全区首条生活垃圾收集驳运定制服务线，对大关苑路沿线东二、西一社区7个小区的生活垃圾，由直运公司派专人在规定时间内向中转站压缩转运，大关苑路两侧环境面貌得到明显改善，小区垃圾分类质量进一步提高。西三农贸市场探索建立易腐垃圾不出市场的工作模式，通过引进浙江赤盒环保公司“绿净零”易腐垃圾就地处置设备及运营服务，实现易腐垃圾即日即时无副产物就地处理，综合减量率95%以上。全年创建垃圾分类达标街道以及1个省级示范小区、9个市级示范小区。

【“东戏园西书场南学堂北健身”格局构建】2020年5月18日，“浙江省‘运河戏曲驿站’授牌仪式暨拱墅区大关街道‘百姓学堂’项目启动仪式”在大关街道百姓戏园举行。至此，大关街道抓住大运河文化带建设的历史机遇，形成“东戏园、西书场、南学堂、北健身”的新格局，建成融研究、演出、展示、体验、交流等复合功能于一体的新型运河文化综合体和公共文化服务供给平台。“东戏园”是指百姓戏园，位于东一社区东二苑，于2019年5月免费对外开放，是集“听曲、学戏、展示”三大功能为一体，融小型交流与普惠百姓的“开放性”戏曲、国乐传承传播研习地，2019年被杭州越剧传习院授予“大运河越剧传承基地”。“西书场”是指百姓书场，位于西一社区西八苑，于2006年挂牌成立，每天下午开讲国家级非物质文化遗产——杭州评话，先后邀请国家级、省级非遗传承人、知名评话艺人做客百姓书场，累计开讲说书评话5000余场，听众20余万人次。百姓书场引进杭州老开心茶馆有限公司，推动“一日一书、一周一进、半月一课、一季一展、一年一赛一精品、一年四专场”活动落地。“南学堂”是指百姓学堂，位于德胜社区德胜新村，旨在“关注百姓话题，传播先进文化，培育书香社区”，满足群众对“琴、棋、书、画、诗、酒、茶”等兴趣爱好、素养提升的学习需求，打造一个立体、全方位、可持续发展的群众文化活动常态化空间。至年底，开展各类公益讲座16课、专场演出6场、戏曲专场13场，成为大关辖区群众喜爱的“网红课堂”。“北健身”是指百姓健身，以15分钟“12347”健身圈为载体、以东二社区为主区域，打造百姓健身主题社区，计划于2021年11月底完工。“12347”即一中心（大关游泳健身中心）、两馆（百姓国球馆+百姓健身馆）、两广场（太极广场+棋奕广场）、三步道三乐园、四个健身苑（东五健身苑+国球小苑+羽球小苑+棋奕苑）、七个健身点。（吴　月）

2020年5月18日，”百姓学堂”项目启动仪式举行　（大关街道 供稿）

人物 34

全国劳动模范

徐俊昌 男，1975年2月出生，中共党员，杭州宸运环境工程有限公司管理员，2020年被评为全国劳动模范。

徐俊昌是杭州市宸运环境工程有限公司高级电焊工。他热爱本职，始终把工作做到极致。几年来，他发现设备设计上的问题，提出改进意见20余条，使设备故障率大为降低，降低运行成本数百万元。他是一个外来务工人员，家境比较困难，但他怀着感恩的心情来回报组织的关心和培养，多次拒绝其他单位的高薪聘请。2015年夏天，杭州有一处倒粪码头坏了。该码头每天要处理杭城200吨粪便，而原来建造该设施的厂家已经联系不上，没有单位能接这项工作。徐俊昌接到求援通知后立即赶到现场，透过防毒面具闻到的是阵阵恶臭。找到原因后，他自制器材和工具，经过三天的抢修，终于修好该设施，为有关单位挽回直接经济损失100余万元。他却因恶臭、劳累加高温病倒。

他积极参加每年的防汛抗台、防雪抗冻等工作。2020年新冠肺炎疫情防控期间，报名参加拱墅区城管局组建的“党员清道夫”先锋队，上门收运全区居家隔离点的生活垃圾（即医疗垃圾），从2月1日到3月31日，徐俊昌和6位队友上门收集垃圾5138户次，清运垃圾15吨。

他先后被评为拱墅区、杭州市劳动模范，2012年、2016年他连续两届当选杭州市党代表，2017年被评为“全国五一劳动奖章获得者”和“浙江省劳动模范”。2020年被评为敬业奉献“浙江好人”。

中国青年五四奖章获得者

石丹 女，1998年1月出生，杭州市拱墅职业高级中学美发专业老师，2020年获得中国青年五四奖章。

石丹初中毕业后，跟着打工的父母到杭州读书，选择美发与形象设计专业。2015年6月，夺得第39届亚洲美容美发大赛男士潮流修剪亚军。2017年，她以预选赛第一名的成绩入选第44届世界技能大赛美发项目国家集训队。2019年，她连续获得澳大利亚全球技能挑战赛、俄罗斯国际邀请赛美发项目金牌，并夺得第45届世界技能大赛美发项目金牌。

她是美发专业的老师，兼任学生的职业生涯导师，还担负着指导新一届美发集训队员训练的任务。她和她的导师吉正龙商量训练计划，组织日常训练。疫情防控期间，她利用网络授课并开展有针对性地训练，为备战国赛争取时间。她在公益义剪的岗位上服务5年，服务人数累计数万。5年中，她每月10日到运河广场、15日到小河社区、25日到蚕花园社区、30日沈塘桥社区进行义务理发服务。

2020年年初，新冠肺炎突如其来。远在江西老家的石丹不顾家人的劝阻，辗转回到杭州。连续十几天，先后到防疫最吃紧的单位、社区，为奋战在抗疫一线的医务工作者、社工等义务理发。2020年除获得中国青年五四奖章外，石丹还获得杭州市职业技能带头人、杭州市理论优秀宣讲员、“技能大师在线培训平台”代言人、第四届“杭州工匠”、杭州市优秀教育工作者、杭州市中华职业教育社“公益形象大使”、杭州市中华职业教育社“精准扶贫”宣讲团讲师、2019浙江教育年度新闻人物、浙江省疫情防控最美志愿者等荣誉称号。

全国优秀公诉人

胡森 男，1983年2月出生，中共党员，拱墅区人民检察院第一检察部主任，2020年10月在最高人民检察院举办的第七届全国十佳公诉人暨全国优秀公诉人业务竞赛中获评第七届全国优秀公诉人。

他从进入拱墅区检察院以后，一直在刑检部门从事一线办案工作，兢兢业业的完成院内各项工作任务，共办理案件1000余件2000余人，无一错案。其间，他办理了大量的疑难复杂案件，包括某高校受贿窝案，林某某特大敲诈勒索案，曹某等51人组织、领导黑社会性质组织案，以及“鑫合汇”“腾信堂”“投融家”“一点金库”等重特大非法集资案，出色地完成案件的审查工作。曾被评为浙江省“公诉业务标兵”。2020年1月被杭州市人民检察院记个人三等功；4月获杭州市总工会颁发的杭州市五一劳动奖章。

全国文明家庭

游凌飞家庭 游凌飞，男，1982年9月出生，2011年11月参加公安工作。为拱墅公安分局上塘派出所七古登、蔡马、拱宸、善贤社区民警，杭州市公安局社区警务工作专家型业务能手。从警以来曾获个人三等功3次、个人嘉奖2次、优秀公务员2次。曾获得第五届“杭州市十佳亲民警察”“杭州市公安局优秀法制副校长”“拱墅区平安工作先进个人”等荣誉称号。妻子方华，是一名小学教师。工作中爱岗敬业，求真务实，是一名优秀辅导员。生活中，以真挚的情感、宽容的心胸，默默支持着丈夫，尽心打理家中大小事务。在家长的熏陶下，读小学的女儿游子璇从小热心公益活动，是区和谐家园义工社的小义工，也是“上塘小警”公益联盟的队长。曾在蔡马智慧安防体验馆为人们讲解安防知识，带领“上塘小警”队员们开展“小小消防员”、《钱江晚报》“危险，走开”暑期安全课堂、“急救知识学习”等活动。还参与拱墅公安分局小萌警系列短剧、快板短剧《扫黑除恶、要你知道》《防疫快板说》的拍摄，获得中国长安网、浙江在线、杭州网等国家、省、市级媒体的报道和转载。2020年，其家庭获评全国文明家庭、浙江省最美家庭。

浙江省抗击新冠肺炎疫情先进个人

顾薇佳 女，1978年3月出生，中共党员，祥符街道社区卫生服务中心副主任。

在2020年的新冠肺炎疫情防控阻击战中，顾薇佳恪尽职守、勇挑重担。祥符街道社区卫生服务中心管控着祥符街道的8.7万户籍人口和16万人的流动人口疫情防控。面对8696名居家隔离人员的随访管控，最多的一天同时管控3731人，顾薇佳和她的团队始终保持全天候通信畅通，随时与在管隔离人员沟通，缓解群众对疫情的担心、害怕和恐慌。在企业逐步复工复产时，她和团队又成为驻企健康指导员，为5000余家企业、学校、幼托机构、校外辅导机构推广有效防控措施。整个春节假期，她没有休息一天，始终战斗在抗疫第一线。3月初，复工复产驻企指导工作开展后，作为祥符街道突发疫情处理联系人，她的手机号码对外公布，没有错过任何一个求助电话。为贯彻落实省、市文件精神，确保疫情防控期间公共卫生工作分级逐步有序地恢复，她以妇幼保健和预防接种服务为突破口实施全流程改造，从而满足百姓需求。2020年被评为全省抗击新冠肺炎疫情先进个人。

许海峰 男，1983年12月出生，中共党员，半山街道党工委委员。2020年新冠肺炎疫情突袭而至，他主要负责拱墅区集中隔离医学观察点后勤保障任务。面对来势汹汹的新冠肺炎和无经验可循的隔离点工作，他与区卫健局、区公安分局的同志们一起边实践边摸索，“白加黑”“五加二”，在 99 天时间里高质量完成各项任务，《浙江日报》以“有了‘大管家’，隔离不隔心”为题，专题报道他们的事迹。隔离点的事迹也被《人民日报》《浙江日报》《杭州日报》等媒体报道。

马锋平 男，1978 年 6 月出生，中共党员，拱墅公安分局巡特警大队副大队长。

2020 年年初，新冠肺炎疫情突袭而至，他毅然放弃春节休息，主动向分局党委请战，带领 17 名队员第一时间入驻半山入杭通道防疫检查站开展查控工作。作为检查站现场负责人，他每天坚持工作 14 小时以上，组织警力联合交警、卫健、路政等部门开展 24 小时值守，对到杭州车辆及人员逐一检查。他认真传达学习上级关于疫情防控精神和战时纪律要求，强化队伍管理；组织开展查控专业技能培训，不断提升队伍实战能力；完善查控点勤务模式、规范应急处置流程、统一数据信息报送、全力做好与其他部门协调工作等；同时，积极对接分局后勤保障部门，全方位保障参战警力的个人防护装备配备及储备，确保半山防疫检查站高效运作，累计检查车辆 5.6 万余辆，核查人员 13.3 万余人次，完成半山检查站查控任务。其中，2 月 13 日，在他的指挥下，仅用时 5 分钟，迅速高效处置了一起危化物品货车撞击失火事故。被杭州市公安局授予他个人三等功。2020 年被评为全省抗击新冠肺炎疫情先进个人。

▶ 资料

杭州市抗疫表彰优秀共产党员

李婉儿（女）、魏一峰（女）

杭州市抗击新冠肺炎疫情先进个人（21 人）

夏燕军（女） 拱墅区小河湖墅街道社区卫生服务中心主任，主任中医师

李婉儿（女） 拱墅区拱宸桥街道社区卫生服务中心医务科科长，副主任医师

印雪芬（女） 拱墅区米市巷街道社区卫生服务中心公共卫生科科长，副主任医师

张晨烨 拱墅区疾病预防控制中心综合业务科科长

朱薇（女） 拱墅区湖墅街道珠儿潭社区党委书记

邢晓春（女） 拱墅区大关街道德胜社区党委书记

秦红英（女） 拱墅区和睦街道化纤社区党委书记

孙菁（女） 拱墅区祥符街道阮家桥社区党委书记

项政 拱墅区拱宸桥街道桥西社区党委书记

戴珺 拱墅区米市巷街道网格员

蔡厉 市公安局拱墅区分局指挥中心副主任

魏一峰（女） 拱墅区人民政府办公室副主任

饶艳（女） 拱墅区发展改革和经济信息化局党委委员、副局长

陈传琪 拱墅区委办公室信息科副科长

余端学 拱墅区半山街道依锦苑小区业委会主任

李嘉扬 拱墅区祥符街道富越香郡小区业委会主任、杭州优扬建筑装饰工程有限公司总经理

杜奕（女） 拱墅区有晴天社会心理服务中心法定代表人

纪明水 拱墅区和睦街道和睦南苑保安

刘周明 杭州银泰购物中心有限公司商业管理分公司副经理

张宏达 大连森成（杭州）运河站美团外卖配送员

杨善岭 杭州宸运环境工程有限公司大班长

浙江省担当作为好干部

徐红岗 男，1968 年 7 月出生，中共党员，拱墅区祥符街道党工委书记，2020 年 12 月被评为浙江省担当作为好干部。

徐红岗历任拱墅区区直机关、街道等 6 个单位主要领导岗位，始终保持饱满的工作激情，在推进养老体系建设、人社窗口示范建设、康桥整村拆迁、运河新城建设等做出显著成绩。

2019 年转任祥符街道党工委书记以来，他坚决按照上级党组织要求，带领祥符街道各级团队围绕“全市领先、全省示范”的高标准要求，以全域环境提升攻坚为主抓手，在保障亚运场馆等重点项目建设、破解北城天地留用地项目遗留难题、原杭一毛集体宿舍解危、祥符水厂地块拆迁、

花园岗整村回迁安置、化解信访历史积案等工作中，担当作为，2019年度祥符街道综合考评位列全区（街道序列）第一。2020年，新冠肺炎疫情突如其来，自浙江省启动防疫“一级响应”后，街道立即全面发动、全员投入抗疫战斗。祥符街道占有全区三分之一以上的居家隔离保障人员，全街道居家隔离累计达3299户7266人，防疫抗疫工作十分艰巨。他全程无休，在防疫的关键当口，哪里需要协调，哪里就有他的身影，在他的带领下，全街道干部全部无休，体现特殊时期的团队担当。祥符街道不但完成抗疫任务，而且在复工复产中做出好成绩，以过硬的成绩单达到“两仗硬、两战赢”。

▶ 资 料

杭州市担当作为好干部：

李炜　拱墅区委副书记、区委政法委书记

刘新功　拱墅区卫生健康局党委书记、局长

赵剑（女）　拱墅区发展改革和经济信息化局重点项目推进中心主任

最美浙江人 最美诚信人

骆荣娣 女，1945年8月出生，拱墅区和睦街道华丰社区退休居民。2011年3月，骆荣娣积极加入华丰社区“巧媳妇”志愿服务团队，每月8日带上全套理发工具，用自己的手艺为街坊邻居免费理发，被邻居们称为“毛娘”。她用一颗助人为乐的热心和实际行动传播正能量，展现新时代志愿服务的风采。2020年9月，入选“最美浙江人·最美诚信人”。

浙江省文明家庭 杭州市最美家庭

夏卫民家庭 夏卫民，男，杭州市启航中学副书记、副校长，拱墅区优秀教师。妻子黄曦为杭州市启航中学工会主席兼教导处副主任，市教坛新秀、区优秀教师、区优秀党员。夫妻俩在平凡的教育岗位上20多年，爱岗敬业，为人师表，以师者仁心，教育培养一届又一届学生，得到大家一致认可和赞誉。夏卫民曾获得区“优秀教师”、区“十佳德育工作者”；援黔期间又先后获得贵州省脱贫攻坚先进个人、黔东南州支教名校长等荣誉。2020年，其家庭获评浙江省文明家庭、杭州市最美家庭。

杭州市道德模范

王志雄 男，1977年9月出生，浙江老年关怀医院（拱宸桥街道社区卫生服务中心）副主任医师，全国“孝亲敬老”之星、杭州市道德模范、杭州市“最美战疫家庭”。他20年如一日坚守老年病诊治岗位，经常为病房里的老人剪指甲、陪聊天。疫情防控期间，与同为医护人员的妻子积极投身抗疫一线。2020年获评杭州市道德模范。

诚信杭州人

汪孙聚 男，1936年3月出生，拱墅区大关街道德胜社区居民。曾多次获各级“劳动模范”称号。退休后热心社区事务。2013年，84岁的汪孙聚被聘为胜利河民间河长，每天坚持写巡河日记，记录日常巡河的点点滴滴，一天两次观察水质变化，碰到有不按规定垂钓或洗拖把的，及时劝阻，每周把巡河日记打印后交给社区和街道，发现河道有问题也会第一时间向上级主管部门反映。他所写的巡河日记装订起来多达13本超40万字，对辖区的“五水共治”工作提供重要的参考价值。获浙江省委副书记、省长袁家军点赞肯定，并获浙江在线、杭州网等各级各类媒体宣传报道。2020年获评诚信杭州人。

杭州好人

张京松 男，1972年10月出生，中共党员，浙江老年关怀医院一病区主任。作为老年病科主任、党员，带领科室团队在学科建设、专业技术上不断努力攀登。他始终把关爱老人、全心全意为患者服务放在首位，组织志愿者团队陪老人们聊家常、读报纸、讲新闻，替老人洗头、剪指甲，建立签约微信服务群，提供周到安心服务。坚持利用休息时间在区老人公寓提供医疗咨询服务。2020年，张京松被评为杭州好人、杭州市“最美敬老爱老助老模范人物”提名、区孝亲敬老之星。

周伟法 男，1971年4月出生，拱墅区大地美发厅个体经营者，曾获得浙江好人、杭州好人、杭州市功勋志愿者、拱墅区道德模范等称号。他21年坚守公益理发诺言，风雨无阻，养老院、福利院、街道社区、运河广场都有他爱心理发的身影。他发起成立大地老年志愿服务队，坚持每月带领团队开展各类志愿服务，按时给行动不便的老人上门理发，累计服务5万余小时，服务近10万余人次。2020年，周伟法被评为“助人为乐”杭州好人。

第四届杭州工匠

金波 男，1965年11月出生，拱墅区永恒花店负责人，2020年9月被评为第四届“杭州工匠”。金波18岁那年，历经两次大手术，下颚骨被全部切除。这次疾病，除造成他面部严重畸形、讲话口齿不清之外，咀嚼功能也全部丧失。后来，金波进入了鲜花行业，他勤奋专研、默默奋斗，从一窍不通到熟练掌握。多年来，他积极参加国内外专业花艺展览和比赛，多次获得金银铜等奖项，并在2012年南京全国残疾人技能大赛中，获融汇插花项目第一名，为浙江争得荣誉。近年来，参与湖北武汉世园会面积2000平方米展馆的花艺布展工作，参加WOA国际花艺交流展和花中说禅国际花艺赛事，并获得优秀奖。2019年，他2次到北京世界园艺博览会布展和参赛，获得集体作品金奖和个人现代花艺金奖。为提高广大群众的插花艺术和鉴赏水平，他积极投入浙江省文化馆的义务教学工作，对近300人次进行插花艺术培训，激发广大学员对花艺的热爱，其间，还带领学员参加国内外大型花艺活动。

石丹 女，1998年1月出生，共青团员，杭州市拱墅区职业高级中学美发专业教师，2020年9月被评为第四届“杭州工匠”。

第二届拱墅工匠

王薪宇 男，1981年5月出生，利尔达科技集团股份有限公司物联网技术工程师，2020年9月被评为第二届“拱墅工匠”。他负责、参与4项发明专利、10多项实用新型专利，出版有《CC430无线传感网络单片机原理与应用》和《物联网/无线传感网原理与实践》2本物联网开发书籍。《物联网无线收发器》获得杭州市科技进步奖二等奖，《物联网环境下支持多领域应用的低功耗无线传感器网络系统》获得杭州市科技进步奖三等奖。

汪文龙 男，1977年9月出生，杭州罗莱迪思科技股份有限公司研发总监，2020年9月被评为第二届“拱墅工匠”。他负责、参与10项实用新型专利，其魔方2.0系列、SUPLED智能控制系统成果、ROLEDS数字光色系统1.0被中国照明学会鉴定为国际先进水平，魔方2.0系列、SUPLED照明控制系统分别获得中国照明学会一等奖和二等奖。

林其番 女，1982年6月出生，杭州盼亮服饰有限公司服装设计师，2020年9月被评为第二届“拱墅工匠”。她是非物质文化遗产“畲族刺绣”代表性传承人。先后获第五届“浙江省十佳服装设计师”、AW杭州国际时尚周“最具潜力设计师”、首届“意法杯”女装设计大赛“十佳服装设计师”等荣誉称号。

夏恩力 女，1982年3月出生，杭州市福山外国语小学副校长、英语教师，小学高级教师，2020年9月被评为第二届“拱墅工匠”。她曾获第四届全国优秀中小学外语教师、浙江省教坛新秀、杭州市优秀教育工作者等称号。课题《基于语篇的小学英语教学模式研究与实践》获国家级教学成果一等奖、全国第二届小学英语教师教学技能展示“微型课教学主讲”一等奖、浙江省基础教育课程改革巡礼教学设计一等奖

候红美 女，1961年7月出生，中国美术学院美术中心有限公司艺术总监，高级景观设计师、浙

江省工艺美术大师，2020年9月被评为第二届“拱墅工匠”。她是传统柴烧陶瓷烧制技艺团队非遗传承人之一，从事陶瓷艺术文化30余年。其作品《花器系列》《和系列》《青韵系列》《古韵系列》《荷系列》《茶系列》等，多次被国家、省、市级评为金奖、银奖，多件作品分别被国内外8家博物馆收藏。

黄良起 男，1947年11月出生，先后从业于市美术公司、中国美院、浙江图书馆。民盟盟员，国家一级美术师，2020年9月被评为第二届“拱墅工匠”。他是浙江省非物质文化遗产传承人，杭州电视台、浙江电视台先后拍摄《金刀圣手》——记当代碑刻大师黄良起、《碑刻传人》等专题片。出版有《观音宝像》《十六尊者》《十八罗汉》《镌古拓今》等专集，其碑刻作品被列为现代文物加以保护，被多家博物馆和浙江档案馆收藏。

章小泳 男，1980年7月出生，中共党员，拱墅区公安分局刑侦大队机动中队中队长、刑侦大队“猎豹”快侦组负责人，2020年9月被评为第二届“拱墅工匠”。他创新的《人像识别技术全景应用探索》技战法入选首届全国公安机关刑侦部门视频侦查论文集。曾荣立个人三等功3次，2015年获杭州市公安局视频岗位业务标兵，2017年获杭州市视频侦查比武个人第三名，两次获杭州市公安机关破案能手，获评2019年度杭州市公安机关破案攻坚能手等荣誉。

舒国华 男，1972年6月出生，杭州速派餐饮管理有限公司行政总厨，国家高级技师、中国烹饪大师、浙江烹饪大师、国家级中式烹调师考评员，2020年9月被评为第二届“拱墅工匠”。他曾以主厨身份接待过政界要员、娱乐界名人，多次策划浙商精英宴席菜单等。2017年获浙江餐饮业金鼎杯浙菜金牌大师，2019年获中国烹饪协会金厨奖、第八届全国烹饪技能竞赛中餐热菜组银奖。

谢腾 男，1985年11月出生，中共党员，拱宸桥街道社区卫生服务中心康复科科长、主治中医师，2020年9月被评为第二届“拱墅工匠”。他的科技项目《头皮针抽提法提高脑血栓形成后偏瘫患肢肌力技术推广》通过浙江省中医药管理局验收。获评新时代浙江省“万名好党员”、杭州市“杰出青年岗位能手”，获杭州市首届基层中医药适宜技术推广应用标兵评比活动（中医专业组）一等奖。

魏进 男，1985年5月出生，杭州莱茵电梯工程有限公司技术部经理、电梯安装维修工技师，2020年9月被评为第二届“拱墅工匠”。他曾多次带领团队参加杭州G20峰会、世界互联网大会、全国大学生运动会等重大活动电梯运行安全保障服务。2019年获杭州市电梯安装维修工职业技能竞赛第一名，获“杭州市技术能手”，2020年获得杭州市五一劳动奖章。

2020年主要机构及负责人名录

区级主要机构及负责人名单
（2020年1—12月）

中共拱墅区委员会

书　记：朱建明
副书记：章　燕
　　　　李　炜
常　委：黄建正（援疆）　王　涛
　　　　赵　红　雷伟蛟　王　宏
　　　　熊　雄　王书评（2020年5月始）
　　　　李向晟（浙大城市学院挂职干部，2020年7月始）
　　　　张德平（至2020年4月）
　　　　刘建军（至2020年9月）
　　　　李　磊（浙大城市学院挂职干部，至2020年7月）

拱墅区人民代表大会常务委员会

主　任：吴才敏
副主任：卢建标
　　　　徐美娟
　　　　孙剑甫
　　　　丁智明
　　　　杨　涤
　　　　韩　峻
党组书记：吴才敏
党组副书记：卢建标
党组成员：徐美娟
　　　　孙剑甫
　　　　丁智明
　　　　杨　涤
　　　　吴　洁

拱墅区人民政府

区　长：章　燕
副区长：赵　红（2020年6月始）
　　　　方友青
　　　　杨　辉（2020年10月始）
　　　　余荣升
　　　　欧阳建国
　　　　吴伟强（2020年6月始）
　　　　应巧华（2020年6月始）
　　　　程晓东（2020年8月始）
　　　　张德平（至2020年6月）
　　　　王书评（至2020年6月）
　　　　惠海涛（至2020年6月）
党组书记：章　燕
党组副书记：张德平（至2020年5月）
　　　　赵　红（2020年6月始）
党组成员：王　宏
　　　　杨　辉（2020年10月始）
　　　　余荣升
　　　　欧阳建国
　　　　吴伟强（2020年5月始）

应巧华（2020年6月始）
程晓东（2020年8月始）
孟三山（亚组委任职）
楼 巍
王书评（至2020年6月）
惠海涛（至2020年6月）

中国人民政治协商会议拱墅区委员会

主 席：周志辉
副主席：钟黎明
金志明
卢 伟
沈燕翔
杨 俊
党组书记：周志辉
党组副书记：钟黎明
王书评（2020年10月始）
党组成员：金志明
卢 伟
孙益芳

中共拱墅区纪律检查委员会 拱墅区监察委员会

书记：熊 雄
监察委员会主任：熊 雄

拱墅区人民法院

院长、党组书记：王美芳

拱墅区人民检察院

检察长、党组书记：罗有顺

区委工作部门

办公室
主任：蔡儒杰

组织部
部长：王 涛

宣传部
部长：黄建正（援疆）

统一战线工作部
部长：赵 红（至2020年6月）
王书评（2020年6月始）

全面深化改革委员会办公室
主任：陈 亮

政法委员会
书记：李 炜

机构编制委员会办公室
主任：施国敏

直属机关工作委员会
书记：唐晓华（至2020年1月）
王 涛（兼，2020年1月始）

巡察工作领导小组办公室
主任：姜文祥

区委区政府信访局
局长：杨新国

老干部局
局长：葛建军

区人大常委会工作部门

办公室
主任：吴 洁

监察和法治司法工作委员会
主任：黄朝武

财政经济委员会
主任：范文涛

社会建设工作委员会
主任：邹 艳（2020年11月始）

城建环保工作委员会
主任：金自力

教科文卫、民宗侨工作委员会
主任：缪承武

人事代表工作委员会
主任：周建仁

区政府工作部门

办公室
主任、党组书记：楼　巍

公安分局
局长、党委书记：刘建军（至 2020 年 10 月）
　　　　　　　　杨　辉（2020 年 10 月始）

发展改革和经济信息化局
局长、党委书记：吴永军

科学技术局
局长、党组书记：王一军

教育局
局长、党委书记：徐旭勇

财政局
局长、党委书记：周利光

人力资源和社会保障局
局长、党委书记：郑国庆

民政局
局长、党委书记：陈小蕾

司法局
局长、党委书记：葛　彤

商务局
局长、党委书记：俞志栋

投资促进局
局长、党委书记：虞　翀

住房和城市建设局
局长、党委书记：陈劲松

城市管理局
局长、党委书记：管建弟

审计局
局长：王善华

党组书记：冯林钟

统计局
局长、党组书记：唐峰渊

应急管理局
局长、党委书记：方海林

卫生健康局
局长、党委书记：刘新功

文化和广电旅游体育局
局长、党委书记：张路红

市场监督管理局
局长：朱幼群

党委书记：史小斌

退役军人事务局
局长、党组书记：贝建军

金融工作办公室
主任、党组书记：胡智灵

数据资源管理局
局长、党组书记：王全兴

区政协工作部门

办公室
主任：孙益芳

提案委员会
主任：张浩亮

经济科技委员会
主任：徐奕斌

城建和人口资源环境委员会
主任：蒋晓敏

社会法制和港澳台侨委员会
主任：林守俊

文史和教文卫体委员会
主任：黄　玲

委员工作委员会
主任：（空缺）

市属延伸机构及负责人名单

（2020 年 1—12 月）

杭州市规划和自然资源局拱墅分局

局长、党组书记：李思静

杭州市生态环境局拱墅分局

局长、党支部书记：郑仙珏

街道及主要负责人名单

上塘街道

党工委书记：应巧华（至 2020 年 6 月）
童　立（2020 年 11 月始）
办事处主任：童　立（至 2020 年 11 月）
诸葛建清（2020 年 11 月始）

祥符街道

党工委书记：徐红岗
办事处主任：潘倪敏（至 2020 年 1 月）
施　宏（2020 年 1 月始）

半山街道

党工委书记：王一平
办事处主任：潘金财

康桥街道

党工委书记：钱志卫
办事处主任：蒯　骏

米市巷街道

党工委书记：谢剑锋
办事处主任：许　晓

湖墅街道

党工委书记：唐卫峰
办事处主任：唐　华

小河街道

党工委书记：钟　鸣
办事处主任：黄　胜

拱宸桥街道

党工委书记：王跃文
办事处主任：施　宏（至 2020 年 1 月）
钱贤鑫（2020 年 1 月始）

和睦街道

党工委书记：饶文玖
办事处主任：魏　崴

大关街道

党工委书记：黄苏萍
办事处主任：夏森炜

年度强优企业

“大树”企业

【概况】2020 年，拱墅区新增浙江丰驰网络科技有限公司、浙江宝盈爱思开物资集团有限公司、浙江来益医药有限公司、杭州楚环科技股份有限公司、浙江建设商贸物流有限公司、浙江中天智汇安装工程有限公司 6 家“大树”企业。经过三年培育，全区“大树”企业达到 43 家。

【浙江丰驰网络科技有限公司】浙江丰驰网络科技有限公司成立于 2018 年，位于拱墅区候顺璐 99 号顺丰创新中心。该公司是一家集聚现代化智慧物流 + 互联网的公司，业务覆盖全国 362 个城市。公司先后获得公路货运行业“金运奖”年度最佳实践案例奖，“全国先进物流企业”等多项荣誉称号。2020 年，公司获拱墅区“大树”企业称号。

【浙江宝盈爱思开物资集团有限公司】浙江宝盈爱思开物资集团有限公司成立于 2004 年 7 月，位于拱墅区半山路 131 号。该公司是一家在全国布点的沥青供应链综合服务商。公司先后获中国百佳创新示范企业、中国三大沥青贸易商、中国十佳诚信沥青贸易商、浙江省优秀民营企业、杭州市企业社会责任建设最佳企业、拱墅区最具成长性企业等荣誉称号。2020 年，公司获拱墅区“大树”企业称号。

【浙江来益医药有限公司】浙江来益医药有限公司是浙江医药股份有限公司出资 3.6 亿元投资设立的全资子公司，是一家以药品、医疗器械、保健品、食品等产品的批发、零售为核心业务的医药流通企业，经营范围覆盖医药行业全品类。公司是全国百强医药流通企业之一，位列浙江省医药流通前十强，先后获中国医药流通行业最佳管理创新奖、中国医药商业行业 AAA 级信用企业、浙江省商贸流通业诚信示范企业荣誉称号。2020 年，公司获拱墅区“大树”企业称号。

【杭州楚环科技股份有限公司】杭州楚环科技股份有限公司创建于 2005 年，总部位于杭州市拱墅区祥园路 108 号智慧信息产业园。该公司是一家专注于废气恶臭治理领域的环境系统问题解决服务商。公司自有的核心技术“生物处理技术为主的 VOCs 排放控制技术”入选生态环境部 2020 年绿色“一带一路”技术储备库，同时以主要完成单位身份参与的“复杂有机废气生物净化过程强化技术及应用”项目获 2020 年度教育部高等学校科学技术进步一等奖。2020 年，公司获拱墅区“大树”企业、区政府质量奖、杭州市级企业高新技术研究开发中心、杭州市专利试点企业等荣誉称号。

【浙江建设商贸物流有限公司】浙江建设商贸物流有限公司是浙江省建设投资集团有限公司控股子公司，成立于 2012 年，位于拱墅区湖州街 36-1，该公司主要从事金属材料、建筑材料、装饰材料、机电产品的销售，建筑机械设备的销售、租赁，商务咨询，仓储服务，国际、国内货运代理等业务，在全国各地和浙江省内所有地市都设有分公司。2020 年，公司获拱墅区“大树”企业称号。

【浙江中天智汇安装工程有限公司】浙江中天智汇安装工程有限公司创建于 2001 年，位于拱墅区拱宸桥街道南北商务港大厦。该公司以建筑机电、市政公用、石油化工、电力新能源为主要经营领域，是国内安装行业经营规模、综合实力较强的施工企业之一。公司先后获全国安装行业先进企业、浙江省 AAA 级重合同守信用单位、浙江省建筑业诚信企业、杭州市政府预选承包商优秀企业、杭州市社会责任建设最佳企业等荣誉称号。2020 年，公司获拱墅区“大树”企业称号。（姜聪聪）

“小巨人”企业

【概况】2020年，拱墅区新增浙江诺迪福科技有限公司、诚达建设集团有限公司、浙江绿城利普建筑设计有限公司等17家小巨人企业，主营涉及批发、零售、服务等行业。其中，2020年税收300万元至500万元的5家，超过500万元的11家。经过3年培育，全区“小巨人”企业达到110家。

2020年拱墅区新增“小巨人”企业一览表

表19

企业名称	所属单位
浙江诺迪福科技有限公司	和睦街道
诚达建设集团有限公司	祥符街道
浙江绿城利普建筑设计有限公司	祥符街道
浙江广通汽车有限公司	祥符街道
浙江大佳医疗器械有限公司	米市巷街道
浙江广播电视发展总公司	米市巷街道
中国电建集团环境工程有限公司	小河街道
杭州零零医科技有限公司	区科技工业园区
浙江耀信工程咨询有限公司	上塘街道
浙江卓创乡建规划设计有限公司	区科技工业园区
浙江乐邦装饰工程有限公司	小河街道
杭州埃迷丽珠宝有限公司	祥符街道
浙江英特医疗科技有限公司	区科技工业园区
中检质技检验检测科学研究院有限公司	半山街道
浙江东旺网络科技有限公司	祥符街道
浙江辉驿网络科技有限公司	区科技工业园区
浙江元通瑞达汽车有限公司	祥符街道

（姜聪聪）

国家高新技术企业

【概况】2020 年，拱墅区新增大箴（杭州）科技有限公司、杭州凯宇信息技术有限公司、浙江天成项目管理有限公司、杭州赛美蓝光电科技有限公司等 99 家国家高新技术企业。其中，电子信息企业 44 家，高新技术服务企业 32 家，生物与医药企业 2 家，先进制造与自动化企业 10 家，新能源与节能企业 2 家，资源与环境企业 9 家。

2020 年拱墅区新增国家高新技术企业一览表

表 20

企业名称	属地	企业名称	属地
大箴（杭州）科技有限公司	小河街道	杭州科强信息技术有限公司	祥符街道
杭州凯宇信息技术有限公司	上塘街道	浙江华阳数智信息科技有限公司	大关街道
浙江天成项目管理有限公司	米市巷街道	浙江绿城利普建筑设计有限公司	祥符街道
杭州赛美蓝光电科技有限公司	区科技工业园区管委会	浙江久测地理信息技术有限公司	区科技工业园区管委会
杭州大地维康医疗环保有限公司	区科技工业园区管委会	浙江公信认证有限公司	米市巷街道
杭州耐雀生物科技有限公司	区科技工业园区管委会	杭州名淘教育科技有限公司	区科技工业园区管委会
杭州电堂科技有限公司	祥符街道	杭州云童智能科技有限公司	米市巷街道
浙江盘兴信息技术有限公司	区科技工业园区管委会	杭州圣鼎科技有限公司	区科技工业园区管委会
杭州博物文化传播有限公司	米市巷街道	杭州银山科技有限公司	祥符街道
杭州富从智能技术有限公司	区科技工业园区管委会	杭州日晟科技有限公司	区科技工业园区管委会
杭州中邦生态环境有限公司	区科技工业园区管委会	浙江御安信息技术有限公司	米市巷街道
杭州美言高科技有限公司	拱宸桥街道	浙江中科仆汇科技有限公司	康桥街道
浙江百盛水工业设备股份有限公司	区科技工业园区管委会	杭州悦马爱赏科技股份有限公司	康桥街道
浙江杰力惠农业科技有限公司	康桥街道	杭州秉创自动化科技有限公司	祥符街道
杭州爱琴嗨购供应链管理有限公司	上塘街道	浙江金鸣环境科技有限公司	区科技工业园区管委会
杭州软库科技有限公司	小河街道	杭州联保致新科技有限公司	区科技工业园区管委会
杭州实想科技有限公司	小河街道	杭州蛟驰科技有限公司	区科技工业园区管委会
浙江沃洛达节能科技有限公司	康桥街道	杭州迭代科技有限公司	祥符街道
杭州碧橙数字技术股份有限公司	上塘街道	杭州钱畅科技有限公司	祥符街道
杭州智慧科技有限公司	区科技工业园区管委会	杭州易姆讯科技有限公司	区科技工业园区管委会
杭州科络恩科技有限公司	祥符街道	杭州国华检测技术有限公司	区科技工业园区管委会
杭州松美智能科技有限公司	区科技工业园区管委会	杭州聚代文化遗产保护科技有限公司	祥符街道
浙江晧月水务科技有限公司	区科技工业园区管委会	浙江辉驿网络科技有限公司	区科技工业园区管委会

2020 年拱墅区新增国家高新技术企业一览表

续表 20-1

企业名称	属地	企业名称	属地
浙江立居环保科技有限公司	区科技工业园区管委会	浙江思阳广告有限公司	湖墅街道
浙江泰和智谷科技有限公司	上塘街道	杭州永大软件有限公司	米市巷街道
杭州慧能科技有限公司	区科技工业园区管委会	杭州楚楚网络科技有限公司	米市巷街道
浙江刨子科技有限公司	区科技工业园区管委会	杭州君谋科技有限公司	区科技工业园区管委会
杭州天子岭发电有限公司	半山街道	杭州商计科技有限公司	祥符街道
杭州欧凯膜技术有限公司	和睦街道	杭州魔鱼科技有限公司	区科技工业园区管委会
安路（杭州）汽车科技有限公司	祥符街道	云都网络科技（杭州）有限责任公司	大关街道
杭州展特信息科技有限公司	区科技工业园区管委会	杭州玄同信息技术有限公司	康桥街道
杭州影泰文化创意有限公司	半山街道	杭州雷甸科技有限公司	祥符街道
浙江浙大环境工程有限公司	区科技工业园区管委会	杭州跃翔科技有限公司	小河街道
杭州数酷科技有限公司	湖墅街道	杭州容讯科技有限公司	祥符街道
杭州一悠网络科技有限公司	祥符街道	杭州空灵智能科技有限公司	区科技工业园区管委会
杭州威威网络科技有限公司	区科技工业园区管委会	杭州时点网络有限公司	区科技工业园区管委会
杭州中创电子有限公司	区科技工业园区管委会	杭州林都机电设备有限公司	上塘街道
杭州中进科技有限公司	祥符街道	杭州联程科技发展有限公司	区科技工业园区管委会
杭州大胜照明工程有限公司	湖墅街道	杭州网邻通信息技术有限公司	区科技工业园区管委会
杭州茁英科技有限公司	和睦街道	杭州物源科技有限公司	区科技工业园区管委会
杭州帮聚网络科技有限公司	祥符街道	杭州网发科技有限公司	祥符街道
杭州奇虎节能技术有限公司	区科技工业园区管委会	浙江立尚环保科技有限公司	祥符街道
杭州新新制冷设备有限公司	上塘街道	杭州晨星电力科技有限公司	小河街道
杭州导纳电子技术有限公司	祥符街道	浙江久豪建筑勘测设计有限公司	小河街道
杭州希澳环境科技有限公司	米市巷街道	杭州瑞亚电气有限公司	区科技工业园区管委会
杭州印捷数码快印有限公司	上塘街道	浙江省广播电视工程公司	米市巷街道
浙江省文化实业发展有限公司	区科技工业园区管委会	杭州森拓建筑设计有限公司	大关街道
浙江笛虎科技有限公司	区科技工业园区管委会	杭州羽智科技有限公司	大关街道
浙江哈曼视听科技有限公司	区科技工业园区管委会	杭州中楚电力科技有限公司	区科技工业园区管委会
杭州索骥数据科技有限公司	米市巷街道		

（朱亮银）

省科技型中小企业与市“雏鹰”企业

【概况】2020 年，拱墅区新增万物生长（杭州）教育科技有限公司、杭州泽艺美术培训有限公司、杭州松燃广告有限公司等 163 家浙江省科技型中小企业，新增浙江盘兴信息技术有限公司、杭州吾界文化创意有限公司、杭州认真网络科技有限公司等 45 家市“雏鹰”企业。

2020 年拱墅区新增省科技型中小企业一览表

表 21

企业名称	属地	企业名称	属地
万物生长（杭州）教育科技有限公司	小河街道	杭州翼邦芯科技有限公司	祥符街道
杭州泽艺美术培训有限公司	区科技工业园区管委会	杭州全心全意科技有限公司	区科技工业园区管委会
杭州松燃广告有限公司	半山街道	杭州网邻通信息技术有限公司	区科技工业园区管委会
浙江创研信息技术有限公司	和睦街道	杭州大幕影视传媒有限公司	祥符街道
浙江芯能亮科技有限公司	祥符街道	杭州蛟驰科技有限公司	区科技工业园区管委会
杭州申澜环保科技有限公司	祥符街道	杭州智慧科技有限公司	区科技工业园区管委会
浙江玛拉科技有限公司	小河街道	杭州耐雀生物科技有限公司	区科技工业园区管委会
杭州点肥科技有限公司	小河街道	杭州纳视文化创意有限公司	区科技工业园区管委会
浙江御安信息技术有限公司	米市巷街道	浙江刨子科技有限公司	区科技工业园区管委会
杭州瑞营机电设备有限公司	康桥街道	杭州银山科技有限公司	祥符街道
浙江久豪建筑勘测设计有限公司	小河街道	杭州名淘教育科技有限公司	区科技工业园区管委会
杭州诚悦服饰有限公司	祥符街道	杭州瑞亚电气有限公司	区科技工业园区管委会
杭州智才企业管理咨询有限公司	祥符街道	杭州云数聚力科技有限公司	祥符街道
杭州捷昌环境设备有限公司	祥符街道	杭州每步材料科技有限公司	康桥街道
飞行家（杭州）体育文化有限公司	祥符街道	杭州掌育科技有限公司	区科技工业园区管委会
浙江黑帽科技有限公司	区科技工业园区管委会	杭州闻创电子有限公司	区科技工业园区管委会
水发物联科技有限公司	半山街道	杭州趣淘鲸科技有限公司	祥符街道
浙江盛唐广告有限公司	湖墅街道	杭州赛美蓝光电科技有限公司	区科技工业园区管委会
杭州摩云科技有限公司	上塘街道	杭州义融企业管理有限公司	区科技工业园区管委会
杭州麻薯文化传媒有限公司	小河街道	杭州三夏环保科技有限公司	祥符街道
杭州天子岭发电有限公司	半山街道	杭州中楚电力科技有限公司	区科技工业园区管委会
杭州抛物线体育策划有限公司	上塘街道	杭州日晟科技有限公司	区科技工业园区管委会
杭州微欧思环保工程有限公司	湖墅街道	浙江欧宏环境设备工程有限公司	上塘街道
浙江格创教育科技有限公司	祥符街道	浙江晧月水务科技有限公司	区科技工业园区管委会

2020 年拱墅区新增省科技型中小企业一览表

续表 21-1

企业名称	属地	企业名称	属地
杭州睦山医疗科技有限公司	湖墅街道	杭州乐传科技发展有限公司	区本级
杭州汇创标识系统工程有限公司	祥符街道	杭州中创电子有限公司	区科技工业园区管委会
杭州国华检测技术有限公司	区科技工业园区管委会	杭州赢泰科技有限公司	祥符街道
杭州云帐智能科技有限公司	祥符街道	杭州科络恩科技有限公司	祥符街道
中质互联科技（杭州）有限公司	区科技工业园区管委会	浙江思阳广告有限公司	湖墅街道
杭州大载科技有限公司	区科技工业园区管委会	杭州匡汇科技有限公司	米市巷街道
杭州饭桃花科技有限公司	康桥街道	杭州跃翔科技有限公司	小河街道
杭州欧郎保洁服务有限公司	半山街道	浙江泰和智谷科技有限公司	上塘街道
杭州城基管道科技有限公司	上塘街道	杭州芝士文化传媒有限公司	祥符街道
浙江盘兴信息技术有限公司	区科技工业园区管委会	杭州佳干科技有限公司	祥符街道
杭州煜祺电子科技有限公司	区科技工业园区管委会	浙江纸短晴长文化传媒有限公司	半山街道
杭州微一案珂创信息技术有限公司	区科技工业园区管委会	浙江衡睿科技有限公司	祥符街道
杭州万塑文化传媒有限公司	祥符街道	杭州联桥网络科技有限公司	区科技工业园区管委会
杭州渲云科技有限公司	祥符街道	浙江侨创科技股份有限公司	上塘街道
杭州因之果教育科技有限公司	祥符街道	杭州晨马科技有限公司	大关街道
浙江上宸建筑设计有限公司	祥符街道	杭州凡声优行科技有限公司	祥符街道
杭州逸悦科技有限公司	祥符街道	杭州天水环境工程有限公司	米市巷街道
杭州民安检测科技有限公司	上塘街道	杭州纽麦得网络技术有限公司	区科技工业园区管委会
杭州润兮峰科技有限公司	和睦街道	杭州碳驰科技有限公司	和睦街道
意达智数（杭州）信息技术服务有限公司	大关街道	杭州尤普软件有限公司	小河街道
杭州耕耘智慧科技有限公司	半山街道	杭州鼎灏广告设计有限公司	和睦街道
杭州中进科技有限公司	祥符街道	杭州合视文化创意有限公司	区科技工业园区管委会
浙江四为网络科技有限公司	区科技工业园区管委会	杭州商创科技有限公司	祥符街道
浙江中易信息技术有限公司	祥符街道	杭州帕赫节能科技发展有限公司	湖墅街道
杭州凯澜能源科技有限公司	上塘街道	浙江省广播电视工程公司	米市巷街道
杭州华胜电子有限公司	小河街道	杭州云起老和科技有限公司	祥符街道
杭州沣图科技有限公司	拱宸桥街道	杭州尚远见信息技术有限公司	祥符街道
浙江绿城利普建筑设计有限公司	祥符街道	杭州商计科技有限公司	祥符街道
杭州科运环境技术有限公司	半山街道	杭州永大软件有限公司	米市巷街道
浙江卓创乡建规划设计有限公司	区科技工业园区管委会	杭州蓝晶互动计算机有限公司	区科技工业园区管委会

2020年拱墅区新增省科技型中小企业一览表

续表 21-2

企业名称	属地	企业名称	属地
杭州旦电科技有限公司	半山街道	杭州橙速网络科技有限公司	米市巷街道
杭州宏象信息技术有限公司	区科技工业园区管委会	杭州一阁艺术创意有限公司	湖墅街道
杭州洁洁环保科技有限公司	区科技工业园区管委会	浙江易政信息技术有限公司	米市巷街道
浙江耀强电子科技有限公司	祥符街道	杭州吾界文化创意有限公司	祥符街道
浙江尼普顿科技股份有限公司	区科技工业园区管委会	杭州立道科技有限公司	祥符街道
杭州羽联信息科技有限公司	区科技工业园区管委会	杭州空灵智能科技有限公司	区科技工业园区管委会
杭州泰至澳铭科技有限公司	祥符街道	杭州越银科技有限公司	祥符街道
杭州云创智联科技有限公司	拱宸桥街道	浙江立尚环保科技有限公司	祥符街道
杭州量子数据科技有限公司	大关街道	浙江哈曼视听科技有限公司	区科技工业园区管委会
浙江泰达安全技术有限公司	湖墅街道	杭州二度广告有限公司	大关街道
杭州尘上视觉科技有限公司	祥符街道	杭州心塑网络科技有限公司	湖墅街道
杭州字节链科技有限公司	和睦街道	杭州赫喜科技有限公司	米市巷街道
杭州子午舞台设计有限公司	区科技工业园区管委会	浙江安道设计股份有限公司	米市巷街道
杭州晟初防震科技有限公司	小河街道	杭州又见科技有限公司	祥符街道
杭州趣见科技有限公司	区科技工业园区管委会	杭州杭开电气科技有限公司	区科技工业园区管委会
杭州众昊文化创意有限公司	祥符	杭州康诺环境技术工程有限公司	米市巷街道
宜泊（杭州）停车产业管理有限公司	区科技工业园区管委会	杭州一悠网络科技有限公司	祥符街道
杭州理享乐器销售有限公司	祥符	杭州集金号网络科技有限公司	祥符街道
杭州橄榄树文化艺术策划有限公司	和睦街道	杭州浙泰创硕智能科技有限公司	区科技工业园区管委会
浙江万森电热设备股份有限公司	康桥街道	浙江天图地理信息科技有限公司	上塘街道
杭州植田建筑室内设计有限公司	半山街道	浙江麦兴网络科技有限公司	祥符街道
杭州睿博教育培训有限公司	拱宸桥街道	同瀚建筑科技（杭州）有限公司	祥符街道
杭州隽秋科技有限公司	区本级	杭州收盈科技有限公司	湖墅街道
杭州昇星智能科技有限公司	区科技工业园区管委会	杭州群策网络科技有限公司	区科技工业园区管委会
杭州元沃文化艺术有限公司	拱宸桥街道	杭州王帮科技有限公司	祥符街道
杭州容讯科技有限公司	祥符街道	浙江鸿贰科技有限公司	米市巷街道
中杭监测技术研究院有限公司	半山街道	浙江斯涵科技有限公司	小河街道
杭州时点网络有限公司	区科技工业园区管委会		

（朱亮银）

2020年拱墅区新增杭州市“雏鹰计划”企业一览表

表22

企业名称	属地	企业名称	属地
浙江盘兴信息技术有限公司	区科技工业园区管委会	浙江四为网络科技有限公司	区科技工业园区管委会
杭州吾界文化创意有限公司	祥符街道	浙江宙业环保工程有限公司	祥符街道
杭州认真网络科技有限公司	区科技工业园区管委会	杭州昇星智能科技有限公司	区科技工业园区管委会
杭州高节软件技术有限公司	小河街道	杭州君为土木工程咨询有限公司	小河街道
杭州麦杰思物联网科技有限公司	祥符街道	浙江四方共协信息技术有限公司	祥符街道
杭州蓝晶互动计算机有限公司	区科技工业园区管委会	浙江聚物智享科技有限公司	小河街道
杭州合视文化创意有限公司	区科技工业园区管委会	浙江昆捷医疗科技有限公司	小河街道
杭州滢璀科技有限公司	区科技工业园区管委会	中杭监测技术研究院有限公司	半山街道
杭州大载科技有限公司	区科技工业园区管委会	浙江百盛水工业设备股份有限公司	区科技工业园区管委会
杭州十尾网络科技有限公司	区本级	杭州安企知识产权代理有限公司	区科技工业园区管委会
浙江创子科技有限公司	区科技工业园区管委会	杭州贝它科技有限公司	祥符街道
杭州驰萌科技有限公司	区科技工业园区管委会	杭州遥测物联网技术有限公司	区科技工业园区管委会
杭州大幕影视传媒有限公司	祥符街道	杭州储能科技有限公司	区科技工业园区管委会
杭州因之果教育科技有限公司	上塘街道	杭州掌育科技有限公司	区科技工业园区管委会
杭州众昊文化创意有限公司	祥符街道	杭州企云数科技有限公司	区本级
杭州茁英科技有限公司	和睦街道	杭州凡声科技有限公司	祥符街道
杭州民安检测科技有限公司	上塘街道	浙江天图地理信息科技有限公司	上塘街道
杭州麦子汇网络技术有限公司	祥符街道	浙江华木环境工程有限公司	区科技工业园区管委会
杭州羽联信息科技有限公司	区科技工业园区管委会	杭州图川科技有限公司	祥符街道
杭州翼邦芯科技有限公司	祥符街道	浙江衡睿科技有限公司	祥符街道
安路（杭州）汽车科技有限公司	祥符街道	杭州科运环境技术有限公司	半山街道
浙江丹道网络科技有限公司	米市巷街道	杭州博物文化传播有限公司	米市巷街道
杭州纽麦得网络技术有限公司	区科技工业园区管委会		

（朱亮银）

“旭日计划 2.0”企业

【概况】2020 年，拱墅区“旭日计划 2.0”企业经过街道、园区推荐，共有 83 家企业申报，经合规性审查、专家评审及总决赛路演，最终评选出 35 家企业列入 2020 年“旭日计划 2.0”企业。其中，第一梯队 5 家、第二梯队 11 家、第三梯队 19 家，发文兑现奖励资金 205 万元。

2020 年拱墅区新增“旭日计划 2.0”企业一览表

表 23

企业名称	属地	企业名称	属地
浙江联泰信息系统有限公司	康桥街道	杭州泰至澳铭科技有限公司	祥符街道
浙江金鸣环境科技有限公司	区科技工业园区管委会	杭州数泊智能科技有限公司	拱宸桥街道
杭州先端生物科技有限公司	区科技工业园区管委会	中杭监测技术研究院有限公司	半山街道
大箴（杭州）科技有限公司	小河街道	浙江沃洛达节能科技有限公司	康桥街道
杭州然宇实验设备制造有限公司	小河街道	杭州楚楚网络科技有限公司	米市巷街道
杭州联保致新科技有限公司	区科技工业园区管委会	杭州迪火科技有限公司	湖墅街道
浙江浙大环境工程有限公司	区科技工业园区管委会	杭州实想科技有限公司	小河街道
杭州锐策娱乐有限公司	小河街道	杭州携测信息技术股份有限公司	区科技工业园区管委会
浙江盘兴信息技术有限公司	区科技工业园区管委会	杭州显宏信息工程咨询有限公司	湖墅街道
杭州慧能科技有限公司	区科技工业园区管委会	杭州因之果教育科技有限公司	上塘街道
浙江建林电子电气股份有限公司	小河街道	浙江大茗堂生物科技有限公司	区科技工业园区管委会
杭州微盘信息技术有限公司	区科技工业园区管委会	杭州博物文化传播有限公司	米市巷街道
浙江医药工业设计院有限公司	区科技工业园区管委会	杭州新中大企业管理技术有限公司	区科技工业园区管委会
杭州逸悦科技有限公司	祥符街道	杭州每步材料科技有限公司	祥符街道
杭州政云数据技术有限公司	区科技工业园区管委会	中建材轻工业自动化研究所有限公司	上塘街道
浙江思阳广告有限公司	湖墅街道	杭州大胜照明工程有限公司	湖墅街道
杭州纳茵特科技有限公司	上塘街道	杭州瑞亚电气有限公司	区科技工业园区管委会
浙江久豪建筑勘测设计有限公司	小河街道		

（朱亮银）

2020年拱墅区国民经济和社会发展统计公报

2020年，面对国际国内形势的深刻复杂变化特别是新冠肺炎疫情的冲击，全区上下坚持稳中求进的工作总基调，统筹推进疫情防控和经济社会发展，扎实做好“六稳”“六保”各项工作，深入实施“六大专项行动”，推动全区经济社会运行逐步恢复正常，保持平稳有序健康发展态势。

一、综合

经济总量

经济恢复正增长。据初步核算，全年实现地区生产总值（GDP）668.60亿元，按可比价计算，同比增长0.1%。其中第二产业实现增加值125.40亿元，同比下降4.5%；第三产业实现增加值543.20亿元，同比增长1.6%。三次产业结构调整为0∶18.8∶81.2。

财政收支

财政支出保障重点。全年一般公共预算支出47.43亿元，增长12.7%。从区本级支出结构看，公共安全支出5.76亿元，增长13.9%；教育支出12.06亿元，增长17.2%；科学技术支出2.89亿元，增长47.6%；社会保障和就业支出5.93亿元，增长23.1%；卫生健康支出2.83亿元，增长28.9%。

财政收入小幅下降。全年财政总收入154.39亿元，下降4.7%；完成地方一般公共预算收入86.73亿元，下降4.9%，其中增值税34.62亿元，下降4.8%；企业所得税16.36亿元，下降12.8%，个人所得税5.14亿元，增长37.5%。

二、工业和建筑业

工业

工业经济平稳运行。全年规模以上工业实现营业收入278.95亿元，同比增长1.6%，利税总额63.3亿元，同比增长16.2%，其中利润总额43.17亿元，同比增长16.7%。规模以上工业实现工业增加值86.31亿元，同比下降7.0%，其中高新技术产业增加值69.88亿元，同比下降7.6%，占规模以上工业增加值比重为81.0%；高端装备制造业增加值13.0亿元，同比增长8.0%。完成68家规上工业企业“亩均论英雄”综合评价，评选出A类企业17家，B类企业31家，C类企业20家。

建筑业

建筑业形势较好。全年实现建筑业总产值376.96亿元，增长9.8%。

三、固定资产投资和房地产业

投资

结构投资优化。全年固定资产投资同比下降12.6%，其中，交通投资增长44.6%，生态环保、城市更新和水利设施投资下降14.5%，高新产业投资增长59.5%，项目民间投资增长34.0%，工业投资增长4.5%。

房地产

商品房网签趋缓。全年房地产开发投资285.06亿元，同比下降10.3%。房屋施工面积678.92万平方米，下降1.2%；新开工面积118.83平方米，下降29.5%；竣工面积112.44万平方米，增长78%。商品房销售面积同比下降26.3%。

四、国内贸易

社会消费品零售

社会消费品市场回暖。全年实现社会消费品零售总额609亿元，同比下降1.9%，分别比一季度和前三季度回升18.7和3.4个百分点。从主要商品看，绝对额最大的前五大类商品零售额同比下降17.8%，分别比一季度和前三季度回升8.6和2.2个百分点。其中汽车类商品零售额同比下降22.8%，石油及制品类商品零售额同比下降17.3%，日用品类商品零售额同比增长4.2%，通信器材类商品零售额同比下降 6.7%，粮油、食品类商品零售额同比下降 9.6%。

五、对外经济

进出口

进口增速快于出口。全年完成外贸进出口总额 152.53 亿元，同比增长 11.3%。其中外贸出口 104.4 亿元，同比下降 2.5%；进口 48.13 亿元，同比增长 60.8%。全年完成服务贸易出口总额 3.76 亿美元，同比增长 0.5%。其中服务外包离岸执行额 1.97 亿美元。实现跨境电子商务出口额 6.11 亿美元，同比下降 10.9%；完成跨境电子商务进口额 1.59 亿美元，同比增长 6.7%，新引进有实绩的跨境电子商务企业 52 家。

六、重点产业、重点项目和招商营商

产业经济

产业经济发展平稳。全年“6+2”产业实现增加值 380.43 亿元，同比增长 1.9%。分产业看，数字经济实现营业收入 156.44 亿元，增长 16.4%；商贸旅游产业实现营业收入 963.09 亿元，增长 6.4%；金融服务行业实现增加值 146.32 亿元，增长 11.3%；文化创意产业实现营业收入 292.82 亿元，增长 25.1%；商务服务产业实现营业收入 331.47 亿元，增长 24.6%；体育健康产业实现营业收入 250.13 亿元，增长 2.7%；智能制造产业实现营业收入 202.80 亿元，增长 3.1%；建筑规划产业实现营业收入 375.80 亿元，增长 13.0%。

十大产业平台建设成效显著。全年十大产业平台实现营业收入 1118.18 亿元，同比增长 5.8%，总税收 45.32 亿元，同比增长 0.5%。运河财富小镇举办省特色小镇投融资物联网专场对接会，揭牌成立浙江省政府“产业基金服务基地”。智慧网谷小镇商务先行区（首开公园）和 360 花创科技中心等产业示范区投入运营。汽车互联网小镇通过省级产业创新服务综合体绩效评价，阿里云智能物联网产业基地、华东医药生命科学产业园等引擎性项目落地赋能。北部软件园、星汇直播小镇、康桥新能源产业园、北城·智汇园、工业设计小镇、申花产业集聚区、康桥健康产业园等平台建设有序推进。

六大产业中心打造有序推进。大数据产业中心开工浙江云计算数据中心，新招引寒武纪超算中心、网银互联、中奥科技等一批产业链核心企业。集成电路设计产业中心芯空间项目成功落户并入选杭州市“百镇千亿，镇兴浙江”代表项目。汽车互联网产业中心万科汽车互联网产业园正式开园，海外海汽车城落地全省首个机动车数字化处置平台。创意设计产业中心 LOFT49 创意城市先行区开园运营，乐富智汇园、丝联 166、元谷创意园获市级文化产业园区认定。直播电商产业中心国家级 5G 新媒体平台央广云听基地、独角兽企业旭航网络、全球知名电商 ECVV 集团华东地区运营中心等新经济项目相继落户。智慧物流产业中心落地智慧物流创新中心孵化器，顺丰创新中心竣工投用，顺丰浙北总部、丰驰网络、丰巢、顺丰同城等业务板块全面入驻。

数字产业加快融合。全年数字经济实现增加值 37.3 亿元，增长 17.2%。中科院计算所数字经济产业研究院（杭州分所）在智慧网谷揭牌，星汇直播小镇落户全国首个“飞地直播基地”，浙大城院联合小镇打造直播学院。全年实施数字化改造攻关项目 4 个，机器换人项目 12 个，工厂物联网项目 3 个。规上工业企业实现数字化改造覆盖率 94%，中美华东大分子药物研发专业实验室（中试）技术改造项目完工，大箴科技、匡信科技获评为省第六批大数据应用示范企业。全年建成 5G 基站 385 个，完成率达 110%。

楼宇税收

楼宇税收贡献持续提升。全年实现楼宇总税收 70.40 亿元，同比增长 7.7%；实现楼宇常规税收 36.07 亿元，同比增长 0.35%。总税收超 5000 万元楼宇 33 幢；超亿元楼宇 20 幢，较 2019 年同期增加 5 幢，其中祥符街道的中粮大悦城、绿景大厦及上塘街道的港航商务楼首次进入亿元楼行列。楼宇平方效益为 9.78 元 / 天 / 平方米，楼宇常规平方效益为 5.01 元 / 天 / 平方米。

重点项目

重点项目稳步推进。2020 年联想创投集团总部、宝龙桃源企业总部中心、浙数文化数字娱乐产业总部中心、顺丰国际生鲜供应中心、58集团五省总部5个“152”工程均实现开工并入库。瓜山社区、杭钢云计算数据中心、运河亚运公园、浙江云计算数据中心4个项目列入省重点项目，全年完成投资12.97亿元；20个项目列入市重点项目，其中实施项目18个，全年完成投资62.69亿元；90个区重点项目进展顺利，其中重点实施项目75个。

招商营商

项目招引精准有力。全年实际利用外资8.12亿美元，其中产业外资3.57亿美元，占比43.96%。新落地固投亿元以上项目25个、产业链项目49个，新增楼宇规模以上企业118家，出让商业地块8宗，共计187.63亩。高效落实六大产业中心建设工作，成功招引云听（杭州）声音数字产业基地、芯空间、顺丰同城、宝盈爱思开等一批优质产业项目。浙江云计算数据中心项目列为全省新基建重点项目清单并认定为市级“大好高”项目。

营商环境持续优化。率先在全市范围内试点推广“购车一件事服务”、在全省实现创新型产业用地交地交证“零时差”。积极推进一般企业投资项目“最多80天”改革，100%实现“最多50天”项目18个、“最多30天”项目19个。加大民营企业扶持力度，累计落实各类降本减负政策72.48亿元，兑现各类扶持资金超5亿元。新增大树企业6家、小巨人企业17家，引进、培育新三板挂牌企业各1家。

培育企业做优做强。全年89家楼宇企业“小升规”，3家重点龙头企业获评2020年浙江省百强民营企业，1家企业获省政府质量管理创新奖，1家企业获省标准化创新奖，发布1项浙江制造标准，7家企业（社会团体）通过市级标准化资助评审，2家单位通过市级标准化试点验收，14家企业获评市专利试点企业，1家企业获“市长杯”高价值知识产权创新创意大赛优秀奖。

七、科技和人才

科技

企业培育稳步推进。全年新增国家高新技术企业99家、省科技型中小企业163家、市雏鹰企业45家、市级以上研发中心19家。深入实施“旭日计划2.0”，新评选旭日2.0企业35家。

研发投入继续加大。全年R&D经费投入7.12亿元，同比增长5.9%；R&D经费投入占GDP比重为1.08%。全区规上工业企业R&D经费投入5.63亿元，同比增长8.3%，占营业收入比重为2.05%。

众创空间加快推进。北部软件园众创空间和聚翼空间分别成功备案国家级、省级众创空间，杭开科创园认定为市级科技企业孵化器，中科院计算所数字经济产业研究院获评2020年省级新型研发机构。

人才

高端人才加速引聚。全年新引进各类人才25880人，其中院士、国家级和省级高层次人才12名，新认定市级以上高层次人才778名，评定“运河英才”计划人才项目54个。新认定院士工作站1个、技能大师工作室5个，新申报省、市级创业创新团队3个。举办“墅青春·创未来”运河青年人才季，推出“运河青创七条”专项政策，建成“全球·人才·家”青年人才未来社区。

科创合作开启新篇。新合作落地欧盟研究与创新杭州中心、瀚海国际人才创业创新港等国际科创合作平台，新引进发达国家院士项目2个，连续第二年落地全市“创客天下”总决赛外籍人才第一名项目。实施“全球亮星计划”，与欧盟、奥地利驻华使馆等机构对接合作，新对接国际人才项目100余个。

人才生态不断做优。率先在“亲清在线”上线企业引才奖励、人才车辆上牌补贴、健康券等6项政策，累计兑现842万元，惠及人才企业106家。提升办好运河创业创新学院，组织金融、法务、市场等“抗疫发展”系列云课堂10场，为12家人才企业提供“一对一”服务，为人才企业发放“运河英才贷”1500万元。升级完善“墅人才”智慧服务平台，举办各类云上对接活动47场。

八、城市建设管理和环境保护

城市建设

道路建设快速推进。全年高标准推进94条53.4

千米道路建设，其中主次干道 21 条 21.1 千米，支小路 73 条 32.3 千米，实现开工 21 条 10.9 千米，完工 15 条 8.1 千米，续建 28 条、前期 30 条，香积寺路西延工程、红旗路星桥段、树人街西路二期等 19 条道路顺利开通。

地下空间逐步开发。全年新增地下空间开发项目 26 个，面积 69.15 万平方米，完成配建停车场库项目 25 个，配建泊位 9158 个，竣工公共停车泊位 1399 个，开工及续建 3346 个。

地铁建设有序开展。完成 9 项征借地任务，地铁三期 3 号、4 号、10 号线涉及拱墅 14 个站点正在主体结构施工。

大城北建设统筹推进。全年累计实施项目 133 个，其中开工 23 个，完工 31 个。建成平安桥小学、杭悦商业中心、顺丰等一批重点工程，协调推进莫干山路、沈半路、拱康路、康桥路四条框架道路沿线 207 个开发建设项目。

回迁安置

回迁提速成效显著。全年交付安置房项目 4 个，面积 57 万平方米，完成回迁安置 1490 户。

城市管理

生态治水转型升级。完成省级全域“污水零直排区”创建，推进道路雨污分流收集系统提升完善工程 3 个，完成红建河清淤工程、杭钢河综保工程等 8 项河道工程建设。红旗河片区荣评省级“美丽河湖”，新开河等 11 条河道获评市级“美丽河道”，创建区级“美丽河道”25 条，完成建设文化长廊 25 条、垂钓点 25 条（段）、生态廊道 9 公里。

垃圾分类纵深推进。生活垃圾日均量 700.19 吨，同比下降 7.5%。新创省级生活垃圾分类示范小区 17 个、市级 107 个，完成老旧小区垃圾分类设施改造 89 个。全区 366 个生活小区实行生活垃圾“定时定点”投放，覆盖率达 100%。

民生实事全面落地。完成新建、提升改造公厕 12 座，推进高层小区二次供水设施改造 10 个；完成迎亚运道路整治 15 条、道路加固工程 5 条、道路交通安全隐患治理 22 处，消除照明暗区 20 处；推进无障碍环境设施建设整改问题 1722 处，完成浙窑公园、十字港河美化家园工程。

环境整治提质增效。全年开展区级环境督查 75 次，立案查处各类执法案件 2405 件。组织渣土联合整治 147 次，检查渣土车 21200 余辆，排查使用燃气餐饮企业 2431 家，开展广告专项整治 43 次，开展无证、犬类等其他执法整治 61 次。数字城管累计共立案交办 128497 个问题件，问题解决率 100%。

基层治理更加多元。全年“城市眼 · 云共治”3.0 平台累计接入场景 31 个，累计接入监控 2284 路，接入各类场景传感器 6165 个，处置率和共治率均达到 98% 以上。“住安宝”覆盖 150 幢老旧房屋，智慧用电系统接入 2295 套设备，护校安园覆盖 51 所中小学、幼儿园，阳光厨房覆盖全区 89 家学校，敏感场所安全监管接入 37 路监控，电梯智慧监管接入 9781 台电梯数据。开发区防控信息数据库和“三色图”，累计维护管控数据 4 万余条。

城市数字化进程加快。全年先离场后付费停车场（库）接入率 100%，功能开通率 100%，平均使用率 33.4%；先看病后付费，接入医院 17 家，平均使用率 99.8%；“30 秒入住”自助机接入酒店 44 家，平均使用率 74.6%；20 秒入园，接入场馆 12 家，平均使用率 100%。整合利用市二医院周边空余泊位，接入泊位 1048 个；整合利用省肿瘤医院周边空余泊位，接入泊位 983 个。积极推进民生直达试点，上线惠民政策 23 条，兑付资金超 1 亿元，亲清在线上线惠企政策 20 条，兑付资金 4.69 亿元。

生态环境

生态文明建设不断深入。2020 年拱墅区成功创建省级生态文明建设示范区。环境空气优良率 89.8%，$PM_{2.5}$ 平均浓度 33.1 微克 / 立方米；“水十条”六个考核断面平均水质均达到考核要求，运河交接断面考核优秀；完成华丰造纸厂和运河新城单元 GS1201-03 地块治理修复；全年共受理环境信访 814 件，同比下降 16.4%。

九、人口、人民生活和社会保障

人口

全区人口平稳增长。公安部门登记户籍人口 413949 人，比上年增加 17150 人。其中，男性

203445 人，女性 210504 人，性别比（女 =100，下同）96.65；全区出生人口 3874 人，出生率为 9.36‰；出生人口中男性 2018 人，女性 1856 人，出生人口性别比为 108.73；全区死亡人口 2289 人，死亡率为 5.53‰；全区人口自然增长 1585 人，自然增长率为 3.83‰。

人民生活

人民生活水平提高。全年全区城镇居民人均可支配收入 68759 元，同比增长 3.9%。

社会保障

社会保险实现全覆盖。全年全区基本养老保险参保人数 314291 人，比 2019 年末净增 37924 人；工伤保险参保人数 399179 人，净增 45515 人。

劳动就业

就业工作有序推进。全年城镇新增就业人数 59328 人，引导和帮助城镇失业人员实现再就业 2510 人，安置就业困难人员就业 1249 人。提供招聘、求职、培训、扶持的"一站式"服务，累计组织招聘会 56 场，提供有效岗位 8.2 万余个。立案处置各类投诉及举报案件 708 件，为 284 名劳动者追回欠薪 297.60 万余元。

社会福利

养老服务更加完善。全年新建或提升改造"阳光老人家"站点 26 家，累计建成"阳光老人家"站点 78 家，其中示范型居家养老服务中心 13 家。建成家庭照护床位 145 张，为 34 户困难老年人提供住房安全性和无障碍设施方面等适老化改造，引进和康养老、宏爱助老、康久医疗等医疗机构，上线康养 App 服务，涵盖健康管理、康复服务、技能培训、康复训练等 4 大类 25 个小项的康复护理服务。

十、教育、卫生、文化旅游和体育

教育

教育事业稳步推进。年末全区共有各级各类学校 131 所，其中高中 3 所，在校学生 1961 人；职高 1 所，在校学生 845 名；初中 21 所，在校学生 14980 名；小学 30 所，在校学生 39340 名；幼儿园 75 所，在园幼儿数 23082 名；特殊教育学校 1 所，其中在校学生 100 人。

卫生

卫生事业迈入新征程。全年各社区卫生服务中心门诊量 261 万。全区居民健康素养水平达到 41.3%。全区拥有医疗卫生机构 386 家，其中省市级医疗机构 6 家，卫计系统所属医疗卫生单位 51 家，社会办医院 22 家及门诊部、诊所 224 家，其他医疗机构包括学校卫生室 83 家。全区医疗机构拥有床位 8580 张，每千人拥有床位 14.95 张，拥有卫生技术人员 9738 人，每千人拥有卫生技术人员 16.97 人，其中：执业（助理）医师 3775 人，每千人拥有执业（助理）医师 6.58 人；注册护（士）师 4477 人，每千人拥有注册护（士）师 7.80 人。

文化旅游体育

文旅融合的"拱墅样式"初见成效。区文化规划馆、民俗迹忆馆正式对外开放，浙江紫檀博物馆签约落地，运河大剧院和运河亚运公园建设如期推进，上塘古运河风景区项目加快建设。狠抓"诗画浙江·百县千碗""大运河戏曲驿站廊道""大运河非遗会客厅"等项目，持续唱响"运河文化四季歌"，举办新年健走、诗歌春晚、阿六头说大运、半山立夏节、少年非遗说、文化和旅游遗产日等活动。发布文旅 IP"小南君"及"千年大运河，南望是拱墅"旅游宣传口号，上线数字文旅平台，成功入选首批浙江省文旅产业融合试验区、"诗画浙江·百县千碗"工程示范区、大运河文化传承生态保护区。全年指导 20 个社区更新 318 件健身器材，开展公益文化培训 140 课时，送演出下基层 83 场，文化走亲 42 场，送讲座展览 40 场，送书 48000 册，开展各类线上及线下文化服务 505 场。全年大运河景区接待旅游人次 1056.9 万人次，实现旅游营业收入 17.8 亿元。

十一、公共安全和应急管理

公共安全

公共安全不断提高。全年刑事警情、治安警情、侵财警情同比分别下降 8.6%、12.4%、9.9%。发生火灾 81 起，同比下降 13.8%，发生道路交通亡人事故 14 起，死亡 14 人，均同比下降 12.5%。推进网贷平台专案侦办，累计查封冻结涉案资金 41.75 亿元，加大涉众型经济案件追赃挽损力度，累计追赃挽损 122.43 亿元。累计建设完成智安小区 234 个、智安单位 81 个，其中智安小区总量居全市第一。

应急管理

应急管理扎实有效。全年共创建规范化避灾安置场所 10 个，全国示范社区 1 个，避灾安置场所可视化建设 50 个，新增森林防火监控 26 个，创立社会应急救援队伍 2 支。共启动防汛、防台、抗雪防冻应急响应 3 次，构建可视化指挥调度平台，实现事故灾害现场画面和声音 30 分钟内回传。

安全生产有序推进。全年挂牌督办各类重大（重点）事故隐患单位 44 家 193 处，其中市级 32 处，区级 161 处，整改完成率 100%。立案查处违法行为 104 起，罚款 110.6 万元。全年全区未发生较大事故。

平安拱墅

深化基层治理专项行动。建成“一中心五大功能区块”社会治理综合街区，108 个“微法庭”覆盖到所有社区，42 件信访积案全部化解，投用区级三方治理综合体。“运河义警”队伍不断壮大，已累计发展各类义警队伍 117 支，义警人数 42104 人。

（区统计局）

索引

INDEX

说　　明

一、本索引采用主题分析法编制。

二、索引设有条目索引、表格索引两个分目，按主题词首字拼音字母顺序和音序排列，按标引词首字的汉语拼音音序排列，首字相同按第二字音序排列，以此类推。

三、《特载》《大事记》《附录》内容未做索引。

四、标引词后的阿拉伯数字表示内容所在的页码。

条目索引

数字　字母

A

B

C

D

E

F

G

H

J

K

L

M

N

P

Q

R

S

T

W

X

Y

Z

表格索引

图书在版编目 (CIP) 数据

拱墅年鉴 . 2021 / 中共杭州市拱墅区委党史研究室（杭州市拱墅区地方志编纂研究室）编 . —北京：方志出版社 , 2021.10

ISBN 978-7-5144-4875-7

Ⅰ . ①拱… Ⅱ . ①中… Ⅲ . ①区 (城市)—杭州—2021—年鉴 Ⅳ . ① Z525.54

中国版本图书馆 CIP 数据核字 (2021) 第 271161 号

拱墅年鉴 (2021)

编　　者：中共杭州市拱墅区委党史研究室
（杭州市拱墅区地方志编纂研究室）

责任编辑：李志瑜

出 版 者：方志出版社
地　址　北京市朝阳区潘家园东里 9 号 (国家方志馆 4 层)
邮　编　100021
网　址　http://www.zgfzcb.cn

发　　行：方志出版社图书经销中心
电话（010）67110500

经　　销：各地新华书店

印　　刷：杭州佳园彩色印刷有限公司

开　　本：889 × 1194　　1/16

印　　张：25.5

字　　数：630 千字

版　　次：2021 年 10 月第 1 版　2021 年 10 月第 1 次印刷

印　　数：001~500 册

ISBN 978-7-5144-4875-7　　定价 : 228.00 元